新编21世纪法学系列教材

总主编 曾宪义 王利明

仲裁法

第四版

主编 江 伟 肖建国

撰稿人（以撰写章节先后为序）
江 伟 傅郁林 乔 欣 黄忠顺
谢文哲 肖建国 常廷彬 邵 明

Arbitration Law

中国人民大学出版社
·北京·

内容简介

本书第四版以我国仲裁法、仲裁法司法解释为规范依据，紧密结合我国民商事仲裁的当前实践动态，尤其体现中国国际经济贸易仲裁委员会、北京仲裁委员会等著名仲裁机构的仲裁规则之进展，吸收和反映近年来仲裁法学研究的最新成果，深入浅出地阐述仲裁法学的基本范畴和基本理论，系统、准确地传递仲裁法的知识体系。本书在内容上要求做到“权威性”“前沿性”“规范性”“新颖性”“实用性”，力争成为仲裁法研习者的良师益友。本书的主要内容包括：仲裁与仲裁法、仲裁协议、仲裁机构、仲裁参与人、仲裁管辖权、仲裁程序、仲裁证据、仲裁裁决、仲裁调解、仲裁临时措施、涉外仲裁与区际仲裁、仲裁裁决的撤销与执行、劳动人事争议仲裁、农村土地承包经营纠纷仲裁等。

主编简介

江　伟　中国人民大学法学院教授、博士研究生导师，我国当代著名法学家和法学教育家，新中国民事诉讼法学的重要奠基人暨新中国民事诉讼法典的缔造者之一、国内外公认的中国民事诉讼法学界的泰斗。兼任中国法学会诉讼法学研究会副会长暨民事诉讼法专业委员会主任、中国法学会诉讼法学研究会名誉会长、中国法学会民事诉讼法学研究会名誉会长、最高人民检察院专家咨询委员会委员、司法部公证律师专家咨询委员会委员。主要从事民事诉讼法、证据法、仲裁法、人民调解法研究，先后主持多项国家级和省部级重大课题，发表学术性文章150余篇，出版学术性著作40多部。

肖建国　中国人民大学法学院教授、博士研究生导师，国际商事争端预防与解决研究院执行院长、人民法院纠纷解决研究基地（中国人民大学）主任、中国人民大学纠纷解决研究中心主任，第七届“全国十大杰出青年法学家”，教育部新世纪优秀人才。兼任中国法学会民事诉讼法学研究会副会长、中国行为法学会执行行为专业委员会副会长、中国法学会仲裁法学研究会常务理事、中国国际经济贸易仲裁委员会仲裁员、北京仲裁委员会仲裁员、最高人民法院特邀咨询员、最高人民检察院专家咨询委员会委员、最高人民法院案例指导工作专家委员会委员、最高人民法院环境资源审判咨询专家、最高人民法院强制执行咨询专家、最高人民检察院民事行政诉讼监督案件专家咨询委员。主要从事民事诉讼法、仲裁法、证据法、强制执行法等研究，出版《民事诉讼程序价值论》等著作40多部，在《中国法学》《法学研究》等刊物发表学术论文百余篇。

总序

曾宪義

在人类文明与文化的发展中，中华民族曾作出过伟大的贡献，不仅最早开启了世界东方文明的大门，而且对人类法治、法学及法学教育的生成与发展进行了积极的探索与光辉的实践。

在我们祖先生存繁衍的土地上，自从摆脱动物生活、开始用双手去进行创造性的劳动、用人类特有的灵性去思考以后，我们人类在不断改造客观世界、创造辉煌的物质文明的同时，也在不断地探索人类的主观世界，逐渐形成了哲学思想、伦理道德、宗教信仰、风俗习惯等一系列维系道德人心、维持一定社会秩序的精神规范，更创造了博大精深、义理精微的法律制度。应该说，在人类所创造的诸种精神文化成果中，法律制度是一种极为奇特的社会现象。因为作为一项人类的精神成果，法律制度往往集中而突出地反映了人类在认识自身、调节社会、谋求发展的各个重要进程中的思想和行动。法律是现实社会的调节器，是人民权利的保障书，是通过国家的强制力来确认人的不同社会地位的有力杠杆，它来源于现实生活，而且真实地反映现实的要求。因而透过一个国家、一个民族、一个时代的法律制度，我们可以清楚地观察到当时人们关于人、社会、人与人的关系、社会组织以及哲学、宗教等诸多方面的思想与观点。同时，法律是一种具有国家强制力、约束力的社会规范，它以一种最明确的方式，对当时社会成员的言论或行动作出规范与要求，因而也清楚地反映了人类在各个历史发展阶段中对于不同的人所作出的种种具体要求和限制。因此，从法律制度的发展变迁中，同样可以看到人类自身不断发展、不断完善的历史轨迹。人类社会几千年的国家文明发展历史已经无可争辩地证明，法律制度乃是维系社会、调整各种社会关系、保持社会稳定的重要的工具。同时，法律制度的不断完善，也是人类社会文明进步的显著体现。

由于发展路径的不同、文化背景的差异，东方社会与西方世界对于法律的意义、底蕴的理解、阐释存有很大的差异，但是，在各自的发展过程中，都曾比较注重法律的制定与完善。中国古代虽然被看成是“礼治”的社会、“人治”的世界，被认为是“只有刑，没有法”的时代，但从《法经》到《唐律疏议》、《大清律例》等数十部优秀成文法典的存在，充分说明了成文制定法在中国古代社会中的突出地位，唯这些成文法制所体现出的精神旨趣与现代法律文明有较大不同而已。时至20世纪初叶，随着西风东渐、东西文化交流加快，中国社会开始由古代的、传统的社会体制向近现代文明过渡，建立健全的、符合现代理性精神的法律文明体系方成为现代社会的共识。正因为如此，近代以来的数百年间，在西方、东方各主要国家里，伴随着社会变革的潮起潮落，法律改革运动也一直呈方兴未艾之势。

从历史上看，法律的文明、进步，取决于诸多的社会因素。东西方法律发展的历史均充分证明，推动法律文明进步的动力，是现实的社会生活，是政治、经济和社会文化的变迁；同时，法律内容、法律技术的发展，往往依赖于一大批法律专家以及更多的受过法律教育的社会成员的研究和推动。从这个角度看，法学教育、法学研究的发展，对于法律文明的发展进步，也有着异常重要的意义。正因为如此，法学教育和法学研究在现代国家的国民教育体系和科学研究体系中，开始占有越来越重要的位置。

中国近代意义上的法学教育和法学研究，肇始于19世纪末的晚清时代。清光绪二十一年（公元1895年）开办的天津中西学堂，首次开设法科并招收学生，虽然规模较小，但仍可以视为中国最早的近代法学教育机构（天津中西学堂后改名为北洋大学，又发展为天津大学）。三年后，中国近代著名的思想家、有“维新骄子”之称的梁启超先生即在湖南《湘报》上发表题为《论中国宜讲求法律之学》的文章，用他惯有的富有感染力的激情文字，呼唤国人重视法学，发明法学，讲求法学。梁先生是清代末年一位开风气之先的思想巨子，在他的辉煌的学术生涯中，法学并非其专攻，但他仍以敏锐的眼光，预见到了新世纪中国法学研究和法学教育的发展。数年以后，清廷在内外压力之下，被迫宣布实施“新政”，推动变法修律。以修订法律大臣沈家本为代表的一批有识之士，在近十年的变法修律过程中，在大量翻译西方法学著作，引进西方法律观念，有限度地改造中国传统的法律体制的同时，也开始推动中国早期的法学教育和法学研究。20世纪初，中国最早设立的三所大学——北洋大学、京师大学堂、山西大学堂均设有法科或法律学科目，以期“端正方向，培养通才”。1906年，应修订法律大臣沈家本、伍廷芳等人的奏请，清政府在京师正式设立中国第一所专门的法政教育机构——京师法律学堂。次年，另一所法政学堂——直属清政府学部的京师法政学堂也正式招生。这些大学法科及法律、法政学堂的设立，应该是中国历史上近代意义上的正规专门法学教育的滥觞。

自清末以来，中国的法学教育作为法律事业的一个重要组成部分，随着中国社会的曲折发展，经历了极不平坦的发展历程。在20世纪的大部分时间里，中国社会一直充斥着各种矛盾和斗争。在外敌入侵、民族危亡的沉重压力之下，中国人民为寻找适合中国国情的发展道路而花费了无穷的心力，付出过沉重的代价。从客观上看，长期的社会骚动和频繁的政治变迁曾给中国的法治与法学带来过极大的消极影响。直至70年代末期，以“文化大革命”宣告结束为标志，中国社会开始用理性的目光重新审视中国的过去，规划国家和社会的未来，中国由此进入长期稳定、和平发展的大好时期，以这种大的社会环境为背景，中国的法学教育也获得了前所未有的发展机遇。

从宏观上看，实行改革开放以来，经过二十多年的努力，中国的法学教育事业所取得的成就是辉煌的。首先，经过“解放思想，实事求是”思想解放运动的洗礼，在中国法学界迅速清除了极左思潮及苏联法学模式的一些消极影响，根据本国国情建设社会主义法治国家已经成为国家民族的共识，这为中国法学教育和法学研究的发展奠定了稳固的思想基础。其次，随着法学禁区的不断被打破、法学研究的逐步深入，一个较为完善的法学学科体系已经建立起来。理论法学、部门法学各学科基本形成了比较系统和成熟的理论体系和学术框架，一些随着法学研究逐渐深入而出现的法学子学科、法学边缘学科也渐次成型。1997 年，国家教育主管部门和教育部高校法学学科教学指导委员会对原有专业目录进行了又一次大幅度调整，决定自 1999 年起法学类本科只设一个单一的法学专业，按照一个专业招生，从而使法学学科的布局更加科学和合理。同时，在充分论证的基础上，确定了法学专业本科教学的 14 门核心课程，加上其他必修、选修课程的配合，由此形成了一个传统与更新并重、能够适应国家和社会发展需要的教学体系。法学硕士和博士研究生及法律硕士专业学位研究生的专业设置、课程教学和培养体系也日臻完善。再次，法学教育的规模迅速扩大，层次日趋齐全，结构日臻合理。目前中国有六百余所普通高等院校设置了法律院系或法律本科专业，在校本科学生和研究生已达二十余万人。除本科生外，在一些全国知名的法律院校，法学硕士研究生、法律硕士专业学位研究生、法学博士研究生已经逐步成为培养的重点。

众所周知，法律的进步、法治的完善，是一项综合性的社会工程。一方面，现实社会关系的发展，国家政治、经济和社会生活的变化，为法律的进步、变迁提供动力，提供社会的土壤。另一方面，法学教育、法学研究的发展，直接推动法律进步的进程。同时，全民法律意识、法律素质的提高，则是实现法治国理想的关键的、决定性的因素。在社会发展、法学教育、法学研究等几个攸关法律进步的重要环节中，法学教育无疑处于核心的、基础的地位。中国法学教育过去二十多年所走过的历程令人激动，所取得的成就也足资我们自豪。随着国家的发展、社会的进步，在 21 世纪，我们面临着更严峻的挑战和更灿烂的前景。“建设世界一流法学教育”，任重道远。

首先，法律是建立在经济基础之上的上层建筑，以法治为研究对象的法学也就成为一门实践性很强的学科。社会生活的发展变化，势必要对法学教育、法学研究不断提出新的要求。经过二十多年的奋斗，中国改革开放的前期目标已顺利实现。但随着改革开放的逐步深入，国家和社会的一些深层次问题，比如说社会主义市场经济秩序的真正建立、国有企业制度的改革、政治体制的完善、全民道德价值的重建、环境保护和自然资源的合理利用等等，也已经开始浮现出来。这些复杂问题的解决，无疑最终都会归结到法律制度的完善上来。建立一套完善、合理的法律制度，构建理想的和谐社会，乃一项持久而庞大的社会工程，需要全民族的智慧和努力。其中的基础性工作，如理论的论证、框架的设计、具体规范的拟订、法律实施中的纠偏等等，则有赖于法学研究的不断深入，以及高素质人才特别是法律人才的养成，而培养法律人才的任务，则是法学教育的直接责任。

其次，21世纪是一个多元化的世纪。20世纪中叶发生的信息技术革命，正在极大地改变着我们的世界。现代科学技术，特别是计算机网络信息技术的发展，使传统的生活方式、思想观念发生了根本的改变，并由此引发许多人类从未面对过的问题。就法学教育而言，在21世纪所要面临的，不仅是教学内容、研究对象的多元化问题，而且还有培养对象、培养目标的多元化、教学方式的多元化等一系列问题，这些问题都需要法学界去思考、去探索。

中国人民大学法学院建立于1950年，是新中国诞生后创办的第一所正规高等法学教育机构。在半个多世纪的岁月中，中国人民大学法学院以其雄厚的学术力量、严谨求实的学风、高水平的教学质量以及丰硕的学术研究成果，在全国法学教育领域处于领先地位，并开始跻身于世界著名法学院之林。据初步统计，中国人民大学法学院已经为国家培养法学专业本科生、硕士生、博士生一万余人，培养各类成人法科学生三十余万人。经过多年的努力，中国人民大学法学院形成了较为明显的学术优势，在现职教师中，既有一批资深望重、在国内外享有盛誉的法学前辈，更有一大批在改革开放后成长起来的优秀中青年法学家。这些老中青法学专家多年来在勤奋研究法学理论的同时，也积极投身于国家的立法、司法实践，对国家法制建设贡献良多。

有鉴于此，中国人民大学法学院与中国人民大学出版社经过研究协商，决定结合中国人民大学法学院的学术优势和中国人民大学出版社的出版力量，出版一套“21世纪法学系列教材”。自1998年开始编写出版本科教材，包括按照教育部所确定的法学专业核心课程和其所颁布印发的《全国高等学校法学专业核心课程基本要求》而编写的14门核心课程教材，也包括法学各领域、各新兴学科教材及教学参考书和案例分析在内，到2000年12月3日在人民大会堂大礼堂召开举世瞩目的“21世纪世界百所著名大学法学院院长论坛暨中国人民大学法学院成立五十周年庆祝大会”之时，业已出版了50本作为50周年院庆献礼，到现在总共出版了80本。为了进一步适应高等法学教育发展的形势和教学改革的需要，最近中国人民大学法学院与中国人民大学出版社决定将这套教材扩大为四个系列，即：“本科生用书”、“法学研究生用书”、“法律硕士研究生用书”以及“司法考试用书”，总数将达二百多本。我们设想，本套教材的编写，将更加注意“高水准”与“适用性”的合理结合。首先，本套教材将由中国人民大学法学院具有全国影响的各学科的学术带头人领衔，约请全国高校优秀学者参加，形成学术实力强大的编写阵容。同时，在编写教材时，将注意吸收中国法学研究的最新的学术成果，注意国际学术发展的最新动向，力求使教材内容能够站在21世纪的学术前沿，反映各学科成熟的理论，体现中国法学的水平。其次，本套教材在编写时，将针对新时期学生特点，将思想性、学术性、新颖性、可读性有机结合起来，注意运用典型生动的案例、简明流畅的语言去阐释法律理论与法律制度。

我们期望并且相信，经过组织者、编写者、出版者的共同努力，这套法学教材将以其质量效应、规模效应，力求成为奉献给新世纪的精品教材，我们诚挚地祈望得到方家和广大读者的教正。

2006年7月1日

序言

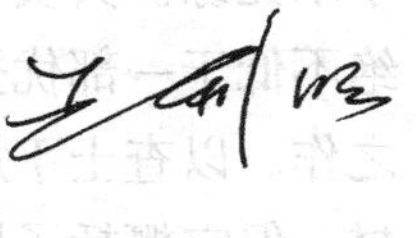

法学教育是高等教育的重要组成部分，是建设社会主义法治国家、构建社会主义和谐社会的重要基础，并居于先导性的战略地位。在我国社会转型的新世纪、新阶段，法学教育不仅要为建设高素质的法律职业共同体服务，而且要面向全社会培养大批治理国家、管理社会、发展经济的高层次法律人才。近年来，法学教育取得了长足的进步，法科数量增长很快，教育质量稳步提高，培养层次日渐完善，目前已经形成了涵盖本科生、第二学士学位生、法学硕士研究生、法律硕士研究生、法学博士研究生的完整的法学人才培养体系，接受法科教育已经成为莘莘学子的优先选择之一。随着中国法治事业的迅速发展，我们有理由相信，中国法学教育的事业大有可为，中国法学教育的前途充满光明。

教育的基本功能在于育人，在于塑造德才兼备的高素质人才。法学教育的宗旨并非培养只会机械适用法律的“工匠”，而承载着培养追求正义、知法懂法、忠于法律、廉洁自律的法律人的任务。要完成法学教育的使命，首先必须认真抓好教材建设。我始终认为，教材是实现教育功能的重要工具和媒介，法学教材不仅仅是法学知识传承的载体，而且是规范教学内容、提高教学质量的关键，对法学教育的发展有着不可估量的作用。

第一，法学教材是传授法学基本知识的工具。初学法律，既要有好的老师，又要有好的教材。正如冯友兰先生所言：“学哲学的目的，是使人作为人能够成为人，而不是成为某种人。其他的学习（不是学哲学）是使人能够成为某种人，即有一定职业的人。”一套好的教材，能够高屋建瓴地展示法律的体系，能够准确简明地阐释法律的逻辑，能够深入浅出地叙述法律的精要，能够生动贴切地表达深奥的法理。所以，法学教材是学生学习法律的向导，是学生步入法律殿堂的阶梯。如果在入门之初教材就有偏颇之处，就可能误人子弟，学生日后还要花费大量时间与精力来修正已经形成的错误观念。

第二，法学教材是传播法律价值理念的载体。好的法学教材不仅要传授法学知识，更要传播法律的精神和法治的理念，例如对公平、正义的追求，尊重权利的观念。本科、研究生阶段的青年学子，正处在人生观、价值观形成的阶段，一套优秀的法学教材，对于他们价值观的塑造和健全人格的培养具有重要意义。

第三，法学教材是形成职业共同体的主要条件。建设社会主义法治国家，有赖于法律职业共同体的生成。一套好的法学教材，向法律研习者传授共同的知识，这对于培养一个接受共同的价值理念、共同的法律思维、共同的话语体系的法律共同体，具有重要的作用。

第四，法学教材是所有法律研习者的良师益友。没有好的教材，一个好的教师或可弥补教材的欠缺和不足，但对那些没有老师指导的自学者而言，教材就是老师，其重要作用是显而易见的。

长期以来，在我们的评价体系中，教材并没有获得应有的注重，对学术成果的形式优先考虑的往往是专著而非教材。在不少人的观念中，教材与创新、与学术精品甚至与学术无缘。其实，要真正写出一部好的教材，其难度之大、工作之艰辛、影响之深远，绝不低于一部优秀的专著，它甚至可以成为在几百年甚至更长的时间内发挥作用的传世之作。以查士丁尼的《法学阶梯》为例，所谓法学阶梯，即法学入门之义，就是一部教材。但它概括了罗马法的精髓，千百年来，一直是人们研习罗马法最基本的著述。日本著名学者我妻荣说过，大学教授有两大任务：一是写出自己熟悉的专业及学术领域的讲义乃至教科书；二是选择自己最有兴趣、最看重的题目，集中精力进行终生的研究。实际上，这两者是相辅相成的。写出一部好教材，必须要对相关领域形成一个完整的知识体系，还要能以深入浅出的语言将问题讲清楚、讲明白。没有编写教材的基本功，实际上也很难写出优秀的专著。当然，也只有对每一个专题都有一定研究，才能形成对这个学术领域的完整把握。

虽然近几年我国法学教育发展迅速，成绩显著，但是法学教育也面临许多挑战。各个学校的师资队伍和教学质量参差不齐，这就更需要推出更多的结构严谨、内容全面、角度各有侧重、能够适应不同需求的法学教材，为提高法学教学和人才培养质量、保障法学教育健康发展提供前提条件。

长期以来，中国人民大学法学院始终高度重视教材建设。作为新中国成立后建立的第一所正规的法学教育机构，中国人民大学法律系最早开设了社会主义法学教学课堂，编写了第一套社会主义法学讲义，培养了新中国第一批法学本科生和各学科的硕士生、博士生，产生了新中国最早的一批法学家和法律工作者。中国人民大学法律系因此被誉为“新中国法学教育的工作母机”。半个多世纪以来，中国人民大学法学院为社会主义法制建设培养了大批优秀的法律人才，并为法学事业的振兴和繁荣作出了卓越贡献，也因此成为引领中国法学教育的重镇、凝聚国内法律人才的平台和沟通中外法学交流的窗口，并在世界知名法学院行列中崭露头角。为了对中国法学教育事业作出更大的贡献，我们有义务也有责任出版一套体现我们最新研究成果的法学教材。

承蒙中国人民大学出版社的大力支持，我们组织编写了本套教材，其中包括本科生用书、法律硕士研究生用书、法学研究生用书和司法考试用书四大系列，分别面向不同层次法科教育需求。编写人员以中国人民大学法学院教师为主，反映了中国人民大学法学院整体的研究实力和学术视野。相信本套教材的出版，一定能够为新时期法学教育的繁荣发展发挥应有的作用。

是为序。

2006 年 7 月 10 日

第四版修订说明

本书是中国人民大学出版社“新编 21 世纪法学系列教材”中的一种，由江伟教授、肖建国教授领衔主编。本书结合近年来仲裁法学研究的最新成果以及仲裁立法和实践的最新进展，深入浅出地阐述了仲裁法学的基本范畴和基本理论，系统、准确地传递了仲裁法的知识体系。本书在内容上要求做到“权威性”“规范性”，在体例上也进行了新的探索和尝试，力争成为仲裁法研习者的良师益友。

本书不仅适合法学本科学生、研究生阅读和使用，也适合律师、仲裁员、法官以及其他研究仲裁法理论、关注仲裁法实践的各方人士阅读和参考。

在本次修订中，除第四、六、七章由其他作者重写以外，其他章均由原作者进行修订。根据出版社的统一要求，基于贯彻习近平法治思想及开展课程思政教学的实际需要，本书增设了“课程思政”新栏目。

本书的具体写作分工如下（以撰写章节先后为序）：

江伟（中国人民大学法学院教授、博士研究生导师）：绪论；

傅郁林（北京大学法学院教授、博士研究生导师）：绪论、第三章；

乔欣（中国政法大学民商经济法学院教授、法学博士）：第一、二章；

黄忠顺（华南理工大学法学院教授、博士研究生导师）：第四、五、七、九、十一章；

谢文哲（华东政法大学法律学院副教授、法学博士）：第八、十五、十六章；

肖建国（中国人民大学法学院教授、博士研究生导师）：第六、九、十二、十三、十四章；

常廷彬（广东外语外贸大学法学院教授、法学博士）：第十章；

邵明（中国人民大学法学院教授、博士研究生导师）：第十七、十八、十九章；

全书由肖建国统稿，黄忠顺协助统稿。

由于水平所限，本书在内容及文字表述上的缺点和错误在所难免，欢迎读者诸君批评指正，有关的意见和建议请发邮件到 jianguoxiao@sina.com。

编　者

2023 年 5 月 10 日

缩略语表

法律、法规、司法解释、仲裁规则名称	缩略语
● 法律	
中华人民共和国仲裁法（2017 年修正）	《仲裁法》
中华人民共和国民法典（2020 年）	《民法典》
中华人民共和国民事诉讼法（2023 年修正）	《民诉法》
中华人民共和国劳动法（2018 年修正）	《劳动法》
中华人民共和国劳动合同法（2012 年修正）	《劳动合同法》
中华人民共和国劳动争议调解仲裁法（2007 年）	《劳动争议调解仲裁法》
中华人民共和国公务员法（2018 年修订）	《公务员法》
中华人民共和国职业病防治法（2018 年修正）	《职业病防治法》
中华人民共和国社会保险法（2018 年修正）	《社保法》
中华人民共和国农村土地承包法（2018 年修正）	《农地承包法》
中华人民共和国农村土地承包经营纠纷调解仲裁法（2009 年）	《农地承包调解仲裁法》
中华人民共和国律师法（2017 年修正）	《律师法》
中华人民共和国海事诉讼特别程序法（1999 年）	《海诉法》
中华人民共和国人民调解法（2010 年）	《人民调解法》
● 司法解释和规范性文件	
关于适用《中华人民共和国民事诉讼法》的解释（2022 年修正）	《民诉解释》
关于仲裁机构“先予仲裁”裁决或者调解书立案、执行等	

法律适用问题的批复（2018 年）《“先予仲裁”批复》
关于人民法院办理仲裁裁决执行案件若干问题的规定（2018 年）《仲裁裁决执行规定》
关于仲裁司法审查案件报核问题的有关规定（2021 年修正）《仲裁司法审查报核规定》
关于审理仲裁司法审查案件若干问题的规定（2017 年）《仲裁司法审查规定》
关于为自由贸易试验区建设提供司法保障的意见（2016 年）《自贸区司法保障意见》
关于人民法院办理财产保全案件若干问题的规定（2020 年修正）《财产保全规定》
关于防范和制裁虚假诉讼的指导意见（2016 年）《防范和制裁虚假诉讼意见》
关于适用《中华人民共和国仲裁法》若干问题的解释（2008 年修正）《仲裁法解释》
关于适用《中华人民共和国海事诉讼特别程序法》若干问题的解释（2008 年修正）《海诉法解释》
关于审理劳动争议案件适用法律问题的解释（一）（2020 年）《劳动争议解释（一）》
关于人民法院执行工作若干问题的规定（试行）（2020 年修正）《执行规定》
关于人民法院撤销涉外仲裁裁决有关事项的通知（2008 年修正）《撤销裁决通知》
关于仲裁协议无效是否可以裁定不予执行的处理意见（2002 年）《仲裁协议无效意见》
关于民事诉讼证据的若干规定（2019 年修正）《证据规定》
关于内地与香港特别行政区相互执行仲裁裁决的安排（2000 年）《内地与香港执行仲裁裁决安排》
关于香港仲裁裁决在内地执行的有关问题的通知（2009 年）《香港裁决执行通知》
关于内地与香港特别行政区法院就仲裁程序相互协助保全的安排（2019 年）《内地与香港仲裁协助保全安排》
关于内地与澳门特别行政区相互认可和执行仲裁裁决的安排（2007 年）《内地与澳门认可和执行仲裁裁决安排》
关于确认仲裁协议效力几个问题的批复（1998 年）《确认协议效力批复》
关于审理当事人申请撤销仲裁裁决案件几个具体问题的批复（1998 年）《撤销裁决批复》

● 行政法规

仲裁委员会仲裁收费办法（1995 年）《仲裁收费办法》

● 国际公约

承认及执行外国仲裁裁决公约（1958 年）《纽约公约》

● 仲裁规则

中国国际经济贸易仲裁委员会仲裁规则（2024 年）《贸仲规则》

中国海事仲裁委员会仲裁规则（2021 年）	《海仲规则》
北京仲裁委员会仲裁规则（2022 年）	《北仲规则》
深圳国际仲裁院仲裁规则（2020 年）	《深仲规则》
上海仲裁委员会仲裁规则（2022 年）	《上仲规则》
上海国际经济贸易仲裁委员会（上海国际仲裁中心）仲裁规则（2024 年）	《上海贸仲规则》
中国（上海）自由贸易试验区仲裁规则（2015 年）	《上海自贸区仲裁规则》
广州仲裁委员会仲裁规则（2023 年）	《广仲规则》
合肥仲裁委员会仲裁规则（2022 年）	《合仲规则》
南京仲裁委员会仲裁规则（2022 年）	《南仲规则》
珠海国际仲裁院仲裁规则（2023 年）	《珠仲规则》

目录

绪　论　多元化纠纷解决机制中的民商事仲裁 …… 001

第一编

仲裁与仲裁法

第一章　仲裁概论
第一节　仲裁的概念和特点 …… 012
第二节　仲裁的性质 …… 015
第三节　仲裁的类型 …… 020
第四节　仲裁权 …… 024
第五节　仲裁与民事诉讼 …… 030
第二章　仲裁法
第一节　仲裁法概述 …… 037
第二节　仲裁法的历史沿革 …… 040
第三节　仲裁法的立法体例 …… 046
第四节　仲裁法的基本原则与制度 …… 049

第二编

仲裁协议

第三章　仲裁协议
第一节　仲裁协议的定义、基本特征和性质 …… 058

第二节　仲裁协议的独立性 …… 060
第三节　仲裁协议的效力 …… 065
第四节　仲裁协议瑕疵的补救 …… 072
第五节　仲裁协议的无效和失效 …… 077

第三编

仲裁主体与仲裁管辖权

第四章　仲裁机构
第一节　仲裁机构概述 …… 082
第二节　仲裁庭和仲裁员 …… 088
第三节　中国仲裁协会 …… 098
第五章　仲裁参与人
第一节　仲裁参与人概述 …… 102
第二节　仲裁当事人 …… 104
第三节　仲裁第三人 …… 113
第四节　仲裁代理人 …… 121
第六章　仲裁管辖权（Ⅰ）：自裁管辖
第一节　仲裁管辖权概述 …… 127
第二节　自裁管辖 …… 130
第七章　仲裁管辖权（Ⅱ）：可仲裁性
第一节　可仲裁性概述 …… 139
第二节　争议可仲裁性的审查 …… 146
第三节　特殊争议的可仲裁性 …… 149

第四编

仲裁程序

第八章　仲裁程序
第一节　仲裁程序概述 …… 156
第二节　仲裁的申请和受理 …… 158
第三节　仲裁庭的组成 …… 166
第四节　仲裁审理程序 …… 169
第五节　仲裁简易程序 …… 176
第六节　仲裁程序中的其他问题 …… 179
第九章　仲裁证据
第一节　仲裁证据概述 …… 190

第二节　仲裁证据的收集、提交 …… 195
第三节　仲裁庭对证据的审核认定 …… 202
第四节　仲裁证据保全 …… 205

第十章　仲裁裁决

第一节　仲裁裁决概述 …… 214
第二节　仲裁裁决的作出 …… 218
第三节　仲裁裁决的效力 …… 220

第十一章　仲裁调解

第一节　仲裁调解概述 …… 224
第二节　仲裁与调解相结合原则 …… 231
第三节　仲裁调解的类型 …… 237
第四节　仲裁调解的效力 …… 242

第十二章　仲裁临时措施

第一节　仲裁临时措施概述 …… 249
第二节　仲裁保全的权力主体 …… 253
第三节　仲裁财产保全与行为保全 …… 258
第四节　仲裁临时措施的形式与效力 …… 266

第五编

仲裁裁决的撤销与执行

第十三章　仲裁裁决的撤销

第一节　仲裁裁决的撤销概述 …… 277
第二节　撤销仲裁裁决的事由 …… 285
第三节　撤销仲裁裁决的程序 …… 297
第四节　重新仲裁制度 …… 305

第十四章　仲裁裁决的执行

第一节　仲裁裁决的执行概述 …… 313
第二节　仲裁裁决的执行程序 …… 315
第三节　仲裁裁决的不予执行 …… 319

第六编

中国涉外仲裁与区际仲裁

第十五章　中国涉外仲裁

第一节　涉外仲裁概述 …… 334
第二节　涉外仲裁程序的特别规定 …… 341

第三节　中国涉外仲裁裁决在外国的承认和执行 ······ 344
第四节　外国仲裁裁决在我国的承认和执行 ······ 346
第十六章　中国区际仲裁
第一节　中国区际仲裁概述 ······ 352
第二节　中国区际仲裁裁决的相互认可和执行 ······ 359

第七编

特殊仲裁制度

第十七章　劳动争议仲裁
第一节　劳动争议及其解决机制 ······ 371
第二节　劳动争议仲裁总则 ······ 374
第三节　劳动争议仲裁程序 ······ 382
第四节　调解程序 ······ 387
第五节　提起诉讼和强制执行 ······ 388
第十八章　人事争议仲裁
第一节　人事争议及其解决机制 ······ 393
第二节　人事争议仲裁总则 ······ 394
第三节　人事争议仲裁程序 ······ 397
第四节　提起诉讼和强制执行 ······ 398
第十九章　农村土地承包经营纠纷仲裁
第一节　农村土地承包经营纠纷及其解决机制 ······ 401
第二节　农村土地承包经营纠纷仲裁 ······ 402
第三节　提起诉讼和申请执行 ······ 406

绪 论

多元化纠纷解决机制中的民商事仲裁

一、民事纠纷及其多元解决途径

人类的生存和交往是按照一定习惯或规范进行的，人类社会正是借助于这些由社会自然形成的或由国家法律强制推行的规则，才能井然有序，和谐发展。当那些规范私人之间行为的规则尚未形成或遭到破坏时，就会产生民事纠纷。当这些纠纷无法通过隐忍或自行和解等自力救济的方式消化时，就需要借助于第三方的介入，比如通过调解或裁判而获得解决，从而使被纠纷侵害的私人权利获得补偿，被纠纷破坏的社会秩序获得恢复，被纠纷伤害的心灵获得安抚，被纠纷骚扰的社会恢复有序与和谐。因而，健全多元化纠纷解决机制既是满足人民日益增长的纠纷解决需求的有效途径，也是现代化社会治理体系的有机组成部分。[①] 为此，各国都允许、认可、设置、鼓励、发展和引导多种纠纷解决途径。

民商事仲裁是争议双方自愿将私人争议提交民间第三者裁断，并有义务执行仲裁裁决的一种纠纷解决机制。在民商事仲裁中，程序启动的双方自愿性与裁决结果的双方强制性形成鲜明的对比，这既是我国在民商事仲裁领域坚持人民当家作主与依法治国有机统一的内在要求，也是“坚持人民主体地位，充分体现人民意志、保障人民权益、激发

① 党的二十大报告指出：“在社会基层坚持和发展新时代‘枫桥经验’，完善正确处理新形势下人民内部矛盾机制，加强和改进人民信访工作，畅通和规范群众诉求表达、利益协调、权益保障通道，完善网格化管理、精细化服务、信息化支撑的基层治理平台，健全城乡社区治理体系，及时把矛盾纠纷化解在基层、化解在萌芽状态。”

人民创造活力”要求的必然结果。① 作为具有终局性的社会救济途径和源远流长的成熟的法律制度，民商事仲裁在替代纠纷解决途径（ADR）中居于显著地位。对于当事人而言，仲裁是一种简便、快捷、经济、保密的纠纷解决途径；对于政府而言，仲裁具有缓解法院压力、减少纳税人的负担、化解社会冲突的多重价值；特别是在社会急剧转型和国际交往过程中，相比作为公力救济的民事审判，仲裁利用民间力量裁断私人纠纷，有利于回避政府对内对外的政治风险和冲突，促进社会和谐发展和国际交易。除仲裁之外，我国还有人民调解和行政调解、行政仲裁、行政裁决等其他诉讼外纠纷解决途径，与作为公力救济的民事诉讼并存，形成了多元纠纷解决体系的基本框架。下文将民商事仲裁放在多元化纠纷解决机制之中，特别是与人民调解和民事诉讼进行对比，有助于观察不同的纠纷解决途径如何才能充分发挥各自的优势和预期功能，共同构成一个和谐互补、满足不同社会需求的整体机制。

总体看来，仲裁与调解、诉讼所拥有的正当性资源并不相同，各有其内在逻辑和机理。人民调解、民商事仲裁和民事诉讼作为解决平等主体之间的私人纠纷的途径，虽然控制的阶段、方式和力度不同，但共享一些基本特质，当事人的处分权对于处理纠纷的第三方的权力都构成有效制约。而各种纠纷解决途径的正当性和权威性，都有一个共同基础和前提，就是解决平等对抗的双方当事人之间纠纷的第三方必须公平和公正。然而，“公正必须来源于信任”，在熟人社会，裁判者的权威是长期积累和公认的，因而无须以具体证据证明；而在陌生人社会里，公正就必须是看得见的，须有事实、证据和法律根据才能令人信服。因此，就正当性资源和程序控制的机理而言，一种机制中信任越少，则程序越多，成本就越高；当事人控制力越强，风险越低，则法律干预的力度就越小。

就权威性资源而言，人民调解最少依赖于公权干预，而主要取决于调解人员个人品质、交涉能力、社区地位和公众评价（如公道、智慧）等个性化因素。我国虽然赋予人民调解委员会主持达成的调解协议以证据效力，从法律上强化了人民调解的权威，但这种权威加强是十分有限的，否则即可能违背人民调解的民间性特质。民事诉讼则在另一个端点上，其权威主要依赖于法律干预和国家强制力保障，自愿和信任资源的缺乏决定了审判过程公开和审判结果论证的不可或缺。民商事仲裁介于二者之间，其权威性一方面依赖于仲裁员的人格、专业水平、行业地位、社会评价等个体因素，另一方面也借助于公权力，如财产保全、证据保全和裁决的强制执行。与此相应，仲裁的过程和结果要同时受到来自当事人（及潜在当事人）和法律的双重评价和控制。

就当事人的控制权而言，在调解中，当事人通过对纠纷解决结果保留最终控制权（结果控制权）而控制风险，过程的控制权则交给自己选择或同意的第三方，从而增加纠纷解决过程的灵活性；而由于机制启动的自愿性和处理结果的低风险性，公权力对于民间调解均不干预——既不强制执行调解协议，也不干预调解过程。在仲裁中，当事人通过对纠纷解决机制的启动享有完全控制权（初始控制权）而控制风险，对结果的控制权则交给了自己选定的第三方，但由于强制执行带来的风险，仲裁结果和过程均要受一定

① 党的二十大报告指出：“必须坚定不移走中国特色社会主义政治发展道路，坚持党的领导、人民当家作主、依法治国有机统一，坚持人民主体地位，充分体现人民意志、保障人民权益、激发人民创造活力。”

的公权力干预，当事人对于过程也保留一定的控制权（程序控制权）。在诉讼中，当事人的初始控制权和结果控制权都非常小，而公权力的作用范围和强度都很大，因而最需要通过对过程的法律控制和对第三方权力的制约来防范风险，当事人也应享有一定的程序参与和控制权。

二、民商事仲裁中的私权自治与公权干预

如上所述，在民商事仲裁机制中，既有私权自治，也有公权干预，但我国《仲裁法》第 7 条的原则性规定已在总体上突出了民商事仲裁的民间、自治的个性。“仲裁应当根据事实，符合法律规定，公平合理地解决纠纷”，这一规定明显不同于“以事实为依据，以法律为准绳”的司法原则。然而，在我国民商事仲裁发展进程中，无论在认识上或制度设置上，都未能将竞争机制下的民商事仲裁与垄断性的行政仲裁、私权自治前提下的民商事仲裁与保护私权的民事诉讼真正地区分开来，仲裁管理体制和仲裁程序运作的司法化倾向十分严重，妨碍了我国民商事仲裁事业的长足发展和优势发挥，故有必要进一步了解民商事仲裁中私权自治与公权干预的关系。

（一）仲裁的启动——私权自治基础上的双方合意

在仲裁中，当事人享有完全的初始控制权。民商事仲裁的启动，不仅依赖于当事人的自愿，而且必须是以书面协议记载的双方的自愿——合意。当事人的自治权，不仅包括选择仲裁作为纠纷解决途径，而且可不受地域、级别乃至国度限制地选择仲裁机构，仲裁庭的组成也由当事人决定。仲裁权的范围也由当事人控制，只要不超出法律对仲裁的职能范围的限制——这一限制使得民事诉讼的主管范围大于仲裁。与之相比，调解的启动虽取决于当事人自愿，却不限于“合意”，经单方选择后由第三方征得对方同意亦可；诉讼的启动则只需单方自愿，无须对方同意，且启动方的选择也仅限于是否选择诉讼途径，原则上无权选择管辖法院、法官或审判庭。

当事人在仲裁权和仲裁程序启动阶段享有的高强度的自治权，成为整个仲裁制度的基础和前提，也派生了仲裁程序刚柔相济的特性和仲裁结果的效力，因此，仲裁协议和仲裁管辖权成为整个仲裁制度的核心，也成为司法审查的重心。相反，除此之外的其他事项，特别是实体事项，则应当交给仲裁者处理和决定，否则就违背了当事人选择仲裁并排斥司法干预的根本意愿，也会妨碍仲裁优势的发挥。

（二）仲裁的过程——规程自治基础上的程序保障

既然仲裁权是由当事人自愿赋予仲裁机构和仲裁庭的，则相对于基于法律规定而享有的审判权而言，仲裁权的行使过程具有较大的灵活性。与诉讼程序的高度法定化和统一化不同，仲裁法对于仲裁程序的规定相对宽松和灵活，而把这项权力更多地留给各机构的仲裁规则来规定或交由仲裁庭裁量掌握，比如仲裁法对于各种期日和时限、对于审理过程的具体环节和步骤都很少规定。仲裁当事人则通过选定仲裁规则而保留对于仲裁规程的总体控制权，即使选定仲裁机构也不必然意味着选定该机构的程序规则（虽然在

实践中这种情形并非常态）。当事人对于程序的选择权和参与权，主要是仲裁庭在行使那些程序性裁量权时，通常会询问和尊重当事人的意见，从而形成当事人双方及仲裁庭之间在程序事务上相互制约的格局——当事人通过对市场竞争性质的仲裁机构及仲裁规则的选择权对仲裁庭构成潜在制约，仲裁庭运用当事人赋予的管辖权和裁决权在程序运作过程中制约当事人，当然，受仲裁协议总体控制的双方当事人在内部公开的过程中自然地形成彼此制约的关系。

（三）仲裁的结果——公权支持基础上的司法审查

当事人双方将纠纷解决的权力交给仲裁庭，就意味着双方将接受并执行该仲裁庭的裁决结果，因此，从根本上说，仲裁裁决的正当性和有效性都源于当事人的合意。然而，仲裁作为自治性或民间性的纠纷救济机制，其裁决结果的有效性必须依赖国家的认同和支持，而国家以强制执行仲裁裁决等方式支持仲裁的前提，是须进行司法审查从而确认其作为执行根据的有效性。一般而言，一国的仲裁司法审查体制取决于整个纠纷解决体系对于终局性仲裁的依赖程度，而后者又反过来决定着仲裁的正当性及有效性，从而决定仲裁能否真正成为可依赖的替代诉讼的纠纷解决机制。在这个因果链条中，起决定作用的是一个国家和社会对于民商事仲裁特点的认识和功能的期许，更深层次的决定因素则是自由市场和社会自治的发育程度。这也是我国司法对仲裁的高度干预以及对国内仲裁和涉外仲裁的司法审查实行双重标准的缘由。然而，随着中国加入 WTO 和国内国际市场的链接，随着国家权力在整个社会特别是民商事领域的逐步式微，随着司法资源供求矛盾的日益加剧和纠纷解决体系对于 ADR 的日渐依赖，这种司法审查体制的历史合理性已自然死亡。

具体而言，司法审查对于仲裁结果的干预，须满足两个前提条件才能对仲裁的启动和过程产生正面而非负面效应：其一，存在一个完全由当事人自由选择的仲裁市场。在当事人无法自主选择加入或退出的市场中，司法审查的事后控制只能影响个案的结果，不可能转化为当事人对仲裁的入口控制，因而也无法形成或利用市场机制来优化仲裁的内部机制，即自治性管理模式。其二，审查标准必须符合民商事仲裁自身的特质和功能，亦即保障当事人对于仲裁选择的绝对控制权和对于仲裁过程的部分控制权即程序参与权不受破坏，故司法审查的核心是仲裁权是否取得和当事人受通知、听证的基本程序权利是否获得保障。相反，如果国家凭借司法审查频繁地否定当事人选择仲裁途径的意志，也就妨碍了当事人的入口控制权。这种抑制仲裁的政策导向将使仲裁行业在纠纷解决体系中处于整体不利的竞争地位，既无助于促进国内仲裁行业内部的优胜劣汰，又不利于贯彻落实党的二十大报告关于“维护我国公民、法人在海外合法权益”的要求，还可能导致中国在一个开放的国际仲裁市场中处于不利的竞争地位。

（四）仲裁的管理——市场竞争机制下的内部治理

我国民商事仲裁脱胎于行政仲裁，在组建初期由国家财政资助，并且到 2015 年 244 家仲裁机构中只有少数实现了经济自足，加之对民商事仲裁的局部或片面认识和我国曾经存在的迷信行政权的思维定式和路径依赖，因此，自 1995 年《仲裁法》实施以来，围绕仲裁权的制约机制和仲裁机构的管理模式所展开的争论始终没有休止。突出的问题是：仲裁一旦脱离行政的控制，凭借什么力量对仲裁权构成制约？以司法行政管理模式规制仲裁，将产生怎样的效应？

简言之，仲裁的根本制约力量是基于当事人的自由选择权而形成的市场竞争机制，以及由此推动的仲裁机构内部治理。这与我们所熟悉的民事司法制度迥然不同。当事人自由选择仲裁机构和仲裁员的权利构成了对仲裁的“入口控制”和对当事人权利的根本保障，并在远期意义上形成对仲裁机构生存和发展的强大控制力，因为在仲裁市场的多次博弈中，仲裁机构作为多次“交易”的市场参与者，当事人选择交易伙伴的自由和优胜劣汰的市场规律构成了对仲裁的导向和制约。因此，保持仲裁管辖权的自愿性和仲裁管理的自治性，就相应减少了仲裁权制约对于公权救济的依赖，而增加了对市场机制的依赖；相反，对于仲裁自治性和仲裁市场机制的破坏，也将根本性地破坏仲裁制约机制。无论是作为仲裁机构的仲裁委员会的内部管理，还是来自政府部门及实施行业管理的仲裁协会的外部管理，也无论是人事管理，抑或是财政管理，违背自治性原则，就会破坏仲裁的自洽的逻辑，并最终破坏仲裁权制约机制的根基。比如，行政主管部门对仲裁委员会负责人的任免权和对仲裁员聘任的审批权，加之仲裁机构在当事人无法共同选定独任仲裁员或首席仲裁员的情形下所行使的代理选择权，行政机构对于仲裁机构负责人乃至仲裁员的控制，间接导致了对当事人选择仲裁员权利的控制或架空；而等同于司法行政管理的“收支两条线”财务管理模式，则剥夺了仲裁机构在自收自支模式下享有的自我管理、自主分配、自负盈亏的权利，强化了仲裁机构基于对财政拨款的欲求而产生的对行政权的依赖、依附和屈从。既然仲裁机构和仲裁员的权力资源实际上来源于行政强制，而不是市场选择，那么，听命于行政控制、丧失仲裁独立和自治，即是合乎逻辑的结果。行政机关作为案外人对仲裁权的场外制约，与作为利害关系人的当事人对仲裁的入口控制和过程控制相比，对于生产出客观、有效、健康、公正、高效的仲裁裁决的负面影响已是不言自明了。

三、民商事仲裁的优势发挥

尽管解决民事纠纷是多元化纠纷解决机制的共同功能，但是基于每一种机制的内在特质和预设功能，其各有优势和相应劣势。任何一种机制试图实现所有价值、占有全部资源、克服一切劣势、替代其他机制，都有可能丧失自己的个性和与劣势相伴而生的优势。如前所述，解纷机制的自愿程度越高，纠纷解决过程对于裁判者个人权威的信赖和依赖程度越高，则对于程序和规则的要求就越低，与此相应，程序和规则较少的解纷机制的成本也就越低，对于结果的承认和执行也就能越少依赖于强力保障。民商事仲裁的个性是其民间性和合意性与国家干预性和强制性并存，其优势和劣势也源于此，因此，无论是仲裁制度的设计者（立法机构）、运作者（仲裁机构），还是利用者（当事人），利用和发挥仲裁的内在优势，应考虑其以下特点。

（一）以自愿为前提的有限强制

仲裁的自愿性和合意性使之获得充分的信任资源，这是仲裁相对于司法所占有的强大优势，也是仲裁得以通过相对简单的程序处理、实行一裁终局并且自动履行比率较高的根本原因；相对而言，公权干预和强制只能是一种辅助和外在的制度设置。有些关于发展仲裁的建议试图把司法制度中的一些强制手段引入仲裁，无异于舍本求末，比如希望赋予仲裁庭实施财产保全、证据保全和强制有关单位出示证据的权力，甚至赋予仲裁庭追加第三人的权力。这些建议从根本上违背仲裁作为民间自治性机制的性质。强制权力的增加意味着滥用权力的危险增加，因此要么意味着权力对当事人和社会的侵害，要么意味着以权力控制为目的的审查机制的增加，最终意味着仲裁成本的增加和仲裁的市场竞争力降低。与司法相比，仲裁的力量在于其弱，而不在于其强。

（二）对裁判者个人的信赖与对规则和程序的依赖相结合

仲裁员的专业性使之获得充分的个人权威，无论是相对于人民调解还是相对于司法，仲裁的这一优势都是无可比拟的。在熟人社会，长期积累而非临时评定的裁判者的个人威信就代表着权威和公正，对人的信赖替代了对制度的依赖，对人的了解替代了对过程了解的需求。民商事仲裁的起源是商人们愿意把纠纷交给本行业中的朋友或权威人士来解决，在信奉裁决者的个人权威这点上，仲裁也拥有类似于熟人社会的信任资源。不过由于现代商业社会的快速流动，加之新兴的中国商人“俱乐部”的未然状态，仲裁员的权威不再是熟人社会中不须评定的威信，而依托于行业或专业评定的权威性。当事人对于仲裁员的选择不再依赖于自己对仲裁员本人的了解和判断，而信赖整个行业的判断和评价，比如仲裁员个人信息所显示的头衔、背景、阅历等；同时仲裁委员会作为一个机构在行业中所获得的整体评价，也构成仲裁的权威性的一部分，而仲裁委员会的声誉则是由该机构的规则及其在选聘仲裁员方面的鉴赏力来保证的。

尽管如此，由于当事人对于仲裁员缺乏亲自了解和信任，特别是由于这种陌生，至关重要的首席仲裁员往往不能按照法律和仲裁规则所希望的那样真正由当事人参与选定，因而当事人对于仲裁庭的信赖程度无法与民间调解相比，加之一裁终局和仲裁裁决的强制性所蕴藏的巨大风险，仲裁公正对于规则和程序的依赖程度就要大大高于民间调解。为了降低上述风险，同时避免由于过分增加程序和救济/监督机制而产生的仲裁成本增加，挖掘仲裁优势的有效路径就是通过聘任优质的仲裁员，以强化仲裁员的个人权威，同时优化仲裁规则和强化内部管理以增加仲裁机构的可信赖度。其一，由于仲裁员不受人事编制的拘束，仲裁员的选聘可以完全由仲裁委员会自主掌握，仲裁机构不会面临司法机构那样的历史问题；其二，我国仲裁法规定的仲裁员选任条件比法官选任的条件高，从事仲裁工作或律师工作或曾任审判员满8年，或者从事法学研究、教学工作并有高级职称，这些仲裁员在法律界或者在本行业中的权威性评价大大节省了仲裁机构在确定人选时的信息成本；其三，仲裁机构一般都设在大城市，这些地区集中了各个行业的优秀人才，为仲裁事业储备了丰富的人力资源，而仲裁员的合法兼职身份为仲裁事业和仲裁员所从事的行业发展都提供了良机；其四，仲裁庭作为以个案为目标临时组成的组织，仲裁员之间的沟通困难和信任缺乏，可以避免法院这样的固定机构所形成的来自内部或外部的错综复杂的人际关系，以及由此带来的独立困境。基于这些优势，只要国家政策和立法倾向于鼓励和发展仲裁并给予必要的法律支持，仲裁会以低成本投入、高正义产出的显著优势，成为民事商纠纷解决体系中的最重要途径。

(三) 纠纷解决的较低成本与多重收益

成本与收益的比值是评价一种纠纷解决机制优劣的主要指标。仅就解决纠纷的意义来看，民事诉讼制度的程序最复杂、审级和复审途径最多，因而成本最高；但民事诉讼的独有价值是维护和创制规则，从而使诉讼制度在解决整个社会纠纷方面的收益具有“批量生产”的效应，审判在解决个案纠纷的过程中形成具有确定性、统一性和普适性的规则，为解决其他同类社会纠纷提供可资参照的规则和参数，并预防潜在的社会纠纷。仲裁作为灵活性与规范性并重的纠纷解决机制，对于法律和行业惯例的适用在一定程度上也有规则价值。而对于个案当事人而言，仲裁的一裁终局和程序的灵活性，则使仲裁大大节省了成本，从收益上看，仲裁裁决与司法裁判一样具有强制执行力，并且具有更强的终局性——不因上诉或再审而易于推翻。然而，仲裁的风险和劣势也正在于此，强制执行的力度与程序保障的相对薄弱和救济途径的相对缺乏形成强烈反差，从而将这一机制的风险控制途径更多地交给了当事人，因此，当事人在选择仲裁时，对于仲裁机构和仲裁员的资讯和信用应当有基本的了解。而一个仲裁机构在成本比诉讼低的基础上，如果能够保障正义收益反而比诉讼高，则会成为当事人解决纠纷的最佳选择。

此外，基于仲裁的自愿性和自治性，仲裁还具有其他优势或收益，如仲裁程序的灵活性、仲裁过程的保密性、仲裁结果的确定性。仲裁程序可根据双方的意见随时变通，成为过滤、吸附、缓解、疏导当事人之间对抗情绪的过程；仲裁员是由当事人参与选定的，当事人之间以及当事人与仲裁员之间的戒备和对立情绪要小得多，加之在保密的状态下仲裁，有助于达成和解，便于纠纷的彻底解决。但这些优势的实现需要以避免仲裁司法化的倾向为条件，许多仲裁机构的程序高度复杂和僵化，特别是受律师影响过大，程序缓慢而昂贵，不利于恢复当事人之间的友好关系，而会像法院判决一样加剧对抗，破坏双方的合作关系。

总之，在多元化纠纷解决机制中发展仲裁，其意义不只在于增加一种纠纷解决的有效途径，也有助于优化民事司法制度本身。一方面，仲裁与其他审判外纠纷解决途径一样成为分流司法压力的一种机制；另一方面，仲裁制度所体现的许多理念，特别是当事人自治或处分权主义，在缓解陌生人社会中的信任危机从而增加裁判的正当性方面的价值，为建立当事人主义理念的民事诉讼制度提供了重要启示。这种影响也推动了一些现代西方国家某种司法仲裁化的倾向。不过，在我国尚未实现司法职业化的背景下，强调仲裁与司法各自的优势，并通过制度强化发展每一种纠纷解决机制的个性和优势，将更有利于我国真正建立价值多元的社会纠纷解决体系。

PART ONE

1

|第一编|

仲裁与仲裁法

第一章
仲裁概论

本章概要

仲裁是现代社会不可或缺的纠纷解决机制，是与民事诉讼并行的纠纷解决方式。它是随着商品经济的发展，社会主体平等地位的确立，自由意志得到认可，以及人与人之间的身份关系逐步转变为理性的契约关系而相应产生和发展的。这种纠纷解决机制以当事人意思自治为首要原则，以仲裁协议为前提条件；以国家法律为依据，以国家司法机关的支持、监督为后盾；以程序的规范性、灵活性和保密性以及裁决者中立的地位为仲裁公正性的保障，并以仲裁裁决的强制执行性，使当事人之间的纠纷得以最终解决。本章是关于仲裁的概述，在介绍仲裁制度的产生与发展的基础上，重点论述仲裁的含义及特点，以及仲裁与民事诉讼的关系等内容。

关键术语

仲裁　国内仲裁　涉外仲裁　机构仲裁　临时仲裁　依法仲裁　友好仲裁　民事诉讼

课程思政

要发挥人民调解、商事仲裁等多元化纠纷解决机制的作用，加强法律援助、司法救助等工作，通过社会力量和基层组织务实解决民事纠纷，多方面推进民法典实施工作。

——2020 年 5 月 29 日习近平在十九届中央政治局第二十次集体学习时的讲话

1. 结合仲裁的自愿性与独立性，阐述“人民当家作主”在商事仲裁中的体现。

2. 结合友好仲裁与临时仲裁，引导学生认识到仲裁在贯彻和谐、诚信、友善等社会主义核心价值观方面具备的独特功能。

第一节　仲裁的概念和特点

一、仲裁的概念

在汉语中，“仲裁”一词，从字义上讲，“仲”表示居中的意思，“裁”表示衡量、评断、作出结论的意思。按照《现代汉语词典》的解释，“仲裁”就是“争执双方同意的第三者对争执事项作出决定”。

仲裁作为一个法律概念有其特定的含义。尽管在学术界还没有形成统一的概念，但基本含义是一致的，即仲裁是指发生争议的双方当事人，根据其在争议发生前或争议发生后所达成的协议，自愿将该争议提交中立的第三者进行裁判的争议解决制度和方式。根据这一概念，仲裁具有以下三要素：（1）仲裁是以双方当事人自愿协商为基础的争议解决制度和方式；（2）仲裁是由双方当事人自愿选择的中立第三者进行裁判的争议解决制度和方式；（3）经由当事人选择的中立第三者作出的裁决，对双方当事人具有法律约束力。

与人民调解和民事诉讼一样，仲裁也是解决争议的一种方式，但却属于非经司法诉讼途径即具有法律约束力的争议解决方式。作为一种非讼纠纷解决方式，仲裁不仅广泛运用于民商事争议解决过程中，同时也成为解决劳动争议和农业承包合同纠纷的重要方式，即对于劳动争议和农业承包合同纠纷可以通过仲裁的方式予以解决，而且在我国已经形成了劳动争议仲裁和农业承包合同纠纷仲裁。但由于劳动争议仲裁和农业承包合同纠纷仲裁与民商事仲裁所存在的差异，根据《仲裁法》的规定，上述两种仲裁不受《仲裁法》的调整。因此，在这里我们所讲述的仲裁，如无特别说明，均仅指民商事仲裁。

二、仲裁的特点

作为一种解决财产权益纠纷的民间性裁判制度，仲裁既不同于解决同类争议的司法、行政途径，也不同于人民调解委员会的调解和当事人的自行和解。仲裁具有以下特点。

(一) 自愿性

当事人的自愿性是仲裁最突出的特点。仲裁以双方当事人的自愿为前提，即双方当事人之间的纠纷是否提交仲裁，交与谁仲裁，仲裁庭如何组成、由谁组成，以及仲裁的审理方式、开庭形式等，都是在当事人自愿的基础上，由双方当事人协商确定的。可见，仲裁是最能够充分体现当事人意思自治原则的一种争议解决方式。

在仲裁制度发展的不同时期，基于对当事人意思自治尊重和限制的程度不同，可大致将当事人意思自治分为完全自由时期、绝对限制时期及相对限制时期。[①] 随着仲裁的

① 参见张斌生主编：《仲裁法新论》，579页，厦门，厦门大学出版社，2004。

发展，加强仲裁中的当事人意思自治已经成为世界各国，特别是西欧国家晚近仲裁立法改革的一个重要趋势。综合来看，当事人意思自治在现代仲裁中的作用集中表现在三个方面：第一，使当事人订立仲裁协议的法律行为具有为法律所认可的效力。第二，使仲裁协议中的内容相对于仲裁立法和仲裁规则中的推定性和任意性规定有优先适用于当事人的效力。第三，当事人意思自治原则的相对性，决定了这一原则的适用不得超越和违背法律的强行性规范。

（二）专业性

专业性是仲裁的突出特点和优势。仲裁的专业性主要表现为裁判者即由仲裁员组成的仲裁庭的专业性。我国《仲裁法》对仲裁员的专业资格提出了很高的要求，如仲裁员必须通过国家统一法律职业资格考试取得法律职业资格，从事仲裁工作满 8 年，或者从事律师或审判员工作满 8 年，或者从事法律研究、教学工作并具有高级职称，或者具有法律知识并从事经济贸易等专业工作，具有高级职称或同等专业水平。因此，仲裁的专业性体现为：首先，仲裁员所具有的法律专业水平和能力。仲裁程序的进行与案件的裁判都会涉及各种各样的法律问题，仲裁的过程即是仲裁员将法律适用到具体案件、解决纠纷的过程。因此，由具有一定法律专业资格的人担任仲裁员是仲裁权威性的重要保障。其次，仲裁的专业性体现为仲裁员所具有的实体专业水平和能力。仲裁民商事纠纷往往涉及特殊的知识领域，仲裁中会遇到许多复杂的实体专业问题，如建筑、经济贸易等有关的技术性问题，故专家裁判更能体现专业的权威性。因此，由具有一定专业水平和能力的专家担任仲裁员，对当事人之间的纠纷进行裁决，是仲裁公正性的重要保障。根据我国《仲裁法》的规定，各仲裁机构都备有分专业的、由专家组成的仲裁员名册供当事人进行选择，专家仲裁由此成为民商事仲裁的重要特点之一。

（三）灵活性

由于仲裁充分体现当事人的意思自治，仲裁中的诸多具体程序都可以由双方当事人自愿协商确定与选择。一般而言，当事人均可以在仲裁中对仲裁庭的组成方式、开庭方式、准据法等进行选择，无严格的地域管辖规定。因此，与民事诉讼相比，仲裁程序更加灵活，更具有弹性。

基于仲裁的灵活性，原则上法律只需规定一些基本规则保证仲裁程序最低限度的规范性即可，具体的仲裁程序可由双方当事人根据个案的需要自主协商约定。在机构仲裁中，当事人既可以协商选择适用该仲裁机构的仲裁规则，也可以选择适用其他仲裁规则，还可以自行约定具体的仲裁程序。如《贸仲规则》第 4 条第 2 项规定：“当事人约定将争议提交仲裁委员会仲裁的，视为同意按照本规则进行仲裁。”第 3 项规定：“当事人约定将争议提交仲裁委员会仲裁但对本规则有关内容进行变更或约定适用其他仲裁规则的，从其约定，但其约定无法实施或与仲裁程序适用法强制性规定相抵触者除外。当事人约定适用其他仲裁规则的，由仲裁委员会履行相应的管理职责。”而且根据当事人的协议，仲裁庭还可以参考国际商事惯例或依据公允善良等原则对实体争议作出裁决，而不必严格遵循和适用法律规则，以避免和矫正个案中的不公与偏差。

（四）保密性

相对于诉讼的公开审理而言，仲裁具有保密性的特征，即仲裁不公开进行，仲裁员、任何一方当事人以及仲裁参与人负有对仲裁所涉文件、仲裁审理过程等的保密义务。

仲裁的保密性主要体现在两个方面：第一，仲裁以不公开审理为原则。不公开审理，即仲裁程序不对社会公开，仲裁审理不允许民众旁听和新闻媒体采访报道。我国《仲裁法》第40条规定："仲裁不公开进行。当事人协议公开的，可以公开进行，但涉及国家秘密的除外。"第二，仲裁员、任何一方当事人及仲裁参与人负有仲裁保密义务，不得将仲裁文件、案件实体情况及审理过程对外披露。《贸仲规则》第38条第2项规定："不公开审理的案件，双方当事人及其仲裁代理人、仲裁员、证人、翻译、仲裁庭咨询的专家和指定的鉴定人，以及其他有关人员，均不得对外界透露案件实体和程序的有关情况。"由此可见，仲裁保密性强调的是不对外公开、不对外披露的特征，而不仅仅是不为当事人以外的人知晓。有观点认为，证人是仲裁案件以外的人，证人出庭作证必然知道双方当事人的仲裁内容，因此与仲裁保密性特征相违背。这一观点实际上是对仲裁保密性特征的错误理解。仲裁保密性的核心在于，案件情况对社会不公开、不披露，以维护当事人的商业秘密与企业形象，而证人本身就是知悉案件相关事实的人，因此其出庭作证本身并不破坏仲裁的保密性。而且证人仅在需要对其证言进行质证时才出庭，证人通过出庭所获知的其他案件情况非常有限。同时，证人出庭作证是质证认证的一种重要手段，如果证据中有证人证言，则证人必须出庭。当然，证人因出庭作证而知悉的其他案件情况，不得对外界透露。这也是仲裁保密性的关键所在。

（五）快捷性

快捷性是仲裁的显著特点，表现在：

（1）当事人的自愿性为仲裁的快捷高效提供了前提条件。当事人可以根据个案的需要自主选择适当的仲裁程序，避免一些不必要的程序设计，提高仲裁的效率。

（2）或裁或审、一裁终局制度保障了仲裁的快捷性。双方当事人对发生的争议，或者通过仲裁方式解决，或者通过诉讼方式解决，如果当事人达成了仲裁协议，当发生纠纷时，任何一方当事人即不能就该争议向人民法院提起诉讼，而应当根据仲裁协议向仲裁机构申请仲裁。仲裁裁决一经仲裁庭作出即产生法律效力，当事人不得再提起诉讼或者申请仲裁。或裁或审、一裁终局制大大减少了解决纠纷的环节，使纠纷得以迅速解决。

（3）简易仲裁程序的适用有助于实现仲裁的快捷性。简易仲裁程序通过由独任仲裁员组成仲裁庭、缩短各种期限、简化仲裁过程以及灵活的审理方式等制度设计，使仲裁程序更加简便易行。需要注意的是，虽然我国也规定了简易仲裁程序的适用，但在我国的立法和实践中可以进一步放宽对简易程序的适用范围，使仲裁的快捷性得到更充分的实现。

（六）经济性

仲裁的经济性主要表现在：第一，时间上的快捷性使得仲裁所需费用相对减少；第二，仲裁无须多审级收费，使得仲裁费用往往低于诉讼费用；第三，仲裁的自愿性、保密性使当事人之间通常没有激烈的对抗，且商业秘密不必公之于世，对当事人之间今后的商业机会影响较小。

（七）独立性

仲裁的独立性是指仲裁独立于行政机关、社会团体和个人，依法独立进行。

仲裁独立性的核心在于仲裁是一种独立的纠纷解决方式。或裁或审、一裁终局制度表明仲裁与民事诉讼一样，能够独立地、终局性地解决纠纷，是与民事诉讼相并列的纠纷解决机制。

仲裁的独立性还表现为仲裁机构的独立与仲裁庭的独立。仲裁机构独立于行政机关，与行政机关没有隶属关系；仲裁机构之间也没有隶属关系。仲裁庭的独立是指，在仲裁过程中，仲裁庭独立进行仲裁，不受任何机关、社会团体和个人的干涉，亦不受仲裁机构的干涉。仲裁庭是行使仲裁权的主体，对仲裁案件具有独立的审理权和裁决权，仲裁庭的独立性是案件公正裁决的基础。因此，仲裁委员会以及其他行政机关、社会团体和个人不得以任何理由和借口对仲裁庭行使仲裁权的行为进行干预。应当注意，虽然法律赋予法院对仲裁的司法监督权，但法院的监督属于事后监督，其无权干预仲裁庭的仲裁审理和裁决。

第二节 仲裁的性质

一、关于仲裁性质的各种理论

仲裁的性质是长期以来一直争论不休的问题。概括起来，在国内外的有关仲裁理论和实践中，主要有以下几种观点。①

（一）仲裁的司法权理论

仲裁的司法权理论强调国家对于仲裁所具有的控制权和调整功能。该理论认为，仲裁虽然来自当事人的协议，但在仲裁协议的效力、仲裁员的仲裁行为、仲裁裁决的承认与执行等方面，其权威性来自国家的法律，来自国家授权以及对国家司法权力的分割和让与，因此仲裁具有司法权的性质。

根据该理论，由于司法权是国家所有的权力，是国家授权法院行使的一种权力，因而仲裁具有司法权的属性，实质上就是认为仲裁庭是国家司法组织的一个组成部分。仲裁员的权力来自当地的法律，仲裁裁决与法院的判决具有同等意义。该种观点的理由是，

---

① 参见韩健：《现代国际商事仲裁法的理论与实践》，34－41页，北京，法律出版社，2000；乔欣：《仲裁权论》，32－40页，北京，法律出版社，2009；杨荣新主编：《仲裁法的理论与适用》，152－154页，北京，中国经济出版社，1998。

判案通常是由国家设立之国家法院实施的一种主权职能。当事人只能在仲裁地法明示允许或默示接受的范围内提交仲裁。如果没有法律的授权，仲裁员就没有进行仲裁的权力。因此，仲裁制度内在本质的理论依据来源于国家审判权的授权，从这种意义上说，仲裁裁决也是一种经过授权的法院判决。由此可以看出，主张仲裁具有司法属性，实质上是认为仲裁是司法权的一部分，是国家司法权的一种让与。

（二）仲裁的契约理论

仲裁的契约理论认为，仲裁是一种契约，具有契约的属性和特征，即仲裁是基于双方当事人之间的协议而设定的，仲裁程序也是根据当事人在协议中的约定确定的，仲裁就是履行当事人之间所订立的关于解决纠纷的协议的结果。这种理论之所以强调仲裁的契约性，是因为其认为仲裁员的权力不是来自法律的规定，而是来自当事人之间的协议。

仲裁的契约性是基于仲裁来源于双方当事人的授权，即当事人之间存在一种协议即契约，双方当事人依据自己的愿望和合意使仲裁庭获得仲裁权，从而作出裁决，解决纠纷。同时该理论认为，在仲裁庭与当事人之间也存在一种契约，这种契约是一种委托代理契约。法国学者尼布耶那（Niboyet）认为：仲裁裁决具有契约性质，这是因为仲裁员权力的取得，不是来自法律或司法机构，而是来自当事人之间的协议。仲裁员是按照当事人在协议中的意愿去裁定争议的。当事人让仲裁员以公断人身份作出裁定是一种真正的委托。由此，裁决也被注入了契约性，如同所有协议一样，裁决必然具有法定效力，而且具有终审判决的权威。

仲裁具有契约性的观点与仲裁的司法权观点相对抗，它否认国家对仲裁的影响，否认仲裁权来源于国家法律或司法机构的授权，也否认司法权对仲裁的影响。其认为：仲裁的本质是根据当事人的意志设立的，法律只是对当事人协议的补充，对仲裁程序的规范。仲裁权的唯一来源是当事人的协议，当事人授权仲裁庭对他们之间的争议进行裁决，所以仲裁员实质上是当事人的“代理人”，仲裁裁决相当于代理人代表当事人订立的一种协议。仲裁庭之所以要按照当事人的意愿行使仲裁权，当事人之所以能够服从仲裁权，履行仲裁裁决，正是由于当事人之间、当事人与仲裁庭之间存在的契约的约束。因此这种观点是对当事人自治权的肯定，亦即仲裁庭必须尊重当事人的意愿，并在当事人授权范围内行使仲裁权。

（三）仲裁的混合理论

仲裁的混合理论是对司法权理论和契约理论的扬弃。该理论的倡导者索瑟-霍尔（Sauser-Hall）认为，仲裁起源于私人契约，仲裁员的人选和支配仲裁程序的规则的确定，主要取决于当事人之间的协议。但是，仲裁不能超越所有的法律体系，实际上总是存在一些能够确定仲裁协议的效力和裁决可执行性的法律。因此，仲裁契约和司法因素是相互关联和不可分割的。他提出，仲裁是一种混合性的特殊的司法制度，它来自当事人之间的协议，同时又从民事法律中获取司法上的效力。

根据这一理论，仲裁具有混合性。一方面，仲裁庭的权限取决于当事人之间的协议；另一方面，仲裁庭在裁决纠纷的过程中要遵守仲裁地国家的法律，它不能逾越任何一种法律制度。也就是说，仲裁既有司法权的属性，也有契约的属性，是当事人的意愿与仲裁地法的一种协调。但是在司法性与契约性的协调上，该理论主张，仲裁应在仲裁地法允许的范围内，按照双方当事人的协议进行。只有在当事人没有明示的情况下，仲裁庭才可以直接根据仲裁地法的规则进行。如果仲裁裁决违反法院地的公共政策，或者仲裁审理的事项属于国家法院的专属管辖范围之内，法院则有权拒绝执行仲裁裁决。

这一理论极具代表性，在仲裁理论中占有较大的优势。该理论所承认的仲裁与仲裁地国家法律之间的关系，以及仲裁在法律许可情况下受当事人意志支配的观点，即是对仲裁双重性质的肯定，是对仲裁理论的重要突破。

（四）仲裁的自治理论

这一理论的提出者是拉伯林·戴维奇（Rubellin Devichi）女士。她认为，不能把仲裁决然分为司法的或契约的，仲裁也不是一种混合制度。“问题是，应该知道仲裁是否在这两种构成之外形成了一种自治体系。确定该体系的性质不应参照合同或司法体系，而应根据仲裁的目的，以及不愿诉诸国家法院的当事人所作的保证或许诺对仲裁的法律权威进行论证。”她同时认为，仲裁制度是一种独创的制度，它摆脱了契约和司法权的观念，因此是一种超国家的自治体系。

仲裁的自治理论是从一个全新的角度审视仲裁，强调仲裁的自治与独立，承认当事人具有控制仲裁的绝对自由，肯定当事人无限的意思自治。从这一理论出发，仲裁是一种从顺利处理国际商事关系的基本需要出发，基于当事人的授权而对争议进行裁决的权力。仲裁协议和仲裁裁决所具有的强制性，不是基于契约的约束，也不是基于司法权的让与，而是解决争议的实际需要。因此，当事人的授权对仲裁权具有决定意义，当事人可以自由选择适用于仲裁的法律，无论是实体法还是程序法。如果当事人没有明示可适用的法律，仲裁员有权根据特定案件的具体情况，适用他们认为适当的法律与规则。从当事人的角度来看，这实际上也是当事人的一种授权形式，即默示授权；从仲裁庭的角度看，它是仲裁庭自由裁量权的体现。

（五）仲裁的准司法权理论

仲裁的准司法权理论主要是我国国内学者的一种观点。该观点认为，仲裁制度是司法制度的一部分，但又不同于司法制度；仲裁是国家法律认可的一种纠纷解决方式，但又区别于诉讼；仲裁裁决与法院判决一样具有法律效力，具有可执行性，但仲裁机构无权执行。因此，仲裁是一种准司法手段，仲裁程序是准司法程序。

仲裁的准司法权理论与仲裁的混合理论的区别在于，仲裁的准司法权理论更突出仲裁的司法性，而混合理论则侧重于契约性。仲裁的准司法权理论导致了仲裁是一种准司法性权力理论的产生，即：仲裁既包括当事人授权，也包括国家法律的授权，当事人授权要服从于法律授权；仲裁权的行使既有任意性的一面，也有强制性的一面，任意性也要在法律规定的范围内；仲裁既有司法权的特征，也有民间性的属性；仲裁庭依仲裁权所作出的裁决，既与法院判决有同等效力，又有可能被法院撤销或不予执行。

（六）仲裁的行政性理论

仲裁的行政性理论实际上是从我国长期的仲裁实践中总结出来的一种理论。该理论认为仲裁具有行政性质，因为：仲裁机构是行政管理机构，是国家行政管理体系中的一个职能部门，它由行政机构组建，并受行政机构的监督；仲裁程序具有某些行政程序的特点，依靠行政权解决纠纷；仲裁裁决实质上是一种行政决定。

基于这种观点，仲裁来源于国家法律和行政法规的规定，仲裁庭依照法律赋予的职权进行仲裁。当事人的意愿要服从于法律的明确规定和仲裁机构的职权，仲裁庭所作出的决定具有强制性，但没有终局性，当事人对仲裁裁决不服，仍然可以通过诉讼的方式请求法院进行审理。

仲裁的行政性理论的实质是行政仲裁。行政仲裁是解决行政纠纷的一种方式，它与解决民商事纠纷的仲裁是两种完全不同的仲裁方式。如果硬性地将两种仲裁方式混为一谈，实质上是混淆了两种仲裁的性质，它必然导致仲裁权具有行政性，使当事人的意思自治原则无法得到体现，甚至违背当事人的真实意愿。我国以往的仲裁实践已经印证了这一点。

（七）仲裁的民间性理论

仲裁具有民间性的观点，是近年来学者提出的一种理论。该理论的特点是从仲裁权性质的角度来看仲裁的性质。该理论的主要观点如下。①

（1）从仲裁权的基础来看，仲裁权产生于双方当事人的共同授权，即双方当事人必须在合同中订立仲裁条款，或者达成书面仲裁协议后才能通过仲裁方式解决争议。因为双方当事人的合意授权更多地体现为民间性，所以，仲裁机构根据双方当事人的合意享有的仲裁权所表现出来的也应该是民间性。

（2）从仲裁权的功能来看，因为设置仲裁权的目的在于解决纠纷，所以，仲裁权的功能主要表现为对当事人之间争议的解决。而仲裁权之所以具有解决争议的功能，其根本原因就在于争议双方当事人对仲裁权的信任，也就是广大社会公众对仲裁权的信任，这种公众信任完全表现为民间性。

（3）从仲裁权的运作过程来看，仲裁权的享有者——仲裁机构的选择、仲裁员的选任、仲裁庭的组成形式、仲裁地点以及提交仲裁的争议事项，均由双方当事人合意决定；而仲裁权运作的结果——仲裁裁决，也可能会因当事人申请人民法院对仲裁的司法监督而归于无效。这些无不说明仲裁权的民间性和非国家强制性。因此，仲裁权是建立在社会公众信任基础上的一种民间性契约授权。

二、对仲裁性质的认定

对仲裁法律属性的认识过程是对以往仲裁法律属性界定的扬弃和提炼过程。可以说，

① 参见杨荣新主编：《仲裁法理论与适用》，152－153页，北京，中国经济出版社，1998。

任何理论都是在扬弃与提炼中得到发展的。通过比较不同理论观点，吸取其精髓，摒弃不合理因素，应当认为仲裁的性质既不是司法性的，也不是行政性的；既不是单纯的契约性的，也不是纯民间性的。仲裁的性质是包含了民间性与司法性因素在内，并以民间性为基础，融入了一定的国家司法权性质的混合性纠纷解决方式。

（一）仲裁的民间属性

仲裁的民间属性是仲裁的基本属性。仲裁具有民间属性是现代仲裁制度的显著特征，仲裁的民间属性主要反映在社会所普遍接受和认可的各项仲裁的原则中。

（1）仲裁是以双方当事人的合意为基础，通过双方达成的仲裁协议，授权仲裁庭解决他们之间的纠纷。这种契约授权的方式是在双方当事人完全自主、没有任何强制性约束的情况下进行的，是一种自由的、民间性的行为。因此仲裁也就反映了其民间性的属性。

（2）仲裁权行使的主体是仲裁庭，仲裁庭的组成人员是各行各业的专家、学者等，他们是根据双方当事人的合意选定（临时仲裁），或者在具有民间性质的仲裁委员会所提供的仲裁员名册上选定（机构仲裁），或者由仲裁委员会受委托指定而组成仲裁庭，进行仲裁的。因此，仲裁庭是一种临时性的民间性的组织，仲裁也必然带有民间性的色彩。

（3）仲裁是以解决双方当事人之间的争议为目的的。之所以通过仲裁能够解决当事人之间的纠纷，原因并不仅仅在于仲裁本身具有强制力，而主要在于争议主体对仲裁公正性的渴望和信任。正是在这种渴望与信任基础上产生的公信力，使仲裁具有了非国家意志的权力属性，并进一步体现了其民间性的属性。

（4）仲裁的运作过程，自始至终贯穿了双方当事人的自由意志，他们可以自主地选择临时仲裁或者机构仲裁（法律另有规定的除外）；自主地选定任一常设仲裁机构和仲裁地点；自主指定仲裁员；自主决定放弃或变更仲裁请求，或者承认或反驳对方的仲裁请求，有权提出反请求；自主地设定或选用仲裁程序，并决定仲裁程序的进程；自主选择所适用的法律。即使对于仲裁庭所作出的仲裁裁决，当事人也可以要求国家司法机关——法院，予以撤销或不予执行。这些不仅反映出当事人在仲裁中的自主地位，更表明了仲裁的民间性属性。

（二）仲裁的司法属性

仲裁的司法属性主要表现在有关仲裁的法律制度中。一般来说，各个国家在承认仲裁作为解决纠纷的方式的同时，均以成文法的形式认可并规定仲裁中仲裁权的取得、行使及实现的保障。

1. 仲裁权来源于国家法律授权

尽管当事人授权是仲裁权的基础和重要来源，但是法律同样赋予仲裁庭一定的权力。这使仲裁具有了与国家审判相同的权力——解决纠纷的权力。正是仲裁权的这种司法属性，才使有些纠纷无法按照双方当事人的意志排除司法管辖而请求仲裁解决。

2. 仲裁程序受到国家法律的约束

虽然仲裁庭可以在法律允许的范围内按照当事人之间的协议进行仲裁，但是，对于法律所确定的程序和赋予仲裁庭解决纠纷所必需的权力，双方当事人不能以协议来与之抗衡。比如，根据我国《仲裁法》的规定，“仲裁庭认为有必要收集的证据，可以自行收集”。另外，在仲裁过程中，有些仲裁法律赋予了仲裁庭采取强制措施的权力，如《联合国国际贸易法委员会仲裁规则》第 26 条第 1 款规定：“经一方当事人请求，仲裁庭可准予临时措施。”这些均表明了仲裁所具有的一定的司法属性。

3. 仲裁裁决是与法院判决具有同等效力的法律文书

仲裁庭具有裁决权。这一权力具体表现为仲裁庭有权对双方当事人之间的争议作出仲裁裁决。现代各国的仲裁法律一般都赋予了仲裁裁决与法院判决同等的法律效力，即裁决等同于判决。这使仲裁裁决具有了强制执行性。同时，有的国家的仲裁立法还确定了一裁终局的仲裁制度，赋予了仲裁裁决相当于法院的终局判决的效力，对仲裁庭作出的仲裁裁决双方当事人应当自动履行，否则，经一方当事人申请，法院可以强制执行该裁决；也有的国家允许当事人就仲裁庭的仲裁裁决向上诉法院上诉，即赋予了仲裁裁决相当于初审法院判决的效力。这些立法规定也同样表明仲裁具有司法属性，或者说，仲裁庭从国家的司法中获得了带有一定司法性判决的权力。

（三）仲裁的民间属性与司法属性的融合

毫无疑问，仲裁是一种民间性与司法性的混合体，它巧妙地将民间性与司法性这两种似乎并不相干，甚至彼此对立的权力融合在一起。但是在它们的结合上，不同的国家之间、一国的国内仲裁与涉外仲裁之间不尽一致，甚至存在很大的区别。在有的国家，仲裁更多地表现为民间性特征，双方当事人的意愿在仲裁过程中占有主导地位；而在另外一些国家，仲裁则主要体现为司法性特征，即在司法权与双方当事人的意愿相冲突时，仲裁庭首先要遵循法律的意志，当事人的意愿也要服从于法律的意志。然而，不论仲裁所表现出来的哪种属性更多一些，仲裁都是以双方当事人的授权为基础，同时又从国家法律中获得法律效力的一种混合性权力。但是，从仲裁制度的发展趋势来看，仲裁的民间性将越来越突出，而其司法性将会被逐渐削弱。

第三节　仲裁的类型

根据不同的分类标准，仲裁可以划分为不同的类型。将仲裁进行分类，对于当事人双方正确选择仲裁机构以及仲裁机构正确运用法律和仲裁规则，具有重要意义。

一、国内仲裁与涉外仲裁

根据仲裁当事人、所发生纠纷提交仲裁的法律关系等要素是否具有涉外因素，仲裁可以划分为国内仲裁和涉外仲裁。

国内仲裁是指本国仲裁机构对不具有涉外因素的国内民商事纠纷的仲裁，即基于一国公民、法人或其他组织之间以及其相互之间在本国内发生的纠纷，由该国仲裁机构进行的仲裁。例如，北京仲裁委员会受理的当事人双方均为中国公民，并发生于国内的合同纠纷仲裁即为国内仲裁。

根据我国法律的规定，依照我国法律成立的外商投资企业是中国的法人或组织，因此，属于外商投资企业的法人或组织与国内主体在国内经济活动中发生纠纷，对此所进行的仲裁为国内仲裁。

涉外仲裁则是指涉及外国或外法域的民商事纠纷的仲裁，即基于公民、法人或其他组织之间以及其相互之间，在涉外经济贸易和海事活动中发生的纠纷而进行的仲裁。例如，中国国际经济贸易仲裁委员会受理的当事人一方是中国公司，另一方是外国公司的仲裁，或者双方当事人均为中国公司，但法律关系发生、变更或者消灭于外国的仲裁，即为涉外仲裁。这里需要强调的是，涉及我国香港、澳门和台湾地区的仲裁案件，即当一方当事人是香港地区或者澳门地区或者台湾地区的自然人、法人或者其他组织时，该仲裁案件准用涉外仲裁的规定。

涉外仲裁属于国际仲裁，除此之外，国际仲裁还包括外国仲裁。1958 年《纽约公约》将在一国领土内作出、在另一国请求承认和执行的仲裁裁决称为外国仲裁裁决。①

二、机构仲裁与临时仲裁

以仲裁机构的组织形式为标准，即基于当事人是否在常设的专门仲裁机构进行仲裁，可以将仲裁划分为机构仲裁和临时仲裁。

（一）机构仲裁

机构仲裁是指当事人协商一致选择常设性的仲裁机构解决其民商事争议的仲裁，即由某一常设的仲裁机构按照固定的仲裁规则（通常是本机构的仲裁规则）来管理和进行仲裁程序。在这种仲裁方式中，有固定的仲裁地点、组织章程、仲裁规则、仲裁员名册以及完备的办事机构和管理制度。机构仲裁拥有一套经过实践检验的成文的仲裁规则，为当事人提供了公开的、可以预见的仲裁机制。另外，机构仲裁还具备管理和监督的功能，一些仲裁机构还对仲裁程序是否正常进行，以及仲裁裁决书的格式进行严格的审查，为当事人提供了一定的组织保障。很多机构仲裁依照既定的仲裁规则和严格的仲裁程序进行，加之规范的管理和合格可信的仲裁人员，在当事人中赢得了良好的声誉，也在客观上增强了当事人对机构仲裁的信任。机构仲裁的出现虽然晚于临时仲裁，但随着仲裁制度的不断发展，机构仲裁已经成为当今世界上最主要的仲裁方式。总的来说，机构仲裁体现了如下的优势：

（1）机构仲裁便于当事人进行仲裁。从事经济贸易活动的主体在协议仲裁条款时只需直接援引常设仲裁机构中固定、完善的仲裁规则，而不必再重新创造一种新的仲裁规则。

（2）机构仲裁使仲裁程序的效率具有保障。常设仲裁机构一般都备有供当事人选择的仲裁员名册，方便当事人选择仲裁员，在一方当事人不配合或仲裁员需要替换的情况

① 参见《纽约公约》第 1 条。

下，常设仲裁机构可以提供协助。

（3）基于机构仲裁，仲裁裁决的质量更具可信性。列入常设仲裁机构仲裁员名册的仲裁员通常都是经济贸易、技术和法律等方面的专家，在以仲裁方式解决商事争议上有丰富的经验，能够最大限度地保证裁决的质量。另外，如一方当事人经适当通知而拒绝参加仲裁，仲裁庭可以依据仲裁规则缺席审理并作出裁决。因此，机构仲裁往往比临时仲裁更能取得司法机关的信任，有利于仲裁裁决的执行。

（4）机构仲裁中所涉仲裁费用明确而合理。常设仲裁机构一般都有明确的仲裁费用表，适用统一的收费标准。

（5）服务水平较高。常设仲裁机构一般都设有秘书处或类似的机构，提供与仲裁有关的管理与服务，如：收转仲裁文件，代为收取仲裁费用，负责安排庭审，提供翻译、通信、交通等方面的服务。

尽管如此，我们也不能忽视机构仲裁中存在的弊端。如机构仲裁的仲裁规则相对原则而缺乏灵活性，程序也相对刻板，不能根据所面临的具体情况进行调整，在一定程度上有违仲裁的灵活性，有碍当事人意愿的充分实现。另外，机构仲裁相对于临时仲裁来说，还会收取额外的管理费用，这使当事人将纠纷提交仲裁解决的成本大大提高，对当事人选择仲裁的积极性产生不利影响。

（二）临时仲裁

临时仲裁是指不由任何已设立的仲裁机构进行程序管理，而是由当事人双方将他们之间的争议提交给他们选定的仲裁员，根据当事人双方自己设计或选定的仲裁规则进行审理并作出裁决的商事仲裁制度。临时仲裁是仲裁的原始形态，在固定的仲裁机构出现之前，临时仲裁是唯一的仲裁方式。它不依赖于任何常设的仲裁机构和仲裁组织，仲裁庭的组成人员由双方当事人协商确定，在仲裁裁决作出后，临时仲裁庭的使命也就随之终结，继而宣告解散。

虽然现代仲裁中机构仲裁已经迅速发展起来，并且成为应用最为普遍的一种仲裁方式，但是从大多数国家的仲裁立法来看，临时仲裁作为仲裁制度在初始阶段的一种形态，目前仍然被广泛地接受和采纳，并在民商事争议的解决中发挥着不可或缺的作用，显示出了强大的生命力，而更重要的是其作用与生命力远远不是机构仲裁所能够取代的。临时仲裁具有非常突出的特点，具体体现为：

（1）程序灵活，能够最大限度地满足当事人的意愿。这是其他仲裁形式无法比拟的。在临时仲裁中，双方当事人有较大范围的自主权，可以通过约定使仲裁方式更加适合自己的实际需要。临时仲裁的程序也因为没有固定规则的限制而更能凸显出其灵活性和便捷性。通常与商事仲裁有关的所有事项都可由争议的双方当事人协商约定。

（2）如果争议双方合作，加上灵活的程序，就能够提高仲裁效率和减少仲裁费用的开支，从而使仲裁的经济成本得以有效地降低，更加符合纠纷解决的效率性和经济性的要求。

（3）更为重要的是，在临时仲裁中，不会出现仲裁所在地仲裁法的规定与某仲裁机构仲裁规则之间的冲突。这为仲裁的顺利进行和仲裁裁决的承认和执行都提供了便利。

但是，临时仲裁也有其难以克服的缺陷，主要表现为：首先，临时仲裁虽然给了当事人较大的自主权，但由于缺乏必要的仲裁程序管理和监督，仲裁中的很多重要事项对当事人之间的合意及协作具有依赖性。如果当事人在仲裁中不能充分合作，临时仲裁就很难顺利地进行下去。其次，在仲裁员的选任上，虽然当事人可以完全依照自己的意愿进行，但是，对于绝大多数当事人来讲，很难完全准确地判断仲裁员进行仲裁的资质。这极易造成仲裁裁决的不公正。久而久之，还会使当事人对仲裁裁决的公正性产生怀疑，从而影响仲裁的积极效能的发挥。

为了弥补这些缺陷，1976 年《联合国国际贸易法委员会仲裁规则》正式通过。该规则供临时仲裁庭和从事国际商事活动的当事人选择适用，由于该规则对国际商事仲裁的程序问题规定得比较系统，因而对发挥临时仲裁的优势具有重要作用。①

按照我国《仲裁法》的规定，我国实行机构仲裁，不承认国内仲裁中临时仲裁的合法性，但是需要注意以下两点：

第一，尽管我国《仲裁法》不承认国内仲裁中临时仲裁的合法性，但对于在境外通过临时仲裁方式作出的仲裁裁决，需要在我国承认和执行时，由于我国是《纽约公约》的参加国，因此不能以我国不承认临时仲裁为由拒绝承认和执行。

第二，最高人民法院于 2016 年 12 月 30 日发布的《自贸区司法保障意见》规定："在自贸试验区内注册的企业相互之间约定在内地特定地点、按照特定仲裁规则、由特定人员对有关争议进行仲裁的，可以认定该仲裁协议有效。"这是对自由贸易试验区特殊的规定，是一种有条件的对临时仲裁的认可。

三、依法仲裁与友好仲裁

根据作出仲裁裁决所依据的实体规范的不同，可以将仲裁划分为依法仲裁和友好仲裁。

依法仲裁是指在民商事仲裁中，仲裁庭严格依据一定的实体法律规范对当事人之间

---

① 鉴于临时仲裁和机构仲裁各自的优势和缺陷，在现代仲裁实践中，多数国际仲裁公约和大部分国家的仲裁法都同时肯定了这两种仲裁形式的效力，规定当事人可以根据自己的具体情况和需要自由选择其中的一种。但是我国仲裁立法中不承认临时仲裁，只把机构仲裁作为仲裁的唯一合法形式。这种做法与国际上的通行做法是相悖的，存在一定的弊端，主要表现在：(1) 造成我国享有和承担的国际条约权利与义务不对等。我国是《纽约公约》的缔约国，根据该公约，对于临时仲裁庭作出的外国仲裁裁决，我国法院负有承认与执行的义务。但是由于我国法律对临时仲裁持否定态度，外国法院则可能因该裁决在我国无效而不予承认与执行。(2) 无形中缩小了仲裁的适用范围，使一些欲通过临时仲裁解决的纠纷不能以仲裁方式解决。(3) 给当事人增加不必要的负担。特别是不得不放弃临时仲裁的当事人，只能将相关争议诉诸人民法院，通过诉讼的方式来解决，而法院判决的域外承认与执行具有较大的难度，当事人的权益难以得到实质的保障。(4) 不利于我国仲裁事业的发展。对于我国为什么只规定机构仲裁，而不确立临时仲裁，全国人大常委会法工委曾作过如下解释："主要理由有两个：其一是在仲裁制度的发展史上是先有临时仲裁，后有机构仲裁，从今后的发展趋势看，临时仲裁已趋于衰落。其二是中国设立仲裁的历史较短，只有机构仲裁没有临时仲裁。"从这两个理由来看，全国人大常委会法工委的解释有待商榷。首先，虽然在商事仲裁的发展史上，临时仲裁的出现早于机构仲裁，但并不能据此就判断临时仲裁趋于衰落。而且从临时仲裁在国际社会的发展现状来看也并非如此，相反其得到了国际社会的尊重与认可。其次，虽然我国确立仲裁制度的历史较短，只有机构仲裁没有临时仲裁，但这并不能构成否定临时仲裁制度的理由，或许正基于此，《仲裁法》才更有理由确认和发展临时仲裁。

的纠纷进行裁决。依法进行仲裁，是世界各国普遍使用的仲裁方式。依这种方式进行仲裁，必须有明确的法律依据，必须严格遵守由法律认可的仲裁规则所确定的仲裁程序。因此，当事人对仲裁程序及仲裁结果具有预见性，仲裁裁决也易被双方当事人接受并得到自觉履行。在仲裁实践中，不论是国内仲裁还是涉外仲裁，不论是机构仲裁还是临时仲裁，其裁决的依据通常都是实体法律规范，因此，依法仲裁是最主要的仲裁类型。

友好仲裁，亦称友谊仲裁、依原则仲裁，是指依据双方当事人的授权，仲裁庭不以严格的法律规范为依据，而是以其所认为的公平的标准作出对当事人具有约束力的裁决。这种公平的标准包括自然公正的原则、商业惯例、公平善良的精神等。尽管友好仲裁具有很大程度的灵活性，但是友好仲裁必须以双方当事人的授权为前提，必须遵循仲裁地的公共政策和法律强制性规定。同时，由于仲裁员是以“友好仲裁人”的身份出现，是根据他们所理解的公正、公平原则进行仲裁，所以，仲裁裁决不可避免地带有一定的主观倾向性。而友好仲裁这种特有的缺陷是一些国家排除或限制这种方式适用的重要原因。

我国目前在仲裁的立法和实践中并没有确立友好仲裁制度。《仲裁法》第 7 条规定：“仲裁应当根据事实，符合法律规定，公平合理地解决纠纷。”《贸仲规则》第 52 条第 1 项规定：“仲裁庭应当根据事实和合同约定，依照法律规定，参考国际惯例，公平合理、独立公正地作出裁决。”虽然仲裁法与仲裁规则都提到“公平合理”原则，但并不能理解为我国承认友好仲裁制度。此处的“公平合理”地解决纠纷是指在法律无规定或规定不明确的情况下，仲裁庭按照公平合理的原则解决纠纷，而非在有法律明文规定但严格地适用法律会导致不公平结果的情况下，经当事人明确授权而依公平善意原则进行仲裁。①尽管目前我国并不存在严格意义上的友好仲裁制度，但是不难看出，上述仲裁规则中已经渗透了“公平合理”的友好仲裁精神，我国仲裁实践中也已呈现出发展友好仲裁的趋势。②

第四节　仲裁权

一、仲裁权的概念

我国学界一般认为，“仲裁权就是仲裁机关依法享有的对某些案件进行裁决的权利”③。随着《仲裁法》的施行，仲裁理论和实践都得到长足发展，仲裁权的理论研究也不断深入。有的学者以仲裁权的本质为基点，全面透视仲裁权的外化形式即仲裁活动，并加以抽象概括后认为，“所谓仲裁权，就是指仲裁主体对争议双方当事人议定由其裁决

① 参见郭玉军：《国际商事仲裁中的友好仲裁问题》，载《武汉大学学报》，1999（6）。

② 建立发展友好仲裁制度具有积极意义：首先，有利于保障当事人的意思自治。友好仲裁是对当事人意思自治最充分的体现，建立友好仲裁不仅能够赋予当事人充分的程序选择权，而且能够更好地满足当事人解决纠纷的需要。其次，有利于实现个案公正。依“公平善意”原则进行仲裁的最大价值就在于弥补现有法律规则的漏洞、解决法律之间的冲突以及纠正严格适用法律所带来的不公正，从而最大限度地实现个案的公正。最后，有利于我国仲裁制度与国际做法接轨，消除国外当事人选择中国仲裁机构的障碍，促进中国仲裁事业的发展。

③ 谭兵主编：《中国仲裁制度研究》，140 页，北京，法律出版社，1995。

的某些民商事纠纷以第三者的身份依法作出公断的权利”①。也有学者指出：“仲裁权，从形式上看是仲裁机构对一定争议的裁决权，而实质上是发生纠纷的当事人事前或者事后，在协商一致的基础上，赋予仲裁机构对其争议的公正裁决权。”② 还有学者认为仲裁权就是仲裁裁决权，即“民事经济纠纷的当事人按照事先或事后达成的协议，赋予仲裁机构对其争议的事实及权利义务作出裁定的权力”③。

上述概念界定都有各自的立足点，存在一定合理性，但将其局限在“权利”甚至“裁决权”上，则忽视了仲裁权的本质。因此，探讨仲裁权的本质，并厘清其内涵和外延，是界定仲裁权概念的基础。

(一) 仲裁权的本质是服务性权力

权力，一般指有影响、控制他人的能力与力量。根据伯特兰·罗素的经典表述，权力“可定义为预期效果的产物”。马克斯·韦伯认为：“权力意味着在一种社会关系里哪怕是遇到反对也能贯彻自己意志的任何机会，不管这种机会是建立在什么基础之上的。”④ 该定义指出了权力其实是一种社会关系，是指任何主体能够运用其拥有的资源，对他人发生强制性的影响力、控制力，强迫对方按权力者的意志和价值标准作为或不作为。美国学者丹尼斯·朗借用罗素的广泛定义，认为权力是“某些人对他人产生预期效果的能力”⑤，并提出相应的五个问题，界定了权力的基本属性，其中最主要的是权力的有意性、权力的有效性以及权力关系的单向性或非对称性，即某些人有影响他人的能力，而反过来就没有类似的能力。

依据丹尼斯·朗的理论，仲裁权完全符合“权力”的范畴。首先，仲裁庭行使仲裁权时，可以预见自己行使权力的后果，即作出对双方当事人均有拘束力的裁决，体现了权力的有意性。其次，仲裁裁决一般能得到善意当事人的遵守而有效履行，即使当事人拒绝履行，国家司法机关也能够强迫其履行，体现了权力的有效性。最后，仲裁庭对仲裁权的行使以及当事人在仲裁程序中的行为有较大的控制权，比如要求当事人配合协作，当事人没有正当理由不得拒绝，体现了权力的非对称性。由此可以判断，仲裁权具有对他人产生预期效果的能力，具备权力的一般属性。

西方的主流权力理论通常建立在权力主体与权力对象的利益与意志对立的基础上，将权力作为权力主体在权力对象身上强制实现权力主体利益或意志的工具。这种理论只注意到了权力的强制性一面，而忽视了权力的另一面——服务性。“现代的权力是立基于权力属于人民这一假设之上的，所有权力的合法性基础是权力来源于人民。”⑥ 推论下去，既然权力主体的权力来源于人民，权力无疑必须服务于人民。这就构成权力的根本目的——服务于人民的总体利益。实际上，司法权也可以看作是一种特殊的提供裁判服

① 谭兵主编：《中国仲裁制度研究》，140页，北京，法律出版社，1995。

② 刘家兴：《论仲裁权》，载《中外法学》，1994（2）。

③ 李汉生等：《仲裁法释论》，1页，北京，中国法制出版社，1995。

④ ［德］马克斯·韦伯：《经济与社会》上卷，81页，北京，商务印书馆，1997。

⑤ ［美］丹尼斯·朗：《权力论》，3页，北京，中国社会科学出版社，2001。

⑥ 周永坤：《规范权力——权力的法理研究》，106页，北京，法律出版社，2006。

务的权力。这样说来，仲裁权的产生基础在于当事人的授权，它是一种来源于特定化的人民的权力，它的目的也应当是服务于人民的，即为当事人迅速而有效地解决纠纷。

因此，从本质上讲，仲裁权是一种权力，同时，还是一种特殊类型的权力——服务性权力。

（二）仲裁权的权源是当事人授权和法律授权

当事人授权是仲裁庭获得仲裁权的前提和基础，即当事人通过仲裁协议这一理论上的授权和当事人申请仲裁的具体形式授权仲裁庭处理其私人之间的纠纷。仲裁协议是授予仲裁庭仲裁管辖权的根据，是当事人授权的最初表现形态。通过仲裁协议，双方当事人获得以仲裁方式请求保护其合法权益的权利，即仲裁请求权。当纠纷实际发生时，当事人根据仲裁协议，以仲裁申请的形式请求仲裁庭审理并裁决他们之间的纠纷，从而使仲裁庭获得在仲裁程序中采取一系列必要手段的能力和资格，即仲裁权。

然而，当事人授权并非仲裁权的唯一来源，法律授权也是仲裁权的重要权源。这是因为：作为纠纷解决机构，仲裁庭行使仲裁权必须得到法律的确认，并受其限制。仲裁机构拥有解决纠纷的权力，从根本上来说，是国家以法律的形式授予其这种权力，而不仅仅是作为个体的当事人授权的结果。仲裁庭作为纠纷解决机构，应当以法律认可的方式和程序审理并裁决当事人之间的纠纷。反之，不符合法律授权的要求或超出法律授权范围的行为将会导致仲裁权行使结果被否定，如仲裁裁决被撤销或不予执行，从而实质上损害了仲裁权的行使。

总的来说，当事人授权为仲裁权的产生和行使提供了基础或前提，只有在当事人授权的基础上拥有法律授权，才能形成仲裁权，所以，当事人授权与法律授权相结合构成了仲裁权的权力来源。

（三）仲裁权是一种受到制约的有限权力

与一般权力相同，仲裁权要受到国家法律强制性规定的约束，同时受到当事人授权和国家司法权的制约。

1. 仲裁权受双方当事人授权的制约

这种制约体现在仲裁权只有在当事人授权的范围内取得和行使才是有效的。比如，仲裁权必须在当事人提交仲裁解决的争议范围内行使，必须按照当事人所选择适用的仲裁程序行使，必须受当事人所提供证据的限制等。

2. 仲裁权受法律授权的制约

这种制约最显著的体现在于仲裁立法对争议可仲裁性的规定。可仲裁性是对仲裁庭取得和行使仲裁权范围的限制和约束，因此，仲裁庭必须在仲裁法律所规定的，可以通过仲裁方式解决双方当事人争议的范围内行使仲裁权，才能被法律所认可，仲裁裁决才具有可执行性。

3. 仲裁权受司法权的制约

仲裁的局限性（如不公开审理）和公正性的冲突，产生引入司法监督的必要。这种监督体现在法院有权认定仲裁协议的效力，有权撤销仲裁裁决或不予执行仲裁裁决等。

(四) 裁决权是仲裁权的核心

裁决权是仲裁权最集中、最重要的体现，是仲裁权最充分的表现形式。从当事人申请仲裁到仲裁庭作出裁决这一过程，仲裁庭要行使一系列权力，包括案件受理权、审理权、程序指挥权、裁决权等。由于当事人提请仲裁的目的是解决纠纷，确定权利义务关系，因而只有通过行使裁决权作出仲裁裁决才能最终实现这种要求。仲裁庭正是通过合法程序，调查案件事实，作出判断，并以法律文书的形式确定双方新的权利义务关系，从而解决当事人之间的纠纷。

根据上述分析，我们认为，仲裁权就是指在法律授权的范围内，经双方当事人授权的仲裁庭，对当事人提交仲裁的争议作出裁决的权力。

二、仲裁权的特征

概括起来分析，仲裁权的特征主要体现在以下几个方面。

(一) 意思自治是仲裁权的根本原则

仲裁权作为仲裁制度的重要内容，同样也受其约束。当事人的仲裁意愿是取得和行使仲裁权的基础，体现在：当事人决定是否将争议提交仲裁，将哪些争议提交仲裁，提交给依据哪个仲裁委员会的仲裁规则组成的仲裁庭进行仲裁，以及仲裁庭如何组成，仲裁依何种方式进行，等等。

(二) 公正性是仲裁权的必然要求

“权力是一种有合法依据的正当的社会力量，正当是权力的规范性依据，正是‘正当’将权力与一般意义上的社会强制区别开来。”① 这种正当性的要求即体现为仲裁权的“公正性”。仲裁权是国家法律所授予的解决纠纷的权力，从立法意图上来说，公正性是其出发点，也是其归宿点。法律为仲裁权的公正行使提供了充分的程序保障；仲裁庭和当事人之间不仅存在着决定与服从，更多的是协调与配合的关系；仲裁权的行使要依靠高素质的专家仲裁员、保持独立性与中立性的仲裁庭。这些因素都是仲裁权公正行使的基础和保障，是行使仲裁权的基本要求，是实现公正性的“题中应有之义”。而这种公正性的最终体现无疑是仲裁裁决的公正，以符合当事人提交仲裁解决纠纷的根本目的。要达到仲裁裁决的公正性，独立的仲裁庭必须遵守法律的授权，遵循科学的仲裁程序规则，通过行使审理权、调查权、认定权、裁决权等一系列权力来最终实现。

(三) 民间性是仲裁权的本质特征

出于对仲裁权公正性的渴望和信任，争议主体往往选择通过仲裁解决纠纷。与此相

---

① 周永坤：《规范权力——权力的法理研究》，112页，北京，法律出版社，2006。

联系，仲裁权的产生以双方当事人的合意为基础。通过双方达成的仲裁协议，授权仲裁庭解决他们之间的纠纷。这种授权是在双方当事人完全自主，没有任何强制性约束的情况下进行的，是一种自由的、民间性的行为。由此产生的仲裁权也就反映了其民间性的属性。此外，仲裁机构是民间性组织，与国家行政机构没有隶属关系，仲裁机构之间也没有隶属关系。仲裁机构的这种民间性与独立性，为依照该机构的仲裁规则组成的仲裁庭按照当事人的意愿公正行使仲裁权，提供了可靠的组织保障。同时，由于行使仲裁权的仲裁庭是由各行各业的专家学者组成的临时性组织，其所行使的权力带有民间性色彩。

（四）司法权是仲裁权实现的保障

纵观民商事仲裁的发展历史，出于纠纷解决的需要，当国家对仲裁制度进行立法，确认并规范仲裁作为争议解决机制之后，仲裁便开始具有了司法权介入的特征。由于仲裁权是一种民间性的权力，所以在仲裁过程中，仲裁庭无权实施保障仲裁程序顺利进行的各种强制措施，也无权强制执行仲裁裁决。因此，要保障仲裁权的实现，国家司法权的支持与监督必不可少。这种支持与监督是被动的、潜在的，要以当事人的意愿和程序的需要为前提。

仲裁权的司法保障，主要表现为仲裁裁决具有强制执行力。法律赋予仲裁裁决与法院判决同等的法律效力，即裁决等同于一种判决。这使仲裁裁决具有了强制执行性。正是由于仲裁裁决依靠代表国家强制力和国家意志的司法机关——法院的强制执行，所以仲裁权的行使融入了司法的支持与监督。在实行一裁终局制度的国家，对仲裁庭作出的裁决双方当事人必须自动履行，否则，经一方当事人申请，法院可以强制执行该裁决。例如，我国《仲裁法》第 9 条第 1 款规定："仲裁实行一裁终局的制度。裁决作出后，当事人就同一纠纷再申请仲裁或者向人民法院起诉的，仲裁委员会或者人民法院不予受理。"第 62 条规定："当事人应当履行裁决。一方当事人不履行的，另一方当事人可以依照民事诉讼法的有关规定向人民法院申请执行。受申请的人民法院应当执行。"这些立法规定反映了仲裁权所具有的某些司法属性。

三、仲裁权的内容

仲裁权的内容，即仲裁权所应包括的具体权力。仲裁权是以当事人授权为前提，仲裁庭拥有的特定权力，来源于当事人的实际授权。在不同的法律文化背景和仲裁发展水平下，不同国家对仲裁权内容的理解也不尽相同。有的国家使仲裁权的内涵尽可能宽泛，不受双方当事人授权的严格约束，法律可赋予仲裁庭一定范围的职权，以求争议迅速、及时地解决；也有的国家对仲裁权的范围作严格限制，仅以双方当事人的授权为基准，从而充分体现当事人的意思自治。我国学者认为，仲裁权的内容可以概括为三个方面，即：程序上的裁决权、事实上的认定权、对当事人实体权利义务关系的确认权。① 从各国仲裁立法和仲裁实践来看，仲裁权主要包括以下内容。

---

① 参见刘家兴：《论仲裁权》，载《中外法学》，1994（2）。

(一) 仲裁管辖权

仲裁管辖权是仲裁权的最初表现形式，仲裁庭是否拥有管辖权是仲裁庭能否对当事人之间的争议行使进一步的仲裁权，如审理权、调解权以及裁决权的关键。仲裁管辖权是指仲裁庭依据当事人授权和法律授权所享有的，可以对当事人之间的争议进行审理并作出有约束力的裁决的权力。同时，仲裁机构或仲裁庭对其是否具有某一仲裁案件的管辖权，包括对仲裁协议的存在或效力的任何异议，有权作出裁定。①

(二) 仲裁审理权

仲裁审理权是一个比较宽泛的概念，它的内涵所包含的不仅仅是某一项具体的权力，而是包括了程序指挥权、证据的获取与认定权以及事实的确定权等在内的一系列权力。

(1) 程序指挥权。程序指挥权是指仲裁庭具有仲裁程序的控制权、支配权，指挥仲裁审理程序有序进行的权力。具体表现为对于具体程序事项的决定权、主持并指挥开庭审理权、对特殊情况的处理权等。②

(2) 证据的获取与认定权。仲裁庭获取证据的权力是指仲裁庭有权通过不同的渠道获得作为认定事实和裁决案件根据的证据。具体包括：有权要求当事人提供证据，有权指定专家获取专家证据，并有权在“特定条件”下自行收集证据。③ 在此基础上，仲裁庭有权认定与案件事实相关的证据的可采性、真实性，从而确定案件事实。

(3) 事实的确定权。事实的确定权是指仲裁庭在所认定的证据的基础上，对当事人之间的纠纷事实进行认定的权力。它是一种在客观证据基础之上的主观确定权。这种确定不是简单地适用现有法律规定，而是综合考虑各种因素的结果。

(三) 仲裁调解权

仲裁调解权是指在仲裁程序中，仲裁庭所拥有的，在双方当事人的请求或同意下，主持双方当事人自愿协商、相互谅解、达成协议，以解决纠纷的权力。由仲裁庭运作调解权是我国仲裁权行使过程中的一大特色，其他国家大都是将调解权的运用纳入专门的程序中，如《联合国国际贸易法委员会调解规则》第 16 条规定，当事人允诺，在调解期间，不将作为调解主题的争议提交仲裁；第 19 条规定，当事人和调解员均允诺：在作为调解主题的争议提交仲裁或就之提起诉讼时，调解员不得在仲裁或诉讼的程序中充当仲

---

① 当事人通过对仲裁协议的效力提出异议，或者对仲裁机构或仲裁庭提出异议，从而对仲裁庭的仲裁管辖权进行抗辩后，谁来决定仲裁协议的效力，谁来决定仲裁庭是否拥有审理权和裁决权，对此一直存在争议。但对仲裁协议的效力和对仲裁庭管辖权异议的认定，由审理案件的仲裁庭作为判断机构，已经成为现代国家仲裁立法的一种趋势。如《联合国国际商事仲裁示范法》第 16 条，《法国民事诉讼法》第 1458 条、第 1466 条，1998 年《德国民事诉讼法》第 1040 条，1996 年《英国仲裁法》第 30 条。

② 稍有不足的是，我国《仲裁法》并没有明确规定仲裁庭享有对妨碍仲裁权行使行为的处理权。这会导致一旦出现阻碍仲裁权行使的行为，仲裁权就无法继续行使。仲裁庭无权采取措施，而只能借助法院权力，这在一定程度上降低了仲裁程序的效率。

③ 所谓“特定条件”，根据现行法律，一是指仲裁庭认为有必要，即如果仲裁庭不自行收集证据，可能会导致由于证据的缺乏而影响对事实的认定；二是指在特定范围内仲裁庭可以自行收集证据，如对与争议有关的场地或物品进行勘验等。

裁员，或充当一方当事人的代理人或顾问。

与上述规定不同，我国《仲裁法》第 51 条第 1 款规定，仲裁庭在作出裁决前，可以先行调解。当事人自愿调解的，仲裁庭应当调解。仲裁庭行使调解权遵循当事人自愿原则和合法原则，调解的启动要经双方当事人同意，而只要一方当事人不同意调解，仲裁庭就不能违法强制调解。

目前，实践中各地仲裁机构日益重视调解在仲裁程序和多元化纠纷解决机制中的作用，不断尝试新的调解模式和程序，有些甚至已经超越了仲裁程序的框架。比如，中国国际经济贸易仲裁委员会首先创立和发展了仲裁与调解相结合的纠纷解决方式。为充分发挥“民间调解”及“海事调解与仲裁相结合”解决海上事故纠纷的重要作用，中国海事仲裁委员会成立了海事调解中心。[①] 北京仲裁委员会自 2008 年 4 月 1 日起施行《北京仲裁委员会调解规则》，其中第 2 条第 2 款规定：“仲裁程序中仲裁庭主持下的调解不适用本调解规则。”也就是说，北京仲裁委员会正式建立了一套独立于仲裁程序的调解程序，突破了以往将调解限定在仲裁程序中的做法。

（四）仲裁裁决权

仲裁裁决权是仲裁庭对仲裁当事人所提交的争议事项，通过审理而作出具有权威性及结论性意见的一种权力。纵观各国民商事仲裁立法与实践，仲裁裁决权一般包括中间裁决权、部分裁决权和最终裁决权。仲裁裁决权行使的结果，是仲裁程序的终结或争议的最终解决。

第五节　仲裁与民事诉讼

一、仲裁与民事诉讼的比较

（一）仲裁与民事诉讼的相同点

作为民商事纠纷的解决方式，仲裁和民事诉讼具有许多相同之处。这些相同之处主要表现在以下几个方面。

1. 仲裁与民事诉讼都是民事程序的重要组成部分

民事程序是指解决民商事关系中权利义务的程式、规则和方法。民事程序体系由民事诉讼、仲裁、公证和人民调解等具体程序组成。在社会经济建设中，它们各自发挥着其应有的功能，为民事、经济法律的顺利贯彻排除障碍，通过纠纷的解决实现社会的安定团结。仲裁和民事诉讼都是用以解决特定纠纷的方式，共同构成民事程序的重要组成部分。

---

① 资料来源：http://www.cietac.org.cn/readnews.asp?newsid=518。

2. 仲裁与民事诉讼解决的纠纷性质相同

根据《仲裁法》的规定，平等主体的公民、法人和其他组织之间发生的合同纠纷和其他财产权益纠纷，可以仲裁。我国《民诉法》第 3 条规定，人民法院受理公民之间、法人之间、其他组织之间以及他们相互之间因财产关系和人身关系提起的民事诉讼。因此，仲裁和民事诉讼都是解决平等主体的当事人之间的纠纷，对当事人之间发生的合同纠纷和其他财产权益纠纷，当事人既可以选择仲裁的方式解决，也可以通过诉讼的途径主张权利。

3. 仲裁与民事诉讼都是由第三方作为纠纷的公断人

仲裁庭是行使仲裁权，以仲裁方式解决纠纷的机构；法院是行使审判权，通过民事诉讼程序解决纠纷的机构。仲裁庭和法院都是以公正为原则的纠纷解决机构，它们的权力和职责都是法律规定的，在行使权力的过程中，也必须遵循法定程序对当事人之间的纠纷在事实上加以认定，在法律上加以裁决，从而解决纠纷。

4. 仲裁与民事诉讼所遵循的某些规则和制度是一致的

无论是在仲裁程序中，还是在民事诉讼程序中，都必须遵循辩论原则，处分原则，调解原则，以事实为根据、以法律为准绳的原则等；必须遵循回避制度、时效制度、保全制度等；对举证责任的分担、证据的认定、当事人适格的标准等规则的运用也是相同的。

5. 仲裁裁决书、调解书和民事判决书、调解书具有同等的法律效力

依据仲裁程序作出的仲裁裁决书、调解书与依据民事诉讼程序作出的民事判决书和调解书具有同等的法律效力。它们都具有对作出机构的约束力、对当事人的约束力、对当事人以外的其他人和机构的约束力和强制执行力。一方当事人不履行生效的仲裁裁决书、调解书和民事判决书、调解书时，对方当事人均可以向人民法院申请强制执行。

（二）仲裁与民事诉讼的区别

仲裁与民事诉讼均属于民事程序的范畴，有许多共同之处。但它们毕竟是两种不同的纠纷解决方式，具有不同的特点。这就决定了仲裁与民事诉讼存在着差异性。它们之间的区别主要体现在以下几个方面。

1. 仲裁与民事诉讼的性质不同

仲裁是争议的双方当事人通过达成仲裁协议自愿将纠纷提交仲裁机构予以解决的制度，因此具有民间性和司法性的混合性质。仲裁庭并不是代表国家行使纠纷解决的权力，而是以中立的第三者的身份对所发生的纠纷进行裁决。

民事诉讼是一国司法制度的重要组成部分，是由代表国家的法院通过行使审判权对当事人之间所发生的纠纷进行裁判，因此民事诉讼是具有司法性质的纠纷解决方式。

2. 仲裁机构与法院的性质不同

在我国，仲裁机构是仲裁委员会。根据《仲裁法》的规定，仲裁委员会是民间性质的组织，其设立在直辖市和省、自治区人民政府所在地的市，也可以根据需要在其他设区的市设立，不按行政区划层层设立。仲裁委员会与行政机构没有隶属关系。因此，仲裁机构不是行使国家权力的审判组织、行政机构，而是民间机构。在机构仲裁制度下的仲裁庭即是民间性纠纷解决机构。

法院是国家的司法审判机构，其通过行使国家宪法赋予的民事审判权、执行权来解决当事人之间的纠纷，实现当事人的合法权利。法院的组织原则、任务、机构设置由《人民法院组织法》确定，审判人员由国家权力机构任命。

3. 案件管辖权的基础不同

仲裁机构受理仲裁案件的管辖权来自双方当事人的授权，即当事人之间只有签订了合法、有效的仲裁协议，才能通过仲裁方式解决纠纷。因此，仲裁案件的管辖权建立在双方当事人达成的仲裁协议的基础上。

法院受理案件的管辖权来自法律赋予的主管权，即法院受理民事案件必须符合法律规定的法院受理民事诉讼的范围和受诉法院管辖范围，当事人之间无须达成协议即可直接向有管辖权的法院提起诉讼。

4. 仲裁与民事诉讼的具体程序不同

在仲裁程序中，当事人可以选择所适用的程序规则并对具体程序进行约定。仲裁程序以不公开审理为原则，可以开庭审理，也可以经当事人授权后书面进行审理。具体的审理程序虽然也需要经过申请和受理、仲裁庭的组成、审理和裁决几个阶段，但相对简单易行，具有快捷性的特点。而且仲裁实行一裁终局制，不服仲裁裁决时，当事人不能上诉，也不能请求其他仲裁机构重新仲裁，只能依据法律的规定向法院申请撤销仲裁裁决或不予执行仲裁裁决。

在民事诉讼程序中，诉讼程序只能依据民事诉讼法的规定严格进行，而不能由当事人选择。以公开审理为原则，不公开审理为例外，一审程序中审理必须开庭进行，二审程序可以采用开庭审理和径行判决的方式，但不能进行书面审理。当事人对一审裁判不服的，可以在法定期间内提出上诉；对生效裁判不服的，还可以申请再审。

二、仲裁与民事诉讼的关系

（一）法律渊源上的联系性

仲裁和民事诉讼都属于民事程序的范畴，因此，有关仲裁的立法，在有些国家包含于民事诉讼法中，即使对仲裁单独立法的国家，也在民事诉讼法和仲裁法中，分别规定有仲裁和民事诉讼的联系和衔接等问题。这些都体现了仲裁与民事诉讼在法律渊源上的联系，反映了两种程序的功能一致性。

（二）纠纷解决方式的独立性

尽管仲裁与民事诉讼之间存在许多相同点和联系性，但作为纠纷解决方式来说，仲裁与民事诉讼相互独立，是两种并列的纠纷解决机制。对于当事人之间发生的合同纠纷和其他财产权益纠纷，或者通过仲裁方式解决，或者通过民事诉讼方式解决，只能由双方当事人选择其一加以采用。如果当事人选择了仲裁，仲裁庭独立审理案件并作出裁决，不受其他机关、社会团体和个人的干涉。依据仲裁程序作出的仲裁裁决书、调解书和依据民事诉讼程序作出的民事判决书和调解书具有同等的法律效力，具有终局性。一经生效，当事人不得就同一纠纷再行诉讼或申请仲裁。可见，仲裁与民事诉讼都能够独立地、终局性地解决纠纷，是相互独立的纠纷解决方式。

（三）功能优势互补

无论是仲裁还是民事诉讼，都是解决平等主体的公民、法人和其他组织之间发生的合同纠纷和其他财产权益纠纷的方式。两种纠纷解决方式各有优势，在实践中形成功能互补。与民事诉讼相比，仲裁的功能优势主要体现在：

（1）当事人更容易接受仲裁结果，有利于纠纷的一次性解决。仲裁的民间性决定了仲裁程序在很大程度上体现了当事人的意思自治，自仲裁程序的启动至仲裁裁决的作出，整个仲裁程序是在当事人选择基础上进行的。因此，与民事诉讼相比，仲裁更利于纠纷的解决，特别是利于当事人从心理上接受裁决的结果，实现裁决的内容。

（2）专家裁判更能体现专业权威性。民商事纠纷中往往会遇到许多复杂的专业性问题，当事人选择经济贸易、技术等方面的专家担任仲裁员，使仲裁结果更能体现专业权威性，有利于保障仲裁的公正性。

（3）灵活性与快捷性。仲裁没有民事诉讼那样严格的程序限制，当事人可以根据需要自主选择程序，并且仲裁实行一裁终局制度，使纠纷得以迅速、快捷解决。

（4）有利于当事人保守商业秘密，维护商业信誉。

不可否认，仲裁制度本身存在一定的局限性。例如，仲裁实行一裁终局的制度，虽然提高了仲裁解决纠纷的效率，但也丧失了二审的监督作用，当事人失去进一步主张权利的回旋余地，反而降低当事人的信任度。[①] 再比如，仲裁机构的设立与法院存在着较大的差异，仲裁委员会作为民间性质的组织，往往根据需要而设立。以我国为例，仲裁委员会仅仅设立在直辖市和省、自治区人民政府所在地的市，或者其他设区的市，因此，在没有设立仲裁委员会的地区，选择仲裁则意味着不便与较大的成本投入。而民事诉讼基于其公开审判制度、两审终审制度、管辖制度等所产生的功能优势正是对仲裁制度功能的有益补充。

仲裁与民事诉讼的功能优势互补，使两种纠纷解决方式能够充分发挥各自的优势，不仅有利于当事人对纠纷解决方式的选择，更使整个纠纷解决机制得到完善和发展。

（四）司法对仲裁的支持与监督通过诉讼程序实现

由于仲裁本身的局限性，司法对仲裁的支持与监督必不可少，而这种支持与监督是通过诉讼程序来实现的。

---

① 参见阎建国：《仲裁与诉讼：各有利弊，相互补充》，载《中国律师》，2005（2）。

按照法律规定，在仲裁程序中，当当事人提出财产保全或证据保全申请时，仲裁机构应当将当事人的申请提交人民法院，由人民法院按照民事诉讼程序对当事人的申请进行审查，并采取保全措施。当仲裁庭作出仲裁裁决，一方当事人不履行时，对方当事人只能向人民法院申请强制执行，而人民法院是按照民事诉讼程序中的执行程序来实现仲裁裁决所规定的内容。同时，尽管仲裁程序可以最大限度地保证仲裁的公正性，但出现错误也在所难免。为了使纠纷能够公正解决，我国《仲裁法》和《民诉法》都规定了当事人可以向法院申请撤销仲裁裁决和不予执行仲裁裁决，人民法院对违背社会公共利益的仲裁裁决，可以直接裁定撤销。人民法院也是基于诉讼程序对当事人的申请进行审查并裁定是否撤销或不予执行。①

（五）制度与程序的借鉴

仲裁和民事诉讼都属于民事程序的范畴，而且解决纠纷的范围也有相同之处，因此在具体纠纷解决的制度和程序上存在着共通性，彼此之间的借鉴不可避免。由于民事诉讼发展较早，制度程序更为严谨完备，因而仲裁借鉴民事诉讼制度和程序的情况更加明显。比如，仲裁中适用诉讼中的回避制度、证据规则，开庭审理程序与诉讼中的如出一辙，适用严格的司法监督，等等。

从民事诉讼制度和程序中吸取合理元素融入仲裁制度，是仲裁制度化、法律化的有效途径，但是如果仲裁对民事诉讼的借鉴过多，不可避免地会引起仲裁诉讼化问题，形成仲裁被诉讼同化的趋势，使仲裁失去其本来的特色和优势。比如，导致仲裁程序过于严格，缺乏灵活性，而仲裁的灵活性恰恰是仲裁相对于民事诉讼的一个重要优势。再比如，导致仲裁裁决书过于僵化，甚至如同法院判决一样充斥着法律术语、逻辑推理，加上适用法律的严格要求，无法彰显仲裁的民间性特色。因此，制度与程序的借鉴必须有一定的限度，必须有利于纠纷解决机制本身基本特征的体现和独特优势的发挥。

《问题与思考》

1. 甲公司与乙公司就某一合同纠纷进行仲裁，达成和解协议，向仲裁委员会申请撤回仲裁申请。后乙公司未按和解协议履行其义务。甲公司应如何解决此纠纷？（　）（司法考试真题）

A. 甲公司可以依据原仲裁协议重新申请仲裁

B. 甲公司只能向法院提起诉讼

C. 甲公司既可以向法院提起诉讼，也可以与乙公司重新达成仲裁协议申请仲裁

D. 甲公司可以向仲裁委员会申请恢复仲裁程序

① 应当注意的是，诉讼程序对仲裁程序的支持与监督应体现为最低联系性，即仲裁与民事诉讼作为两种并列的纠纷解决机制，应当在各自的管辖范围内依据自己的方式与规则解决纠纷，只有在必要的时候才会发生某种联系。只要是仲裁能够独立解决的事项，就不应由法院介入。只有当涉及强制力等仲裁无权处理的事项时，方可交由法院，通过民事诉讼程序来完成。

2. A公司与B公司因买卖合同发生争议，并且正在通过仲裁程序解决。C公司拟收购陷入财务困境的A公司，而引起A公司财务困境的部分原因在于A公司从B公司处购买的机器出现问题，导致A公司不能正常生产。在收购过程中，A公司负有向C公司披露其财务及经营状况的义务，因此，A公司拟告知C公司其与B公司的纠纷及正在通过仲裁解决该纠纷。

这种披露义务是否违反仲裁保密性要求？

第二章

仲裁法

本章概要

《仲裁法》的颁布实施，结束了国内仲裁的混乱局面，恢复了仲裁的本来面目，明确了仲裁这种纠纷解决方式的适用范围，确立了自愿、独立、根据事实符合法律规定、公平合理解决纠纷的仲裁原则和协议仲裁、或裁或审、一裁终局的仲裁制度，为我国仲裁制度的发展提供了法律依据。本章是关于仲裁法相关问题的概述，在理解仲裁法的含义和特点的基础上，了解仲裁的历史沿革和立法体例，重点掌握仲裁法的基本原则和制度。

关键术语

仲裁法　法律渊源　仲裁立法体例　仲裁法原则　仲裁基本制度

课程思政

法治建设既要抓末端、治已病，更要抓前端、治未病。要坚持和发展新时代“枫桥经验”，把非诉讼纠纷解决机制挺在前面，推动更多法治力量向引导和疏导端用力，加强矛盾纠纷源头预防、前端化解、关口把控，完善预防性法律制度，从源头上减少诉讼增量。

——2021 年 2 月 19 日习近平在中央全面深化改革委员会第十八次会议上的讲话

1. 结合“根据事实，符合法律规定，公平合理解决纠纷原则”，组织同学讨论商事仲裁中的“以事实为依据”问题，引导学生认识到只有坚持“实事求是”，才能使工作思路、政策、方案符合实际情况、符合客观规律、符合科学精神。

2. 结合我国仲裁法的发展历程，引导学生认识到“事物发展是由量的积累到质的飞跃”。

第一节 仲裁法概述

仲裁制度作为一种争议解决方式历史悠久，可以追溯到公元前的古希腊时期。在古巴比伦时代犹太人的记事中都有关于私人居中裁断的记载。公元前 403 年，有记载："金额较大的争议先由仲裁员解决，如果他无法在当事人之间解决，仲裁员要听审证人后作出裁断。对裁断不服，可向法院上诉，但法院不得接受新的证据，而只能在仲裁院审理的基础上裁决。"① 罗马法《民法大全》"论告示"第 2 编中记载了古罗马五大法学家之一保罗的论述："为解决争议，正如可以进行诉讼一样，也可以进行仲裁。"仲裁制度成为商事争议的解决方式也可以追溯到 11 世纪。当时，随着商品交换在地中海北部沿岸和意大利各城邦之间的日益频繁，产生了大量的商人习惯法，商事仲裁成为其中的重要内容。仲裁制度大约在 14 世纪左右开始被法律所认可。14 世纪中叶瑞典的地方法规对仲裁作了规定。但有关仲裁制度的立法直至 19 世纪才在真正意义上开始展开。仲裁法的制定以仲裁制度为前提和基础，是仲裁活动和仲裁关系的总和。它的产生使仲裁制度成为一项程序法律制度，并促进了仲裁制度的规范化、机构化、制度化，使仲裁显示出了崭新的面貌。

一、仲裁法的含义

仲裁法是国家制定或认可的，规范仲裁法律关系主体的行为和调整仲裁法律关系的法律规范的总称。仲裁法规定了仲裁的适用范围、仲裁的基本原则和制度、仲裁机构的设立和地位、仲裁庭的组成和仲裁程序的进行、仲裁主体在仲裁中的权利和义务以及仲裁裁决的效力和执行等内容。

仲裁法有广义和狭义之分。狭义的仲裁法即仲裁法典，是国家最高权力机关制定颁行的关于仲裁的专门法律。我国在 1994 年 8 月 31 日由第八届全国人民代表大会常务委员会第九次会议通过的《仲裁法》即为狭义的仲裁法。广义的仲裁法除指仲裁法典外，还包括所有涉及仲裁制度的法律中的相关法律规范。其包括但不限于以下内容。

(一) 民事诉讼法典中的相关规定

许多国家在民事诉讼法典中规定有仲裁的内容，甚至将仲裁程序作为民事诉讼法的一部分。如《德国民事诉讼法》第十编是仲裁程序编，《法国民事诉讼法》第四卷为仲裁。在我国，现行《民诉法》第十二章第一审普通程序、第二十章执行的申请和移送、第二十六章仲裁和第二十七章司法协助中都有涉及仲裁的相关规定。例如，该法第 127 条第 2 项规定：依照法律规定，双方当事人达成书面仲裁协议申请仲裁、不得向人民法院起诉的，告知原告向仲裁机构申请仲裁。第 248 条中规定：对依法设立的仲裁机构的

① 谭兵主编：《中国仲裁制度研究》，1 页，北京，法律出版社，1995。

裁决，一方当事人不履行的，对方当事人可以向有管辖权的人民法院申请执行。受申请的人民法院应当执行。被申请人提出证据证明仲裁裁决有法定情形之一的，经人民法院组成合议庭审查核实，裁定不予执行。第 289 条规定：当事人申请采取保全的，中华人民共和国的涉外仲裁机构应当将当事人的申请，提交被申请人住所地或者财产所在地的中级人民法院裁定。

（二）国家立法机关制定的民商事实体法和其他法律规范中有关仲裁的规定

国家立法机关制定的民商事实体法，如：1993 年的《墨西哥商法典》中规定了有关仲裁的法律制度，1987 年的《瑞士联邦国际私法法规》中也有关于国际商事仲裁的规定。我国的《民法典》《著作权法》等法律规范中均有关于仲裁的规定。例如，《著作权法》第 60 条规定：著作权纠纷可以调解，也可以根据当事人达成的书面仲裁协议或者著作权合同中的仲裁条款，向仲裁机构申请仲裁。当事人没有书面仲裁协议，也没有在著作权合同中订立仲裁条款的，可以直接向人民法院起诉。

（三）我国加入的国际条约或公约

迄今为止，影响最广泛的是 1958 年在联合国主持下订立的《纽约公约》，其被誉为“国际仲裁大厦唯一最重要的支柱”。我国于 1986 年 12 月 2 日加入该公约，1987 年 4 月 22 日该公约对我国生效。我国加入的涉及仲裁的国际公约还有 1965 年的《关于解决国家和他国国民之间投资争端公约》，即《华盛顿公约》。[①] 此外，我国还与世界许多国家签署了一系列涉及仲裁的双边贸易协定、司法协助协定。我国与其他国家之间缔结的双边贸易协定、双边投资保护协定和民商事司法协助协定以及我国参加的具有仲裁内容的国际条约中，大都涉及通过仲裁解决争议及相互承认与执行仲裁裁决的内容。

（四）有关仲裁的司法解释

有关仲裁的司法解释，主要是我国最高人民法院为使仲裁法及相关法律能够得到正确实施，所作出的规定和解释。多年来，为了贯彻实施我国参加的有关仲裁的国际公约或条约，以及已颁布实施的仲裁法，最高人民法院作出了诸多司法解释和规范性文件。主要包括：《关于执行我国加入的〈承认及执行外国仲裁裁决公约〉的通知》《民诉解释》《确认协议效力批复》《内地与香港执行仲裁裁决安排》《内地与澳门认可和执行仲裁裁决安排》《认可和执行台湾地区仲裁裁决的规定》，等等。《仲裁法解释》整合了我国自《仲裁法》颁布实施以来的仲裁实践，以及以往最高人民法院作出的相关通知、批复、意见等，是仲裁法颁布实施以来涉及面最广、内容最全面的关于仲裁法的司法解释。近几年以来，最高人民法院又颁布了一系列关于仲裁的司法解释，包括《仲裁司法审查规定》《仲裁司法审查报核规定》《仲裁裁决执行规定》等。上述司法解释无疑已经成为仲裁实践中最重要的法律依据之一。

---

① 我国于 1990 年 2 月 9 日在华盛顿签署，1992 年 7 月 1 日决定批准。

（五）判例

现代仲裁法的成文化程度很高，无论是有着成文法历史的大陆法系国家，还是传统上的判例法国家，大多数有自己的成文仲裁法，而且，现代许多国家的成文仲裁法有限制司法干预仲裁的作用，所以，关于广义上的仲裁法是否包括判例的问题仍存在争议。但是，仲裁与商事纠纷联系密切，发展迅速，成文法相对滞后；仲裁法中许多概念如“可仲裁性”相对模糊、宽泛，需要通过判例来明确。因此，将判例视为广义上的仲裁法有现实意义。自 1925 年《美国联邦仲裁法》颁布以来，美国联邦法院通过大量判例解释仲裁法的条文，寻求仲裁法的精神，探求国会的立法意图，弥补仲裁法的缺漏，就法院支持仲裁问题、可执行性问题、正当程序问题、公共政策问题、显著漠视法律问题等确立了一系列普通法规则。①

二、我国现行仲裁法的特点

1995 年 9 月 1 日《仲裁法》的实施，结束了国内仲裁的混乱局面，恢复了仲裁的本来面目，确立了协议仲裁、或裁或审、一裁终局的仲裁制度。《仲裁法》的颁布实施成为中国仲裁制度史上新的里程碑。

我国现行《仲裁法》由 8 章 80 个条款组成，规定了总则、仲裁委员会和仲裁协会、仲裁协议、仲裁程序、申请撤销裁决、执行、涉外仲裁的特别规定和附则等内容。作为国家制定和认可的，规范仲裁法律关系主体的行为和调整仲裁法律关系的法律规范，我国仲裁法体现了以下特点。

（一）机构仲裁

根据我国《仲裁法》和《仲裁法解释》的规定，当事人订立仲裁协议时，应当选定具体的仲裁委员会，对仲裁委员会没有约定或者约定不明确的，可以补充协议，如果达不成补充协议，又无法推定出具体的仲裁机构的，仲裁协议无效。这表明，在我国只能采取机构仲裁的方式，仲裁法不承认临时仲裁。

尽管在我国，当事人只能选择机构仲裁的方式，但对于涉外案件，当事人事先在合同中约定或争议发生后约定，由国外的临时仲裁机构或非常设仲裁机构仲裁的，我国原则上应当承认该仲裁条款的效力，法院不得再受理当事人的起诉。②

（二）对涉外仲裁进行特别规定

基于涉外仲裁自身的特点，《仲裁法》以专章对涉外仲裁的特定事项作出了有别于国内仲裁的特别规定，包括涉外仲裁机构的设立、仲裁员资格、采取保全措施的法院、涉

① 参见于喜富：《国际商事仲裁的司法监督与协助——兼论中国的立法与司法实践》，32－33 页，北京，知识产权出版社，2006。

② 详见 1995 年 10 月 20 日《最高人民法院关于福建省生产资料总公司与金鸽航运有限公司国际海运纠纷一案中提单仲裁条款效力问题的复函》。

外仲裁裁决的撤销、不予执行等。

（三）仲裁和调解相结合

我国《仲裁法》明确规定，仲裁庭在作出裁决前，可以先行调解。当事人自愿调解的，仲裁庭应当调解。调解不成的，仲裁庭应当及时作出裁决。调解达成协议的，仲裁庭应当制作调解书或者根据协议的结果制作裁决书。调解书与裁决书具有同等的法律效力。这表明仲裁程序和调解程序的有机结合是我国仲裁的显著特点。

第二节　仲裁法的历史沿革

一、外国仲裁法的历史沿革

（一）概述

尽管仲裁制度作为一种纠纷解决方式历史悠久，但仲裁制度被法律认可却是中世纪以来的事情。而仲裁成为一项被国际社会广泛认可并运用的纠纷解决方式是在19世纪，仲裁立法也在此时全面展开。

仲裁法的建立和发展可以分为两个时期。第一个时期是19世纪末到20世纪初。这一时期是仲裁法律制度建立时期。英国在1889年制定了第一部专门的仲裁法。美国最高法院在1854年认可了仲裁员可以作出有约束力的裁决，并于1925年颁布了联邦仲裁法。该法律承认仲裁协议以及根据仲裁协议作出的仲裁裁决的法律效力。瑞典于1887年制定了第一个仲裁法令，1929年通过了《瑞典仲裁法》和《瑞典关于外国仲裁协议和仲裁裁决的条例》。德国于1877年的民事诉讼法中规定了仲裁程序、仲裁协议的形式和效力、仲裁院、仲裁庭审程序和裁决的效力以及执行等事项。法国于1807年的《法国民事诉讼法》中对仲裁作出了专篇规定，并于1925年通过国内立法的方式，第一次明确认可了仲裁条款的法律效力。① 日本在其1890年民事诉讼法中设专章规定了仲裁程序。阿根廷1887年颁布了民事诉讼法典，对仲裁作出了详细规定。仲裁法律制度的建立还表现在仲裁机构化上，许多国家相继建立了仲裁机构。例如：英国于1892年建立了伦敦仲裁院，瑞典于1902年建立了斯德哥尔摩商会仲裁院，1923年法国在巴黎成立了国际商会仲裁院，等等。这样，仲裁制度被各国法律所确立，仲裁法律制度在世界范围内普及。第二个时期是20世纪30年代以后。这一时期主要为仲裁法律制度的发展和完善时期。在这一时期，各国对仲裁法进行了多次修改甚至重新确立。如英国于1934年、1950年、1975年、1979年、1996年多次修改或颁布新的仲裁法。美国国会于1970年对1925年的《美国联邦仲裁法》作出了修订。1999年瑞典也颁布了新的仲裁法。德国于1997年颁布了《仲裁程序修订法》，并于1998年1月1日生效。

---

① 参见谢石松主编：《商事仲裁法学》，16页，北京，高等教育出版社，2003。

(二) 各主要国家仲裁法的历史沿革

1. 英国仲裁法的历史沿革

英国是仲裁制度最为发达的国家之一。早在1347年，英国一部年鉴中即有关于仲裁的记录。某些从事对外贸易的公司如东印度公司，在章程中订有仲裁条款，规定公司或成员间发生争议，应通过仲裁解决。[①] 1697年，英国议会制定了第一个仲裁法案，正式承认仲裁制度。1889年，英国国会颁布了第一部仲裁法后，又分别于1950年、1975年、1979年颁布了三部仲裁法案。1985年联合国国际贸易法委员会通过《联合国国际商事仲裁示范法》之后，英国政府为了完善本国仲裁制度，随即成立了英国仲裁法法律咨询委员会，研究该示范法。1989年该委员会就仲裁制度改革提出了建议，在征求了大量的仲裁用户、国际商人、实践者、法官和公众意见的基础上，形成了议会讨论草案，新的仲裁法最终于1996年在国会获得通过，并于1997年1月31日起生效。

英国在传统上有法院对法律问题的管辖权不容剥夺的原则。英国仲裁法通过历次修改和重新制定，逐步向着尊重当事人意思自治和在此基础上扩大仲裁庭权力的方向发展。1979年的修改减少了许多司法干预的做法。如该法规定，对于事实上有错误的裁决将不能再进行上诉，而对于法律上有错误的，也必须在特定条件下才能上诉。1996年仲裁法进一步减少了司法干预并加强了仲裁庭的权力。法案要求法院保障仲裁程序的顺利进行。其规定，法院应当执行仲裁协议，在约定的仲裁机构或仲裁员无法履行职责时指定仲裁员，执行仲裁员对当事人作出的程序和证据事项的决议，执行在当事人缺席时仲裁员要求提供临时救济的裁决和决议。由此，仲裁员的权力得到了加强，不合作的一方当事人将因其拖延行为而承担责任。虽然1996年《英国仲裁法》仍然允许当事人就仲裁裁决的法律要点向法院上诉，但这种上诉的权利受到了很大的限制，其要求当事人双方同意才能行使这项权利，并且在任何类型的案件中，双方当事人均可事先约定放弃这种上诉的权利。该法案对仲裁协议的“书面形式”作了扩大性解释，更充分地尊重了当事人的意思自治。1996年《英国仲裁法》使英国融入了国际商事仲裁理论和实践的潮流中。

2. 瑞典仲裁法的历史沿革

瑞典是最早确立仲裁法律制度的国家之一。14世纪中叶瑞典的地方法规就已经对仲裁作了规定。瑞典在1887年通过了第一个仲裁法令之后，于1919年对其作出了重要的修订，并于1929年在此基础上，结合瑞典在1927年参加的《关于执行外国仲裁裁决的日内瓦公约》中的相关内容，制定了《瑞典仲裁法》和《瑞典关于外国仲裁协议和仲裁裁决的条例》。经过了近一个世纪的实践，瑞典于1999年颁布了新的仲裁法。

1999年的《瑞典仲裁法》与其他欧洲国家不同，并非完全以《联合国国际商事仲裁示范法》为蓝本，而是更多地强调本国近一个世纪以来所积累的实践经验。1999年《瑞典仲裁法》共8章60条，分别对仲裁协议、仲裁员、仲裁程序、仲裁裁决、裁决书的无效和撤销、仲裁费用、管辖地和起诉的期限、国际事项、承认和执行外国仲裁裁决等进

---

① 参见林一飞：《国际商事仲裁法律与实务》，4页，北京，中信出版社，2005。

行了规定。该法明确规定当事人有权自由处分的事项为具有可仲裁性的事项，当事人可基于此事项的可仲裁性将争议提交仲裁解决。同时，该法充分体现了当事人意思自治原则，将绝大部分条款规定为任意条款，只有极少数强制条款。该法同样扩大了仲裁庭的权力，允许仲裁庭对自己的管辖权作出裁定。

3. 德国仲裁法的历史沿革

德国采取依附性的立法体例，并无单独的仲裁法，仲裁制度规定于民事诉讼法之中。《德国民事诉讼法》第十编——第 1025～1066 条，是关于仲裁制度的专门规定。德国民事诉讼法自 1877 年生效以来，只经过 1930 年和 1986 年两次小的修改，落后于国际上仲裁法的发展。1990 年德国统一，给德国社会的政治和经济带来了大的变革，德国在此之际成立了“仲裁程序法革新委员会”，经过了 7 年的研究和讨论，于 1997 年 12 月颁布了《仲裁程序修订法》，并于 1998 年 1 月 1 日生效。

由于德国仲裁法的修订是在德国统一之后，为使德国的仲裁法追赶上国际仲裁法理论、立法、实践快速发展的步伐，与国际先进的仲裁法理论、立法、实践保持一致，所以尽管修改后的仲裁法在体例上仍为民事诉讼法的一编，但在具体内容上有较大的变化。该法吸收国际仲裁立法、其他国家仲裁立法、民主德国仲裁立法的先进内容，不但使内容更加详细和完备，而且增强了稳定性和可预见性，体现出充分尊重当事人的意思自治和加强司法对仲裁制度的支持等特点。①

二、中国仲裁法的历史沿革

由于历史原因，我国分为大陆（内地）、香港特别行政区、澳门特别行政区和台湾地区诸个法域，仲裁法或相关规定分别沿着不同的轨迹建立和发展，各有特色。

（一）大陆（内地）仲裁法的历史沿革

大陆（内地）商事仲裁制度的建立始于 20 世纪初，1913 年国民政府颁布的《商事公断处章程》被看作是中国第一个关于商事仲裁制度的专门规定。在革命根据地时期和解放区时期也制定了一些有关仲裁的法律。1931 年颁布的《中华苏维埃共和国劳动法》确立了以仲裁方式解决劳动争议的法律制度，1943 年晋察冀边区行政委员会公布的《晋察冀边区租佃债息条例》也设有“调解与仲裁”的规定，同年发布的《关于仲裁委员会的工作指示》全面规定了仲裁委员会的性质和任务、仲裁委员会的权限及仲裁委员会本身的工作制度等问题。1949 年 10 月后，大陆（内地）逐步建立了涉外仲裁制度和国内仲裁制度，开启了大陆（内地）仲裁制度“双轨制”的历史。

大陆（内地）涉外仲裁制度包括国际经济贸易仲裁和海事仲裁。在 1995 年 9 月 1 日实施的《仲裁法》颁布之前，大陆（内地）涉外仲裁制度主要由一系列行政决定、批复和主要涉外仲裁机构的仲裁实践所确立。主要涉外仲裁机构在处理国际经济纠纷和海事纠纷中起了不可替代的作用。

---

① 参见张斌生主编：《仲裁法新论》，475 页，厦门，厦门大学出版社，2004。

新中国成立初期，为了适应经济发展的需要，1954 年，中央人民政府政务院通过了《关于在中国国际贸易促进委员会内设立对外贸易仲裁委员会的决定》，对即将成立的对外贸易仲裁委员会的组织、任务、受案范围、程序等作了原则性规定。1956 年 3 月，中国国际贸易促进委员会通过了《中国国际贸易促进委员会对外贸易仲裁委员会仲裁程序暂行规则》，1956 年 4 月对外贸易仲裁委员会正式成立。1966 年至 1979 年，大陆（内地）国际经济贸易仲裁处于停滞期。1980 年 2 月，国务院发出了《关于将对外贸易仲裁委员会改称为对外经济贸易仲裁委员会的通知》。该通知扩大了仲裁委员会的受案范围，规定有关中外合资经营企业、外国来华投资建厂、中外银行互相信贷等各种对外经济合作方面等发生的争议亦可进行仲裁。1988 年 6 月 21 日，国务院又发布了《关于将对外经济贸易仲裁委员会改名为中国国际经济贸易仲裁委员会和修订仲裁规则的批复》。该批复授权中国国际经济贸易仲裁委员会可自行修改仲裁规则。之后，其根据相关法律和缔结/参加的国际条约，参照国际惯例，并结合仲裁发展的新情况，数次对仲裁规则进行了修订。

1958 年 11 月，国务院通过了《关于在中国国际贸易促进委员会内设立海事仲裁委员会的决定》。1959 年 1 月，中国国际贸易促进委员会通过了《中国国际贸易促进委员会海事仲裁委员会仲裁程序暂行规则》，并成立了海事仲裁委员会。1982 年 9 月，国务院办公厅发出通知，同意将海事仲裁的受案范围扩大到双方当事人协议要求的其他海事案件，扩大了海事仲裁的范围。1988 年 6 月，国务院发布了《关于将海事仲裁委员会改名为中国海事仲裁委员会和修订仲裁规则的批复》，将海事仲裁委员会改名为“中国海事仲裁委员会”，并授权修改仲裁规则。①

在《仲裁法》颁布前，大陆（内地）仲裁制度主要是经济合同仲裁制度，由一系列法律、行政法规和地方性法规所规定。其发展主要分为四个阶段：第一阶段关于仲裁制度的规定主要包括 1961 年 9 月颁布的《国营工业企业工作条例（草案）》、1962 年 8 月颁布的《关于各级经委仲裁国营工业企业之间拖欠贷款的意见（草案）》和 1962 年 12 月发布的《关于严格执行基本建设程序、严格执行经济合同的通知》等相关规定。这一阶段的仲裁法律制度主要以两级仲裁体制为特征，原各级经济委员会（下称经委）主管经济合同仲裁，法院不具有管辖权，对于特殊的重大项目合同纠纷实行三级仲裁体制，当事人不服省、自治区、直辖市经委二级仲裁的，还可以向国家经委请求三级仲裁。第二阶段的规定主要包括 1978 年 9 月国务院颁布的《关于成立工商行政管理总局的通知》和 1979 年 8 月国家经委、工商行政管理总局、中国人民银行发出的《关于管理经济合同若干问题的联合通知》。在这一阶段当事人对于因经济合同发生的争议协商不成的，任何一方当事人均可以按照合同管理的分工，向对方所在县（市）和大中城市的区经委或相应机关、工商行政管理局申请仲裁，对仲裁不服的，可以向上一级合同管理机关申请复议，对复议不服的，当事人还可以向人民法院起诉寻求司法救济。在这一阶段实际上实行先裁后审的仲裁法律制度。第三阶段的规定以 1981 年《中华人民共和国经济合同法》和 1983 年《中华人民共和国经济合同仲裁条例》为主要内容。在这一阶段多头分工仲裁改为由工商行政管理局设立的经济合同仲裁委员会统一仲裁，并且经济仲裁的范围扩大了。仲

① 参见杨荣新主编：《仲裁法理论与适用》，14－17 页，北京，中国经济出版社，1998。

裁不再是诉讼的必经程序，当事人可以自由选择仲裁或诉讼。当事人对仲裁裁决不服的，仍可提起诉讼。第四阶段，于1993年9月修订了《中华人民共和国经济合同法》，规定了仲裁协议具有排除法院管辖权的效力，仲裁裁决具有终局效力，仲裁实行一裁终局制等基本制度。从20世纪80年代开始，依据1987年6月颁布的《中华人民共和国技术合同法》、1988年国家科委发布的《技术合同管理暂行规定》、1989年发布的《中华人民共和国技术合同法实施条例》和1991年发布的《技术合同仲裁机构管理暂行规定》等发展了技术合同纠纷仲裁；基于1987年7月国务院发布的《国营企业劳动争议处理暂行规定》、1993年颁布的《中华人民共和国企业劳动争议处理条例》等使劳动仲裁得到确立和发展；基于《著作权法》以及有关房地产、消费者权益保护的法规，规定了著作权纠纷仲裁、房地产纠纷仲裁和消费者纠纷仲裁等，使大陆（内地）的仲裁制度不断发展和完善。

在《仲裁法》颁布实施前的仲裁制度实质上还是一种行政性质的仲裁，由设在政府行政管理部门内部的仲裁机构行使仲裁权。这不仅违背仲裁的独立性、自愿性与快捷性的特点，与仲裁的性质也相去甚远。而且有关仲裁制度的规范太多，没有统一性，严重阻碍大陆（内地）仲裁制度的健康发展。1995年9月1日《仲裁法》开始实施，用立法的形式统一规定了除劳动争议仲裁和行政争议仲裁外的民商事仲裁的原则和制度，将仲裁机构从国家行政机关的体制中独立出来，明确了仲裁民间性的性质，在仲裁机构的性质与法律地位、仲裁协议效力、仲裁裁决效力等基本问题上与现代民商事仲裁制度相一致，开启了我国仲裁制度的新纪元。

（二）香港、澳门特别行政区仲裁法和台湾地区仲裁规定的历史沿革

1. 香港特别行政区仲裁法的历史沿革

由于历史的原因，香港地区法律制度深受英国法律制度的影响，商事仲裁法律制度也是如此。1963年，以英国1950年《仲裁法》为基础，香港地区政府颁布实施了第一部香港《仲裁条例》。该条例随着1979年《英国仲裁法》的修改而发生重大改变。新的《仲裁条例》于1982年颁布。之后又经过1989年、1990年、1996年和2000年修订，现行有效的是2003年的修订本。同时，1979年4月21日，英国根据1958年《纽约公约》及1975年《英国仲裁法》的规定，将《纽约公约》扩大适用到香港地区。① 1990年，《联合国国际商事仲裁示范法》被作为《仲裁条例》的一部分在香港地区直接适用。所以，香港《仲裁条例》虽然以《英国仲裁法》为蓝本，但在对国际商事仲裁示范法的采用上，已经超过英国仲裁法。② 1999年6月21日，最高人民法院与香港特别行政区政府在深圳签署了《仲裁执行安排》。此后，在"一国两制"背景下香港特别行政区对《仲裁条例》进行了完善。

香港地区的商事仲裁法律制度经历了由临时仲裁到常设机构仲裁，由判例法到成文法，由本地仲裁到国际仲裁，由本地立法到国际条约的演变过程；在立法指导思想、立法技术和具体规范上受到英国仲裁法律制度深刻的影响，同时又体现了东西方文化交融及高度国际化、现代化的特点。这充分彰显了习近平总书记关于"中国式现代化既基于

① 参见张斌生主编：《仲裁法新论》，529页，厦门，厦门大学出版社，2004。
② 参见詹礼愿：《中国内地与中国港澳台地区仲裁制度比较研究》，31页，武汉，武汉大学出版社，2006。

自身国情、又借鉴各国经验，既传承历史文化、又融合现代文明”论述的精辟性。①

2. 澳门特别行政区仲裁法的历史沿革

澳门特别行政区的仲裁法律制度起初沿用1961年《葡萄牙民事诉讼法典》中第四卷对仲裁的专门规定。而其自身的商事仲裁立法起始于1990年公布的《澳门地区自愿仲裁法》草案。其经过6年的努力在此草案基础上颁布了《澳门仲裁法》，并在1998年颁布了几乎完全照搬《联合国国际商事仲裁示范法》内容的《涉外商务仲裁法》。澳门地区仲裁法律制度以临时仲裁为主要形式，采取本地商事仲裁与涉外商事仲裁分立的模式，赋予利害关系人、检察官公署、法院宣告仲裁无效的权利，并设立某些争议的强制仲裁制度。澳门特别行政区于2007年12月12日发布了《仲裁执行安排二》。

3. 台湾地区仲裁规定的历史沿革

台湾地区现代商事仲裁制度是在20世纪60年代以后发展起来的。1961年台湾地区“立法院”颁布的“商务仲裁条例”是台湾地区现代商务仲裁的首个规定。但是20世纪70年代以来，随着台湾地区对外贸易的发展，“商务仲裁条例”因缺少关于“涉外”仲裁裁决在台执行的相关规定而显露弊端。因此在1982年和1986年台湾地区两次修订该“条例”，增添了承认与执行“外国”仲裁裁决的规定。为进一步完善台湾地区商事仲裁制度，符合时代潮流，1998年6月24日台湾地区颁布了“仲裁法”。该“仲裁法”广泛借鉴了英、美、德、法、日等国的立法经验，强调“国际化与自由化”，确立了效率优先的基本价值取向，承认临时仲裁的效力，注重扩大当事人的意思自治的范围和程度，扩大仲裁庭权力，减少法院对仲裁的干预。② 现行有效的是2002年7月10日的修订本，它针对1998年12月24日生效的“仲裁法”第8、54、56条进行了部分修正。

三、商事仲裁国际立法的历史沿革

随着近代国际贸易的发展和全球化进程的加快，国际商事仲裁因为具有自愿、灵活、经济、保密、快捷等优势，发展迅猛。为了消除和防止各国仲裁立法的差异，从19世纪末开始，国际社会通过了一系列国际公约、双边或多边条约、区域性仲裁条约和具有示范作用的法律文件。国际商事仲裁立法的发展大约分为两个时期。

第一个时期的立法旨在统一仲裁裁决的承认和执行，例如，1928年的《布斯坦曼特法典》、1923年的《日内瓦议定书》、1958年的《纽约公约》、1975年的《美洲国家间关于国际商事仲裁的公约》等。其中，以1958年的《纽约公约》影响最为广泛，被誉为“现代国际商事仲裁制度的基石”。公约保障了国际商事仲裁裁决的承认和执行，凸显了国际商事仲裁制度的优势，推动了国际商事仲裁制度的发展。

---

① 2023年3月15日，习近平总书记在北京出席中国共产党与世界政党高层对话会，并发表题为《携手同行现代化之路》的主旨讲话，他指出：“中国式现代化既基于自身国情、又借鉴各国经验，既传承历史文化、又融合现代文明，既造福中国人民、又促进世界共同发展，是我们强国建设、民族复兴的康庄大道，也是中国谋求人类进步、世界大同的必由之路。”

② 参见张斌生主编：《仲裁法新论》，502-504页，厦门，厦门大学出版社，2004。

第二个时期的立法旨在进一步统一和规范各国仲裁立法，例如，1985年《联合国国际商事仲裁示范法》、2002年《联合国国际商事调解示范法》等。示范法与公约和条约相比较，不具备严格意义上的法律效力，但其目的是为各国制定和修改本国商事仲裁立法提供一个统一范本，对于国际商事仲裁体系的建立和完善具有重要意义。目前，很多国家已经参照上述示范法修订了本国的仲裁立法和仲裁规则。

第三节 仲裁法的立法体例

桑德斯教授在论及各国采纳示范法的立法技术时指出："立法者有一种选择。他们可以同时对国内仲裁适用《示范法》，或者可以创造两种制度。如果他们选择后者，他们可以在不同的法律中规定，也可以在同一部法律中规定。"① 不同国家在选择仲裁立法体例时，由于立法背景的差异和出发点的不同，往往形成不同的立法体例。一般来说，仲裁法的立法体例之确定需要做两种选择：一是国内仲裁制度和涉外仲裁制度是否适用同一仲裁法律制度，二是仲裁制度是否由一部单独的仲裁法典来规范。

一、"一元体例"和"二元体例"

早期的仲裁法除外国仲裁裁决的承认与执行外，一般不区分国内仲裁制度和涉外仲裁制度，只规范国内仲裁制度。随着国际商事仲裁的发展，国内仲裁制度与国际商事仲裁制度的发展相脱离，部分国家选择修订原有的国内仲裁制度，与国际仲裁趋势相适应，以同一部仲裁法来规范国内仲裁制度和涉外仲裁制度；也有部分国家选择制定新的仲裁规则，来规范涉外仲裁部分，与原有的国内仲裁制度相分离。前者被称为"一元体例"，后者被称为"二元体例"②。采取"一元体例"的国家有德国、墨西哥、加拿大等，采取"二元体例"的国家有中国、新加坡、俄罗斯等。两种立法体例各有优势。支持"一元体例"的人认为，国际商事仲裁与国内仲裁不应区别对待，因为一个合同的国际或国内性质而使其适用不同的仲裁规则既无必要，也不合理。③ 而支持"二元体例"的人则认为，仲裁法的二元制绝不奇怪，实际上这是国际仲裁法的一般特征，国际仲裁所要求的高度的灵活性和意思自治与国内仲裁所要求的较多限制的法律制度极不兼容，这证明了二元体例存在的合理性。④ "一元体例"采用在国内仲裁和涉外仲裁上适用同一仲裁法律制度

---

① 于喜富：《国际商事仲裁的司法监督与协助——兼论中国的立法与司法实践》，28页，北京，知识产权出版社，2006。

② 于喜富：《国际商事仲裁的司法监督与协助——兼论中国的立法与司法实践》，28－30页，北京，知识产权出版社，2006。

③ James O. Rodner，International and National Arbitration：A Fading Distinction，International Arbitration 19（5），2002．转引自于喜富：《国际商事仲裁的司法监督与协助——兼论中国的立法与司法实践》，30页，北京，知识产权出版社，2006。

④ Leila Anglade，Current Development：Ireland as a Place for International Arbitration，12 The American Review of International Arbitration 263（2001）．转引自于喜富：《国际商事仲裁的司法监督与协助——兼论中国的立法与司法实践》，30页，北京，知识产权出版社，2006。

的模式，在适用上较为方便，并直接促进了国内仲裁制度的发展，提高了国内仲裁制度的灵活和自由的程度，符合国际仲裁的发展趋势。对仲裁当事人而言，“一元体例”也更加公平。因此，从仲裁制度的长远发展和对仲裁当事人公平的角度来说，“一元体例”是仲裁立法的发展趋势。“二元体例”则是一种更为谨慎的立法技术，“传统在维持国内仲裁旧体制方面可以发挥作用。待现代国际仲裁法制获得初步经验，其效用为人所知并欣赏时，随之可采取单一的立法体例。”①

二、“依附性仲裁立法”、“单独性仲裁立法”和“分散性仲裁立法”

根据是否由单独的仲裁法来规范仲裁制度，各国关于仲裁的立法体例可以分为三种——依附性仲裁立法、单独性仲裁立法、分散性仲裁立法。②

（一）依附性仲裁立法

依附性仲裁立法是指不单独制定仲裁法，由其他综合性的部门法在某一章节或某些条款中规定仲裁制度的立法模式。通常，在依附性立法体例下规定仲裁制度的部门法是民事诉讼法，如德国、日本、法国、奥地利、荷兰等国，但也有在其他民商事法典中规定仲裁制度的做法，如墨西哥在 1993 年的《墨西哥商法典》中规定了仲裁。采取依附性仲裁立法体例的国家多数具有成文法的法律传统，并且仲裁发展较早，如：法国在 1809 年公布的民事诉讼法中就以专编规定了仲裁制度，德国在民事诉讼法中规定仲裁程序也可以追溯到 1879 年的《德国民事诉讼法》。

依附性仲裁立法的优势在于：首先，在立法程序上简便易行，在仲裁制度司法化的今天，甚至可以在部分仲裁法律制度规定中准用民事诉讼的规定。其次，尽管仲裁是独立于诉讼的纠纷解决制度，但仲裁离不开司法的支持和监督。将诉讼与仲裁规定于同一部法典中，可以清晰地看出两者之间的联系。但这种立法体例的缺陷也在于，将仲裁依附于其他部门法中，难以突出仲裁的特点，使仲裁与诉讼相混淆。

（二）单独性仲裁立法

单独性仲裁立法是指以一部独立的仲裁法典来规定仲裁制度的立法模式。这种立法体例的表现形式就是制定单独的仲裁法。采取这种立法体例的国家有英国、美国、瑞典、加拿大、新西兰、印度、巴西、尼日利亚等。可以将其分为两种：一种以英国、美国为代表，这些国家仲裁发展较早，但因为没有成文法传统，因而单独制定仲裁法。例如：1697 年，英国议会就制定了第一个仲裁法案，正式承认仲裁制度，20 世纪又颁布了三部仲裁法案；美国国会于 1925 年制定了《联邦仲裁法》。另一种以印度、巴西为代表，这些国家仲裁发展较晚，单独的仲裁法较容易学习和移植，并符合当今国际社会仲裁发展

① 于喜富：《国际商事仲裁的司法监督与协助——兼论中国的立法与司法实践》，30 页，北京，知识产权出版社，2006。

② 参见谭兵主编：《中国仲裁制度研究》，75－79 页，北京，法律出版社，1995。

的潮流，因而采取单独性仲裁立法体例。单独性仲裁立法易于突出仲裁的特点和独立性，但不利于与诉讼制度的衔接，不易形成逻辑严密的法律制度，容易造成仲裁法与民事诉讼法规定的冲突。

(三) 分散性仲裁立法

分散性仲裁立法是指一国的仲裁制度以多种形式在若干个其他部门法典中规定的一种立法体例。① 这种体例的表现形式是没有专门的仲裁法或部门法中的某一编针对主要仲裁制度进行规范，而有关仲裁制度的规定散见于各种法律、法规、规范性文件中。如：瑞士的仲裁规则就散见于联邦宪法、仲裁协约、州程序法、《瑞士联邦国际私法法规》中，卢森堡的仲裁程序规定则散见于民法典、商法典、民事诉讼法典中。② 这种立法体例较为烦琐，各规定间不易形成一个相互联系的规则体系，容易造成混乱与冲突，因此，采取这一模式的国家较少。

三、我国仲裁法的立法体例

我国在 1994 年《仲裁法》颁布之前，采用的是二元立法体例和分散性仲裁立法模式。涉外仲裁制度和国内仲裁制度自成体系，涉外仲裁法律制度主要由仲裁机构的仲裁实践所确立，国内仲裁法律制度的发展却以经济合同仲裁为依托。同时，没有统一的仲裁法典，仲裁制度散见于各种规范性文件中。

《仲裁法》颁布以来，我国仍采用二元立法体例。《仲裁法》于第七章对涉外仲裁作了专门规定，《民诉法》第二十六章也有相关规定，与国内仲裁制度有显著不同。我国采取二元立法体例是有历史原因的。我国涉外仲裁法律制度由仲裁机构的仲裁实践所确立，与国际仲裁制度相近；而国内仲裁制度长期凭借经济合同仲裁确立，欠缺民间性、灵活性等现代仲裁制度的特性，很难与国际仲裁制度接轨，所以，现行背景下我国仍然采取二元立法体例。

与此同时，我国在仲裁立法模式上也逐渐形成了自身独有的特点，即以《仲裁法》为主，以《民诉法》中的相关仲裁规定和最高人民法院有关仲裁的司法解释为辅，并使一些特殊的仲裁规定体现在相关实体法中。

一方面，我国这种独特的立法体例具有一定优势，表现在：（1）《仲裁法》作为全面、系统规定仲裁制度与仲裁程序的法律，宜于从整体上进行把握，能够更好地被领会、遵守和执行。（2）基于仲裁与民事诉讼的联系性以及特定实体法律关系的特殊性，在《民诉法》及实体法中对仲裁进行规定，有利于诉讼与仲裁的衔接，实体法律问题与程序法律问题的衔接。如《民诉法》第 289 条规定：当事人申请采取保全的，中华人民共和国的涉外仲裁机构应当将当事人的申请，提交被申请人住所地或财产所在地的中级人民法院裁定。第 290 条规定：经中华人民共和国涉外仲裁机构裁决的，当事人不得向人民

① 参见谭兵主编：《中国仲裁制度研究》，78 页，北京，法律出版社，1995。
② 参见丁建忠：《外国仲裁法与实践》，30－31、232 页，北京，中国对外经济贸易出版社，1992。

法院起诉。一方当事人不履行仲裁裁决的，对方当事人可以向被申请人住所地或者财产所在地的中级人民法院申请执行。第 292 条规定：仲裁裁决被人民法院裁定不予执行的，当事人可以根据双方达成的书面仲裁协议重新申请仲裁，也可以向人民法院起诉。

但另一方面，在《仲裁法》与《民诉法》等法律中同时对仲裁进行规范，不但较为烦琐，而且容易产生冲突。如根据《民诉法》第 291 条第 1 款的规定，对中华人民共和国涉外仲裁机构作出的裁决，被申请人提出证据证明仲裁裁决有特定情形之一的，经人民法院组成合议庭审查核实，裁定不予执行。同时，第 2 款明确规定，人民法院认定执行该裁决违背社会公共利益的，裁定不予执行。而《仲裁法》第 71 条则规定，被申请人提出证据证明涉外仲裁裁决有《民诉法》第 291 条第 1 款规定的情形之一的，经人民法院组成合议庭审查核实，裁定不予执行。该规定并未承认《民诉法》赋予法院的审查仲裁裁决是否符合公共利益的权力。

第四节 仲裁法的基本原则与制度

一、仲裁法的基本原则

（一）仲裁法基本原则的含义及特点

“原则”一词来自拉丁语 principium，其基本含义是指开始、起源和基础。在法学中，法律原则是指可以为法律规则提供某种基础或本源的、综合性的、指导性的原理和准则。[①] 仲裁法的基本原则是指仲裁法所规定的，在仲裁活动中仲裁机构、双方当事人和其他仲裁参与人必须遵守的基本行为规范，是指导仲裁程序依法有序进行的基本准则。

仲裁法的基本原则具有以下特征：首先，仲裁法的基本原则应当能够体现仲裁制度的本质特点，把握仲裁制度的立法精髓。其次，仲裁法的基本原则应当贯穿仲裁制度始终，全面指导仲裁机构、双方当事人和其他仲裁参与人的仲裁活动。最后，仲裁法的基本原则应当具有概括性，是制定具体仲裁制度和仲裁规定的基础。

（二）仲裁法的原则体系

关于仲裁法的原则体系，学术界观点众多。有学者认为仲裁法的原则包括以下十个：自愿原则；依法独立仲裁，不受干涉原则；以事实为根据，以法律为准绳原则；仲裁当事人地位平等和权利义务对等的原则；对仲裁当事人在适用法律上一律平等的原则；先行调解原则；辩论原则；处分原则；民族语言文字原则；法院监督原则。[②] 有学者认为仲裁法的原则应当包括以下五个：自愿原则，仲裁独立原则，根据事实、符合法律规定、公平合理解决纠纷原则，处分原则和法院监督原则。[③] 也有学者认为仲裁法的原则包括

① 参见舒国滢主编：《法理学》，76 页，北京，中国人民大学出版社，2007。

② 参见谭兵主编：《中国仲裁制度研究》，201-211 页，北京，法律出版社，1995。

③ 参见单国军：《中国仲裁实务》，49 页，北京，中国发展出版社，1998。

以下四个：自愿原则，独立仲裁原则，根据法律、公平合理仲裁原则和司法支持与监督原则。[①] 还有学者认为仲裁法的原则包括以下三个：自愿原则；以事实为根据，以法律为准绳，公平合理地解决纠纷原则；依法独立行使仲裁权原则。[②]

根据仲裁法的特点，仲裁法的基本原则必须集中体现仲裁法的本质特征和立法精神，因此，应该排除那些与民事诉讼法共通的原则；同时，仲裁法的基本原则应当贯穿仲裁程序的始终，在整个仲裁活动中具有普遍适用性，因而应该与阶段性的仲裁制度有所区分。综上，根据我国《仲裁法》的规定，仲裁法的基本原则包括以下内容。

1. 自愿原则

仲裁最本质的特征即尊重当事人的意愿，遵循意思自治原则。自愿原则既是这一本质的反映，也是仲裁这一纠纷解决方式的特点。自愿原则贯穿仲裁程序的始终，是仲裁制度的根本原则，是仲裁制度存在和发展的基础。仲裁法的自愿原则主要体现在：

（1）当事人协商决定是否将他们之间的争议提交仲裁。我国《仲裁法》第 4 条规定："当事人采用仲裁方式解决纠纷，应当双方自愿，达成仲裁协议。没有仲裁协议，一方申请仲裁的，仲裁委员会不予受理。"双方当事人自愿以仲裁方式解决纠纷是启动仲裁程序的必要前提。这是自愿原则最重要的体现。仲裁和诉讼是两种不同的纠纷解决方式。通过诉讼方式解决纠纷，无须双方当事人达成合意，只要当事人一方向有管辖权的法院依法提交诉状即可。而通过仲裁方式解决纠纷，则必须基于双方当事人的合意。法院对争议事项的管辖权来自法律赋予的审判权与管辖权，而仲裁机构对争议事项的管辖权来源于当事人双方的授权。可以说，自愿原则使仲裁成为与诉讼截然不同的纠纷解决制度。

（2）当事人双方协商选定提交仲裁的仲裁委员会。我国《仲裁法》第 6 条规定："仲裁委员会应当由当事人协议选定。仲裁不实行级别管辖和地域管辖。"根据这条规定，当事人可以任选共同信任并且对于纠纷处理比较方便的仲裁委员会进行仲裁，而不受地域因素、争议金额大小或案件难易程度、影响大小等因素影响。

（3）当事人自主决定仲裁庭的组成形式和仲裁员的选任。我国《仲裁法》第 30、31 条规定："仲裁庭可以由三名仲裁员或者一名仲裁员组成。由三名仲裁员组成的，设首席仲裁员。""当事人约定由三名仲裁员组成仲裁庭的，应当各自选定或者各自委托仲裁委员会主任指定一名仲裁员，第三名仲裁员由当事人共同选定或者共同委托仲裁委员会主任指定。第三名仲裁员是首席仲裁员。当事人约定由一名仲裁员成立仲裁庭的，应当由当事人共同选定或者共同委托仲裁委员会主任指定仲裁员。"在仲裁中，当事人有权约定仲裁庭的组成形式，有权选定自己信赖的仲裁员。这是仲裁裁决易于被当事人接受的原因，也是仲裁制度的优势之一。

（4）当事人双方约定提交仲裁的争议事项。我国《仲裁法》第 16、18 条等规定，当事人对提交仲裁的争议事项应当在仲裁协议中明确约定，仲裁协议没有约定或约定不明确的，当事人可予以补充约定。即当事人双方可以协商确定仲裁事项的范围。仲裁机构必须在当事人约定的争议事项范围内作出裁决，超出范围的仲裁裁决，当事人可以申请

---

① 参见马永双主编：《仲裁法导论》，25－29 页，北京，中国社会出版社，2005。

② 参见杨荣新主编：《仲裁法理论与适用》，115－117 页，北京，中国经济出版社，1998。

法院撤销裁决或不予执行裁决。

（5）当事人双方可以约定审理方式、开庭形式等程序性事项。根据我国《仲裁法》第39、40、44、54条等的规定，当事人双方可以自主约定审理方式、开庭形式等程序性事项。如当事人可以自愿决定是否开庭审理，当事人协议不开庭的，仲裁庭即可以根据书面材料对案件进行书面审理，作出裁决。当事人可以自愿确定案件是否公开进行审理，当事人协议公开的，可以公开进行，但涉及国家秘密的除外。另外，当事人可以约定鉴定部门鉴定，可以自愿选择仲裁裁决书是否写明争议事实和裁决理由。仲裁在程序性事项上所具有的灵活性，体现了仲裁制度对当事人意愿的尊重，也表明了仲裁制度在经济、效率等价值上的追求。

自愿原则体现了仲裁制度的本质，贯穿了从是否提交仲裁，由谁来仲裁，到怎样仲裁的仲裁活动的始终。我国仲裁法的自愿原则与国际上通行的“意思自治原则”相一致，不但尊重了当事人的真实意愿，而且有利于纠纷的迅速解决，体现了仲裁制度灵活性的特点。仲裁法上的许多具体制度如协议仲裁制度、仲裁员的选任制度等都是以自愿原则为基础制定的。

2. 根据事实，符合法律规定，公平合理解决纠纷原则

我国《仲裁法》第7条规定：“仲裁应当根据事实，符合法律规定，公平合理地解决纠纷。”仲裁制度分为依法仲裁和依原则仲裁两种类型。依原则仲裁又称为友好仲裁，是指仲裁庭经过双方当事人授权，在认为严格适用法律规范会导致不公平结果的情况下，不依据严格的法律规范，而是依据它所认为的公平标准作出对双方有约束力的裁决的方式。[①] 我国《仲裁法》第7条的规定确立了我国以依法仲裁为主，兼吸收依原则仲裁长处的仲裁法原则。

（1）以事实为依据，以法律为准绳是我国的司法原则，仲裁作为国家法律认可的具有司法因素的纠纷解决方式，自然也遵循这一原则。仲裁应当以事实为依据是指仲裁庭应以客观事实为依据，在当事人举证、质证的基础上，通过对证据的审查判断查清事实，并作出仲裁裁决。仲裁以法律为准绳，是指仲裁庭在查清事实的基础上，应当依照现行法律的规定确定双方当事人的权利义务关系。符合法律规定，首先要符合民事实体法的规定，包括立法机关依法制定的法律法规，最高人民法院作出的相关司法解释，以及对双方当事人具有约束力的国际公约等规定；其次，必须符合仲裁程序法的规定，依法进行仲裁活动，维护当事人的程序性权利，保障仲裁程序的顺利进行。根据事实，符合法律是公正解决纠纷的基础和核心，是我国实行依法仲裁的依据。

（2）仲裁庭应当依照公平合理的原则解决纠纷。公平合理是解决纠纷的一般性原则，对仲裁而言尤其重要。在友好仲裁中，公平合理原则甚至是仲裁庭作出仲裁裁决的唯一依据。将公平合理解决纠纷作为仲裁法原则不仅符合仲裁法的本质，而且与国际商事仲裁的发展趋势相一致。首先，公平合理原则强调仲裁庭应当平等地对待双方当事人，给予他们平等的陈述和辩论机会。其次，公平合理原则意味着仲裁庭应当遵循法律的精神和理念，并依据双方当事人的合同约定，参照国际惯例审理和裁决案件。特别是在法律

① 参见韩健：《现代国际仲裁法的理论与实践》，26页，北京，法律出版社，2002。

没有强制性规定或规定不完备的情况下，更应当本着公平合理的原则进行仲裁。

3. 独立仲裁原则

独立仲裁原则是仲裁法的重要原则，是保障仲裁公正性的前提。独立有两层含义：一是仲裁机构在设置上独立，二是仲裁庭在审理案件时独立。我国《仲裁法》第 8 条规定："仲裁依法独立进行，不受行政机关、社会团体和个人的干涉。"第 14 条进一步规定："仲裁委员会独立于行政机关，与行政机关没有隶属关系。仲裁委员会之间也没有隶属关系。"独立仲裁原则的内容体现在以下几方面：

（1）仲裁与行政脱钩。

仲裁与行政脱钩是独立仲裁原则的核心内容。确立仲裁独立于行政，对于消除我国长期以来仲裁所具有的浓厚的行政色彩，恢复仲裁民间性的本来面目，具有积极作用。

在我国，仲裁的行政色彩主要体现为仲裁与行政存在着极其密切的联系。仲裁机构隶属于行政机构，仲裁员由行政人员担任，仲裁员被赋予一种行政管理权，仲裁手段、职能也带有鲜明的行政特点，使得仲裁实际上成为一种行政裁断。我国《仲裁法》依据仲裁的本质属性，参考国际惯例，确立了独立仲裁原则，明确规定仲裁独立进行，不受行政机关的干涉，使仲裁与行政脱钩，仲裁机构与行政机构不再具有隶属关系，仲裁员不再是承担管理职能的行政人员，这为独立、公正地进行仲裁提供了法律依据。

（2）仲裁委员会之间没有隶属关系。

行政关系的特点之一是行政机关之间具有上下级关系，下级行政机关必须服从上级行政机关的领导和监督。仲裁机构要摆脱行政干预和行政的属性，真正做到独立仲裁，就必须保证仲裁机构之间没有与行政属性相同或相类似的上下级关系，使每一个仲裁机构具有独立性，即仲裁委员会之间相互独立，没有高低之分，没有上下级之别，各自依据法律，独立仲裁案件。

（3）仲裁庭独立裁决案件。

仲裁庭是行使仲裁权的主体，对仲裁案件具有独立的审理权和裁决权，仲裁庭的独立性是案件公正裁决的基础。因此，仲裁委员会以及其他行政机关、社会团体和个人不得以任何理由和借口对仲裁庭行使仲裁权的行为进行干预。

二、仲裁法的基本制度

（一）仲裁法基本制度的含义和特点

仲裁法基本制度，是指在仲裁活动中，指引及约束仲裁组织、双方当事人及其他仲裁参与人基本行为的规范。较仲裁法基本原则而言，仲裁法基本制度具有具体性、阶段性、直接适用性的特点。因为仲裁法基本制度是直接约束仲裁组织和仲裁参与人进行仲裁活动的具体行为规范，故比较明确、具体；同时，仲裁法基本制度仅针对仲裁活动中的某一阶段或某些环节，因此具有实用性和针对性。仲裁法基本制度不同于仲裁法基本原则，仲裁法基本原则具有高度抽象性和宏观指导性，贯穿于仲裁活动的始终，体现在仲裁活动的各个方面。

（二）仲裁法制度体系

关于仲裁法的制度体系，学界也有不同观点。有学者认为仲裁法制度包括：一裁终局制度、仲裁时效制度、仲裁代理制度、仲裁证据制度、仲裁回避制度和仲裁财产保全制度。① 有学者认为仲裁法制度包括：或裁或审制度、开庭和不公开仲裁制度、回避制度、一裁终局制度。② 也有学者认为仲裁法制度包括：协议仲裁制度、或裁或审制度、一裁终局制度、秘密仲裁制度。③ 还有学者认为仲裁法制度包括：协议仲裁制度、或裁或审制度、一裁终局制度、回避制度和法院监督制度。④

确定仲裁基本制度，应当结合仲裁法的规定和仲裁法制度的特点加以考虑。仲裁法基本制度应当包括以下几方面。

1. 协议仲裁制度

协议仲裁制度是我国仲裁法规定的仲裁自愿原则的具体体现。协议仲裁制度的核心是仲裁协议制度。该制度的主旨是通过仲裁协议体现当事人的仲裁意愿，如当事人是否通过仲裁解决纠纷，提交仲裁解决的争议事项的范围，提交哪个仲裁机构进行仲裁等都是通过仲裁协议加以确定的。没有仲裁协议对当事人意愿的展示，仲裁就失去了依据，仲裁机构无权受理案件，仲裁程序也无法启动，所以，仲裁协议是仲裁制度的灵魂，协议仲裁制度是仲裁的根本制度。当事人申请仲裁、仲裁委员会受理仲裁案件以及仲裁庭对仲裁案件进行审理和裁决，都必须依据双方当事人之间订立的有效的仲裁协议。应当说，没有仲裁协议就没有仲裁制度。

协议仲裁制度的确立是由仲裁的本质属性决定的。该制度是各国仲裁制度所奉行的基本制度，也是我国已经由行政仲裁走向民间仲裁的标志。该制度为遵循仲裁的内在规律，独立、公正地解决各类民商事纠纷奠定了基础。

2. 或裁或审制度

仲裁与诉讼是两种不同的纠纷解决方式，或裁或审制度就是确定具体纠纷解决方式所适用的制度，也是表明仲裁作为独立的纠纷解决方式的制度。

或裁或审制度是指双方当事人对所发生的争议，或者通过仲裁方式解决，或者通过诉讼方式解决的制度。我国《仲裁法》第5条规定："当事人达成仲裁协议，一方向人民法院起诉的，人民法院不予受理，但仲裁协议无效的除外。"这是我国或裁或审制度的法律依据。或裁或审制度的含义主要体现在如下两个方面：

第一，对当事人来说，或裁或审制度意味着当事人对纠纷解决方式具有选择权。即当事人达成了仲裁协议，当纠纷发生时，任何一方当事人不能就该争议向人民法院提起诉讼，而应当依据仲裁协议向仲裁机构申请仲裁。如果当事人双方未能就争议的解决方式达成一致，或者所达成的仲裁协议依照我国法律的要求为无效时，当事人只能就该争

---

① 参见谭兵主编：《中国仲裁制度研究》，213页，北京，法律出版社，1995。

② 参见杨荣新主编：《仲裁法理论与适用》，118-123页，北京，中国经济出版社，1998。

③ 参见马永双主编：《仲裁法导论》，30-33页，北京，中国社会出版社，2005。

④ 参见宋朝武：《中国仲裁制度：问题与对策》，47页，北京，经济日报出版社，2002。

议通过诉讼方式解决，而不能强迫对方当事人进行仲裁程序。

第二，对仲裁机构来说，仲裁机构不能受理当事人之间没有仲裁意愿的纠纷案件，而对法院来说，人民法院不能受理当事人之间已达成仲裁协议的纠纷案件。根据我国《民诉法》第127条第2项的规定，双方当事人达成书面仲裁协议申请仲裁、不得向人民法院起诉的，人民法院应当告知原告向仲裁机构申请仲裁。由此可见，仲裁协议是确定纠纷解决方式的唯一依据，有效的仲裁协议具有排除法院管辖权的效力，纠纷应通过仲裁方式解决。只有在没有仲裁协议，仲裁协议无效、失效，或者双方当事人共同放弃仲裁协议等的情况下，法院才可以行使司法权。

3. 一裁终局制度

一裁终局制度是指当事人之间的纠纷，一经仲裁庭审理和裁决即告终结，该裁决具有终局法律效力的制度。我国《仲裁法》确立了一裁终局的法律制度。《仲裁法》第9条第1款规定："仲裁实行一裁终局的制度。裁决作出后，当事人就同一纠纷再申请仲裁或者向人民法院起诉的，仲裁委员会或者人民法院不予受理。"《仲裁法》第62条进一步规定："当事人应当履行裁决。一方当事人不履行的，另一方当事人可以依照民事诉讼法的有关规定向人民法院申请执行。受申请的人民法院应当执行。"一裁终局制度具有如下含义：

（1）当事人之间的纠纷经仲裁庭审理和裁决后，任何一方当事人不得就同一纠纷再次向仲裁委员会申请仲裁。

（2）当事人之间的纠纷经仲裁庭审理和裁决后，任何一方当事人不得就同一纠纷向人民法院提起诉讼。

（3）仲裁庭所作出的仲裁裁决与人民法院所作出的终审判决具有同等的法律效力，当事人应当履行裁决，一方当事人不履行的，另一方当事人可以依照民事诉讼法的有关规定向人民法院申请执行。

一裁终局制度保障了仲裁裁决的权威性，为迅速、经济地解决纠纷提供了保障，为世界各国普遍认可和广泛遵循。

问题与思考

1. 简述我国仲裁法的特点。

2. 我国仲裁法的基本原则有哪些？如何理解？

3. 我国仲裁法的基本制度有哪些？如何理解？

4. 民事诉讼与民商事仲裁都是解决民事纠纷的有效方式，但两者在制度上有所区别。下列哪些选项是正确的？（　　）（司法考试真题）

A. 民事诉讼可以解决各类民事纠纷，仲裁不适用于与身份关系有关的民事纠纷

B. 民事诉讼实行两审终审，仲裁实行一裁终局

C. 民事诉讼判决书需要审理案件的全体审判人员签署，仲裁裁决则可由部分仲裁庭成员签署

D. 民事诉讼中财产保全由法院负责执行，而仲裁机构则不介入任何财产保全活动

PART TWO

2

|第二编|

仲裁协议

第三章

仲裁协议

本章概要

商事仲裁协议是商事仲裁制度的基石。仲裁协议是争议得以提交仲裁解决的前提和基础，既是取得仲裁管辖权并排斥司法管辖权的依据，也是仲裁裁决得以作出和执行的根据。仲裁协议的效力独立于主合同，无论其载体是作为主合同组成部分的仲裁条款，还是单独的仲裁协议，抑或法律认可的其他书面形式，确认仲裁协议效力时都将其视同于单独合同，审查其自身的生效要件是否满足，包括主体要件、形式要件和实质要件。总体看来，各国在确认仲裁协议的有效性方面政策日趋宽松，比如：在实质要件中，对于提交仲裁的意思表示、选定的仲裁委员会和仲裁事项，普遍采用尽可能使仲裁协议有效的解释标准；我国最高人民法院关于仲裁法的司法解释在仲裁协议的形式要件和仲裁庭对仲裁协议效力的自裁权等方面也有若干突破。

关键术语

仲裁协议　仲裁协议的独立性　仲裁协议的生效要件　仲裁协议的效力瑕疵仲裁协议　无效仲裁协议　失效仲裁协议　仲裁管辖权　自裁管辖权

课程思政

1.《仲裁法》第26条规定：“当事人达成仲裁协议，一方向人民法院起诉未声明有仲裁协议，人民法院受理后，另一方在首次开庭前提交仲裁协议的，人民法院应当驳回起诉，但仲裁协议无效的除外；另一方在首次开庭前未对人民法院受理该案提出异议的，视为放弃仲裁协议，人民法院应当继续审理。”请组织学生讨论该规定是否违反社会主义核心价值观中的“诚信”。

2.《民法典》第153条第2款规定：“违背公序良俗的民事法律行为无效。”请组织学生讨论合同实体内容违背公序良俗是否会对仲裁协议的效力造成影响，引导学生深刻理解现象和本质之间的辩证关系。

第一节　仲裁协议的定义、基本特征和性质

一、仲裁协议的定义和基本特征

（一）仲裁协议的定义

关于仲裁协议的定义，目前国际国内立法及仲裁规则尚无统一的认识。本章经对各类定义中的主要元素进行综合并取最大约数，定义如下：仲裁协议是当事人之间达成的，旨在将其间业已发生或将来产生于特定法律关系的商事争议提交仲裁解决的书面协议。

不同定义之间的差异主要体现在对于“商事争议”和“书面”进行的具体界定不同。此外，有些定义还具体规定了“提交仲裁解决”的含义，比如规定提交“仲裁机构”或提交“一名或三名仲裁员”解决。不过这些都属于各国立法及仲裁规则的具体制度和规范的范畴，可不列入仲裁协议的基本元素和共同特征。

（二）仲裁协议的基本特征

仲裁协议的基本特征应当包括：

（1）仲裁协议具有自治性和合意性。仲裁协议作为合同或契约的一种类型，与其他协议的共同之处，是当事人之间自愿就某一事项达成一致的意思表示。

（2）仲裁协议的内容是对纠纷解决途径的处分。仲裁协议与普通民商事合同的重大差异在于，普通民商事合同是对实体权益的处分，而仲裁协议所处分的是已经产生或将来可能产生的纠纷的解决途径。正因如此，仲裁协议被认为是程序性契约。这种处分权或自治权行使的后果，并不会直接对民事权益产生影响，而只是意味着当事人自愿放弃了寻求司法救济的权利。

（3）仲裁协议的主体具有缔约能力。仲裁协议主体的缔约能力比普通民商事合同的更明确、更统一、要求更高，比如缔约者必须具备完全民事行为能力，这与诉讼主体的要求是一致的。之所以如此，一是因为商事仲裁协议是一种商事交易过程中的协议，交易主体本身即应具备较高的资格条件；二是因为仲裁协议是对司法救济权的处分，关涉重大权利事项。在现代法治国家，司法救济请求权一般都被作为一项基本人权，以不同方式和措辞写入宪法。

（4）仲裁协议所处分的客体范围受一定程度的法律限制。并非所有的争议都能够提交仲裁解决，各国法律、仲裁机构的规则，乃至国际公约，对于提交仲裁解决的争议事项都有限制，虽然限制的程度差异较大。其原因是，商事仲裁作为一种社会自治性的民间纠纷解决途径，不可能涵盖公力救济的全部法律事务。比如可仲裁事项只能是当事人可以自行处分、可以由第三者裁处且具有法律性质的争议，而需要公权力介入的身份权和涉及社会公共秩序的事项，当事人无权自治，这类纠纷也就不能提交民间第三方解决。

（5）仲裁协议的形式是书面的。尽管各国对于“书面”形式的解释有不同标准，而且总体趋势是日益宽松，但仲裁协议必须以书面形式订立，作为一项基本要求仍未改变，无论其表现为仲裁条款、独立的仲裁协议，抑或为交换函电，也无论其载体为传统的纸版文件，还是当代的电子文件。

二、仲裁协议的性质

（一）关于仲裁协议的性质的学说

关于仲裁协议的性质，与有关仲裁的性质的问题一样，理论上也存在争议。相关学说主要有：

（1）程序法契约说。该说认为仲裁协议是一种程序法上的契约，有别于一般的实体法上的契约。其理由在于：首先，实体法上的契约以当事人的实体权利义务为内容，但在仲裁协议中，当事人双方处分的并非实体法上的权利义务，其内容更类似于诉讼权利义务。仲裁协议的存在排除了法院对仲裁事项的管辖权，亦即当事人在仲裁协议中处分了诉权，而在现代社会的司法体制下，一般认为诉权应当属于程序法调整的范畴。其次，当事人签订仲裁协议的最终目的是通过仲裁的方式解决争议，而实体法契约的最终目的则为通过履行合同实现当事人预期的利益。

（2）实体法契约说。实体法契约说从“私法行为说”出发，认为仲裁协议依然属于实体法上的契约。该说认为仲裁行为同一般的私法行为并无不同，当事人在仲裁协议中处分自己的权利义务，当然属于私法范畴。此外，仲裁协议更多地受到实体法的规范，而不是受程序法规范。契约的法律性质不应当取决于契约的内容，而应当取决于其形式条件和约束效力。

（3）混合型契约说。这是一种折中的观点，即认为仲裁协议同时兼具实体法契约和程序法契约的性质，在有些方面受实体法规范，例如协议的成立、效力等；在另一些方面则受程序法约束，例如仲裁协议排除法院对仲裁事项的管辖权问题等。

（4）独立类型契约说。该说从仲裁自治理论出发，认为仲裁协议既不同于实体法契约，也不同于程序法契约，而是在实践中发展起来的一种新型的特殊类型契约，它兼具实体法契约和程序法契约的性质。

（二）本书的观点

我们认为，独立类型契约说和混合型契约说由于其本身在打破传统基本分类标准同时缺乏自成体系的理论支撑，不宜为据。如果将契约总体上区分为实体法契约与程序法契约，那么根据仲裁协议的客体和功能，将其视为程序法契约显然更符合分类的原理。至于仲裁协议的认定和解释常常需要适用实体法上的契约规则，这并不符合各国的实际，对仲裁协议的解释只是采用了实体法契约和程序法契约所共同遵循的契约原理而已，不必要也不应当完全适用实体法。

第二节　仲裁协议的独立性

仲裁协议的独立性，是由仲裁协议的特征衍生出来的一项最突出的特征，对于仲裁协议效力的认定及确认程序的设置都有至关重要的意义，故本章单设一节进行讨论。

一、仲裁协议的独立性的含义及依据

所谓仲裁协议的独立性，又称为仲裁协议的“可分性”或“自治性”，是指仲裁协议，尤其是合同中的仲裁条款虽然依附于主合同，但与主合同的其他条款相互分离，其效力不受主合同效力的影响。虽然仲裁协议因主合同法律关系而生，且常常以主合同条款的形式存在，但仲裁协议的效力是独立的。换言之，当事人双方签订包含仲裁条款的合同时，其间形成的不是一个而是两个合同关系。

仲裁协议的独立性为各国法律和国际公约所普遍承认。例如，《联合国国际商事仲裁示范法》第16条第1款规定：构成合同的一部分的仲裁条款应视为独立于其他合同条款以外的一项协议。仲裁庭作出关于合同无效的决定，不应在法律上导致仲裁条款的无效。《国际商会调解与仲裁规则》中的《仲裁规则》第8条第4款规定：仲裁员不因有人主张合同无效或不存在而丧失管辖权，如果仲裁员认定仲裁协议是有效的，即使合同本身可能不存在或无效，仲裁员仍应继续行使其管辖权以确定当事人各自的权利，并对他们的请求和抗辩作出决定。我国《仲裁法》第19条第1款也规定：“仲裁协议独立存在，合同的变更、解除、终止或者无效，不影响仲裁协议的效力。”类似的规定还可以参见《联合国国际贸易法委员会仲裁规则》第21条第2款、《联合国国际货物销售合同公约》第81条、《贸仲规则》第5条第4款以及《北仲规则》第5条。

仲裁条款的独立性原则是在仲裁实践中逐渐发展起来的。按照传统的合同法理论和司法观念，仲裁条款是主合同的一部分，而以其他形式订立的仲裁协议，虽然形式上独立于主合同，但是对主合同的依赖性是显而易见的。因此，仲裁协议的效力应当受主合同效力的影响，主合同不存在，作为附属合同的仲裁协议也就丧失了存在的基础，主合同无效，仲裁协议尤其是仲裁条款当然无效。英美法系国家早期的立法和司法实践中基本上都持有这种观点。但是随着社会商业活动的迅速发展，仲裁协议效力的传统观念的弊端日益明显，传统理论受到了挑战。

首先，否认仲裁协议具有独立性与当事人意思自治的原则相冲突。当事人在仲裁协议中约定将与主合同有关的争议提交仲裁解决，表明了当事人排除法院诉讼管辖的真实意思，体现了当事人的意思自治。如果使仲裁条款的效力依附于主合同的效力，仲裁条款因主合同的无效而无效，从而否定仲裁机构的管辖权，是违背当事人的真实意思的，构成对私法领域中的意思自治原则的否定。意思自治原则在仲裁制度中，无论是对仲裁制度价值的实现，还是对仲裁具体程序制度的构建，都起着非常重要的作用。当事人通过意思自治选择仲裁方式解决争议，排除法院的管辖，应当得到尊重。这需要对仲裁条款的独立性作保证。因此，意思自治原则也被视为仲裁协议独立性的理论基础，而仲裁协议独立性是对意思自治原则的运用和发展。

其次，仲裁协议与主合同之间在性质上的差异也支持仲裁协议的独立性。无论是否将仲裁协议视为程序法契约，它与作为实体法合同的主合同在内容、目的和履行方式上都存在着根本性的区别。英国的麦克米兰（Macmillan）大法官曾经明确指出："仲裁条款与其他条款有着完全不同的性质，其他条款规定的都是当事人相互之间承担的义务，而仲裁条款规定的不是一方当事人对另一方当事人的义务，它是双方当事人的协议，即如果产生了有关一方当事人对另一方当事人承担义务的争议，则这些争议将由他们自己成立的法庭解决。"①

最重要的是，仲裁协议的独立性有其逻辑上的基础，因为只有坚持仲裁协议具有独立性这一原则，才能使仲裁机构获得对仲裁事项的确定的管辖权。如果否定仲裁协议的独立性，承认仲裁协议的效力受主合同效力的影响，那么仲裁机构的管辖权将常常处于不确定状态，因为此时主合同的效力将对仲裁管辖权具有决定性的意义，但在仲裁之前，从程序法的意义上看，主合同的效力是不确定的。如果在这种状况下仲裁机构对案件行使了管辖权，则存在一种逻辑悖论；如果在仲裁过程中主合同被确认为无效，则仲裁协议无效导致仲裁机构无管辖权。无管辖权的仲裁机构对主合同效力所作的裁决，其效力本身又存在疑问。其结果是，虽然经过了仲裁，但主合同效力依然未定，仲裁机构的管辖权未定。解决这一矛盾的方法看起来只能是要求当事人在提起仲裁之前，首先向法院提起确认主合同效力的确认之诉，在主合同被法院确认为有效后，再提起仲裁。但是，在这种情况下，仲裁协议就无法具有排除诉讼管辖的效力了。

二、仲裁协议独立性原则的适用

仲裁协议具有独立性虽然得到了普遍的承认，但是这毕竟是一个比较抽象的原则，在仲裁实践中依然存在具体适用方面的问题。

（一）主合同转让、变更或解除、终止时仲裁协议的独立性

1. 主合同转让时

合同转让是指合同成立后，一方或者双方当事人将合同中的权利或义务全部或部分转让给第三人。合同转让将导致合同主体的变更：在全部转让的情况下，受让人取代出让人成为新的合同主体；在部分转让的情况下，受让人加入原有的合同主体之列，成为共同的合同主体。但是无论主体如何变化，合同内容并没有发生变化，并且依然约束新的合同主体。如果仲裁协议以仲裁条款的形式存在，则根据合同转让的理论，受让人受仲裁条款的约束当无异议。但是如果仲裁协议以独立于主合同的仲裁协议书或者其他形式存在，是否当然对受让人有效，则可能会存在疑问。一般认为，此时出让人应当对受让人尽告知义务，即告知在主合同之外存在独立的仲裁协议，仲裁协议才能约束受让

① ［英］施米托夫：《国际贸易法文选》，612页，北京，中国大百科全书出版社，1993。

人。《仲裁法解释》第 9 条规定："债权债务全部或者部分转让的，仲裁协议对受让人有效，但当事人另有约定、在受让债权债务时受让人明确反对或者不知有单独仲裁协议的除外。"

2. 主合同变更时

合同的变更是指在合同成立之后至终止之前，当事人经过协议对合同内容进行修改或补充。合同变更后，新的合同将取代原有的合同对当事人发生法律效力，原有的合同不再约束当事人。因此，原有的仲裁协议是否继续有效取决于当事人对合同进行的修订或者补充。如果当事人只变更了主合同条款，而未涉及仲裁协议，则仲裁协议继续对当事人有效，因新的主合同发生的争议依然要按照原有的仲裁协议进行仲裁。如果仲裁协议被变更，则与主合同一样，新的仲裁协议取代原有的仲裁协议。如果当事人在变更合同时，同时变更了争议的解决方式，则发生纠纷后只能依照新约定的救济途径寻求救济。

3. 主合同解除或终止时

合同解除，是指合同成立后，当解除条件具备时基于一方或者双方的当事人的意思表示而使合同关系自始或仅向将来消灭的行为，也是一种法律制度。主合同被解除后它对合同当事人不再具有约束力，但这通常是就主合同中的实体权利义务关系而言的，而不涉及仲裁协议。也就是说，在主合同被解除后，仲裁协议可能依然有效，其效力持续的期间视具体情况而定。在单方解除合同的情况下，双方当事人之间虽然并不产生新的合同关系，但是却可能产生基于原有合同关系的实体法请求权，尤其是损害赔偿请求权。[①] 例如我国《民法典》第 566 条第 1 款规定："合同解除后，尚未履行的，终止履行；已经履行的，根据履行情况和合同性质，当事人可以请求恢复原状或者采取其他补救措施，并有权请求赔偿损失。"当事人就这些请求权发生的法律争议依然属于"因本合同引起的或与本合同有关的任何争议"。因此，在此类请求权的实现受阻而要寻求救济时，仍应受仲裁协议的约束。这是当事人签订仲裁协议的应有之义。在双方解除合同时，情况可能相对复杂。如果当事人仅仅是协议解除了主合同，而没有对解除后的法律后果作出具体的约定，那么此时与单方解除合同没有实质性的区别。当事人在行使基于违约责任而产生的实体法请求权时[②]，要受仲裁协议的约束。但是如果当事人在协议解除主合同的同时也对解除的法律后果达成了协议，那么当事人之间就产生新的实体权利义务关系。由于新的法律关系已经超出了仲裁协议中约定的仲裁事项范围，所以对此不能再继续适用原有的仲裁协议。这并不违背仲裁协议的独立性原则。

合同终止是指合同法律关系最终消灭。一般而言，导致合同终止的事由包括合同按照约定履行完毕、合同解除、债务抵消、标的物提存、债务免除等。合同终止与合同解除对仲裁协议效力的影响相似。合同终止后，仲裁协议失去了实际意义，但是如果当事

---

① 关于单方解除与协议解除的关系、合同解除与违约责任的关系等问题，参见崔建远：《合同解除的疑问与释答》，载《法学》，2005（9）。

② 对此存在争议：肯定说认为，解除合同并不影响非违约方主张损害赔偿，因为解除合同与抛弃权利无关，仅在当事人明确表示放弃主张违约责任时，其相关权利才会消灭。否定说认为，当事人在协议解除合同时若未约定解除的后果，则视为放弃主张损害赔偿的权利，因此合同协议解除后一方又要求损害赔偿的，应参照合同的协议变更，不予支持。参见王利明：《合同法新问题研究》，534 页，北京，中国社会科学出版社，2003。

人因终止事由或者因原合同发生纠纷，例如事后发现标的物存在瑕疵，则仍应根据仲裁协议申请仲裁，而不得寻求其他救济途径。

（二）主合同无效时仲裁协议的独立性

主合同变更、转让、解除和终止情况下仲裁协议的独立性是以主合同和仲裁协议的有效存在为前提的，但是在主合同无效的情况下探讨仲裁协议的独立性，则无法避免要遇到仲裁协议是否有效的问题。合同无效，是指合同因严重欠缺法律规定的有效要件而不发生法律效力，它导致双方当事人合意追求的实体权利义务的法律后果不能发生。传统观点认为，仲裁条款是主合同不可分割的一部分。主合同无效，包含于主合同中的仲裁条款亦当然无效。既然仲裁条款无效，那么，无论是对含有仲裁条款之主合同最初是否存在或有效的争议，或者是对仲裁条款本身是否存在或有效的争议，还是对主合同在最初缔结时有效，以后由于不法行为引起合同无效或仲裁条款无效的争议，均需由法院解决，而不能由仲裁机构解决。正是基于这一传统观点，英国上诉法院在1942年审理的"海曼诉达尔文思有限公司"（Heyman v. Darwins Ltd.）[①] 案中虽然确立了仲裁协议独立性的原则，但是西蒙法官认为，如果合同自始无效，例如合同通过欺诈方式订立，或者一开始就是违法的，则该无效合同中的仲裁条款应随着自始无效的欺诈或违法合同的无效而无效。在这种情况下仲裁条款也就无独立性可言了。如果合同从来就不存在，那么作为合同一部分的仲裁协议也就不存在，因为大合同中包含着小协议。

在《仲裁法》生效之前，我国的司法实践亦持有这种观点。例如，在中国技术进出口公司诉瑞士工业资源公司侵权损害赔偿上诉案[②]中，上海市高级人民法院认定，上诉人瑞士工业资源公司利用合同形式进行欺诈，已经超出了履行合同的范围，不仅破坏了合同，而且构成了侵权。双方当事人的纠纷，已非合同权利义务的争议，而是侵权损害赔偿纠纷。被上诉人中国技术进出口公司有权向法院提起侵权之诉，而不受双方当事人订立的仲裁条款的约束。在本案中，法院的判决显然是以主合同自始无效以及合同中的仲裁条款无效为前提的。这也就是说，通过欺诈订立的合同自始无效，自始无效合同中的仲裁条款也应无效。

但是现代的观点则认为，仲裁协议的独立性包含仲裁协议不因主合同无效而无效的内容。我国《仲裁法》以及适用仲裁法的司法实践也都采纳了这种观点。由于仲裁协议具有独立性，因而判断主合同效力和仲裁协议效力的标准也是相互独立的。在实践中，造成合同无效的原因通常有主体欠缺民事行为能力、合同内容违法等。这些因素不仅影响主合同的效力，同时也影响仲裁协议的效力。

1. 主体欠缺民事行为能力

合同主体具备相应的民事行为能力是合同有效的基本前提，否则合同无效。当合同主体为自然人时，问题相对简单，因为仲裁法要求仲裁协议的当事人必须具备完全的民事行为能力，因此如果主合同因主体欠缺民事行为能力而无效，那么相应的签订的仲裁

---

① 参见赵秀文：《论仲裁条款独立原则》，载《法学研究》，1997（4）。

② 参见《最高人民法院公报》，1989（1）。

协议同样无效。当主体为非自然人时，问题则比较复杂，因为此时主体的民事行为能力常常要受到经营范围等条件的限制，违反这些条件签订的主合同可能无效①，但是同样的情况是否也将导致仲裁协议无效，则不无疑问。但是如果从尊重当事人意思自治的原则出发，则应当肯定仲裁协议的法律效力，允许当事人申请仲裁解决其间发生的争议。

2. 主合同内容违反法律或社会公共利益

根据《民法典》第 153 条的规定，违反法律、行政法规的效力性禁止性规范或违背公序良俗的民事法律行为无效。但是法律上有关实体权利义务关系的强制性规定与有关仲裁协议的强制性规定，显然是不同的。因此，主合同违反法律强制性规定，并不意味着仲裁协议同时也违背该规定。另外，当事人在仲裁协议中仅仅是合意确定了纠纷的解决方式，通常并不会损害社会公共利益。因此，此时仲裁协议仍应独立于主合同发生效力，它依然是当事人选择仲裁的真实的、合法的意思表示。

（三）主合同不成立时仲裁协议的独立性

尽管仲裁协议具有独立性，但它是以主合同的存在为前提的。如果根本不存在主合同，独立的仲裁协议将不具有任何实际的法律意义。但是却不能因此得出结论认为，主合同不成立时，仲裁协议亦不成立。在实践中可能会出现这样的情况，当事人在订立主合同时就订立了仲裁协议，此时有关主合同是否成立的争议本身就可能属于仲裁协议中约定的仲裁事项的范围，因此应当承认这种情况下仲裁协议的效力。相反，如果此时否定仲裁协议的独立性，认为仲裁协议不成立，则一方面为当事人规避仲裁协议提供了可能，另一方面也违背了司法的逻辑。因为从程序法上看主合同不成立与发生既判力地确定主合同不成立是两个不同的概念，而对于当事人来说，具有法律意义的只是后一个概念。而通过仲裁途径来完成这一确认，恰恰是当事人在订立仲裁条款时的真实意愿。因此，《仲裁法解释》第 10 条第 2 款规定："当事人在订立合同时就争议达成仲裁协议的，合同未成立不影响仲裁协议的效力。"

（四）主合同意思表示不真实时仲裁协议的独立性

根据我国《民法典》第 148、149、150、151 条的规定，一方或第三人以欺诈、胁迫的手段或者一方乘人之危，使对方在违背真实意思的情况下订立的合同，并非无效，而是可撤销的，受损害方有权请求变更或者撤销合同。如果主合同存在上述情况，那么，受害方是否也因此获得请求变更或者撤销仲裁协议的权利呢？

首先，欺诈、胁迫或者乘人之危的法律后果通常及于整个合同条款，而不是针对某个条款。这与主合同变更、转让、解除、无效或者不成立不同。由于这里涉及意思表示真实性的判断，所以主合同和仲裁协议之间原有的清晰界限变得模糊，人们很难否定受害方在订立仲裁协议时不是基于同样的欺诈、胁迫或者乘人之危才作出了相应的意思表示。如前

① 《最高人民法院关于适用〈中华人民共和国合同法〉若干问题的解释（一）》第 10 条规定："当事人超越经营范围订立合同，人民法院不因此认定合同无效。但违反国家限制经营、特许经营以及法律、行政法规禁止经营规定的除外。"

所述，仲裁协议独立性的基础是当事人意思自治原则。这里的意思自治应当是当事人真实的、自愿的意思表示。而欺诈、胁迫或者乘人之危恰恰使这一要素蒙上了阴影。

其次，这里还需要再引入另外一个概念，即当事人在救济途径上所享有的利益。当事人选择仲裁或诉讼时处分的虽然是其程序性权利，但是选择的后果却直接关系到当事人的实体法利益，这也恰恰是当事人进行选择的原因。影响这种选择的因素是多方面的，其中一个重要的因素就是对主合同利益的期待。这种期待可能使一方当事人在订立仲裁协议时作出妥协，例如同意仲裁地点在甲地，而不是距离自己更近的乙地。在这种情况下，如果主合同是建立在欺诈、胁迫或者乘人之危的基础上的，那么将很难强迫受害方继续遵守仲裁协议。

当然，如果我们依然从当事人意思自治的角度来考虑，那么将得出结论：既然当事人就选择仲裁途径达成了协议，那就意味着他们清楚，即使主合同效力因欺诈、胁迫或者乘人之危而发生争议，依然要采用仲裁方式解决，因为仲裁协议中通常约定仲裁事项为“凡因本合同引起的或与本合同有关的任何争议”。由于欺诈、胁迫导致意思表示不真实而签订合同，并未丧失程序上争取公平裁断的基础。双方当事人签订仲裁条款是对民事活动可能引起的纠纷的解决方式进行选择，并接受公正第三方管辖的行为。这个潜在的、未来的第三方并不是被欺诈、被胁迫的合同一方，因此仲裁条款的效力在此种情况下不受影响。《仲裁法解释》中的规定体现了这种观念。《仲裁法解释》第 10 条第 1 款规定：“合同成立后未生效或者被撤销的，仲裁协议效力的认定适用仲裁法第十九条第一款的规定。”

另外，《仲裁法》第 17 条第 3 项规定，一方采取胁迫手段，迫使对方签订仲裁协议的，仲裁协议无效。这显然是为了与《仲裁法》制定之时处于实施状态的《民法通则》（已废止）第 58 条的规定保持一致①，却与《合同法》（已废止）第 54 条第 2 款②、《民法总则》（已废止）第 150 条③、《民法典》第 150 条的规定相矛盾。对于因欺诈、乘人之危而订立的仲裁协议的效力，仲裁法并没有提及。从保护受害方利益以及《合同法》《民法总则》《民法典》后于《仲裁法》生效的角度考虑，此时允许受害方撤销仲裁协议也许更为合理。

第三节　仲裁协议的效力

一、仲裁协议的生效要件

仲裁协议作为一种特殊形式的合同，在具备合同有效的一般要件的同时，还应当符

---

① 根据《民法通则》第 58 条第 1 款第 3 项的规定，“一方以欺诈、胁迫的手段或者乘人之危，使对方在违背真实意思的情况下所为的”民事行为无效。

② 《合同法》第 54 条第 2 款规定：“一方以欺诈、胁迫的手段或者乘人之危，使对方在违背真实意思的情况下订立的合同，受损害方有权请求人民法院或者仲裁机构变更或者撤销。”

③ 《民法总则》第 150 条与《民法典》第 150 条的规定完全一致，即：“一方或者第三人以胁迫手段，使对方在违背真实意思的情况下实施的民事法律行为，受胁迫方有权请求人民法院或者仲裁机构予以撤销。”

合法律对此类合同的特殊规定。根据合同法以及仲裁法的相关规定，仲裁协议应当具备以下的生效要件。

（一）主体要件

仲裁协议当事人应当具备缔约能力。1958 年《纽约公约》第 5 条第 1 款和《联合国国际商事仲裁示范法》第 36 条第 1 款都规定，仲裁协议当事人无行为能力时所签订的仲裁协议无效，经一方当事人的申请可拒绝承认和执行。我国《仲裁法》第 17 条第 2 项对此规定得更加严格，明确要求当事人具备完全民事行为能力，无民事行为能力人或限制民事行为能力人订立的仲裁协议无效。

（二）形式要件

尽管各国法律和国际公约中对仲裁协议的形式要求存在着一些差别，但多要求仲裁协议应当采用书面形式订立，否则仲裁协议无效。例如，1958 年《纽约公约》第 2 条第 1 款规定："当事人以书面协定承允彼此间所发生或可能发生之一切或任何争议，如关涉可以仲裁解决事项之确定法律关系，不论为契约性质与否，应提交仲裁时，各缔约国应承认此项协定。"该条第 2 款规定："'书面协定'者，谓当事人所签订或在互换函电中所载明之契约仲裁条款或仲裁协定。"这为仲裁协议形式上的有效性提供了一个统一的准则，但是其中对"书面形式"的规定相对比较严格。1985 年《联合国国际商事仲裁示范法》第 7 条规定：仲裁协议应是书面的。协议如载于当事各方签字的文件中，或载于往来的书信、电传、电报或提供协议记录的其他电讯手段中，或在申诉书和答辩书的交换中当事一方声称有协议而当事他方不否认即为书面协议。在合同中提出参照载有仲裁条款的一项文件即构成仲裁协议，如果该合同是书面的而且这种参照足以使该仲裁条款构成该合同的一部分的话。相对于《纽约公约》而言，《联合国国际商事仲裁示范法》扩大了书面仲裁协议的范围。而 1996 年《英国仲裁法》第 5 条在这方面则取得了更大的进步，将书面协议宽泛地解释为"以任何方式所作的记录"。现行《德国民事诉讼法》第 1031 条更是明确规定，如果仲裁协议载于一方当事人给另一方当事人或者第三人给双方当事人的文件中，且未对此文件的内容及时按照交易习惯提出异议，则应将其视为合同的内容（第 2 款）；即使仲裁协议的形式存在缺陷，但是如果当事人参与了仲裁法庭的实体辩论，则视为缺陷得以弥补（第 6 款）。

我国法律同样只承认以书面形式订立的仲裁协议。根据我国《仲裁法》第 16 条的规定，仲裁协议可以采用仲裁条款或者其他书面形式订立。

1. 合同中的仲裁条款

合同中的仲裁条款，是指当事人在争议发生之前，在主合同中订立的表示愿意将其间将来可能发生的法律争议提交仲裁机构进行仲裁解决的协议。它以合同条款的形式存在，因此被称为仲裁条款。

2. 仲裁协议书

仲裁协议书，是指当事人在争议发生之前或者之后订立的，同意将争议提交仲裁机构进行仲裁解决的单独的协议。与仲裁条款相比，仲裁协议书是完全独立存在的，不受主合同的约束，而且当事人在仲裁协议书中所约定的仲裁事项范围不仅限于合同纠纷，也包括其他财产权益纠纷。

3. 其他书面形式的仲裁协议

尽管在仲裁实践中，仲裁条款和仲裁协议书是仲裁协议的最普遍的存在形式，但是随着现代通信技术和电子商务的发展，上述两种方式已经无法完全满足快捷的商业交往的需要，采用其他方式订立仲裁协议的当事人日益增多，例如以信函、电报、电传、传真、电子数据交换和电子邮件等方式达成仲裁协议。这显然突破了传统的"书面"仲裁协议的范围，并由此带来了一些新的问题。尤其是采用电子数据交换（EDI）的形式订立合同时，由于在网络上传送数据电文通常不附具签名，即使签名也只是电子签名。在这种情况下，仲裁协议是否成立就可能成为疑问。目前，在仲裁实践中被普遍认可的观点是，双方通过互换等方式相互告知各自的意向并达成一致，其互换文件本身即构成了相互同意的关系，即使没有当事人的签署也具有形式效力。我国《仲裁法》中对"其他书面方式"的范围未作明确规定，但根据《民法典》第 469 条第 3 款关于"以电子数据交换、电子邮件等方式能够有形地表现所载内容，并可以随时调取查用的数据电文，视为书面形式"的规定，以数据电文形式订立的仲裁协议也具有法律效力；《仲裁法解释》第 1 条对此给予了明确的回答："其他书面形式"的仲裁协议，包括以合同书、信件和数据电文（包括电报、电传、传真、电子数据交换和电子邮件）等形式达成的请求仲裁的协议。

4. 当事人以援引方式达成的仲裁协议

当事人以援引方式达成的仲裁协议，是指当事人之间并没有直接订立仲裁协议，而是在合同中援引包含仲裁条款的合同、票据或其他书面文件，将其作为仲裁的依据。由于合同中援引的有关文件同样被视为当事人双方合意的内容，构成了合同的组成部分，因而当事人之间存在仲裁协议当无疑问。《联合国国际商事仲裁示范法》第 7 条第 2 款规定：在合同中援引载有仲裁条款的一项文件即构成仲裁协议，但该合同须是书面的而且这种援引足以使该仲裁条款构成该合同的一部分。《仲裁法解释》第 11 条规定："合同约定解决争议适用其他合同、文件中的有效仲裁条款的，发生合同争议时，当事人应当按照该仲裁条款提请仲裁。涉外合同应当适用的有关国际条约中有仲裁规定的，发生合同争议时，当事人应当按照国际条约中的仲裁规定提请仲裁。"《海仲规则》第 5 条规定：仲裁协议系指当事人在合同中订明的仲裁条款，或者以其他方式达成的提交仲裁的书面协议。

（三）实质要件

仲裁协议的实质要件主要涉及的是仲裁协议的内容。根据我国《仲裁法》第 16 条的规定，仲裁协议应当具备三项基本内容：请求仲裁的意思表示、仲裁事项和选定的仲裁委员会。除此之外，仲裁协议中有关仲裁规则和仲裁地点的约定也可能影响到仲裁协议的效力。

1. 提交仲裁的意思表示

仲裁是当事人协议选择的一种纠纷解决方式，因此当事人必须将该意思表示在仲裁协议中体现出来。这是仲裁协议的应有之义，而无论法律上是否对此作出强制性的规定。请求仲裁的意思表示应当符合合同有效的一般条件：首先，它必须是当事人双方共同的意思表示，而不是单方当事人的意思表示；其次，它应当是当事人双方真实的意思表示，而不存在胁迫、欺诈、重大误解等情形。

在仲裁实践中，为了避免对此问题发生争议，各仲裁机构的示范仲裁条款中通常都会对此作出规定。例如，中国国际经济贸易仲裁委员会的示范条款是“凡因本合同引起的或与本合同有关的任何争议，均应提交中国国际经济贸易仲裁委员会，按照申请仲裁时该会现行有效的仲裁规则进行仲裁。仲裁裁决是终局的，对双方均有约束力”。北京仲裁委员会的示范条款的内容基本与此相同。

2. 仲裁事项

仲裁事项，是指当事人在仲裁协议中约定的、通过仲裁解决的争议的内容。它直接决定了仲裁机构管辖权的范围，仲裁机构只能在仲裁协议约定的仲裁事项范围内进行裁决。超出此范围所作的仲裁裁决，经一方当事人申请，法院可以撤销或者不予执行（《仲裁法》第58条、《民诉法》第248条）。如果当事人在仲裁协议中未约定仲裁事项，则仲裁机构将因仲裁协议不具有可执行性而无法对案件进行审理和裁决。根据我国《仲裁法》第18条的规定，仲裁协议对仲裁事项没有约定或者约定不明确的，并非自然无效。此时当事人可以签订补充协议；达不成补充协议的，仲裁协议无效。

仲裁事项具有以下特点：

（1）仲裁事项的可仲裁性，即有关的仲裁立法允许以仲裁的方式解决有关该事项的争议，或者法律至少未作禁止性的规定。它直接影响仲裁机构的管辖权，若一项争议不具备可仲裁性，则仲裁机构自然无管辖权，而只能由法院或者其他机构解决。各国法律中或多或少地都会规定一些不可仲裁的争议事项，这主要取决于本国政策，而政策又可能会经常发生变化。例如美国的法律曾长期禁止对涉及反托拉斯法的争议进行仲裁，但美国联邦最高法院1985年的判例却改变了这种状况，承认在国际合同中涉及反托拉斯的事项具有可仲裁性。总体上来看，随着仲裁实践的发展，可仲裁性事项的范围不可避免地呈现不断扩大的趋势，许多国家都开始大力支持仲裁事业并扩大仲裁可仲裁性事项的范围。①

我国《仲裁法》第2条规定：“平等主体的公民、法人和其他组织之间发生的合同纠纷和其他财产权益纠纷，可以仲裁。”《仲裁法解释》第2条进一步规定：“当事人概括约定仲裁事项为合同争议的，基于合同成立、效力、变更、转让、履行、违约责任、解释、解除等产生的纠纷都可以认定为仲裁事项。”此外，我国《仲裁法》第3条对仲裁事项作出了禁止性规定，即婚姻、收养、监护、扶养、继承纠纷以及依法应当由行政机关处理的行政争议不能进行仲裁。

（2）仲裁事项的特定性，即必须与当事人之间特定的法律关系相关联。在签订仲裁

① 有关可仲裁性的发展趋势，可参见杨良宜：《关于可仲裁性》，载《北京仲裁》，2005（3）、2005（4）、2006（1）。

协议时，当事人双方之间的争议无论是否已经发生，都必须在仲裁协议中约定仲裁事项的特征，使仲裁机构借此能够确定具体的仲裁事项。对于已经发生的法律纠纷，通常不存在这一问题，因为纠纷的范围已经比较明确和具体。但是对于将来可能发生的争议，则要求当事人在订立仲裁协议时尽量避免作出过多的限制性约定，从而保证仲裁机构能够对相关争议行使管辖权。因此，在仲裁示范条款中通常将仲裁事项表述为“因本合同引起的争议”或“凡因本合同引起的争议或与本合同有关的一切争议”。

尽管如此，在确定某个法律争议是否属于仲裁事项的范围时依然可能会发生困难。例如，在迈可达（青岛）运动用品有限公司与被告云中漫步国际公司还款合同纠纷案①中，双方当事人在“生产协议”中约定：“双方应寻求通过快捷、诚信的协商来解决与本协议有关的所有争议。若该协商未能解决所有争议，双方应在加利福尼亚州迅速对剩余争端进行调解，调解由一位有经验的公正的调解员主持，调解员由双方选择，在双方无法达成一致时由加利福尼亚州高等法院选择。所有通过协商或调解未能解决的争议应根据当时存在的美国仲裁协会商业规则，在加利福尼亚州提交有约束力的仲裁。”最高人民法院认为，本案中迈可达（青岛）运动用品有限公司依据其与云中漫步国际公司就达成的还款协议提起诉讼，相对于生产协议而言，还款协议确系在双方当事人之间形成了新的法律关系，但该还款协议中所涉及的债务是双方当事人履行生产协议而形成的，还款协议基于生产协议而产生，与生产协议密切相关，现双方当事人就还款协议的履行产生的争议是与生产协议有关的争议。根据双方当事人在生产协议中对仲裁条款的约定，与生产协议有关的所有争议，均应受该仲裁条款的约束。因此人民法院对该纠纷无管辖权。

我国最高人民法院在《仲裁法解释》第 2 条对此类概括性的约定作出了相应的规定，即：当事人概括约定仲裁事项为合同争议的，基于合同成立、效力、变更、转让、履行、违约责任、解释、解除等产生的纠纷，都可以认定为仲裁事项。

此外，还需要注意在责任竞合情况下仲裁事项的范围问题。《民法典》第 186 条规定：“因当事人一方的违约行为，损害对方人身权益、财产权益的，受损害方有权选择请求其承担违约责任或者侵权责任。”如果当事人在合同中约定了仲裁条款，在主张侵权责任的情况下，能否根据仲裁条款申请仲裁或者对法院的诉讼管辖提出异议呢？

在一方当事人的违约行为侵害对方人身权益的情况下，依据仲裁协议以侵权为由申请仲裁存在困难。因为我国《仲裁法》第 2 条规定的可仲裁事项限于财产权益纠纷，而不包括人身权益纠纷，在此情况下，当事人应当通过诉讼解决纠纷。在一方当事人的违约行为侵害对方财产权益的情况下，则不存在这样的困难。例如，在江苏省物资集团轻工纺织总公司诉（香港）裕亿集团有限公司、（加拿大）太子发展有限公司侵权损害赔偿纠纷案中，当事人双方在销售合同中约定，因合同发生纠纷应提交中国国际经济仲裁委员会。江苏省物资集团轻工纺织总公司在货物到港后，经商检查明，卖方交付的货物主要为各类废结构件、废钢管、废齿轮箱、废元钢等。江苏省物资集团轻工纺织总公司遂以（香港）裕亿集团有限公司和（加拿大）太子发展有限公司侵权给其造成损失为由

① 参见最高人民法院［2006］民四他字第 4 号复函。

提起诉讼。（香港）裕亿集团有限公司和（加拿大）太子发展有限公司在答辩期内以仲裁协议为由，提出管辖权异议，认为法院无权受理。最高人民法院认为，卖方的侵权行为发生在合同的订立和履行过程中，依然受仲裁协议的约束，因此法院无管辖权。①

3. 选定的仲裁委员会

我国实行机构仲裁，而不承认临时仲裁，因此，选定仲裁委员会被仲裁法规定为仲裁协议的重要内容之一。由于仲裁不实行法定管辖制度，既不存在级别管辖，也不存在地域管辖，所以仲裁委员会需由当事人自行选定。

仲裁协议中有关仲裁委员会的约定，原则上应当明确、具体，即根据仲裁协议的内容就能确定某一具体的仲裁委员会对仲裁事项具有管辖权。根据我国《仲裁法》第 18 条的规定，仲裁协议对仲裁委员会没有约定或者约定不明确的，当事人可以签订补充协议；达不成补充协议的，仲裁协议无效。

但是，随着仲裁实践的发展，法律上对仲裁协议中有关选定仲裁委员会的内容的要求有日渐放宽的趋势，当事人意思自治的原则得到了更加充分的体现。即便有的当事人在仲裁协议中对仲裁委员会的选择不明确，但若能够从仲裁协议的内容中推断出当事人所选择的仲裁委员会，仍应认定仲裁协议有效。这在我国最高人民法院的相关司法解释以及针对个案的复函中得到了确认。

4. 仲裁地点

仲裁地点由当事人在仲裁协议中自行约定，或者依据仲裁所适用的仲裁规则确定。我国现行《仲裁法》中并没有将约定仲裁地点列为仲裁协议的基本内容，当事人选择常设的仲裁机构时，如果没有其他约定，就意味着由该仲裁委员会在其所在地进行仲裁，因此，仲裁地点就是仲裁委员会所在的地点。中国国际经济贸易仲裁委员会和北京仲裁委员会的仲裁规则中都存在相应规定。《贸仲规则》第 36 条第 1 款规定，当事人约定开庭地点的，仲裁案件的开庭审理应当在约定的地点进行，但出现本规则第 85 条第 3 款规定的情形的除外。《北仲规则》第 27 条第 1 款规定：“除非当事人另有约定，本会所在地为仲裁地。本会也可以根据案件具体情况确定其他地点为仲裁地。”

仲裁地点对于仲裁协议的重要意义在于，在涉外仲裁中它可能决定解决争议所适用的准据法，影响仲裁裁决的承认与执行。正因如此，在涉外仲裁实践中，无论是临时仲裁还是机构仲裁，当事人在仲裁协议中就各种事项作出约定，其中对仲裁地点的约定，被认为是最为重要的。② 同时由于各国法律对仲裁协议有效要件的规定存在差别，其结果是在该问题上存在法律冲突。而在确定仲裁协议效力时，除非当事人另有约定，一般都以仲裁地国家的法律为准据法。因此，同样的仲裁协议，在当事人选择不同的仲裁地时，其效力可能完全不同。例如，在中电通信科技有限公司与韩国移动通信有限公司、

---

① 《江苏高院民三庭对〈最高人民法院关于适用仲裁法若干问题的解释〉的理解与适用意见》（载《北京仲裁》，第 62 辑，170 页）中对此问题也持有同样的观点：“在违约与侵权竞合的情况下，如果当事人提起侵权之诉的，该纠纷仍受合同仲裁条款约束。因为在这种情况下，所谓的侵权纠纷仍然属于履行合同过程中发生的纠纷。如果当事人在仲裁协议中约定凡与本合同有关的一切争议均受合同仲裁条款约束的话，因履行合同而产生的侵权纠纷显然属于仲裁协议约定仲裁事项范围，应当由仲裁机构管辖。”

② 参见赵秀文：《论法律意义上的仲裁地点及其确定》，载《时代法学》，2005（1）。

上海奥盛投资有限公司联营合同纠纷管辖权异议案①中，当事人在仲裁协议中约定，有关合同的任何争议，如果中电通信科技有限公司、上海奥盛投资有限公司提起仲裁，争议应当在韩国首尔仲裁；如果韩国移动通信有限公司提起仲裁，争议应当在中国北京仲裁。最高人民法院认为，本案中当事人没有约定认定该仲裁条款效力的准据法，但约定了仲裁地点，因此应当根据仲裁地的法律认定所涉仲裁条款的效力。而本案争议系由韩国公司首先提请解决，根据仲裁协议的约定，仲裁地点应在中国北京，因此应当根据中国法律认定所涉仲裁条款的效力。根据我国《仲裁法》第16、18条的规定，该仲裁条款被认定为无效。

二、仲裁协议的效力范围

仲裁协议的效力范围体现在三个方面，即对当事人的效力、对仲裁机构的效力以及对法院的效力。

（一）仲裁协议对当事人的效力

由于仲裁协议以纠纷的解决方式为内容，所以它对当事人的拘束力主要体现在，当就仲裁事项发生争议时，任何一方均无权选择仲裁以外的救济途径，而只能向仲裁机构申请仲裁。与一般实体法上的合同不同，一方当事人违反仲裁协议并不会使对方获得实体法上的请求权，因此也就不存在通过诉权途径的救济。为了维护自己在仲裁协议上的利益，对方当事人只能以异议的方式对违反仲裁协议的行为进行抗辩，从而迫使违约方遵守仲裁协议。例如，如果一方当事人将仲裁协议中约定的仲裁事项诉诸法院，则对方当事人可依仲裁协议向法院提出管辖权异议。

仲裁协议对当事人的效力范围通常仅限于签订仲裁协议的当事人，而不及于第三人。但是由于当事人在仲裁协议中经常概括性地约定仲裁事项，所以可能造成界定仲裁协议的当事人的困难。例如在东迅投资有限公司涉外仲裁案②中，广西玉林市恒通有限公司和东迅投资有限公司签订了一份合作合同。同时玉林市人民政府作为恒通有限公司的主管部门，路劲基建有限公司作为东迅投资有限公司的主管部门，亦在该合作合同上签署，但是合作合同第二章明确约定合作双方为恒通有限公司和东迅投资有限公司。最高人民法院认为，玉林市人民政府和路劲基建有限公司均不是合作合同的当事人，合作合同中的仲裁条款不能约束玉林市人民政府。玉林市人民政府提供的担保函中没有约定仲裁条款，玉林市人民政府与东迅投资有限公司之间亦未就它们之间的担保纠纷的解决达成仲裁协议。仲裁庭依据合作合同中的仲裁条款受理本案，就涉及玉林市人民政府的担保纠纷而言，仲裁裁决已经超出了仲裁协议的范围。

（二）仲裁协议对仲裁机构的效力

与法院的诉讼管辖权不同，仲裁机构对仲裁事项的管辖权并不是基于国家对司法权

---

① 参见最高人民法院［2006］民四他字第19号复函。

② 参见最高人民法院［2006］民四他字第24号复函。

的垄断而产生，而是基于当事人的授权。仲裁协议是仲裁机构受理仲裁案件的基础，是仲裁庭审理和裁决的依据。我国《仲裁法》第 4 条第二句规定："没有仲裁协议，一方申请仲裁的，仲裁委员会不予受理。"同时，仲裁协议也限制仲裁的范围，仲裁庭只能对当事人在仲裁协议中约定的仲裁事项进行仲裁，对仲裁协议约定范围之外的其他争议无权仲裁。此外，仲裁协议还制约仲裁权的行使方式。当事人在仲裁协议中有权选择所要适用的仲裁规则，仲裁程序的进展受此约束。

（三）仲裁协议对法院的效力

仲裁协议同样对法院具有拘束力，具体表现为排除法院对仲裁事项的诉讼管辖权。当事人将仲裁协议中约定的争议诉诸法院时，法院无权受理。根据我国《民诉法》第 127 条第 2 项和《仲裁法》第 5、26 条的规定，对于存在书面仲裁协议的案件，法院应当不予受理，告知当事人向仲裁机构申请仲裁。如果一方当事人向法院起诉时未声明存在仲裁协议，法院受理后，另一方当事人在首次开庭前提交仲裁协议的，法院应当驳回起诉，但仲裁协议无效的除外；另一方在首次开庭前未对法院受理该案提出异议的，视为放弃仲裁协议，法院应当继续审理。《仲裁法解释》第 13 条进一步规定："依照仲裁法第二十条第二款的规定，当事人在仲裁庭首次开庭前没有对仲裁协议的效力提出异议，而后向人民法院申请确认仲裁协议无效的，人民法院不予受理。仲裁机构对仲裁协议的效力作出决定后，当事人向人民法院申请确认仲裁协议效力或者申请撤销仲裁机构的决定的，人民法院不予受理。"此外，仲裁协议对法院管辖权的排除效力还表现在，由于仲裁程序通常实行一裁终局制，所以即使当事人不服仲裁裁决亦无权向法院起诉。

虽然当事人常常会在仲裁协议中直接约定排除法院对仲裁事项的管辖权，但是，仲裁协议排除诉讼管辖的效力不以此约定为前提条件，在当事人未作此项约定时，该效力依然存在。由此也可以说明为何我国法律上规定，当事人约定争议可以向仲裁机构申请仲裁也可以向人民法院起诉的，仲裁协议无效。但一方向仲裁机构申请仲裁，另一方未在《仲裁法》第 20 条第 2 款规定期间内提出异议的除外（参见《仲裁法解释》第 7 条）。基于同样的原因，当事人通常也无法以默示的方式变更或者解除仲裁协议。例如，在一方当事人将仲裁事项诉诸法院的情况下，即使对方当事人未向法院主张管辖权异议，法院也不会因对方当事人的默示行为而当然地获得对仲裁事项的诉讼管辖权，而是应当依职权审查是否存在仲裁协议。这一点也使仲裁协议明显有别于一般的实体法契约。

第四节　仲裁协议瑕疵的补救

所谓瑕疵的仲裁协议，是指具备了仲裁协议有效的一些基本条件，但因欠缺法律要求的基本内容，从而导致执行困难的仲裁协议。虽然法律上规定了仲裁协议有效的条件，但是在仲裁协议无法满足这些条件时，其可能并不当然无效，因为对于有些瑕疵允许当事人进行补救。例如，根据我国《仲裁法》第 18 条的规定，有关仲裁事项或者仲裁委员会的约定就属于此类情况。当事人在仲裁协议对仲裁事项或仲裁委员会未作约定或者约定不明确时，可以达成补充协议，弥补瑕疵。在实践中，可能涉及此类问题的主要有以下几种情况。

一、有关选择仲裁机构的瑕疵

在仲裁实践中，常常会出现当事人对仲裁委员会约定不明确的情形，例如：未约定仲裁机构，对仲裁机构的名称使用不当，约定多个仲裁机构等。这必然会引发有关仲裁协议效力的争议。

1. 约定的仲裁机构不明确

在上海岩崎照明器材有限公司与南溢发展有限公司附属机构威信企业工程公司买卖合同纠纷案①中，双方当事人在买卖合同中约定，相关争议“应提交青岛市经济贸易仲裁委员会根据该会仲裁程序规则进行仲裁”，但是实际上并不存在当事人双方约定的仲裁机构，在当事人一方已经向法院提起诉讼的情况下，法院认定双方无法就仲裁机构问题达成补充协议，买卖合同中的仲裁条款无效。而在深圳市交通运输公司等诉香港深南投资公司合作经营运输纠纷案②中，当事人约定在合作过程中发生争议事宜，“应提请深圳市仲裁机构进行调解或仲裁”。但是在签订合同时，深圳存在多家仲裁机构，而当事人又未能就仲裁机构问题达成补充协议。因此无法根据仲裁协议的内容确定对争议具有管辖权的仲裁机构，仲裁协议被认定为无效。在爱尔建材（天津）有限公司与德国玛莎（集团）股份有限公司、玛莎（天津）建材机械有限公司买卖合同纠纷案③中，当事人约定：“仲裁执行地点在中国北京或天津，由中国或天津对外国际贸易促进委员会按照现行仲裁章程进行仲裁。”最高人民法院认为，在本案中当事人未约定认定该仲裁条款效力的准据法，但约定了仲裁地点为中国北京或天津，所以，应当根据仲裁地法即中国法律认定该仲裁条款的效力。由于“天津对外国际贸易促进委员会”并不存在，且在当事人约定由“中国对外国际贸易促进委员会”仲裁时可以认为当事人选择的是由“中国国际经济贸易仲裁委员会”进行仲裁，所以，应当认为该仲裁条款符合我国仲裁法的规定，是有效的仲裁条款。

我国最高人民法院在《仲裁法解释》以及有关的复函④中明确地表述了其对解决此类案件的观点，其中《仲裁法解释》第 3 条规定：“仲裁协议约定的仲裁机构名称不准确，但能够确定具体的仲裁机构的，应当认定选定了仲裁机构。”显然，这里再次将当事人意思自治的原则放在了重要的位置。

---

① 参见最高人民法院［2004］民四他字第 7 号复函。

② 参见最高人民法院［2006］民四他字第 29 号复函。与此相似的还有杭州泰利德纺织科技有限公司申请确认仲裁协议无效案（参见最高人民法院［2005］民四他字第 52 号复函），在该案中当事人约定的仲裁机构为北京经济贸易仲裁委员会，但是并不存在该仲裁机构，同时北京市有北京仲裁委员会、中国国际经济贸易仲裁委员会以及中国海事仲裁委员会三家仲裁机构，无法根据仲裁协议推定具有管辖权的仲裁委员会，因此仲裁协议被认定为无效。

③ 参见最高人民法院［2005］民四他字第 50 号复函。

④ 参见最高人民法院［2005］民四他字第 55 号复函。

2. 仅约定仲裁规则

我国现行《仲裁法》中并没有涉及当事人选择仲裁规则的权利问题，因此，当事人在仲裁协议中选定了仲裁委员会，就意味着自然选择了该委员会的仲裁规则。也就是说，当事人无权选择仲裁规则。不过，我国的涉外仲裁以及很多国家的仲裁实践差别不大，甚至是通过选择机构的规则来确定仲裁机构的。例如，德国法兰克福工商会的示范仲裁条款的内容是："凡与本合同有关的或涉及本合同效力的任何争议，均依法兰克福工商会的仲裁规则进行终局裁决，排除普通的诉讼途径，但法院督促程序除外。"伦敦国际仲裁院的示范仲裁条款为："凡因本合同引起的或与本合同相关的任何争议，包括有关合同成立、效力以及终止的问题，均应提交仲裁并根据伦敦国际仲裁院的仲裁规则终局解决。"《贸仲规则》也存在类似的内容，其中第 4 条第 2 款规定："当事人约定将争议提交仲裁委员会仲裁的，视为同意按照本规则进行仲裁。"第 4 条第 3 款规定："当事人约定将争议提交仲裁委员会仲裁但对本规则有关内容进行变更或约定适用其他仲裁规则的，从其约定，但其约定无法实施或与仲裁程序适用法强制性规定相抵触者除外。当事人约定适用其他仲裁规则的，由仲裁委员会履行相应的管理职责。"第 4 条第 4 款更是明确规定："当事人约定按照本规则进行仲裁但未约定仲裁机构的，视为同意将争议提交仲裁委员会仲裁。"显而易见，在上述这些情况下，当事人在仲裁协议中只需约定具体的仲裁规则即可，而无须再明确约定仲裁委员会。在无特殊约定的情况下，选择了某个仲裁机构的仲裁规则就意味着选择了该仲裁机构。

面对上述这种情况，为了充分尊重当事人意思自治，最高人民法院在《仲裁法解释》中突破了《仲裁法》的规定。《仲裁法解释》第 4 条规定："仲裁协议仅约定纠纷适用的仲裁规则的，视为未约定仲裁机构，但当事人达成补充协议或者按照约定的仲裁规则能够确定仲裁机构的除外。"根据该条的规定，如果当事人在仲裁协议中仅约定了具体的仲裁规则，而没有选定仲裁委员会，那么同样要作有利于选择仲裁的解释。至于何种情况可以视为"按照约定的仲裁规则能够确定仲裁机构"，有待进一步澄清。例如，在沧州东鸿包装材料有限公司诉法国 DMT 公司买卖合同纠纷案①中，当事人在仲裁协议中尽管约定了仲裁地点在中国北京，依据国际商会的有关规则进行仲裁。但是最高人民法院依然根据《仲裁法》第 18 条的规定，认为当事人未约定明确的仲裁机构，且未达成补充协议，因此仲裁协议无效。但是最高人民法院在复函中回避了为何此案中无法根据约定的仲裁规则推定仲裁委员会这一问题，而河北省高级人民法院的观点是，从《国际商会仲裁规则》本身的规定以及实践，无法得出国际商会国际仲裁院是执行《国际商会仲裁规则》的唯一的仲裁机构的结论。在这种情况下，就不能认为当事人在仲裁条款中明确约定适用《国际商会仲裁规则》就等于明确约定了仲裁机构，也就是说，本案所涉仲裁条款对仲裁机构的约定并不明确。

3. 仅约定了仲裁地点

原则上，如果当事人在仲裁协议中只约定了仲裁地点，而没有约定仲裁机构，则仲

---

① 参见最高人民法院〔2006〕民四他字第 6 号复函。

裁协议可能会因不具有可执行性而无效。但是由于我国现行法律不承认临时仲裁，而只规定了机构仲裁，这就使在当事人仅约定了仲裁地点的情况下，依然可能推定具体的仲裁机构对仲裁事项享有管辖权，从而使当事人希望通过仲裁方式解决纠纷的意愿得以实现。例如，在石家庄东方城市广场有限公司与香港拓能有限公司管辖异议案①中，双方当事人在租赁经营合同中仅约定，因执行合同发生争议时，任何一方均可向石家庄东方城市广场有限公司所在地仲裁机关申请仲裁。最高人民法院认为，该合同中虽未写明仲裁委员会的名称，但鉴于在约定的仲裁地只有一个仲裁委员会，即石家庄仲裁委员会，应当认定仲裁条款是可执行的，该仲裁条款合法有效。②

4. 选择两个或多个仲裁机构

当事人在仲裁协议中有时可能会选择两个甚至多个仲裁机构，此时如何认定仲裁协议的效力，存在争议。如果单纯从当事人意思自治的原则出发，那么显然没有理由否定此类仲裁协议的效力。

首先，当事人在仲裁协议中就将争议提交仲裁及仲裁事项作出了约定，表明当事人已经具有通过仲裁而非通过诉讼来解决争议的合意，实际上当事人已经放弃了向法院诉讼的权利。如果简单地宣告仲裁协议无效，而由法院受理一方当事人提起的诉讼，则不符合当事人双方的合意。

其次，在订立仲裁协议时，当事人双方的意思表示是真实的、自愿的，因此当事人应当受其约束，任何一方当事人不能单方面否定该合意的效力。当事人在仲裁协议中选择了两个或两个以上仲裁机构，意味着赋予先行申请仲裁的一方以选择权，仲裁机构因当事人行使选择权而确定。例如，在齐鲁制药厂诉美国安泰国际贸易公司合资合同纠纷案③中，当事人在仲裁条款中约定，合同争议应提交中国国际贸易促进委员会对外经济贸易仲裁委员会，或瑞典斯德哥尔摩商会仲裁院仲裁。最高人民法院认为，该仲裁条款对仲裁机构的约定是明确的，亦是可以执行的。当事人只要选择约定的仲裁机构之一即可进行仲裁。但是如果从程序法的角度出发，为了避免对同一案件重复仲裁，则应当否定此类仲裁协议的效力。

这一原则在我国现行民事诉讼法有关法院管辖的规定中也得到了体现。针对法定管辖，《民诉法》第 36 条规定：“两个以上人民法院都有管辖权的诉讼，原告可以向其中一个人民法院起诉；原告向两个以上有管辖权的人民法院起诉的，由最先立案的人民法院管辖。”在涉及协议管辖时，《民诉解释》第 30 条第 2 款进一步规定：“管辖协议约定两个以上与争议有实际联系的地点的人民法院管辖，原告可以向其中一个人民法院起诉。”而且与诉讼管辖不同，在我国的仲裁制度中不存在后受理仲裁的仲裁机构将案件移送给先受理仲裁的仲裁机构的可能性，因为仲裁既不适用级别管辖，也不适用地域管辖，各个仲裁机构彼此完全独立，不存在彼此协调以便合理配置资源，维护仲裁裁决统一性的

---

① 参见最高人民法院法经〔1998〕287 号函。

② 在朱某珲诉浙江省义乌市对外经济贸易公司国际货物买卖合同纠纷一案（参见最高人民法院法函〔1997〕36 号）中，当事人在仲裁条款中同样仅约定仲裁地点，而没有约定仲裁机构，但是最高人民法院却仅以当事人对仲裁机构未达成补充协议为由认定仲裁协议无效，而没有提及由此是否可以推定具体的仲裁机构对仲裁事项享有管辖权。

③ 参见最高人民法院法〔1996〕176 号函。

问题。此外，对于当事人能否以其他仲裁机构已经在先受理了仲裁事项为由对在后受理仲裁事项的仲裁机构的管辖权提出异议这一问题，也很难给予肯定回答，因为仲裁机构获得仲裁管辖权的唯一根据就是仲裁协议，只要认定仲裁协议有效，从法律上就几乎不可能否定仲裁机构的管辖权。

最高人民法院在《仲裁法解释》中对于当事人在仲裁协议中选择两个仲裁委员会的情形作出了严格的限制性规定。其中《仲裁法解释》第 5 条规定："仲裁协议约定两个以上仲裁机构的，当事人可以协议选择其中的一个仲裁机构申请仲裁；当事人不能就仲裁机构选择达成一致的，仲裁协议无效。"第 6 条进一步规定："仲裁协议约定由某地的仲裁机构仲裁且该地仅有一个仲裁机构的，该仲裁机构视为约定的仲裁机构。该地有两个以上仲裁机构的，当事人可以协议选择其中的一个仲裁机构申请仲裁；当事人不能就仲裁机构选择达成一致的，仲裁协议无效。"显然，这两条规定的实质含义在于，当事人必须在申请仲裁之前确定唯一具有管辖权的仲裁机构，从而使仲裁协议达到"约定了明确的仲裁机构"的要求。当事人在最初的仲裁协议中作出的可选择性约定几乎没有任何实质性的法律意义。

二、既选择仲裁又选择诉讼

从表面上看，当事人在仲裁协议中既约定仲裁又约定诉讼的，似乎与选择两个或者两个以上的仲裁机构没有什么实质的区别。如果允许当事人协议选择多个仲裁机构中的一个申请仲裁，那么似乎也应当允许当事人协议选择是进行仲裁还是进行诉讼。但是，这里需要注意的是仲裁协议所具有的排斥诉讼管辖的效力。当事人达成有效的仲裁协议后，就排除了法院的诉讼管辖，而无论当事人在仲裁协议中是否明确约定排除诉讼途径。这在现代仲裁制度中得到了普遍的认可。

最高人民法院在《仲裁法解释》第 7 条中规定："当事人约定争议可以向仲裁机构申请仲裁也可以向人民法院起诉的，仲裁协议无效。但一方向仲裁机构申请仲裁，另一方未在仲裁法第二十条第二款规定期间内提出异议的除外。"这一解释充满了矛盾：仲裁机构对仲裁事项获得管辖权的唯一的基础就是仲裁协议，仲裁协议无效，仲裁机构自然无管辖权。在一方当事人申请仲裁，另一方未在法定期间内提出异议的情况下，如果认为仲裁机构因此获得管辖权，那么，此时必然存在一个有效的仲裁协议。那么，此时存在的有效的仲裁协议是当事人最初订立的仲裁协议还是一个新的仲裁协议呢？与对仲裁事项或者仲裁机构未作约定或者约定不明确时允许当事人达成补充协议的规定不同，这里直接规定了此类仲裁协议无效，而没有规定当事人通过补充协议补救瑕疵的可能性，这显然不是司法解释过程的疏忽。如果将允许当事人进行补充的仲裁协议视为效力未定的合同，因当事人及时达成补充协议而生效，那么，这里的仲裁协议只能被视为自始无效的合同，因其内容违背仲裁的基本原则而自始无效。那么，如何理解"另一方未在法定期间内提出异议"的法律效力呢？首先需要明确的是，它并不能弥补自始无效的仲裁协议的瑕疵，因为如果认可通过它弥补仲裁协议瑕疵的可能性，就应同样允许当事人通过补充协议的方式补救瑕疵。所以只能将其视为默示的承诺行为，而将对方当事人申请仲裁的行为视为要约。也就是说，仲裁机构基于当事人之间的默示仲裁协议获得了对仲裁事项的管辖权。这又严重违反了《仲裁法》第16条有关仲裁协议形式的规定。

第五节 仲裁协议的无效和失效

一、仲裁协议的无效

作为合同的一种，仲裁协议如果欠缺合同生效的一般要件或者违反了法律对仲裁协议的强制性规定，将不发生法律效力。根据中国《仲裁法》的规定，当事人之间订立的仲裁协议在下列情况下无效：

（1）签订仲裁协议的当事人必须具有完全的民事行为能力，无行为能力人或限制行为能力人订立的仲裁协议无效。

（2）以口头方式订立的仲裁协议无效。《仲裁法》对仲裁协议的形式作出了严格的规定，仲裁协议必须以书面的方式订立，口头订立的仲裁协议无效。

（3）仲裁事项不具有可仲裁性时，仲裁协议无效。法律上通常会对争议的可仲裁性作出一些限制性规定，例如我国《仲裁法》第3条的规定。涉及此类争议，当事人不能约定由仲裁解决，而只能寻求法律许可的其他救济途径。

（4）对仲裁事项未约定或约定不明确，当事人不能达成补充协议明确仲裁事项的，仲裁协议无效。

（5）对仲裁机构未约定或者约定不明确，当事人不能达成补充协议明确仲裁机构且无法根据仲裁协议的其他内容推定仲裁机构的，仲裁协议无效。

二、仲裁协议的失效

仲裁协议的失效，是指仲裁协议的效力因特定事由的发生而归于消灭。与一般实体法合同效力不同，仲裁协议有效成立后，其效力通常会持续较长时间，在理论上甚至可以永久存在，因为当事人申请仲裁的权利不受任何时效的限制。但在特定事由发生时，仲裁协议的效力可能终止。

（1）仲裁机构已对争议作出仲裁裁决。由于仲裁实行一裁终局制，裁决作出后，当事人就同一纠纷再申请仲裁或者向法院起诉的，仲裁委员会或者法院不予受理。即使仲裁裁决此后被法院裁定撤销或者不予执行，当事人也无权再依据原来的仲裁协议申请仲裁，而只能根据双方重新达成的仲裁协议申请仲裁或者向法院起诉。因此，仲裁协议的效力在仲裁裁决的范围内归于消灭。

（2）当事人放弃仲裁协议。仲裁协议因当事人双方就仲裁达成一致的意思表示而成立，因当事人双方一致放弃仲裁的意思表示而失效。当事人放弃仲裁的意思表示可以表现为多种形式，例如：双方达成协议，明确终止仲裁协议的效力；双方达成了新的协议，选择了其他形式的纠纷解决方式；因默示的行为而改变了纠纷的解决方式，从而使仲裁协议失效，如根据《仲裁法》第26条的规定，当事人达成仲裁协议后，一方向人民法院起诉未声明有仲裁协议，人民法院受理后，另一方在首次开庭前未对人民法院受理该案提出异议的，视为放弃仲裁协议。

（3）附期限的仲裁协议因期限届满而失效。如果当事人在仲裁协议中约定了仲裁协议的有效期限，则在该期限内发生的争议，可以申请仲裁。在该期限届满后，则仲裁协议失效，当事人不能再依据仲裁协议申请仲裁。

问题与思考

1. 结合有关案例，谈谈如何理解仲裁协议的独立性。

2. 什么是“超裁”？请结合仲裁性、仲裁事项和仲裁请求的限制等不同角度加以分析。

3. A市甲公司与B市乙公司在B市签订了一份钢材购销合同，约定合同履行地在A市。同时双方还商定因履行该合同所发生的纠纷，提交C仲裁委员会仲裁。后因乙公司无法履行该合同，经甲公司同意，乙公司的债权债务转让给D市的丙公司，但丙公司明确声明不接受仲裁条款。关于本案仲裁条款的效力，下列哪些选项是错误的？（　　）（司法考试真题）

A. 因丙公司已明确声明不接受合同中的仲裁条款，所以仲裁条款对其无效

B. 因丙公司受让合同中的债权债务，所以仲裁条款对其有效

C. 丙公司声明只有取得甲公司同意，该仲裁条款对丙公司才无效

D. 丙公司声明只有取得乙公司同意，该仲裁条款对丙公司才无效

4. 下列哪些仲裁协议为无效或失效？（　　）（司法考试真题）

A. 甲、乙两公司签订合同，并约定了仲裁条款后，合同双方又签订补充协议，约定：“如原合同或补充协议履行发生争议，双方协商解决或向法院起诉解决。”

B. 双方当事人在合同中约定：“因本合同履行发生争议的，双方当事人既可向南京仲裁委员会申请仲裁，也可向南京市鼓楼区法院起诉。”

C. 甲、乙两公司在双方合同纠纷的诉讼中对法官均不满意，双方商量先撤诉后仲裁。甲公司向法院提出了撤诉申请，法院裁定准许撤诉。此后甲、乙两公司签订了仲裁协议，约定将该合同纠纷提交某仲裁委员会仲裁

D. 丙、丁两公司签订的合同中规定了内容齐全的仲裁条款，但该合同内容违反法律禁止性规定

PART THREE

3

|第三编|

仲裁主体与仲裁管辖权

第四章
仲裁机构

本章概要

仲裁法律关系主体包括运行仲裁程序的仲裁机构以及利用仲裁程序的参与人。仲裁机构是根据仲裁法及仲裁协议行使或辅助行使仲裁权的主体。以是否因案而设为标准，仲裁机构可以分为临时仲裁机构与常设仲裁机构。以其在仲裁程序中履行的职能为标准，仲裁机构可以分为仲裁管理机构与仲裁裁决机构。仲裁裁决机构包括全面管理型仲裁机构针对特定案件组建的仲裁庭以及临时仲裁程序中的专设仲裁庭，两者均属于“因案而设”的临时仲裁机构。因而，常设仲裁机构仅指仲裁管理机构，包括全面管理型仲裁机构与宣传协助型仲裁机构两种类型。专设仲裁庭不仅严重依赖当事人的程序合意，而且通常需要借助司法机关或常设仲裁机构的协助。根据现行《仲裁法》的规定，我国常设仲裁机构仅有全面管理型的仲裁委员会，而临时仲裁机构仅有常设仲裁机构因案而设的仲裁庭。仲裁委员会由其所在地的市政府组织有关部门和商会统一组建，绝大多数仲裁机构在当前仍具有一定程度的行政化及地方化色彩，民间性与国际化是我国仲裁机构改革的基本方向。

关键术语

仲裁机构　临时仲裁机构　常设仲裁机构　仲裁庭　仲裁员　仲裁协会

课程思政

要深化公共法律服务体系建设，加快整合律师、公证、司法鉴定、仲裁、司法所、人民调解等法律服务资源，尽快建成覆盖全业务、全时空的法律服务网络。

——2019 年 1 月 15 日至 16 日习近平在中央政法工作会议上的讲话

要加强统筹谋划，完善法治人才培养体系，加快发展律师、公证、司法鉴定、仲裁、调解等法律服务队伍，着力建设一支忠于党、忠于国家、忠于人民、忠于法律的社会主义法治工作队伍。

——2021 年 12 月 6 日，习近平在十九届中央政治局第三十五次集体学习时的讲话

1. 在国外，临时仲裁先于机构仲裁出现，但在我国，机构仲裁先于临时仲裁出现。请结合《自贸区司法保障意见》第9条第3款的规定，组织学生讨论临时仲裁与机构仲裁之间的关系，引导学生理解矛盾普遍性与特殊性辩证关系原理。

2. 结合我国《仲裁法》第13条关于仲裁员聘任条件的规定，收集国内主要仲裁机构关于聘任仲裁员的有关规范，组织学生讨论仲裁员聘任条件与仲裁公信力之间的关系，引导学生养成良好的法律职业道德。

第一节　仲裁机构概述

仲裁机构存在广义和狭义之分，狭义的仲裁机构仅指常设的仲裁管理机构以及针对特定案件临时设立的仲裁裁决机构，广义的仲裁机构则还包括作为仲裁行业自律性组织的仲裁协会。仲裁协会是仲裁行业的自律性组织，尽管可以将其作为特殊的仲裁管理机构理解①，但因其与其他仲裁管理机构存在明显区别，本书不将其纳入仲裁管理机构的范畴。无论是机构仲裁程序中的仲裁庭，还是临时仲裁程序中的专设仲裁庭，都是为了解决仲裁协议项下的特定民商事争议而临时设立的仲裁裁决机构。因而，仲裁裁决机构都属于因案而设的临时性仲裁机构，只有仲裁管理机构才属于常设仲裁机构。如无特别说明，所谓的“常设仲裁机构”仅指常设的仲裁管理机构，而不包括常设的仲裁管理机构因案而设的仲裁庭以及当事人在常设仲裁庭之外自行设立的专设仲裁庭。如本书第一章第三节所述，商事仲裁存在临时仲裁与商事仲裁两种类型，本节分别对临时仲裁中的仲裁机构以及机构仲裁中的仲裁机构进行概述。

一、临时仲裁中的仲裁机构

（一）专设仲裁庭的含义

顾名思义，临时仲裁中的仲裁机构是纠纷当事人共同选择在常设仲裁机构之外临时设立的仲裁庭。由于机构仲裁中的仲裁庭与临时仲裁中的仲裁庭都属于因案而设的“临时仲裁庭”，本章将临时仲裁中的仲裁机构称为“专设仲裁庭”。专设仲裁庭的设立必须以各方当事人达成仲裁协议为条件，其通常由各方当事人推荐的仲裁员临时组成，负责对仲裁协议项下的特定民商事争议进行审理及裁决，并在仲裁案件因故被撤销或者专设仲裁庭作出本案裁决后即行解散。②

---

① 参见袁忠民：《仲裁机构的学理与实证研究》，44页，北京，法律出版社，2008。

② 参见沈达明等：《国际商法》下，199页，北京，对外贸易教育出版社，1982。

（二）专设仲裁庭的特点

相对于机构仲裁中的仲裁庭而言，专设仲裁庭具有以下两方面的显著特点。

1. 对各方当事人达成程序合意的依赖性更大

与机构仲裁中的仲裁庭可以当然享受常设仲裁机构提供的保障不同，专设仲裁庭通常没有固定的办公场所、仲裁规则、仲裁秘书等条件，各方当事人需要就仲裁庭组成、仲裁地点、仲裁规则、仲裁语言等诸多程序性事项达成协议。专设仲裁庭能否顺利组成及其组成后能否顺利审理仲裁案件，在很大程度上取决于当事人能否就诸多程序性事项达成协议。与机构仲裁中的仲裁庭可以借助仲裁规则解决当事人未能就程序性事项达成协议的问题不同，临时仲裁当事人没有对程序性事项达成明确合意的，专设仲裁庭运行的临时仲裁程序就陷入僵局。因而，相对于机构仲裁中的仲裁庭而言，专设仲裁庭对当事人程序合意的依赖性程度更大，当事人在临时仲裁中的程序主体性地位更加突出。

2. 对补充性规范及司法支持仲裁的需求更大

专设仲裁庭成功推进临时仲裁程序的前提是当事人就程序性事项达成协议。临时仲裁程序因当事人无法就程序性事项达成协议而陷入僵局的，仲裁法是否设置相应的僵局破解手段取决于立法机关对临时仲裁制度的态度。如果立法机关对临时仲裁制度持慎重适用的态度，仲裁法完全可以确立“临时仲裁程序陷入僵局即视为当事人未能达成仲裁协议”规则，以当事人未能达成程序合意的事实推定当事人以意思实现的方式解除了临时仲裁协议，使仲裁协议项下的民事商争议不再属于仲裁客体，专设仲裁庭相应地予以即时解散。与此不同，如果立法机关想要尽可能地采取临时仲裁方法解决民商事争议，则仲裁法有必要通过创设必要的补充性规范、强化司法机关对专设仲裁庭协助力度等方式打破“仲裁僵局”。一方面，当事人不能达成协议的程序性事项适宜由立法机关直接作出具体安排的，仲裁法可以通过确立补充性规范的方式解决“仲裁僵局”问题。比如，仲裁法可以就当事人没有约定的仲裁地点确定以下补充性规范：“当事人没有约定仲裁地或者约定不明确的，由仲裁庭根据案件情况确定仲裁地。”另一方面，当事人未能达成协议的程序性事项不能或者不宜由法律直接作出具体安排的，仲裁法可以强化司法对仲裁的支持功能，授权法院就当事人未能达成合意的程序事项居中作出决定，从而协助专设仲裁庭推进临时仲裁程序的进行。比如，为了解决当事人不能就专设仲裁庭组成达成协议问题，法国仲裁法确立了“助仲法官”制度，即当事人可以申请法国大审法院院长以“助仲法官”身份解决当事人无法共同确定仲裁员的问题。

（三）专设仲裁庭与常设仲裁机构的关系

仲裁制度起源于民间解决纠纷的临时性活动，人类社会进入较为成熟的商品经济时代后才从商人自治团体中诞生常设仲裁机构，逐渐形成临时仲裁与机构仲裁“二分天下”

的发展趋势。[①] 基于临时仲裁的出现早于机构仲裁，初始状态的专设仲裁庭不可能对常设仲裁机构产生依赖性。因而，传统观点认为，临时仲裁是不需要常设仲裁机构的协助，直接由双方当事人指定的仲裁员自行组成仲裁庭进行的仲裁[②]，即专设仲裁庭不依赖于任何常设仲裁机构和仲裁组织。[③] 但实际上，临时仲裁庭与常设仲裁机构之间并非绝缘关系。众所周知，根据常设仲裁机构在仲裁程序中的职能差异，常设仲裁机构可以分为宣传协助型常设仲裁机构与全面管理型常设仲裁机构。宣传协助型常设仲裁机构直接以宣传仲裁以及协助临时仲裁为己任，而以提供机构仲裁服务为主要业务的全面管理型常设仲裁机构也开始尝试向专设仲裁庭提供协助性服务。

1. 宣传协助型常设仲裁机构对专设仲裁庭的协助

伴随着机构仲裁的出现，专设仲裁庭与常设仲裁机构之间也逐渐发生关联，甚至逐渐形成专门服务于当事人利用临时仲裁制度解决纠纷的宣传协助型常设仲裁机构。所谓的宣传协助型常设仲裁机构，是指仅开展仲裁宣传活动以及在必要时向当事人提供仲裁协助性服务的常设仲裁机构。宣传协助型常设仲裁机构可以向当事人提供推荐和指定仲裁员、提供庭审场所、传递仲裁文书、提供文字记录或同声传译等协助性服务。当事人借助"宣传协作型商事仲裁机构"提供的协助性服务进行的仲裁活动的性质存在一定的模糊性，但因该仲裁程序仍然对当事人的程序合意具有高度依赖性，整体上仍应当纳入临时仲裁的范畴。换言之，"对于不以管理仲裁程序为己任的仲裁机构，即使仲裁协议约定由该机构进行仲裁，也不会导致真正意义上的机构仲裁，而仅是对仲裁员的任命发生影响，其实质为临时仲裁"[④]。由此可见，香港国际商事仲裁中心、伦敦海事仲裁员协会、纽约海事仲裁员协会等宣传协助型常设仲裁机构提供的服务并不是机构仲裁服务，而是临时仲裁协助性服务。比如，伦敦海事仲裁员协会中的知名仲裁员每人一年的临时仲裁案达六七百件[⑤]，而当前绝大多数国际海事仲裁案件适用的是临时仲裁制度。[⑥]

2. 全面管理型常设仲裁机构对专设仲裁庭的协助

尽管全面管理型常设仲裁机构主要提供机构仲裁服务，但这并不意味着全面管理型常设仲裁机构就必须与临时仲裁保持绝缘关系。一方面，全面管理型常设仲裁机构与宣传协助型常设仲裁机构的划分具有相对性，全面管理型常设仲裁机构在理论上完全可以同时开展机构仲裁业务与临时仲裁协助业务，甚至将商事调解、争议评估等纳入其提供的纠纷解决服务的范围，从而转型为综合性纠纷解决服务机构。另一方面，在我国，作为全面管理型常设仲裁机构的仲裁委员会提供的仲裁服务被定性为"公益性服务"，仲裁

---

① 1958年《纽约公约》第1条规定："本公约所称仲裁判断者，不仅指个别实践由选定之仲裁人所作的判断，也指当事人交付常设仲裁机构所作的判断。"1961年《关于国际商事仲裁的欧洲公约》第4条也规定，当事人可以自由决定将其争议提交常设仲裁机构或临时仲裁机构审理。

② 参见韩健：《现代国际商事仲裁法的理论与实践》，24-25页，北京，法律出版社，1993。

③ 参见肖建国主编：《仲裁法学》，17页，北京，高等教育出版社，2021。

④ 康明：《临时仲裁及其在我国的现状和发展前景》，685页，载沈四宝主编：《国际商法论丛》（第3卷），北京，法律出版社，2001。

⑤ 参见康明：《临时仲裁及其在我国的现状和发展》上，载《仲裁与法律通讯》，2003（3）。

⑥ 参见杨良宜：《国际商务仲裁》，143页，北京，中国政法大学出版社，1997。

委员会属于地级市以上人民政府组织有关部门和商会统一组建的非营利法人，仲裁法具有要求仲裁委员会适当协助当事人通过临时仲裁制度解决纠纷的正当性基础。《自贸区司法保障意见》第 9 条第 3 款授权自贸区企业之间发生的争议通过临时仲裁方式解决[①]，但仅对临时仲裁协议效力的司法审查作出原则性规定，自贸区企业对如何通过临时仲裁制度解决商事纠纷一直无所适从。直至 2021 年 6 月 24 日，广州仲裁委员会以免费提供庭室、记录等服务的方式引导广州中鑫咨询有限公司、广州市鑫明物业发展有限公司两家自贸区企业就其标的额为 10 万元的争议进行临时仲裁，自贸区临时仲裁制度才被“激活”。尽管免费协助自贸区企业进行临时仲裁充分彰显了仲裁机构主动服务自由贸易试验区建设的大局意识，但该方案明显违反商事争议解决服务的市场化发展趋势。展望未来，《仲裁法》即将确立涉外临时仲裁制度，我国的常设仲裁机构必将逐渐探索出有偿协助当事人开展临时仲裁活动的方案。

（四）小结

临时仲裁中的仲裁机构，是指选择以临时仲裁方式解决纠纷的各方当事人自行或经司法机关、常设仲裁机构协助而临时设立的专设仲裁庭。相对于全面管理型常设仲裁机构因案而设的仲裁庭而言，专设仲裁庭不仅更加依赖各方当事人就诸多仲裁程序事项达成协议，而且更加需要仲裁法供给补充性规范及司法机关对专设仲裁庭的支持。临时仲裁中的仲裁机构与常设仲裁机构并不绝缘，宣传协助型常设仲裁机构属于协助当事人开展临时仲裁活动的常设仲裁机构，而全面管理型常设仲裁机构也逐渐向综合型常设仲裁机构过渡，即同时提供机构仲裁服务与临时仲裁协助性服务。除了司法机关以及常设仲裁机构，行业协会、法律服务机构、调解组织等在未来也可以向纠纷当事人提供临时仲裁协助性服务。

二、机构仲裁中的仲裁机构

机构仲裁中的仲裁机构包括全面管理型常设仲裁机构及其针对特定仲裁案件设立的仲裁庭，分别属于仲裁管理机构与仲裁裁决机构。

（一）机构仲裁中的仲裁管理机构

1. 机构仲裁中的仲裁管理机构的含义及特征

所谓的机构仲裁，是指由常设仲裁机构根据其章程及仲裁规则对案件全面进行程序管理的仲裁。机构仲裁中的仲裁管理机构就是根据仲裁协议受理仲裁案件并对仲裁程序进行全面管理的常设性仲裁机构，即全面管理型常设仲裁机构。全面管理型常设仲裁机

① 《自贸区司法保障意见》第 9 条第 3 款规定：“在自贸试验区内注册的企业相互之间约定在内地特定地点、按照特定仲裁规则、由特定人员对有关争议进行仲裁的，可以认定该仲裁协议有效。人民法院认为该仲裁协议无效的，应报请上一级法院进行审查。上级法院同意下级法院意见的，应将其审查意见层报最高人民法院，待最高人民法院答复后作出裁定。”

构通常有自己的名称、住所、章程、财产、组织机构、仲裁员等，对各方当事人约定由其管理的仲裁案件进行全面的程序管理。以国际商会国际仲裁院为例，秘书处自始至终地在程序上对仲裁案件进行管理，当事人向仲裁庭提交的所有材料以及仲裁庭向当事人发出的任何通知都必须给秘书处一份，而且当事人提交的仲裁文书必须符合仲裁规则在内容及形式上提出的要求，还将申请人向仲裁院预交管理费作为秘书处立案的条件。在实体审理之前，仲裁员必须在阅卷的基础上草拟一份确定仲裁庭审理事项的文件，该文件确定了仲裁庭的审理与裁决权限，在文件提交仲裁院后，除非当事人同意及仲裁院批准，仲裁庭不得随意增减审理事项。仲裁庭应于签署裁决前将裁决草案提交仲裁院，仲裁院可以就裁决形式问题进行修改，也可以在不影响仲裁庭裁决权的前提下就裁决的实体问题提请仲裁庭注意，在仲裁院批准之前，仲裁庭不得作出裁决。

机构仲裁中的仲裁管理机构通常被理解为：独立于行政机关、司法机关等国家机关，且不以营利为管理仲裁案件宗旨的民间组织。因而，人们通常认为仲裁管理机构具有非营利性、独立性、民间性三个特点。(1) 非营利性，是指仲裁机构的设立目的不是营利，而是为解决合同纠纷和其他财产权益纠纷提供公益性服务。基于非营利性，仲裁机构既不能向设立者提供利润，也不能像商事主体一样自由处分其财产。但是，非营利性并不禁止仲裁机构根据市场规律向接受其仲裁服务的当事人收取费用，只是要求仲裁机构将其收入用于支付仲裁员报酬、维持仲裁机构正常运转的必要开支以及发展仲裁事业。实际上，不同仲裁机构的工作人员的工资福利与该机构的仲裁费用收取情况明显存在正相关性，作为非营利法人的仲裁机构同样需要通过合理的工薪机制吸引优秀人才并鼓励他们妥善履行职责。(2) 独立性，是指仲裁机构在法律上是独立的，其独立行使仲裁职能，行政机关、司法机关、其他仲裁机构等均不能干预仲裁机构的正常工作。仲裁机构的组建者与仲裁机构之间不存在隶属关系，不同仲裁机构之间也没有隶属关系，但仲裁机构的分支机构则需要接受其设立者的管理。以广州仲裁委员会为例，该会设有东莞分会与中山分会，当事人约定将争议提交分会仲裁的，视为同意由该会进行仲裁，该会可以接收约定分会仲裁的当事人递交的仲裁申请及相关资料并对案件进行程序管理。① (3) 民间性，是指仲裁机构（不包括行政仲裁机构）不属于承担行政职能的机关法人，而是为了提供公益服务而设立的非营利法人。根据《民法典》第 87 条的规定，非营利法人不向出资人、设立人或者会员分配所取得利润，包括事业单位、社会团体、基金会、社会服务机构等几种类型。结合《民法典》第 92 条第 1 款的规定，将仲裁机构界定为“为公益目的以捐助财产设立的社会服务机构”更有利于彰显其民间性，但前提是设立仲裁机构的必要财产来自公益捐助并经登记取得捐助法人资格。

2. 我国常设仲裁机构的性质、类型与发展趋势

我国法律目前允许设立的仲裁机构均属于全面管理型常设仲裁机构，包括行政仲裁机构与民间仲裁机构两种类型，并采取以民间仲裁为主、行政仲裁为辅的立法模式。《劳动合同法》《人事争议处理规定》《农村土地承包经营纠纷调解仲裁法》对劳动争议、人

① 参见《广仲规则》第 2 条。

事争议、农村土地承包经营纠纷采取行政仲裁的立法模式①，分别设立具有行政机关性质的劳动争议仲裁机构、人事争议仲裁机构、农村土地承包仲裁机构。行政仲裁明显区别于民间仲裁，本书第七编将对行政仲裁进行专门介绍，而本节仅聚焦于民间仲裁中的常设仲裁机构。

除最高人民法院试点的自贸区临时仲裁制度以及立法机关拟增设的涉外临时仲裁制度以外，我国民间仲裁案件均由常设仲裁机构进行全面的程序管理。民间仲裁制度属于舶来品，根据自 1995 年 9 月 1 日起施行的《仲裁法》的规定设立的仲裁机构脱胎于工商行政管理部门设立的经济合同仲裁委员会。② 尽管《仲裁法》澄清仲裁机构独立于行政机关且不同的仲裁机构之间不存在隶属关系，但仲裁机构的设立仍带有鲜明的官方背景。仲裁机构由直辖市、省会城市或其他设区的市人民政府会同有关部门和商会（主要是中国国际商会及其在地方的分会）统一组建，属于为解决合同纠纷和其他财产权益纠纷提供公益性服务的非营利法人，通常被作为公益性事业单位设置，并由专职或兼职的公务员担任主任或副主任。至少在仲裁机构组建的初始阶段，人财物等问题都需要人民政府或其有关部门牵头解决。截至 2019 年年底，全国共设立了 260 家仲裁委员会，工作人员多达 6 万余人，但 2019 年全国仅有 253 家仲裁委员会处理了 48 万余件案件（含传统商事仲裁案件 28 万余件）。③ 相对于同年度全国法院审结 939.3 万件一审民事案件而言④，仲裁机构处理的案件数量不仅比较少，而且不同仲裁机构的案件受理量悬殊，多数仲裁机构受理的案件数量较少，甚至存在若干家仲裁机构全年没有受理案件的情形。地级市政府组织有关部门和商会组建仲裁机构更多的是“根据政治的需要”，而没有充分考虑商事仲裁服务的市场供求关系。缺乏案源的仲裁机构成为地方财政的负担，部分地方政府部门通过推行含有仲裁条款的格式合同等方式积极为仲裁机构拓展案源，少数仲裁机构为强化仲裁的权威性及争取地方政府部门对仲裁事业的支持而乐于聘任公务员为仲裁员，未能从根本上扭转商事仲裁行政化趋势。

部分地方人民政府及仲裁机构没有全面贯彻习近平法治思想，为了追求政绩或市场份额而违规组建仲裁机构、违规设立分支机构、违法违规开展仲裁活动，对我国商事仲裁的公信力造成了负面影响。为此，司法部印发《全国仲裁行业发展秩序清理整顿专项行动工作方案》，于 2019 年 5—8 月在全国部署集中开展了为期 4 个月的清理整顿专项行动，共查处违法违规组建的仲裁机构 6 家，对 14 个省（区）的 28 家仲裁机构存在违规跨区域设立分支机构，3 家仲裁机构存在将资产挪用给公司、其他单位使用等情况进行

---

① 在《仲裁法》实施之前，我国仿照苏联设立行政仲裁机构，此类仲裁机构设立于行政机关内部，仲裁机构隶属于行政机关，仲裁员属于行政机关的工作人员，属于行政机关行使行政权对民商事纠纷进行裁决的公力救济方式。行政仲裁模式不遵循协议仲裁、或裁或审、一裁终局等商事仲裁基本制度，与属于社会救济方式的商事仲裁模式存在显著的区别。伴随着《仲裁法》的实施，行政仲裁模式仅适用于劳动争议、人事争议、农村土地承包经营纠纷等特殊纠纷，故本书第七编将其称为“特殊仲裁制度”。

② 《仲裁法》第 79 条第 1 款规定：“本法施行前在直辖市、省、自治区人民政府所在地的市和其他设区的市设立的仲裁机构，应当依照本法的有关规定重新组建；未重新组建的，自本法施行之日起届满一年时终止。”

③ 参见最高人民法院于 2020 年 12 月 23 日发布的《中国仲裁司法审查年度报告（2019 年）》。

④ 参见最高人民法院原院长周强于 2020 年 5 月 25 日在第十三届全国人民代表大会第三次会议上作的《最高人民法院工作报告》。

了整顿。[1] 最高人民法院也通过《“先予仲裁”批复》澄清“网络借贷合同当事人申请执行仲裁机构在纠纷发生前作出的仲裁裁决或者调解书的，人民法院应当裁定不予受理；已经受理的，裁定驳回执行申请”，在事实上叫停了部分仲裁机构违法开展的所谓“先予仲裁”业务。

展望未来，组建仲裁机构、设立分支机构、探索新型纠纷解决服务均应当坚持以人民为中心的发展思想，既要求符合民商事争议解决服务市场供求关系的实际需要，也要求强化仲裁机构及其所提供纠纷解决服务的民间性与公益性。仲裁机构应当成为真正独立于行政机关且不过分追逐自身经济利益的公益性民间组织，按照决策权、执行权、监督权相分离原则和有效制衡、权责对等原则制定章程，建立非营利法人治理结构。在仲裁机构内部建立监督机制，由内设监督机构对决策、执行机构进行监督；对外建立信息公开机制，及时向社会公开机构章程、登记备案情况、收费标准、年度工作报告、财务等信息，并接受当事人及人民群众的监督。

（二）机构仲裁中的仲裁裁决机构

机构仲裁中的仲裁裁决机构，是指常设仲裁机构根据仲裁法律及仲裁规则，就仲裁协议项下的具有可仲裁性的争议，组成具体负责审理和裁决仲裁案件的仲裁庭。常设仲裁机构有固定的办公场所、办公人员、仲裁规则、仲裁员名册等便利条件，通过完善的办事机构及健全的行政管理制度，可以在确定仲裁员及程序管理等方面向仲裁当事人提供诸多便利。相对于没有常设仲裁机构等协助的专设仲裁庭而言，常设仲裁机构因案而设的仲裁庭的组建更为及时、仲裁庭的审理程序运行更为通畅。机构仲裁中的仲裁庭与临时仲裁中的专设仲裁庭之间具有共通性，而且需要介绍的内容较多，故本章第二节专门对“仲裁庭和仲裁员”进行介绍。

第二节　仲裁庭和仲裁员

一、仲裁庭

（一）仲裁庭的概念与特征

常设仲裁机构行使仲裁活动的组织和管理权，负责仲裁庭的组成、仲裁文书的送达、仲裁费用的收取和档案管理等工作，提醒仲裁庭注意办案时限，合理安排仲裁员活动时间，使仲裁庭的组成人员能充分有效地利用有限的时间办结案件，但无权对仲裁案件实体问题行使裁决权。[2] 无论是机构仲裁还是临时仲裁，常设仲裁机构并不负责对特定仲裁案件进行审理，而真正对特定仲裁案件进行审理并作出裁决的是设立于常设仲裁机构

---

① 参见刘婧：《支持和监督仲裁制度实施 促进仲裁事业健康发展——最高法、司法部相关负责人就〈最高人民法院商事仲裁司法审查年度报告（2019年）〉答记者问》，载《人民法院报》，2020-12-24。

② 参见袁发强主编：《中国商事仲裁机构现状与发展趋势研究》，59页，上海，复旦大学出版社，2011。

之内或之外的临时性仲裁裁决机构——仲裁庭。[①] 因而，仲裁庭是指当事人选定或仲裁机构指定的仲裁员组成的、对仲裁协议项下具有可仲裁性的民商事争议进行审理并居中作出裁决的临时性组织。

一般而言，仲裁庭具有以下几个显著特征：

（1）独立性。仲裁庭的独立性包括外部独立性与内部独立性两方面内容。外部独立性与仲裁机构的独立性相似，是指行政机关、司法机关、社会团体等外部主体不能干预仲裁庭独立行使仲裁裁决权。内部独立性，是指仲裁庭对内独立于当事人、仲裁案件程序管理者、仲裁协助性服务提供者等。仲裁庭独立于当事人，是指仲裁庭不代表任何一方当事人，应当独立于当事人，平等公正地对待当事人。仲裁庭独立于仲裁案件程序管理者，是指机构仲裁中的仲裁庭独立于对仲裁案件进行全面程序管理的常设仲裁机构，常设仲裁机构不得妨碍仲裁庭独立行使裁决权。尽管有些全面管理常设仲裁机构公布的仲裁规则要求仲裁庭在发布仲裁裁决前应当将其草案交由仲裁机构审查，但该仲裁机构只能从形式上进行审查或者就实体问题提醒仲裁庭注意，而不能将其纠纷解决建议强加给仲裁庭。仲裁庭独立于仲裁协助性服务提供者，是指临时仲裁中的专设仲裁庭独立于提供协助性服务的常设仲裁机构或者其他协助性服务提供者。诚然，在临时仲裁中，专设仲裁庭未必能够获得常设仲裁机构或者其他主体提供的协助性服务，但即使获得公益或商业的协助性服务，专设仲裁庭也应当完全独立地对仲裁案件行使裁决权。

（2）临时性。仲裁庭都属于因案而设的临时性仲裁裁决机构，仲裁协议项下具有可仲裁性的民商事争议获得解决或者仲裁程序基于某种原因而无续行之必要，仲裁庭即告解散。但是，在例外情形下，已经解散的仲裁庭有必要重新仲裁。我国《仲裁法》第61条规定："人民法院受理撤销裁决的申请后，认为可以由仲裁庭重新仲裁的，通知仲裁庭在一定期限内重新仲裁，并裁定中止撤销程序。仲裁庭拒绝重新仲裁的，人民法院应当裁定恢复撤销程序。"此外，对于申请人为了更换首席仲裁员而撤回仲裁请求的失信行为，有观点也认为申请人撤回仲裁申请后另案提起的仲裁案件由原来的仲裁庭审理。[②]

（3）自治性。仲裁庭的组成以及仲裁庭应当遵循的审理程序与当事人的意志密不可分。我国的仲裁庭可以由一名或三名仲裁员组成，前者的仲裁员与后者的第三名仲裁员（首席仲裁员）由当事人共同选定或者共同委托仲裁委员会主任指定，后者中的前两名仲裁员分别由双方当事人各自选定或者各自委托仲裁委员会主任指定。因而，与民事诉讼当事人不能选择审判员不同，仲裁当事人可以各自或共同选择仲裁员。[③] 除此以外，与民事诉讼法注重程序法定主义不同，当事人可以通过选择仲裁规则乃至共同设计仲裁规则的方式，对仲裁庭审理及裁决仲裁案件的程序提出要求，只要当事人对仲裁程序达成

---

① 参见赵秀文：《国际商事仲裁法原理与案例教程》，123页，北京，法律出版社，2010。

② 参见丁伟：《仲裁请求撤回：仲裁天平之上合法性与适当性失重现象透析》，载陈忠谦主编：《仲裁研究》（第29辑），17-25页，北京，法律出版社，2012。

③ 伴随着网络仲裁模式的推广以及不同仲裁机构交流的深入，越来越多的仲裁机构采取开放式仲裁员推荐名册制度，当事人既可以在本机构按照不同专业设立的仲裁员推荐名册中选择仲裁员，也可以在其他仲裁机构公布的仲裁员推荐名册中选择仲裁员，还可以选择符合仲裁法规定但没有被任何仲裁机构聘任为仲裁员的自然人为仲裁员。开放性仲裁员推荐名册制度进一步扩大了当事人在选择仲裁员方面的自由。

的协议不违反基本程序正义或违背公序良俗，仲裁庭就应当遵循之。

（4）专业性。民间仲裁主要被用来解决商事争议，而商事争议解决的专业性通常高于民事争议。为了保证仲裁庭的专业性，《仲裁法》对仲裁员的聘任条件提出了严格的要求，并要求仲裁机构按照不同专业设仲裁员推荐名册。相对于调解人员以及审判人员而言，仲裁员的专业性往往更胜一筹。专业的仲裁员决定了仲裁庭的专业性，仲裁庭的专业性是当事人选择通过仲裁方式解决争议的重要原因以及商事仲裁公信力的重要保障。仲裁员属于特定领域内的资深专家，通常按照标的额的一定比例收取较高的仲裁员报酬，并逐渐允许当事人在仲裁协议中约定采用小时费率计收仲裁员报酬。[①]

（二）仲裁庭的类型

以组成仲裁庭的仲裁员的人数为标准，仲裁庭可以分为单数仲裁庭与偶数仲裁庭。其中，单数仲裁庭，是指仲裁庭由单数的仲裁员组成，主要包括由1名仲裁员组成的独任仲裁庭、由3名仲裁员组成的合议仲裁庭。偶数仲裁庭，是指仲裁庭由偶数的仲裁员组成，通常表现为双方当事人各自选定1名仲裁员组成的二人仲裁庭。

1. 独任仲裁庭

独任仲裁庭，是指仅由1名仲裁员组成的仲裁庭。独任仲裁庭模式已经获得绝大多数国家仲裁法律以及世界著名仲裁机构的认可。相对于其他形式的仲裁庭而言，独任仲裁庭的相对优势是节省仲裁费用以及提高仲裁效率，其相对劣势是独任仲裁员对仲裁案件的处理意见直接决定裁决内容。正是因为独任仲裁庭可以直接左右裁决结果，双方当事人在共同选定独任仲裁员方面往往存在难度。独任仲裁庭通常仅处理适用简易程序的仲裁案件，而此类案件通常因争议标的额不大而更加倾向于仲裁的效率价值取向。

2. 合议仲裁庭

合议仲裁庭，是指由多名单数的仲裁员组成且实行少数服从多数原则的仲裁庭，通常表现为由1名首席仲裁员、2名仲裁员组成三人仲裁庭。首席仲裁员是合议仲裁庭的主持者，由双方当事人共同选定或者共同委托仲裁委员会主任指定；其他2名仲裁员由双方当事人各自选定或者各自委托仲裁委员会主任指定1名。我国《仲裁法》第53条规定："裁决应当按照多数仲裁员的意见作出，少数仲裁员的不同意见可以记入笔录。仲裁庭不能形成多数意见时，裁决应当按照首席仲裁员的意见作出。"由此可见，当三人仲裁庭中的2名边裁意见不一致时，裁决结果取决于首席仲裁员的意见。尽管仲裁员理应客观公正[②]，但仲裁实践表明部分"边裁"倾向于维护指定其为仲裁员的一方当事人的权

---

① 《北仲规则》附录1"北京仲裁委员会案件收费标准"第6条授权当事人约定按照小时费率计算仲裁员报酬，首席仲裁员或独任仲裁员的小时费率由该仲裁员与各方当事人协商确定，其他仲裁员的小时费率由该仲裁员与选定该仲裁员的当事人协商确定，但仲裁员小时费率原则上不得超过5 000元。当事人约定按小时费率计算仲裁员报酬的，应当按照仲裁委员会的要求预交适当金额的仲裁员报酬。当事人就仲裁员报酬的支付承担连带责任，无论该仲裁员由哪方当事人选定。

② 尽管《仲裁法》没有直接规定仲裁员应当客观公正，但第1条将"保证公正、及时地仲裁经济纠纷"作为本法的首要立法宗旨，第13条规定仲裁委员会应当从公道正派的人员中聘任仲裁员，第34条要求可能影响公正仲裁的仲裁员回避。

益，甚至向选定其为仲裁员的当事人透露仲裁庭合议结果，使申请人可以通过撤回仲裁申请的方式对合议仲裁即将裁决驳回其仲裁申请的案件进行“紧急抢救”①。

3. 二人仲裁庭

除由 1 名仲裁员组成的独任仲裁庭以及由 3 名仲裁员组成的合议仲裁庭以外，国际商事仲裁实践中还存在由 2 名仲裁员组成的二人仲裁庭。二人仲裁庭的 2 名仲裁员分别由争议双方当事人指定，如果 2 名仲裁员就争议解决方案达成一致意见，二人仲裁庭据此作出仲裁裁决，如果 2 名仲裁员未能就争议解决方案达成一致意见，则由这 2 名仲裁员共同指定的公断人在审理案件的基础上作出裁决。② 根据《瑞典仲裁法》第 13 条的规定，仲裁庭由 3 名仲裁员组成，但当事人也可以约定将其争议交由 1 名或 2 名仲裁员审理，因没有确立 2 名仲裁员意见相左的解决方案，瑞典的仲裁实践中几乎没有出现过二人仲裁庭。与此不同，英国因具备解决 2 名仲裁员意见相左问题的方案，二人仲裁庭在实践中并不罕见。③ 对于二人仲裁庭，本书认为，在公断人介入之前，双方当事人各自选定的仲裁员进行的纠纷解决活动，类似于双方当事人委托代理人就争议进行协商解决；在公断人介入之后，双方当事人各自选定的仲裁员实际上扮演的是代理人的角色，而公断人扮演的是独任仲裁员的角色，此时的二人仲裁庭实际上与独任仲裁庭相似。

(三) 仲裁庭的职权

仲裁庭是对仲裁协议项下具有可仲裁性的争议行使裁决权的组织。为了确保仲裁程序的顺利进行以及裁决结果的客观公正，仲裁庭通常应当行使以下职权。

(1) 决定仲裁庭对特定案件是否享有管辖权。尽管目前仍有国家规定只有法院可以确定仲裁协议的效力，但绝大多数国家的仲裁法律及国际商事仲裁实践均承认仲裁庭有权决定对特定案件享有仲裁管辖权。我国《仲裁法》第 20 条虽承认仲裁委员会（而非仲裁庭）享有自裁管辖的权力，但同时强调人民法院对仲裁协议效力的司法审查权力优先于仲裁机构的自裁管辖权力。

(2) 决定仲裁程序事项与证据争议事项。除非当事人另有约定，仲裁庭有权根据仲裁法及仲裁规则对仲裁程序事项作出决定。比如，《仲裁法》第 37 条第 2 款规定：“因回避而重新选定或者指定仲裁员后，当事人可以请求已进行的仲裁程序重新进行，是否准许，由仲裁庭决定；仲裁庭也可以自行决定已进行的仲裁程序是否重新进行。”除非当事人另有约定，在事实认定过程中，仲裁庭可以在不违反仲裁法与仲裁规则的前提下决定当事人应当遵循的证据规则。比如，当事人申请且仲裁庭认为必要，或者仲裁庭根据案件审理情况认为必要时，仲裁庭可以自行调查事实、收集证据，并且仲裁采取的证据不受法定证据类型之限制。

(3) 作出采取保全措施及责令提供保全担保的决定。有些国家的法律允许仲裁庭作出与争议标的有关的临时性保护措施（我国所谓的“保全措施”），使仲裁庭可以通过临

① 黄忠顺：《仲裁实施权配置论视阈下的撤回仲裁请求制度研究》，载《政治与法律》，2022 (1)。
② 参见赵秀文：《国际商事仲裁法原理与案例教程》，125 页，北京，法律出版社，2010。
③ 参见［瑞典］拉斯・休曼：《瑞典仲裁法实践和程序》，顾华宁译，321 页，北京，法律出版社，2012。

时裁决保全证据与暂定临时状态。但是，作为民间组织的仲裁庭无权强制当事人履行临时裁决，当事人拒绝履行的临时性保护裁决应当由行使国家公权力的执行机关负责执行。但是，我国现行《仲裁法》尚未遵循该传统做法，该法第 28、46 条分别规定拒绝授权仲裁庭对财产保全申请、证据保全申请进行处理。

（4）决定仲裁应当适用的法律。除非当事人另有约定，仲裁庭有权根据仲裁法及仲裁规则对仲裁应当适用的法律作出决定，包括审查仲裁协议效力所适用的法律、仲裁程序应当适用的仲裁法律、仲裁裁决所依据的实体法律等。由于各法域的仲裁法与实体法不尽相同，相同问题适用不同法域的法律可能会得出不同甚至完全相反的结果。因而，在当事人没有对仲裁适用法律作出约定的情形下，仲裁庭应当根据仲裁法及仲裁规则决定仲裁应当适用的法律。

（5）对仲裁案件进行独立、公正审理并按期作出裁决。仲裁庭应当根据仲裁协议以及仲裁申请书等确定仲裁审理范围，独立且公正地对仲裁案件进行书面审理或开庭审理，并在当事人约定或仲裁规则确定的期间内作出终局裁决。除了终局裁决，仲裁庭还可以作出临时裁决与追加裁决。

（6）对仲裁案件进行调解或对当事人达成协议进行确认。根据当事人意愿，仲裁庭可以组织各方当事人进行调解，当事人经调解达成协议的，仲裁庭可以根据当事人的申请作出裁决书或调解书。当事人在仲裁程序之外通过协商或调解达成协议并向仲裁庭提交和解协议或调解协议的，仲裁庭同样可以根据当事人的请求出具裁决书或调解书。

（7）仲裁法、仲裁规则或仲裁协议赋予仲裁庭的其他职权。比如，仲裁庭有权在仲裁裁决中就仲裁费用及其分担情况作出决定。

二、仲裁员

（一）仲裁员任职资格

仲裁庭对案件行使裁决权，而仲裁庭是由仲裁员组成的。仲裁员任职资格既是仲裁程序独立性与公正性的重要保障，还是常设仲裁机构确保其进行程序管理的仲裁案件审理质量的关键所在，更是当事人认可仲裁程序及接受仲裁结果的前提条件。因而，仲裁员任职资格通常由法律作出最低限度的规定，再由仲裁机构通过仲裁员聘任条件提出进一步的要求，同时允许当事人对仲裁员任职资格提出特殊的要求。

1. 仲裁法对仲裁员任职资格的规定

尽管不是所有国家均对仲裁员的任职资格作出明确规定，但大多数国家的相关规定遵循了以下基本共识——仲裁员必须由与案件没有直接利害关系且能够独立、公正解决争议的人员担任。诚然，该最低限度任职资格是针对特定仲裁案件而言的，仲裁机构聘任仲裁员并不与特定案件关联，故只能从“公道正派”的角度对拟聘仲裁员提出抽象要求。对于仲裁员任职资格，仲裁法还可以从积极要件与消极要件两方面提出要求。

（1）积极要件。仲裁员任职资格的积极要件，是指担任仲裁员必须具备的条件。有的国家对仲裁员任职资格没有提出特殊的要求。《瑞典仲裁法》第 7 条规定：“任何对其行为及财产具有完全法律能力的人均可充任仲裁员。”德国与奥地利同样宽泛地允许完全民事行为能力人担任仲裁员。我国缺乏民间仲裁的传统，《仲裁法》尚未对国内仲裁案件开放临时仲裁模式，而机构仲裁向来以专家仲裁著称。为此，《仲裁法》从正面对仲裁员任职资格提出了较高的要求，即必须符合下列条件之一：1）通过国家统一法律职业资格考试取得法律职业资格，从事仲裁工作满 8 年的；2）从事律师工作满 8 年的；3）曾任法官满 8 年的；4）从事法律研究、教学工作并具有高级职称的；5）具有法律知识、从事经济贸易等专业工作并具有高级职称或者具有同等专业水平的。

（2）消极要件。仲裁员任职资格的消极要件，是指不得担任仲裁员的情形。比如，《韩国仲裁法》第 5 条禁止存在以下情形之一的人员担任仲裁员：1）无行为能力或限制行为能力人；2）尚未复权的破产人；3）被处以监禁以上的刑罚且该处罚执行完毕或不执行该刑罚的决定作出后不满 3 年的人；4）任何被处以监禁以上刑罚且刑期未满的人；5）任何被处以监禁以上刑罚执行缓刑，其缓刑期未满的人；6）任何被限制民事权利或停止其资格的人。诚然，积极要件与消极要件有时可以发生转化。比如，有的国家从积极要件的角度规定仲裁员必须是完全民事行为能力人，有的国家则从消极要件的角度禁止不完全民事行为能力人（包括无民事行为能力人与限制民事行为能力人）担任仲裁员。尽管我国《仲裁法》没有规定仲裁员任职资格的消极要件，但通常认为，“无民事行为能力或者限制民事行为能力”“因故意犯罪受到刑事处罚”是两项不言而喻的仲裁员任职资格消极要件。

除此以外，有的国家仲裁法律还对外国人、法人、法官、律师等担任仲裁员问题作出了规定。外国人担任仲裁员是商事仲裁民间性与国际性的重要表现，包括我国在内的绝大多数国家已经接收外国人担任仲裁员。法人在商事仲裁中担任仲裁员在实践中几乎没有出现过，但仍有一些国家的仲裁法明文禁止法人在商事仲裁中担任仲裁员。当事人误将仲裁机构约定为仲裁员的，通常被视为指定该仲裁机构管理仲裁程序[①]；但仲裁协议约定仲裁机构以外的法人或团体担任仲裁员的，则视为当事人未达成仲裁协议。各国对现职法官兼任仲裁员的态度不同，奥地利、波兰、西班牙等国反对，而瑞典、英国、日本等国则允许。我国《仲裁法》虽没有明确禁止，但最高人民法院于 2004 年 7 月 13 日发出的《关于现职法官不得担任仲裁员的通知》，明令禁止现职法官担任仲裁员。律师担任仲裁员已为各国仲裁立法或仲裁实践所接受，有些国家甚至规定仲裁员必须是执业律师。比如，《瑞士联邦商事仲裁协约》第 7 条规定，如果当事人在仲裁条款中约定，禁止律师在仲裁中担任仲裁员的，则该仲裁条款无效。[②]

2. 仲裁机构对仲裁员任职资格的要求

常设仲裁机构通常会通过仲裁规则或者其他形式对本机构聘任仲裁员的条件提出高于法定标准的要求。绝大多数仲裁机构采取“强制性名册”模式，当事人只能从仲裁机构提供的仲裁员名册中选择仲裁员，即只有被列入特定仲裁机构的仲裁员名册的人员，才可以担任该仲裁机构受理案件的仲裁员。因而，常设仲裁机构主要通过仲裁员选聘制

---

① 参见《法国民事诉讼法》第 1451 条。

② 参见乔欣主编：《比较商事仲裁》，69 页，北京，法律出版社，2004。

度对仲裁员任职资格提出特殊要求。以北京仲裁委员会为例，《北仲规则》第19条明确要求当事人从本会提供的仲裁员名册中选择仲裁员，同时通过《仲裁员聘用管理办法》《〈仲裁员聘用管理办法〉实施细则》对仲裁员任职资格提出显著高于法定标准的特殊要求，并以“参加完毕本会举办或者委托相关单位举办的仲裁员培训课程并且成绩合格”作为必备的仲裁员申请条件。但有些仲裁机构借鉴国际商事仲裁经验而采取“推荐性名册”模式，允许当事人在本仲裁机构提供的仲裁员名册外选定仲裁员。为确保当事人在仲裁员名册外选定的仲裁员符合仲裁法及仲裁规则的要求，当事人在仲裁员名册外选定的仲裁员必须经过仲裁机构的确认。比如，《珠仲规则》第30条对“在名册外选定仲裁员”作出以下规定：“（一）经本院确认，当事人可以在本院仲裁员名册外选定粤港澳大湾区其他仲裁机构的仲裁员。（二）经本院确认，涉港澳案件当事人可以在粤港澳大湾区仲裁机构的仲裁员名册外选定港澳人士担任仲裁员。（三）经本院确认，对于特殊案件，需要特别专业人士担任仲裁员的，当事人可以约定在本院仲裁员名册外选定仲裁员。但当事人应向本院提出申请并说明理由。（四）当事人在名册外所选仲裁员应当符合法律规定的仲裁员条件。当事人应当提交能证明所选仲裁员符合法定条件的足够信息材料。”除“强制性名册”与“推荐性名册”两种模式以外，还有的仲裁机构采取“混合性名册”模式，即仅允许当事人在仲裁员名册外选定首席仲裁员以外的其他仲裁员。比如，当事人若将争议提交根据《阿拉伯国家商事仲裁公约》设立的阿拉伯国家仲裁中心解决的，根据前述公约的规定，在合意仲裁庭的情况下，由当事人各自指定的仲裁员可以在仲裁员名册内、外选定，但首席仲裁员必须在仲裁员名册中选定。

3. 当事人对仲裁员任职资格的约定

当事人对仲裁员任职资格作出特别约定，而且该特别约定没有违反仲裁法对仲裁员任职资格规定的最低标准的，仲裁机构应当按照当事人约定的条件确定仲裁员。当事人对仲裁员任职资格达成的协议，不仅约束仲裁当事人与仲裁机构，而且约束支持与监督仲裁的人民法院。比如，仲裁机构没有按照当事人约定的任职资格确定仲裁员，当事人申请撤销或不予执行仲裁裁决的，人民法院应当予以支持。

(二) 仲裁员的确定

仲裁员的确定，是指根据当事人的选定、仲裁机构或法院的指定，具体确定由哪些仲裁员组成仲裁庭，对仲裁协议及仲裁申请共同确定的争议事项进行审理及裁决。各国仲裁立法和实践通常以当事人选定为原则，以仲裁员、仲裁机构、法院等第三者指定为例外。

1. 当事人选定

当事人选定仲裁员分为当事人共同选定与当事人分别选定两种模式。当事人共同选定模式适用于独任仲裁员与首席仲裁员，而当事人分别选定模式适用于合议仲裁庭中首席仲裁员以外的其他仲裁员。我国《仲裁法》第31条以及《日本仲裁法》第17条、1996年《英国仲裁法》第16条均采取共同选定与分别选定相结合的当事人选定仲裁员制度。

2. 第三者指定

当事人无法或不愿选定仲裁员的，仲裁程序将因无法组成仲裁庭而被搁置。为了弥补当事人选定仲裁员能力的不足以及确保仲裁程序的顺利进行，多数国家的仲裁法授权当事人委托与争议无利害关系的第三者指定仲裁员，至于当事人同时拒绝选定及委托第三者指定仲裁员的，多数常设仲裁机构公布的仲裁规则授权仲裁机构依职权或根据任何一方当事人的申请指定相应的仲裁员。比如，2005 年修订的《美国仲裁协会国际仲裁规则》第 6 条规定，仲裁开始后的 45 天内，各方当事人不能就委任仲裁员的程序达成一致，或者不能共同委任仲裁员的，仲裁机构应根据任何一方当事人的书面申请指定首席仲裁员。

除了常设仲裁机构可以充当指定仲裁员的第三者，已选定或指定的 2 名仲裁员也可以成为指定首席仲裁员的第三者。《日本仲裁法》第 17 条第 2 款规定，如果仲裁庭由 3 名仲裁员组成，当事人分别指定仲裁员后无法指定首席仲裁员的，那么已经被指定的 2 名仲裁员可以指定首席仲裁员。我国《仲裁法》尚未授权已选定或已指定的 2 名仲裁员依申请或依职权选定首席仲裁员，但正在征求意见的仲裁法修正案拟按照“当事人共同选定—已选定或指定的 2 名仲裁员共同选定—仲裁机构指定”的顺序确定首席仲裁员。其中，当事人未能共同选定首席仲裁员的，已经选定或指定的 2 名仲裁员、仲裁机构分别依法享有共同选定首席仲裁员的权利，而且前者的共同选定权优先于仲裁机构的指定权。诚然，前述规则属于补充性规范，仅适用于当事人对首席仲裁员的确定没有作出其他约定的情形。

临时仲裁案件未必由常设仲裁机构进行程序管理。在没有常设仲裁机构进行程序管理的情形下，当事人无法选定专设仲裁庭组成人员的，很可能导致临时仲裁程序陷入僵局。对此，有的国家授权法院根据当事人的申请补充性指定仲裁员。比如，《美国联邦仲裁法》第 5 条规定：“如果协议中已经规定了指定一名或者几名仲裁员或首席仲裁员的方法，则应当按照该方法指定仲裁员。如果没有规定，或者虽然有规定但是当事人没有遵循，或者由于任何原因拖延指定，或者未能补上缺额，则法院根据任何一方当事人的请求，应当按照需要指定仲裁员或者首席仲裁员。由法院指定的仲裁员或者首席仲裁员处理的案件，与协议指定的仲裁员享有同样的职权、承当同样的职责。”

（三）仲裁员的回避

仲裁员的回避，是指仲裁员具有影响或可能影响案件公正裁决的情形，依照仲裁法及仲裁规则的规定，不得担任特定案件的仲裁员，已经担任的，应当退出仲裁案件审理程序。仲裁员与当事人或案件本身存在利害关系的，全部或部分当事人有正当理由怀疑其裁决案件的客观性与中立性。因而，各法域制定的仲裁法律及各大仲裁机构公布的仲裁规则均确立了仲裁员回避制度。根据我国《仲裁法》的规定，仲裁员回避制度主要包括以下内容。

（1）回避事由。根据我国《仲裁法》第 34 条的规定，仲裁员回避事由包括：1）是本案当事人或者当事人、代理人的近亲属；2）与本案有利害关系；3）与本案当事人、代理人有其他关系，可能影响公正仲裁的；4）私自会见当事人、代理人，或者接受当事人、代理人的请客送礼的。

考虑到当事人通常较难发现仲裁员存在回避事由，各大仲裁机构的仲裁规则均确立仲裁员信息披露制度，以保障当事人行使回避申请权。比如，根据北京仲裁委员会自2006年9月1日起施行的《仲裁员守则》第5条的规定，仲裁员接受选定或指定时，有义务书面披露可能引起当事人对其公正性或独立性产生合理怀疑的任何事由，包括但不限于：1）是本案的当事人、代理人或当事人、代理人的近亲属的；2）与本案结果有利害关系的；3）对于本案事先提供过咨询的；4）私自与当事人、代理人讨论案件情况，或者接受当事人、代理人请客、馈赠或提供的其他利益的；5）在本案为当事人推荐、介绍代理人的；6）担任过本案或与本案有关联的案件的证人、鉴定人、勘验人、辩护人、代理人的；7）与当事人或代理人有同事、代理、雇佣、顾问关系的；8）与当事人或代理人为共同权利人、共同义务人或有其他共同利益的；9）与当事人或代理人在同时期审理的其他仲裁案件中同为仲裁庭的组成人员，或者，首席仲裁员2年内曾在其他仲裁案件中被一方当事人指定为仲裁员的；10）与当事人或代理人有较为密切的交谊或嫌怨关系的；11）其他可能影响公正仲裁的情形。前述可能引起此类怀疑的情况发生于仲裁过程中的，仲裁员应当继续履行披露义务；未履行披露义务，将视为该仲裁员违反本守则，即使未予披露的事由本身并不构成不宜担任仲裁员的情形。诚然，仲裁员履行披露义务后，如果当事人没有提出回避申请，则该仲裁员仍可接受指定或继续履行其仲裁员的职责。

（2）回避方式。根据我国《仲裁法》第34条的规定，仲裁员既可以自行回避，也可以根据当事人的申请而回避。仲裁员自行回避没有时间限制，而当事人申请回避则应当在首次庭审前提出。对于书面审理的案件，当事人应当在得知回避事由的合理期限（如10日）内提出。考虑到当事人的程序主体性地位，当事人对自行选定的仲裁员申请回避的，只能根据其选定该仲裁员后才得知的理由提出。此外，当事人在庭审中才得知非自行选定的仲裁员存在回避事由的，理应允许该当事人在得知回避事由的合理期限（如10日）内提出。

（3）回避的决定权。对于仲裁员回避的决定权，仲裁实践中存在不同的行使模式。《瑞士联邦苏黎世州民事诉讼法》确定了将该决定权交由法院行使的司法模式，《国际商会仲裁规则》确定了将其交由仲裁机构行使的仲裁模式，我国台湾地区“仲裁法”则采取仲裁机构先行裁决、法院最终决定的混合模式。① 我国《仲裁法》采取仲裁模式，由仲裁机构对仲裁员是否回避作出决定。仲裁机构决定回避的，应当说明理由。为防止当事人滥用仲裁员回避制度拖延仲裁程序，被申请回避的仲裁员在被正式决定回避之前可以继续参与仲裁程序。

（4）回避的法律效力。仲裁员因回避或者其他原因不能履行职责的，应当依照《仲裁法》的规定重新选定或者指定仲裁员。因回避而重新选定或者指定仲裁员后，当事人可以请求已进行的仲裁程序重新进行，是否准许，由仲裁庭决定；仲裁庭也可以自行决定已进行的仲裁程序是否重新进行。此外，防止当事人滥用仲裁员回避制度拖延仲裁程

---

① 参见乔欣主编：《比较商事仲裁》，73页，北京，法律出版社，2004。

序，在仲裁机构对回避申请作出决定之前，被申请回避的仲裁员应当继续参与仲裁程序。

(四) 仲裁员的更换

仲裁员的更换，是指组成仲裁庭的仲裁员因回避或者其他原因不能继续履行职责时，由当事人选定或者第三者指定的仲裁员更换退出仲裁程序的仲裁员。除回避以外，造成仲裁庭不能履行职责的原因，通常是指仲裁员死亡、辞职、被除名、丧失全部或部分民事行为能力等。

独任仲裁员因故不能继续履行仲裁职责的，必然需要由其他仲裁员更换其行使裁决权。合议仲裁庭的部分仲裁员因故不能履行仲裁职责的，此时的合议仲裁庭构成所谓的“瘸腿仲裁庭”。对于“瘸腿仲裁庭”，国际商事仲裁存在更换仲裁员与不更换仲裁员两种处理模式。本书认为，如果“瘸腿仲裁庭”出现在仲裁程序初期，为了保障仲裁程序的正当性基础，应当采取更换模式，但如果“瘸腿仲裁庭”出现在仲裁程序后期，则可以由合议庭剩下的仲裁员继续审理案件并作出裁决，以防止仲裁程序因仲裁员辞职或拒绝参加合议或拒绝在裁决书上签字而难以有效推进。与此不同，我国《仲裁法》第 37 条第 1 款规定：“仲裁员因回避或者其他原因不能履行职责的，应当依照本法规定重新选定或者指定仲裁员。”但是，部分仲裁机构公布的仲裁规则对此作出了不同的规定。比如，《贸仲规则》第 34 条确立了“多数仲裁员继续仲裁程序”制度，即最后一次开庭终结后，如果三人仲裁庭中的 1 名仲裁员因死亡或被除名等情形而不能参加合议及/或作出裁决，另外 2 名仲裁员可以请求仲裁委员会主任按照规定更换该仲裁员，但在征求双方当事人意见并经仲裁委员会主任同意后，该 2 名仲裁员也可以继续进行仲裁程序，作出决定或裁决。

更换仲裁员后的仲裁庭是继续进行仲裁程序还是重新进行已经进行的仲裁程序？对此，我国《仲裁法》授权更换仲裁员后的仲裁庭根据当事人请求或者依职权决定是否重新进行已进行的仲裁程序。换言之，当事人虽可以请求重新进行已进行的仲裁程序，但仲裁庭可以予以拒绝并继续进行后续的仲裁程序。仲裁庭依申请或依职权决定重新审理的，还应当确定重新审理的范围。比如，《贸仲规则》第 33 条第 4 款规定：“重新选定或指定仲裁员后，由仲裁庭决定是否重新审理及重新审理的范围。”《珠仲规则》第 37 条第 4 款也规定：“重新选定或者指定仲裁员后，由新组成的仲裁庭决定已进行的审理程序是否重新进行以及重新进行的范围。仲裁庭决定审理程序全部重新进行的，裁决作出的期限自重新组成仲裁庭之日起计算。”

(五) 仲裁员的责任

仲裁员的责任，是指仲裁员在履行职责时因存在法律规定的过错行为而应当承担的法律责任。关于仲裁员因过错行为应当承担的法律责任，目前主要存在以下三种不同的观点：一是民事责任说，该说将仲裁视为契约行为；二是司法豁免说，该说以仲裁的准司法属性为依据，认为仲裁员在履行职务时不因自己专业过错而承担任何法律责任；三是有限豁免说，该说是民事责任说与司法豁免说的折中，认为仲裁员在有限的范围内享有仲裁豁免权，但仲裁员存在该有限范围以外的过错行为的，则应当承担相应的法律责任。

尽管我国《仲裁法》没有对仲裁员责任作出专门规定，但通过援引其他法律以及确立仲裁员除名制度的方式间接规定了仲裁员实施严重过错行为应当承担的法律责任。根据《仲裁法》第38条的规定，私自会见当事人、代理人，或者接受当事人、代理人的请客送礼且情节严重的，或者仲裁员在仲裁该案时有索贿受贿，徇私舞弊，枉法裁决行为的，应当依法承担法律责任，仲裁机构还应当将其除名。由此可见，我国《仲裁法》规定的仲裁员制度在整体上遵循了有限豁免说，但仅明确规定了仲裁机构应当对仲裁员进行除名的具体情形，而没有对仲裁员应当承担的实体法责任作出明确规定。关于仲裁员应当承担的刑事责任，我国《刑法》第399条之一作出以下的明确规定："依法承担仲裁职责的人员，在仲裁活动中故意违背事实和法律作枉法裁决，情节严重的，处三年以下有期徒刑或者拘役；情节特别严重的，处三年以上七年以下有期徒刑。"至于当事人是否可以要求仲裁员向其承担赔偿损失等民事责任，当前仍然没有法律作出明确的规定。基于商事仲裁的民间性与契约性，为了确保仲裁员善意、勤勉地履行职责，因故意或重大过失给当事人造成损害的仲裁员，应当向当事人承担损害赔偿责任，并由仲裁机构承担连带责任。

第三节　中国仲裁协会

与美国仲裁协会属于常设仲裁机构不同，中国仲裁协会属于仲裁行业的自律性组织。尽管国外鲜有对仲裁实行行业管理的机构①，但1994年《仲裁法》的制定者担心行政仲裁向民间仲裁转型后缺乏足够的监督，试图设立旨在"根据章程对仲裁委员会及其组成人员、仲裁员违纪行为的监督"的中国仲裁协会。同时，为了兼顾商事仲裁的民间属性，中国仲裁协会被界定为以中国所有仲裁委员会为会员的社会团体法人，以弱化中国仲裁协会的行政色彩。但迄今为止，中国仲裁协会尚未正式组建，成为《仲裁法》下一轮修改重点关注的问题。

一、中国仲裁协会的性质

中国仲裁协会是仲裁行业的自律性组织，其法律地位为社会团体法人。根据《社会团体登记管理条例》第2条的规定，社会团体是指由中国公民、国家机关以外的组织自愿组成，为实现会员共同意愿，按照其章程开展活动的非营利性社会组织。根据我国《民法典》第87条的规定，社会团体法人属于非营利法人，而非营利法人是指"为公益目的或者其他非营利目的成立，不向出资人、设立人或者会员分配所取得利润的法人"。显而易见，中国仲裁协会理应彰显民间性与非营利性，前者要求防范中国仲裁协会嬗变

① 参见林一飞：《中国仲裁协会与仲裁机构的改革》，载《北京仲裁》，2007（2）。

为行政机关或准行政机关，后者要求中国仲裁协会以仲裁行业自律为主要宗旨。[①] 因而，中国仲裁协会既不受理仲裁案件，也不从事其他营利性活动，其活动经费应当来自会员费及社会捐赠。在组织机构上，中国仲裁协会与政府行政部门分离，与政府机关没有任何隶属关系，不享有政府机关所具有的行政管理权。

二、中国仲裁协会的构成

国内仲裁机构属于中国仲裁协会的当然会员，但与仲裁有关的教学科研机构、社会团体也应当被允许作为单位会员加入中国仲裁协会。根据《民法典》第 91 条的规定，作为社会团体法人的中国仲裁协会应当设立全国会员代表大会，由作为权力机构的全国会员代表大会依法制定协会章程，同时设理事会等执行机构，并由理事长或者会长等负责人按照协会章程的规定担任法定代表人。由此可见，中国仲裁协会目前尚不接受个人会员，分别由全国会员代表大会与理事会作为中国仲裁协会的权力机构与执行机构。

三、中国仲裁协会的职能

尽管有观点认为中国仲裁协会应当承担起仲裁行业监管职能[②]，但这不仅与中国仲裁协会的社会团体法人属性不符，而且与国际商事仲裁的发展趋势相背离。如果中国仲裁协会以行业监管者身份对作为其会员的仲裁机构行使行政管理权，无疑将进一步破坏我国商事仲裁机构的民间属性，并因此降低我国商事仲裁的国际商誉及降低国内仲裁机构的国际竞争力。因而，本书认为，中国仲裁协会与仲裁机构之间的关系不应当简单归为管理者与被管理者的关系，前者只能对后者提供自律性监督与服务。因而，根据司法部公布的《仲裁法（修订）（征求意见稿）》，中国仲裁协会应当履行的职责主要包括：（1）根据章程对仲裁机构等单位会员、仲裁员与其他仲裁从业人员的违纪行为进行监督；（2）依法制定示范仲裁规则，以供仲裁机构和当事人选择适用；（3）依法维护会员合法权益，为会员提供服务；（4）协调与有关部门和其他行业的关系，优化仲裁发展环境；（5）制定仲裁行业业务规范，组织从业人员业务培训；（6）组织仲裁业务研究，促进国内外业务交流与合作；（7）协会章程规定的其他职责。

问题与思考

1. 如何理解仲裁机构的特点？

---

① 《民法典》第 90 条规定："具备法人条件，基于会员共同意愿，为公益目的或者会员共同利益等非营利目的设立的社会团体，经依法登记成立，取得社会团体法人资格；依法不需要办理法人登记的，从成立之日起，具有社会团体法人资格。"

② 参见张小建等：《中国仲裁协会基本问题研究——兼论我国〈仲裁法〉有关条款的修改》，载陈忠谦主编：《仲裁研究》（第 8 辑），41 页，北京：法律出版社，2006。

2. 仲裁机构和仲裁庭的关系如何?

3. 某仲裁委员会在开庭审理兰屯公司与九龙公司合同纠纷案时，九龙公司对仲裁庭中的1名仲裁员提出了回避申请，经审查后该仲裁员被要求予以回避，仲裁委员会依法重新确定了仲裁员。关于仲裁程序如何进行，下列哪一选项是正确的?（　）（司法考试真题）

A. 已进行的仲裁程序应当重新进行

B. 已进行的仲裁程序有效，仲裁程序应当继续进行

C. 当事人请求已进行的仲裁程序重新进行的，仲裁程序应当重新进行

D. 已进行的仲裁程序是否重新进行，仲裁庭有权决定

第五章
仲裁参与人

本章概要

本章在辨析仲裁参与人、仲裁参加人、仲裁当事人等概念的基础上，重点对仲裁当事人、仲裁第三人、仲裁代理人进行介绍。仲裁当事人部分从仲裁当事人的概念与特征、仲裁权利能力与仲裁行为能力、仲裁当事人的权利与义务、仲裁当事人适格以及多数人仲裁等方面进行阐释和探讨。仲裁第三人部分在分析仲裁第三人的概念、特征、类型的基础上，梳理和评析国内外关于仲裁第三人制度的各种学说，并结合国内仲裁第三人制度的现状探索其完善路径。仲裁代理人部分在分析仲裁代理人的概念、特征的基础上，对法定仲裁代理人和委托仲裁代理人的相关问题进行介绍和分析。

关键术语

仲裁参与人　仲裁参加人　仲裁当事人　仲裁第三人　多方当事人

课程思政

要加大全民普法力度，培育全社会办事依法、遇事找法、解决问题用法、化解矛盾靠法的法治环境。

——2018年8月24日习近平在中央全面依法治国委员会第一次会议上的讲话

1. 基于仲裁协议具有相对性、仲裁裁决具有保密性，案外人权益通常被认为不会遭受仲裁裁决的影响，但仲裁当事人在恶意串通的基础上骗取的仲裁裁决在客观上可以对案外人权益造成不利影响。请组织学生讨论仲裁法规定诈害防止仲裁参加制度的必要性，引导学生理解事物普遍联系原理。

2. 组织学生讨论仲裁代理制度的重要性，引导学生学习马克思社会分工思想。

第一节　仲裁参与人概述

一、仲裁参与人

仲裁法律关系，是指仲裁法律、法规以及仲裁规则所调整的仲裁机构、当事人及其他仲裁参与人之间存在的以仲裁权利和仲裁义务为内容的具体社会关系。仲裁法律关系主体包括仲裁机构及其工作人员（含仲裁员及案件/办案秘书）以及仲裁参与人。所谓的仲裁参与人，是指除仲裁机构及其工作人员以外的其他参与仲裁活动并享有一定仲裁权利和承担一定仲裁义务的主体。其中，因申请仲裁、被申请仲裁或者与被申请仲裁的具体民事法律关系存在利害关系，而在仲裁案件的整个或部分过程中参加仲裁活动的人，就是所谓的仲裁参加人。除仲裁参加人以外的仲裁参与人通常被统称为其他仲裁参与人。仲裁参加人包括仲裁当事人和代理人，其中，仲裁当事人包括仲裁申请人、被申请人以及仲裁第三人。在理解仲裁参与人时，需要注意以下几点：其一，仲裁参与人不包括行使或辅助行使仲裁权的仲裁法律关系主体；其二，仲裁参与人参加仲裁活动通常建立在其自愿的基础上；其三，仲裁参与人的程序主体性明显高于诉讼参与人。

二、仲裁参加人

仲裁参与人通常被区分为仲裁参加人和其他仲裁参与人。仲裁参加人，是指依照仲裁法和仲裁规则的规定，参加仲裁活动，享有仲裁权利并承担仲裁义务，以维护自己或他人的合法权益的当事人，以及代理当事人参加仲裁程序的代理人。除仲裁参加人以外的仲裁参与人通常被统称为“其他仲裁参与人”，即仲裁当事人和仲裁代理人以外的仲裁参与人。仲裁参加人享有主要仲裁权利并承担主要仲裁义务，而其他仲裁参与人旨在辅助仲裁参加人参加仲裁活动和协助仲裁机构查清事实，故具有确保仲裁程序顺利进行和仲裁庭作出公正裁决的功能。在理解仲裁参加人时，需要注意以下几点：（1）仲裁参加人并非总是以自己名义参加仲裁活动，因为仲裁参加人中的仲裁代理人系以他人名义参加仲裁活动。（2）仲裁参加人参加仲裁活动并非总是符合其主观意愿，如某人与他人签订仲裁协议后丧失仲裁行为能力而由其监护人代为参加仲裁活动。（3）仲裁参加人并非总是与仲裁结果之间存在法律上的直接利害关系，因为仲裁代理人并非（全部）仲裁事项所指向的民事法律关系的主体，而仲裁当事人也可能仅享有仲裁实施权。（4）仲裁参加人实施的仲裁行为（如认诺）可以直接导致仲裁程序归于终结，而其他仲裁参与人实施的行为通常并不能影响仲裁程序的进行。（5）仲裁庭不得直接命令除当事人以外的仲裁参与人参加仲裁程序，但得根据当事人的申请或者依职权请求司法机关予以协助。（6）当事人与证人因具有不可替代性而不能适用回避制度，而代理人、专家、翻译人员等具有可代替性的其他仲裁参与人则应当适用回避制度。

三、其他仲裁参与人

其他仲裁参与人，是指仲裁当事人与仲裁代理人以外的仲裁参与人，包括证人、专家（含鉴定人）、翻译人员等。此外，受《民诉法》将勘验人与鉴定人平行作为诉讼参与人，并将勘验笔录与鉴定笔录平行作为法定证据种类的影响，国内部分仲裁机构的仲裁规则明确将勘验笔录作为证据类型，并将勘验人作为仲裁参与人，如《广仲规则》第 40 条明确将勘验笔录列为证据类型，第 38 条第 9 款将勘验人与仲裁秘书、翻译人员、鉴定人列为应当适用回避制度的其他仲裁参与人。

（一）证人（事实证人）

我国语境下的“证人”，仅指就其所知悉的案情向仲裁庭作证的事实证人（factual witnesses）。在民事诉讼法中，凡是知道案件情况且能够正确表达意思的人都有作证义务，证人以出庭作证为原则，以书面证言、视听传输技术或者视听资料等方式作证为例外。与此不同，仲裁庭对案件取得管辖权建立在仲裁参与人自愿基础上，仲裁庭并不能强制了解案情且能够正确表达意思的主体向其作证。仲裁庭对案件取得管辖权建立在纠纷当事人合意的基础上，而证人并非仲裁协议主体，要求其受仲裁庭拘束缺乏正当性基础。然而，仲裁协议具备排斥司法管辖权的法律效果，知悉案情且能够正确表达意思的人在事实上将被彻底免除法定作证义务，而仲裁庭也可能因此无法认定案件事实而不得不作出证明责任裁决。诚然，因无法强制证人作证而承受的不利后果，在某种意义上也是当事人签订仲裁协议所需要承担的“自我责任”。但是，这将严重削弱仲裁庭的证据调查职能和仲裁程序的对抗性，使仲裁程序对诉讼程序的替代功能难以发挥。鉴于此，尽管仲裁庭通常只能在证人自愿协助并进行陈述的情形下才能成功地收集证言，但证人拒不作证的，仲裁庭得根据当事人申请或者依职权向当地司法机关寻求协助，以法院的强制力保障仲裁程序的顺利进行。但是，现行《仲裁法》对此没有作出明文规定。为了降低证人作证的难度，仲裁实践中的事实证人通常以书面形式作证。与此同时，为了确保对方当事人能够做好对抗准备并避免利己证人出庭后沦为“敌意证人”，仲裁规则通常仅接受事先递交书面证人证言者出庭作证。

（二）专家（含鉴定人）

专家，是指利用专门知识辅助仲裁参加人或者协助仲裁庭的中国或外国的机构或自然人，广义上包括鉴定人、当事人聘请的专家证人以及仲裁庭咨询的专家三种类型，狭义上仅包括后两者。仲裁参与人必须现实参与仲裁程序，故在仲裁程序之外影响仲裁案件审理及其裁决的主体不属于仲裁参与人。当事人自行聘请的论证专家因并没有现实地参与仲裁活动，而仅从外部试图对案件裁决施加影响，故不属于仲裁参与人。此外，根据我国《仲裁法》的规定，专家得以仲裁员、代理人、鉴定人身份参加仲裁程序，各大仲裁委员会的仲裁规则还将仲裁庭咨询的专家以及当事人聘请的专家证人作为其他仲裁参与人。仲裁庭咨询的专家与仲裁庭指定的鉴定人之间的关系比较微妙，仲裁庭既可能向专家咨询事实认定问题，也可能向专家咨询法律适用问题，但鉴定人则只能就案件事实认定中牵涉的技术性问题提供专家意见。① 专家证人则是当事人或者代理人聘请来辅助其参加仲裁活动的专家，与出庭作证的鉴定人之间可能形成对抗关系。② 在英美法系中，鉴定人被纳入专家证人的范畴，并强调专家证人的作用在于帮助缺乏专业知识的仲裁员更准确了解双方提供的技术方面的证据与事实，而不是帮助当事人以使其技术性陈述与主张更加可信。③ 因而，如果仲裁员本身就是争议所涉及专业领域的顶尖专家，就没有必要聘请专家证人。与此同时，国内仲裁员通常被推定知悉国内法律制度，当事人仅能提供有关域外法律的专家证人。

（三）翻译人员

翻译人员，也被各大仲裁机构的仲裁规则称为“翻译”“译员”，是指当事人聘请或者仲裁委员会提供的出庭提供翻译服务的人员。当事人自行提供翻译可能产生的费用由当事人自行支付，但得请求败诉的对方当事人承担合理的翻译费用。仲裁委员会提供翻译产生的翻译费属于仲裁委员会向当事人收取的实际费用，通常由需要翻译协助的一方当事人缴纳，最终由败诉方当事人承担。此外，翻译人员通常具有可替代性，故适用回避制度。

第二节　仲裁当事人

一、仲裁当事人的界定

（一）仲裁当事人的概念

仲裁当事人，是指民事权益发生争议，为维护合法权益，依据有效仲裁协议，以自己名义参加仲裁程序，并受仲裁裁决拘束的公民、法人或者非法人组织。其中，依据法律法规及仲裁规则向仲裁委员会提出仲裁申请的人，被称为仲裁申请人，而对方当事人则被称为被申请人。此外，尽管我国《仲裁法》没有明确规定，但仲裁实践已逐渐承认仲裁第三人、共同仲裁当事人、仲裁代表人等特殊形态的仲裁当事人。

（二）仲裁当事人的特征

通常认为，仲裁当事人主要有以下几个特征：（1）仲裁当事人的法律地位平等。仲

① 《贸仲规则》第44条将以咨询专家身份出具的文书类型界定为专家报告，而将专家以鉴定人身份出具的文书类型界定为鉴定报告。与此不同，《深仲规则》第45条将两者统称为专家报告，即“仲裁庭认为有必要，或者当事人提出请求且经仲裁庭同意的，仲裁庭可以决定聘请专家进行鉴定、审计、评估、检测或咨询，并提供专家报告”。

② 《深仲规则》第42条第5款规定，就法律及其他专业问题，当事人可以聘请专家证人提出书面意见和/或出庭作证。

③ 参见杨良宜、莫世杰、杨大明：《仲裁法：从开庭审理到裁决书的作出与执行》，379页，北京，法律出版社，2010。

裁程序仅适用于平等的公民、法人、非法人组织之间的民事纠纷，民事法律关系主体的平等性决定了仲裁当事人的平等性。仲裁当事人的平等性意味着仲裁机构只能受理民商事纠纷，而不能受理行政或者刑事案件。（2）仲裁当事人必须是有效仲裁协议的签订或继受主体。这是因为，仲裁庭对民事纠纷进行裁决的权力根基在于当事人事先的共同授权，而共同授权仲裁机构的合意就是所谓的仲裁协议。（3）仲裁当事人现实地发生了仲裁协议所约定的具有可仲裁性的民事纠纷。一方面，签订仲裁协议的当事人只有在现实发生民事纠纷的情形下才取得纠纷当事人的身份，从而具备充当仲裁当事人的前提条件。另一方面，只有当事人发生的纠纷具备可仲裁性且在仲裁协议约定事项范围内，当事人才可以提起或被提起仲裁申请。平等民事主体之间发生的纠纷具有可仲裁性，是指该纠纷依法可以通过仲裁方式加以解决。不具有可仲裁性的纠纷不属于仲裁法规定的仲裁范围，其纠纷当事人也就不可能成为仲裁当事人。（4）仲裁当事人必须以自己的名义实施仲裁活动。诚然，仲裁当事人以自己名义实施仲裁活动并不要求其以自己的行为行使仲裁权利和履行仲裁义务。缺乏仲裁行为能力的自然人只能通过其法定代理人代为参加仲裁活动。具备仲裁行为能力的法人也必须通过其法定代表人、负责人或者代理人的行为实现仲裁权利和履行仲裁义务。此外，具备仲裁行为能力的自然人也可以通过委托代理人的行为代为参加仲裁活动。（5）仲裁当事人受仲裁裁决约束。通过仲裁方式解决纠纷是双方当事人自愿选择的结果，根据自我责任原则，仲裁机构的裁决结果对双方当事人具有约束力。仲裁当事人不得拒绝履行，否则，将承担相应的法律后果。诚然，鉴于仲裁机构并非国家司法机关，仲裁裁决仍然应当接受司法监督。考虑到仲裁协议的自治属性，国际商事仲裁实践逐渐认可双方当事人对法定司法监督范围作出限制或扩张约定，甚至允许双方当事人约定排除仲裁的终局效力。

二、仲裁权利能力与仲裁行为能力

仲裁权利能力，是指可以作为仲裁当事人的能力或资格。它只是一种抽象的能力或资格，具有这种能力或资格的人未必是仲裁当事人，实际成为仲裁当事人还需要其在具体纠纷解决中依据法律规定和仲裁协议申请或者被申请仲裁。仲裁权利能力是脱离具体民事纠纷解决的主体资格，与诉讼权利能力构成竞合关系。凡是具备诉讼权利能力的主体就必然具备仲裁权利能力，凡是具备仲裁权利能力的主体也必然具备诉讼权利能力。鉴于民事诉讼法学界对诉讼权利能力及其与民事权利关系之间的关系进行过详细研究，本书不再赘述。

仲裁行为能力，是指能够以自己的行为行使仲裁权利和履行仲裁义务的能力。缺乏仲裁行为能力的主体所实施的仲裁行为，不具有法律效力。仲裁行为能力以仲裁权利能力为基础，只有具备作为仲裁当事人主体资格的主体，才有必要考察其是否可以自己参加相关仲裁活动。具备仲裁权利能力的主体可以以自己名义依据法律和仲裁协议申请或被申请仲裁，但其中缺乏仲裁行为能力的主体则只能通过其法定代理人代为实施相关仲裁行为。只有具备完全民事行为能力的主体才具备仲裁行为能力，而不具备完全民事行为能力的主体（无民事行为能力人和限制民事行为能力人）则不具备仲裁行为能力。仲裁行为能力与诉讼行为能力也构成竞合关系，鉴于民事诉讼法学界对诉讼行为能力已有深入研究，这里也就不对仲裁行为能力做过多的介绍。

三、仲裁当事人的权利和义务

仲裁当事人的权利是仲裁当事人维护自己合法权益的有效手段，而仲裁当事人的义务则是保障仲裁程序得以顺利进行的重要条件。为确保双方当事人的合法权益获得应有的法律保护，仲裁法及仲裁规则既赋予仲裁当事人以广泛的权利，也要求仲裁当事人履行相应的义务。

(一) 仲裁当事人的权利

仲裁当事人包括申请人和被申请人，某些仲裁当事人权利仅属于申请人，某些仲裁当事人权利仅属于被申请人，但更多的仲裁当事人权利为申请人和被申请人所共同享有。(1) 申请人单独享有的权利包括：申请仲裁的权利、放弃或变更仲裁请求的权利、撤回仲裁请求的权利。(2) 被申请人单独享有的权利包括：对仲裁申请进行答辩的权利、承认或者反驳对方当事人的仲裁请求的权利、提出反请求的权利。(3) 申请人和被申请人共同享有的权利主要包括：协商订立、变更或解除仲裁协议的权利，选择仲裁委员会及约定仲裁庭组成方式的权利，委托律师或其他代理人参加仲裁的权利，申请仲裁员、办案秘书、翻译人员、鉴定人等人员回避的权利，调查、收集、提供证据的权利，申请证据保全、财产保全、行为保全的权利，在仲裁程序中对证据进行质证并进行辩论、陈述意见的权利，自行和解或者请求调解的权利，商定是否开庭以及是否公开审理的权利，要求裁决书不写明争议事实和理由的权利，申请延期开庭审理的权利，请求补正仲裁开庭笔录或仲裁裁决的权利，以及申请执行、撤销、不予执行仲裁裁决的权利。

(二) 仲裁当事人的义务

仲裁当事人享有的仲裁权利本质上属于类型化自由，通常以对方当事人、仲裁庭或者其他仲裁参与人为义务主体。为了保证仲裁程序的顺利进行，仲裁当事人也向对方当事人、仲裁庭或者其他仲裁参与人负有义务。根据我国仲裁法的有关规定，当事人应当承担的仲裁义务主要有以下几个方面：(1) 依法行使仲裁权利的义务。当事人必须依照仲裁法和仲裁规则的规定，妥善行使仲裁权利，不得滥用仲裁权利，以免损害对方当事人或者案外人合法权益。(2) 遵守仲裁秩序的义务。当事人必须遵守仲裁秩序，服从仲裁庭的指挥，不得实施妨碍仲裁程序正常进行的各种行为，以保障仲裁程序顺利进行，及时作出公正的裁决。(3) 及时、全面履行发生法律效力的裁决书或调解书的义务。我国民商事财产纠纷解决遵循或裁或审原则，既然双方当事人选择以仲裁方式解决纷争，就应当接受仲裁庭依法作出的裁决书或调解书，有义务履行裁决书或调解书确定的给付义务，如果不自觉履行的，对方当事人有权依法向有管辖权的人民法院申请强制执行。(4) 按规定缴纳仲裁费用的义务。传统意义上的民商事仲裁属于有偿的私人纠纷解决方式，仲裁机构收取案件受理费和案件处理费。当事人缴纳仲裁费用是仲裁机构启动或续行仲裁程序的必要条件，不按照规定缴纳仲裁费用将导致程序终结或者发生不利推定等后果。

四、仲裁当事人适格

仲裁当事人适格，是指就特定的仲裁，有资格以自己的名义成为申请人或者被申请人，因而受本案裁决拘束的当事人。这种以自己名义作为当事人并受本案裁决拘束的权能，称为仲裁实施权。具有仲裁实施权的当事人，称为适格当事人，包括适格申请人（积极适格）和适格被申请人（消极适格）两种。仲裁当事人适格是启动和续行仲裁程序所必须具备的条件，但仲裁当事人适格的判断通常有赖于仲裁庭对案件实体问题进行的审查，故以申请人和被申请人身份进入仲裁程序的仲裁当事人在后续仲裁程序中一旦被发现不具备仲裁实施权的，仲裁庭将终结仲裁程序。这是因为，只有仲裁庭针对适格仲裁当事人作出的裁决，才具有法定的纠纷解决效果，也只有适格仲裁当事人，才应当受本案仲裁裁决拘束。

鉴于仲裁当事人通常由签订仲裁协议的当事人充当，适格当事人较为明确。因而，仲裁当事人适格问题尚未引起仲裁学界的重视，甚至有不少学者将“与案件有直接利害关系”作为仲裁当事人的特征。实际上，适格仲裁当事人并非总是仲裁协议当事人。一方面，仲裁协议当事人基于法定或者意定原因而不再是发生争议的民事法律关系主体的，除非法律另有规定或者当事人另有约定，仲裁协议当事人不再是适格当事人。另一方面，仲裁协议当事人明确授权第三人代表某方当事人以自己名义就可能发生或者已经发生的民事纠纷与对方当事人进行仲裁的，移转仲裁实施权的民事法律关系主体不再是适格仲裁当事人。

（一）实体权利义务归属主体

实体权利义务归属主体，是指发生争议的民事法律关系所指向的民事权利和民事义务的归属主体，即民事法律关系主体。鉴于民事法律关系主体对实体权利义务的实现或履行结果存在着直接利害关系，确认其享有纠纷管理权既是实体处分权在纠纷解决程序中的延伸，也是确保纠纷管理权主体具备解纷积极性所必需的。因而，实体权利义务归属主体原则上享有纠纷管理权。在该民事纠纷具有可仲裁性且双方订立仲裁协议的情形下，纠纷管理权主体享有仲裁实施权。换言之，发生争议的实体权利义务归属主体在签订有效仲裁协议的情形下享有仲裁实施权，在申请或者被申请仲裁时，其属于适格仲裁当事人。

（二）实体权利义务继受主体

实体权利义务归属主体在签订仲裁协议后发生实体权利义务法定或者意定移转的，继受实体权利义务的主体是否受仲裁协议以及根据仲裁协议作出的仲裁裁决拘束的问题，比较复杂。对此，仲裁学界通常从法定继受和意定继受两方面进行分析。

1. 实体权利义务的法定继受主体

实体权利义务的法定继受主体，是指直接根据法律规定继受实体权利义务归属主体的法律地位的主体，通常表现为民事法律关系主体的法律人格归于消灭而引起的实体权利义务移转，主要包括自然人的继承人以及法人被合并、分立或终止时的继受人。（1）自然人死亡引起的实体权利义务法定继受。仲裁协议具有契约性，应当适用实体法关于合同当事人变更的规定。仲裁程序开始前，作为仲裁协议当事人的自然人死亡的，承继死者实体权利义务的继承人或受遗赠人应当受仲裁协议拘束。仲裁程序开始后，作为仲裁当事人的自然人死亡的，已经进行的仲裁程序对承继相关实体权利义务的继承人或受遗赠人具有拘束力，表现为仲裁承担。我国《仲裁法》对因自然人死亡引起的实体权利义务法定继受没有作出明确规定，但《仲裁法解释》第8条第2款明确规定，除非当事人订立仲裁协议时另有约定，"当事人订立仲裁协议后死亡的，仲裁协议对承继其仲裁事项中的权利义务的继承人有效"。（2）法人被合并、分立或终止时引起的实体权利义务法定继受。《民法典》第67条规定："法人合并的，其权利和义务由合并后的法人享有和承担。法人分立的，其权利和义务由分立后的法人享有连带债权，承担连带债务，但是债权人和债务人另有约定的除外。"鉴于仲裁协议具有合同属性，作为仲裁协议当事人/仲裁当事人的法人合并或分立的，仲裁协议并不因此而当然失效。《仲裁法解释》第8条第1款明确规定，除非当事人订立仲裁协议时另有约定，"当事人订立仲裁协议后合并、分立的，仲裁协议对其权利义务的继受人有效"。此外，法人或者非法人组织基于其他原因终止并存在实体权利义务继受者的，除非当事人另有约定，仲裁协议以及根据仲裁协议进行的仲裁程序对继受者具有拘束力。综上所述，实体权利义务归属主体与对方当事人签订仲裁协议后丧失法律人格的，依法继受其实体权利义务的主体属于适格仲裁当事人。

2. 实体权利义务的意定继受主体

实体权利义务的意定继受主体，是指根据合同约定继受实体权利义务归属主体法律地位的主体，通常表现为实体权利让与、实体义务承担以及实体权利义务概括转移三种情形。（1）实体权利让与。实体权利人与对方当事人签订仲裁协议后将其实体权利依法转让给第三人的，只要转让人或者受让人将实体权利转让事项通知实体义务人，不管实体义务人是否愿意，受让人均可依据仲裁协议申请仲裁。实体权利人在转让实体权利时隐瞒仲裁协议且受让人因仲裁协议的存在受有损失的，有权向转让人请求赔偿，但不能以此对抗仲裁协议。（2）实体义务承担。实体义务人与对方当事人签订仲裁协议后将实体义务转让给第三人的，根据实体义务承担规则，不仅实体义务转让部分需要经过对方当事人同意，而且仲裁协议转让也需要经过对方当事人同意。但是，根据诚实信用原则，仲裁协议对民事法律关系具有从属性，实体权利人同意债务人转让其实体义务的，应当推定其同意将仲裁协议一并转让给承担人。（3）实体权利义务概括转移。实体权利义务概括转移，是指双方当事人互负权利义务关系，一方或者双方当事人将其实体权利义务整体移转给第三人，使自己退出民事法律关系，而由第三人继受其实体权利义务的情形。实体权利义务概括转移应当适用实体义务承担规则。

《仲裁法解释》第9条规定，债权债务全部或者部分转让的，仲裁协议对受让人有效，但当事人另有约定、在受让债权债务时受让人明确反对或者不知有单独仲裁协议的除外。该条没有区分债权让与、债务承担、债权债务概况转移三种情形，对仲裁协议是否拘束债权债务受让人作出统一规定，即以受让人受转让人与对方当事人签订的仲裁协议拘束为原则，只有受让债权债务时明确反对或者不知有单独仲裁协议的受让人才可以不受仲裁协议拘束。本书认为，为兼顾保护对方当事人对仲裁协议的合理信赖利益，"在受让债权债务时受让人明确反对或者不知有单独仲裁协议"的受让人不受仲裁协议拘束并不能建立在损害对方当事人信赖利益的基础之上，不知或不顾仲裁协议的受让人向法院提起诉讼的，除非事先表明放弃仲裁协议，对方当事人可以向法院提交仲裁协议并提出异议，法院经审查认为异议成立的，应当裁定驳回起诉。受让人因此受有损失的，有权向转让人请求损害赔偿。至于受让人在受让债权债务时明知或者应知存在仲裁协议且没有明确反对的，应当按照诚实信用原则视为其自愿受仲裁协议拘束。

（三）实体权利义务担当主体

实体权利义务归属主体和实体权利义务继受主体均属于适格仲裁当事人，前者受仲裁协议拘束是因为其本人自愿与对方当事人订立仲裁协议，而后者受他人之间签订仲裁协议的拘束则是因为其继受了他人附有仲裁协议的实体权利义务。实体权利义务归属主体与继受主体均以系争民事法律关系主体的身份启动或参加仲裁程序，而民事法律关系主体通常就是与本案裁决结果存在直接利害关系的主体。因而，实体权利义务归属主体与继受主体充当适格仲裁当事人的情形较为简单，两者均属于直接利害关系人。与此不同，实体权利义务担当主体，是指民事法律关系主体以外的第三人享有仲裁实施权的情形，包括直接根据法律的规定而享有仲裁实施权的法定担当主体以及根据民事法律关系主体授权而获得仲裁实施权的意定担当主体。

1. 实体权利义务的法定担当主体

实体权利义务的法定担当主体，是指直接根据法律的规定而享有为了维护他人合法权益而以自己名义申请或被申请仲裁的民事法律关系主体以外的第三人。基于私法自治精神，通常只有发生争议的民事法律关系主体才享有纠纷管理权。但在民事法律关系主体不愿、不敢、不能妥善处理民事纠纷并妨害或损害社会公共利益或者他人合法权益的情形下，立法者经过价值权衡，授权特定第三人介入他人之间民事纠纷之解决程序，使之成为可以充当适格仲裁当事人的形式当事人。例如，法人破产前签订的仲裁协议并不会因为该法人被宣告破产而归于无效，破产管理人就附有仲裁协议之合同引发或者与该合同相关的事项与对方当事人发生纠纷的，得以自己名义申请或者被申请仲裁。再如，在债权人行使代位权的情形下，债务人与次债务人之间于债权人提起代位权诉讼之前订立仲裁协议的，债权人作为债务人对次债务人享有实体权利（债权）的担当主体，受仲裁协议之拘束，债权人不知或者不顾仲裁协议之存在向法院提起代位权诉讼的，次债务人可以在首次开庭前向法院提交仲裁协议并提出异议，异议成立的，法院应当裁定驳回债权人的起诉，但次债务人在首次开庭前未对法院受理该案件提出异议的，视为放弃仲裁协议，法院应当继续审理案件。[①] 诚然，债务人与次债务人在债权人提起代位权诉讼后签订仲裁协议的，次债务人以仲裁协议提出异议的，法院应当予以驳回，其理由是债权人已经代债务人之位向法院行使诉讼实施权，在债权人行使代位权的额度范围内，作为法定被担当人的债务人无从放弃其诉讼实施权而与次债务人签订仲裁协议。此外，在司法实践中，次债务人为了逃避债务或者规避管辖而在债权人提起代位权诉讼之前恶意与债务人签订仲裁协议的，鉴于仲裁协议本身具有合同的属性，债权人可以将债务人和次债务人作为共同被告向法院提起旨在撤销仲裁协议的撤销权诉讼。

2. 实体权利义务的意定担当主体

实体权利义务的意定担当主体，是指根据实体权利义务归属主体或者继受主体的授权而获得为了维护他人合法权益而以自己名义申请或者被申请仲裁的民事法律关系主体以外的第三人。民事法律关系主体既可以将其纠纷管理权概括性移转给第三人，也可以仅将其仲裁实施权授予第三人。诚然，考虑到仲裁的特殊性，民事法律关系主体将其仲裁实施权授予第三人必须经过相对方的同意，通常表现为双方当事人在合同中明确授权第三人（如外方当事人在仲裁地的代理公司）以自己名义与合同相对方进行仲裁活动。在国际商事纠纷解决中，实体权利义务的意定担当主体充当适格仲裁当事人可以有效节约仲裁成本和提高仲裁效率，最为显著的是，可以避免涉外仲裁中可能涉及的烦琐认证程序或公证程序。

（四）不适格当事人的更换

不适格当事人的更换，是指在仲裁过程中，仲裁委员会或者仲裁庭发现申请人、被申请人不符合当事人条件，或者应当参加仲裁的当事人没有参加仲裁时，通知符合条件的当事人进行仲裁，而让不符合条件的当事人退出仲裁。在通常情况下，仲裁委员会或者仲裁庭发现被申请人不适格或者遗漏必要的共同申请人或被申请人的，仲裁委员会或者仲裁庭应当向申请人释明，由其说服其他必要共同申请人参加仲裁程序、更换不适格被申请人、追加必要共同被申请人。在申请人非基于遗漏必要共同申请人而不适格的情形下，仲裁委员会或仲裁庭宜驳回仲裁申请，而不宜通知适格申请人代替不适格申请人参加仲裁程序。[②] 在仲裁程序中，仲裁委员会或仲裁庭均不能依职权更换不适格当事人，而只能引导申请人说服其他必要共同申请人参加仲裁活动、将不适格被申请人更换为适

---

① 《民法典》第535条第1款规定："因债务人怠于行使其债权或者与该债权有关的从权利，影响债权人的到期债权实现的，债权人可以向人民法院请求以自己的名义代位行使债务人对相对人的权利，但是该权利专属于债务人自身的除外。"对此，有的民事实体法学者将"债权人可以向人民法院请求以自己的名义代位行使债务人对相对人的权利"理解为债权人代位权纠纷不具有可仲裁性，即债权人代位权只能通过民事诉讼的方式行使。显而易见，债权人代位权纠纷不具有可仲裁性的前提是债权人代位权完全独立于债务人对次债务人享有的债权或者与该债权有关的从权利。但是，在民事程序法上，行使代位权的债权人仅构成债务人的法定形式当事人。尽管《民法典》因未采取"入库规则"而导致行使代位权的债权人可以直接向败诉的次债务人请求履行义务，但债权人代位权在程序法上宜理解为实质化了的形式性实体请求权，而不宜理解为独立的实质性实体请求权。既然行使代位权的债权人属于形式当事人，就应当受作为实质当事人的债务人与相对人签订的仲裁协议的拘束。至于债权人代位权制度被滥用问题，应当通过常规的虚假诉讼及虚假仲裁防治措施予以应对，而不能将预防虚假诉讼或虚假仲裁纳入一般的民事制度设计考量范围。

② 根据《北仲规则》第14条、《上海自贸区仲裁规则》第37条、《珠仲规则》第58条第1款等的规定，当事人可以依据相同仲裁协议在案件中申请追加当事人，但其均没有规定仲裁委员会或仲裁庭可以依职权追加当事人。

格被申请人、追加必要共同被申请人。因而，不适格当事人的更换旨在节约仲裁程序和贯彻纠纷一次性解决原理，通过仲裁委员会或仲裁庭的积极引导避免已经进行的仲裁程序归于无效。

五、多数人仲裁

多数人仲裁，是指一方或者双方当事人系属复数甚至人数众多的仲裁，包括一方或者双方当事人系属复数的共同仲裁以及一方或者双方当事人人数众多的集团仲裁两种类型。

（一）共同仲裁

根据仲裁实践，共同仲裁存在必要共同仲裁和普通共同仲裁两种情形，必要共同仲裁当事人属于某民事法律关系的复数主体，而普通共同仲裁当事人所享有的实体权利或所承担的实体义务则属于同一种类或者存在法律上的关联。

在必要共同仲裁中，只有所有复数仲裁当事人申请或被申请仲裁，仲裁委员会或仲裁庭才能认定仲裁当事人适格，而部分当事人申请或被申请仲裁的，仲裁委员会或仲裁庭将以当事人不适格为由驳回仲裁申请。诚然，为了简化仲裁程序和提高仲裁效率，存在特殊身份关系的必要共同仲裁当事人相互之间可以被认定为构成法定担当，所有类型必要共同仲裁当事人也可以约定仅由某个或者部分当事人以自己名义行使整体仲裁实施权。

普通共同仲裁属于不同仲裁案件的合并，即将两个或两个以上的仲裁案件合并为一个仲裁案件进行审理，各大仲裁机构的仲裁规则将其称为“合并仲裁”“案件合并”。值得予以关注的是，与《上海贸仲规则》第40条、《上海自贸区仲裁规则》第36条、《珠仲规则》第57条等不区分“合并审理”与“合并仲裁”不同，《北仲规则》第29、30条则明确区分了“合并审理”与“合并仲裁”：合并审理仅意味着对不同仲裁案件的某些审理程序的合并，各个案件仍然是单独的仲裁案件；合并仲裁则是将不同案件合并到一个案件中去，原有案件不再继续单独存在。①

按照仲裁实务界的通常理解，普通共同仲裁需要满足以下条件：(1) 各方当事人同意合并仲裁。有的观点认为必须各方当事人共同书面申请合并仲裁，有的观点认为一方当事人申请而其他当事人不反对即可认为各方同意合并仲裁，还有的观点认为经一方当事人申请并征得其他当事人同意才可认定各方同意合并仲裁，但也有少数观点认为仲裁委员会可以在仅有一方当事人申请的情形下决定合并仲裁。(2) 各方当事人同意由同一仲裁庭进行审理。只有两个或两个以上仲裁案件尚未确定仲裁庭组成人员或者所确定的仲裁庭组成人员完全相同或者各方当事人能够达成调整仲裁庭组成人员的合意，才可能始终合并审理仲裁案件。(3) 仲裁委员会或者仲裁庭同意合并仲裁。有的观点认为合并仲裁仅需要仲裁庭

① 在比较法上，《北仲规则》第29、30条分别规定的“合并审理”与“合并仲裁”，分别对应1996年《英国仲裁法》第35条规定的“同时庭审”与“程序合并”，这种制度安排有助于仲裁程序设置的精致化和满足当事人的多元需求。

决定即可，而有的观点则认为应当由仲裁委员会作出决定。仲裁委员会或者仲裁庭在决定是否合并仲裁时，通常需要综合考虑相关仲裁案件所依据的仲裁协议的具体情况、案件之间的关联性、案件程序进行的阶段等情况。[①] 此外，各大仲裁机构仲裁规则普遍规定，除非当事人另有约定，合并的仲裁案件应当合并于最先启动仲裁程序的仲裁案件。除非当事人一致同意作出一份裁决书，仲裁庭应就合并的仲裁案件分别作出裁决书。至于合并前已进行的程序是否重新进行以及重新进行的范围，除非各方当事人另有约定，由仲裁庭决定，仲裁程序重新进行的，裁决作出的期限自案件合并之日起重新计算。

（二）集团仲裁

集团仲裁，是指仲裁当事人一方或双方人数众多，由该集团中的一人或者数人代表该集团参加仲裁程序，而该仲裁裁决对该集团成员全体均具有约束力的仲裁。在一方或双方当事人人数众多的情形下，由全体成员参加仲裁程序不仅有违纠纷解决效率原则，而且仲裁委员会通常也缺乏相应的应对能力，同时还可能使仲裁庭作出相互矛盾的裁决。借鉴集团诉讼制度，人数众多的当事人可以通过某种机制产生集团代表，并由其代表该集团参加仲裁活动，逐渐形成所谓的集团仲裁制度。然而，集团仲裁制度至今仍然尚未引起足够的重视，主要原因在于以下几方面：（1）仲裁主要用于解决商事争议，而商事争议通常不会形成群体性纠纷，因而集团仲裁主要发生在消费者权益保护等特殊领域。（2）群体性纠纷解决通常并不能给国内仲裁机构带来丰厚的收益，反而可能触及社会敏感问题，故仲裁机构普遍缺乏适用集团仲裁制度的积极性。综观国内各大仲裁机构的仲裁规则，只有《石家庄仲裁委员会仲裁规则》（2013 年版）等极少数仲裁委员会试图在集团仲裁方面有所作为。[②]（3）基于仲裁程序的启动通常以双方当事人签订仲裁协议为条件，作为经济理性的商人，通常并不愿意与人数众多的交易相对人签订仲裁协议，以避免类似集团诉讼造成的压力。因而，即使在客观上存在诸多基于相同格式化仲裁协议的消费者，鉴于特定消费者与经营者之间系分别签订仲裁协议，而普通共同仲裁建立在各方同意的基础上，经营者可以轻而易举地击破消费者或其代理人的“集团仲裁阴谋”。恰恰相反，鉴于仲裁协议具有排斥诉讼的程序法效力，格式化仲裁协议往往成为经营者逃避集团诉讼的最佳策略。为了最大限度控制风险，生产经营者甚至在格式化仲裁协议中明确禁止适用集团仲裁制度。诚然，仲裁协议禁止适用集团仲裁制度的约定可能被法院宣告无效，从而使人数众多的受害消费者可以启动集团仲裁程序。

---

① 《国际商会仲裁规则》（2012 年版）第 10 条规定，经一方当事人要求，并符合下列条件之一，仲裁院可将仲裁规则项下未决的两项或多项仲裁案合并为一个仲裁案件：a）当事人已经同意进行该合并；或 b）各仲裁案的所有仲裁请求依据同一份仲裁协议提出；或 c）若各仲裁案的所有仲裁请求是依据多份仲裁协议提出的，各仲裁案当事人相同且各争议所涉及的法律关系相同，且仲裁院认为各仲裁协议彼此相容。在决定是否可以合并仲裁时，仲裁院可考虑其认为相关的各种情况，包括有无 1 名或多名仲裁员已经在 1 个以上仲裁案中得到确认或任命，如有，所确认或任命的是相同人员还是不同人员。合并仲裁的，其他仲裁案件应当合并到最先提起的仲裁案件，除非各方当事人另有约定。

② 《石家庄仲裁委员会仲裁规则》（2013 年版）第 31 条参照“代表人诉讼制度”规定，即“当事人一方人数为十人以上的，可以推选二至三人作为仲裁代表人。仲裁代表人的仲裁行为对其所代表的当事人发生效力，但仲裁代表人选定仲裁员、提起反请求、承认、放弃、变更仲裁请求、反请求，进行调解、和解，必须经被代表的当事人特别授权。”需要说明的是，现行的《石家庄仲裁委员会仲裁规则》（2017 年版）已经删除代表人仲裁制度。

鉴于集团仲裁在解决群体性纠纷解决方面具有相对优势以及集团仲裁给仲裁机构所带来的商机，美国集团仲裁制度在最近十几年得到前所未有的发展，其他国家在处理国内纠纷时也在考虑集团仲裁，国际商事仲裁领域也有人启动过集团仲裁程序。[①] 与国内仲裁机构自动远离群体性纠纷解决不同，美国等其他国家的仲裁机构积极探索集团仲裁制度的动机在于集团仲裁能够给其带来丰厚的报酬。因而，尽管美国《联邦仲裁法》并没有规定集团仲裁制度，但美国仲裁协会（AAA）2003年制定了适用于集团仲裁程序的《AAA补充规则》（AAA Supplementary Rules），而司法仲裁协会和调解服务中心的《JAMS集团仲裁规则》（JAMS Class Action Procedures）也于2009年生效。根据《AAA补充规则》和《JAMS集团仲裁规则》的规定，集团仲裁案件审理过程分为解释仲裁协议、确认仲裁集团、本案终局裁决三个阶段，并在每个阶段都规定当事人可以在指定期限内请求司法审查。其中，确认仲裁集团与本案终局裁决两个环节通常可以参照适用集团诉讼规则，解释仲裁协议则是集团仲裁制度单独面对的难题。在理论上，集团成员分别与对方当事人签订的具有极大相似性的仲裁协议（通常表现为格式条款）既可能明确约定适用集团仲裁制度，也可能没有对是否适用集团仲裁制度作出安排，还有可能明确排除适用集团仲裁制度。（1）仲裁协议明确约定采取集团仲裁方式解决纷争的，仲裁机构仅须按照协议执行即可适用集团仲裁制度。（2）仲裁协议明确禁止采取集团仲裁方式处理案件的，《AAA补充规则》和《JAMS集团仲裁规则》均表示应当认可此类约定的效力，除非法院判决指示当事人将纠纷提交集团仲裁。换言之，禁止集团仲裁约定对当事人与仲裁机构均具有拘束力，但该约定的自愿性与合法性尚且存在司法审查的空间。（3）在仲裁协议对是否适用集团仲裁制度保持“沉默”的情形下，当事人对集团仲裁的真实意愿应当由法院或仲裁员具体认定。诚如美国联邦最高法院所言，“沉默”的仲裁协议并不意味着当事人同意集团仲裁，仲裁庭不能把自己的政策强加到当事人意思之上。[②] 诚然，在B2C（Business to Customer）的交易模式下，为规避集团救济风险，大多数理性且强势的生产经营者都会通过格式条款的形式与消费者分别签订排除适用集团仲裁制度的仲裁协议。基于消费者权益被视为社会弱势群体的利益，在解释仲裁协议时，法院或者仲裁员应当对限制或者禁止消费者申请集团仲裁的格式化仲裁协议予以严格解释，立法机关也可以考虑通过制定法对消费者申请集团仲裁的权利予以特殊保护。

第三节 仲裁第三人

一、仲裁第三人的界定

（一）仲裁第三人的概念

学界对仲裁第三人存在不同的理解。广义的仲裁第三人，是指申请人或被申请人以

---

① See Beccara v. Argentine Republic，ICSID Case No. ARB/07/5，Investment Treaty News，27 April 2007.

② See Stolt-Nielsen S. A. v. Animal Feeds Int'l Corp.，559 U. S. 662（2010）.

外其他仲裁当事人，包括追加仲裁协议确定的共同申请人或被申请人、仲裁协议当事人以外的实体权利义务的继受主体、基于仲裁合并而加入他人之间的仲裁程序的当事人、作为被担当人的实体权利义务归属主体或继受主体以及其他与仲裁标的或仲裁结果存在法律上的利害关系的主体。[①] 狭义的仲裁第三人，是指对仲裁当事人及其继受人争议的仲裁标的认为自己有独立的请求权，或虽无独立的请求权，但案件的处理结果与其存在法律上的利害关系，在仲裁程序开始之后，为保护自己的合法权益而参加到正在进行的仲裁程序中来的非仲裁协议签约人。鉴于前文已对广义仲裁第三人的相关问题进行过介绍，本节遵循仲裁界通常理解，仅探讨狭义的仲裁第三人问题。

（二）仲裁第三人的特征

（1）仲裁第三人必须是仲裁协议的签订者以外的其他主体。作为仲裁第三人的形式特征，只有签订仲裁协议者以外的主体才存在充当仲裁第三人的空间。这是因为，仲裁协议的签订者对仲裁标的享有纠纷管理权，其系以申请人或者被申请人身份直接参加仲裁活动。

（2）仲裁第三人不是系争民事法律关系主体。在仲裁程序中，被变更为申请人或者被申请人的主体不属于仲裁第三人。案外人以共同申请人或共同被申请人身份参加仲裁活动的，也不构成仲裁第三人。

（3）仲裁第三人与仲裁当事人之间在实体法上存在牵连性。所谓的“牵连性”，是指仲裁第三人与仲裁标的或者仲裁结果之间具有法律上的利害关系。仲裁第三人与仲裁当事人之间在实体法上存在的牵连关系是创设仲裁第三人制度的根基所在，这种牵连关系形态与诉讼第三人和诉讼当事人之间的牵连形态是一致的，即仲裁第三人“认为对仲裁标的或者仲裁结果存在独立的请求权，或虽无独立的请求权，但仲裁结果可能与其有法律上的利害关系”。

（4）仲裁第三人是在仲裁程序开始之后才加入仲裁程序的。第三人在仲裁程序开始之前加入仲裁程序的情形通常被纳入多方当事人仲裁的研究范畴。仲裁程序始于仲裁申请。在当事人申请仲裁之前，双方当事人同意第三人参加后续（可能存在的）仲裁程序的，实际上构成仲裁协议的更新，即以多方当事人达成的新仲裁协议代替原有的双边仲裁协议。在仲裁申请后至仲裁庭组成之前，双方当事人共同申请或者一方当事人申请或者案外人申请适用仲裁第三人制度的，应当由仲裁机构（的秘书处）作出决定，仲裁庭组成之后才申请第三人参加仲裁活动的，通常由仲裁庭作出决定。

（5）仲裁第三人进入仲裁程序必须是仲裁当事人一方或多方提出申请，或者经过仲裁当事人一方或多方的同意。在仲裁当事人均不同意或均未提出申请的情形下，仲裁第三人主动申请或者仲裁庭主动追加第三人且未获得全部或者部分仲裁当事人同意的，仲

---

① 有的学者将广义的仲裁第三人现象称为“第三人加入仲裁程序”，并将其区分为以下3种情形：（1）第三人亦是正在进行的仲裁程序所依据的仲裁协议的当事人；（2）第三人并非该仲裁协议的当事人，但第三人已与仲裁程序的当事人就加入仲裁达成合意；（3）第三人并非该仲裁协议的当事人，并且各方当事人未达成加入合意，而是由第三人或仲裁一方当事人申请，第三方能否加入仲裁，理论上存疑。参见李晓玲：《多方当事人仲裁程序问题探讨》，载《华东政法大学学报》，2004（4）。有的学者则将其纳入“多方当事人仲裁”制度的研究范畴，并将其作为与集体仲裁、合并仲裁、平行审理（合并审理/同时审理）等并列的“多方当事人仲裁”实现方式。参见傅攀峰：《论“多方当事人仲裁”的制度建构及其实践困境》，载《北京仲裁》，2014（1）。

裁第三人都是不被允许参加仲裁活动的。换言之，仲裁第三人参加仲裁程序必须基于各方仲裁当事人的合意或者某方仲裁当事人的意愿。各方当事人均同意第三人参加仲裁活动的，可以视为达成多方仲裁协议，其并不违反仲裁法的基本原理。因而，在《仲裁法》尚未规定仲裁第三人制度的情形下，《上海贸仲规则》第 41 条与《上海自贸区仲裁规则》第 38 条创设的仲裁第三人制度均以双方当事人、仲裁第三人、仲裁庭或秘书处都同意第三人加入仲裁程序为适用条件。①

（三）仲裁第三人的类型

根据仲裁第三人与仲裁当事人之间的牵连关系，仲裁第三人可以区分为独立仲裁参加人、辅助仲裁参加人、被申请人型仲裁第三人。其中，独立仲裁参加人和辅助仲裁参加人是对传统大陆法系民事诉讼第三人制度的借鉴，而被申请人型仲裁第三人是对英美法系第三人引入制度以及我国《民诉法》中被告型无独立请求权第三人制度的借鉴。参照现行《民诉法》关于诉讼第三人的话语体系，仲裁第三人包括有独立请求权的仲裁第三人以及无独立请求权的仲裁第三人，其中有独立请求权的仲裁第三人应当作目的性扩张解释以便将诈害防止仲裁参加人涵盖在内，而无独立请求权的仲裁第三人则应当区分为辅助型无独立请求权仲裁第三人和被告型无独立请求权仲裁第三人。② 鉴于我国《仲裁法》及国内各大仲裁机构的仲裁规则并没有对仲裁第三人的类型作出规定，本章从理论上将仲裁第三人划分为独立仲裁参加人、辅助仲裁参加人、被申请人型仲裁第三人。

1. 独立仲裁参加人

顾名思义，独立仲裁参加人，是指以本案申请人和被申请人为共同被申请人，并对仲裁庭提出独立仲裁请求的仲裁第三人。独立仲裁参加的本质是第三人在他人仲裁过程中提起与本案仲裁相关的仲裁案件并请求仲裁庭对两个仲裁案件予以合并。根据独立仲裁请求的法律依据不同，独立仲裁参加存在独立权利仲裁参加和诈害防止仲裁参加两种类型。

所谓的独立权利仲裁参加，是指仲裁第三人在他人正在进行的仲裁程序中，以本案的申请人和被申请人为共同被申请人，主张其对仲裁标的的全部或者部分享有独立且值得保护的实体权利。我国仲裁法学者通常借鉴民事诉讼法关于有独立请求权第三人和无独立请求权第三人的分类标准，将独立权利仲裁参加人称为有独立请求权的仲裁第三人。然而，鉴于仲裁第三人据以提出独立仲裁请求的实体权利类型并不局限于请求权，但凡据以排斥本案仲裁请求的实体权利，无论其权利形态是否表现为请求权，均可以构成第三人提起独立仲裁参加的实体法依据。例如，甲将乙作为被申请人向某仲裁委员会申请

① 在仲裁程序中，双方当事人可经案外人同意后，书面申请增加其为仲裁当事人，案外人也可经双方当事人同意后书面申请作为仲裁当事人。案外人加入仲裁的申请是否同意，由仲裁庭决定；仲裁庭尚未组成的，由秘书处决定。

② 张卫平教授对我国有独立请求权的第三人与无独立请求权的第三人制度与传统大陆法系的主诉讼参加（独立诉讼参加）、从诉讼参加（辅助诉讼参加）以及美国法上的“作为权利的诉讼参加”“任意的诉讼参加”进行过详尽的比较研究，并将我国所谓的“无独立请求权的第三人”进一步区分为“被告型无独立请求权的第三人”与“辅助型无独立请求权的第三人”。参见张卫平：《“第三人”：类型划分及展开》，载张卫平主编：《民事程序法研究》（第 1 辑），58－97 页，北京，中国法制出版社，2004。

仲裁，请求乙履行房屋买卖合同，丙以其才是系争房屋的所有权人为由，将甲、乙作为共同被申请人提起独立仲裁参加。再如，甲将乙作为被申请人向某仲裁委员会申请仲裁，请求乙履行房屋买卖合同，系争房屋的承租人丙以房屋买卖合同侵犯其优先购买权为由而提起独立仲裁参加。前述两个示例中的第三人分别以所有权（支配权）、形成权作为提出独立仲裁参加的实体法依据。

所谓的诈害防止仲裁参加，是指仲裁第三人在他人已经系属的仲裁案件中，以本案的申请人和被申请人为共同被申请人，主张其实体权益将因仲裁结果而遭受损失而参加仲裁程序。与独立权利仲裁参加不同，诈害防止仲裁参加人通常并不对仲裁标的本身享有独立的实体权益，但其实体合法权益可能因仲裁结果而受有损失，立法者赋予可能受仲裁结果不利影响的第三人以程序形成权，使其享有相应的仲裁实施权。例如，甲将乙作为被申请人向某仲裁委员会申请仲裁，请求乙向其返还一定金额的欠款，乙之普通债权人丙为防止甲、乙之间虚假仲裁损害其自身合法权益而申请参加仲裁程序。再如，甲以乙为被申请人向某仲裁委员会申请仲裁，请求确认登记在乙名下的房屋属于甲所有，已与乙签订房屋买卖合同的丙为防止甲、乙虚假仲裁逃避履行合同义务而申请参加仲裁程序。

独立仲裁参加的本质是以本案申请人和被申请人为共同被申请人另行提起仲裁案件。遵循仲裁法基本原理，独立仲裁参加人的身份系属申请人，其启动仲裁程序需要与对方当事人达成仲裁协议。然而，独立仲裁参加人参加仲裁程序通常对申请人和/或被申请人的实体法权益造成威胁，通常难以指望仲裁当事人与独立仲裁参加人签订仲裁协议。鉴于国内仲裁裁决书、仲裁调解书与确定判决书具有相同效力，如果认为仲裁协议具有排除独立仲裁参加的法律效力，无异于剥夺依据《民诉法》规定的有独立请求权第三人的程序参加权，并在事实上剥夺其实体合法权益获得及时救济的机会。为保障独立仲裁参加人的实体权益和程序权益，应当承认独立仲裁参加人可以违背仲裁当事人意愿参加仲裁程序。如果担心仲裁机构难以中立地保护第三人合法权益，可以考虑赋予第三人以请求法院裁定其参加仲裁程序的权利。诚然，在坚持既判力相对性原则的法域，独立仲裁参加人通常可以通过另行起诉的方式寻求救济，而不受确定裁决的不利影响。然而，在我国当前语境下，由于既判力相对性原则尚未获得普遍认可，事后谋求救济程序通常难以向独立仲裁参加人的实体权益提供有效的救济，即使独立仲裁参加人的实体权益可以通过事后救济途径获得有效的救济，也存在“迟来的正义非正义”（justice delayed is justice denied）问题。因而，在解释论上，本书认为，为损害他人合法权益而签订仲裁协议的行为可以解释为相对特定第三人无效的民事法律行为，因该仲裁协议受有损害的第三人请求法院撤销该仲裁协议无须经过申请人和被申请人同意。概言之，在立法论上，第三人应当有权申请法院裁定其准许参加他人之间正在进行的仲裁程序；在解释论上，则可以考虑允许第三人申请法院撤销仲裁协议。

2. 辅助仲裁参加人

辅助仲裁参加人，是指与案件处理结果存在法律上的利害关系而辅助申请人或者被申请人参加仲裁活动的第三人。辅助仲裁参加人与案件处理结果之间存在法律上的利害关系，为维护自身合法权益而辅助申请人或者被申请人妥善行使仲裁实施权。一方面，辅助仲裁参加人与被辅助的一方当事人在仲裁利益方面具有一致性，但辅助参加人与被辅助的当事人或对方当事人之间没有共同的仲裁标的，两者不构成共同仲裁申请人或者被申请人。另一方面，辅助仲裁参加人对仲裁标的不享有独立的实体权利或者程序形成权，其参加仲裁程序并不是提起新的仲裁案件，而只是辅助一方当事人对抗另一方当事人，故不具有与当事人相同的仲裁权利，无权承认、放弃、变更仲裁请求或者请求调解，其辅助行为仅在不与被辅助当事人行为相抵制的情形下才有效，同时辅助被申请人的参加人也不能被裁定承担民事责任。

理解辅助仲裁参加人制度的关键在于准确界定辅助仲裁参加人与仲裁结果之间存在法律上的利害关系。这种“法律上的利害关系”通常表现为：如果被辅助的当事人败诉，仲裁裁决将直接或间接触犯第三人的权益，而如果被辅助的当事人胜诉，则第三人利益将直接或间接获得保护。例如，保证人丙对债权人甲与债务人乙因债务纠纷发生的仲裁存在法律上的利害关系，如果乙败诉，则丙可能需要承担保证责任，间接地危及其合法权益，如果乙胜诉，则丙无须承担保证责任。再如，在甲与乙就房屋所有权发生纠纷而进行的仲裁案件中，对于与登记所有权人甲签订房屋买卖合同的丙而言，如果甲胜诉，则其房屋买卖合同将可以获得履行，如果甲败诉，则其不能请求甲履行交付房屋和移转登记义务。

辅助仲裁参加人没有独立的仲裁实施权，其仲裁地位依附于被辅助的仲裁当事人，不能独立启动仲裁程序，也不能被裁决承担民事责任，具有典型的从当事人属性。但是，辅助仲裁参加人参加仲裁活动的宗旨在于保护自身合法权益，而不是单纯维护被辅助当事人的利益或者协助仲裁庭查明案件事实，故与仲裁代理人和事实证人存在本质的区别。既然辅助仲裁参加人与仲裁结果之间存在法律上的利害关系，那么，即使被辅助的仲裁当事人拒绝引入辅助型第三人，仲裁庭或者法院也得根据辅助仲裁参加人的申请决定是否允许此类第三人参加仲裁程序。诚然，鉴于被辅助的仲裁当事人与辅助仲裁参加人具有相同的仲裁利益，被辅助的仲裁当事人拒绝辅助参加的情形并不多见，倘若其真的拒绝辅助参加，仲裁庭或者法院需要慎重考虑其是否存在虚假仲裁的情形，而辅助仲裁参加人也可能以双方恶意串通损害其合法权益为由以诈害防止仲裁参加人的身份申请独立参加仲裁程序。值得探讨的是，辅助仲裁参加人参加仲裁是否需要征得对方当事人的同意？辅助仲裁参加人的加入使对方当事人攻击防御压力增加，且辅助仲裁参加使仲裁程序更为复杂而可能减损仲裁效率，因而，对方当事人通常会反对辅助仲裁参加。对此，本书认为，鉴于辅助仲裁参加制度旨在保护第三人的合法权益，辅助仲裁参加的适用必须经第三人申请或者征求第三人同意，但被辅助当事人与对方当事人有权对辅助仲裁参加提出异议，由仲裁庭作出决定，不服决定的当事人可以在法定期限内（如受送达决定之日起 5 日内）向法院申请司法审查，最终通过司法权判断是否应当允许第三人辅助参加仲裁程序。

3. 被申请人型仲裁参加人

被申请人型仲裁参加人，是指由仲裁案件的申请人或被申请人引入的第三人，包括申请人引入的被申请人型第三人以及被申请人引入的被申请人型第三人。[①] 被申请人型

---

① 参见石育斌：《国际商事仲裁第三人制度比较研究》，25 页，上海，华东政法大学博士学位论文，2007。

仲裁参加人与申请人或者被申请人之间的民事法律关系实际上已经构成仲裁标的，构成仲裁庭审理和裁决的对象。因而，被申请人型仲裁参加人的实质是被申请人，即申请人或者被申请人将其作为被申请人提起新的仲裁案件，因两个仲裁案件之间存在法律上的牵连关系而予以合并仲裁。因而，被申请人型仲裁参加人制度的设置宗旨在于提高纠纷解决效率，但为保障被申请人型仲裁参加人的裁判请求权，未经其同意，不得通过追加被申请人的方式将未与仲裁当事人订立仲裁协议的第三人强制性卷入仲裁程序。与此同时，为保障仲裁当事人的裁判请求权，即使不违背第三人意志，仲裁庭或者法院也不能强制要求申请人或者被申请人通过仲裁方式解决其与第三人之间的纠纷。最后，鉴于一方当事人引入被申请人型仲裁参加人可能给对方当事人造成实体或程序上的不利影响，应当允许其对被申请人型仲裁参加人提出异议并享有即时获得司法审查的机会。

（四）仲裁第三人与相关概念的关系

1. 仲裁第三人与仲裁协议第三人

仲裁第三人与仲裁协议第三人两个概念之间并不能完全等同。仲裁协议第三人是从仲裁协议本身出发，即未在仲裁协议上签字但又受仲裁协议拘束的主体。仲裁第三人则从仲裁程序出发，即本案仲裁标的所指向民事法律关系主体以外参加仲裁程序的主体。签订仲裁协议的主体与仲裁标的所指向民事法律关系主体之间可能发生分离，使仲裁协议第三人与仲裁第三人的外延不尽相同。一方面，仲裁协议第三人未必是仲裁第三人。未在仲裁协议上签字的主体有可能是系争民事法律关系的归属或者继受主体，而在仲裁协议上签字的主体可能仅仅是发生争议的实体权利义务担当人。另一方面，仲裁第三人也未必是仲裁协议第三人。双方当事人在仲裁协议中明确约定辅助仲裁参加人甚至辅助仲裁参加人在仲裁协议上签字的，被指定的辅助仲裁参加人在后续仲裁程序中的身份仍仅为仲裁第三人。在仲裁法学界，有观点以仲裁协议第三人概念代替仲裁第三人概念，并以仲裁协议的合同相对性简化第三人参加仲裁程序的相关理论和制度。[①] 实际上，仲裁协议与普通民事合同之间存在显著的区别，即仲裁协议具有排除司法管辖权的程序法效力。过分贯彻仲裁协议的相对性，无异于变相剥夺第三人的程序参与权。鉴于此，本章主要是从仲裁程序的角度分析仲裁第三人问题，并认为仲裁协议不具有限制或者剥夺第三人依法享有程序参与权的效力，故仲裁第三人参加仲裁程序并不必然要求经过全体仲裁当事人同意。

2. 仲裁第三人与诉讼第三人

仲裁第三人与诉讼第三人存在本质上的共通性，具有相似的制度设置原因和根据，都是基于民事法律关系的复杂性和牵连性而允许第三人参加他人之间正在进行的纠纷解决程序，以彰显纠纷解决的公正与效率双重价值。尽管如此，仲裁第三人与诉讼第三人之间仍存在显著的区别：（1）两者对第三人参加纠纷解决程序是否符合当事人意志的关注程度不同。在诉讼程序中，有独立请求权第三人提起参加之诉不受双方当事人意志的

---

① 参见余子新：《仲裁第三人主体研究》，载《广西公安管理干部学院学报》，2004（2）。

影响，而无独立请求权第三人也可以仅依据法院通知参加诉讼活动。在仲裁程序中，未经双方当事人同意的第三人申请参加仲裁程序的，鉴于仲裁程序的合意性和封闭性，人们对于第三人能否违背当事人意愿参加仲裁程序尚未达成基本共识。（2）第三人知悉纠纷解决事项的可能性不同。与仲裁程序遵循保密原则不同，民事诉讼以公开审理为原则，故与诉讼结果存在利害关系的第三人知悉诉讼事项的可能性相对较高。（3）能否被要求承担民事责任不同。在民事诉讼中，无独立请求权第三人被进一步区分为被告型无独立请求权第三人和辅助型无独立请求权第三人，前者可以被判决承担民事责任。与此不同，在仲裁程序中，被申请人型仲裁参加人在本质上是被申请人，仲裁庭不得强行将未与当事人签订仲裁协议的被申请人型第三人卷入仲裁程序，更不得裁决其承担民事责任。（4）后续救济途径不同。有独立请求权第三人以及被判决承担民事责任的无独立请求权第三人可以通过上诉和申请再审等方式寻求救济，未被判处承担民事责任的无独立请求权第三人则不能以当事人身份提起上诉或申请再审。独立仲裁参加人以及被申请人型仲裁参加人具有仲裁当事人的身份，后续救济包括申请撤销仲裁裁决、申请不予执行仲裁裁决，但辅助仲裁参加人因不具备仲裁当事人身份且《仲裁法》尚未赋予案外第三人以特殊的救济权利，其只能依据实体法的规定另案寻求损害赔偿。

二、关于仲裁第三人的争论及其评析

（一）肯定仲裁第三人制度

鉴于仲裁程序具有在真正意义上代替诉讼程序的纠纷解决功能，不少学者将民事诉讼第三人制度的概念和理论套用于仲裁第三人制度。根据第三人与系争标的之间是否存在独立请求权，这些学者将仲裁第三人分为有独立请求权仲裁第三人和无独立请求权仲裁第三人，并以仲裁协议效力扩张作为仲裁第三人未经仲裁当事人同意强行参与仲裁程序的正当性基础。

（二）反对仲裁第三人制度

否定说认为：仲裁当事人具有确定性和封闭性，仲裁申请人和被申请人确定于仲裁程序开始之时，未经当事人变更仲裁协议增加仲裁当事人，仲裁当事人不能发生变更。根据该观点，仲裁程序不存在仲裁第三人的概念，只要双方当事人签订仲裁协议，就可以将与案件相关主体统统排除在纠纷解决程序之外。他们认为，尽管实践中存在第三方对仲裁事项享有独立请求权或者与仲裁结果存在法律上利害关系，但他们没有参与仲裁条款的订立，仲裁当事人也不愿意与其进行仲裁，所以仲裁庭既不能强行将他们卷入仲裁程序，也不能允许他们强行闯入仲裁程序。

（三）有条件认可仲裁第三人制度

折中说认为：仲裁第三人参加仲裁程序具有现实价值，但考虑到仲裁程序的封闭性，第三人参加仲裁程序应当获得双方当事人的同意（并经仲裁庭同意），或者获得一方当事人的同意（并经仲裁庭同意），或者仲裁庭可以违背双方当事人意愿准许第三人参加仲裁程序。诚然，学者普遍认为，鉴于仲裁第三人并不负担有参加仲裁程序的义务，仲裁当事人和/或仲裁庭不能强制未签订仲裁协议的第三人参加仲裁程序，以免侵犯其裁判请求权。

（四）仲裁第三人制度现有学说的评析

鉴于民事法律关系的交叉性、重叠性、复杂性，发生争议并提交仲裁的民事法律关系涉及有关第三人利益的法律问题是不可避免的，第三人在客观上可能存在参与仲裁案件处理的积极性和必要性。然而，仲裁以当事人的自主性、自愿性为核心，通过仲裁协议体现当事人之间的合意，这也是保障仲裁程序正当性的关键所在。如果仅仅为了贯彻“纠纷一次性解决”原则而损害仲裁的自愿性根基，无异于使仲裁程序与诉讼程序发生混淆，不能仅仅因为第三人存在参加仲裁程序的客观需求就放弃仲裁的本质特征。因而，第三人申请参加仲裁程序通常需要经过双方当事人的同意，未经双方当事人同意而申请参加仲裁程序的，应当经过仲裁庭或者法院裁决。

三、国内仲裁第三人制度的现状及适用

我国《仲裁法》及《仲裁法解释》均没有对仲裁第三人制度作出规定。受制于仲裁程序具备合意性和封闭性的外观，未经双方当事人明确或者默示授权，案外第三人不得参加仲裁程序，而仲裁协议当事人以及仲裁机构也不得强制案外第三人参加仲裁程序。因而，国内各大仲裁机构的仲裁规则通常不对仲裁第三人制度作出规定，与案件处理结果存在法律上利害关系的第三人通常转而以证人身份“辅助”一方当事人参加仲裁活动。[①] 诚然，独立仲裁参加人与被申请人型仲裁参加人在客观上具有仲裁当事人的身份，其参加仲裁程序问题通常被仲裁合并制度所吸收。

从理论上来讲，仲裁规则在理论上属于双方当事人合意适用的结果，在某种意义上可以解释为仲裁协议附件，故仲裁规则对仲裁第三人制度的突破通常并不认为违背双方当事人的意志。因而，在以下若干情形下，仲裁第三人参加仲裁程序并不违背现行法律和司法解释的规定及其精神：（1）仲裁第三人系属仲裁协议当事人，即双方当事人与（潜在的）仲裁第三人达成第三人参加仲裁程序的合意。（2）双方当事人授权第三人参加仲裁程序，即双方当事人通过仲裁协议或者其所选择适用的仲裁规则明示或者默示授权第三人参加仲裁程序，该第三人有权选择是否参加仲裁程序。（3）仲裁第三人申请参加仲裁程序且获双方当事人明示或者默示同意的，即第三人基于保护自身合法权益的需要而主动申请参加仲裁程序并未明显违背双方当事人意愿。（4）一方当事人申请第三人参加仲裁活动且获对方当事人和该第三人明示或者默示同意的，即对方当事人并不对仲裁第三人参加仲裁程序明确提出异议且该第三人也以意思表示或者意思实现方式表明其愿

① 实际上，与申请己方证人出庭作证相似，一方当事人引进旨在辅助其参加仲裁活动的第三人在某种意义上属于冒险行为，对方当事人也可能因为该第三人参加仲裁程序而获益。作为经济理性人的仲裁当事人及其代理律师，通常更倾向于让与案件处理结果存在利害关系的知情案外人仅以证人的身份向仲裁庭提供书面证言。

意参加仲裁程序。(5) 双方当事人通过仲裁协议或者其所选择适用的仲裁规则明示或者默示授权仲裁庭依职权通知第三人参加仲裁程序且第三人以意思表示或者意思实现方式表明其愿意参加仲裁程序。(6) 双方当事人通过仲裁协议或者其所选择适用的仲裁规则明示或者默示授权一方当事人向仲裁庭申请第三人参加仲裁程序，即双方当事人约定只要对方申请第三人参加仲裁程序，另一方不得反对第三人参加仲裁程序的，第三人有权决定是否参加仲裁程序。(7) 尽管双方当事人并没有通过仲裁协议或者其所选择适用的仲裁规则明示或者默示授权仲裁庭依职权通知第三人参加仲裁程序，但仲裁庭根据案件审理实际需要而依职权通知第三人参加仲裁程序且双方当事人及仲裁第三人均未反对。诚然，为了防止双方当事人引入对纠纷解决毫无帮助甚至有碍仲裁程序顺利进行的案外人，各大仲裁机构的仲裁规则通常规定仲裁机构（秘书处、仲裁庭）有权决定是否允许第三人参加仲裁程序。

因而，在现行法律和司法解释尚未规定第三人可以违背当事人意志参加仲裁程序的情形下，考虑到允许第三人加入仲裁以彻底解决纠纷的客观需求，应当在解释论上对当事人合意作出扩张解释，将仲裁规则作为仲裁协议的延伸而鼓励各大仲裁机构积极探索符合当代国情的仲裁第三人制度。

第四节 仲裁代理人

一、仲裁代理人的概念与特征

仲裁代理人，是指根据法律的规定或者接受当事人、法定代理人的委托，在仲裁程序中以被代理的仲裁当事人的名义，为维护被代理的仲裁当事人的合法权益，在代理权限范围内代理一方当事人进行仲裁活动的人。

仲裁代理人具有以下特征。

(1) 仲裁代理人必须以被代理的仲裁当事人的名义实施仲裁行为。被代理的仲裁当事人属于仲裁实施权拥有主体，而仲裁代理人仅仅是仲裁实施权的行使主体。仲裁当事人通常是系争实体权利义务归属主体，而仲裁代理人只是代理当事人进行仲裁活动，并不承担仲裁活动产生的任何法律后果。因而，仲裁代理人实施的仲裁行为都必须以被代理人的名义进行，并接受被代理的仲裁当事人的监督。

(2) 仲裁代理人代为实施仲裁行为旨在维护被代理的当事人的合法权益。尽管仲裁代理人通常系向其所代理的仲裁当事人提供有偿的代理服务，但仲裁代理人参加仲裁活动的制度功能在于维护被代理的仲裁当事人的程序性和实体性权益。仲裁代理人与系争标的通常并不存在固有的直接利害关系，为激励其妥善行使仲裁实施权，被代理的仲裁当事人通常需要向其提供必要的报酬，并监督其妥善维护被代理的仲裁当事人的合法权益。

(3) 仲裁代理人在代理权限范围内实施的仲裁行为所产生的法律后果由被代理的仲

裁当事人承担。既然仲裁代理人参加仲裁程序的制度功能在于维护被代理人的合法权益，那么以被代理人名义实施的仲裁行为，只要在代理权限范围内，其所代为实施的仲裁行为所产生的法律后果就均由被代理的仲裁当事人承担。

（4）在同一案件的仲裁程序中，代理人只能代理一方当事人进行仲裁活动，而不能同时代理双方当事人参加仲裁活动。双方当事人在仲裁程序中处于对立状态，为了有效地维护被代理一方当事人的合法权益，仲裁代理人在仲裁程序中不得同时代理双方当事人进行仲裁活动。诚然，在共同仲裁案件中，复数共同仲裁当事人可以共同委托相同的代理人或者部分共同仲裁当事人可以委托其他仲裁当事人为仲裁代理人。

二、仲裁代理人的种类

我国《仲裁法》第 29 条将仲裁代理人分为法定代理人和委托代理人两种类型。法定代理人的代理权限来自法律的直接规定，而委托代理人的代理权限来自仲裁当事人或者其法定代理人的委托授权。

（一）法定仲裁代理人

法定仲裁代理人，是指根据法律规定行使代理权的人。在仲裁当事人因年龄或者精神原因而不具备妥善维护自身合法权益的能力的情形下，鉴于不完全民事行为能力人不具有独立进行意思表示的能力或者因其存在精神障碍而失去独立进行意思表示的能力，立法者有必要授权对仲裁当事人负有保护职责的主体代理其参加仲裁程序。

根据《民法典》第 23、27、28、32 条的规定，法定代理人由监护人担任，未成年人的法定代理人按照“父母—祖父母、外祖父母—兄、姐—经未成年人住所地的居民委员会、村民委员会或者民政部门同意的其他愿意担任监护人的个人或者组织—民政部门、具备履行监护职责条件的被监护人住所地的居民委员会、村民委员会”的顺序确定，无民事行为能力或者限制民事行为能力的成年人的法定代理人按照“配偶—父母、子女—其他近亲属—经被监护人住所地的居民委员会、村民委员会或者民政部门同意的其他愿意担任监护人的个人或者组织—民政部门、具备履行监护职责条件的被监护人住所地的居民委员会、村民委员会”的顺序确定。

根据民事代理制度的一般原理，法定代理人对其所代理的当事人享有亲权或者监护权，故法定代理人的代理权限与被代理人的权利几乎是等同的。法定代理人不仅享有仲裁程序中的一般性权利，而且还可以根据其自身意愿处分被代理人的实体性权利，如承认、变更、放弃仲裁请求，请求或接受和解或调解。

法定代理人与被代理仲裁当事人之间存在的身份关系通常足以确保法定代理人在仲裁活动中妥善维护被代理人合法权益，但例外情形下也存在法定代理人损害被代理人合法权益的可能，仲裁机构应当对法定代理人的代理行为进行必要的监督。

鉴于法定代理人制度旨在弥补仲裁当事人在仲裁行为能力方面的不足，在法定代理人自身丧失仲裁行为能力或者仲裁当事人取得、恢复仲裁行为能力的情形下，法定代理人即不再具备代为参加仲裁程序的法定代理权限。诚然，在仲裁当事人获得或者恢复仲裁行为能力而原法定代理人并未丧失仲裁行为能力的情形下，仲裁当事人可以委托其继续代为参加仲裁活动，使之从法定代理人转为委托代理人。

（二）委托仲裁代理人

委托仲裁代理人，是指基于委托代理关系，在仲裁当事人或其法定代理人的授权范围内行使代理权的人。委托仲裁代理人的范围较广，仲裁当事人及其法定代理人可以自由地聘请任何符合法律规定条件的自然人为仲裁代理人，授权其以仲裁当事人名义参加仲裁程序。

我国《仲裁法》第 29 条规定，当事人、法定代理人可以委托律师和其他代理人进行仲裁活动。委托律师和其他代理人进行仲裁活动的，应当向仲裁委员会提交授权委托书。参照民事诉讼中的委托代理制度，授权委托书应当载明委托事项和权限。由委托代理人代为承认、放弃、变更仲裁请求，进行和解，提出反请求，应当有被代理人的特别授权，代理权限若有变更或者解除，委托人应当书面告知仲裁委员会或者仲裁庭，仲裁委员会或者仲裁庭再通知对方当事人。当事人提交的书面授权委托书中仅授予仲裁代理人进行一般代理的权限或者没有明确载明委托代理权限范围的，仲裁代理权限则仅包括申请仲裁、进行答辩、申请回避、调查证据、参加仲裁开庭并进行陈述和辩论等，而不包括代为承认、放弃、变更仲裁请求，与对方当事人进行和解或者调解，提出反请求等需要被代理人特别授权的权限。

与《民诉法》第 61 条明确规定委托诉讼代理人的人数以及担任诉讼代理人的条件不同①，《仲裁法》并没有明确限制委托仲裁代理人的人数以及担任仲裁代理人的条件。国内各大仲裁机构的仲裁规则在代理人制度方面的规定也不尽相同。在仲裁代理人的人数限制方面，有的仲裁规则规避委托代理人的人数限制问题②；有的仲裁规则参照诉讼代理制度规定当事人或其法定代理人原则上只能委托 1～2 名仲裁代理人③；有的仲裁规则规定原则上最多可以委托 2 名仲裁代理人，但经仲裁庭同意可以适当增加代理人的人数④；有的仲裁规则规定仲裁代理人一般不超过 3 人，经仲裁庭同意可以增加代理人的人数⑤；有的仲裁规则规定仲裁代理人的人数为 1～4 人，委托 5 名以上代理人须经仲裁庭或仲裁委同意⑥；有的仲裁规则规定当事人或其法定代理人有权委托 1～5 名仲裁代理

---

① 《民诉法》第 61 条规定："当事人、法定代理人可以委托一至二人作为诉讼代理人。下列人员可以被委托为诉讼代理人：（一）律师、基层法律服务工作者；（二）当事人的近亲属或者工作人员；（三）当事人所在社区、单位以及有关社会团体推荐的公民。"

② 如《北仲规则》第 18 条、《贸仲规则》第 22 条。

③ 如《重庆仲裁委员会仲裁规则》（2018 年版）第 26 条、《天津仲裁委员会仲裁暂行规则》（2014 年版）第 23 条。

④ 如《珠仲规则》第 23 条、《汕头仲裁委员会仲裁规则》（2020 年版）第 26 条。

⑤ 如《广仲规则》第 30 条、《苏州仲裁委员会仲裁规则》（2017 年版）第 23 条。

⑥ 如《厦门仲裁委员会仲裁规则》（2020 年版）第 17 条。

人，但经秘书处或仲裁庭同意的当事人可以委托6名以上代理人。① 在担任仲裁代理人的条件方面，国内各大仲裁规则具有共通性，均不额外设置担任仲裁代理人的资格条件，即不管是否具备律师资格，不管是中国公民还是外国公民，只要不存在法定回避事由且具有完全民事行为能力，均可以接受委托，担任仲裁代理人。②

在仲裁程序中，被代理人有权变更或者解除代理权，代理人也有权辞去委托。无论是仲裁当事人变更、解除代理人抑或仲裁代理人辞去委托，委托人都应当书面告知仲裁机构，以便其通知对方当事人。被代理人被解除代理权或其代理权限发生变更的，不影响在仲裁机构收到通知前已经进行的仲裁程序的效力。仲裁当事人变更代理权限或解除代理权给仲裁代理人造成损失、仲裁代理人辞去委托给仲裁当事人造成损失的，可以通过违约之诉寻求对方当事人赔偿损失。

问题与思考

1. 刘某从海塘公司购买红木家具1套，价款为3万元，双方签订合同，约定如发生纠纷可向北京仲裁委员会申请仲裁。交付后，刘某发现该家具并非红木制成，便向仲裁委员会申请仲裁，请求退货。(司法考试真题)

(1) 双方在仲裁过程中对仲裁程序所作的下列何种约定是有效的？(　　)

A. 双方不得委托代理人

B. 即使达不成调解协议，也以调解书的形式结案

C. 裁决书不写争议事实和裁决理由

D. 双方对裁决不得申请撤销

(2) 向海塘公司提供木材的红木公司可以以何种身份参加该案件的仲裁程序？(　　)

A. 证人　　　　B. 第三人

C. 鉴定人　　　D. 被申请人

2. 在简易程序中，关于仲裁委员会和仲裁庭可以自行决定的事项，下列选项正确的是：(　　)。(司法考试真题)

A. 指定某法院的王法官担任本案仲裁员

B. 由一名仲裁员组成仲裁庭独任审理

C. 依据当事人的材料和证据书面审理

D. 简化裁决书，未写明争议事实

3. 论述仲裁当事人适格。

4. 辨析仲裁参加人与仲裁参与人。

---

① 如《上海自贸区仲裁规则》第17条、《上海贸仲规则》第21条。

② 作为例外情形的是，《重庆仲裁委员会仲裁规则》(2013年版) 第26条第2款参照《民诉法》第61条第2款的规定将担任委托仲裁代理人的人员限制为以下三种：(1) 律师、基层法律服务工作者；(2) 当事人的近亲属或者工作人员；(3) 当事人所在社区、单位以及有关社会团体推荐的公民。

5. 简述仲裁协议当事人与仲裁当事人之间的关系。
6. 论述仲裁第三人制度。
7. 论述集团仲裁制度。
8. 简述诉讼代理人与仲裁代理人的区别。

第六章

仲裁管辖权(Ⅰ):自裁管辖

本章概要

仲裁管辖权是仲裁机构对当事人约定的、具有可仲裁性的民商事争议进行审理并作出有拘束力裁决的权力。仲裁管辖权与仲裁协议的效力密不可分，仲裁协议的效力及其范围通常直接决定了仲裁机构对特定案件在多大争议范围内享有管辖权。仲裁管辖权争议曾完全被交给法院解决，但伴随着国家对待仲裁的态度由敌视转为支持，仲裁机构自行决定管辖权争议的“自裁管辖”模式逐渐成为主流。自裁管辖模式以当事人意思自治原则为基础，赋予仲裁机构在仲裁程序中解决管辖权争议的权力，以达到加速仲裁程序进行的目的。

关键术语

仲裁管辖权　自裁管辖　管辖权异议　意思自治

课程思政

古人说：“消未起之患、治未病之疾，医之于无事之前。”法治建设既要抓末端、治已病，更要抓前端、治未病。我国国情决定了我们不能成为“诉讼大国”。我国有14亿人口，大大小小的事都要打官司，那必然不堪重负！要推动更多法治力量向引导和疏导端用力，完善预防性法律制度，坚持和发展新时代“枫桥经验”，完善社会矛盾纠纷多元预防调处化解综合机制，更加重视基层基础工作，充分发挥共建共治共享在基层的作用，推进市域社会治理现代化，促进社会和谐稳定。

——2020年11月16日习近平在中央全面依法治国工作会议上的讲话

有些恶意的当事人通过滥用仲裁管辖权异议制度规避或者拖延诉讼，使对方当事人的民事权益无法及时获得国家强制力的保障。请收集当事人滥用仲裁管辖权异议制度的典型案例，组织学生讨论仲裁管辖权异议制度，引导学生在争议解决过程中坚持与人为善，树立诚信、友善等社会主义核心价值观。

第一节　仲裁管辖权概述

一、仲裁管辖权的概念

仲裁管辖权，是指特定仲裁机构对特定争议享有的审理并作出裁决的权力。在采取自愿仲裁模式的商事仲裁中，仲裁管辖权是指仲裁机构根据双方当事人达成的仲裁协议对具有可仲裁性的争议事项进行审理并作出具有终局效力的裁决的权力。

二、仲裁管辖权的特点

与诉讼管辖权源自国家法律的授权不同，仲裁管辖权的来源有两支，一为国家法律的授权，二为各方当事人协议授权。作为共通之处，诉讼管辖权与仲裁管辖权均以国家法律的授权为来源，主要表现为审判机关或仲裁机构必须依法设立、争议事项必须具备可诉性或可仲裁性。但与诉讼管辖权通常不以当事人协议授权不同①，采取自愿仲裁模式下的仲裁管辖权还必须以当事人协议授权为条件。作为“程序单方强制启动、结果强制双方接受”的纠纷解决方式，民事诉讼程序仅依原告之起诉而强制被告参加诉讼活动，被告无正当理由不参加诉讼活动不影响法院行使审判权，载明纠纷解决结果的确定裁判具有既判力。作为“程序各方自愿启动、结果强制双方接受”的纠纷解决方式，商事仲裁程序以当事人之间签订书面仲裁协议为必备条件，载明纠纷解决结果的仲裁裁决同样具有既判力。仲裁管辖权是案件进入仲裁程序的前提，而仲裁管辖权以争议具有可仲裁性、当事人约定的仲裁协议有效为条件。基于此，仲裁管辖权的特点主要表现为以下几方面。

第一，仲裁管辖权属于合意管辖权。仲裁机构乃基于各方当事人的仲裁协议行使仲裁管辖权，即“无合意，无管辖”。仲裁机构对特定案件是否享有管辖权首先取决于各方当事人是否签订仲裁协议，其次取决于各方当事人签订的仲裁协议是否有效，最后取决于当事人在仲裁协议约定的争议事项范围内以仲裁请求或反请求方式提出的争议解决请求。基于此，《仲裁法》第 4 条明确规定：“当事人采用仲裁方式解决纠纷，应当双方自愿，达成仲裁协议。没有仲裁协议，一方申请仲裁的，仲裁委员会不予受理。”

第二，仲裁管辖权的客体作用范围有限。仲裁管辖权仅作用于“平等主体的公民、

---

① 在协议管辖及应诉管辖的语境下，法院对特定争议取得管辖权还必须以双方当事人达成有效的管辖协议或者当事人未在提交答辩状期间内提出管辖异议且受诉法院受理本案不违反级别管辖和专属管辖规定为条件。《民诉法》第 35 条规定：“合同或者其他财产权益纠纷的当事人可以书面协议选择被告住所地、合同履行地、合同签订地、原告住所地、标的物所在地等与争议有实际联系的地点的人民法院管辖，但不得违反本法对级别管辖和专属管辖的规定。”第 130 条第 2 款规定：“当事人未提出管辖异议，并应诉答辩的，视为受诉人民法院有管辖权，但违反级别管辖和专属管辖规定的除外。”

法人和其他组织之间发生的合同纠纷和其他财产权益纠纷”，当事人不能自行处分的有关人身权益纠纷及依法应当由行政机关处理的行政争议均不能通过商事仲裁的方式解决，不属于仲裁管辖权的作用范围。

第三，仲裁管辖权可因当事人合意而丧失。仲裁协议有排除法院管辖的效力，可是约定仲裁的当事人在争议发生后还可以变更意思，将争议提请法院解决。① 因而，当事人可以通过明示或默示的方式合意解除仲裁协议，进而导致仲裁机构对案件丧失管辖权。在明示解除仲裁协议方面，当事人在仲裁机构作出仲裁裁决之前达成解除仲裁协议的书面协议的，仲裁机构即丧失对本案享有的管辖权。② 在默示解除仲裁协议方面，《仲裁法》第 26 条明确规定：“当事人达成仲裁协议，一方向人民法院起诉未声明有仲裁协议，人民法院受理后，另一方在首次开庭前提交仲裁协议的，人民法院应当驳回起诉，但仲裁协议无效的除外；另一方在首次开庭前未对人民法院受理该案提出异议的，视为放弃仲裁协议，人民法院应当继续审理。”此外，一方以明示的方式宣称仲裁条款不适用，另一方随即以起诉的方式间接表明同意解除仲裁协议的，仲裁协议也失去其效力。③

第四，仲裁管辖权具有显著的相对性。相对于案外第三人而言，作为民间组织的仲裁机构、作为民事主体的仲裁当事人均无权强行要求案外第三人以任何角色参与仲裁程序，但依法继受仲裁协议的第三人除外。基于此，商事仲裁往往需要获得法院的协助，如仲裁财产保全、仲裁证据保全、强制证人作证、执行仲裁裁决等事项均需要获得司法权的协助。相对于仲裁员而言，只有当事人选定或者委托仲裁委员会主任选定的仲裁员组成的仲裁庭有权对案件行使管辖权，仲裁机构无权未经当事人同意变更仲裁员。与此不同，在民事诉讼中，当事人无权选定审判人员，法院在审判过程中可以于必要情形下依职权变更合议庭组成人员。④

第五，仲裁管辖权的行使规则主要由当事人约定。与民事诉讼遵循程序法定原则不同，《仲裁法》仅规定保障最低限度程序正义所必备的程序规范，对于绝大多数程序性事项由当事人协商确定或者当事人以明示或默示方式选用的仲裁规则处理。即使明确选用或被推定选用仲裁机构的现行仲裁规则，各方当事人也可以在协商一致的基础上对仲裁规则中的某些仲裁规范进行调整。

---

① 参见蓝瀛芳：《比较的仲裁法》，台北，元照出版有限公司 2018 年版，第 936 页。

② 比如，《葡萄牙仲裁法》第 2 条第 4 款规定：“在仲裁裁决书作出之前，双方当事人可以签署文件撤销仲裁协议。”

③ 参见［瑞典］拉斯·休曼：《瑞典仲裁法实践和程序》，顾华宇译，92 页，北京，法律出版社，2012。

④ 《最高人民法院关于人民法院合议庭工作的若干规定》（法释〔2002〕25 号）第 3 条规定：“合议庭组成人员确定后，除因回避或者其他特殊情况，不能继续参加案件审理的之外，不得在案件审理过程中更换。更换合议庭成员，应当报请院长或者庭长决定。合议庭成员的更换情况应当及时通知诉讼当事人。”《上海市高级人民法院、上海市司法局关于规范法官和律师相互关系的若干规定》第 6 条第 1 款规定：“法官不得应律师请求，擅自确定所承办案件，也不得违反规定，在案件审理中，擅自调换承办法官、书记员、人民陪审员。”第 2 款规定：“律师不得请求法官违反规定确定案件承办法官，或调换法官、书记员、人民陪审员。”

三、仲裁管辖权的审查

（一）仲裁管辖权的审查内容

有观点认为："仲裁庭的管辖权限与仲裁协议的有效性是一个问题的两个方面：如果仲裁协议有效，仲裁庭就可以取得该协议项下争议的管辖权，否则仲裁庭就不能取得协议项下争议的管辖权。"① 实际上，仲裁协议的有效性仅构成仲裁管辖权的部分审查内容。除仲裁协议的存在及其效力以外，仲裁庭还需要审查受理案件的仲裁机构是否为当事人约定的仲裁机构、仲裁协议所附期限是否届满或所附条件是否成就、当事人提出的仲裁请求及反请求是否超越仲裁协议约定交付仲裁的争议范围等内容。

（二）仲裁管辖权的审查主体

在司法不信任仲裁的年代，当事人存在争议的仲裁管辖权争议只能由法院进行审查，以防止仲裁权侵蚀审判权。这被认为是法院对仲裁进行司法管制的具体表现②，从而导致诉讼管辖权成为凌驾于仲裁管辖权之上的绝对权力。③ 伴随着扶持仲裁司法政策的确立，法院专属审查仲裁管辖权争议被认为违背当事人意愿、削弱仲裁相对优势、降低仲裁国际竞争力，仲裁庭裁决仲裁管辖权争议的重要性越来越突出，仲裁管辖权的审查主体已经呈现出"以仲裁庭审查为主、以法院审查为辅"的发展趋势。以仲裁庭自行裁决仲裁管辖权争议为原则的制度安排，就是所谓的自裁管辖原则。

（三）仲裁管辖权的审查模式

根据《仲裁法》第 26 条的规定，当事人达成仲裁协议仅构成法院受理民事案件的"抗辩事由"，除非原告向法院起诉时声明有仲裁协议或者原告作为证据提供的合同中载明仲裁协议，法院受理民事诉讼案件无须主动审查当事人之间是否签订仲裁协议。与此不同，《仲裁法》第 4 条明确禁止仲裁机构受理申请人没有提交仲裁协议的仲裁申请。仲裁协议相对于诉讼管辖权仅构成抗辩事由，但对于仲裁管辖权则属于必备条件。法院通常是被动地审查仲裁协议及其效力，而仲裁机构则必须要求当事人提交书面仲裁协议并主动对其效力进行审查。诚然，仲裁机构对仲裁管辖权的主动审查范围不包括当事人请求仲裁意思表示是否存在瑕疵，意思表示瑕疵仅构成被申请人对抗仲裁管辖权的事由，仲裁机构对此也采取依申请审查模式。

（四）仲裁管辖权的审查程序

仲裁管辖权的司法审查程序存在事先审查与事后审查之分，前者是指法院在实体争议解决之前对仲裁管辖权进行审查，后者是指法院在仲裁裁决的承认与执行、不予执行

---

① 赵秀文：《国际商事仲裁法原理与案例教程》，126 页，北京，法律出版社，2010。

② 参见赵健：《国际商事仲裁的司法监督》，18 页，北京，法律出版社，2000。

③ 参见［英］施米托夫：《国际贸易法文选》，赵秀文译，605－608 页，北京，中国大百科全书出版社，1993。

仲裁裁决、撤销仲裁裁决案件中对仲裁管辖权进行的审查。其中，事先审查模式又存在独立型事先审查与依附型事先审查两种类型，前者是指当事人直接向人民法院申请确认仲裁协议效力而对仲裁协议进行的审查，后者是指当事人向法院起诉后法院依职权或依据被告异议而对仲裁协议进行的司法审查。依附型事先审查案件适用管辖权异议审查程序，而独立型事先审查案件适用非讼程序进行审查。① 至于仲裁庭对仲裁管辖权争议的裁决，通常以一方当事人申请仲裁，而另一方当事人以仲裁协议不成立、无效、失效、可撤销、因内容不明确而无法执行等理由进行抗辩，故其审查程序类似于依附型事先司法审查程序。

第二节　自裁管辖

自裁管辖，是指仲裁庭自行裁决其对当事人申请仲裁的案件是否享有管辖权。仲裁庭自裁管辖的权力的实质是仲裁程序事项决定权，与实体事项的裁决权同属于仲裁庭固有且必不可少的基本权力。由于程序事项决定权是实体事项裁决权的重要保障，仲裁庭自行解决当事人提出的管辖权异议可以更有效地确保仲裁程序合法且顺利地继续进行，为仲裁庭对实体事项及时行使裁决权奠定必要条件。因而，自裁管辖原则通常被认为更加契合商事仲裁的民间、自治、高效等属性，已经被国际法、国内法以及主流仲裁机构的仲裁规则所广泛采纳。1985 年《国际商事仲裁示范法》、1961 年《欧洲国际商事仲裁公约》、1965 年《华盛顿公约》以及 1975 年《美洲国家间关于国际商事仲裁的公约》等国际条约，英国、美国、法国、德国、瑞典、瑞士、荷兰等大多数国家的仲裁立法，以及包括国际商会仲裁院、伦敦国际仲裁院、斯德哥尔摩商会仲裁院、美国仲裁协会、新加坡国际仲裁中心在内的许多著名仲裁机构的仲裁规则，都规定仲裁庭有权审查其对实体争议的管辖权。由此可见，自裁管辖已经成为商事仲裁普遍遵循的基本原则，而这也被学者认为属于商事仲裁现代化过程中取得的重要成就。②

一、自裁管辖原则的确立过程

根据审查主体的不同，仲裁管辖权的确定存在法院决定论与自裁管辖论两种立法模式。由于民商事仲裁具有或裁或审、一裁终局的特性，仲裁庭对具有可诉性的特定争议享有的仲裁管辖权具有排除诉讼管辖权的法律效果。为了保障诉权，法院审查仲裁管辖权的重要性不容置疑，故法院决定论先于自裁管辖论出现。但是，在一方已经申请仲裁、对方对管辖权提出异议的情形下，如果将仲裁管辖权争议规定由法院专属决定，就意味着仲裁程序将因对方提出管辖权异议而无法继续进行，从而削弱仲裁相对于诉讼的相对优势。因而，仲裁庭自行初步决定仲裁管辖权的重要性逐渐彰显。

---

① 《民事案件案由规定》（法〔2020〕347 号）明确将“申请确认仲裁协议效力”列为“非讼程序案件案由”。

② 参见赵健：《国际商事仲裁的司法监督》，89 页，北京，法律出版社，2000。

早在20世纪50年代，德国法院就确认仲裁员有权对作为管辖权基础的仲裁协议的范围作出决定①，英国法官P·德夫林（P·Devlin）进一步指出，仲裁员审查管辖权问题不是为了得出任何对当事人有约束力的结果，而是将其作为一个预先问题向当事人证实他们是否应该继续进行仲裁。② 由此开始，作为一种折中方案，“仲裁庭有权自裁管辖，但保留法院终局审查权”逐渐成为国际商事仲裁的主流方案。1955年国际商会仲裁院在其公布的《国际商会仲裁规则》中首次正式规定仲裁庭有权自裁管辖③，1961年的《欧洲国际商事仲裁公约》以及1966年的《欧洲统一仲裁法》等国际立法均授权仲裁庭有权自行决定管辖权争议，但明确事后应当受仲裁地法所规定的司法监督。④

自20世纪80年代以来，自裁管辖迅速成为国际商事仲裁普遍认可的基本原则。已经被许多国家的立法机关采纳的《联合国国际商事仲裁示范法》第16条规定：“（1）仲裁庭可以对它自己的管辖权包括对仲裁协议的存在或效力的任何异议，作出裁定。为此目的，构成合同的一部分的仲裁条款应视为独立于其他合同条款以外的一项协议。仲裁庭作出关于合同无效的决定，不应在法律上导致仲裁条款的无效……”参照前述规定，《联合国国际贸易法委员会仲裁规则》第21条第1款规定：“仲裁庭应有权就该庭管辖权所提出的异议，包括对仲裁条款或单独的仲裁协议的存在和效力所提出的任何异议，作出决定。”此外，仲裁庭自裁管辖原则已经得到许多国家仲裁立法的认可。比如，1996年《英国仲裁法》第30条第1款规定：“除非当事人之间另有约定，仲裁庭有权决定其对实体争议是否享有管辖权，即（1）是否存在着有效的仲裁协议；（2）仲裁庭的组成是否得当；（3）根据仲裁协议的规定，哪些问题可以提交仲裁解决”，但第2款也明确“当事人可以通过必要的上诉、复审程序或依据本部分的规定，对仲裁庭的管辖权提出异议”。我国于1994年8月31日通过的《仲裁法》第20条第1款规定仲裁委员会可以根据当事人对仲裁协议效力提出的异议作出决定，但同时明确规定法院对仲裁管辖权的决定权优先于仲裁委员会。

二、确立自裁管辖原则的意义

如果仲裁管辖权争议只能由法院审查，那么已经启动的仲裁程序将因等待法院审查结果而中止。与此不同，在确立自裁管辖原则之后，当事人在仲裁程序中提出管辖权异议的，仲裁庭不必因此中止仲裁程序。基于此，确立自裁管辖原则具有以下几方面的意义。

（一）贯彻当事人意思自治原则

当事人签订的仲裁协议或者选用的仲裁规则载明仲裁庭对实体管辖权享有决定权的，仲裁法律允许仲裁庭对管辖权争议行使决定权是贯彻当事人意思自治原则的必然要求。

① See A. Samuel, Jurisdictional Problems in International Commercial Arbitration, Sweet & Maxwell (1989), at 179.

② 参见韩健：《现代国际商事仲裁法的理论与实践》，202页，北京，法律出版社，2000。

③ 参见赵秀文：《国际商事仲裁及其适用法律研究》，41页，北京，北京大学出版社，2002。

④ 参见1961年《欧洲国际商事仲裁公约》第5条、1966年《欧洲统一仲裁法》第18条。

当事人通过协议的方式约定将争议提交仲裁解决的，就意味着将协议项下的一切争议，包括对该协议效力的异议，交由仲裁庭解决。因而，除非当事人没有作出相反约定，即使当事人签订的仲裁协议或者选用的仲裁规则没有赋予仲裁庭自裁管辖的权限，仲裁庭自裁管辖也契合当事人意思自治原则。

（二）提高仲裁的纠纷解决效率

自裁管辖原则可以提高仲裁管辖权争议的解决效率，保障仲裁程序可以连续且顺利地进行。第一，自裁管辖意味着案件无须在仲裁庭与法院之间流转，为管辖权争议的解决节约了时间；第二，受办案流程及人多人少等因素影响，法院决定仲裁管辖权通常需要比仲裁庭花费更多的时间；第三，仲裁庭可以即时驳回显而易见不足以成立的管辖权异议，使当事人通过管辖权异议拖延仲裁程序的目的落空，具有遏制恶意滥用管辖权异议制度的功能。

（三）贯彻司法支持仲裁的政策

自裁管辖原则的确立正是立法机关贯彻司法支持仲裁政策的必然结果。法院对仲裁负有支持与监督双重职责，支持仲裁通常发生于仲裁的过程中，监督仲裁通常发生于仲裁结果之后。自裁管辖的实质是支持仲裁前置于监督仲裁，仲裁庭对仲裁协议项下争议的实体事项与程序事项均享有裁决权，以便仲裁庭及时且全面地行使仲裁管辖权。换言之，尽管仲裁庭对其管辖权的决定需要受到法院的监督，或者说对仲裁庭的管辖权问题拥有最终决定权的仍然是法院，但是，法院以司法监督的方式最终行使对仲裁庭管辖权的决定权，其实质在于保障仲裁的正当性，而不是对仲裁的直接干预。①

三、自裁管辖原则的基本内容

（一）当事人合意可排斥自裁管辖权

既然自裁管辖的理论根基在于当事人意思自治原则，那么自裁管辖原则的适用就不得明显违背当事人达成的协议。在仲裁庭决定管辖权之前，双方当事人达成仲裁管辖权争议只能由法院解决的协议的，仲裁庭显然不能为了提升纠纷解决效率而强行自裁管辖。基于此，尽管在实践中很少会有当事人达成排除自裁管辖原则的协议，但仍应当保留当事人排除适用自裁管辖原则的制度空间。与当事人可以约定排除仲裁庭对仲裁协议的审查权限不同，法院对仲裁协议的司法审查权限不以当事人意思自治原则为基础，当事人无权约定排除法院对仲裁协议有关争议进行审查。因而，在当事人事先明确达成排除适用自裁管辖原则的语境下，无论当事人是否同时约定禁止司法审查，法院均有权决定仲裁管辖权。

① 参见肖建国主编：《仲裁法学》，48页，北京，高等教育出版社，2021。

（二）仲裁程序启动后方可自裁管辖

自裁管辖旨在避免已经启动的仲裁程序因当事人提出的管辖权异议需要法院审查而产生延误，故自裁管辖原则通常适用于被申请人向仲裁庭提出管辖权异议的情形。在双方当事人都没有申请仲裁的情形下，一方当事人直接就实体争议向法院提起民事诉讼、对方当事人在首次开庭前以仲裁协议为依据对法院受理该案件提出异议的，法院应当裁定驳回起诉，并告知原告向仲裁机构申请仲裁。① 但是，原告向法院提出仲裁协议不存在、无效、失效、缺乏可执行性等再抗辩事由并提供初步证据加以证明的，法院应当对仲裁协议的存在及其效力进行司法审查，以防止被告通过伪造仲裁协议等方式妨害原告适用民事诉讼程序的权利。② 与此不同，一方当事人已经申请仲裁，他方当事人认为仲裁协议不存在或者存在效力瑕疵的，则应当向仲裁庭提出异议，由仲裁庭或者仲裁机构对仲裁管辖权进行初步决定，而不能直接向法院申请确认仲裁协议效力。③ 由此可见，在仲裁程序启动之前，自裁管辖原则没有发挥作用的空间，但一方当事人向法院提起民事诉讼或者单独申请确认仲裁协议效力的，另一方当事人申请仲裁及仲裁庭审理案件均不受未决的司法程序之影响。

（三）自裁管辖结果仅具有初步效力

基于诉权保障原理，仲裁庭对仲裁管辖权作出的决定不具有终局效力，法院有权通过独立的程序或者依托其他司法程序对自裁管辖的决定进行监督。自裁管辖原则为仲裁庭对当事人提出的管辖权异议进行审查提供理论依据，但没有改变法院对仲裁管辖权争议的最终决定权。在增设仲裁庭的初步决定权及保留法院的最终决定权的基础上，自裁管辖原则还应当进一步解决仲裁庭初步决定权与法院最终决定权之间的关系。法院行使最终决定权存在事先、事中、事后三种模式。事先行使模式，是指法院在仲裁庭行使初

---

① 根据《民诉法》第 127 条第 2 项的规定，依照法律规定，双方当事人达成书面仲裁协议申请仲裁、不得向人民法院起诉的，人民法院应当告知原告向仲裁机构申请仲裁。

② 基于此，《联合国国际商事仲裁示范法》第 8 条第 1 款规定，当事人就仲裁协议约定的争议事项向法院提起民事诉讼的，只要有任何一方当事人在其就争议的实体内容提出第一次申述之前请求将争议提交仲裁解决，法院就应当命令当事人将争议交付仲裁，但法院发现仲裁协议无效、失效或不能履行（null and void, inoperative or incapable of being performed）的除外。由此可见，法院受理案件后可以直接对仲裁协议的效力及其可履行性进行审查，而不是一律命令当事人将其诉诸仲裁。为了防止法院事先审查仲裁管辖权可能降低仲裁的纠纷解决效率，《联合国国际商事仲裁示范法》第 8 条第 2 款明确规定，在第 1 款规定的诉讼已经被提起但案件尚处于未决状态期间，仲裁庭仍可以启动或续行仲裁程序乃至作出仲裁裁决。我国《仲裁法》第 26 条也明确规定以下规则：当事人达成仲裁协议，一方向人民法院起诉未声明有仲裁协议，人民法院受理后，另一方在首次开庭前提交仲裁协议的，人民法院应当驳回起诉，但仲裁协议无效的除外。

③ 尽管我国《仲裁法》第 20 条第 1 款规定法院对仲裁协议效力的裁定权优先于仲裁委员会的决定权，但司法部公布的《仲裁法（修订）（征求意见稿）》第 28 条拟改采仲裁庭及仲裁机构优先初步审查仲裁协议效力的方案，即当事人对仲裁协议是否存在、有效等问题或者仲裁案件的管辖权有异议的，应当在仲裁规则规定的答辩期限内提出，由仲裁庭作出决定，但仲裁庭组成前，仲裁机构也可以根据表面证据决定仲裁程序是否继续进行。当事人未经向仲裁机构或仲裁庭提出异议而直接向法院提出异议的，法院裁定不予受理。仲裁机构或仲裁庭作出决定后，不服决定的当事人可以向仲裁地的中级法院提请审查，审查结论是仲裁协议无效或者仲裁案件无管辖权的，当事人还可以向该中级法院的上一级法院申请复议。

步决定权之前直接对仲裁管辖权行使最终决定权。这种模式虽有利于保障提出管辖权异议者的诉权，但也可能给法院干预仲裁及当事人拖延仲裁提供便利，故该行使模式普遍受到限制。① 事中行使模式，是指法院在仲裁庭行使初步决定权之后、仲裁裁决作出之前行使最终决定权。这种模式授权不服仲裁庭对管辖权作出的初步决定的当事人向法院提出异议及复议，仲裁庭决定自己有管辖权但当事人向法院提出异议、异议裁定仲裁庭有管辖权但当事人向上级法院申请复议的，法院审查期间仲裁程序应当继续进行。② 事后行使模式，是指法院在仲裁庭作出终局裁决后再对仲裁管辖权进行审查的模式。这种模式让仲裁程序不因司法介入审查仲裁管辖争议而发生延误，通常内含于仲裁裁决的承认与执行、撤销仲裁裁决、不予执行仲裁裁决等制度之中。自裁管辖原则并没有从根本上禁止任何一种行使模式，而只是提出限制事先行使模式、法院应当避免因同一事由重复行使最终决定权的要求。因而，事先行使模式仅适用于一方直接向法院提起民事诉讼而对方提出管辖权异议的情形，作为折中方案的事中行使模式逐渐成为法院行使最终决定权的主要方式③，而事后行使模式的启动主体通常仅限于因不能归责于本人的事由而未能在仲裁过程中向仲裁庭或法院提出管辖权异议的当事人。

四、我国关于自裁管辖的规定及其评析

（一）法律对自裁管辖制度的规定

尽管仲裁庭自裁管辖原则得到国际社会的广泛认可，但我国《仲裁法》尚未真正贯彻该原则。《仲裁法》第 20 条第 1 款规定："当事人对仲裁协议的效力有异议的，可以请求仲裁委员会作出决定或者请求人民法院作出裁定。一方请求仲裁委员会作出决定，另一方请求人民法院作出裁定的，由人民法院裁定。"由此可见，我国关于自裁管辖的规定与传统的自裁管辖原则存在两方面的显著特殊性：一是立法机关将仲裁管辖权的初步决定权赋予仲裁委员会，而不是具体审理案件的仲裁庭；二是立法机关将最终决定权凌驾于初步决定权之上，任何一方当事人都可以通过向法院"申请确认仲裁协议效力"的方式搁置初步决定权。

（二）初步决定权配置模式的优化

根据《仲裁法》第 20 条第 1 款的规定，无论仲裁庭是否已经组成，仲裁管辖权的初

① 比如，1996 年《英国仲裁法》第 32 条规定："……（2）本条项下的申请不应得到考虑，除非（A）其为经程序所有其他当事人一致书面同意而提出的；或（B）经仲裁庭许可而提出且法院认为——（a）对该问题的决定很可能实质性地节省费用；（b）该申请是不迟延地提出的，且（c）该问题由法院决定有充分的理由。（3）本条项下的申请，除非程序的所有其他当事人一致同意其提出，须阐明该事项应由法院决定的理由。（4）除非当事人之间另有约定，在当事人向法院提出的申请未决之前，仲裁庭可以继续进行仲裁程序并作出裁决。"

② 参见司法部公布的《仲裁法（修订）（征求意见稿）》第 28 条。

③ 比如，《德国民事诉讼法》第 1040 条第 3 款规定，仲裁庭认为其有管辖权的，一般应当以初步裁决的形式作出决定，不服该裁决的当事人可以自受送达后一个月内请求法院决定管辖权。在该请求尚属未决期间，仲裁庭仍可以继续仲裁程序并作出仲裁裁决。

步决定权均由仲裁委员会行使。在仲裁庭组成之后，当事人对仲裁管辖权提出异议的，通常由仲裁庭对异议进行审查，再由仲裁委员会根据仲裁庭的审查结果对管辖权作出决定。没有审理案件的仲裁委员会直接根据仲裁庭提交的书面报告作出决定，这不仅凭空增多了行使初步决定权的中间环节，而且增强了仲裁委员会的官方色彩。基于此，我国部分仲裁委员会通过授权仲裁庭行使初步决定权的方式让自裁管辖制度回归理性。比如，《贸仲规则》第6条规定："（一）仲裁委员会有权对仲裁协议的存在、效力以及仲裁案件的管辖权作出决定。仲裁庭组成后，仲裁委员会授权仲裁庭作出管辖权决定。（二）仲裁委员会依表面证据认为存在有效仲裁协议并作出仲裁委员会有管辖权决定的，仲裁程序继续进行。仲裁委员会依表面证据作出的管辖权决定并不妨碍仲裁庭根据在审理过程中发现的与表面证据不一致的事实及/或证据重新作出管辖权决定……"《北仲规则》第6条第4款规定："本会或者本会授权的仲裁庭有权就仲裁案件的管辖权作出决定。仲裁庭的决定可以在仲裁程序进行中作出，也可以在裁决书中作出。"① 《广仲规则》第17条规定："……（四）当事人向本会提出管辖权异议，本会有权作出决定；仲裁庭组成后，本会授权仲裁庭作出决定。仲裁庭的决定可以在仲裁程序中单独作出，也可以在裁决书中作出。（五）本会依据表面证据作出对案件有管辖权的决定，不影响仲裁庭组成后根据审理过程中查明的事实或者证据重新作出与原决定不一致的管辖权决定……"由此可见，受《仲裁法》第20条第1款的限制，仲裁规则只能采取"仲裁委员会授权仲裁庭行使初步决定权"的应对策略。同时，考虑到当事人就仲裁协议的存在、效力或者其他问题对仲裁案件的管辖权提出的异议可能构成显而易见足以成立或者显而易见不足以成立，仲裁规则普遍保留仲裁庭依据表面证据作出对案件管辖权进行书面审查并作出决定的权力。司法部公布的《仲裁法（修订）（征求意见稿）》第28条第1、2款对实践中的该做法予以确认，当事人对仲裁管辖权提出的异议应由仲裁庭行使初步决定权，但仲裁机构在仲裁庭组成前可以根据表面证据决定仲裁程序是否继续进行。

（三）对直接申请司法审查的限制

除在仲裁机构与仲裁庭之间合理配置初步决定权以外，仲裁管辖异议处理制度还应当进一步强化自裁管辖原则。根据《仲裁法》第20条第1款的规定，一方启动初步决定权行使程序，另一方启动最终决定权行使程序的，由法院裁定仲裁管辖权。这意味着最终决定权优先于初步决定权，即对仲裁管辖权的司法审查优先于仲裁审查。《确认协议效力批复》第3条规定："当事人对仲裁协议的效力有异议，一方当事人申请仲裁机构确认仲裁协议效力，另一方当事人请求人民法院确认仲裁协议无效，如果仲裁机构先于人民法院接受申请并已作出决定，人民法院不予受理；如果仲裁机构接受申请后尚未作出决定，人民法院应予受理，同时通知仲裁机构终止仲裁。"仲裁规则既无法限制法院行使最终决定权的时机，也无法限制当事人向法院申请确认仲裁协议效力的法定权利。因而，尽管仲裁规则可以规定仲裁程序不因当事人向仲裁机构提出管辖权异议而中止，但对当

---

① 《深仲规则》第10条第3款与《北仲规则》第6条第4款的内容基本一致。

事人向法院提出仲裁协议效力异议的案件则必须作中止处理。①

由于仲裁协议当事人在申请仲裁之前可以随时解除仲裁协议，仲裁协议排除诉讼管辖权的效力于当事人依据仲裁协议提出仲裁并由其选定的仲裁员组成仲裁庭后才确切发生。由于仲裁庭组成后即须审核仲裁协议的存在与有效性问题，为避免法院对仲裁管辖权另行审核并得出不同的结论，法律当然应当禁止法院对同一仲裁协议问题的介入。②因而，在仲裁庭组成之后，仲裁管辖权应当由仲裁庭优先审查。当事人在仲裁程序中另行向法院以独立的非讼程序申请确认仲裁协议效力或者直接向法院提起民事诉讼的，知情的法院应当裁定驳回当事人的申请或者起诉，但法院发现仲裁协议明显不存在或者无效的除外。

与此不同，在当事人申请仲裁并依法组成仲裁庭之前，一方当事人申请确认仲裁协议无效或者直接提起民事诉讼的，则缺乏强有力贯彻自裁管辖原则的必要性。在任何一方当事人申请仲裁之前，一方当事人向法院申请确认仲裁协议有效的，由于该方当事人可以直接向仲裁协议约定的仲裁委员会申请仲裁，确认仲裁协议有效的申请通常缺乏诉的利益，法院不应当予以受理；一方当事人向法院申请确认仲裁协议无效或者针对仲裁协议指向的争议直接提起民事诉讼的，该方当事人旨在突破仲裁协议对诉讼管辖权造成的阻却，基于诉权保障理念而应当认可其提出的申请或提起的诉讼具备诉的利益。

对于一方当事人在仲裁程序启动之前向法院申请确认仲裁协议无效的案件，法院应当对仲裁协议的效力进行司法审查，并按照以下的规则办理逐级报核手续：经审查拟认定涉外涉港澳台案件的仲裁协议无效的，受理法院应当向本辖区所属高级人民法院报核，高级人民法院经审查拟同意的，应当向最高人民法院报核，待最高人民法院审核后，方可依最高人民法院的审核意见作出裁定；经审查拟认定国内案件的仲裁协议无效的，受理法院应当向本辖区所属高级人民法院报核，待高级人民法院审核后，方可依高级人民法院的审核意见作出裁定。③

对一方当事人在仲裁程序启动之前直接向法院提起民事诉讼的，根据《民诉法》第127条第2项、《民诉解释》第215条的规定，人民法院依职权发现或者根据被告提出的管辖权异议认定双方当事人针对本案所涉争议达成书面仲裁协议的，人民法院应当告知原告向仲裁机构申请仲裁，由原告申请撤诉，原告坚持起诉的，裁定不予受理，但仲裁协议不成立、无效、失效、内容不明确无法执行的除外。

与申请人胜诉的确认仲裁协议无效案件必须办理逐级报核手续不同，一审法院在民事诉讼案件中因仲裁协议效力而作出的不予受理、驳回起诉、管辖权异议的裁定的，无须办理逐级报核手续。但是，当事人不服法院因涉及仲裁协议效力而作出的不予受理、

① 比如，《广仲规则》第17条第6款规定："当事人向本会提出管辖权异议的，不影响仲裁程序的进行。本会或者本会授权的仲裁庭作出无管辖权决定的，应当驳回仲裁申请。"第77条第1款第1项则明确将"当事人向人民法院提出仲裁协议效力异议"作为仲裁程序应当中止的事由。需要说明的是，尽管《确认协议效力批复》第3条规定法院受理确认仲裁协议效力案件后通知仲裁机构"终止仲裁"，但在法院作出决定之前终止仲裁程序明显不妥，法院在实践中采取的是通知仲裁机构中止仲裁的方案。

② 参见蓝瀛芳：《比较的仲裁法》，936页，台北，元照出版有限公司，2018。

③ 参见《仲裁司法审查报核规定》第2条。

驳回起诉、管辖权异议的裁定而提起上诉，第二审人民法院经审查拟认定仲裁协议不成立、无效、失效、内容不明确无法执行的，则必须按照《仲裁司法审查报核规定》第2条的规定逐级报核，待上级人民法院审核后，方可依上级人民法院的审核意见作出裁定。①

问题与思考

1. 简述自裁管辖原则。

2. 甲、乙因遗产继承发生纠纷，双方书面约定由某仲裁委员会仲裁。后甲反悔，向遗产所在地法院起诉。法院受理后，乙向法院声明双方签订了仲裁协议。关于法院的做法，下列哪一选项是正确的？（　　）（司法考试真题）

A. 裁定驳回起诉

B. 裁定驳回诉讼请求

C. 裁定将案件移送某仲裁委员会审理

D. 法院裁定仲裁协议无效，对案件继续审理

3. 住所在北京市C区的甲公司与住所在北京市H区的乙公司在天津市J区签订了一份买卖合同，约定合同履行发生争议，由北京仲裁委员会仲裁或者向H区法院提起诉讼。合同履行过程中，双方发生争议，甲公司到北京仲裁委员会申请仲裁，仲裁委员会受理并向乙公司送达了甲公司的申请书副本。在仲裁庭主持首次开庭的答辩阶段，乙公司对仲裁协议的效力提出异议。仲裁庭对此作出了相关的意思表示。此后，乙公司又向法院提出对仲裁协议的效力予以认定的申请。下列哪些选项是正确的？（　　）（司法考试真题）

A. 双方当事人约定的仲裁协议原则有效

B. 仲裁庭对案件管辖权作出决定应有仲裁委员会的授权

C. 仲裁庭对乙公司的申请应予以驳回，继续审理案件

D. 乙公司应向天津市中级人民法院申请认定仲裁协议的效力

① 参见《仲裁司法审查报核规定》第8条。

第七章

仲裁管辖权(Ⅱ):可仲裁性

本章概要

可仲裁性包括主体可仲裁性与客体可仲裁性，其实质是立法机关对可以通过仲裁方式解决的争议范围的限定。主体可仲裁性主要指向自然人的仲裁行为能力问题，但例外情形下也可以表现为立法机关限制特定主体利用仲裁程序解决纠纷的自由。客体可仲裁性是指具有仲裁行为能力的纠纷当事人可以通过仲裁方式解决的争议范围。特定争议是否具有可仲裁性通常取决于该争议的性质，但相同争议也可随着情势变更而发生可仲裁性方面的变化。可仲裁性主要涉及的是公共政策保留问题，但各国对可仲裁事项的开放程度与该国在相关领域的竞争实力及其在国际商事仲裁中的话语权存在密切关系。本章在介绍可仲裁性的概念以及揭示可仲裁性的实质的基础之上，就几种比较有代表性的民商事争议的可仲裁性问题进行分析。

关键术语

可仲裁性　主体可仲裁性　客体可仲裁性　公共政策

课程思政

要着眼于统筹推进知识产权保护，从审查授权、行政执法、司法保护、仲裁调解、行业自律等环节，改革完善保护工作体系，综合运用法律、行政、经济、技术、社会治理手段强化保护，促进保护能力和水平整体提升。

——2019 年 7 月 24 日习近平在中央全面深化改革委员会第九次会议上的讲话

知识产权保护是一个系统工程，覆盖领域广、涉及方面多，要综合运用法律、行政、经济、技术、社会治理等多种手段，从审查授权、行政执法、司法保护、仲裁调解、行业自律、公民诚信等环节完善保护体系，加强协同配合，构建大保护工作格局。

——2020 年 11 月 30 日习近平在十九届中央政治局第二十五次集体学习时的讲话

1. 组织学生讨论为何“婚姻、收养、监护、扶养、继承纠纷”不具有可仲裁性，引导学生在婚姻家庭生活方面贯彻“和谐”“平等”等社会主义核心价值观。

2. 组织学生讨论为何国内争议不具有国外可仲裁性，激发学生“运用法治手段开展国际斗争”的爱国热情。

第一节　可仲裁性概述

一、可仲裁性的概念

可仲裁性是指可以依法通过仲裁方式解决的争议范围，包括主体可仲裁性与客体可仲裁性。主体可仲裁性，是指可以哪些主体可以通过仲裁的方式解决民商事争议，《仲裁法》第 2 条将其限定为“平等主体的公民、法人和其他组织”。客体可仲裁性，是指哪些民商事争议可以通过仲裁的方式解决，《仲裁法》第 2 条将其限定为“合同纠纷和其他财产权益纠纷”。由于行政争议当事人不属于“平等主体”以及“婚姻、收养、监护、扶养、继承纠纷”主要涉及人身权益，《仲裁法》第 3 条将前述纠纷排除在可仲裁性事项的范围之外。

（一）主体可仲裁性

《仲裁法》第 2 条将争议主体平等性作为确定仲裁性的主体标准，这导致我国不能参照国际惯例通过仲裁的方式解决国际投资、国际税务、体育等领域的争议。在国际仲裁领域，以争议主体平等性作为确定争议事项可仲裁性的主体标准，在某种程序上对我国的国际仲裁竞争力构成了限制，未来《仲裁法》修改很可能会取消“主体平等”的限制，故本书不再将“平等主体”作为可仲裁性的主体标准。

《仲裁法》第 17 条明确规定“无民事行为能力人或者限制民事行为能力人订立的仲裁协议”无效。《纽约公约》第 5 条第 1 款（a）对此作出了类似规定，即仲裁当事人不具备签订仲裁协议的行为能力的，根据该仲裁协议作出的仲裁裁决可以被拒绝承认及执行。基于此，有人将主体可仲裁性问题等同于当事人行为能力问题①，但基于以下几方面的理由，本书不支持前述观点。

（1）无民事行为能力人或限制民事行为能力人并非不能利用仲裁程序解决争议，而只是欠缺签订仲裁协议的行为能力。无民事行为能力或限制民事行为能力的监护人以法定代理人身份签订的仲裁协议，即使被监护人后续获得或恢复完全民事行为能力，也应当受该仲裁协议的拘束。

（2）无民事行为能力人或限制民事行为能力人未必总是以自己名义签订仲裁协议，无民事行为能力人或者限制民事行为能力人以代理人身份与对方当事人签订仲裁协议同

① 参见赵秀文：《国际商事仲裁及其适用法律研究》，61 页，北京，北京大学出版社，2002。

样无效。即使作为被代理人的当事人“认可”无民事行为能力人或者限制民事行为能力人代其与对方签订的仲裁协议，该仲裁协议也不因此而被评价为有效。

（3）与行为能力制度旨在向缺乏自我保护能力者提供特殊保护不同，主体可仲裁性是基于公共利益之考量而限制特定主体利用仲裁解决争议的资格。比如，《法国新民事诉讼法典》第 2060 条规定“与公共集团以及公共机构相关的纠纷”不可被提交仲裁。再如，1998 年 5 月 19 日修订的《比利时司法法典》第 1676 条第 2 款规定，“在不违反特别法的前提下，公共机构仅可以签订以解决关于某一合同之成立或履行的争议为目的的仲裁协议”，而且第 1700 条规定公共机构作为一方当事人的仲裁案件必须采取依法仲裁形式，即“当公共机构为仲裁协议的一方当事人之时，在不违反特别法规定的前提下，仲裁员应当坚持依据法律规则仲裁”①。

（二）客体可仲裁性

客体可仲裁性涉及的是立法机关是否允许特定争议事项通过仲裁方式解决的问题。②在比较法上，确定客体可仲裁性的标准主要包括：第一，以争议的权益是否可由当事人自由处分或者是否可由当事人自行和解作为判断标准，即凡当事人对争议的权益可以自由处分或自行和解的，争议事项即具有可仲裁性。第二，以争议是否涉及经济利益或是否具有财产性质作为判断标准，即凡涉及经济利益或具有财产性质的争议具有可仲裁性。第三，以争议是否涉及公共利益作为判断标准，即凡涉及公共利益的争议不能仲裁。③

《仲裁法》第 2 条将具有客体可仲裁性的争议事项限定为“合同纠纷和其他财产权益纠纷”。《仲裁法》的起草者显然将“合同纠纷”理解为“财产权益纠纷”的典型形态，但“合同纠纷”并非总是“财产权益纠纷”。一方面，《民法典》规定的某些有名合同（如代理事项不涉及财产内容的无偿代理合同）不涉及财产权益；另一方面，当事人设立、变更、终止身份关系的协议于不存在特别法规定情形下也参照适用《民法典》的规定。④

即使是涉及财产权益的合同纠纷，也并非总是具有客体可仲裁性。只有因当事人可以自由支配的财产权益发生的争议，才可能具有可仲裁性。比如，人民法院依法查封被执行人的银行存款后，被执行人与银行就存款合同纠纷签订仲裁约定的，因被执行人对银行存款的处分权受到了限制且申请执行人对保存银行存款的现状享有法定利益，被执行人与银行于人民法院冻结存款后签订的仲裁协议应被认定为无效。即使是双方当事人可以自行和解且具有财产内容的合同纠纷，也可能被禁止通过商事仲裁的方式加以解决。

① 法国与比利时的前述规定通常被认为不能适用于国际仲裁之中，任何公共机构均不得以其无签订仲裁协议的行为能力为由请求拒绝承认与执行相关国际仲裁裁决。参见 Bernard Hanotiau、Olivier Caparasse：《〈纽约公约〉第 5 条下的可仲裁性、正当程序以及公共政策——以法国与比利时为视角（上）》，傅攀峰译，载陈忠谦主编：《仲裁研究》（第 34 辑），59－69 页，北京，法律出版社，2013。

② 参见欧明生：《民商事纠纷可仲裁性问题研究》，3－4 页，杭州，浙江大学出版社，2013。

③ 参见于喜富：《论争议可仲裁性司法审查之启动程序》，载《法学评论》，2016（3）。

④ 《民法典》第 464 条第 1 款将“合同”界定为“民事主体之间设立、变更、终止民事法律关系的协议”，第 2 款规定“婚姻、收养、监护等有关身份关系的协议”适用有关该身份关系的法律规定，没有特别法律规定的，可以根据其性质参照适用合同编的有关规定。

比如，土地承包经营权合同纠纷、劳动合同纠纷、人事聘用合同纠纷等因适用行政仲裁体制而不具有民商事仲裁层面的客体可仲裁性。①

基于此，展望未来，立法机关在对《仲裁法》进行修订时，有必要对可仲裁性事项增设“但书”，即“其他法律有特别规定的，从其规定”。

（三）主体可仲裁性与客体可仲裁性的关系

尽管仲裁法学界通常将可仲裁性区分为主体可仲裁性与客体可仲裁，但主体可仲裁性与客体可仲裁性之间的界限并不明显。这是因为，几乎不存在某种民事主体被绝对禁止利用仲裁程序解决所有民商事争议，特定民事主体通常只是被禁止利用仲裁程序解决特定领域或者特定场景下的民商事争议。换言之，只有与客体不可仲裁性紧密相合，主体不可仲裁性才不至于违背比例原则。因而，有些仲裁法学教材不再从主体仲裁性、客体仲裁性两方面对可仲裁性问题进行介绍，而从“主体标准”与“客体标准”两方面来限定“争议可仲裁性”②。

二、可仲裁性事项的特征

（一）国别性

可仲裁性事项通常涉及一国的国家利益及社会公共利益，《纽约公约》也将争议可仲裁性问题交由各国的国内法解决。当事人订立的仲裁协议指向不具有可仲裁性的争议的，该仲裁协议在该国将被认定为无效。但是，在一国被认为不具有可仲裁性的争议，在另一国完全可能被认为具有可仲裁性，故外国仲裁机构完全可能针对在我国不具有可仲裁性的争议作出仲裁裁决。尽管该仲裁裁决因缺乏有效的仲裁协议而不能在我国获得承认与执行，但该仲裁裁决仍可能在其他国家获得承认并通过海外资产获得强制执行。因而，单独通过限制争议可仲裁性的方法难以周延地保护国家利益或社会公共利益。有的国家通过立法明确授权本国法院作出禁止当事人选定的仲裁员对本案行使裁决权的禁令，并对违反该禁令的仲裁员采取禁止其入境、冻结其在该国的财产、禁止该国公民及机构同其交易等制裁措施。发达国家通常可以通过此种禁令避免在本国不具有可仲裁性的争议被外国仲裁机构作出不利裁决并导致本国当事人的海外资产遭受强制执行。

可仲裁事项的国别性还可以表现为：法律虽允许当事人将争议提交国内仲裁机构解决，但禁止当事人将争议交由国外仲裁机构解决或者在国外临时仲裁。据此，争议可仲裁性可以分为国内可仲裁性与国外可仲裁性，具有国内可仲裁性的争议未必可以提交国外仲裁机构解决或者在国外临时仲裁。具有国内可仲裁性但不具有国外可仲裁性的争议通常是国内争议，主要目的是避免外国通过仲裁程序干预本国内部争议解决。《最高人民法院关于江苏航天万源风电设备制造有限公司与艾尔姆风能叶片制品（天津）有限公司申请确认仲裁协议效力纠纷一案的请示的复函》（〔2012〕民四他字第2号）以“我国法

① 《仲裁法》第77条规定：“劳动争议和农业集体经济组织内部的农业承包合同纠纷的仲裁，另行规定。”

② 参见肖建国主编：《仲裁法学》，44－46页，北京，高等教育出版社，2021。

律没有规定当事人可以将不具有涉外因素的争议交由境外仲裁机构或者在我国境外临时仲裁”为由，认定约定将国内争议提交国外仲裁机构解决或者在国外临时仲裁的仲裁协议无效，即否认国内争议的国外可仲裁性。具备国内可仲裁性的涉外争议原则上具有国外可仲裁性，只有出于应对国际商事仲裁中可能存在的歧视及规避适用本国法律等特殊考虑，一国才会例外地限制某些争议的国外可仲裁性。但是，考虑到涉外争议仅允许国内仲裁容易在国际舆论中处于被动地位，不愿将某些涉外争议交由国外仲裁机构解决或者在国外临时仲裁的国家通常一并取消此类涉外争议的国内可仲裁性，以免被指责区别对待国内外仲裁。

（二）法定性

法律明确规定可仲裁的争议范围，不仅可以引导当事人理性选择纠纷解决方式及设计争议解决条款，而且可以合理限制仲裁委员会与人民法院对争议可仲裁性的自由裁量权。可仲裁事项的法定性仅意味法律对可仲裁事项作出规定，而不必然要求立法机关对可以通过仲裁方式解决的争议作出具体且穷尽的列举。我国《仲裁法》第 2 条规定民事主体之间的合同纠纷和其他财产权益纠纷具有可仲裁性，第 3 条排除婚姻、收养、监护、抚养、继承纠纷的可仲裁性，但没有为特别法排除某些合同纠纷和其他财产权益纠纷的可仲裁性预留制度空间。此外，商事仲裁程序的适用以双方当事人签订仲裁协议为条件，某些民商事法律规范仅规定当事人可以针对合同纠纷或其他财产权益纠纷提起诉讼，而没有同时明确规定当事人不能通过仲裁方式解决该争议的，是否意味着立法机关有意排除此类根据《仲裁法》第 2、3 条的规定具有可仲裁性的争议通过仲裁的方式解决？特别是，对多数符合《仲裁法》规定可以通过仲裁方式解决的纠纷，《民法典》仅将其纠纷解决方式规定为“提起诉讼或者申请仲裁”①，但第 535 条第 1 款对债权人行使代位权的方式却仅规定为“债权人可以向人民法院请求以自己的名义代位行使债务人对相对人的权利”，为部分民法学者从体系解释出发认为债权人代位权纠纷不具有可仲裁性创造了条件。因而，在未来修订《仲裁法》时，立法机关宜对法律规定当事人可以向人民法院提起诉讼但未明确不能通过仲裁方式解决的合同纠纷或其他财产权益纠纷的可仲裁性作出补充性规定。

（三）可诉性

可仲裁事项具有可诉性，是指可以通过商事仲裁方式解决的争议范围不得超过可以通过民事诉讼的方式解决的争议范围。一方面，基于“一裁终局”与“或裁或审”两个基本制度，商事仲裁属于可以在真正意义上代替民事诉讼的诉讼外纠纷解决方式。另一方面，商事仲裁属于私人的纠纷解决方式，既要仰赖法院的司法协助，也要接受法院的司法监督。因而，具有可仲裁性的争议只能是部分具有可诉性的争议，即具有可仲裁性的争议必然具有可诉性，但具有可诉性的争议不必然具有可仲裁性。对于具有可仲裁性的特定争议事项，当事人已经依法签订仲裁协议的，该争议只能通过仲裁或调解、和解

① 参见《民法典》第 195、565、594、693、694、944 条。

的方式解决。当事人解除仲裁协议或者仲裁协议被认定为无效的，仲裁协议指向的争议即自行恢复可诉性，但该争议不属于人民法院民事诉讼受案范围的除外。

（四）可变性

可仲裁事项具有可变性，是指可以通过商事仲裁方式解决的争议范围不是固定不变的。可仲裁事项的可变性既可以表现为一国内可以商事仲裁方式解决的争议范围具有可变性，也可以表现为特定争议在一国现行法律框架下可因“情势变更”而在可仲裁性方面发生变动。

西方国家属于国际仲裁的主要获益者，他们往往具有扩大可仲裁的国际商事争议范围的经济动力，这些发达国家有足够的实力通过国际条约、政治施压、经济诱导、文化渗透、理论输出、制度推广等方式在全球范围内“带节奏”，导致可以通过商事仲裁方式解决的国际争议范围越来越广。

我国学者向来仅从性质的角度讨论争议可仲裁性问题，而忽视了特定争议可能因争议内外部情况变化而导致其可仲裁性发生变动问题。相同争议因“情势变更”而导致其可仲裁性发生变化的现象，可以将其称为可仲裁性的流变性。可仲裁性的流变性，既可以表现为不具有可仲裁性的争议因发生某种特定情形而被允许通过仲裁的方式解决（积极流变性），也可以表现为具有可仲裁性的争议因发生某种特定情形而不再被允许通过仲裁的方式解决（消极流变性）。

《瑞典仲裁法》第 6 条禁止当事人就将来发生的消费者争议订立仲裁协议，但消费争议现实发生后再订立的仲裁协议则将被认定为有效，此可以理解为可仲裁性的积极流变性。我国《仲裁法》第 3 条虽禁止离婚纠纷通过仲裁方式解决，但婚姻关系解除后的共有财产分割纠纷则具有可仲裁性，故婚姻关系的解除可以导致共有财产纠纷从不可仲裁性向可仲裁性转化，故也可以理解为可仲裁性的积极流变现象。

可仲裁性的消极流变性的典型例子是意大利船舶公司（Fincantieri-Cantieri Navali Italiani SPA，Italy）诉伊拉克国防部案。意大利船舶公司与伊拉克国防部订立轻型护卫舰买卖合同，并约定“由于本合同引起的所有争议，应当最终由巴黎商会依据该会仲裁与调解规则并根据该规则指定的三位仲裁员仲裁解决”。但随后，联合国安理会、欧盟、意大利均以伊拉克入侵科威特为由对伊拉克实施禁运，从而导致合同无法履行。意大利船舶公司向当地法院提起诉讼，伊拉克国防部以仲裁协议为依据提出管辖权异议。一审法院支持伊拉克国防部的管辖权异议，但上诉法院推翻了一审判决，其主要理由为：由于禁运令导致意大利船舶公司再也不能自由处置合同项下的权利与义务，本案争议在禁运令发布之前属于可以通过仲裁解决的事项，在禁运令发布后则成为不能通过仲裁解决的事项。[①] 由此可见，禁运令的发布导致意大利船舶公司不再可以自由处分合同项下权利与义务，进而导致轻型护卫舰买卖合同纠纷从可仲裁事项转化为不可仲裁事项。正是由于争议可仲裁性具有流变性的特征，有观点认为，“争议不可仲裁的原因不在于公共利

① 参见赵秀文主编：《国际商事仲裁案例解析》，102－108 页，北京，中国人民大学出版社，2005。

益或第三人利益，而是当事人经济利益要求争议在仲裁程序启动时具有可和解性”①。

三、限制争议可仲裁性的原因

商事仲裁属于私人不公开解决争议的方式。仲裁协议签订主体或继受主体以外的利害关系人缺乏参加仲裁程序的正当性基础。即使立法机关例外允许其参加仲裁程序，前述利害关系人往往也因不知悉仲裁事件而无法及时阻止仲裁庭作出对己不利的裁决。因而，双方当事人之间涉及第三人利益的争议签订的仲裁协议通常被认为无效，理由是涉及第三人利益的争议不具有可仲裁性。双方当事人之间发生的争议还可能涉及国家利益或社会公共利益，而国家利益或社会公共利益未必有适格的主体参加仲裁程序或监督仲裁裁决，否认此类争议的可仲裁性既可以在国内防止当事人通过仲裁方式损害国家利益或社会公共利益，也可以为国内拒绝承认与执行国外相关裁决、授权国内法院对国外仲裁发布禁令提供制度依据。因而，限制争议可仲裁性的原因通常是争议涉及第三人利益、国家利益、社会公共利益，从而导致争议主体不能完全自由地处理其民事权利。

（一）排除涉及第三人利益的争议之可仲裁性的原因

排除涉及第三人利益的争议之可仲裁性，是为了保障第三人因无法参加仲裁程序而丧失阻止仲裁庭作出不利于己的仲裁裁决的权利，即保障其依据《民诉法》规定享有的共同诉讼或参加诉讼的程序权利。实际上，排除涉及第三人利益的争议之可仲裁性具有相对性。第三人与双方当事人均达成明示或默示的仲裁协议的，因第三人已经转化为仲裁协议当事人，三方当事人自然可以通过仲裁程序解决争议。比如，债权人代位权纠纷因具有涉他性而可能导致其丧失可仲裁性，导致债权人与相对人就代位权纠纷签订的仲裁协议可能被认定为无效，但行使代位权的债权人、与行使代位权的债权人处于相同法律地位的其他债权人、债务人、相对人共同签订仲裁协议的，则没有理由排除代位权争议通过仲裁方式解决。

排除涉及第三人利益的争议之可仲裁性的潜台词是：仲裁裁决不可以损害未参加仲裁程序的第三人的实体权益。对此，不少学者持否认观点。仲裁裁决的既判力与形成力原则上具有相对性，而且越来越多的学者主张具有给付内容的仲裁裁决未经司法确认不具有执行力，故仲裁裁决通常不会损害第三人权益。但是，相对性原则并非总是可以向第三人权利提供足够充分的保护。② 即使是贯彻相对性原则最彻底的合同法，也确立了“合同的保全”制度，授权债权人代位行使债务人对相对人享有的债权或者撤销债务人与相对人从事的“影响债权人的债权实现的”责任财产不当减少行为。即使双方当事人不能通过申请仲裁的形式强化对第三人权利的损害效果，立法机关也应当赋予债权人以程序上的形成权，允许其以普通诉讼的形式撤销损害其债权实现利益的仲裁裁决。这是因为，《民法典》第538、539条仅规定“债权人可以请求人民法院撤销债务人的行为”，而

---

① 参见［瑞典］拉斯·休曼：《瑞典仲裁法实践和程序》，顾华宁译，110页，北京，法律出版社，2012。

② 参见黄忠顺：《确定判决对案外第三人权益的损害及其救济原理》，载《比较法研究》，2021（4）。

仲裁机构的裁决行为显然不属于“债务人的行为”，债务人与相对人可以通过以仲裁裁决书或仲裁调解书对“债务人的行为”加以确认的方式使债权人无法根据《民法典》第538、539条的规定请求人民法院撤销“影响债权人的债权实现”的责任财产不当减少行为。在立法机关拒绝赋予第三人以撤销仲裁裁决书与仲裁调解书的形成权的语境下，限制部分涉及第三人利益争议的可仲裁性更具备正当性基础。[①] 比如，在最高人民法院制定民法典合同编司法解释的过程中，参与该司法解释草案讨论的民法学者对涉及第三人利益的代位权纠纷是否具有可仲裁性发生了争议。[②] 对此，本书认为，代位权纠纷涉及与行使代位权者处于相同法律地位的其他（潜在）债权人的利益，在后者缺乏推翻损害其合同权益的虚假代位仲裁裁决的法定途径的语境下，限制代位权纠纷的可仲裁性具有正当性基础。

（二）因涉及国家利益、社会公共利益而排除争议的仲裁性

排除涉及国家利益、社会公共利益的争议之可仲裁性，是为了避免当事人将涉及国家利益或社会公共利益的特定争议交由不信任的仲裁机构解决，甚至交由国外仲裁机构仲裁以规避适用本国法律。实际上，不同国家在不同领域内的国际竞争力各不相同，基于供求关系而处于显著优势地位的一方显然具有签订仲裁协议的主动权。强势一方不仅可以借助国际商事仲裁协议规避适用对方所在地法律，而且可以将纠纷交由对对方存在歧视的仲裁地或者仲裁机构进行仲裁。与此同时，不同国家和地区的国际商事仲裁服务市场竞争力各不相同，为了吸引与本国或本地区无关的争议当事人前来仲裁，有些国家或者地区区别对待国内仲裁与国际仲裁，对国际仲裁的可仲裁性采取极为宽容的态度。经济相对较为落后且国际商事仲裁话语权较弱的一些国家和地区（如印度尼西亚与泰国）对国际仲裁持抵制态度也就不难理解，甚至有些当事人不惜通过商业贿赂等不正当方式诱使对方当事人与其签订国际商事仲裁协议。考虑到我国的国有企业与他国企业在国外进行的商事仲裁案件绝大多数以中方企业败诉的现实，著名仲裁法专家杨良宜教授认为，我国遵循《纽约公约》仍处于弊多利少的阶段，有必要充分利用“不可仲裁”的说法，以保护一些事关重大的特殊业务/活动，特别是涉及国有企业的国际商事争议。[③] 尽管从主体可仲裁性上限制国有企业签订规避适用本国法律的国际商事仲裁协议必将遭到作为国际仲裁主要获益者的西方国家的批判，但在获得足够强大的国际商事仲裁话语权之前，我国仍应当考虑对特殊主体的国际商事仲裁自由加以适当限制。

为了权衡契约自由与契约正义两种价值取向，我国《涉外民事关系法律适用法》第41条以及《民法典》第467条第2款规定，在中华人民共和国境内履行的中外合资经营

---

① 最高人民法院不断推动《民事强制执行法草案》的修订工作，2019年修订后的《民事强制执行法草案》第87条第1款以及2020年修订后的《民事强制执行法草案》第44条第1款确立了案外人撤销仲裁裁决、仲裁调解书之诉制度，但2021年11月修订后的《民事强制执行法草案》删除了该制度，《中华人民共和国仲裁法（修订）（征求意见稿）》第85条规定了案外人撤销仲裁裁决之诉。

② 参见石佳友、刘欢、曾佳：《〈民法典〉合同编司法解释规则的优化与完善——“〈民法典合同编司法解释（草案）〉学术研讨会”综述》，载《法律适用》，2021（12）。

③ 参见杨良宜：《关于可仲裁性（三）》，载魏超等主编：《北京仲裁》（第58辑），21页，北京，法律出版社，2006。

企业合同、中外合作经营企业合同、中外合作勘探开发自然资源合同等3类涉外民事合同强制适用中华人民共和国法律，即不允许当事人协议选择适用外国法律。为了实现实体法与程序法的有效衔接，《民诉法》第279条明确规定因前述3类涉外民事合同发生纠纷提起的诉讼案件由人民法院专属管辖，以防止当事人通过将前述纠纷交由外国法院审理以规避适用我国法律。[①] 尽管现行法律没有对前述3类涉外民事合同纠纷是否具有可仲裁性作出具体规定，但因其属于《仲裁法》第2条规定的“合同纠纷”而应当被理解为具有可仲裁性。对此，自2020年1月1日起因《外商企业法》实施而失效的《中外合作经营企业法》第26条与《中外合资经营企业法》第16条分别对中外合作经营企业合同纠纷与中外合资经营企业合同纠纷的可仲裁性作出了规定，并且明确规定当事人可以约定将前述两种纠纷交由国外仲裁机构裁决，但现行的《外商企业法》对此采取回避态度。在全面认可前述3类涉外民事合同纠纷可仲裁性的情形下，国外仲裁机构作出的仲裁裁决没有适用我国法律的，我国人民法院虽可以拒绝承认与执行，但无法阻止适用了国外法律的仲裁裁决通过中方当事人的海外资产获得强制执行。因而，在《民诉法》已经明确禁止将前述3类涉外民事合同纠纷交由国外法院审理的语境下，否认前述3类涉外民事合同纠纷的可仲裁性，更有利于实现实体法与程序法、民诉法与仲裁法的有效衔接。

第二节　争议可仲裁性的审查

一、争议可仲裁性的立法体系

在比较法上，各国关于争议可仲裁性的立法体系主要包括以下几种：（1）概括式立法体例，即成文法对可仲裁争议或不可仲裁争议作出抽象规定，而没有对可仲裁争议或不可仲裁争议作出具体规定。比如，《日本仲裁法》第13条第1款规定，除法律有其他规定的情形外，仲裁协议以当事人可进行和解的民事纠纷（离婚或解除收养关系的纠纷除外）为对象时有效。再如，《阿根廷国家民商事诉讼法典》第737条对不可仲裁争议作出了概括性规定，即对法律不准许和解与调解解决的争议不能提交仲裁。概括式立法体系虽存在肯定式与否定式两种模式，但其实质均为当事人可以处分的民事争议原则上具有可仲裁性。（2）列举式立法体例，即成文法对可仲裁事项或不可仲裁事项进行具体列举。比如，加拿大不列颠哥伦比亚省1986年《国际商事仲裁法案》第1条明确列举了16种可以作为商事仲裁对象的法律关系，1984年《秘鲁民法》第1913条明确列举了3种不能作为仲裁对象的争议。（3）结合式立法体例，即成文法既通过抽象语言对可仲裁性事项进行概括式规定，又具体列举可仲裁事项或者不可仲裁事项，以兼顾可仲裁性的确定性与开放性。

---

① 参见最高人民法院民法典贯彻实施工作领导小组主编：《中华人民共和国民法典合同编理解与适用》，46页，北京，人民法院出版社，2020。

我国《仲裁法》采取结合式立法体例，第 2 条将可仲裁事项概括为“合同纠纷和其他财产权益纠纷”，第 3 条明确规定了两类不具有可仲裁性的事项，即“婚姻、收养、监护、扶养、继承纠纷”与“依法应当由行政机关处理的行政争议”。然而，基于债权人代位权、债权人撤销权、股东代位权等引发的争议，虽符合《仲裁法》关于可仲裁性的规定，但部分学者以民事实体法仅规定有关主体可以提起民事诉讼为由，认为前述争议不具有可仲裁性。实际上，前述纠纷是否具有可仲裁性与行使前述权利的债权人（或股东）是否受债务人（或公司）与相对人订立的仲裁协议的拘束是两码事。以债权人代位权争议为例，如果将债权人理解为债务人的法定担当人，债权人是债务人实体地位的继受者，自然应受债务人与相对人签订的仲裁协议之拘束；如果将代位权理解为债权人依法享有的独立权利，作为财产权益纠纷的代位权争议具有仲裁性，但这仅意味着债权人可以与相对人（及债务人）签订仲裁协议，而不意味着债权人必须接受债务人与相对人之间签订的仲裁协议之拘束。为避免人们以法律没有明文规定可以申请仲裁为由拒绝认可争议可仲裁性，将来《仲裁法》很可能会增加以下规定：“法律规定当事人可以向人民法院提起民事诉讼，但未明确不能仲裁的，当事人订立的符合本法规定的仲裁协议有效。”

二、判断争议可仲裁性适用的法律

在禁止当事人将国内争议交由国外仲裁机构解决或者在国外临时仲裁的语境下，国内争议解决不允许当事人选择适用外国法，仲裁机构或人民法院判断国内争议的可仲裁性的依据只能是国内法律。与此不同，涉外争议的当事人既可以将争议提交国内仲裁机构解决，也可以将争议提交给国外仲裁机构解决或在国外临时仲裁，而且允许当事人选择适用判断争议可仲裁性的法律。因而，只有被国内法允许的当事人将其交由国外仲裁机构解决或者在国外临时仲裁的涉外争议，才存在“以何国法律为依据判断争议可仲裁性”的问题。由于争议可仲裁性具有国别性，根据不同国家法律对特定争议的可仲裁性进行审查，可以得出截然相反的结论。因而，在具体审查特定涉外争议的可仲裁性之前，有必要先行确定本案判断争议可仲裁性应当适用的法律。

（一）当事人约定的准据法或仲裁地法

根据《纽约公约》第 5 条第 1 款第 1 项的规定，仲裁协议效力应当根据当事人约定的准据法进行判断，当事人未约定判断仲裁协议效力的准据法的，依据仲裁地法判断仲裁协议的效力。由于争议可仲裁性是仲裁协议的生效条件，判断争议可仲裁性的法律应当优先适用当事人约定的准据法，并以适用仲裁地法作为补充性规范。当事人约定判断争议可仲裁性的准据法的，既可以通过仲裁协议予以明确约定，也可以通过选择合同适用法律的方式予以间接约定。对此，我国《涉外民事关系法律适用法》第 18 条明确规定：“当事人可以协议选择仲裁协议适用的法律。当事人没有选择的，适用仲裁机构所在地法律或者仲裁地法律。”

（二）法院地法

在当事人申请执行国外仲裁裁决的情形下，根据《纽约公约》第5条第2款第1项的规定，即使裁决事项根据仲裁庭认定应当适用的法律具有可仲裁性，只要被申请承认与执行地所在国的主管机关认定裁决事项在本国不具有可仲裁性，即可拒绝承认与执行该仲裁裁决。因而，在国外仲裁裁决的承认与执行环节，法院地法成为判断裁决事项是否具有可仲裁性的依据。即使裁决事项根据当事人约定的准据法或者仲裁地法具有可仲裁性，被申请承认与执行的法院也可以以法院地法不允许通过仲裁的方式解决该争议为由拒绝承认与执行国外仲裁裁决。因此，法院地法在决定可仲裁性事项上发挥着决定性作用，但一国以裁决事项缺乏可仲裁性为由拒绝承认与执行国外仲裁裁决的，不妨碍债权人向债务人有财产可供执行的其他国家申请承认与执行仲裁裁决。

三、我国审查争议可仲裁性的模式

根据我国现行《仲裁法》《民诉法》的规定，有权对特定争议的可仲裁性进行审查的主体包括仲裁委员会与人民法院。仲裁委员会只能在仲裁程序中根据当事人的异议对争议可仲裁性作出决定，而人民法院审查争议可仲裁性则不以当事人提起诉讼为必备条件。具体而言，仲裁委员会与人民法院对争议可仲裁性进行审查的情形主要包括以下几种。

（1）一方当事人向法院起诉未声明有仲裁协议，另一方在首次开庭前提交仲裁协议，以主张法院对本案缺乏管辖权的，法院应当判断仲裁协议是否违反法律关于可仲裁性的规定。

（2）在仲裁程序中，被申请人于答辩期限内以“约定的仲裁事项超出法律规定的仲裁范围”为由主张仲裁协议无效的，仲裁机构、仲裁庭应当对此进行审查并作出决定。《仲裁法》第20条允许当事人在仲裁程序中直接向法院提出对仲裁协议的效力的异议，并将法院的裁定权前置于仲裁机构、仲裁庭的决定权，这带来了仲裁程序迟延问题，而且不符合司法监督与支持仲裁的基本原理，《仲裁法》未来很可能将仲裁机构、仲裁庭的决定权前置于法院的裁定权。

（3）在当事人申请仲裁之前，一方当事人直接以“约定的仲裁事项超出法律规定的仲裁范围”为由请求法院裁定仲裁协议无效的，无论当事人是否已经或同时提起民事诉讼，法院都应当对争议可仲裁性进行审查。

（4）在仲裁裁决作出后，当事人以“仲裁委员会无权仲裁裁决事项”为由申请法院撤销或不予执行国内仲裁裁决、拒绝承认与执行国外仲裁裁决的，法院仍应当对争议可仲裁性进行审查，但法院在此前已经裁定争议具有可仲裁性的，法院原则上应当驳回当事人的前述申请。

考虑到作为私文书的仲裁裁决不能自动获得执行力，未来《仲裁法》很可能会增设仲裁裁决可执行性的司法审查程序。在此种语境下，一方当事人不履行仲裁裁决，对方当事人在申请执行之前应当向人民法院申请司法审查，人民法院应当按照非讼程序对案件进行审理，被申请人应当在此阶段提出所有可以反对人民法院赋予仲裁裁决以执行力的事由，包括裁决事项不具有可仲裁性在内。

第三节 特殊争议的可仲裁性

具有可仲裁性的国际争议范围正在呈现逐渐扩大的趋势，产生这种趋势主要有两方面的原因：一是，伴随着国际经济发展与商事往来增多，国际商事争议与日俱增，而将国际商事争议交由一国的主管机关处理往往不如交由中立的仲裁机构处理更容易被当事人接受。二是，作为国际仲裁主要获益者的发达国家通过各种方式宣传及推广国际商事仲裁，而发展中国家通常为了发展经济而主动或被动放松对可仲裁事项的限制。作为国际仲裁主要获益者的发达国家，不仅自己对国际商事纠纷的可仲裁性采取较国内商事纠纷更为宽松的政策，而且积极推动其他国家放松对国际争议可仲裁性的限制。对于其他国家而言，具有可仲裁性的国内争议范围则完全可能大于具有可仲裁性的国际争议范围。一国是否扩张国际争议的可仲裁范围取决于该国的涉外法治竞争力。与此不同，国内争议可仲裁范围的扩张不涉及不同国家的涉外法治竞争力问题，其更多考虑的是争议事项是否涉及第三人利益、国家利益或者社会公共利益。涉外法治竞争力问题不在本书的研究范围，本节仅在国内争议范围内讨论可仲裁事项的限制与扩张问题。

一、反垄断与反不正当竞争纠纷

反垄断法是国家管理市场、维护市场秩序的公法，与国家利益与社会公共利益息息相关。传统上各国都不允许通过商事仲裁方式解决反垄断纠纷，但美国、英国、澳大利亚、荷兰等国逐渐认可国际商事交易中发生的反垄断纠纷的可仲裁性。对于涉嫌垄断的经营行为，《反垄断法》规定由反垄断执法机构负责调查与行政处罚。因而，境内反垄断纠纷不属于平等主体之间的争议，反垄断争议属于发生在行政机关与行政相对人之间的行政争议，故不属于《仲裁法》第 2 条规定的可仲裁争议事项。与此相似地，对于涉嫌不正当竞争的经营行为，《反不正当竞争法》同样规定由监督检查部门负责调查并作出责令停止违法行为、没收违法商品、罚款、吊销营业执照等行政处罚决定，故监督检查部门与不正当竞争的经营者之间的纠纷不具有可仲裁性。但是，不同经营者之间因垄断或不正当竞争行为发生民事纠纷则不必然涉及第三人利益、国家利益或者社会公共利益。比如，根据《反不正当竞争法》第 17 条的规定，不正当竞争行为给其他经营者的合法权益造成损害的，其他经营者可以向人民法院提起损害赔偿之诉。因已被责令停止的不正当竞争行为遭受损害而发生的财产权益争议及其解决通常不涉及第三人利益及社会公共利益，在理论上不存在将其排除在可仲裁性争议事项范围的正当性基础。诚然，承认部分反垄断纠纷与反不正当竞争纠纷的可仲裁性，不意味着立法机关必须认可双方当事人违法行为发生之前签订的仲裁协议。比如，在一方当事人占据滥用市场支配地位的情形下，双方当事人在反垄断纠纷或反不正当竞争纠纷发生之前签订的仲裁协议，可因《仲裁法》规定反垄断纠纷或反不正当竞争纠纷在纠纷现实发生前不具有可仲裁性而无效。①

二、知识产权纠纷

知识产权具有地域性的限制，对知识产权的保护措施主要由国内法规定，而且涉及各国的公共政策。因而，知识产权纠纷在传统上被认为不能通过仲裁的方式解决，而应当专属于一国的法院或者专门行政机构处理。但是，伴随着科学技术与国际交易的发展，高科技领域知识产权的跨国争议越来越多，《与贸易有关的知识产权协议》（TRIPs）要求全体成员承认知识产权为私权，并将仲裁作为世界贸易组织解决成员之间知识产权国际争议的方式之一。1993 年 9 月，世界知识产权组织建立“世界知识产权组织仲裁与调解中心”，为国际私人之间有关知识产权的纠纷提供专门性诉讼纠纷解决机制。在国内知识产权纠纷方面，虽然因知识产权转让或许可使用合同发生的争议的可仲裁性已经被包括我国在内的多数国家认可，但关于知识产权效力争议与知识产权侵权纠纷的可仲裁性则仍存在争议。就我国而言，《著作权法》第 60 条明确认可著作权纠纷（包括著作权合同纠纷与著作权侵权纠纷）的可仲裁性，《专利法》第 65 条与《商标法》第 60 条的规定表明专利侵权纠纷与商标侵权纠纷不能通过仲裁方式解决。尽管《专利法》与《商标法》没有对专利、商标的转让、实施许可等合同纠纷的可仲裁性作出规定，但因合同纠纷属于《仲裁法》第 2 条明确规定可以申请仲裁的争议事项，我国仲裁实践与司法实践均认可知识产权合同纠纷的可仲裁性。至于商标权与专利权的有效性争议，我国目前并没有将其纳入民事诉讼案件的受理范围，故此类争议因缺乏可诉性而不可能具有可仲裁性。《商标法》第 44、45 条与《专利法》第 45、46 条均将其作为行政机关处理的争议范围，并允许不服行政机关处理结果的当事人提起行政诉讼。

三、消费纠纷

为了特殊关照作为社会弱势群体的消费者，传统观点以双方当事人的经济实力与专业水平存在悬殊为由，反对消费纠纷的可仲裁性，而主张通过诉讼或者行政方式解决消费纠纷。但是，伴随着国际消费纠纷日益增多，法国巴黎上诉法院在 1994 年作出的一项判决中确定了“国内消费争议不具有可仲裁性，国际消费争议具有可仲裁性”的二分原则，其他国家也逐渐放宽对消费纠纷可仲裁性的限制。在我国，《消保法》第 39 条第 4 项明确将“根据与经营者达成的仲裁协议提请仲裁机构仲裁”作为解决消费纠纷的途径之一，即认可消费纠纷的可仲裁性。由于《消保法》没有对消费纠纷的仲裁程序作出特殊规定，消费纠纷仲裁应当采取《仲裁法》规定的商事仲裁模式。由于经营者与消费者之间通常存在经济实力、专业知识、信息分布等方面存在较大的差距，双方当事人于消费纠纷发生之前以格式条款形式签订的仲裁协议通常存在损害消费者纠纷解决利益的嫌

① 《德国民事诉讼法》第 1030 条第 3 款规定：“根据本编以外其他成文法的规定，某些争议不得提交仲裁或在特定情况下才能提交仲裁，此类规定不受本编影响。”这意味着德国立法机关可以对某些争议的可仲裁性设置特殊条件，包括特定争议在其现实发生之前不具有可仲裁性，以从根本上防止强势当事人利用其优势地位迫使弱势当事人签订仲裁协议。

疑。为了向消费者提供确有必要的特殊关照，有的学者主张从根本上否认消费纠纷的可仲裁性，有的主张消费纠纷于其现实发生后才具有可仲裁性，有的主张《民法典》第496～498条对格式条款作出的规定已足以向消费者提供必要的特殊保护。前两种观点主张的方案无疑将大幅度降低商事仲裁在消费纠纷解决中的适用比例，而最后一种观点主张的方案将导致仲裁条款效力不稳定。本书认为，基于特殊关照社会弱势群体纠纷解决利益的价值理念，为了降低小额消费纠纷解决成本，立法机关应当探索建立福利型小额消费纠纷特殊仲裁机制，而不能简单套用成本高昂的商事仲裁模式。对于标的额较大的消费纠纷，则可以考虑采取第二种观点主张的方案，即从法律上规定消费纠纷仅在其现实发生后才具有可仲裁性，于消费纠纷现实发生前签订的仲裁协议无效。

四、证券期货纠纷

证券期货纠纷呈现出案情复杂、专业性强、涉及主体众多、行业特点明显、解决难度大等特征，比较法上曾经认为其不适宜通过仲裁的方式解决。但是，国际证券期货纠纷通过仲裁解决可以避免当事人在不同国家提起平行诉讼，而国内证券期货纠纷通过仲裁解决可以有效缓解法院对证券期货案件的审判压力。证券期货纠纷的可仲裁性已经获得越来越多国家的认可。尽管我国《证券法》没有明确规定证券纠纷的可仲裁性，但国务院于1993年4月22日发布的《股票发行与交易管理暂行条例》第79、80条分别认可了“与股票的发行或者交易有关的争议”“证券经营机构之间以及证券经营机构与证券交易场所之间因股票的发行或者交易引起的争议”的可仲裁性。[①] 中国证券监督委员会、司法部于2021年10月15日公布的《关于依法开展证券期货行业仲裁试点的意见》（〔2021〕25号）规定，支持、推动证券期货业务活跃的北京、上海、深圳三地开展试点，在依法组建的仲裁委员会内部设立证券期货仲裁院（中心），适用专门的仲裁规则，专门处理以下证券期货合同纠纷和其他财产权益纠纷：（1）证券基金期货经营机构、证券基金期货服务机构、私募投资基金管理人和托管机构、证券发行人、上市公司和非上市公众公司等证券期货市场主体之间，上述主体与投资者或客户之间因证券期货合同或协议引起的纠纷。（2）证券期货交易场所、证券登记结算机构、证券期货行业协会等证券期货市场自律组织的会员、参与人之间，以及会员、参与人与投资者或客户之间因交易结算、登记存管等证券期货业务产生的纠纷；证券发行人、非上市公众公司与证券交易场所因上市协议、挂牌协议等协议产生的纠纷。（3）证券期货市场平等主体之间产生的财产性权利受到侵害引起的民事赔偿纠纷。其中，证券期货侵权行为引起的财产权益纠纷包括违反证券期货法律、行政法规、规章和规范性文件、自律规则规定的义务引起的虚假陈述民事赔偿纠纷，以及市场主体从事操纵市场、内幕交易、损害客户利益等行为引起的民事赔偿纠纷。

---

① 《股票发行与交易管理暂行条例》第79条规定：“与股票的发行或者交易有关的争议，当事人可以按照协议的约定向仲裁机构申请调解、仲裁。”第80条规定：“证券经营机构之间以及证券经营机构与证券交易场所之间因股票的发行或者交易引起的争议，应当由证券委批准设立或者指定的仲裁机构调解、仲裁。”《国务院证券委员会关于指定中国国际经济贸易仲裁委员会为证券争议仲裁机构的通知》（证委发［1994］20号）指定中国国际经济贸易仲裁委员会为《股票发行与交易管理暂行条例》第80条所述的仲裁机构。

（4）证券期货市场主体之间产生的其他证券期货类合同纠纷和其他财产权益纠纷。

五、破产纠纷

在比较法上，各国对破产纠纷的可仲裁性存在绝对禁止与相对禁止两种立法模式。绝对禁止立法模式的主要理由是破产纠纷不仅仅是破产人与债权人之间的私人争议，而且还涉及社会公共利益，故不宜通过仲裁方式解决，采取此种立法模式的代表性国家是日本、澳大利亚、法国。相对禁止立法模式是有限制地认可破产纠纷具有可仲裁性，即原则上不允许与重整、和解、清算程序密切相关的争议通过仲裁解决，其他争议则是视具体情况决定其是否具有可仲裁性。一般而言，破产人于被宣告破产之前与他人就债权债务关系签订的仲裁协议不因破产人被宣告破产而无效。如在瑞典，如果债务人在破产前已签订了仲裁协议，该协议对破产管理人和协议另一方当事人均有约束力，他们都可以坚持通过仲裁解决争议。在破产程序已经开始后，破产管理人也可同意就尚未确定的某些资产进行仲裁。① 我国《企业破产法》第 20 条、第 25 条第 1 款第 7 项、第 47 条的规定表明，人民法院受理破产申请及宣告破产裁定均不影响破产企业此前与他人签订的仲裁协议的效力，即破产案件中无涉破产程序的纠纷具有可仲裁性。但是，基于破产法院的专属管辖权，无涉破产程序的纠纷虽具有可仲裁性，破产管理人原则上不能再代表破产企业对外签订仲裁协议。对于破产程序中发生的纠纷，因此类争议解决往往关涉社会公共利益，故通常被认为缺乏可仲裁性。

问题与思考

1. 如何理解可仲裁性标准的确立？

2. 如何理解可仲裁性的发展趋势？

3. 根据我国有关法律规定，在下列哪些情形下仲裁协议无效？（　　）（司法考试真题）

A. 约定的仲裁事项属于平等主体之间的有关人身关系的纠纷

B. 约定的仲裁事项是不动产纠纷，在《民事诉讼法》上属于法院专属管辖的案件

C. 载有仲裁条款的合同因违反法律的禁止性规定而无效

D. 仲裁条款约定“因本合同履行发生的一切争议，由北京市的仲裁委员会进行仲裁”

4. 甲、乙因遗产继承发生纠纷，双方书面约定由某仲裁委员会仲裁。后甲反悔，向遗产所在地法院起诉。法院受理后，乙向法院声明双方签订了仲裁协议。关于法院的做法，下列哪一选项是正确的？（　　）（司法考试真题）

A. 裁定驳回起诉

B. 裁定驳回诉讼请求

C. 裁定将案件移送某仲裁委员会审理

D. 法院裁定仲裁协议无效，对案件继续审理

---

① 参见赵秀文主编：《国际商事仲裁法》，153 页，北京，中国人民大学出版社，2007。

PART FOUR

| 第四编 |

4

仲裁程序

第八章
仲裁程序

本章概要

仲裁程序是仲裁庭、当事人以及其他仲裁参与人进行仲裁活动所遵循的方式、步骤和时限等要素的总和。仲裁需要遵循的程序规范，一般以仲裁程序规则和仲裁程序法的形式表现出来。仲裁程序最为显著的特点当属其灵活性。仲裁申请是启动仲裁程序的第一步，当事人申请仲裁，应当符合规定的相应条件，如有仲裁协议、有具体的仲裁请求和事实理由、属于仲裁机构的受理范围、须采用书面形式等。仲裁机构对照申请条件进行审查并决定是否予以受理；决定受理后，将对当事人、仲裁机构、法院产生不同的法律后果。在仲裁时效完成后，受仲裁协议约束的权利人仍有权向仲裁机构申请仲裁，仲裁机构应当受理，提出时效抗辩是被申请人的权利。被申请人可以承认或者反驳仲裁请求，有权提出反请求。我国仲裁庭的组成形式有合议仲裁庭和独任仲裁庭，其成员由当事人选定或仲裁机构主任依据规则指定。仲裁审理以开庭审理为原则，以书面审理为例外；开庭审理的仲裁方式又以不公开审理为原则，以公开审理为例外。在开庭审理前，仲裁庭需要做好确定仲裁审理方式、通知当事人开庭的时间和地点、举行庭前预备会议等各项准备工作。开庭审理是仲裁程序的中心环节，其程序较为灵活，甚至没有严格区分庭审调查和庭审辩论。众多机构规则中规定了仲裁简易程序，它是普通程序的“简化版”，是仲裁机构审理争议金额不超过一定数额的仲裁案件所适用的以及当事人约定或同意适用的一种简便易行的仲裁程序，具有独任仲裁庭审理、程序进行期限较短、审理方式更为灵活、作出裁决较为迅速等特点。仲裁程序进行过程中可能遇到各种特殊情况，有合并仲裁、撤回仲裁申请、延期开庭、多数仲裁员继续仲裁程序、缺席裁决、程序中止及恢复、撤销案件等，正确处理这些特殊情况有利于仲裁程序的顺利推进。另外，期限、期日、送达（发送）、仲裁费用也是仲裁程序中的重要内容。

关键术语

仲裁程序　程序规范　仲裁申请　仲裁受理　仲裁时效　仲裁答辩　仲裁反请求　合议仲裁庭　独任仲裁庭　确定仲裁员　仲裁审理　书面审理　开庭审理　审前的准备　庭审调查　庭审辩论　开庭笔录　庭审后程序

合议仲裁庭评议　简易程序　合并仲裁　撤回仲裁申请　延期开庭　多数仲裁员继续仲裁程序　缺席裁决　程序中止　撤销案件　期限　期日　送达（发送）　仲裁费用

课程思政

请组织学生讨论《仲裁法》第四章规定的程序规范与仲裁规则规定的程序规范之间的关系，引导学生理解仲裁法强制适用的程序规范旨在保障最低限度的程序正义，并保证仲裁裁决的实体公正。通过本场讨论，学生对作为社会主义核心价值观的“公正”“法治”有更为深入的认识。

第一节　仲裁程序概述

一、仲裁程序的概念

仲裁程序是指仲裁庭、当事人以及其他仲裁参与人进行仲裁活动所遵循的方式、步骤和时限等要素的总和。具体地说，仲裁程序包括如何提出申请，如何指定仲裁员、组成仲裁庭，如何审理案件，如何作出裁决或进行调解以及如何收取仲裁费用等。参与仲裁程序的主体除仲裁庭（仲裁员）、仲裁协议当事人（仲裁协议的签约者及因继承、转让等原因而受仲裁协议效力约束的人）外，还有仲裁机构、仲裁代理人（包括法定代理人或委托代理人）、证人、鉴定人、专家辅助人、法院及翻译人员等。适用仲裁程序的客体是平等民商事主体之间的财产权益合同纠纷和其他财产权益纠纷。

仲裁程序是仲裁活动得以有效展开的保障，它在很大程度上影响甚至决定着仲裁的质量。程序的普遍形态是：“按照某种标准和条件整理争论点，公平地听取意见，在使当事人可以理解或认可的情况下作出决定。”① 仲裁程序亦不例外。缺乏程序保障的仲裁裁决，既不会得到当事人的接受和认同，更可能在申请强制执行时遭到执行地当局的拒绝承认或执行。

二、仲裁需要遵循的程序规范

仲裁需要遵循的程序规范，一般以仲裁程序规则和仲裁程序法的形式表现出来。②仲裁程序规则往往是通过当事人的约定或者仲裁庭的指示，或者是二者的结合来确定的。绝大多数当事人一般选择适用某一仲裁机构的仲裁规则（或简称为机构规则）以

① 季卫东：《程序比较论》，载《比较法研究》，1993（1）。
② 参见谭兵：《中国仲裁制度的改革与完善》，331页，北京，人民出版社，2005。

省去拟定详细程序规则的成本，当然他们也可以在仲裁协议中对如何进行仲裁作出具体的约定，或对机构规则作出某种取舍或改变。我国的仲裁机构很重视仲裁规则的制定和修改，机构规则通常规定了进行仲裁需要遵循的详细程序规范。如《贸仲规则》规定了第二章（普通）仲裁程序、第三章裁决、第四章简易程序、第五章国内仲裁的特别规定、第六章香港仲裁的特别规定等；《北仲规则》规定了第三章仲裁申请、答辩与反请求，第四章仲裁庭，第五章审理，第六章决定和裁决，第七章简易程序，第八章国际商事仲裁的特别规定等。毕竟仲裁需要遵循的程序规范是具体的、复杂的、变化的，当事人不能预先完全考虑到；即使是久负盛名的机构规则，也可能遇到规则供给不足或者缺乏可操作性的问题，因此有些时候尤其对于程序的日常管理权逐渐深入地转移到仲裁庭后，是需要仲裁庭对仲裁的一些更为细致灵活的操作规则作出指示或决定的。

仲裁程序法是指规范如何进行仲裁的法律规范的总称，具体表现为一国的仲裁法。在当事人没有对支配仲裁庭的存在及程序进行的法律规范作出选择时，则适用仲裁审理地所在国家的仲裁法。尤其是国内仲裁，当事人一般不对程序的适用法作出选择，依据国内仲裁法成为自然而然的事情。我国《仲裁法》第四章、第七章对仲裁程序问题作了规定，其内容涉及仲裁的申请和受理、仲裁庭的组成、开庭和裁决、涉外仲裁程序的特别规定等诸多问题。因此，作为依法仲裁、机构仲裁占绝对优势的国家，我们习惯于认为，仲裁程序应当依据仲裁法律规范和仲裁规则进行。

三、仲裁程序的特点

民事诉讼和仲裁同为解决民事商纠纷的机制，民事诉讼具有司法性，仲裁具有准司法性，所以仲裁程序与民事诉讼程序既相类似又相区别。首先，解决争议的共同性质决定了两者有很多相似之处。例如，从程序的启动看，两者都遵循“不告不理”原则；从程序运行看，都有较为严格的规范性；从当事人的适格看，仲裁程序中谁有资格成为具体案件的申请人和被申请人，与诉讼中谁有资格担当原告、被告的判断标准是一致的；从财产权益纠纷案件审理资料的提出看，都受到辩论主义的调整；从待证事实的证明责任的分配看，都坚持“谁主张，谁举证”的原则；从证据的认定看，尽管有的国家不要求仲裁员遵守诉讼证据规则，但一般说来，其方法和标准是一致的；从审理结果的作出看，如果程序进行中当事人无法以和平方式解决其争议，则最后由审理者以书面判断形式作出有约束力的决定，为当事人解决争议。另外，两者中都有临时保全措施、调解、和解、期限、缺席审理、程序中止、程序终结等制度。其次，审理者的身份属性决定了两者有明显区别。民事诉讼要按照法院所在地的民事诉讼法的规定进行，当事人无权约定或选择法官和审理程序；而仲裁程序与此不同，不少国家的仲裁立法与实践都允许双方当事人通过协议确定仲裁审理程序，或者由当事人选择适用某一常设仲裁机构的仲裁规则，或者由当事人对具体程序进行约定，只有在当事人没有约定的情况下，才授权有关的仲裁庭作出决定。

与民事诉讼程序相比，仲裁程序最为显著的特点当属其灵活性，不存在包含进行仲裁时需要遵循的详细程序规则的标准版本。形成这一特点的原因，是当事人意思自治被作为民商事仲裁中确定需要遵守程序的指导原则。该原则不仅在国内法中得到支持，而且得到国际仲裁机构和组织的认可。例如，1985年6月21日通过、2006年7月7日修订的联合国国际贸易法委员会《国际商事仲裁示范法》第19（1）条规定："除本法另有规定外，当事人各方可以自由地就仲裁庭所应遵循的程序达成协议。"《国际商会仲裁规则》第19条规定："仲裁庭审理案件的程序受本规则管辖，本规则没有规定的，受当事人约定的或当事人没有约定时仲裁庭确定的规则管辖，不论是否因此而援引适用于该仲裁的某一国内法的程序规则。"

当事人在行使自治权时，可以选择仲裁机构和仲裁庭的组成人员、仲裁地，可以选择正式或非正式的进行程序的方法、审问式或对抗式的程序、书面或口头提供证据的方法，可以选择仲裁语言等等。但是，当事人的自由是受限制的，他们所确定的程序必须符合仲裁地法律的强行性规范、公共政策要求，还要考虑旨在确保仲裁程序公平进行的国际仲裁公约的规定。[①] 否则，仲裁裁决会被撤销或拒绝承认和执行。因此，在当事人有关需遵守的程序的意思和适用法的根本要求之间，必须进行平衡。

四、仲裁程序的阶段

综合我国《仲裁法》和多数机构规则的规定，大致认为一般仲裁程序分为以下阶段：程序的启动（当事人申请和机构审查受理），程序的续行（仲裁庭的组成、审前程序、开庭审理等），程序的终结（作出仲裁裁决或达成调解协议等）。

从审理要件角度考虑，仲裁程序或可分为两个阶段：一是当事人申请和机构审查受理阶段，主要是审理申请要件的；二是仲裁庭本案审理阶段，主要是审理实体要件的。后一阶段又分为仲裁庭的组成，审前程序（包括预备阶段、交换书面意见、交换证据材料等）[②]，仲裁审理（包括庭前准备、审理开始、庭审调查、庭审辩论、征询最后意见、庭审后程序、评议和作出裁决等）。

第二节　仲裁的申请和受理

仲裁的申请和受理是两个含义不同但又密切联系的行为。申请是受理的前提，受理是申请的进一步发展。仲裁程序于仲裁协议的当事人提出申请而启动，于仲裁机构收到

---

① 例如，1958年6月10日《纽约公约》第5（1）（b）条规定："承认和执行裁决可能被拒绝……如果……裁决针对的当事人……无法陈述。"《示范法》第18条规定："应对当事各方平等对待，应给予当事每一方充分的机会陈述他们的案情。"

② 仲裁机构在受理了当事人的仲裁申请后，尚不能立即进入开庭审理阶段，还必须经过一个审理前的准备阶段，此所谓审前程序。尤其是对于按照仲裁普通程序审理的较为复杂的案件，做好审理前的准备工作，有利于当事人之间充分交换仲裁资料，有利于仲裁员了解案件的基本情况，掌握双方当事人的仲裁请求，收集、调查必要的证据，使下一阶段的开庭审理顺利进行，对及时、公正地解决纠纷具有重要意义。但鉴于目前我国《仲裁法》和仲裁机构的仲裁规则对审前程序（审理前的准备阶段）的有关内容规定得较少、不系统、不明确，故本章不设专节讨论。

仲裁申请书之日而开始。但是申请人的仲裁申请要引起仲裁庭对其仲裁事项进行实体审查而不是被驳回，须符合我国《仲裁法》和相应仲裁规则所规定的申请仲裁的条件。由于仅凭申请人指向仲裁机构的申请行为，尚不能使申请人、仲裁机构或仲裁庭和对方当事人之间建立起仲裁关系，也由于仲裁申请并非总是符合条件的，因而从严格意义上讲，只有仲裁申请被仲裁机构受理后，仲裁程序才算真正开启。

一、仲裁申请

（一）仲裁申请的概念

仲裁申请是仲裁程序开始的必要条件之一，也是启动仲裁程序的第一步，它是指平等主体的自然人、法人和非法人组织就他们之间所发生的合同纠纷和其他财产权益纠纷，依据他们所签订的仲裁协议，提请有关仲裁机构进行仲裁并作出裁决的行为。其中，依法向仲裁机构提出仲裁申请的人称为申请人，对方当事人称为被申请人。

（二）申请仲裁的条件

根据我国《仲裁法》第 21 条和有关司法解释的规定，以及参考众多机构规则对申请仲裁的通常要求，当事人申请仲裁，应当符合如下条件。

1. 有仲裁协议

当事人之间订有仲裁协议是当事人申请仲裁的必要前提，是仲裁程序的基石。仲裁协议被认定无效或者被撤销，视为没有仲裁协议。所以，确切地说，当事人申请仲裁所依据的应当是有效的仲裁协议。有效的仲裁协议包含当事人对一定仲裁事项可向特定的仲裁机构请求仲裁的意思表示，是表明当事人双方意愿通过仲裁方式而不是诉讼方式解决纠纷的依据。没有仲裁协议，一方申请仲裁的，仲裁机构不予受理。相反，有效的仲裁协议则有“排除诉讼”的效力——人民法院因此无权受理其仲裁协议所涉及的事项。

一般情况下，仲裁协议的存在同时解决了谁是被申请人问题。在仲裁活动中，如果没有具体的被申请人，则申请人的请求便指向不明，仲裁就无法进行。仲裁协议是双方当事人共同订立的，争议一旦发生而有一方当事人申请仲裁，那么被申请人自然就是仲裁协议的另一方当事人。可见，有仲裁协议才能使被申请人得以明确，进而使仲裁程序得以顺利进行。

按照民事诉讼当事人理论，仲裁程序的申请人、被申请人，需要具备当事人能力（民事诉讼权利能力），当事人能力同于民事权利能力。自然人从出生时起到死亡时止，具有当事人能力；法人的当事人能力，从其成立时产生，到其终止时消灭。因此，仲裁程序的申请人、被申请人应当是于仲裁的申请和受理时依然存续的法人或存活的自然人。《仲裁法解释》第 8 条规定，如无另外约定，当事人订立仲裁协议后合并、分立的，仲裁协议对其权利义务的继受人有效；当事人订立仲裁协议后死亡的，仲裁协议对承继其仲裁事项中的权利义务的继承人有效。依据上述理解和规定，仲裁协议的签约主体如为法人，于仲裁协议订立后、仲裁申请提出和被受理前合并、分立的，仲裁协议对其权利义务的继受人有效，继受人有权申请仲裁，而仲裁协议的对方当事人申请仲裁的，继受人为被申请人；仲裁协议的签约主体如为自然人，于订立仲裁协议后、仲裁的申请和受理前死亡的，仲裁协议对承继其仲裁事项中的权利义务的继承人有效，继承人（包括符合法定继承顺序的继承人、遗嘱继承人、受遗赠人）有权申请仲裁，而仲裁协议的对方当事人申请仲裁的，被申请人如何明确的问题将变得复杂。我们认为，在仲裁协议的对方当事人申请仲裁前，仲裁事项中的权利义务的继承人已经公证程序或者司法程序确定的，就以确定的继承人为被申请人。在仲裁协议的对方当事人申请仲裁前，仲裁事项中的权利义务的继承人尚未确定的，应当认可申请人把符合法定继承顺序的继承人列为被申请人即符合了受理条件。这种解释，从尊重自愿原则出发，有利于维护仲裁协议的效力和可执行性。即便认可按照这种解释操作，申请人也需要在申请仲裁时取得用于证明符合法定继承顺序的继承人的证据，在当前法律所赋予当事人及律师的调查取证权十分有限的条件下，已经属于相当苛刻的要求，已经影响到申请人利用仲裁程序。

2. 有具体的仲裁请求和事实、理由

当事人申请仲裁是为了通过仲裁方式维护自己的合法权益，因此其必须向仲裁庭提出针对被申请人的实体权利主张即仲裁请求，以及支持该请求的事实和理由。具体的仲裁请求，是指仲裁申请人请求仲裁机构通过行使仲裁权予以确定和保护的民事权益的具体内容。仲裁请求不同于仲裁事项的概念，后者是指当事人愿意通过仲裁解决的纠纷范围，针对仲裁事项，申请人可以提出一项仲裁请求，也可以提出多项仲裁请求。而事实、理由是指支持申请人仲裁请求的具体事实和规范依据，用以说明申请人所提出的仲裁请求的合理性。

3. 属于仲裁机构的受理范围

仲裁机构的受理范围与仲裁范围是两个不同概念，仲裁机构的受理范围当然不能违背国家法律有关仲裁范围的规定。属于仲裁机构的受理范围，有三层含义：一是指当事人之间的纠纷属于法律允许仲裁解决的纠纷，是具有可仲裁性的争议。具体而言，可以仲裁解决的纠纷就是《仲裁法》第 2 条规定的合同纠纷和其他财产权益纠纷，同时不属于《仲裁法》第 3 条规定的婚姻、收养、监护、扶养、继承纠纷以及依法应当由行政机关处理的行政争议。二是指当事人之间的纠纷符合仲裁机构的章程或者仲裁规则中规定的自身受理案件的范围。三是处理纠纷的仲裁机构应当是双方当事人在仲裁协议中选定的，否则当事人申请仲裁的仲裁机构无权仲裁。

4. 须采用书面形式

我国《仲裁法》第 22 条规定，当事人申请仲裁，应当向仲裁机构递交书面形式仲裁协议、仲裁申请书及副本。其中，仲裁申请书是仲裁申请的书面形式的具体表现，是指有关争议的一方当事人向特定的仲裁机构提交的请求对该争议进行仲裁的书面文件。申请仲裁必须采用书面形式的好处在于：一是防范当事人就是否有申请仲裁的行为产生争议；二是便于仲裁机构对仲裁申请作出准确审查和及时受理案件，便于仲裁庭的后续审理，便于被申请人知悉申请人的主张及作出答辩，也便于人民法院对仲裁进行支持和监督。当事人提交仲裁申请书时，还应按照对方当事人的人数和仲裁庭的人数，备具副本。

根据我国《仲裁法》第23条的规定，仲裁申请书应当载明下列内容：

（1）当事人的基本情况。仲裁协议的缔约者和因继承、转让等原因而受仲裁协议效力约束的人是仲裁当事人，包括申请人和被申请人。当事人是自然人的，应写明姓名、性别、年龄、职业、工作单位、住所等信息；当事人为法人或者其他组织的，应写明名称、住所、法定代表人或主要负责人的姓名及职务等信息。

（2）仲裁请求和所根据的事实、理由。这是仲裁申请书最核心的内容，因此，对仲裁申请人的具体仲裁请求以及所根据的主要事实和法律规范应当明确、清晰地加以叙述。

（3）证据材料及来源、证人姓名和住所。证据是仲裁庭了解案情、认定事实的依据，当事人应当对自己的主张提供证据。为了便于仲裁庭审查证据材料的真实性和合法性，申请人需要提供证据材料的来源。如果申请人提供证人作证，还需要提供证人的姓名和住所，以便通知证人作证。

此外，在仲裁申请书的尾部还要写明所申请的仲裁机构的名称、申请人的姓名或名称、申请仲裁的日期，并由申请人签名或者盖章。

5. 预交仲裁费用

总体上说，仲裁机构是专门处理争议的民间化的非营利法人，其运行发展的经济来源主要依靠自身向社会提供服务所收取的仲裁费用，因此当事人申请仲裁，一般在得到仲裁机构的受理通知之前，需要按照仲裁机构的交费指示和仲裁规则或其附录的规定预交仲裁费用。当事人的请求没有明确争议金额的，由仲裁机构确定争议金额或者应当预交的仲裁费用。当事人预交仲裁费用有困难的，可以申请缓交，由仲裁机构决定是否批准。当事人不预交仲裁费用，又不提出缓交申请或者在仲裁机构批准的缓交期限内未预交全部仲裁费用的，往往会被视为未提出或者撤回仲裁申请。

二、仲裁受理

（一）仲裁受理的概念

仲裁受理，是指仲裁机构收到当事人的仲裁申请后，经审查认为符合申请仲裁条件而决定予以接受的行为。

仲裁机构收到民商事纠纷的当事人向其提交的仲裁申请后需要作出是否接受并开始组织实施仲裁活动的回应。为此，先要对仲裁申请进行审查，然后作出是否受理决定并通知当事人。实际上仲裁程序的开始正是当事人申请仲裁的行为与仲裁机构受理仲裁的行为相结合的结果。

（二）对仲裁申请的审查

对仲裁申请的审查，就是仲裁机构对当事人申请仲裁的条件进行审查。仲裁机构不是仲裁权的主体，它不享有实质意义上的仲裁管辖权，其只有按照法律的规定对仲裁申请人所提交的仲裁协议、仲裁申请书等文件进行初步审查的权力，审查具体包括是否存在仲裁协议的形式审查、是否明确排斥本机构审查权的审查、在前两项基础上决定受理继续仲裁程序或不予受理。仲裁机构的受理权是启动仲裁管辖权行使程序的第一步，但并不最终决定管辖权是否成立。因此，仲裁机构对于仲裁申请通常采取表面审查原则。

实务中，仲裁机构在收到申请人的仲裁协议、仲裁申请书及其附件后，将依据《仲裁法》和仲裁规则有关申请仲裁条件的规定，审查双方当事人之间是否订立有仲裁协议、请求仲裁的意思表示是否明确、仲裁请求是否明确、是否附有相应证据材料。对于仲裁协议可能产生的某些理解上的歧义、申请事项是否属于仲裁机构的受理范围等问题，仲裁机构为了听取双方意见以作出公正判断，将其留待仲裁庭对仲裁管辖权决定阶段进行解决。

(三) 审查后的处理

我国《仲裁法》第 24 条规定，仲裁机构自收到仲裁申请书之日起 5 日内，经审查认为符合受理条件的，应当受理，并通知当事人；认为不符合受理条件的，应当书面通知当事人不予受理，并说明理由。

实践中，众多仲裁规则对上述法定的审查受理期间作了加长为 7 日或者 10 日的规定，作为起算点“收到仲裁申请书之日”被执行为“预缴（交）仲裁费用之日”，例如，《上仲规则》第 15 条第 1 款、《北仲规则》第 9 条第 1 款。

仲裁机构从表面上判断仲裁申请具备受理条件（即申请仲裁的条件，包括申请人预交仲裁费用），申请仲裁的手续完备的，则予以受理，并在仲裁规则规定的期限内，将仲裁通知、仲裁委员会仲裁规则和仲裁员名册各一份发送给双方当事人；申请人的仲裁申请书及其附件也应同时发送给被申请人。

仲裁机构经审查认为申请仲裁的手续不完备的，可以要求申请人在一定的期限内予以完备。申请人未能在规定期限内完备申请仲裁手续的，视同申请人未提出仲裁申请；申请人的仲裁申请书及其附件，仲裁机构不予留存。

对于不符合受理条件的案件，仲裁机构可以进行妥善处理。如发现当事人所提案件属于人民法院的受案范围，则告知当事人提起诉讼；如发现当事人所提案件应当由其他机关处理，则告知当事人向有关部门申请解决。对于其他仲裁机构管辖的案件，可以告知当事人向有管辖权的仲裁机构申请仲裁，并向当事人提供一些力所能及的协助和支持。

(四) 仲裁受理的法律后果

仲裁机构经过审查当事人申请仲裁的条件和必备的手续，作出对仲裁案件予以受理的决定后，将对当事人、仲裁机构、法院产生不同的法律后果。

1. 对当事人的法律后果

仲裁机构一旦受理仲裁申请，则意味着申请人和被申请人取得了仲裁当事人的资格，各当事人依法享有我国《仲裁法》及仲裁规则所规定的权利，同时也必须并承担相应的义务。仲裁机构受理仲裁申请后，任何一方当事人不得就同一纠纷向人民法院提起诉讼（在仲裁机构或仲裁庭对仲裁协议的效力异议作出决定之前向有管辖权的人民法院提出确认仲裁协议无效的诉讼除外）或者向其他仲裁机构申请仲裁。同时，由于当事人同意将有关争议提交仲裁解决并且仲裁机构已经受理该争议案件，当事人就必须承担履行仲裁庭最后作出的裁决的义务，除非该裁决经有关法院撤销。

2. 对仲裁机构的法律后果

仲裁机构一旦受理仲裁申请，就应当对仲裁案件负责，保障当事人的仲裁权利，并为此做好相应的工作。例如，仲裁机构在仲裁规则规定的期限内将仲裁员名册送达申请人和被申请人，方便申请人和被申请人及时选定或委托指定自己信任的仲裁员，以便组成仲裁庭对申请事项进行仲裁。

3. 对法院的法律后果

仲裁机构一旦受理仲裁申请，就意味该仲裁机构初步认可了双方当事人仲裁协议的效力，当事人再向人民法院起诉的，人民法院就不应受理。另外，根据《仲裁法解释》第13条的规定，当事人在仲裁庭首次开庭前没有对仲裁协议的效力提出异议，而后向人民法院申请确认仲裁协议无效的，人民法院不予受理。仲裁机构对仲裁协议的效力作出认定后，当事人向人民法院申请确认仲裁协议效力或者申请撤销仲裁机构的决定的，人民法院不予受理。

三、仲裁受理与仲裁时效

(一) 仲裁时效

“时效者，一定的事实状态，继续一定期间，而产生一定法律上效果的法律事实。”[①] 仲裁时效，是指受仲裁协议约束的权利人于一定期间内不行使请求仲裁机构保护其财产权中的债权性请求权，就丧失胜诉权利的制度。仲裁时效具有以下重要特征：(1) 从仲裁时效的条件上看，仲裁时效是以权利人不行使请求仲裁机构保护其权利的事实状态为前提的；(2) 在仲裁时效完成后权利人所丧失的并非向仲裁机构申请仲裁的权利；(3) 仲裁时效具有强制性，即法律关于仲裁时效的规定，属于强制性规范，当事人不得协议排除对仲裁时效的适用，也不得协议变更仲裁时效的期间；(4) 仲裁时效具有特殊性，即法律规定的仲裁时效仅适用于仲裁案件。

我国《民法典》第198条、《仲裁法》第74条均规定，法律对仲裁时效有规定的，依照其规定；没有规定的，适用诉讼时效的规定。目前我国法律对劳动争议申请仲裁的一般时效期间规定为1年，对农村土地承包经营纠纷申请仲裁的时效期间规定为2年，对国际货物买卖合同和技术进出口合同争议申请仲裁的时效期间规定为4年[②]，除此之外，法律对民商事仲裁时效没有其他规定，故大多数民商事仲裁时效实际上适用诉讼时效的规定。

诉讼时效分为一般诉讼时效、最长诉讼时效、法律另有规定的特殊诉讼时效。根据我国《民法典》等法律的规定，向人民法院请求保护民事权利的一般情况下普遍适用的

① 王泽鉴：《民法总则》，516页，北京，中国政法大学出版社，2001。

② 参见《劳动争议调解仲裁法》第27条、《农地承包调解仲裁法》第18条、《民法典》第594条的规定。

一般诉讼时效期间为 3 年；最长诉讼时效期间为 20 年，有特殊情况的，人民法院可以根据权利人的申请决定延长；法律对诉讼时效另有规定的，依照其规定，如《产品质量法》第 45 条规定因产品存在缺陷造成损害要求赔偿的一般诉讼时效期间为 2 年，但该种赔偿请求权，在造成损害的缺陷产品交付最初消费者满 10 年丧失，除非是尚未超过明示的安全使用期的。

仲裁时效期间或诉讼时效期间自权利人知道或者应当知道权利受到损害以及义务人之日起计算。权利人知道自己的权利受到损害以及义务人，是其请求仲裁机构保护其权利的基础。知道权利受到损害以及义务人，指权利人主观上已了解自己权利被侵害事实的发生以及具体何人为应向自己承担相应民事责任的主体；应当知道权利受到损害以及义务人，指权利人尽管主观上不了解其权利已被侵害的事实和义务人，但根据他所处的环境，有理由认为他已了解已被侵害的事实和具体何人应为向自己承担相应民事责任的主体。当事人约定同一债务分期履行的，仲裁时效期间或诉讼时效期间自最后一期履行期限届满之日起计算。无民事行为能力人或者限制民事行为能力人对其法定代理人的请求权的仲裁时效期间或诉讼时效期间，自该法定代理终止之日起计算。

在时效完成后，受仲裁协议约束的权利人仍有权向仲裁机构申请仲裁，仲裁机构应当受理。受理后，另一方当事人提出仲裁时效或诉讼时效抗辩且查明无中止、中断、延长事由的，裁决不予支持其仲裁请求。如果另一方当事人未提出仲裁时效或诉讼时效抗辩，则视为其自动放弃该权利，仲裁机构不得主动适用仲裁时效或诉讼时效，应当受理其仲裁请求。

（二）仲裁时效的中断和中止

仲裁时效的中断，是指在仲裁时效进行期间，因发生法定事由致使已经经过的仲裁时效期间统归无效，从中断或者有关程序终结时起，重新开始计算仲裁时效期间。仲裁时效中断的法定事由包括向义务人提出履行请求、义务人同意履行义务、向仲裁机构等有关部门请求权利救济等情形。认定时效是否中断，需要由请求确认仲裁时效中断的一方当事人提供有上述情形之一的证据。

仲裁时效的中止，是指在仲裁时效期间的最后 6 个月内，因发生法定事由致使权利人不能行使请求权，暂停计算仲裁时效，待阻碍时效进行的事由消除后，继续进行仲裁时效期间的计算。仲裁时效中止的事由是阻碍权利人行使权利的客观事实、无法预知的客观障碍，包括不可抗力和其他正当理由。根据我国《民法典》第 180 条第 2 款的规定，“不可抗力”是指不能预见、不能避免并且不能克服的客观情况，如发生特大自然灾害、地震等。“其他正当理由”，是指除不可抗力外阻碍权利人行使请求权的客观事实。例如，无民事行为能力人或者限制民事行为能力人没有法定代理人，或者法定代理人死亡、丧失民事行为能力、丧失代理权；继承开始后未确定继承人或者遗产管理人；权利人被义务人或者其他人控制；其他导致权利人不能行使请求权的障碍。在发生仲裁时效中止时，已经进行的诉讼时效仍然有效，而仅是将时效中止的时间不计入仲裁时效期间。

四、仲裁答辩和反请求

(一) 仲裁答辩

所谓仲裁答辩，是指仲裁案件的被申请人为了维护自己的权益，对申请人在仲裁申请书中提出的仲裁请求和所依据的事实、理由进行答复和辩解的行为。

答辩总体上说是被申请人的一项重要权利，阅读答辩书或听取答辩是仲裁庭了解案情、明确争点、确定庭审调查方向的重要手段。根据我国《仲裁法》第 25 条第 2 款的规定，“被申请人收到仲裁申请书副本后，应当在仲裁规则规定的期限内向仲裁委员会提交答辩书。仲裁委员会收到答辩书后，应当在仲裁规则规定的期限内将答辩书副本送达申请人。被申请人未提交答辩书的，不影响仲裁程序的进行”。

答辩要针对申请人提出的请求及依据一一进行：请求有理的，应予以承认；请求无理的，应予以反驳；部分有理的，应予以部分承认、部分反驳，反驳的提出，要讲事实、摆证据，依据法律或惯例，阐明理由。实事求是地提出理由并进行充分辩解，有利于仲裁庭在仲裁过程中查明事实、公正合理地作出裁决，以维护各方当事人的合法权益。被申请人如不按期提交答辩书，意味着自愿放弃了答辩的权利，不影响仲裁程序的进行。

(二) 仲裁反请求

我国《仲裁法》第 27 条规定，申请人可以放弃或者变更仲裁请求。被申请人可以承认或者反驳仲裁请求，有权提出反请求。因为仲裁案件双方当事人的法律地位是平等的，提交仲裁的事项是当事人有权处分的，当事人放弃、变更、承认、反驳、反请求的行为都是当事人行使或处分其权利的表现。各机构规则都会对反请求的问题作出更为具体明确的规定。

所谓反请求，是指在已经开始的仲裁程序中，被申请人以原仲裁申请人为被申请人，向仲裁机构提出的与原仲裁请求在事实上和法律上有牵连的、目的在于抵消或吞并原仲裁申请人提出的仲裁请求的独立的请求。被申请人针对申请人的仲裁请求提出反请求应当具备以下条件：(1) 反请求应由被申请人以原仲裁申请人为被申请人提出，否则不能形成反请求；(2) 被申请人提出反请求的仲裁事项，应当限于仲裁协议范围之内；(3) 反请求只能由被申请人向受理原仲裁申请的仲裁机构提出，而不能向其他仲裁机构提出，只有这样才能通过仲裁请求与反请求的合并审理，达到抵消或吞并仲裁请求的目的；(4) 反请求应当在仲裁机构受理原仲裁申请后、作出仲裁裁决之前提出，否则就无法实现与仲裁请求合并审理的目的。实践中，为了提高仲裁程序的效率，机构规则对于反请求的提出时机会加以限制，如《上仲规则》第 18 条第 1 款规定：“被申请人如有反请求，应当在收到仲裁通知书之日起 15 日内以书面形式提出。逾期提交的，仲裁庭组成前，由仲裁委决定是否受理；仲裁庭组成后，由仲裁庭决定。”

被申请人提出反请求，应以书面为之，反请求申请书中应当写明反请求的具体请求和所根据的事实、理由，并附有关的证据材料、证明文件。仲裁机构收到被申请人提出的反请求申请书后，应当对该反请求进行审查。对于符合条件的反请求，应当予以受理，并将反请求仲裁通知书、反请求申请书副本及其附件送达申请人；对于不符合条件的反请求，仲裁机构不予受理。申请人应当限时向仲裁机构提交仲裁反请求答辩书，未提交答辩书的，不影响仲裁程序的进行。对于反请求与仲裁请求，仲裁庭一般应当合并审理，以达到仲裁经济的目的。应当注意，仲裁机构受理被申请人提出的反请求后，如果申请人撤回仲裁申请，仲裁庭应当对被申请人的反请求继续进行审理并作出仲裁裁决。

第三节　仲裁庭的组成

一、仲裁庭的组成概述

仲裁机构受理仲裁申请后，并不直接仲裁案件，而是组成仲裁庭来仲裁案件。所谓仲裁庭，是指依照法律和仲裁规则的规定，由当事人选定或者仲裁机构主任指定的仲裁员组成的，对当事人交付仲裁的争议事项进行审理并最终作出实质性裁决的临时性组织。

按照我国《仲裁法》的规定，仲裁机构受理仲裁案件后，应按程序组成仲裁庭对案件进行审理和裁决。因此，仲裁庭是行使仲裁权的主体。仲裁庭是临时性办案组织，其组成人员是不固定的，一案审结便自行解散。仲裁庭要在仲裁机构的指导和监督下开展办案活动，但就具体案件而言，仲裁庭具有独立性，仲裁机构不得以监督为名干预仲裁庭的审理和裁决。

二、仲裁庭的组成形式

我国《仲裁法》第30条规定："仲裁庭可以由三名仲裁员或者一名仲裁员组成。由三名仲裁员组成的，设首席仲裁员。"我国的仲裁机构无一例外地在其仲裁规则中重申了该条内容。据此可知，在我国，仲裁庭的组成形式有两种，即合议仲裁庭和独任仲裁庭。这样的规定，既可以发挥独任仲裁迅速、及时的优点，又可以发挥合议仲裁中汇聚集体才智、使当事人更觉公正的优点，是符合中国实际情况的。

所谓合议仲裁庭，是指由3名仲裁员组成的仲裁庭，即以集体合议的方式对当事人交付仲裁的争议事项进行审理并作出裁决。合议仲裁庭设首席仲裁员，首席仲裁员是合议仲裁庭的主持者，与其他仲裁员有同等权利，但在裁决不能形成多数意见时，仲裁裁决应当按照首席仲裁员的意见作出。

所谓独任仲裁庭，是指由1名仲裁员组成的仲裁庭，即由1名仲裁员组成仲裁庭对当事人交付仲裁的争议事项进行审理并作出裁决。独任仲裁是仲裁协议及案件当事人依意思自治原则行使选择权的结果，而民事诉讼中的独任审判则必须符合法律规定的条件，不允许当事人自由选择。

三、仲裁庭的组成程序

仲裁庭的组成程序包括两个方面的内容，首先是确定仲裁庭的形式，其次是确定仲裁员。

(一) 确定仲裁庭的形式

我国《仲裁法》没有明文规定什么情况下组成合议仲裁庭，什么情况下组成独任仲裁庭。在我国，仲裁庭组成形式的确定体现了当事人意思自治的原则，即由双方当事人自行确定，当事人可以选择合议仲裁庭也可以选择独任仲裁庭，如果当事人选择合议仲裁庭，那么必须设立 1 名首席仲裁员。

在仲裁实践中，可能存在双方当事人在规定的期限内没有就仲裁庭的组成形式达成一致的情况。在这种情况下，为了保证仲裁程序的顺利进行，根据仲裁规则的规定，就由仲裁机构主任行使权利，根据案件的具体情况，确定组成合议仲裁庭或者独任仲裁庭来审理案件。

(二) 确定仲裁员

根据我国《仲裁法》和众多机构规则的规定，仲裁庭组成人员由双方当事人根据案件需要自行选定或者委托仲裁机构主任指定，当条件不满足时，仲裁机构主任依照仲裁规则所赋予的职权自主确定。

1. 当事人选定

具体又分两种情况：(1) 当事人共同选定。独任仲裁庭中仲裁员的选定和合议仲裁庭中首席仲裁员的选定，一般由双方当事人共同选定。(2) 当事人分别选定。合议仲裁庭中除首席仲裁员之外，还有 2 名仲裁员，这 2 名仲裁员一般由当事人分别各自选定 1 名仲裁员。但案件一方当事人为 2 人及 2 人以上的，该一方当事人也应当共同选定 1 名仲裁员为仲裁庭的组成人员。

2. 仲裁机构主任指定

具体又分两种情况：(1) 依据委托指定。如果当事人无法自行选定或者共同选定仲裁员时，当事人可以授权仲裁机构主任指定仲裁员。(2) 依据职权指定。如果双方当事人没有在仲裁规则规定的期限内选定仲裁员或者委托仲裁机构主任指定仲裁员，那么无论仲裁庭组成形式是合议制还是独任制，仲裁机构主任均有权指定仲裁员组成仲裁庭。

值得注意的是，如果是仲裁机构主任指定，被确定的仲裁员必须是仲裁机构设立的仲裁员名册中的成员，不得超出仲裁员名册的范围。仲裁庭组成后，仲裁机构应当将仲裁庭的组成情况书面通知当事人。

(三) 仲裁庭的组成程序的规则示例

我国《仲裁法》对仲裁庭的组成程序的规定是相当粗疏的，无法满足仲裁实践的需要。因此，在法律规定的基础上，各仲裁机构均通过其仲裁规则对仲裁庭的组成程序加以细化，增加程序规范的可操作性，以保证在各种具体复杂情况下仲裁庭的顺利组成。现摘录《北仲规则》中关于合议仲裁庭和独任仲裁庭的组成的规定于此，以供参考：

第二十条　仲裁庭的组成

（一）除非当事人另有约定或本规则另有规定，仲裁庭由三名仲裁员组成。

（二）双方当事人应当自收到仲裁通知之日起 15 日内分别选定或者委托主任指定一名仲裁员。当事人未在上述期限内选定或者委托主任指定仲裁员的，由主任指定。

（三）案件有两个或者两个以上的申请人或者被申请人时，申请人方或者被申请人方应当共同协商选定或者共同委托主任指定一名仲裁员；未能自最后一名当事人收到仲裁通知之日起 15 日内就选定或者委托主任指定仲裁员达成一致意见的，由主任指定。

（四）双方当事人应当自被申请人收到仲裁通知之日起 15 日内共同选定或者共同委托主任指定首席仲裁员。双方当事人也可以在上述期限内，各自推荐一至三名仲裁员作为首席仲裁员人选；经双方当事人申请或者同意，本会也可以提供五至七名首席仲裁员候选名单，由双方当事人在本会规定的期限内从中选择三至四名仲裁员作为首席仲裁员人选。推荐名单或者选择名单中有一名相同的，为双方当事人共同选定的首席仲裁员；有一名以上相同的，由主任根据案件具体情况在相同人选中确定，确定的仲裁员仍为双方当事人共同选定的首席仲裁员；推荐名单或者选择名单中没有相同的人选，由主任在推荐名单或者选择名单之外指定首席仲裁员。

（五）双方当事人未能按照上述第（四）款规定共同选定首席仲裁员的，本会主任可以根据案件情况决定由按照第（二）款或第（三）款规定方式产生的仲裁员共同选定首席仲裁员。该两位仲裁员应当自收到本会通知之日起 10 日内共同选定首席仲裁员。

（六）未能按照上述规定选定首席仲裁员的，由主任指定。

（七）在追加当事人的情况下，被追加的当事人可与申请人或被申请人作为一方选定仲裁员；未能共同选定该方仲裁员的，则仲裁庭全部成员均由主任指定。

（八）当事人选择居住在北京以外地区的仲裁员的，应当承担仲裁员因审理案件必需的差旅费。如果未在本会规定的期限内预交的，视为未选定仲裁员。主任可以根据本规则的规定代为指定仲裁员。

（九）仲裁员拒绝接受当事人的选定或者因疾病以及其他可能影响正常履行仲裁员职责的原因不能参加案件审理的，当事人应当自收到重新选定仲裁员通知之日起 5 日内重新选定仲裁员。未能在该期限内重新选定仲裁员的，由主任指定。

第五十五条　仲裁庭的组成

（一）适用简易程序的案件，由独任仲裁员审理。

（二）各方当事人应当自收到仲裁通知之日起 10 日内在仲裁员名册中共同选定或者共同委托主任指定独任仲裁员。选择独任仲裁员时，可以适用本规则第二十条第（四）款规定的方式。各方当事人逾期未能共同选定或者共同委托主任指定独任仲裁员的，由主任指定。

第四节　仲裁审理程序

仲裁审理，是指在审理前的准备完毕后，仲裁庭按照仲裁规则和我国《仲裁法》所规定的程序对当事人交付仲裁的争议事项，较为集中地进行全面审理直至作出裁决的活动。仲裁审理的主要任务是审查、核实证据，查明案件事实，分清是非责任，正确适用法律，确认当事人之间的权利义务关系，解决当事人之间的民商事纠纷。因此，仲裁审理是仲裁程序的中心环节，它既是仲裁庭行使仲裁权的重要阶段，也是当事人行使权利的重要阶段。我国仲裁审理以开庭审理为原则。《仲裁法》《仲裁法解释》以及各机构规则对开庭审理作了较为详细的规定，本节主要关注仲裁审理的方式、开庭前的准备、开庭审理程序、庭审后程序、评议和作出裁决等问题。

一、仲裁审理的方式

依据我国《仲裁法》第 39 条的规定，仲裁审理可以分为开庭审理和书面审理两种方式。由于当事人基于民商事纠纷而享有法律赋予的不可剥夺的诉权，包括口头陈述意见、交叉询问证人和口头辩论的权利等，因而采用开庭审理是原则性的做法。如果各方当事人同意放弃上述权利，亦即各方当事人同意仲裁庭不经开庭而仅依书面材料进行审理，则仲裁庭可以决定书面审理。

(一) 开庭审理

仲裁庭审理案件的方式或为开庭审理或为书面审理。当然有时候，根据案件的具体情况，也可能结合运用两种方式，如在开庭审理期日之后，仲裁庭对接受的一方当事人的补充证据材料，指示对方收到证据材料后提出书面质证意见，并凭该补充证据材料和书面质证意见获取对某方面事实的心证。

所谓开庭审理，是指仲裁庭在当事人和其他仲裁参与人的参加下于开庭审理期日，在特定的场所，依照相关程序，对交付仲裁的争议事项进行全面审理直至作出裁决的审理方式。开庭审理是落实各种审理程序所实行的直接审理原则、言词审理原则、集中审理原则的基本方式，便于当事人当庭主张、举证、质证和辩论，有利于仲裁庭感知更多，充分听取意见，准确弄清事实真伪。其可能的缺点是，各仲裁关系主体悉数会合于期日，难免要花费时间、精力和钱财。

我国《仲裁法》在规定仲裁的开庭审理原则的同时，又在第 40 条规定："仲裁不公开进行。当事人协议公开的，可以公开进行，但涉及国家秘密的除外。"此条规定与三大诉讼法的相应规定相反。诉讼中实行的是公开审判原则，除非涉及当事人隐私和国家机密。因为司法审判是行使国家权力，为体现审判机关行使国家审判权的公正性，规定公开原则是必要的，也是接受社会监督的一种形式。仲裁则不然，仲裁权一般由当事人授予，从本质上讲，仲裁是一种私人裁判行为，这种私人行为并不需要向社会公开。仲裁所处理的民商事争议一般会涉及一些不对外公开的文件或其他商业秘密，当事人不愿意因一时的争议而影响日后的商务活动。因此，开庭审理的仲裁方式以不公开审理为原则，以公开审理为例外。不公开审理，是指仲裁庭在审理案件时或对公开审理案件中证据材料的调查不允许他人旁听参加，不允许媒体采访报道，不向社会公布结果，参与仲裁的仲裁员、办案秘书、翻译、鉴定人、勘验人等都负有保密的责任。① 不公开审理的目的在于保守当事人的商业秘密，维护当事人的商业信誉。由于仲裁最大的特点在于尊重当事人的意愿，所以《仲裁法》规定当事人协议公开审理的，除非涉及国家秘密，可以公开审理。这体现了立法原则性和灵活性相统一。

（二）书面审理

《仲裁法》第 39 条明确规定，如果“当事人协议不开庭的，仲裁庭可以根据仲裁申请书、答辩书以及其他材料作出裁决”，即进行书面审理。所谓书面审理是指在各方当事人及其他仲裁参与人不到庭参加审理（不设开庭审理期日）的情况下，仲裁庭根据当事人提供的仲裁申请书、答辩书以及其他书面材料作出裁决的审理方式。书面审理是开庭审理的必要补充，它为仲裁关系主体免去了车马劳顿，但开庭审理的优点方面则成为其短缺之处。

书面审理仅适用于以下两种情况：一是双方当事人共同约定书面审理；二是在简易仲裁程序中，仲裁庭根据案件的具体情况，认为不需要开庭审理而决定书面审理。仲裁庭的这一决定，基于仲裁规则的授权，也基于双方当事人仲裁协议中的授权，因此应当视为双方当事人对开庭审理的事先弃权，而交由仲裁庭斟酌决定适当的审理方式。在书面审理中，仲裁庭可以通过书面的方式向双方当事人提出问题，当事人也可以用书面方式陈述事实和意见，进行辩论。仲裁庭在给予双方当事人充分陈述意见的机会后裁决结案。

二、开庭前的准备

开庭前的准备是开庭审理的预备阶段，是衔接审理前的准备与开庭审理的一个阶段。为了保证顺利开庭，保证开庭质量，在开庭审理前，仲裁庭需要做好各项准备工作。根据《仲裁法》、仲裁规则以及实践中的做法，仲裁庭一般要在开庭前的准备中完成四项主要工作。

（一）确定仲裁审理方式

仲裁审理活动是开庭审理还是不开庭审理，如开庭审理，是不公开审理还是公开审理，仲裁庭均应在开庭前的准备阶段依据当事人的合意和《仲裁法》及仲裁规则的规定

① 就不公开审理所包含的“不允许媒体采访报道，不向社会公布结果”的意义而言，书面审理的案件也存在一个允许不允许媒体采访报道和要不要向社会公布结果的问题，因此从这个意义上说，公开审理和不公开审理不应是开庭审理的下位概念。

作出决定。

(二) 通知当事人开庭的时间和地点

仲裁庭成立并接手案卷后，应当根据案件的证据材料、文件及程序事项的处理等方面的情况，以合议制审理的，应在协调各位仲裁员工作时间的基础上，确定适当的开庭时间。开庭时间确定后，仲裁庭应通过办案秘书在仲裁规则规定的时间内将开庭日期通知各方当事人。向各方当事人通知开庭日期是仲裁程序的重要环节，它有利于切实保障当事人参加仲裁审理的权利，并使双方当事人按时参加仲裁审理。一般而言，开庭时间一旦确定，仲裁员和当事人等不得随意要求变更开庭时间。在特殊情况下，当事人要求延期，应在开庭前适当时间向仲裁庭提出申请，如有正当理由，仲裁庭可同意延期开庭。仲裁员如因特殊情况需要延期开庭的，也应提前通知办案秘书，并由其以仲裁庭名义通知当事人。新的开庭时间应尽快确定并通知各方当事人及其他仲裁参与人。如《贸仲规则》第 37 条规定：“（一）开庭审理的案件，仲裁庭确定第一次开庭日期后，应不晚于开庭前 20 天将开庭日期通知双方当事人。当事人有正当理由的，可以请求延期开庭，但应于收到开庭通知后 5 天内提出书面延期申请；是否延期，由仲裁庭决定。（二）当事人有正当理由未能按上述第（一）款规定提出延期开庭申请的，是否接受其延期申请，由仲裁庭决定。（三）再次开庭审理的日期及延期后开庭审理日期的通知及其延期申请，不受上述第（一）款期限的限制……”

对于开庭地点，我国《仲裁法》未作规定，留给各机构规则进行明确，各机构规则大多设专条规定“开庭地”或“开庭地点”，除非当事人另有约定，一般即把当事人在仲裁协议中选择的仲裁机构的所在地作为开庭地点。如《北仲规则》第 28 条规定：“（一）现场开庭在本会所在地进行。当事人另有约定的，从其约定。（二）当事人约定在本会所在地以外的其他地点现场开庭的，承担由此发生的费用。当事人应当在本会规定的期限内按照约定或者仲裁庭确定的比例预交上述费用。未预交的，在本会所在地现场开庭。”

(三) 举行庭前预备会议

作为仲裁庭的组成人员，应当仔细全面地审阅案件全部材料，确定审理方案。尤其是以合议仲裁庭审理案件的，首席仲裁员应当在开庭前提出审理方案的初步构想，供仲裁庭讨论，在各位成员充分交换意见的基础上确定审理方案。通过此措施，可以确定审理对象，统一审理思路，明确审理重点，做好紧急程序事项的应对预案，保证开庭审理过程有计划、顺畅推进。

我国《仲裁法》没有明文规定仲裁庭应举行庭前预备会议，但国内一些有代表性的仲裁机构已在其仲裁规则中作出了诸如此类的审理措施的规定。如《北仲规则》第 36 条规定：“仲裁庭有权根据审理需要采取制作案件审理日程表、发出问题单、举行庭前会议、制作审理范围书等各项审理措施。首席仲裁员可以接受仲裁庭委托采取上述审理措施。”又如《深仲规则》第 36 条第 3 款规定：“仲裁庭认为必要时，可以发布程序指令、发出问题清单、举行庭前会议、议定审理范围、要求当事人进行庭前证据交换、要求当事人披露相关文件、要求当事人共同拟定争议焦点问题、在适用法律许可的范围内行使释明权。”实际上，大多数仲裁庭通常会在一个适当的时间以举行会议的方式交换意见，大致确定开庭审理的方案及需要注意及询问的问题等。不少仲裁机构早已加强了对仲裁庭的指引工作，往往要求仲裁庭成员在开庭期日，提前一定时间到达开庭地点举行庭前预备会议。这对于处于实践一线的仲裁员来说，已经是参与开庭审理工作之中的一项常规内容。

（四）查明当事人和其他仲裁参与人是否到庭

按照仲裁规则的规定，开庭审理前，办案秘书应当查明当事人和其他仲裁参与人是否到庭。对未到庭的当事人或其他仲裁参与人，办案秘书应查明通知书是否合法送达以及不到庭是否有正当理由等情况，然后报告仲裁庭，并由仲裁庭根据具体情况决定按期审理、延期审理或程序中止。

三、开庭审理程序

开庭审理是仲裁审理的基本方式，当然是仲裁程序的中心环节。比较而言，我国《民诉法》对普通程序的开庭审理作了严格的程序规定，环节顺序不可颠倒，也不可省略；而《仲裁法》对于仲裁开庭审理的程序规定，则要灵活得多，甚至没有严格区分庭审调查和庭审辩论。仲裁庭可以根据《仲裁法》和机构规则的原则性规定，对开庭审理程序灵活掌握。比如，在庭审调查环节，可以穿插进行当事人的辩论；在庭审辩论环节，可以恢复对当事人就某一事实的询问；在庭审调查环节，也没有人证、书证、物证的通常调查顺序的要求。

开庭审理，一般在答辩期限届满并做好必要的准备工作后进行。但是根据仲裁规则的规定，如果当事人明确表示不提交答辩状，或者在答辩期限届满前已经答辩，或者同意在答辩期间开庭的，也可以在答辩期限届满前开庭审理。开庭审理的大体程序如下。

（一）庭审开始

我国法律以及各机构规则中对庭审开始的内容未作规定，通常由仲裁机构的办案流程或在开庭笔录示范格式中加以明确。根据实践做法，仲裁开庭审理，首先由首席仲裁员或者独任仲裁员宣布开庭。其次，首席仲裁员或者独任仲裁员逐一核对各方当事人的主体资格、到庭人员的身份情况及其代理权限，并询问各方对于对方出庭人员有无异议。接下来，宣布案由，告知合议庭组成人员、办案秘书和记录人员名单，告知当事人有关的仲裁权利和义务，并询问各方当事人是否申请回避和对仲裁庭的组成、管辖权以及已进行仲裁程序等有无异议。必要时，还要简要介绍仲裁庭此前的准备情况、本次开庭的计划安排以及开庭中应注意的问题。最后，首席仲裁员或者独任仲裁员应代表仲裁庭发表履职承诺，如上海仲裁委员会指引使用的承诺词为：“本庭将凭借仲裁员的良知和社会责任心，严格遵循法律规定，恪守中立，平等对待双方当事人，独立、公正、及时地履行仲裁员的职责。”

(二) 庭审调查

庭审调查，是指仲裁庭依照一定程序，在庭审中听取当事人陈述，向当事人和其他仲裁参与人核实案件事实，出示说明、辨认质证各种证据材料的活动。庭审调查又是开庭审理的中心环节，其主要任务就是核实案件事实，调查各种证据材料，为认定案件事实、确定是非责任提供依据。依据机构规则，参照民事诉讼有关规定，结合仲裁实践，进入庭审调查阶段后，首席仲裁员或独任仲裁员应当告知当事人庭审调查的重点是双方当事人争议的事实。当事人对自己提出的主张，有责任提供证据；反驳对方主张的，也应当提供证据或说明理由；一方当事人出示和说明的证据材料，对方有权对之进行辨认和质证。庭审调查大致遵循以下顺序进行。

1. 当事人陈述

庭审调查的内容主要是当事人向仲裁庭提出的仲裁请求、案件事实以及各种证据材料，因而庭审调查之始应先由当事人进行陈述。当事人陈述的内容是各自的权利主张、事实和证据材料以及答辩的事实和证据材料，其顺序应当先申请人、后被申请人等。当事人陈述后，仲裁庭可以就有关问题提问，并要求当事人作补充陈述。在此阶段，仲裁庭可以给予必要引导，使当事人的陈述围绕案件所涉的争议事实，同时还要注意保障当事人平等地行使陈述权。

2. 证人作证或宣读未到庭的证人证言

证人出庭作证时，仲裁庭应首先查明证人的身份，并告知证人的权利义务，以及作伪证应负的法律责任。证人作证，应就其亲身感知的案件情况向仲裁庭作全面、客观的陈述。证人为聋哑人的，可以其他表达方式作证。证人作证后，仲裁庭应征询双方当事人对证言的意见，经许可，当事人可以向证人质询，要求证人作答。仲裁员也可就有关问题提问，并要求证人回答。证人有两人以上的，应分别出庭作证或隔离询问。数个证人的证言之间有矛盾的，可以当庭对质核实。证人确有困难不能出庭的，经仲裁庭许可，可以提交书面证言或者视听资料或者通过双向视听传输技术手段作证，仲裁庭应宣读书面证言。

3. 出示书证、物证、视听资料和电子数据

在庭审调查中，当事人提供的和仲裁庭收集的书证、物证、视听资料和电子数据，都应当庭出示、宣读和播放，并由当事人互相质证。对于涉及国家秘密、商业秘密和个人隐私的书证、物证或视听资料应当保密，需要在仲裁庭出示的，不得在公开开庭时出示。

4. 宣读鉴定意见、勘验笔录

案件的有关专门性问题已经鉴定的，应当由鉴定人当庭宣读鉴定意见。鉴定人也可根据仲裁庭的要求，对鉴定意见作出口头说明。当事人经仲裁庭许可后，可以向鉴定人发问。鉴定人确因特殊原因无法出庭的，经仲裁庭准许，可以书面答复当事人的质询。当事人要求重新鉴定的，是否准许，由仲裁庭决定。另外，当事人可以向仲裁庭申请由1至2名具有专门知识的人员出庭就案件的专门性问题进行说明。仲裁员和当事人可以对

出庭的具有专门知识的人员进行询问。经仲裁庭准许，可以由当事人各自申请的具有专门知识的人员就案件中的有关问题进行对质。具有专门知识的人员也可以对鉴定人进行询问。

仲裁庭对现场或物证进行勘验所制作的笔录，应当当庭宣读，并出示勘验时所拍摄的有关照片或绘图。当事人经仲裁庭许可，可以向勘验人发问，也可以要求重新勘验。是否重新勘验，由仲裁庭决定。

（三）庭审辩论

庭审辩论，是指在仲裁庭的主持下，当事人及其仲裁代理人根据已经庭审调查的事实和证据，结合法律的规定，在庭审中阐明自己的意见，反驳对方的主张，相互进行辩论的活动。庭审辩论是落实辩论原则的集中表现，也是当事人行使辩论权的基本形式。庭审辩论阶段的主要任务是通过当事人及其仲裁代理人之间的口头辩论，进一步明确当事人各自的仲裁主张和理由，以达到查明案件事实、分清是非责任的目的，为仲裁庭正确适用法律、作出公正裁判奠定基础。庭审辩论由首席仲裁员或独任仲裁员组织和指挥，通常按照下述顺序进行：首先由申请人及其仲裁代理人发言；其次由被申请人及其仲裁代理人发言；最后是双方相互辩论。

在庭审辩论环节，仲裁庭要注意保障各方当事人平等地行使辩论权，为他们提供同等的辩论机会。在主持辩论时，仲裁员切忌加入辩论，但可对当事人的不当辩论行为纠偏，以使辩论围绕案件的争议焦点进行。当事人在庭审辩论中提出符合规定的新的事实和证据的，仲裁庭可决定恢复庭审调查，待调查完毕，再继续庭审辩论。

庭审辩论终结时，由首席仲裁员或独任仲裁员按照申请人、被申请人的先后顺序征询各方的最后意见。庭审辩论终结后，根据情况能够调解的，仲裁庭还可以先行调解，调解达成协议的，终结仲裁程序；调解不成的，应当及时裁决。

（四）开庭笔录

开庭笔录是对开庭审理活动所作的记录。它是仲裁程序中的重要文件之一，是案件评议、法院监督仲裁乃至总结仲裁工作经验的依据。做好开庭笔录是记录人员的重要职责。我国《仲裁法》第 48 条规定：“仲裁庭应当将开庭情况记入笔录。当事人和其他仲裁参与人认为对自己陈述的记录有遗漏或者差错的，有权申请补正。如果不予补正，应当记录该申请。笔录由仲裁员、记录人员、当事人和其他仲裁参与人签名或者盖章。”众多机构规则均对开庭笔录以及其与时俱进的变形方式作了规定，如《贸仲规则》第 40 条规定：“（一）开庭审理时，仲裁庭可以制作庭审笔录及/或影音记录。仲裁庭认为必要时，可以制作庭审要点，并要求当事人及/或其代理人、证人及/或其他有关人员在庭审笔录或庭审要点上签字或盖章。（二）当事人和其他仲裁参与人认为对自己陈述的记录有遗漏或有差错的，可以申请补正；仲裁庭不同意其补正的，应将该申请记录在案。（三）庭审笔录、庭审要点和影音记录供仲裁庭查用。（四）应一方当事人申请，仲裁委员会仲裁院视案件具体情况可以决定聘请速录人员记录庭审笔录，当事人应当预交由此产生的费用。”在实践中，中国国际经济贸易仲裁委员会等在开庭室安装了可以进行影音记录的设备，办案秘书同时也在庭审期间作庭审笔录。又如《深圳国际仲裁院网络仲裁规则》（2019 年版）

第 24 条规定："仲裁庭在线审理的案件，可以在调解、证据交换、庭审、合议等仲裁环节运用语音识别技术同步生成庭审记录，也可以通过人工方式完成庭审记录。庭审记录以在线方式核对确认后，与书面笔录具有同等法律效力。"这样的规定和实践，也有利于法院进行司法审查时，调阅相关记录以查明事实。[①]

四、庭审后程序

在理论上，庭审应是对当事人参与仲裁程序的终结。但是庭审时间毕竟是集中、有限的，无法允许当事人充分地陈述其认为的所有必要的观点。作为一种补救，仲裁实践中的做法是，庭审后，准许各方当事人在限定的期限内提交庭后总结，对庭审调查和庭审辩论中已经提到的要点予以归纳并提交给仲裁庭。

另外，也不排除这种可能，即在庭审后、作出裁决前，当事人又发现了新证据，并向仲裁庭提交提出申请。如果仲裁庭经评估，认为该新证据真实合法且对于案件要件事实的认定具有重大影响，则有权重开程序，对新证据进行调查，并在此基础上接受补充的辩论意见。但如果仲裁庭经评估，认为该新证据对于案件要件事实的认定和规范适用无根本性影响，或者涉嫌伪造证据以拖延程序，则拒绝其提出的请求，而应对案件及时进行评议和作出裁决。

五、评议和作出裁决

以合议仲裁庭审理的案件，在庭审征询最后意见后，当事人不同意调解，或者调解无效的，仲裁则进入合议仲裁庭评议和作出裁决阶段。而以独任仲裁庭审理的案件，则无独立的评议环节。

合议仲裁庭评议是指，庭审终结后，合议仲裁庭成员经过讨论，对案件作出审理结论的活动。合议仲裁庭的评议应以庭审调查和庭审辩论查明的事实和证据为基础，以法律或公平合理原则、国际惯例为裁决的准绳。评议的宗旨是：全面客观地分析认定案件事实和确定是非责任，准确适用规范，力求作出妥当的审理结论，并提出充分的裁决根据和理由。合议仲裁庭评议案件，以秘密方式进行，评议中的不同意见，须如实记入评议笔录。评议笔录应详细记载评议的过程、内容和结论，由合议仲裁庭成员签名。评议笔录不得公开。

作出裁决是指，仲裁庭在对提交仲裁的案件的审理过程中或审理终结后，根据认定的事实对当事人提出的仲裁请求或反请求或与之相关的其他事项作出书面决定的行为。作出的该书面决定称为仲裁裁决书。如果是以合议仲裁庭审理的案件，根据我国《仲裁法》第 53 条的规定，仲裁裁决应当按照多数仲裁员的意见作出，少数仲裁员的不同意见可以记入评议笔录。合议仲裁庭不能形成多数意见时，仲裁裁决应当按照首席仲裁员的意见作出。如果是以独任仲裁庭审理的案件，仲裁裁决按照独任仲裁员的意见作出。至

---

① 《仲裁法解释》第 30 条规定："根据审理撤销、执行仲裁裁决案件的实际需要，人民法院可以要求仲裁机构作出说明或者向相关仲裁机构调阅仲裁案卷。"

此，仲裁庭审的全部活动结束。有关仲裁裁决的作出、分类、内容、效力、撤销和执行等问题之详论，请参阅本书有关章节内容。

第五节　仲裁简易程序

一、仲裁简易程序概述

仲裁简易程序，是指根据仲裁规则的规定，仲裁机构审理争议金额不超过一定数额的仲裁案件所适用的以及当事人约定或同意适用的一种简便易行的仲裁程序。

我国《仲裁法》中并没有明确规定简易程序，但仲裁所具有的灵活性、快捷性和经济性的特点，仲裁所体现出的充分尊重当事人意愿的原则，以及《仲裁法》对独任仲裁员仲裁和书面审理的肯定，实质上都包含了简化仲裁程序的精神。

我国的各仲裁机构适应解决较小争议金额仲裁案件的客观需要，在总结多年实践经验的基础上，借鉴民事诉讼立法中关于简易程序的规定，吸收世界上一些国际商事仲裁机构如伦敦国际仲裁院、斯德哥尔摩商会仲裁院、世界知识产权组织仲裁与调解中心等有关“简单仲裁”“加速仲裁”“速办程序”的做法，起始于 1994 年《中国国际经济贸易仲裁委员会仲裁规则》专门设置“简易程序”一章，此后纷纷在其制定或修订的仲裁规则中规定了仲裁简易程序。这无疑有利于加快仲裁程序进程，适应多层次的法律需求，便利当事人进行仲裁，实现程序的正当化与简易化之间的平衡。

仲裁简易程序是各机构规则中规定的与仲裁普通程序并列的一个独立的程序。它与普通程序既有区别，又有联系。二者的区别表现在：简易程序适用于审理一定争议金额以下的或者当事人同意适用的仲裁案件，普通程序则适用于除此之外的仲裁案件。简易程序缩短或简化了普通程序审理上的某些期限、方式或步骤，在程序进行中有关仲裁庭和当事人的权利义务不受减损，查明事实、分清是非、依据规范作出公正裁决的要求不改变；而普通程序则相对完整、系统，对程序的要求比较严格。二者的联系表现在：普通程序是简易程序的基础，而简易程序则是普通程序的简化。仲裁机构适用简易程序审理案件时，对简易程序中未规定的事项，应当适用普通程序的规定。适用简易程序审理案件与适用普通程序审理案件，仲裁裁决具有同等的法律效力。另外，简易程序进行中，应当事人的共同意愿，或者因仲裁请求变更足以影响到简易程序适用的，可以申请变更为普通程序。

《北仲规则》《上仲规则》《贸仲规则》《深仲规则》《上海贸仲规则》《南仲规则》均设置专章规定“简易程序”或者“快速程序”。下面将根据这些机构规则的有关内容，逐一归纳或讨论仲裁简易程序的适用范围、主要特点、程序转换等问题。

二、仲裁简易程序的适用范围

仲裁简易程序适用的案件范围如下：

第一，争议金额不超过数额标准的案件。目前，《南仲规则》中划定的数额标准是人民币100万元，《深仲规则》中划定的数额标准是人民币300万元，《贸仲规则》《北仲规则》《上仲规则》《上海贸仲规则》中划定的数额标准是人民币500万元。对于争议金额不超过数额标准的案件，仲裁机构可以直接决定适用简易程序。因为存在一定的概率或经验，即争议金额较少的案件可能是事实清楚、权利义务关系明确、争议不大的简单案件。所谓“事实清楚”，是指当事人双方对争议的民商事法律关系发生、变更或者消灭的事实陈述基本一致，并能提供可靠的证据，无须仲裁机构调查收集证据即可判明事实、分清是非。所谓“权利义务关系明确”，是指谁是责任的承担者，谁是权利的享有者，关系明确。所谓“争议不大”，是指当事人对案件的是非、责任以及仲裁事项争执无原则分歧。当然，在现实受案和审理中，也存在不合于这样的概率和经验的案件。如此看来，仲裁规则之所以规定争议金额不超过数额标准的案件适用简易程序，还可能考虑了这样可以节省当事人的费用、组庭和期日确定更方便、裁决期限更短等因素。对于争议金额不超过数额标准的案件，虽然应适用的仲裁规则中规定可以适用简易程序审理，但是当事人之间另有约定适用普通程序的，则仲裁机构应当按照普通程序审理该案，当事人应当承担由此增加的仲裁费用。

第二，争议金额超过数额标准的案件，但当事人约定或者同意适用简易程序。对于争议金额超过数额标准的案件，如果双方当事人在纠纷发生之前或者纠纷发生之后约定适用简易程序，或者仲裁程序启动后仲裁庭组成前，经一方当事人书面申请适用简易程序并征得另一方当事人书面同意的，也可适用简易程序进行审理，并予以减免部分仲裁费用。

第三，其他合适案件。《贸仲规则》《上海贸仲规则》《上仲规则》《南仲规则》还规定，对于没有争议金额或争议金额不明确的案件，是否适用简易程序，由仲裁机构根据案件的复杂程度、涉及利益的大小以及其他有关因素综合考虑决定。

上述案件，可以是国内争议案件，也可以是国际或涉外争议案件。

三、仲裁简易程序的特点

通俗地讲，仲裁简易程序是普通程序的“简化版”。因此，简易程序的最大特点就是简便化。上述机构规则中对简易程序在仲裁庭的组成、进行程序的期限、审理方式、裁决期限等程序阶段的内容均作出了特别规定，这些规定从不同环节或方面直接体现了简易程序的特点。

（一）由独任仲裁庭审理

除非当事人另有约定，适用简易程序的案件，由1名仲裁员成立独任仲裁庭审理案件。各方当事人应当自收到仲裁通知之日起一个期限内（如《北仲规则》规定为10日内，《贸仲规则》规定为15日内）在仲裁员名册中共同选定或者共同委托仲裁机构主任指定独任仲裁员。各方当事人逾期未能共同选定或者共同委托主任指定独任仲裁员的，由主任指定。

另外，《北仲规则》《贸仲规则》中还规定采用“名单法”确定独任仲裁员，具体如下：双方当事人也可以在上述期限内，各自推荐 1 至 3 名仲裁员作为独任仲裁员人选；经双方当事人申请或者同意，仲裁机构也可以提供 5 至 7 名独任仲裁员候选名单，由双方当事人在上述期限内从中选择 3 至 4 名仲裁员作为独任仲裁员人选。推荐名单或者选择名单中有 1 名相同的，为双方当事人共同选定的独任仲裁员；有 1 名以上相同的，由主任根据案件具体情况在相同人选中确定，确定的仲裁员仍为双方当事人共同选定的独任仲裁员；推荐名单或者选择名单中没有相同的人选，由主任在推荐名单或者选择名单之外指定首席仲裁员。仲裁庭组成后，仲裁机构应将仲裁庭组成通知书发送独任仲裁员和双方当事人。

（二）进行程序期限较短

在简易程序中，答辩和反请求的期限、提前通知开庭的期限及各方当事人提交材料和补交材料的期限等，相比于普通程序，都作了适当缩短。如《北仲规则》规定：被申请人应当自收到答辩通知之日起 10 日（普通程序则为 15 日）内，提交答辩书及有关证明文件；如有反请求，也应当在此期限（普通程序则为 15 日）内提交申请书及有关证明文件。开庭审理的案件，仲裁庭应当于开庭 3 日（普通程序则为 10 日）前将开庭日期通知当事人；再次开庭日期的通知，不受 3 日（普通程序则为 10 日）期限限制。

（三）审理方式更为灵活

适用简易程序的案件，仲裁庭可以按照其认为适当的方式审理。相较于普通程序，其多以开庭审理为原则。而采用简易程序的审理方式，仲裁庭可以在征求当事人意见后决定只依据当事人提交的书面材料和证据进行书面审理，也可以决定开庭审理，还可以把开庭审理和书面审理结合起来运用。

（四）作出裁决较为迅速

适用简易程序的目的就是迅速结案，所以仲裁庭应及时审理、及时裁决。甚至，如果当事人双方同时到仲裁机构请求仲裁，经选定仲裁员后，可以当日审。如果开庭审理的话，应当一次开庭审结，但仲裁庭认为确有必要再次开庭的除外。在裁决期限上，自仲裁庭组成之日起算，《南仲规则》规定的是 2 个月内作出裁决，《北仲规则》规定的是 75 日内作出裁决，《贸仲规则》《上海贸仲规则》《上仲规则》规定的都是 3 个月内作出裁决。而上述机构规则规定的适用（国内）普通程序的裁决期限自仲裁庭组成之日起算均为 4 个月。程序中止的期间不计入上述裁决期限。有特殊情况需要延长期限，经仲裁庭请求，仲裁机构的主任或秘书长认为确有正当理由和必要的，可以批准适当延长。

（五）准用普通程序规定

上述机构规则中虽专章列明“简易程序”，但仅是对简易程序的特别之处作出的规定，对于“简易程序”一章之下未作规定而进行程序所需的其他事项，得适用或参照适用仲裁规则其他有关规定。

四、仲裁简易程序的变更

仲裁简易程序进行中，各方当事人共同申请或者一方当事人申请、其他当事人同意的，可以将简易程序变更为普通程序。仲裁请求的变更或者反请求的提出、变更导致案件争议金额超过数额标准的，不影响简易程序的进行；任何一方当事人认为影响的，可以向仲裁机构主任申请变更为普通程序；是否同意，由主任决定。因简易程序变更为普通程序而增加的仲裁费用，由当事人协商确定预交比例；无法协商达成一致意见的，由仲裁机构确定；未能按照要求预交仲裁费用的，程序不予变更。仲裁庭组成后简易程序变更为普通程序的，当事人应当自收到程序变更通知之日起一定期限（如《北仲规则》规定的是5日）内，按照仲裁规则的规定各自选定或者各自委托主任指定一名仲裁员。除非当事人另有约定，原独任仲裁员作为首席仲裁员。新仲裁庭组成前已进行的审理程序是否重新进行以及重新进行的范围，由新仲裁庭决定；新仲裁庭决定审理程序全部重新进行的，仲裁规则规定的裁决期限自新仲裁庭组成之日起计算。程序变更之日起仲裁程序的进行，不再适用简易程序。

第六节 仲裁程序中的其他问题

仲裁程序进行过程中可能遇到各种特殊情况，例如合并仲裁、撤回仲裁申请、延期开庭、多数仲裁员继续仲裁程序、缺席裁决、程序中止及恢复、撤销案件等，正确处理这些特殊情况有利于仲裁程序的顺利推进。另外，期限、期日、送达（发送）、仲裁费用也是仲裁程序中的重要内容。

上述问题，有些是在我国《仲裁法》中有所规定或者有所提及的，如撤回仲裁申请、延期开庭、缺席裁决、期限、送达、仲裁费用等，有些则是在仲裁实践中发展起来并为机构规则所规定的，如合并仲裁、多数仲裁员继续仲裁程序、程序中止及恢复、撤销案件等。在民事诉讼程序中，同样遇到与之类似的特殊情况和期限、期日、送达、诉讼费用的问题，而且我国民事诉讼法律中，已经对这些制度作了明确规定。相对于仲裁法，民事诉讼法是仲裁程序的一般法。我国《仲裁法》授权中国仲裁协会、中国国际商会、各仲裁机构依照本法和《民诉法》的有关规定制定仲裁规则。① 为数不少的机构规则，如《上仲规则》，也会在附则中规定，仲裁规则未规定的事项，参照适用我国民事诉讼法律的有关规定。因此，对本节问题的讨论，除了依据《仲裁法》，也会援引机构规则的规定，并参照我国民事诉讼法律的有关规定。

一、合并仲裁

合并仲裁，是指仲裁机构经一方当事人申请且认为必要时，决定将根据其仲裁规则

① 参见我国《仲裁法》第15条第3款、第73条、第75条的规定。

进行的两个或多个仲裁案件合并为一个仲裁案件进行审理和作出裁决的制度。

合并仲裁是我国仲裁机构借鉴国际上商事仲裁的实践经验，根据我国仲裁发展的现实需要，通过机构规则建立的一项程序制度。① 合并仲裁有利于提高仲裁效率，将根据同一机构规则受理进行的两个或多个仲裁案件合并为一个仲裁案件，以一个仲裁庭，遂行一个仲裁程序，仲裁机构并可酌情减少仲裁费用的收取。合并仲裁体现了尊重当事人意思自治的原则，两个或多个案件的当事人们，既然选择了某一机构规则，那么按照该机构规则实行合并仲裁，亦是尊重和符合其意愿的。当然在一定意义上，合并仲裁反映着仲裁机构走向职权化的苗头，显示出仲裁也存在采用职权主义运作的些许空间。

根据《北仲规则》《贸仲规则》等机构规则的规定，一般的，符合下列条件之一的，经一方当事人申请，仲裁机构可以决定对根据机构规则进行的两个或多个仲裁案件合并仲裁：(1) 各案仲裁请求依据同一个仲裁协议提出；(2) 各案仲裁请求依据多份仲裁协议提出，该多份仲裁协议内容相同或相容，且各案当事人相同、各争议所涉及的法律关系性质相同；(3) 各案仲裁请求依据多份仲裁协议提出，该多份仲裁协议内容相同或相容，且涉及的多份合同为主从合同关系；(4) 所有案件的当事人均同意合并仲裁。

仲裁机构在决定是否合并仲裁时，应考虑各方当事人的意见及相关仲裁案件之间的关联性、案件程序进行的阶段以及已经组成仲裁庭的案件仲裁员的指定或者选定等具体情况。除非各方当事人另有约定，合并的仲裁案件应合并至最先开始仲裁程序的仲裁案件。合并仲裁前，各案已经进行的仲裁程序依然有效；合并仲裁后，在仲裁庭组成之前，由仲裁机构就后续程序的进行作出决定；仲裁庭组成后，由仲裁庭就后续程序的进行作出决定。仲裁机构将两个或多个仲裁案件合并的，所有这些仲裁的当事人应视为已放弃选定仲裁员的权利，且仲裁机构可撤销对任何已获提名或确认的仲裁员的选定或指定。在此情况下，仲裁机构应为合并后的程序指定仲裁员组成仲裁庭。

在上述规定合并仲裁的机构规则中，一般还规定了“多份合同单个仲裁”和“合并审理”的问题，三者是不同的程序制度。

“多份合同单个仲裁”，是仲裁申请人基于同一性交易的存在关联的多份合同项下的争议一并申请仲裁，由仲裁机构/仲裁庭作为一个仲裁案件予以受理和审理的制度。“多份合同单个仲裁”的适用，须同时符合下列条件：(1) 多份合同系主从合同关系或多份合同所涉当事人相同且法律关系性质相同；(2) 争议源于同一交易或同一系列交易；(3) 多份合同中的仲裁协议内容相同或相容。②

“合并审理”，是两个或多个仲裁案件的合并审理，案件在个数上不发生变化，仅在仲裁审理环节予以合并进行。根据机构规则的规定，“合并审理”的适用，须同时满足以下具体条件：(1) 两个或多个仲裁案件的仲裁标的为同一种类或者有关联的两个或者两个以上的案件；(2) 经一方当事人申请并征得其他所有当事人同意；(3) 两个或多个仲裁案件的仲裁庭组成人员均相同。仲裁庭组成人员不同的两个或者两个以上的案件，不

① 参见《贸仲规则》第 19 条、《南仲规则》第 29 条、《上仲规则》第 21 条、《深仲规则》第 18 条、《北仲规则》第 30 条的规定。

② 参见《贸仲规则》第 14 条、《南仲规则》第 10 条、《上仲规则》第 20 条、《深仲规则》第 17 条、《北仲规则》第 8 条的规定。

能合并审理。合并审理由仲裁庭根据适用条件作出决定。除非当事人一致同意作出一份裁决书，仲裁庭应就合并的仲裁案件分别作出裁决书。可见，合并审理是一种类似于我国普通共同诉讼形式的程序制度。

二、撤回仲裁申请

(一) 撤回仲裁申请的概念

撤回仲裁申请，或称撤回仲裁请求，是指仲裁机构受理当事人提出的仲裁申请后，在仲裁庭作出仲裁裁决之前，仲裁申请人（或被申请人）撤回自己的仲裁申请，不再要求仲裁庭对该争议案件进行审理并作出仲裁裁决的行为。

双方当事人之间发生纠纷，依照他们之间所签订的仲裁协议授权仲裁庭给予解决，是双方当事人的权利。同样，在仲裁过程中，撤回对仲裁庭的授权即撤回仲裁申请也是双方当事人的权利。就性质而言，当事人的撤回仲裁申请属于仲裁权利处分行为，因而有别于放弃仲裁请求。放弃仲裁请求处分的是实体权利的主张，属于民事上的处分行为。其处理和后果也不同，撤回仲裁申请属于程序问题，应用决定形式处理，并可以再提出仲裁申请；放弃诉讼请求属于实体问题，应用裁决或调解形式处理，不可以再提出仲裁申请。当事人以放弃仲裁请求为由而要求撤回仲裁申请的，仲裁庭应告知其两者的界限，让其重新选择其中的一项为之。当事人坚持原行为方式的，仲裁庭以按放弃仲裁请求处理为宜。

撤回仲裁申请可能发生在开庭审理之前，也可能发生在开庭审理过程中。根据撤回仲裁申请是否为当事人提出，可以分为当事人撤回仲裁申请和仲裁庭按撤回仲裁申请处理。撤回仲裁申请又可以根据撤回权人的称谓的不同，分为申请人撤回仲裁申请和被申请人撤回仲裁反请求，根据撤回仲裁请求的范围，分为撤回全部仲裁申请和撤回部分仲裁申请。我国《仲裁法》第 49 条规定的是撤回仲裁申请的问题，第 42 条第 1 款规定的是按撤回仲裁申请处理的问题。

撤回仲裁申请，是指仲裁机构受理仲裁申请后、作出仲裁裁决前，当事人主动撤回自己的仲裁申请的情形。撤回仲裁申请应当具备以下条件：(1) 撤回仲裁申请须由当事人及其法定代理人或者经过特别授权的委托代理人提出；(2) 撤回仲裁申请须采用书面形式；(3) 撤回仲裁申请的时间，须在仲裁机构受理争议案件后，仲裁庭尚未作出仲裁裁决或调解书之前；(4) 撤回仲裁申请须出于当事人自愿。

按撤回仲裁申请处理，是指当事人未主动提出撤回仲裁申请的情况下，由于法定事由的发生，仲裁庭视为当事人撤回了仲裁申请。按撤回仲裁申请处理是基于下述两种情形产生的：一是申请人经仲裁庭书面通知，无正当理由拒不到庭；二是申请人未经仲裁庭许可中途退庭。

(二) 撤回仲裁申请的法律效果

我们认为，撤回仲裁申请后产生如下法律效果：

(1) 仲裁程序终结，仲裁法律关系归于消灭。准予撤回仲裁申请或者按撤回仲裁申请处理的决定生效之后的直接效果就是导致本案仲裁程序的完结和仲裁法律关系的消灭，而对仲裁申请人所主张的实体权利并无任何影响。被申请人此前已经提出反请求的，申请人撤回全部仲裁申请的效果只是导致本请求程序的完结，不影响仲裁庭对反请求进行审理和裁决。

（2）撤回仲裁申请视同未提出仲裁申请，当事人可以再行申请仲裁。一方面，参照民事诉讼的撤诉的法律效果的规定①，可以得出这一结论；另一方面，源于仲裁协议的效力。当事人撤回仲裁申请或仲裁庭按撤回仲裁申请处理，不意味着仲裁协议的履行完毕或者失效。只要双方当事人争议事项属于仲裁协议范围，就可以申请仲裁。只要双方当事人之间的争议事项未经仲裁庭最终裁决，也没有新的仲裁协议出现，当事人就仍然可以依据有效的仲裁协议申请仲裁。

（3）当事人以同一仲裁请求再次申请仲裁的，意味着请求原已成立的仲裁庭恢复行使仲裁权。仲裁权直接源于生效的仲裁协议，在仲裁协议不发生变化的情况下，仲裁庭所享有的仲裁权是存在的，当事人有权请求原仲裁庭恢复行使仲裁权。客观上说，原仲裁庭了解案件情况，掌握更多的案件信息，由原仲裁庭进行仲裁，不但有利于节约人力、物力、财力，及时迅速地解决纠纷，同时亦可有效避免当事人利用撤回仲裁申请来规避法律以及更换仲裁员行为的发生。当然，如果双方重新达成仲裁协议，也应该尊重当事人的新选择。

三、延期开庭和多数仲裁员继续仲裁程序

（一）延期开庭

延期开庭，是指在仲裁程序中，出现正当事由，或根据当事人的申请，经仲裁庭同意，将已确定的开庭期日顺延至另一期日进行开庭审理的制度。

延期开庭不同于仲裁休庭。前者是因为出现了某些特殊情形，致使开庭审理不能如期进行或者无法继续进行，仲裁庭不得不推延开庭审理的时间，另行确定一个期日继续审理。后者是指在仲裁案件开始庭审后，为满足特定仲裁活动的需要（如合议仲裁庭评议案件）和参与者在工作日与工作日之间的生理需要（如进餐、休息等）而正常留出的必要间歇时间。

我国《仲裁法》第 41 条规定，仲裁机构应当在仲裁规则规定的期限内将开庭日期通知双方当事人。当事人有正当理由的，可以在仲裁规则规定的期限内请求延期开庭。是否延期，由仲裁庭决定。各机构规则均对延期开庭的问题作出进一步明确，如《北仲规则》第 31 条规定：“（一）开庭审理的案件，仲裁庭应当于开庭 10 日前将开庭日期通知当事人；经商当事人同意，仲裁庭可以提前开庭。当事人有正当理由请求延期开庭的，应当在开庭 5 日前提出；是否延期，由仲裁庭决定。（二）再次开庭以及延期后开庭日期的通知，不受 10 日期限限制。”

延期开庭适用于下述情形：（1）当事人有正当理由不能到庭；（2）当事人临时提出

---

① 参见《民诉解释》第 214 条第 1 款的规定。

回避申请；(3) 仲裁员不能履行职责；(4) 需要通知新的证人参加庭审，调取新证据，重新鉴定或勘验，或者需要补充调查；(5) 其他应当延期的情形。

当事人在规定期限内提出延期开庭的请求后，并不必然导致仲裁开庭延期进行，仲裁庭应当依据仲裁规则和参照有关法律法规的规定，结合实际情况，判断当事人的申请是否有正当理由，作出是否同意延期开庭的决定。

(二) 多数仲裁员继续仲裁程序

多数仲裁员继续仲裁程序，是指仲裁最后一次开庭终结后，合议仲裁庭中的一名仲裁员因死亡或其他原因不能参加评议并作出裁决的，经双方当事人和仲裁机构代表人同意后，其他 2 名仲裁员可以继续进行仲裁程序并作出决定或裁决的制度。

目前，我国有不少仲裁机构已在仲裁规则中确立了该制度，如《贸仲规则》第 34 条规定："最后一次开庭终结后，如果三人仲裁庭中的一名仲裁员因死亡或被除名等情形而不能参加合议及/或作出裁决，另外两名仲裁员可以请求仲裁委员会主任按照第三十三条的规定更换该仲裁员；在征求双方当事人意见并经仲裁委员会主任同意后，该两名仲裁员也可以继续进行仲裁程序，作出决定或裁决。仲裁委员会仲裁院应将上述情况通知双方当事人。"

仲裁庭是具体负责对已交付仲裁的争议事项进行审理，并最终就争议事项作出实质性裁决的组织，仲裁庭组成人员由双方当事人根据案件需要自行选定或者委托仲裁机构主任指定，当条件不满足时，仲裁机构主任依照仲裁规则所赋予的职权自主确定。仲裁庭的权利，原则上是仲裁庭组成人员保持全员情况下的概括集中的权利。但是现实中有可能发生这种情况，即最后一次开庭终结后，合议仲裁庭中的一名仲裁员因死亡、被除名或其他原因不能参加评议并作出裁决。这时该如何处理？一种方法是由仲裁机构主任按照仲裁规则的规定更换该仲裁员，因为有新加入的仲裁员，按照直接审理原则的要求，应当重开言词辩论，仲裁庭、当事人以及其他仲裁参与人可能需要二次投入时间、经济等成本。另一种方法是通过当事人的意思和机构的监管由仲裁庭组成人员在仅有多数情况下继续仲裁程序完成剩余的工作，此即为多数仲裁员继续仲裁程序。相较于前一种方法，这种方法无须重复程序，无须耗费额外的成本。适用该制度，尤其要注意尊重当事人的意思。

四、缺席裁决

缺席裁决，相对于对席裁决[①]而言，是指仲裁庭在被申请人无正当理由拒不到庭或未经许可中途退庭的情况下，对争议案件审理后作出裁决的制度。

根据我国《仲裁法》第 42 条第 2 款的规定，被申请人经书面通知，无正当理由开庭时不到庭的，或在开庭审理时未经仲裁庭许可中途退庭的，仲裁庭可以进行缺席审理并

① 对席裁决，是指仲裁庭在仲裁的整个过程中，在双方当事人均按照规定的仲裁程序参加了仲裁审理的情况下作出的仲裁裁决。这是一种在正常程序下的仲裁结果。

作出裁决。缺席裁决的功能不在于惩罚缺席的一方当事人，相反，这一制度的建立，一是旨在促使当事人积极参加庭审并积极完成举证、质证、辩论等行为，保障当事人充分行使仲裁权利，使仲裁庭最大限度地通过庭审发现真实，对案件事实作出准确判断；二是为了保障仲裁程序的正常进行，不致因一方当事人的缺席而陷入困境。

缺席审理中，仲裁庭对缺席的被申请人已提交的仲裁资料应当出示和调查核实，以充分了解其主张和所持的理由，注意使缺席一方当事人的合法权益得到应有的保护。缺席裁决必须以案件事实已经查清并有充分的证据可供认定作为必备的前提。缺席裁决的法律效力，与对席裁决的完全相同。

五、仲裁程序中止和撤销案件

（一）仲裁程序中止及恢复

仲裁程序中止，是指在仲裁过程中，因当事人的申请或者出现特殊情况，仲裁机构或者仲裁庭以决定暂时停止仲裁程序进行的制度。

程序中止可以发生于仲裁程序启动后至作出裁决前的任何阶段，程序中止的法律后果是暂停仲裁程序的进行。待任何一方当事人申请恢复仲裁程序或者仲裁机构或仲裁庭认为有必要恢复，以及中止程序的原因消失或中止程序期满后，则仲裁程序恢复进行。

当事人意思自治被作为民商事仲裁中确定需要遵守程序的指导原则，因此仲裁程序的进行受到当事人意思的影响，如果各方当事人共同申请或者一方当事人申请、其他当事人未表示反对的，仲裁程序可以中止。

如果出现特殊情况需要中止仲裁程序的，仲裁程序可以中止。这些情况包括：（1）一方当事人死亡，需要等待继承人表明是否参加仲裁的；（2）一方当事人丧失行为能力，尚未确定法定代理人的；（3）作为一方当事人的法人或者非法人组织终止，尚未确定权利义务承受人的；（4）一方当事人因不可抗拒的事由（即当事人无法预见、不能避免，以自身的力量和条件难以克服的客观事件，如自然灾害等突发事件①、重病等），不能参加仲裁的；（5）本案必须以另一仲裁案件或诉讼案件的审理结果为依据，而另一案尚未审结的；（6）其他应当中止程序的情形。

中止和恢复仲裁程序应作出决定，仲裁庭组成前由仲裁机构作出；仲裁庭组成后由仲裁庭作出。程序中止的期间不计算在机构规则规定的作出裁决的期限内。

举例言之，根据《仲裁法解释》第 8 条的规定，除当事人订立仲裁协议时另有约定外，当事人订立仲裁协议后合并、分立的，仲裁协议对其权利义务的继受人有效；当事人订立仲裁协议后死亡的，仲裁协议对承继其仲裁事项中的权利义务的继承人有效。据此，在仲裁程序启动后至作出裁决前的任何阶段，如发生作为当事人的法人合并、分立

---

① 根据《中华人民共和国突发事件应对法》第 3 条和第 13 条的规定，突发事件，是指突然发生，造成或者可能造成严重社会危害，需要采取应急处置措施予以应对的自然灾害、事故灾难、公共卫生事件和社会安全事件。因采取突发事件应对措施，诉讼、行政复议、仲裁活动不能正常进行的，适用有关时效中止和程序中止的规定，但法律另有规定的除外。

的事实，仲裁协议对继受人有效，多数情况下，继受人是容易确定的，但尚未确定权利义务的继受人的，则仲裁机构/仲裁庭应当决定中止程序，继受人一旦确定，仲裁程序恢复进行，原法人已经进行的仲裁行为对承担仲裁的继承人有效。如发生作为当事人的自然人死亡的事实，仲裁协议对继承人（包括符合法定继承顺序的继承人、遗嘱继承人、受遗赠人）有效，但需要等待继承人表明对权利义务承受与否和参加仲裁的意见，则仲裁机构/仲裁庭应当决定中止程序，并及时通知同意参加仲裁或者不放弃仲裁事项中的权利义务的继承人作为当事人承担仲裁。被继承人已经进行的仲裁行为对承担仲裁的继承人有效。

（二）撤销案件

撤销案件，是指在仲裁过程中，因出现特定事由，致使仲裁继续进行已不可能或已无必要，仲裁机构或者仲裁庭以决定结束仲裁程序的制度。

撤销案件属于仲裁程序的非正常结束，它由特定事由所致。有下列情形之一的，应当撤销案件：(1) 仲裁请求和反请求（如有）全部撤回的；(2) 仲裁机构或经其授权的仲裁庭作出无管辖权决定的；(3) 仲裁申请人死亡，没有继承人，或者继承人放弃权利的；(4) 被申请人死亡，没有遗产，也没有应当承担义务的人的；(5) 因为任何其他原因使仲裁程序不需要或者不可能继续进行的。

撤销案件应作出决定，仲裁庭组成前，撤销案件的决定由仲裁机构作出；仲裁庭组成后，撤销案件的决定由仲裁庭作出。撤销案件决定应加盖仲裁机构印章。在撤销案件的情况下，仲裁机构可以根据实际情况决定是否退回预收的仲裁费用或者其他费用以及退回的具体金额。

六、仲裁中的期限、期日

仲裁中的期限，是指仲裁机构/仲裁庭、当事人或其他仲裁参与人各自进行或完成某项仲裁行为必须遵守的时间。期限包括法定期限、机构规则规定的期限和指定期限。我国《仲裁法》规定了审查受理的期限、请求补正裁决书瑕疵的期限、申请撤销仲裁裁决的期限、申请撤销仲裁裁决案件的审理期限等。各机构规则中规定了送达仲裁申请书副本和答辩书副本的期限、答辩和反请求的期限、选定仲裁员的期限、仲裁庭组成的通知期限、开庭日期的通知期限、裁决作出期限等。此外还有指定期限，如提交证据材料的期限、提交书面质证意见的期限、重新仲裁的期限等。一般地，前两种期限具有确定性，以某一法律事实的出现为开始，以法定或机构规则规定的时间延续终了为止。仲裁中的期日是指仲裁机构/仲裁庭、当事人及其他仲裁参与人会合进行某种仲裁活动的时日。期日包括证据交换期日、调解期日、开庭审理期日等。

期限、期日的意义在于：保证各仲裁法律关系主体及时地行使仲裁权利，履行仲裁义务，使仲裁活动按照法律和仲裁规则规定的程序正常进行；节省时间、人力和物力，尽快使当事人之间的民商事纠纷得到解决，保护当事人的合法权益。

期限的开始和终结关系到仲裁机构/仲裁庭、当事人和其他仲裁参与人进行或完成仲裁行为的效力，直接影响到当事人仲裁权利的行使和实体权益的保护与实现，因此，期限的计算，既是技术性问题，又是法律问题。期限的计算应当依据机构规则的规定并参照我国《民诉法》第 85 条第 2 款至第 4 款、第 86 条的规定执行。（1）法律和机构规则规定的期限或者根据机构规则确定的期限，应当自期限开始之次日起算。期限开始之日，不计算在期限内。（2）如果期限开始之次日为送达地公共假日或者非工作日，则从其后的第一个工作日开始计算。期限内的公共假日和非工作日应计算在期限内。期限届满日是公共假日或者非工作日的，以其后的第一个工作日为期限届满日。（3）期限不包括在途时间，仲裁文书、通知、材料在期限届满前交邮、交发的，不算过期。（4）当事人因不可抗力或者其他正当理由耽误期限的，在障碍消除后 10 日内，可以申请顺延；是否准许，由仲裁机构或者仲裁庭决定。

七、仲裁中的送达（发送）

仲裁中的送达，是指仲裁机构按照仲裁规则规定的程序和方式，将仲裁文件发送当事人和其他仲裁参与人的仲裁行为。为与诉讼中的送达有所区分，一些机构规则中把送达称为“发送”。送达作为仲裁程序中的一项制度，包括送达主体、送达人、受送达人、送达内容、送达方式、送达回证等。送达的意义在于：仲裁机构通过适时送达仲裁文书给受送达人，可以使他们及时了解仲裁程序的进程，明确有关事项的具体要求，方便并确保他们顺利进行仲裁活动；仲裁文书送达后，就产生一定的法律后果。

送达的主体是仲裁机构。仲裁机构通过将仲裁文件送达给当事人及其他仲裁参与人，一方面借以体现仲裁权的意志，另一方面也是向当事人及其他仲裁参与人履行告知的义务。在仲裁过程中，当事人和其他仲裁参与人也要向仲裁机构呈交仲裁文件或相互之间递交其他文件，但这种行为不能称为送达，也不能适用有关送达的规定。在当面提交方式中，实际送达仲裁文件给当事人及其他仲裁参与人的工作是由送达人来完成的，但送达人不是送达的主体，其只是送达主体的代表或职务代理人。送达的对象是当事人及其他仲裁参与人。送达的内容是仲裁文件，即有关仲裁的一切文书、通知和其他材料等。送达须按照机构规则规定的一定的程序和方式，如不按规定的程序和方式送达，将不产生预期的法律后果。送达回证，是指仲裁机构制作的用以证明完成送达行为并返回仲裁机构的凭证。它能证明仲裁机构和受送达人之间已发生送达关系这一事实，并能以书面形式记载送达的准确日期。以挂号信、特快专递方式邮寄送达中使用的邮件回执，是送达回证的一种具体表现形式。受送达人在送达回证上的签收日期为送达日期。送达行为完成后，送达回证退回仲裁机构附卷存查。

我国《仲裁法》对送达方式没有作出明确的规定；根据仲裁实践，仲裁文书、通知和其他材料等仲裁文件可以采用当面递交、挂号信、特快专递、传真或者仲裁机构或仲裁庭认为适当的其他方式发送。

仲裁文件应发送当事人或其仲裁代理人自行提供的或当事人约定的地址；当事人或其仲裁代理人没有提供地址或当事人对地址没有约定的，按照对方当事人或其仲裁代理人提供的地址发送。向一方当事人或其仲裁代理人发送的仲裁文件，如经当面递交受送达人或发送至受送达人的营业地、注册地、住所地、惯常居住地或通讯地址，或经对方当事人合理查询不能找到上述任一地点，而由仲裁机构以挂号信或特快专递或能提供投递记录的其他任何手段投递给受送达人最后一个为人所知的营业地、注册地、住所地、惯常居住地或通讯地址，即视为已经送达。当事人对送达地点应当出具书面送达地点确认书，由此产生的无法送达的法律后果由作出确认的当事人承担。

八、仲裁费用

我国《仲裁法》第 76 条规定，当事人应当按照规定交纳仲裁费用。收取仲裁费用的办法，应当报物价管理部门核准。所谓仲裁费用，是指当事人申请仲裁时或提出反请求时，向仲裁机构交纳的一定数量的费用，也是指当事人在仲裁机构进行仲裁活动及相关活动时，仲裁机构依法向当事人收取的费用。

仲裁机构是独立的民间机构，仲裁机构之所以出面处理相关纠纷，完全是建立在当事人意思自治的基础上。当事人申请仲裁的同时，就等同于与仲裁机构达成一项服务合同。仲裁员要以专业的法律知识和正直的道德情操来处理纠纷事件，保证仲裁活动的公正进行。可以说，仲裁机构提供给纠纷当事人的是一种有偿的法律服务，即当事人在享受法律服务的同时需要支付给仲裁机构相应的服务费用。自 1995 年 9 月 1 日起施行的《仲裁收费办法》第 3 条规定，案件受理费用于给付仲裁员报酬、维持仲裁委员会正常运转的必要开支。因此，仲裁费用的收取不以营利为目的，其在性质上为服务费用。

仲裁费用一般由案件受理费和案件处理费两部分构成。案件受理费，是指仲裁机构受理具体仲裁案件后，依照规定的收费标准向当事人收取的费用。案件处理费，是指仲裁机构在审理具体仲裁案件中的合理的实际的开支，按规定应由当事人承担的费用，如仲裁员办理案件的特殊报酬、差旅费、食宿费、聘请速录员速录费，以及仲裁庭聘请专家、鉴定人和翻译等费用。广义上的仲裁费用，还包括当事人实际支付的其他费用，如律师费、保全费、当事人自行调查取证费及差旅费等必要支出。

根据我国《仲裁法》和《仲裁收费办法》的规定，案件受理费的具体标准，由仲裁机构在仲裁案件受理费表规定的幅度范围内确定，并报仲裁机构所在地的省、自治区、直辖市人民政府物价管理部门核准。案件受理费应根据当事人的争议金额，按照一定的比例收取，实行递减的原则。[①] 争议金额以申请人请求的数额为准；请求的数额与实际争议金额不一致的，以实际争议金额为准；申请仲裁时争议金额未确定的，由仲裁机构根据争议所涉及权益的具体情况确定预先收取的案件受理费数额。案件处理费的具体标准，按照国家有关规定执行；国家没有规定的，按照案件实际支出收取。实践中，大多数仲裁机构制定了案件处理费标准。

仲裁当事人应当于提出仲裁申请或反请求之时，按照机构规则的规定预交案件受理

---

① 各国一般规定仲裁机构应根据当事人争议的金额，按照一定的比例收取。但各国收取的具体方法有所不同，有的实行递增的原则：争议财产的价值越大，征收的比例越高；有的实行递减的原则：争议财产的价值越大，征收的比例越低。

费。案件处理费中的证人、鉴定人、翻译人员等因出庭而支出的食宿费、交通费、误工补贴，以及咨询、鉴定、勘验、翻译等费用，由提出申请的一方当事人预付。当事人未在规定时间内预缴仲裁费的，视为未提出或者撤回仲裁申请、仲裁反请求。当事人撤回仲裁申请、反请求的，预缴的案件处理费不予退回，其时仲裁庭尚未组成的，预缴的受理费全部退回，仲裁庭已经组成的，预缴的受理费酌情退回。

仲裁费用的承担采用仲裁庭决定原则和败诉负担的原则。不论当事人是否提出，仲裁庭有权在裁决书中确定各方当事人应当承担的仲裁费用。除非当事人另有约定，仲裁费用原则上由败诉的当事人承担；当事人部分胜诉，部分败诉的，由仲裁庭根据当事人责任大小确定其各自承担的比例。当事人自行和解或者经仲裁庭调解结案的，当事人可以协商确定各自承担的比例。

对于当事人实际支付的其他费用，当事人要求对方承担的，则必须提出具体的请求和相应事实、证据材料。仲裁庭欲裁定败诉方补偿胜诉方因办理案件而实际支付的其他费用是否合理时，应具体考虑案件的裁决结果、复杂程度、胜诉方当事人或代理人的实际工作量以及案件的争议金额等因素。

问题与思考

1. 简述仲裁程序的概念和特点。
2. 申请仲裁的条件有哪些？
3. 如何确定仲裁庭的仲裁员？
4. 仲裁开庭审理的一般程序内容是什么？
5. 简述仲裁简易程序的特点。
6. 合并仲裁有哪些适用条件？
7. 案情：甲市A县的刘某与乙市B区的何某签订了房屋买卖合同，购买何某位于丙市C区的一套房屋。合同约定，因合同履行发生的一切纠纷，应提交设立于甲市的M仲裁委员会进行仲裁。之后，刘某与何某又达成了一个补充协议，约定合同发生纠纷后也可以向乙市B区法院起诉。刘某按约定先行支付了部分房款，何某却迟迟不按约定办理房屋交付手续，双方发生纠纷。刘某向M仲裁委员会申请仲裁，请求何某履行交房义务，M仲裁委员会受理了此案。在仲裁庭人员组成期间，刘某、何某各选择一名仲裁员，仲裁委员会主任直接指定了一名仲裁员任首席仲裁员组成合议庭。第一次仲裁开庭审理过程中，刘某对何某选择的仲裁员提出了回避申请。刘某申请理由成立，仲裁委员会主任直接另行指定一名仲裁员参加审理。第二次开庭审理，刘某请求仲裁程序重新进行，何某则对仲裁协议的效力提出异议，主张仲裁协议无效，请求驳回刘某的仲裁申请。经审查，仲裁庭认为刘某申请仲裁程序重新进行、何某主张仲裁协议无效理由均不成立。仲裁庭继续进行审理并作出裁决：何某在30日内履行房屋交付义务。因何某在义务履行期间内拒不履行房屋交付义务，刘某向法院申请强制执行，何某则向法院申请撤销仲裁裁决。

根据案情回答问题：(1) 刘某、何某发生纠纷后依法应当通过什么方式解决纠纷？

理由是什么？（2）刘某提出的回避申请和重新进行仲裁程序的申请，何某提出的仲裁协议效力的异议，分别应由谁审查并作出决定或裁定？（3）如何评价仲裁庭（委）在本案审理中的做法？理由是什么？（4）刘某可以向哪个法院申请强制执行？何某可以向哪个法院申请撤销仲裁裁决？对于刘某、何某的申请，法院在程序上如何操作？理由是什么？（5）如法院认为本案可以重新仲裁，应当如何处理？理由是什么？（6）如法院撤销仲裁裁决，刘某、何某可以通过什么方式解决他们的纠纷？理由是什么？（司法考试真题）

第九章
仲裁证据

本章概要

仲裁证据必须具有真实性、关联性、合法性，但仲裁庭在审查单个证据材料或全案所有证据材料时具有较大的自由裁量空间。各方当事人可以自行约定不违反基本程序正义和损害公序良俗的仲裁证据规则，在证据材料的收集、提交、质证、审核、认证、保全过程中，仲裁庭的自由裁量权受制于双方当事人的合意。在各方当事人没有明确约定的情形下，仲裁庭通常可以根据仲裁规则享有广泛的自由裁量权。

关键术语

仲裁证据　证据保全　证明标准　证据规则

课程思政

1. 与民事诉讼证据受种类法定主义限制不同，仲裁证据无须遵循种类法定主义。请组织学生讨论仲裁证据不受种类法定主义拘束的原因，引导学生更深入地理解“自由”“法治”两种社会主义核心价值观之间的对立统一关系。

2. 无论是仲裁机构，还是仲裁庭，均无权强迫证人出庭作证。但证人拒绝作证可能导致仲裁案件事实无法查明。组织学生通过检索国外法律及考察国内仲裁实践，整理应对该困境的可能方案，并讨论这种方案的正当性与可行性。通过该项课外与课堂相结合的教学活动，让学生深入理解作为民间组织的仲裁机构与作为国家机关的审判机关之间存在的本质区别，加深学生对“把人民赋予的权力用来为人民谋利益”的认识。

第一节　仲裁证据概述

一、仲裁证据的界定

与民事诉讼相似，仲裁面临两大任务：事实认定和规则适用。鉴于仲裁员没有亲历案件的发生过程，无论是当事人证明争议事实，还是仲裁庭认定待证事实，均需以证据材料为依据。当事人只有对自己的主张提供充分的证据材料，才可能说服仲裁庭确信其所陈述的有利事实真实存在。仲裁庭只有对当事人提供以及自行收集的证据进行严格的审查，才可能对案情作出正确的判断，进而在此基础上作出公正的裁决。因而，仲裁证据是仲裁活动的基础和核心，是联系实体法与程序法的桥梁和纽带。

(一) 仲裁证据的概念

关于仲裁证据的概念，学界存在不同的表述：(1) 仲裁证据是指在仲裁审理过程中用来证明案件真实情况的一切事实；(2) 仲裁证据是指凡是提交给仲裁庭用来证明或者推翻某一争议事项或者争议要点的事物；(3) 仲裁证据是当事人参与仲裁的前提条件，是仲裁机构查明案件事实情况，分清是非曲直，正确审理仲裁案件的基础，是保护当事人合法权益的有力武器；(4) 仲裁证据是能够证明案件真实情况的一切事实，无论是直接的还是间接的，只要能证明当事人之间所争执的合同或者其他财产法律关系存在或者不存在，以及它们的产生、发展和变更的所有客观事实，都是仲裁证据；(5) 仲裁证据是仲裁当事人所提供的，或者仲裁庭主动收集的，或者在法院协助下所获得的一切可以由仲裁庭自行裁量并据以查明案件真实情况的事实。① 前述各种表述均强调证据是仲裁庭查明争议事实的基本依据以及认定双方当事人责任的基础，而且均采取“事实说”。然而，在我国民事诉讼程序中，证据与证据材料属于不同的概念，证据材料是指当事人提交或者法院收集的、未经审核查明其是否具备客观性、关联性、合法性的材料，而证据仅指经法院审核并据以认定案件事实的证据材料。鉴于仲裁证据与诉讼证据高度相似，借鉴证据法学者将证据界定为“被认为是真实的、可信的和具有充分相关性而能够说服法院的材料”的观点②，本书认为，仲裁证据可以界定为，当事人提供的、仲裁庭主动收集的、在法院协助下所获得的，可以证明据以支持或反驳仲裁请求的争议事实，而且仲裁庭认为其系属真实、可信、与争议事实具有关联性的证据材料。因此可见，仲裁证据是查明争议事实的依据，争议事实的查明是认定各方责任的保障，各方责任的认定是仲裁庭作出公正、独立裁决的基础。

(二) 仲裁证据的特征

特征，是指某一事物区别于其他事物的特点。以不同的事物为参照物，某一事物的特征描述可能完全不同。以诉讼证据为参照物，仲裁证据的特征主要包括：仲裁证据的认定主体是不享有司法权的仲裁庭，而诉讼证据的认定权归属于司法机关；仲裁庭无权通过强制性措施收集和保全证据，但可以请求人民法院通过强制性措施予以收集或保全；仲裁证据规则更为自由，并且双方当事人可以通过合意限制或者变更仲裁证据规则③，

---

① 参见汪祖兴：《完善我国仲裁证据制度若干问题思考——以民事诉讼证据制度为参照》，载陈光中、江伟主编：《诉讼法论丛》，第 10 卷，465 页，北京，法律出版社，2005。

② 参见何家弘、刘品新：《证据法学》，3 版，107 页，北京，法律出版社，2008。

③ 根据《日本仲裁法》第 26 条第 3 款规定，当事人可以合意确定仲裁庭应遵守的仲裁程序准则，当事人没有特别约定的，仲裁庭的权限包括对证据进行判断的权限、关于证据容许性的判断权限、判断证据调查必要性的权限以及判断证据证明力的权限。

仲裁庭可以接受的证据材料包括但不限于诉讼证据的法定类型，当事人可以对仲裁证据规则进行约定，仲裁庭对证据的接受和认可比法院更为灵活、自由。但是，通常意义上的仲裁证据的特征系以不能作为定案依据的仲裁证据材料为参照物，学者据此普遍将仲裁证据的特征归纳为客观性、关联性、合法性。

（1）客观性。仲裁证据的客观性，是指作为认定案件事实依据的事实材料必须是客观存在的，包括内容的客观性和形式的客观性两方面内容。内容的客观性，是指证据的内容必须是客观的，假想、猜测、臆断的事实材料不得作为认定案件事实的依据。形式的客观性，是指作为定案依据的证据材料具有可以被人们通过某种方式感知其客观存在的属性。证据的客观性不因人们对于证据材料的认识、收集的不同而改变，但因证据要经过当事人的质证和仲裁庭的认证，质证和认证的过程使客观的证据经历了主观认识，成为主观和客观的统一体。[①] 受自身利益的驱使，当事人往往倾向于向仲裁庭提供有利于自己的证据或隐藏不利于自己的证据，甚至存在伪造、篡改证据材料的可能性，这使仲裁证据不可避免地具有一定程度的主观随意性，而证明的目的就是使仲裁庭对证据的判断尽可能地达到主观认识与客观实际相吻合的程度。[②]

（2）关联性。关联性，又被称为相关性，是指证据与待证事实之间存在逻辑上的联系，并且能够直接或间接地证明全部或者部分待证事实的存在或者不存在。在哲学层面，任何事物之间都是相互联系的，但证据材料与待证事实之间的这种联系，只有达到法律要求的程度，该证据材料才具备关联性。基于仲裁证据规则的自治性，当事人可以通过合意降低或者提高证据材料作为定案依据的关联性程度要求。在当事人没有特别约定的情形下，仲裁庭对证据关联性的程度要求通常较低，只要是与争议有着重要的实质性联系的证据材料，都可以认为其具有关联性。诚然，仲裁证据的关联性仅指向证据材料与证明对象之间的联系，即该证据使决定某项在仲裁中待确认的争议事实的存在比没有该项证据时更有可能性或更无可能[③]，而与证据的其他两方面特征无关。因此，与待证事实之间具备关联性的证据材料，还需要满足客观性以及合法性要件，才可以作为认定案件事实的依据。

（3）合法性。在民事诉讼中，证据的合法性包括形式合法（证据种类法定原则）、来源合法（证据的收集不违反法律的规定）、转化合法（未经质证不得作为定案依据）。仲裁证据也具有合法性，但与诉讼证据的合法性要求相比，仲裁证据的合法性要求较低。这是因为，无论是大陆法系抑或英美法系的资深仲裁员，在审理案件时均倾向于把注意力集中在决定当事人之间争议问题的必要事实上，而不愿意受限于任何可能妨碍他们达到该目标的证据规则。[④] 仲裁庭可以根据他们对事实真相的判断和公正独立的理解，对当事人提供的证据材料的可采纳性作出判断。[⑤] 鉴于此，《国际商事仲裁示范法》第19

---

① 参见赵秀文：《国际商事仲裁法原理与案例教程》，250页，北京，法律出版社，2010。

② 参见宋朝武：《仲裁证据制度研究》，58页，北京，中国政法大学出版社，2013。

③ 参见《美国联邦证据规则》第401条。

④ 参见［英］艾伦·雷德芬、马丁·亨特等：《国际商事仲裁法律与实践》（第4版），林一飞、宋连斌译，317页，北京，北京大学出版社，2005。

⑤ 参见赵秀文：《国际商事仲裁法原理与案例教程》，251页，北京，法律出版社，2010。

条、《美国仲裁协会国际仲裁规则》第21条第6款、《德国民事诉讼法》第1042条、《瑞士仲裁法》第21条、《中国国际经济贸易仲裁委员会证据指引》第18条等均授权仲裁庭对某项证据是否可予采纳以及证据的关联性、重要性和证明力等问题自行决定。在这种意义上，仲裁证据的合法性要求仅适用于“仲裁庭需要法院协助收集或者采取保全措施的证据”，而其他仲裁证据则无须满足严格的合法性要求。①

(三) 仲裁证据的证据能力

证据能力，又被称为证据资格、证据的适格性、证据的可采纳性，是指作为认定案件事实依据的证据，为所适用的法律所容许，可以用于证明案件的待证事实的属性。仲裁证据的收集和审查判断应当符合所适用法律的要求，违反所适用法律而收集的证据材料不应被作为证据采纳。但是，与法庭对诉讼证据的证据能力自由裁量空间较小不同，仲裁证据的证据能力主要通过仲裁庭自由裁量的方式予以确定。只要证据材料不显著违反所适用法律的强制性规定或者违反公序良俗原则，仲裁庭就应当认定其具备证据能力，并结合客观性与关联性的裁量结果，决定其证明力大小。究其原因，我们认为主要包括以下两方面：其一，仲裁主要作为商人之间解决交易过程中产生的权利义务争议的手段，理性的商人通过非法途径获得证据的情形并不常见，即使偶有发生，也主要表现为侵犯商业秘密等可以通过民事诉讼或刑事诉讼手段予以救济和防范的情形，没有必要在仲裁中强行排除该证据。其二，仲裁具有民间性，当事人的意思自治在仲裁中得到高度的重视和充分的尊重，从而导致法定证据规则柔性化，仲裁庭在事实认定方面更大的自由裁量权。②

二、仲裁证据的种类

我国《仲裁法》没有对仲裁证据的种类作出明文规定，部分常设仲裁机构的仲裁规则参照《民诉法》的规定，将仲裁证据的种类确定为当事人的陈述、书证、物证、视听资料、电子数据、证人证言、鉴定意见、勘验笔录。③ 基于仲裁的民间性以及仲裁规则的自主性，仲裁证据的种类并不遵循严格的种类法定主义，国内大部分常设仲裁机构的仲裁规则采取“证据或者其他证明文件”的表述，以彰显仲裁证据不受形式的限制。与此同时，诉讼证据种类的划分向来存在诸多争议。书证、视听资料、电子数据均以其内容证明待证事实，当事人陈述与证人证言均以知情人的书面或口头陈述证明待证事实，故传统大陆法系倾向于将视听资料、电子数据纳入广义的书证范畴，而将当事人针对案件的利己陈述纳入证人证言的范畴。由此可见，仲裁证据的种类划分无须完全参照诉讼证据进行。

在国际商事仲裁领域，国际律协理事会于1999年6月通过的《国际律师协会国际商

① 参见赵秀文：《国际商事仲裁法原理与案例教程》，251页，北京，法律出版社，2010。

② 参见宋朝武：《仲裁证据制度研究》，67页，北京，中国政法大学出版社，2013。

③ 如《广仲规则》第40条、《合仲规则》第28条。

事仲裁取证规则》对证据形式作了明确的规定，并在国际商事仲裁实践中得到了广泛的认可。《国际律师协会国际商事仲裁取证规则》规定的证据类型包括文件证据、事实证言、专家证言、勘验笔录四种。(1) 文件证据，是指以纸面、电子、音频或视频方式或任何其他贮存或记录信息的机械或电子方式记录的书面材料，包括我国诉讼证据种类中的书证、视听资料以及电子证据。鉴于书证、视听资料以及电子证据均以其所记载的内容证明待证事实，因而各自适用的证据规则具有相似性。(2) 事实证言，是指包括当事人及其高级职员、雇员、代理人在内的事实证人就其感知的案件事实向仲裁庭作出的书面或者口头陈述，包括我国诉讼证据种类中的当事人陈述与证人证言。相对于第三人提供的证人证言而言，当事人提供的不利己案情陈述构成自认，而其所提供的利己案情陈述的证明力通常较小，但因《国际律师协会国际商事仲裁取证规则》不排斥当事人会见其（潜在）证人，当事人通过第三人提供的利己证言的真实性可能也会大打折扣，故仲裁庭对两者加以区别对待的必要性不彰。需要注意的是，基于提高仲裁效益的考量，与民事诉讼法要求事实证人出庭作证不同，仲裁庭往往乐于接受书面证言，事实证人出庭作证反而成为例外。(3) 专家证言，是指专家接受当事人委托或者仲裁庭任命围绕着特定问题向仲裁庭提供的专家报告以及在证据听证会上的口头陈述，类似于我国的鉴定意见以及专家辅助人所作的陈述。当事人委托的专家应当出席证据听证会作证（除非当事人另有约定且仲裁庭接受该约定），仲裁庭任命的专家则只有在当事人或者仲裁庭要求的情形下才出席证据听证会。这是因为，相对于当事人委托的专家而言，仲裁庭任命的专家往往更具中立性。(4) 勘验笔录，是指仲裁庭应一方当事人的请求或自行决定，以其认为适当的方式，勘验或要求仲裁庭指定的专家勘验任何场所、财产、机械或任何其他物品、工艺及文件而形成的笔录。

综上所述，除勘验笔录外，我国民事证据种类中的书证、视听资料、电子数据可以纳入文件证据的范畴，当事人陈述、证人证言属于国际商事仲裁中所谓的事实证言，鉴定意见则构成专家证言的部分内容，但物证在国际商事仲裁中并非通用的证据类型。众所周知，物证是指以其外部特征、物质属性、所处位置以及状态证明待证事实的实物或痕迹。在国际商事仲裁中，基于节约仲裁成本和提高仲裁效率的考量，物证通常以现场检验或者专家意见的形式发挥作用，如检查货物样本、查看建筑工地现场、检验设备运行情况形成的勘验笔录。对于复杂的或者专业性强的争议焦点，当事人和仲裁庭常常倾向于聘请专家提供专家意见。① 因而，物证在国际商事仲裁中往往转化为勘验笔录或专家证言。但是，这并不意味着物证不能作为仲裁庭定案的依据，因为仲裁证据种类属于开放性列举，而且小型物品在仲裁程序中直接提交仲裁庭的情形时有发生，只是此类实物证据最终也需要通过书面或口头的形式予以描述和解释。

三、仲裁证据规则的特点

与作为强制性纠纷解决方式的诉讼不同，仲裁属于当事人自行选择适用的纠纷解决

① 参见赵秀文：《国际商事仲裁法原理与案例教程》，253页，北京，法律出版社，2010。

方式，仲裁庭的裁决权及其大小与当事人的授权息息相关，当事人可以对包括仲裁程序和仲裁庭调查取证规则在内的任何事项作出约定。与当事人不能选择法官不同，仲裁员主要是根据当事人的意愿加以确定的，当事人对其选任的仲裁员通常较为信赖，在当事人没有特别约定的情形下，仲裁庭可以按照其认为适当的方式进行调查取证。诚然，仲裁还应当受到仲裁地法的支配，但各国法律一般都允许约定或者仲裁庭酌定证据规则，只有约定或酌定的证据规则违反法律强制性规定或者违反公序良俗，法院才裁定撤销或者不予执行仲裁裁决。[①] 由此可见，国际商事仲裁证据规则具有以下三方面的特征：

（1）彰显当事人意思自治原则。与民事诉讼强调程序法定主义不同，仲裁程序允许当事人通过协议约定适用或者不适用某种程序规则，意思自治原则在仲裁程序中获得更大程度的彰显，当事人可以通过协议选择仲裁所适用的证据规则，包括其中应予以适用的证据规则，以及应当排除的证据规则。

（2）仲裁庭享有相当大的自由裁量权。在当事人没有对仲裁规则作出明确约定的情形下，各国仲裁法均没有通过补充性规范强制要求仲裁庭遵循特定的程序规则，在理论上均认为仲裁庭有权对程序事项行使决定权。在通常情况下，法院不能以仲裁庭证据裁量有误为由裁定撤销或不予执行仲裁裁决。[②] 即使当事人通过合意扩大仲裁裁决的司法监督范围，该约定往往也被法院认定为无效。因而，仲裁庭对证据规则享有相当大的自由裁量空间。

（3）仲裁庭应当遵循最基本的程序正义要求。仲裁程序属于两造对抗的决定型纠纷解决方式，仲裁庭在裁量过程中应当保持客观中立，向当事人提供平等的攻击防御机会，并遵循仲裁地法中的强制性规定和公序良俗的要求。诚然，仲裁协议一旦达成，对当事人就具有拘束力，只要已经依据仲裁法及仲裁规则向当事人送达仲裁通知书，法院就不得以侵犯当事人正当程序保障权为由裁定撤销或者不予执行缺席裁决。

第二节　仲裁证据的收集、提交

仲裁证据主要由当事人向仲裁庭提供，仲裁庭也可以根据当事人的申请或者依职权自行收集证据，但仲裁庭无权要求当事人以外的其他单位或个人协助其收集证据，更无

---

① 例如，《上海贸仲规则》第 46 条第 5 款、《上海自贸区仲裁规则》第 44 条第 4 款规定，对证据事项或证据规则有特别约定的，从其约定，但其约定无法实施的除外。《深仲规则》第 42 条第 6 款规定，当事人对证据规则有特别约定的，从其约定，但其约定无法实施或与仲裁程序适用法律强制性规定相抵触的除外。

② 对于国内仲裁而言，我国《民诉法》第 248 条以及《仲裁法》第 58 条分别规定的不予执行仲裁裁决事由、撤销仲裁裁决事由完全一致，主要包括缺乏仲裁协议、超越仲裁范围或仲裁机构权限、仲裁庭组成或仲裁程序违法、裁决所根据的证据系属伪造、对方当事人向仲裁机构隐瞒了足以影响公正裁决的证据、仲裁员在仲裁该案时存在贪污受贿等犯罪行为、仲裁裁决本身或者其强制执行违背社会公共利益。尽管伪造证据以及隐瞒重要证据仍属于裁定不予执行或者撤销仲裁裁决的法定事由，但立法者尚未将仲裁庭认定案件事实错误或者仲裁庭裁量证据存在偏差作为裁定不予执行或撤销仲裁裁决的理由。对于涉外仲裁而言，根据我国《民诉法》第 291 条以及《仲裁法》第 71 条的规定，当事人申请不予执行仲裁裁决的理由与当事人申请撤销仲裁裁决的理由完全相同，除仲裁裁决本身或其强制执行违背社会公共利益以外，均为程序性事由，包括缺乏仲裁协议、被申请人因不可归责于自身的原因未能陈述意见、仲裁庭组成或仲裁程序违反仲裁规则、裁决事项不属于仲裁范围或仲裁机构无权仲裁。

权对拒不协助其收集证据的单位和个人予以惩戒，故凡是需要第三人积极配合的证据收集或保全措施，仲裁庭必须请求法院协助进行。由此可见，仲裁庭在自行收集证据方面的职权是根本无法与法院相比拟的，甚至有的学者认为，《仲裁法》第43条第2款授权仲裁庭自行收集证据没有实际意义。

一、当事人提供证据

（一）当事人提供证据的责任

双方或多方当事人均有动力向仲裁庭提供证据以说服仲裁庭认定对其有利的案件事实并据以取得有利裁决，但在当事人提供、仲裁庭主动收集、法院协助获得的所有证据势均力敌，待证事实真伪不明的，仲裁庭可以参照证明责任判决制度，裁决负有证明责任的当事人败诉。

证明责任，在我国也被称为举证责任和举证证明责任，是从罗马法时代沿用至今的法律术语。长期以来，人们对证明责任的理解存在严重的分歧，大体可以归纳为以下三种学说：一是行为责任说，认为举证责任是指当事人对自己的主张的真实性负有提供证据加以证明的责任。二是结果责任说，认为举证责任是指当法院遇到对某一事实的存在与否处于不明状态时，应由负有举证责任的一方当事人承担不利的裁判结果。三是双重含义说，认为举证责任既包括上述行为意义上的举证责任，又包括结果意义上的举证责任。其中，行为意义上的举证责任是举证责任的外在表现形式，结果意义上的举证责任则是举证责任的实质。由于双重含义说不仅强调了当事人对自己的主张应当提供证据加以证明的责任，同时也解决了当案件事实真伪不明时法院应当如何裁判的问题，从而较为完整地表达了举证责任的具体内涵，因而已经越来越广泛地得到理论界的认同。

我国《仲裁法》第15条第3款规定，中国仲裁协会依照本法和民事诉讼法的有关规定制定仲裁规则。《民诉解释》第90条明确指出："当事人对自己提出的诉讼请求所依据的事实或者反驳对方诉讼请求所依据的事实，应当提供证据加以证明，但法律另有规定的除外。在作出判决前，当事人未能提供证据或者证据不足以证明其事实主张的，由负有举证证明责任的当事人承担不利的后果。"据此，我国仲裁法参照民事诉讼法，采取双重含义说。据此，仲裁当事人的证明责任，是指在仲裁程序中，当事人各方对其申请、答辩和反请求所依据的事实必须提供证据加以证明，并对因缺乏证据或证据不足以证明自己的主张而导致案件事实无法查清、真伪不明承担不利的裁决后果。在我国仲裁实践中，各大仲裁机构的仲裁规则普遍采取双重含义说，在强调"当事人应当对其申请、答辩和反请求所依据的事实提供证据加以证明"的同时，规定："当事人未能在规定的期限内提交证据，或虽提交证据但不足以证明其主张的，负有举证责任的当事人承担因此产生的后果。"①

① 类似规定，可参见《贸仲规则》第41条第2、3款，《海仲规则》第46条第1、5款，《上海贸仲规则》第46条第1、3款，《上海自贸区仲裁规则》第44条第1、3款，《上仲规则》第42条第2、3款，《广仲规则》第41条第1、4款，《深仲规则》第42条第2、3款，《石家庄仲裁委员会仲裁规则》（2017年版）第30条第1、2款，等等。

在证明责任理论的框架下，提供证据首先是当事人在仲裁活动中应当履行的一项义务，法律规定当事人应当就其主张提供证据，目的在于协助仲裁庭查明案件事实、分清是非，进而作出公正裁决。与此同时，提供证据也是当事人的一项重要权利，当事人为了证明自己主张的事实确实存在，有权向仲裁庭提供证据加以证明，仲裁庭不得剥夺当事人的举证或者反证权利。但是，从结果意义上来讲，提供证据在本质上属于当事人的法律义务，因为无法举证、逾期举证或者证据不足以证明所主张事实的，负有证明责任的当事人将为此承担对自己不利的裁决后果。

（二）当事人证明责任的分担

证明责任的分担是指按照一定的标准，将证明责任在各方当事人之间进行分派，从而确定有关当事人各自应对哪些事实承担举证责任。根据我国《仲裁法》第 43 条的规定，当事人应当对自己的主张提供证据，但仲裁庭认为有必要收集的证据，也可以自行收集。立法者仅笼统地强调仲裁应与诉讼一样，采取“谁主张，谁举证”原则，亦即当事人对自己提出的仲裁请求所依据的事实或者反驳对方仲裁请求所依据的事实，应当提供证据予以证明，但法律另有规定的除外。换言之，在仲裁案件的审理过程中，首先，证明责任应由申请人承担。申请人提出仲裁请求，就必须举证以证明其所主张的事实确已存在，否则仲裁庭将驳回其申请。其次，被申请人也应就其否认、反驳或者提出反请求承担举证责任，以证明其主张的真实性。

应当说，《仲裁法》的规定并没有实际解决证明责任的分担问题，有关仲裁当事人证明责任的分担标准，仲裁庭可以根据民事实体法及相关司法解释加以具体确定。为帮助当事人、律师和仲裁庭在仲裁中更加有效地处理证据问题，《中国国际经济贸易仲裁委员会证据指引》（2015 年版）第一章对证明责任进行了梳理，第 1 条从正面规定了证明责任的分担规则，具体包括：（1）当事人对其主张的事实承担举证责任。（2）对合同成立或生效的事实有争议的，由主张合同成立或生效的一方当事人承担举证责任；主张合同变更、解除、终止、撤销的一方当事人对引起合同关系变动的事实承担举证责任。（3）对合同履行事实发生争议的，由负有相关履行义务的当事人承担举证责任。（4）请求损害赔偿与其他救济的一方当事人以及反驳该等请求的对方当事人，应对支持各自主张的事实承担举证责任。主张约定的违约金低于或高于实际损失的，由提出该主张的当事人承担举证责任。其第 2 条从反面规定免证事实，仲裁庭可以直接依职权予以认定，但允许当事人通过相反证据予以推翻的事实包括：双方当事人没有争议的事实；自然规律及定理；众所周知的事实或常识；根据法律规定、已知事实或日常生活经验法则，能推定出的另一事实。

此外，鉴于仲裁庭具有较大的自由裁量权，在法律和司法解释没有具体规定从而无法确定当事人举证责任承担时，仲裁机构被认为可以根据公平原则和诚实信用原则，综合当事人举证能力等因素来确定举证责任的承担。例如，《重庆仲裁委员会仲裁规则》（2018 年版）第 46 条第 2 款规定：“仲裁庭应当坚持公平和诚实信用原则，根据法律的规定或者惯例，合理分配当事人的举证责任。”再如，《合仲规则》第 27 条第 2 款规定：“在法律没有具体规定，依本规则无法确定举证责任时，仲裁庭可以依据公平原则和诚实信用原则，综合考虑当事人的举证能力等因素确定举证责任的承担。”实际上，前述规定均参照了 2001

年公布的《证据规定》第7条。① 伴随着2015年公布的《民诉解释》第91条对举证责任分配作出了兜底性规定②，2001年公布的《证据规定》第7条丧失其适用的条件，故最高人民法院2019年修正《证据规定》时删除了原第7条的规定。在仲裁案件应当参照适用《民诉解释》第91条规定的语境下，仲裁庭实际上并无自行分配举证责任的制度空间。

（三）当事人提供证据的方式

当事人向仲裁庭提供证据通常包括两种情况：一是主动提供，二是应仲裁庭的要求而提供。命令当事人提供证据实际上已经成为仲裁庭在审理案件过程中的一项重要权力，在一定程度上也确保了当事人认真履行举证责任。如《联合国国际贸易法委员会仲裁规则》第27条第3款规定："在仲裁程序进行中的任何时期，仲裁庭得要求当事人在该法庭规定的限期内提供书证、物证或其他证据。"《美国仲裁协会国际仲裁规则》第19条也规定："……2. 仲裁庭可以命令一方当事人将其准备提出的支持其请求、反请求或答辩的文件和其他证据的摘要提交给仲裁庭和其他当事人。3. 在仲裁程序进行中的任何时候，如仲裁庭认为必要或适当时，可以命令当事人提供其他文件、物证或其他证据。"

在仲裁程序中，当事人主动或应仲裁庭要求提供证据的，必须同时提供给对方当事人。③ 要求当事人在仲裁开庭审理之前提交并交换证据的主要功能包括：（1）便利仲裁庭或者仲裁机构整理争点，提高后续庭审效率。例如，按照《国际商会仲裁规则》规定，当事人请求国际商会仲裁时，应向国际商会仲裁院秘书处提交申请书，载明据以提出请求的有关争议的性质及情况，国际商会仲裁院的秘书处向被申请人送达申请书副本和附件后，被申请人应提交其答辩书，对据以提出请求的有关争议的性质和情况进行评论，收到秘书处转来的案卷后，仲裁庭应尽快根据书面材料或者会同当事人并依据其最新提交的材料，拟定界定审理范围的文件。（2）确保当事人在开庭审理前知悉对方主要诉求及其主要证据，提高其庭前准备工作的针对性。例如，《国际律师协会国际商事仲裁取证规则》前言第4条规定，取证应当遵循的原则是，每一方当事人在任何证据听证会前的合理时间内都有权获知其他当事人所依赖的证据。《联合国国际贸易法委员会仲裁规则》第27条第1款也规定："仲裁庭倘认为适当，得要求一方当事人在法庭规定的限期内将其意图提出支持申请书或答辩书内所陈述的争议事实的有关文件摘要或其他证据提交该庭和另一方当事人。"（3）防止当事人证据突袭以及仲裁庭突袭裁决，强化仲裁程序的正

① 2001年发布的《证据规定》第7条规定："在法律没有具体规定，依本规定及其他司法解释无法确定举证责任承担时，人民法院可以根据公平原则和诚实信用原则，综合当事人举证能力等因素确定举证责任的承担。"

② 2015年发布的《民诉解释》第91条规定："人民法院应当依照下列原则确定举证证明责任的承担，但法律另有规定的除外：（一）主张法律关系存在的当事人，应当对产生该法律关系的基本事实承担举证证明责任；（二）主张法律关系变更、消灭或者权利受到妨害的当事人，应当对该法律关系变更、消灭或者权利受到妨害的基本事实承担举证证明责任。"最高人民法院2020、2022年修正《民诉解释》时均没有对前述规定的条文序号或其内容作出修改。

③ 在当事人相互交换书面文件时，仲裁庭自身一般也同时接收这些文件。但在英国仲裁实践中，时常采用另一种方式，即直到仲裁的书面文件交换阶段结束时，仲裁庭才接受双方当事人的全部文件。我们认为，采用前一种方式至少有如下的可取之处：它使仲裁庭的仲裁员能够及时地收到文件，而且一收到文件便可开始对案件进行研究。如果在当事人书面文件交换阶段结束时，仲裁员才接收当事人的文件，并花大量时间去阅审大批的卷宗，显然会加重仲裁员短时间内的工作量，对仲裁员充分研究和了解案情不一定有利。另外，一方当事人有时会申请延长答辩时间，仲裁庭及时获得当事人的书面文件，可以让仲裁庭对是否应该满足当事人提出的申请，作出更及时和准确的判断。

当性基础。仲裁庭对“证据的采纳应该建立在每一方当事人都有权在任何证据听证会前合理地获知另一方当事人所依据证据的原则上”①，以防止突袭举证和突袭裁决，保障仲裁程序的最低限度程序正义。

除了通过书面文件实现证据交换，不少仲裁机构的仲裁规则规定仲裁庭可以依申请与依职权召集当事人和/或其律师就部分或者全部证据进行现场交换甚或质证。纵观各大仲裁机构的仲裁规则，证据交换存在狭义和广义之分。狭义的证据交换仅指仲裁机构、仲裁庭或其授权的仲裁员组织当事人针对言词证据或者全部证据听取意见的庭前准备程序。例如，《国际律师协会国际商事仲裁取证规则》将口头证据交换程序称为“证据听证会”，其第4条第4款规定，仲裁庭可要求任一方当事人在规定的时间内向仲裁庭和其他当事人提交该方当事人所依赖的每名证人（依据第4条第10款提供证言的证人除外）作出的证言的书面陈述（“证人陈述”）。如果证据听证会是针对不同的问题（如责任及损害赔偿）进行的，仲裁庭或当事人经约定，可以根据不同的证据听证会安排证人陈述的提交时间。广义的证据交换则将当事人通过书面文件形式实现的证据材料交换囊括在内。例如，《广仲规则》第14条第4款关于“仲裁申请书和答辩书的交换”的表述以及第42条关于“对当事人提交的证据材料实行交换”的表述共同说明该会采纳广义的证据交换概念。

（四）当事人提供证据的期限

在民事诉讼中，为贯彻集中审理主义，某些立法例要求当事人在法律规定或者法院指定期限内提交证据材料，当事人逾期举证的，应承担证据失效的法律后果。相应的，在仲裁程序中，举证时限是指法律规定或者仲裁庭指定负有证明责任的当事人应当提供证明其主张的相应证据的期限。显而易见，在仲裁程序中确立举证时限制度有助于确保案件的及时审理和督促当事人及时履行举证责任，但各国对是否确立举证时限制度以及当事人逾期提交证据材料是否发生失权效果存在不同做法。有的国家确立了完整意义上的举证时限制度，如1999年的《瑞典仲裁法》第25条第2款规定：“当事人提交的证据明显与案件无关或从提交证据的时间看有理由不予采纳时，仲裁庭可以不采纳当事人提交的证据。”有的国家仲裁立法只规定了当事人逾期举证不影响仲裁庭依据现有证据作出裁决，如《德国民事诉讼法》第1048条第3款规定：“一方当事人在言词辩论时不到场，或不在规定的期间内提出书面证据，仲裁庭可以继续进行仲裁程序并根据现有的证据作出裁决。”

尽管我国《仲裁法》没有涉及举证时限问题，但这并不妨碍仲裁庭根据案件的具体情况为当事人的举证设定期限。实际上，一些国际组织和常设仲裁机构所制定的仲裁规则也都毫无例外地赋予了仲裁庭此项权力，并规定在当事人逾期举证的情况下可以依照现有证据作出裁决。例如，《联合国国际贸易法委员会仲裁规则》第24条规定：“当事人一方被正式邀请提供书面证据，如无充分理由而不在规定限期内照办，仲裁庭可以根据既有的证据作出裁决。”《美国仲裁协会国际仲裁规则》第23条第3项规定：“一方当事人经适当要求提供证据或在程序中采取任何其他步骤，如经仲裁庭决定没有充分理由而未能在仲裁庭规定的时间内按要求行事，仲裁庭可以根据已有的证据作出裁决。”《英国仲裁法》第34条第3款规定：“仲裁庭可以规定期限，当事人应在该期限内遵守仲裁庭

---

① 1999年6月《国际律师协会国际商事仲裁证据规则》前言部分，载《仲裁与法律》，2001（2）。

的指令，仲裁庭如认为适当，亦可延长它规定的期限（无论该期限是否已经过期）。”

我国也不例外，国内各大仲裁机构的仲裁规则均规定有举证期限制度，但在逾期举证是否发生失权效果方面，存在以下若干种处理模式：（1）含蓄授权仲裁机构裁量是否失权模式，例如，《贸仲规则》第41条第2款、《中国国际经济贸易仲裁委员会证据指引》（2015年版）第5条第1款分别通过“逾期提交的，仲裁庭可以不予接受”“对逾期提交的证据，仲裁庭有权不予接受”的规定，间接默认仲裁庭可以裁量逾期提交的证据是否失权。（2）明确授权仲裁机构裁量是否失权模式，如《广仲规则》第41条第2款规定，“逾期提交的，是否接受，由仲裁庭决定”；第43条甚至授权仲裁庭在庭审中要求当事人在一定期限内补充证据。（3）原则上排除但例外接受模式，如《北仲规则》第33条第2款规定：“仲裁庭有权要求当事人在一定期限内提交证据材料，当事人应当在要求的期限内提交；逾期提交的，仲裁庭有权拒绝接受。当事人另有约定或者仲裁庭认为有必要接受的除外。”

二、仲裁庭自行调查证据

（一）仲裁庭自行调查证据的范围

在仲裁实践中，许多国家的仲裁立法以及常设仲裁机构的仲裁规则一般都着重强调了当事人的举证责任，而将仲裁庭的主要职责限定在审查核实证据并据此作出裁决方面，仲裁庭通常不会主动去收集证据。但是，目前也有一些国家的仲裁立法明确授权仲裁庭自行收集证据，如《意大利民事诉讼法典》第819条第3款就规定：“仲裁庭可要求证人出庭作证或经证人同意决定在他的住所或办公室听其供词，仲裁庭也可决定在限定的时间内要求证人以书面形式回答仲裁庭的询问。”仲裁庭自行获取证据的权力还在许多常设仲裁机构的仲裁规则中得到了具体体现，如《世界知识产权组织国际仲裁中心仲裁规则》第52条规定：“仲裁庭可根据一方当事人的请求或自行动议视察或要求视察其认为适当的现场、财产、机器、设施、生产线、式样、影片、材料、产品或工艺……”不过，必须明确指出的是，无论在各国仲裁立法还是有关常设仲裁机构的仲裁规则中，仲裁庭自行取证其实只是属于仲裁庭的一项自由裁量权，而不是仲裁庭的义务，即便仲裁庭行使了该项权力，当事人自行举证的义务也并不因此而被豁免，仲裁当事人的举证责任在仲裁程序中应居于首要地位。

我国《仲裁法》第43条第2款明确规定：“仲裁庭认为有必要收集的证据，可以自行收集。”由于法律没有对何为“有必要收集”作出明确规定，该规定实际上也是一条弹性极大的自由裁量规范。我国各大常设仲裁机构的仲裁规则均规定“仲裁庭认为必要时，可以（自行）调查事实，收集证据”（如《贸仲规则》第43条、《深仲规则》第44条、《上海贸仲规则》第47条、《上海自贸区仲裁规则》第45条），《广仲规则》第45条还允许仲裁庭委托仲裁秘书调查事实和收集证据。但是，至于仲裁庭在哪些情形下应当主动收集证据，现有仲裁规则均未给出答案。我们认为，在以下情形下，仲裁庭应当主动收集证据：（1）当事人各自向仲裁庭所提供的证据相互对立，而且根据已有的证据仲裁庭又无法作出判断。（2）某些关键性的证据，当事人及其代理人确实由于客观原因不能自行收集的。例如，有些证据由国家有关部门保存，按照规定不能交给当事人个人，所以只能由仲裁庭通过一定的途径去收集。（3）一些专门性或技术性的问题，仲裁庭需要交由当事人约定的或仲裁庭指定的鉴定部门进行鉴定。

（二）仲裁庭自行调查证据的限制

承担证明责任的当事人是取证主体，但当事人取证往往不能获得相关主体的支持，需要设置相应的保障机制。国际组织和常设仲裁机构的仲裁规则普遍承认仲裁庭享有调查取证权，可以根据当事人申请或者根据案件审理情况需要依职权自行调查事实、收集证据。此外，《广仲规则》第44条确立协助调查函制度，即："当事人调查收集证据确有困难，经向仲裁庭提出申请，仲裁庭认为有必要，可以出具协助调查函。当事人或者其代理人可以持协助调查函向有关单位、个人调查收集证据。"然而，仲裁庭的调查取证权源于当事人的授权，仲裁规则仅适用于签订仲裁协议的各方当事人，仲裁庭自行调查证据的权力必然受到诸多限制。在我国《仲裁法》未明确授权仲裁庭针对当事人以外的单位和个人强制性收集证据的情形下，仲裁庭调查取证尚且不具备强制性，当事人以外的其他有关单位和个人难以被合理期待会普遍按照仲裁庭出具的协助调查函行事。

我国《仲裁法》仅规定仲裁庭可以自行收集证据，而没有为当事人以外的其他单位和个人设定协助仲裁庭调查取证的义务，更没有规定仲裁庭对拒绝提供证据或者拒绝作证的有关的单位和个人可以采取的处罚措施，这就决定了仲裁庭自行行使调查证据职权的局限性。本书认为，仲裁庭在自行调查证据时应当区别对待以下两种情形：针对当事人的调查取证以及针对案外人的调查取证。针对当事人的调查取证而言，根据当事人明示或者默示选择适用的仲裁规则，仲裁庭可以针对当事人发布具有拘束力的命令，要求其提交相关证据材料或采取临时性保全措施。例如，《国际商事仲裁示范法》第17条规定，除非各方当事人另有协议，仲裁庭经一方当事人请求，可以命令任何一方当事人就争议的标的采取仲裁庭可能认为必要的任何临时性保全措施。鉴于仲裁庭的民间性，即使针对当事人的调查取证，仲裁庭的权限也应当受到限制，而不享有法庭所享有的惩戒权。例如，《瑞典仲裁法》第25条规定，仲裁庭不得采取发誓或宣誓不作伪证的方式取证，也不得采取有条件的罚款或其他强制性措施以获取所需证据。至于针对案外人的调查取证，鉴于仲裁协议的相对性，仲裁庭调查取证的权利则应当受到更大程度的限制，通常以案外人积极配合或者消极容许作为仲裁庭向其调查证据的条件。

综上所述，仲裁庭调查证据既不意味着仲裁庭负有证明责任，也不意味着仲裁庭放弃仲裁者的中立身份，而是基于仲裁庭查清事实、解决争议的需要。随着仲裁越来越受到重视，仲裁庭也被法律和仲裁规则赋予越来越大的权力。尽管如此，仲裁庭的调查取证权始终无法摆脱仲裁机构民间性的束缚，主要表现为以下三方面：（1）受到当事人的约定或者所选择的仲裁规则的限制；（2）只有案件正式受理后，仲裁庭才可以调查取证；（3）仲裁庭一般只能直接对当事人进行调查取证，需要对案外人采取临时措施的，通常需要请求法院协助。

三、法院协助获取证据

无论在仲裁理论抑或实践中，人们对仲裁庭具有民间性质的法律定位几乎没有任何疑问，仲裁庭的调查取证权受到相应的限制也就不难以理解。在通常情况下，依据绝大多数国家仲裁立法，仲裁庭往往只能传唤自愿作证的证人，只能提取有关单位或个人自愿提交的证据，而无权强制证人出庭作证或出示有关的证据。如果出现有关的证人拒绝作证或提交对于认定案件事实具有实质意义的证据，仲裁庭对此常常感到无能为力。尽管在仲裁程序中应当强化当事人的举证责任，但对于当事人及其代理人确因客观原因不能收集到的证据，仲裁庭根据当事人提供的线索又因遭到对方拒绝而无法强制收集时，仲裁庭仍以当事人举证不能为由作出对其不利的裁决，显然也不够公平。

为了确保仲裁权的顺利行使，仲裁法确立法院协助当事人或仲裁庭取证制度就显得相当重要。正如一些学者所述，如果说对于当事人拒不出示证据的情形根本无须法院介入的话，那么，对于非当事人拒不出示证据的情形，则只有寻求司法上的支持与协助，由法院强制其提供证据或出庭作证。因此，《国际商事仲裁示范法》第 27 条规定："仲裁庭或当事一方在仲裁庭同意之下，可以请求本国主管法院协助获取证据。法院可以在其权限范围内并按照其获取证据的规则的规定执行上述请求。" 1986 年 8 月 10 日生效的《加拿大商事仲裁法》第 25 条也规定："仲裁庭或者仲裁庭许可的一方当事人可以请求加拿大的主管法院协助取证。法院可以根据它的职权并按照其取证规则满足此要求。"

法院主要通过以下两种方式协助仲裁庭获取证据：一是在仲裁程序中根据仲裁庭或当事人的请求，强制证人出庭作证或者以法院取证的方式协助仲裁庭收集证据；二是应一方当事人的申请，法院对涉案的证据采取保全措施。但是，我国现行的仲裁立法仅规定了当事人有权向法院申请证据保全，而没有涉及法院应仲裁庭或当事人的请求协助取证的问题。在我国目前，应该说，无论是当事人还是作为代理人的律师，其调查取证仍受到一定的限制，仲裁庭自行取证也存在一定的困难。因此，本着支持仲裁原则，我国《仲裁法》有必要作出修订，规定仲裁庭或者当事人经仲裁庭同意，可以请求有关的人民法院协助命令证人出庭或以其他方式提供证据。

第三节　仲裁庭对证据的审核认定

证据的审核认定，是指在仲裁或诉讼程序中对证据材料加以分析，以确定证据材料是否具有证据能力及其证明力大小，从而对案件事实作出结论的活动。从仲裁庭审查的内容来分析，针对特定证据材料，仲裁庭的审核认定通常包括证据能力之有无以及证明力之大小两方面内容，前者被称为证据的采纳，后者被称为证据的采信。① 证据采信以证据采纳为基础，采纳只是对证据的初步认可，采信才是最终将该证据作为认定案件事实的依据。② 从仲裁庭对证据的审核认定环节来分析，仲裁庭需要组织当事人进行质证，通过各方当事人之间的攻击防御，仲裁庭逐渐形成内心确信，最终对特定证据材料是否可以作为定案依据作出认定。鉴于证据的采纳与采信均需要经过质证与认证环节，本章主要从仲裁证据的质证与认证的角度展开分析。

一、质证

仲裁程序中的质证，是指在仲裁程序进行过程中，在仲裁庭或者办案秘书的主持下，

① 参见崔起凡：《国际商事仲裁中的证据问题研究》，161 页，杭州，浙江工商大学出版社，2013。

② 参见何家弘主编：《证据法学研究》，96－97 页，北京，中国人民大学出版社，2007。

当事人围绕所提出证据的真实性、关联性、合法性，针对证据能力之有无和证明力之大小问题，相互进行质疑、辩驳或作出相应的说明、解释，并直接影响或作用于法官认证的活动。质证是当事人得以充分攻击防御的重要保障机制，基于实现自身实体权益的目的，各方当事人往往会从不同甚至相反的角度对证据材料展开分析。通过质证程序审查证据，仲裁庭可以获得更为全面的信息、知悉相同证据材料的更多种解读路径，最终在兼听则明的基础上形成内心确信。因此，质证在向当事人供给程序正义的同时，也有助于仲裁庭更为准确地认定案件事实。

(一) 质证的主体

在仲裁程序中，质证主体包括提供该证据材料的当事人以及其他各方当事人。承担证明责任的当事人负有提供证据并说服法官相信其所主张事实为真的责任，为阻止仲裁庭对前者所主张事实形成心证，对方当事人具有反驳该证据材料的利益诉求。因此，质证主体是各方当事人。在仲裁庭可以依申请或依职权自行收集证据或者请求法院协助获取证据的语境下，仲裁员或者办案秘书在外观上可能具有质证主体的假象。从公正裁决的角度来观察，仲裁员或办案秘书不应当成为质证主体。否则，仲裁庭将与当事人形成对峙状态，有失仲裁者的中立地位。因此，即使是自行收集或者通过法院协助获得的证据，仲裁庭也应当向当事人提供质证的机会。对此，《南仲规则》第 35 条第 2 款明确规定，当事人可以对仲裁庭收集的证据提出质证意见。仲裁庭自行收集的证据未经质证不得作为认定案件事实的依据，否则，将面临仲裁裁决被裁定撤销、不予执行或者不予承认与执行的风险。例如，香港高等法院 1993 年就曾以专家证言未向当事人提供合理质证机会为由，裁定拒绝执行中国国际经济贸易仲裁委员会仲裁庭对帕克力托案作出的裁决。在本案中，仲裁庭在案件审理过程中，自行调取了一份专家报告作为证据，被申请人要求仲裁庭针对该专家报告进行质证，但仲裁庭没有给予其阐述意见的机会。

(二) 质证的对象

质证的对象，又称质证的客体，是指质证主体之间的权利义务共同指向的目标，即与案件事实有关联的各种证据材料。我国《仲裁法》第 45 条规定，证据应当在开庭时出示，当事人可以质证。在通常情况下，未经质证的证据材料，不能作为认定案件事实的依据。因此，质证的对象具有广泛性和开放性的特点，当事人提供、仲裁庭自行收集、法院协助获取的各类证据材料，原则上均需要经过当事人质证，才可能被作为认定案件事实的依据。作为例外情形的是，当事人在证据交换过程中已经认可并记录在卷的证据，经仲裁庭在庭审中说明后，可以不经出示，直接作为认定案件事实的依据，但当事人反悔并有相反证据足以推翻的除外。此外，质证权是当事人可以放弃行使的权利，仲裁庭仅需要提供当事人针对证据材料发表意见的机会，当事人放弃质证的，不影响仲裁庭裁量该证据是否可以作为认定案件事实的依据。如果当事人未能获得质证的机会，仲裁庭据此作出的仲裁裁决则可能被裁定撤销、不予执行或者不予承认和执行。

(三) 质证的形式

根据发生时间的不同，质证可以区分为庭前证据交换中的质证、开庭审理中的质证、开庭审理后的补充质证。其中，以直接询问和交叉询问方式当庭进行质证是常态，但基于节约仲裁成本和缩短仲裁周期的目的，当事人可以选择采取书面质证等其他方式，仲裁庭也可以要求当事人事后补充提交书面质证意见。无论是口头质证，还是书面质证，当事人都应当围绕着证据能力之有无与证明力之大小进行质疑、说明和辩驳，仲裁庭应当注意平等对待各方当事人，确保各方当事人都得以充分地进行攻击防御。例如，《北仲规则》第 37 条规定："（一）仲裁庭可以根据案件审理需要，安排当事人自行就证据材料原件与复印件是否一致进行核对。仲裁庭可以委托秘书组织当事人进行上述核对工作。（二）开庭审理的案件，在开庭前已经交换的证据应当在开庭时出示，由当事人质证。当事人已经认可的证据，经仲裁庭在庭审中说明后，可以不经出示，直接作为认定案件事实的依据。（三）对于当事人当庭或者开庭后提交的证据材料，仲裁庭决定接受但不再开庭审理的，可以要求当事人在一定期限内提交书面质证意见。"

二、认证

（一）认证的概念与特征

认证，是指仲裁庭对各类证据材料进行分析、研究和鉴别，以确定其有无证据能力以及证明力大小，并据此对案件事实作出认定的活动。

通常认为，认证具有以下几个特点：（1）认证主体是仲裁庭。只有仲裁庭对证据的审查判断才具有法律效力，无论是仲裁证据的可采性抑或可信性，仲裁庭均享有决定权。当事人及其代理人对证据材料进行审查判断只是收集提供证据或者进行质证的必要手段，不具有法律效果。（2）认证是仲裁庭为查明案件事实和履行法定职责而依职权进行的仲裁活动。（3）认证是仲裁庭运用逻辑思维方法，通过科学的分析、鉴别和判断完成的一项思维活动。（4）认证的目的是确定特定证据材料是否具有证据能力以及针对哪项待证事实具有多大的证明力。换言之，在认证过程中，仲裁庭需要完成两项任务：一是确定特定证据是否具有证据能力；二是确定证据与案件事实联系的紧密程度，据此确定证明力的大小。（5）认证既包括仲裁庭对单个证据材料的审查判断，也涉及仲裁庭对案件所有证据材料的综合性审查判断。仲裁庭对单个证据的认证主要围绕着真实性、合法性、关联性展开审查判断，而对全案证据的认证则主要在于考察各个已经个别认证的证据之间是否相互矛盾、能否相互印证、对案件事实的证明是否协调一致。

（二）认证的规则

仲裁中没有复杂的、严格的证据规则。各国仲裁法往往不对证据问题作出详细规定。仲裁员按照其自身的经验和知识判断，不受严格、复杂的诉讼中证据规则的约束。诚然，仲裁庭对证据能力与证明力的决定权受制于当事人的合意，当事人可以对证据规则作出特别约定。《国际商事仲裁示范法》第 19 条明确规定，如果当事人未能就仲裁适用的程序规则达成一致，则仲裁庭可以按照其认为适当的方式进行仲裁。授予仲裁庭的权力包括确定任何证据的可采性、相关性、实质性和重要性。在国际商事仲裁中，法院对于仲裁的监督仅仅是程序上的错误，而不包括对证据事实认定的错误，仲裁庭认证即使发生错误，除非同时存在程序违法或者违背公序良俗事由，也不得据此撤销仲裁裁决或者拒不予以承认和执行。根据我国现行《民诉法》第291条的规定，涉外仲裁裁决的司法监督仅限于重大程序错误以及违背社会公共利益，涉外仲裁裁决不因仲裁庭认证存在实体错误而被裁定不予执行。因此，对于国际组织或者外国仲裁机构作出的国际商事仲裁裁决以及我国仲裁机构作出的涉外仲裁裁决，均不因仲裁庭认证在实体法上不成立而被裁定不予执行，从反面为仲裁庭自由裁量证据材料和认定案件事实提供制度保障。对于国内仲裁裁决而言，根据《民诉法》第248条以及《仲裁法》第58条的规定，伪造证据以及隐瞒重要证据等实体事由属于裁定不予执行或者撤销仲裁裁决的法定事由，法院在事实上仍存在对仲裁庭认证过程予以监督的空间。然而，法院仅进行程序性和公益性监督是仲裁制度的发展趋势，仲裁庭的认证活动几乎不受当事人合意以外的其他因素的限制。

尽管仲裁庭对证据的认定享有充分的自由裁量权，但适时归纳和公开仲裁员认证的基本趋势，既可以让当事人及其律师更为有效地展开攻击防御，也可以为经验尚不够丰富的仲裁员提供参考。为此，《中国国际经济贸易仲裁委员会证据指引》(2015年版)第四章对仲裁庭认定证据的一般原则以及较为成型的证据规则进行了确认：其一，重申仲裁庭的自由裁量权，即“某项证据是否可予采纳，以及证据的关联性、重要性和证明力，由仲裁庭自行决定”。其二，明确列举不予采纳的两类证据材料：(1) 根据仲裁庭认为适当的、免于披露义务的规则，仲裁庭可决定对当事人提交的某项证据不予采纳，尤其是那些律师与客户之间的保密通信或涉及当事人之间和解谈判的证据。(2) 仅在调解程序中披露的证据和信息在仲裁中不具有可采纳性，不得作为仲裁裁决的依据。其三，要求谨慎对待无原件的书证，对当事人提出质疑的无原件的书证，仲裁庭可结合其他证据、当事人双方的事实主张以及全部案情，决定是否采纳。其四，要求认真对待未经庭审质证的证人证言，对于无正当理由未出庭接受质询的证人，其证言不得单独作为认定事实的根据。其五，确立当事人自认制度，当事人在仲裁过程中以书面或口头方式承认的对己方不利的事实，仲裁庭可予以认定，但允许反悔的当事人通过相反证据予以推翻。其六，确立不利推定制度，即当事人申请对方披露特定证据并获仲裁庭准许，或在仲裁庭直接要求披露特定的证据后，相关当事人无正当理由拒绝披露的，仲裁庭可以作出对拒绝披露方不利的推定。其七，确立仲裁证明标准，对于普通待证事实，采取优势证据原则，但对涉及欺诈的事实，仲裁庭应根据有充分说服力的证据加以认定。

第四节 仲裁证据保全

一、证据保全的概念与类型

在仲裁活动中，无论是当事人为了证明自己所提出的主张，抑或是仲裁庭为了查明案件事实，都必须借助于证据加以证明。在某些情况下，证据材料存在灭失或者今后难以取得的现实危险。这势必给当事人的举证和仲裁庭的查证造成无法弥补的损失，严重影响仲裁庭对案件的公正裁决。为避免因某种因素的出现导致能够证明仲裁案件事实的证据材料遭受破坏，法律上便设立了证据保全制度，事先对仲裁证据进行固定和保全。

证据保全措施与财产保全、行为保全均具有临时性保护措施的共通性特点，主要表现为以下三方面：（1）这些措施都仅适用于仲裁庭作出实体终局裁决之前，包括申请仲裁之前以及仲裁程序续行之中两种情形；（2）这些措施具有暂时性和临时性，申请人不在法定期间内申请仲裁以及仲裁庭作出终局裁决的，这些措施的效力将归于消失或者被终局裁决效力所吸收；（3）这些措施的采取通常以存在紧急情况为条件，如果不及时采取临时性保护措施，将给申请人造成难以弥补的损害。

结合临时性保护措施的共通性特点，仲裁证据保全制度，是指仲裁程序开始之前或者进行过程中，对于某些可能灭失或以后难以取得的证据，经当事人申请或者仲裁庭依职权认为确有必要，仲裁庭自行或者提请法院作出证据保全裁定，并由法院负责采取强制性措施予以实现的仲裁制度。鉴于仲裁机构的民间性，如若需要通过强制措施实现证据保全，仲裁机构应当请求法院予以协助，但证据保全裁定是否可以由仲裁庭或者仲裁机构作出，则存在不同立法例，也成为仲裁证据保全制度的主要争议焦点。

根据我国《民诉法》第 84 条第 2 款以及《仲裁法》第 46、68 条的规定，仲裁证据保全包括仲裁前的证据保全以及仲裁中的证据保全两种类型：（1）仲裁前的证据保全，是指因情况紧急，在证据可能灭失或者以后难以取得的情况下，利害关系人可以在申请仲裁前向证据所在地、被申请人住所地或者对案件有管辖权的人民法院申请保全证据。（2）仲裁中的证据保全，是指在仲裁案件受理后，存在证据可能灭失或者以后难以取得情形的，当事人可以申请证据保全，仲裁委员会应当将当事人的申请提交证据所在地的基层或中级人民法院。从法院的角度来观察，仲裁中的证据保全，是指在仲裁程序进行过程中，法院根据经仲裁机构转交的当事人的申请，对某些可能灭失或者以后难以取得的证据，予以调查取证和固定保全的强制性行为。鉴于仲裁前的证据保全与诉前证据保全不存在实质性区别，仲裁证据保全制度的研究重点在于仲裁中的证据保全问题。

二、仲裁中申请证据保全的条件

根据我国《仲裁法》第 46、68 条的规定，在仲裁活动中，申请证据保全必须符合如下条件：

一是，证据有灭失的可能或者以后难以取得的特殊情况。灭失，是指如不及时收集证据，不对证据采取保全措施，将导致证据永远丧失，例如，证人病危且随时有死亡的可能，作为证据的物品容易变质、腐烂等。以后难以取得，是指证据将来虽然不至于完全灭失，但要继续收集势必会遇到极大的困难，例如，证人即将要出国留学或到国外定居，物证将被他人携带出境等。

二是，证据保全的申请一般应在仲裁申请提出后、仲裁庭开始调查收集证据前提出。我国现行的《仲裁法》并没有规定当事人可以在申请仲裁前提出证据保全的申请，相反却明确要求如果当事人申请证据保全，应当由仲裁机构将当事人的申请提交证据所在地的基层或中级人民法院。因而，当事人只有在申请仲裁的同时或者在仲裁程序进行过程中才可以向仲裁机构申请保全证据，仲裁机构也只有在决定受理案件之后才可以将当事人的申请转交给有管辖权的基层或者中级人民法院。由此可见，当事人向仲裁机构提出证据保全申请，应当以仲裁程序已经开始为前提。然而，从仲裁机构决定受理案件到仲裁庭的组成，往往需要经过一段较长的时间，证据材料的分布及收集难度均可能发生变化，故在仲裁申请提交后、仲裁庭组成之前，当事人向仲裁机构申请证据保全就显得非常必要。此外，仲裁机构组成仲裁庭后，仲裁庭可以直接进行调查取证，也就不存在证据保全之必要。

三是，证据如果不予保全，将会影响到案件事实的认定和审理。当事人申请保全的证据，不仅应当对支持、否认、反驳仲裁请求的相关事实具有证明作用，而且应当对事实的认定和案件的审理具有重要的影响。这种证据如果因没有及时采集而丧失，就可能造成负有举证责任的当事人举证不能或举证不足，从而承担对其不利的裁决结果，严重影响到仲裁庭对仲裁案件的审理。

三、仲裁中证据保全的程序

（一）当事人向仲裁委员会提出书面申请

在仲裁程序开始后，任何一方仲裁当事人如果认为有必要对某些证据采取保全措施，就应当以书面形式向仲裁委员会提出申请。申请书应当写明下列事项：需要保全的证据的种类、需要保全的证据的所在地、需要保全的证据与案件事实之间的联系、申请对此项证据采取保全措施的理由等。鉴于《民诉法》第 84 条第 2 款规定利害关系人只能在申请仲裁前向法院申请诉前证据保全，在申请仲裁之后、仲裁庭正式组成之前，当事人只能根据《仲裁法》第 46、68 条的规定向仲裁机构申请证据保全。上海市高级人民法院《关于执行〈中华人民共和国仲裁法〉若干问题的处理意见》第 7 条更是明确规定，仲裁当事人逾越仲裁机构直接向法院申请证据保全的，法院不予受理。这种做法虽然加强了仲裁机构对案件审理进程的控制，但并不一定能真正保护当事人的合法权益。尤其是在紧急情况下，申请证据保全仍须先通过仲裁机构，然后再由仲裁机构转交法院，显然既费时又费力，等法院审查结束之后，需要保全的证据可能早已灭失。事实上，一些国家的仲裁立法已经赋予当事人在紧急情况下直接向法院申请证据保全的权利。如《英国仲裁法》第 44 条第 3、4 款规定，如果情况紧急，经仲裁程序的当事人或拟提起仲裁的当事人申请，法院如认为确有必要，可以作出证据保全或财产保全的命令。如情况不紧急，法院仅可在一方当事人（经通知另一方当事人）申请且得到仲裁庭的准许或其他当事人的书面同意后，方可作出上述裁定。《国际商会仲裁规则》第 28 条第 2 款亦规定，在案卷移送仲裁庭之前，以及在案卷移送之后的适当情形下，当事人可向有管辖权的司法机关申请采取临时措施或保全措施。当事人向司法机关申请采取该等措施，或申请执行仲裁庭作出的前述裁令，均不视为对仲裁协议的破坏或放弃，并不得影响由仲裁庭保留的有关权力。该等申请以及司法机关采取的任何措施都必须毫无迟延地通知秘书处。秘书处应将这些情况通知仲裁庭。本书认为，我国仲裁立法在当事人申请证据保全问题上应当实行“双轨制”，既允许当事人在情况紧急下直接向法院申请，也准许当事人在仲裁程序进行过程中通过仲裁机构向法院提出申请。

（二）仲裁委员会将当事人的证据保全申请转交给法院

仲裁委员会在收到当事人的证据保全申请书后应当及时转交给有管辖权的人民法院。我国《仲裁法》第46条规定："在证据可能灭失或者以后难以取得的情况下，当事人可以申请证据保全。当事人申请证据保全的，仲裁委员会应当将当事人的申请提交证据所在地的基层人民法院。"第68条则规定："涉外仲裁的当事人申请证据保全的，涉外仲裁委员会应当将当事人的申请提交证据所在地的中级人民法院。"在海事仲裁案件中，当事人申请证据保全的，仲裁委员会应当将当事人的申请提交证据所在地的海事法院。上述规定说明，我国的立法没有赋予仲裁机构以决定采取证据保全措施的权力，仲裁委员会的职权只是向有管辖权的法院提交当事人的证据保全申请。仲裁委员会对当事人提出的证据保全申请既没有驳回的权力，也没有审查的义务，仲裁委员会充其量只是一个转递机构。

有鉴于此，国内有的学者认为，为了提高仲裁机构的办案效率，从而实现仲裁经济、快捷的目的，我国立法有必要赋予仲裁机构采取证据保全措施的权力。在仲裁庭自行收集证据时，该项权力尤其显得重要。而且国外已有这方面的实践，如《示范法》第17条规定："除非各方当事人另有协议，仲裁庭经当事人一方请求，可以命令当事人任何一方就争议标的采取仲裁庭可能认为有必要的任何临时性保全措施。仲裁庭可以要求当事人任何一方为采取此种措施提供适当的担保。"《美国仲裁协会国际仲裁规则》第21条也规定："1. 应当事人的要求，仲裁庭得采取其认为有必要的任何临时措施，包括禁止令和财产保全或保护措施。2. 此种临时措施可以采取中间裁决的形式，仲裁庭可要求为此种措施的费用提供担保。3. 任何一方当事人要求司法当局采取临时措施，不得被认为与仲裁协议相抵触或放弃仲裁的权利。4. 仲裁庭在中间裁决或终局裁决中决定与采用临时措施有关的费用的分担。"但就我国仲裁现状而言，赋予仲裁庭采取包括证据保全在内的临时措施的权力似无绝对必要，这一权力由法院集中行使可能更适合我国的实践。

此外，当事人如果申请解除证据保全，是否仍应由仲裁机构将当事人的申请书提交原受理人民法院审查处理，我国《仲裁法》对此并未予以明确，在实践中采取的具体做法也有较大差别。有的认为，从立法本意上看，应当理解为允许当事人直接向管辖法院提出撤销证据保全措施的申请。有的认为，当事人仍然应该通过仲裁机构提出申请，然后再由仲裁机构转交原受理法院解决。如上海市高级人民法院《关于执行〈中华人民共和国仲裁法〉若干问题的处理意见》第7条规定："当事人申请解除财产保全或证据保全，也应由仲裁机构将当事人的申请书提交原受理法院予以审查。仲裁当事人直接向法院申请的，法院不予受理。"

（三）法院审查并裁定是否同意采取证据保全措施

管辖法院收到当事人经仲裁机构转交的证据保全申请书后，应当及时进行审查。如果认为保全申请符合法律规定，应当及时作出证据保全的裁定，并及时采取保全措施；如果认为申请不符合法律规定条件，则应及时通知当事人和仲裁委员会不予接受。法院在收到仲裁委员会转交的证据保全申请后，当事人需要办理什么手续及提交哪些文件，法院应当按照《民诉法》的有关规定，通知当事人直接向法院提交。最终是否采取保全措施，应由法院独立审查后依法自行作出裁定。当事人申请证据保全的，人民法院可以要求其提供相应的担保。人民法院进行证据保全，可以根据具体情况，采取查封、扣押、拍照、录音、录像、复制、鉴定、勘验、制作笔录等方法。人民法院进行证据保全的，可以要求当事人或其代理人到场。

四、仲裁证据保全的改革

(一) 仲裁机构与法院在仲裁证据保全中的权限划分

证据保全是审查权、裁决权、实施权三权的有机统一体，仲裁证据保全亦不例外。因仲裁证据保全实施权是国家纯粹公权力的体现，世界各国将实施仲裁证据保全的强制措施的权力绝大多数授予法院，但仲裁证据保全审查权与裁决权（审查权和裁决权统称发布权）的配置则存在多种方式，概括起来有三种模式：

(1) 仲裁专属型。这种模式认为，仲裁证据保全的审查权与裁决权专属于（紧急）仲裁庭或者仲裁机构，其主要理由是，仲裁协议具有排除法院管辖的效力，倡导将证据保全措施的发布权赋予仲裁机构，美国部分法院在有关判例中确立该原则，但目前采取这种模式的国家很少。

(2) 司法专属型。这种模式认为，仲裁证据保全的审查权与裁决权专属于司法机关，将仲裁证据保全整体上视为彰显国家公权力的强制措施，作为民间组织的仲裁机构无权作出证据保全的裁决，仲裁证据保全的所有权力都应当由代表国家行使审判权的法院享有。意大利、希腊和我国采取该模式。

(3) 两者兼有型。这种模式认为，司法机关和仲裁机构均有权发布证据保全措施。该模式已为世界上大多数国家所采纳。根据司法机关与仲裁机构在证据保全中的角色分担，这种模式又可以分为以下三种类型：1）司法机关和仲裁机构都享有证据保全发布权，仲裁证据保全申请人可以直接选择向法院或仲裁机构申请发布保全决定，此为联合国仲裁示范法中的自由选择模式；2）当事人约定仲裁证据保全由仲裁机构发布则排除法院的管辖，如瑞典；3）法院在具备法定条件时有权发布，但在仲裁庭成立前或证据保全所要采取的措施针对不受仲裁协议约束的第三人时，则裁决权专属于法院，余则由仲裁机构发布，如英国。

我国当前仲裁证据保全权专属于司法机关的模式，是我国仲裁设立背景和体制所决定的，是历史的选择。仲裁法立法之初，我国的仲裁机构多数依附于政府机构而存在，不具有独立性，人员、物力、财力等等都有很大的欠缺，需要由政府予以扶持。将仲裁证据保全发布权这项重大权力通过立法授予一个新生的且没任何经验的民间组织，其能否被正确运用以实现积极意义着实令人担忧，因此立法机关最终选择了司法专属型模式。但时过境迁，司法专属型模式逐渐显现出一些弊端：

(1) 不利于仲裁效率的提高。根据目前法律的规定，申请人申请仲裁证据保全必须经由仲裁机构转交提请法院作出裁定，仲裁机构自身无审查保全申请和决定采取保全措施的权力和义务。此规定因增加不必要的环节而可能延误证据保全的最佳时机，并可能导致当事人在法院和仲裁机构间往返奔波，而取证的要求之一就是及时。我国正处于社会主义市场经济完善期，法院案件受理量呈现出逐年上升的趋势，进入一个多讼时期；又逢机构改革，人员精减，法院普遍超负荷运转，协助采取仲裁证据保全等临时措施有点力不从心。这使仲裁效率受到了影响，有时甚至难以提高。

（2）浪费纠纷解决资源。《证据规定》对证据的种类、规则、推理、证明责任、举证时限等作了详细的规定，司法领域的证据认定、适用等得到了统一。但仲裁在审理案件时适用的是狭义上的法律，民事诉讼方面的司法解释对仲裁并不具有直接适用的约束力。最高人民法院原副院长李国光在应上海仲裁委员会的邀请就执行《证据规定》进行专题报告时指出：仲裁机构在审理案件时有的可以直接适用，有的必须间接转化后适用，有的则不可以适用。法院在审查仲裁证据保全申请时，认为所保全证据系仲裁定案的关键性证据，进而同意采取保全措施；而仲裁机构却认为该证据在仲裁案件审理过程中并不起决定作用，仅起辅助作用，甚至是有之更好，无之亦无所谓。法院为仲裁证据保全消耗有限的司法资源，仲裁却未置可否，这就会造成有限司法资源的浪费，增加司法成本。如当事人向法院申请撤销仲裁裁决或不予执行仲裁裁决，法院因仲裁证据保全时对证据的使用、地位有了定性，形成成见，产生预决力，支持申请人的请求，这又会造成仲裁资源的浪费。

（3）有违国际发展趋势。目前，国际仲裁界正在谋求国家间相互承认和执行仲裁庭作出的（无论在国内或国外）保全措施以及法院对外国仲裁协助颁布的临时保全措施。越来越多的国家通过修改国内法或者参加国际公约的方式解决本国“承认和执行仲裁地在外国的仲裁庭作出的保全措施”与“本国法院协助仲裁地在外国的仲裁庭作出保全措施”两方面问题。如果我国法律禁止仲裁庭作出决定保全措施的裁决，在我国仲裁机构进行仲裁的当事人就无法获得他国在证据保全方面本可以提供的协助。如果我国法律仅限制涉外案件的中方当事人向中国法院提出的仲裁证据保全申请并由中国法院作出决定，那么这不仅会限制当事人直接向外国法院申请保全措施的权利，而且会造成中外当事人在寻求证据保全方面存在武器不平等问题。仲裁庭没有作出仲裁保全措施的权力，这实际上剥夺了当事人自由选择由仲裁庭作出保全裁定的权利，与国际商事仲裁的发展趋势相违背。

为此，《贸仲规则》第 23 条、《北仲规则》第 63 条、《上海自贸区仲裁规则》第 21 条进行了有益的尝试，通过紧急仲裁庭或者紧急仲裁员制度使仲裁机构可以在申请仲裁后、正式仲裁庭组成前对包括仲裁证据保全在内的紧急性临时救济申请自行进行审查和作出对当事人具有拘束力的决定。选择适用前述仲裁规则的当事人，在案件受理后至组成仲裁庭之前，当事人需要申请紧急性临时措施的，可以提出指定紧急仲裁员或者组成紧急仲裁庭的书面申请，由仲裁机构决定是否同意。经仲裁机构指定的紧急仲裁员或者临时组成的紧急仲裁庭，可以决定采取必要或适当的紧急性临时救济措施，其所作出的决定对双方当事人具有约束力。鉴于紧急仲裁员或紧急仲裁庭采取紧急性临时救济措施将给对方当事人造成重大不利影响，在审查当事人的紧急性临时措施申请时，紧急仲裁员或紧急仲裁庭应当保证当事人有合理陈述的机会。紧急仲裁员或紧急仲裁庭作出的临时措施决定，应当署名并加盖仲裁委员会印章，使之具有仲裁裁决书的外观。本书认为，通过紧急仲裁员或紧急仲裁庭行使仲裁证据保全发布权在我国具有重大的现实意义。这是因为，一方面，《民诉法》第 84 条第 2 款仅解决仲裁申请前的证据保全问题，在当事人申请仲裁后、仲裁庭组成之前，当事人的证据保全问题面临立法空白，紧急仲裁员或紧急仲裁庭制度对此能予以有效弥补。另一方面，在仲裁案件受理后，各方当事人本应在仲裁程序中解决所有争议，只要无须案外人的积极配合，仲裁证据保全发布权理应由仲裁机构行使，只有在需要针对案外人进行证据保全的情况下，当事人才可以不受仲裁协议的拘束直接向法院申请证据保全，仲裁机构也才有必要请求司法机关协助作出针对第三人的证据保全裁定。

（二）仲裁证据保全担保制度的创立

仲裁证据保全是一把双刃剑。仲裁证据保全在防范后续出现证据难以收集情形方面具有积极功能，但也可能给对方当事人甚至案外人造成非正当不利影响。这是因为，保全措施的实施可能对权利人的权能实现或行使造成妨碍，并据此给其造成一定的损失。有鉴于此，我国在财产保全和行为保全中设立申请人提供担保的制度，但《仲裁法》尚未对证据保全申请人提出类似要求。随着社会主义市场经济体制的确立，社会财富流动性增强、加快，对证据采取保全措施，也表现出财产性：首先，证据必须以一定的形式存在，即有一定的依附体，如物证、书证、视听资料等，依附体本身可以表现出财产的属性；其次，对证据的不当使用会给他人造成损失，在知识产权案件中表现尤为突出，如商业秘密的泄露等；最后，采取保全措施有时会持续一段很长的时间，往往会对证据的状态或流动作一定的限制，影响了证据依附体应有权能的实现。鉴于此，仲裁证据保全应当参照财产保全与行为保全中的担保制度，如果拟采取的证据保全措施将妨碍利害关系人权利的完整行使，仲裁庭或法院有权在决定采取保全证据措施之前要求申请人提供足额担保，以防止申请人滥用证据保全申请权（包括利用证据保全措施向对方施压、拖延时间甚至给对方造成损失等），并便于利害关系人后续及时获得相应的补偿或赔偿。我国新修订的《著作权法》《商标法》《专利法》等在当事人申请诉前临时措施涉及证据保全时，均规定法院可以根据案情决定申请人是否需提供担保；在要求提供的情况下，申请人拒不提供担保则驳回申请。本书认为，仲裁证据保全应借鉴《民诉法》《著作权法》《商标法》《专利法》等相关规定，建立仲裁证据保全担保制度。《贸仲规则》第 23 条第 3 款、《北仲规则》第 62 条第 1 款、《上海自贸区仲裁规则》第 22 条第 2 款等均授权仲裁庭、临时仲裁庭或临时仲裁员要求仲裁证据保全的当事人提供适当的担保。

（三）授权仲裁庭主动请求法院协助保全证据

《民诉法》第 84 条第 1 款规定，在证据可能灭失或者以后难以取得的情况下，当事人可以在诉讼过程中向人民法院申请保全证据，人民法院也可以主动采取保全措施。据此，诉讼证据保全存在依申请保全和依职权保全两种类型。《仲裁法》第 46 条规定的证据保全制度则只能因当事人之申请而启动。一方面，在仲裁过程中，如果仲裁的双方当事人有一方未实际遵循诚信原则，隐藏证据，而另一方当事人又不主动申请仲裁证据保全，将导致案件难以继续审理下去。另一方面，《民诉法》第248条以及《仲裁法》第58条仍将“隐瞒了足以影响公正裁决的证据”作为裁定不予执行或者撤销仲裁裁决的法定事由。仲裁庭明知当事人隐瞒重要证据却又无法依职权请求法院协助获取证据，而只能坐失证据保全的良机，进而面临其仲裁裁决被裁定撤销或不予执行的风险。

与我国立法相比，世界各国普遍授予仲裁机构面对证据困境时，主动提请法院进行仲裁证据保全的权力。例如，《韩国仲裁法》第9条（法院的配合）规定：“当仲裁员不能进行他认为对仲裁裁决必不可少的某项行为时，法院应在仲裁员或当事人的请求下进行此项行为。在这种情况下准用民事诉讼法的有关规定。”《瑞士联邦仲裁协约》第27条（司法官厅的参与）规定：“采用证据，由仲裁法院自己为之；某种证据调查必须由国家权力机关为之者，仲裁法院可以申请第3条规定的司法官厅协助为之。”

仲裁对庭审的驾驭能力的强弱将直接影响到仲裁的威信，仲裁庭审理案件时不只是单纯被动性地接受证据，也可以主动调取证据，发挥主观能动性，从而促使仲裁程序顺利进行。在仲裁过程中，采取调查证据的方式不能达到目的，而必须采取仲裁证据保全措施的，当事人如不主动申请仲裁证据保全，仲裁庭将失去应有的庭审驾驭能力。为增强和完善仲裁的庭审驾驭能力，保障仲裁顺利进行，本书建议立法机关授权仲裁庭依职权提请法院通过证据保全等措施获取必要的证据材料。

《问题与思考》

1. 简述仲裁证据的属性及特殊性。
2. 论述仲裁证据规则的特点。
3. 简述对仲裁证据材料进行质证的方式。
4. 简述仲裁机构与司法机关在仲裁证据保全中的权限划分。
5. 论述仲裁证据保全制度。
6. 甲不履行仲裁裁决，乙向法院申请执行。甲拟提出不予执行的申请并提出下列证据证明仲裁裁决应不予执行。针对下列哪一选项，法院可裁定驳回甲的申请？（　　）（司法考试真题）

A. 甲、乙没有订立仲裁条款或达成仲裁协议

B. 仲裁庭组成违反法定程序

C. 裁决事项超出仲裁机构权限范围

D. 仲裁裁决没有根据经当事人质证的证据认定事实

7. 关于法院与仲裁庭在审理案件有关权限的比较，下列哪些选项是正确的？（　　）（司法考试真题）

A. 在一定情况下，法院可以依职权收集证据，仲裁庭也可以自行收集证据

B. 对专门性问题需要鉴定的，法院可以指定鉴定部门鉴定，仲裁庭也可以指定鉴定部门鉴定

C. 当事人在诉讼中或仲裁中达成和解协议的，法院可以根据当事人的申请制作判决

书，仲裁庭也可以根据当事人的申请制作裁决书

D. 当事人协议不愿写明争议事实和判（裁）决理由的，法院可以在判决书中不予写明，仲裁庭也可以在裁决书中不予写明

8. 兴源公司与郭某签订钢材买卖合同，并书面约定本合同一切争议由中国国际经济贸易仲裁委员会仲裁。兴源公司支付100万元预付款后，因郭某未履约依法解除了合同。郭某一直未将预付款返还，兴源公司遂提出返还货款的仲裁请求，仲裁庭适用简易程序审理，并作出裁决，支持该请求。由于郭某拒不履行裁决，兴源公司申请执行。郭某无力归还100万元现金，但可以收藏的多幅字画提供执行担保。担保期满后郭某仍无力还款，法院在准备执行该批字画时，朱某向法院提出异议，主张自己才是这些字画的所有权人，郭某只是代为保管。本案适用简易程序审理后，关于仲裁委员会和仲裁庭可以自行决定的事项，下列选项正确的是：（　　）。（司法考试真题）

A. 指定某法院的王法官担任本案仲裁员

B. 由一名仲裁员组成仲裁庭独任审理

C. 依据当事人的材料和证据书面审理

D. 简化裁决书，未写明争议事实

9. 甲县的佳华公司与乙县的亿龙公司订立的烟叶买卖合同中约定，如果因为合同履行发生争议，应提交A仲裁委员会仲裁。佳华公司交货后，亿龙公司认为烟叶质量与约定不符，且正在霉变，遂准备提起仲裁，并对烟叶进行证据保全。关于本案的证据保全，下列哪些表述是正确的？（　　）（司法考试真题）

A. 在仲裁程序启动前，亿龙公司可直接向甲县法院申请证据保全

B. 在仲裁程序启动后，亿龙公司既可直接向甲县法院申请证据保全，也可向A仲裁委员会申请证据保全

C. 法院根据亿龙公司申请采取证据保全措施时，可要求其提供担保

D. A仲裁委员会收到保全申请后，应提交给烟叶所在地的中级人民法院

第十章

仲裁裁决

本章概要

仲裁裁决是仲裁案件经过申请、受理、审理等环节，由仲裁庭作出的法律文书。仲裁裁决是仲裁程序终结的一种表现形式，它确定了当事人间的权利义务关系。本章第一节介绍了仲裁裁决的概念和类型。第二节介绍了仲裁裁决作出的时间、地点与方式以及仲裁裁决的形式和内容、仲裁裁决的补正等。第三节介绍了仲裁裁决的效力，它包括仲裁裁决生效的时间和效力。

关键术语

对席裁决　缺席裁决　合意裁决　补充裁决　中间裁决　部分裁决

课程思政

要信仰法治、坚守法治，做知法、懂法、守法、护法的执法者，站稳脚跟，挺直脊梁，只服从事实，只服从法律，铁面无私，秉公执法。

——2014年1月7日至8日习近平在中央政法工作会议上的讲话

经书面通知的被申请人无正当理由不到庭或者未经仲裁庭许可中间退庭的，仲裁庭可以缺席裁决，但缺席裁决不必然不利于被申请人。请组织学生讨论仲裁庭不能因被申请人没有到庭而对其作出不利裁决的原因，引导学生正确理解社会主义核心价值观中的“公正”。

第一节　仲裁裁决概述

一、仲裁裁决的概念

仲裁裁决是仲裁案件经过申请、受理、组庭、审理等环节，由仲裁庭“生产”出的“产品”。这一“产品”生动、直观地反映了仲裁庭的办案质量和办案水平，也直接影响到仲裁机构的声誉和形象，同时，它宣示了仲裁程序的终结，确定了当事人间的权利义务关系。

所谓仲裁裁决，是指仲裁庭依法对当事人提交仲裁的案件在审理过程中或审理后，在认定证据、查明事实基础上，依照法律对当事人提出的仲裁请求或反请求以及与仲裁请求或反请求相关事项作出的书面决定。仲裁裁决一旦作出，仲裁程序即告终结，仲裁庭遂即解散。

与法院裁判相比，仲裁裁决具有以下特点：

第一，裁判对象特定化。仲裁裁决只能对平等主体的自然人、法人和非法人组织之间发生的合同纠纷和其他财产权益纠纷作出判断，而法院裁判的对象则比较广泛，不仅包括前述纠纷，还可以对当事人之间的有关身份关系纠纷进行判断，如婚姻、收养纠纷等。

第二，裁决作出方式多样化。仲裁程序中，如裁决由三人仲裁庭作出，则会有两种方式：一是适用“少数服从多数”原则，即三名仲裁员中如能形成多数意见，则以该多数意见为准；二是适用首席仲裁员的意见，即三名仲裁员难以形成多数意见时，以首席仲裁员的意见为准。与此不同的是法院裁判的作出，若采合议制，裁判只能根据少数服从多数原则，依多数人的意见为准。若无法形成多数意见，应报审判委员会讨论决定。

第三，签名方式较为特殊。在仲裁程序中，除非裁决依首席仲裁员意见或独任仲裁员意见作出，裁决应由多数仲裁员签名。持有不同意见的仲裁员可以在裁决书上签名，也可以不签名。而法院裁判中，合议庭成员都必须签名，无论其意见是否与判决中的意见一致。

第四，保密性较强。仲裁裁决，除当事人约定可以公开外，一律保密，而法院裁判结果原则上必须公开。

二、仲裁裁决的类型

仲裁裁决从不同的角度，依不同的标准，可以分为多种类型。

（一）对席裁决和缺席裁决

这是以被申请人或被反请求人及其代理人是否依法到庭行使辩论权为标准所作的分类。

对席裁决是指仲裁庭在双方当事人及其代理人均依法出庭行使辩论权的基础上作出的裁决。而缺席裁决是指在仲裁开庭时，因被申请人不到庭或中途退庭，仲裁庭根据查明的事实和适用法律所作出的裁决。《仲裁法》第42条规定：“申请人经书面通知，无正当理由不到庭或者未经仲裁庭许可中途退庭的，可以视为撤回仲裁申请。被申请人经书面通知，无正当理由不到庭或者未经仲裁庭许可中途退庭的，可以缺席裁决。”根据该规定，适用缺席裁决的条件有：首先，缺席的一方当事人是被申请人，如果申请人不到庭或中途退庭，则按撤回仲裁申请处理。其次，被申请人存在有无正当理由不到庭或者未经仲裁庭同意中途退庭的。再次，开庭日期以书面形式通知被申请人。如果仲裁庭没有通知，则不得缺席裁决。最后，案件事实已经查清。在缺席判决时，应公正裁决，也要保护未到庭的被申请人的利益。不能因为一方当事人没有到庭，而作出对其不利的裁决。

（二）合意裁决和非合意裁决

以仲裁裁决是否反映了双方当事人的合意为标准，可以将仲裁裁决分为合意裁决和非合意裁决。

合意裁决，是指仲裁庭作出的、用以记载双方当事人达成的和解协议或者仲裁调解协议内容的裁决。其表现形式有裁决书和调解书。除此之外的其他裁决均为非合意裁决。《仲裁法》第49条规定："当事人申请仲裁后，可以自行和解。达成和解协议的，可以请求仲裁庭根据和解协议作出裁决书，也可以撤回仲裁申请。"第51条第2款规定："调解达成协议的，仲裁庭应当制作调解书或者根据协议的结果制作裁决书。调解书与裁决书具有同等法律效力。"

划分合意裁决和非合意裁决的意义在于：合意裁决有利于鼓励双方当事人在自愿协商的基础上化解纠纷，也有利于仲裁裁决的自觉履行。因此，许多国家的仲裁法或仲裁机构的仲裁规则均承认合意裁决。

（三）补充裁决和被补充裁决

这是以仲裁裁决之间存在的补充和被补充关系为标准而作的划分。

一般情况下，仲裁庭在案件审结前就当事人提交仲裁的全部争议事项作出裁决，不存在制作补充裁决的必要。但是，如果有下列情形之一，则必须作出补充裁决：一是极少数情况下，由于案情复杂，仲裁员对当事人的仲裁请求或反请求事项遗漏，或涉及数据时出现错误；二是裁决理由模棱两可或表述不清，当事人要求仲裁庭对此进行解释。在这些情况下，仲裁庭对遗漏申请仲裁的事项未作裁决的裁决书予以补充。补充错误裁决书，制定新的裁决书的行为即补充裁决，该份新的裁决书为补充裁决书。仲裁案件的最终裁决以加入补充裁决后的全部裁决为准。补充裁决不同于裁决书的补正。《仲裁法》第56条规定："对裁决书中的文字、计算错误或者仲裁庭已经裁决但在裁决书中遗漏的事项，仲裁庭应当补正；当事人自收到裁决书之日起三十日内，可以请求仲裁庭补正。"

（四）附事实、理由的仲裁裁决和不附有事实、理由的仲裁裁决

这是以裁决内容是否写明事实、理由为标准所作的分类。

仲裁庭裁决中写明仲裁请求、争议事实、裁决理由、裁决结果、仲裁费用及其负担、裁决的日期和地点的，为附事实、理由的仲裁裁决。而由于仲裁的自治性和保密性，仲裁裁决可以不载明事实和理由，该裁决即是不附有事实、理由的仲裁裁决。但该裁决仅限于在双方当事人同意的前提下采用。《仲裁法》第54条明确规定："裁决书应当写明仲裁请求、争议事实、裁决理由、裁决结果、仲裁费用的负担和裁决日期。当事人协议不愿写明争议事实和裁决理由的，可以不写。"

（五）中间裁决、先行裁决和最终裁决

这是以仲裁裁决的内容和作出仲裁裁决的时间为标准对仲裁裁决作出的划分。对于这三类裁决，许多仲裁规则都作了规定。如《贸仲规则》第53条第1款规定："仲裁庭

认为必要或当事人提出请求并经仲裁庭同意的，仲裁庭可以在作出最终裁决之前，就当事人的某些请求事项先行作出部分裁决。部分裁决是终局的，对双方当事人均有约束力。”《仲裁法》没有对中间裁决作出规定，只规定了先行裁决和最终裁决。

1. 中间裁决

中间裁决，也称临时性裁决，是指在仲裁过程中应当事人请求并经仲裁庭同意，或者仲裁庭认为有必要时，对案件的程序性事项，如仲裁协议的效力、适用法律问题等问题所作出的一种裁决。在国外，中间裁决通常是指有关程序问题和证据问题的决定。在一些大陆法系国家，中间裁决与临时裁决的含义是不同的，临时裁决仅指处理程序争议问题的裁决，如仲裁庭的管辖权或仲裁中适用法律问题。我国《仲裁法》对中间裁决没有作出规定。

中间裁决作为一种程序性质的决断，有别于通常意义的仲裁裁决。因为，通常意义的仲裁裁决都是以解决实体争议为内容的。在我国，程序性决断一般称为“决定”或“裁定”，实体性决断则称为“判决”或“裁决”。

2. 先行裁决（部分裁决）

《仲裁法》第 55 条规定：“仲裁庭仲裁纠纷时，其中一部分事实已经清楚，可以就该部分先行裁决。”先行裁决，又称部分裁决，是指仲裁庭在案件审理过程中，为了及时保护当事人的合法权益或有利于继续审理其他问题，而对已经审理清楚的一部分实体争议所作的判断。

先行裁决一经作出，即具有法律效力。一般在两种情况下可以作出先行裁决：一是未查清的案件事实比较复杂，短期内不能得出结论；二是应当事人的迫切要求，否则会使其生产或生活受到重大影响，造成重大损失。作出先行裁决的前提条件，必须是这部分案件事实和法律关系相对独立，且这部分事实已经查清。

与中间裁决不同，先行裁决针对的是实体问题，往往是针对一些急需处理的问题，仲裁庭可以通过部分仲裁确定当事人先行履行特定的义务；而中间裁决一般不涉及实体争议问题，其只是处理仲裁中的一些程序性问题，如仲裁庭的管辖权。同时，先行裁决具有终局性，而中间裁决不具有终局性。

3. 最终裁决

最终裁决是仲裁庭在案件审理结束时就当事人提交仲裁的全部实体争议所作的终局性的判断。最终裁决具有以下特点：（1）终结性。最终裁决一经作出，整个仲裁程序即告终结。（2）强制性。最终裁决具有强制执行力，若当事人不自动履行裁决，对方当事人有权申请强制执行。（3）排斥性。最终裁决作出后，同一当事人即丧失了就同一实体争议要求仲裁或诉讼的权利，仲裁机构或法院无权就该争议进行仲裁或诉讼。

部分裁决和最终裁决都属于实体性判断，但两种裁决作出的时间不同，部分裁决是在仲裁审理过程中作出的，而最终裁决则是在审理全部结束后才作出的。此外，最终裁决应与先行作出的部分裁决不能相互矛盾，而应保持一致。

第二节 仲裁裁决的作出

一、仲裁裁决作出的时间、地点与方式

（一）裁决作出的时间

仲裁裁决作出的时间和仲裁的审理期限紧密相连。为了督促仲裁庭在合理的期限内审理案件，尽快解决争议，确保仲裁当事人双方的经济利益免受更大的损失，许多仲裁机构的仲裁规则中都明确规定了仲裁庭作出仲裁裁决的时间，如《国际商会仲裁规则》第31条规定："仲裁庭必须作出终局裁决的期限为六个月。该期限自仲裁庭成员在审理范围书上最后一个签名之日或者当事人在审理范围书上最后一个签名之日起算，或者，在第23条第（3）款的情况下，自秘书处通知仲裁庭仲裁院已批准审理范围书之日起算。仲裁院可基于按第24条第（2）款制定的程序时间表，另行确定一个不同的期限。"《贸仲规则》第65条规定："（一）仲裁庭应在组庭后3个月内作出裁决书。（二）经仲裁庭请求，仲裁委员会仲裁院院长认为确有正当理由和必要的，可以延长该期限。（三）程序中止的期间不计入上述第（一）款规定的裁决期限。"《仲裁法》对仲裁裁决期限未作规定。因此，关于裁决作出的时限问题，应以各仲裁机构的仲裁规则为依据。

（二）裁决作出的地点

仲裁裁决作出的地点也称仲裁地，是指作出裁决的仲裁机构所在地。确定仲裁裁决作出地，具有重大意义：一是在内国仲裁中，裁决作出地决定当事人应向哪个法院申请撤销裁决。二是在涉外仲裁中，裁决作出地是裁决"国籍"的标识，制约着裁决追诉的形式。如果该涉外裁决被裁决作出地国家法院所撤销，该仲裁裁决在其他所有国家即丧失了得以强制执行的可能性。所以各国仲裁法和各仲裁机构仲裁规则都规定仲裁裁决应载明裁决作出地。

裁决作出地并不必然等同于裁决签署地。仲裁庭成员可能来自不同国家或地区，有时他们会在裁决作出地以外的地点合议签署裁决。

仲裁裁决作出地不同于开庭审理地。开庭审理地点可以是仲裁庭认为合适的任何一个地点，即仲裁庭可选择任何合适的地点进行庭审，而裁决作出地则是固定不变的。

（三）裁决作出的方式

由于组庭方式不同，裁决作出的方式也不同。如果仲裁庭是由独任仲裁员组成的，则不存在仲裁员对争议案件意见的分歧，裁决结果应以该仲裁员的意见为准。

在由3名仲裁员组成仲裁庭进行仲裁的情况下，裁决情况就比较复杂。在作出裁决时，仲裁员之间没有意见分歧，一致通过的，裁决由全体仲裁员共同签字即可。如果意见不同，应当如何处理？《仲裁法》及各仲裁委员会仲裁规则都作了明确规定。如《仲裁法》第53条规定："裁决应当按照多数仲裁员的意见作出，少数仲裁员的不同意见可以

记入笔录。仲裁庭不能形成多数意见时，裁决应当按照首席仲裁员的意见作出。”又如，《贸仲规则》第 52 条规定：“……（五）由三名仲裁员组成的仲裁庭审理的案件，裁决依全体仲裁员或多数仲裁员的意见作出。少数仲裁员的书面意见应附卷，并可以附在裁决书后，该书面意见不构成裁决书的组成部分。（六）仲裁庭不能形成多数意见的，裁决依首席仲裁员的意见作出。其他仲裁员的书面意见应附卷，并可以附在裁决书后，该书面意见不构成裁决书的组成部分……”据此，在仲裁员意见无法达成一致时，裁决的作出有两种方式。一是应当按照少数仲裁员服从多数仲裁员的意见作出。实际上，这要求仲裁庭的 3 名仲裁员中至少应有 2 名仲裁员的意见一致。二是仲裁庭不能形成多数意见时，按照首席仲裁员的意见作出裁决，也称首席仲裁员决定规则，即在裁决不能形成多数意见时，由首席仲裁员独立作出决定。以首席仲裁员意见作出裁决，最主要的原因在于：一方面，首席仲裁员与案件没有利害关系，且处于公正、独立的地位；另一方面，这样做有利于纠纷的及时解决，防止久拖不决。

二、裁决的形式和内容

裁决的形式是指仲裁法规定的裁决内容的表现方式。根据《仲裁法》第54条的规定，裁决在形式上必须符合两个要求：一是裁决必须是书面的；二是裁决必须经承办该案的仲裁员签名，加盖仲裁委员会的印章。如果裁决不能满足这两个要求，那么裁决是无效的。在国外，仲裁立法、仲裁规则均规定，仲裁裁决应为书面并经仲裁员签署。除此之外，有些国家如西班牙、葡萄牙等的仲裁立法还要求裁决书必须经公证登记或在有管辖权的法院存档备案；美国某些州的法律要求裁决必须经过备案登记。

仲裁裁决的内容是对仲裁案件的程序、实体争议解决的叙述。《仲裁法》第 54 条规定：“裁决书应当写明仲裁请求、争议事实、裁决理由、裁决结果、仲裁费用的负担和裁决日期。当事人协议不愿写明争议事实和裁决理由的，可以不写。裁决书由仲裁员签名，加盖仲裁委员会印章。对裁决持不同意见的仲裁员，可以签名，也可以不签名。”根据该规定，仲裁裁决书的内容一般包括以下几部分：

（1）首部。首部是仲裁裁决书的开头部分，应当写明以下几项内容：1）仲裁书名称、仲裁机构、年号及仲裁裁决书的编号；2）双方当事人及其代理人的基本情况。

（2）正文。正文是仲裁裁决书的核心部分，应当写明以下内容：1）仲裁请求，即仲裁申请人请求仲裁委员会通过仲裁审理所要解决的问题；2）争议事实，即双方当事人对争议案件的事实以及相应的证据所产生的争议焦点以及各自的不同观点；3）裁决理由，即仲裁庭对争议案件事实的认定以及作出仲裁裁决所依据的事实和证据；4）裁决结果，即仲裁庭对当事人之间实体权利义务的确定，这既是仲裁庭对当事人提请仲裁的争议案件的最终观点，同时也是双方当事人行使其权利、履行其义务的依据；5）仲裁费用的负担，即仲裁庭对双方当事人就仲裁申请人预缴的仲裁费用进行分担的确定。上述内容中，对于争议事实和裁决理由部分，仲裁庭可以根据双方当事人的协议略去不写。

（3）尾部。尾部是仲裁裁决书的结尾部分，主要包括：1）仲裁员签名，对该仲裁裁决持不同意见的仲裁员可以签名，也可以不签名；2）加盖仲裁委员会印章；3）裁决的日期。

根据当事人达成的调解协议而制作的裁决书，内容较为简单，只要根据双方当事人达成的调解协议的内容制定即可。

三、裁决书的补正

仲裁裁决作出后即产生法律效力，具有一定的稳定性。任何一方当事人都不得请求变更其内容，仲裁庭也不得再行审查，进行变更。但是仲裁裁决毕竟是对当事人权利义务关系的确认。如果仲裁裁决出现错误，则有可能影响当事人的权利义务。因此，在裁决书出现“瑕疵”时，就有必要对这些裁决书予以完善补救。有学者将其区分为“裁决的更正”和“裁决的补充”。裁决的更正，仅限于对仲裁裁决中因书写、打印、计算上的错误而请求仲裁庭予以更正，其他方面的问题不允许作任何变更。裁决的补充，针对的是对当事人的全部仲裁请求已审理完毕，但在裁决中存在遗漏，就这些漏裁事项所作的补充。

《仲裁法》仅规定了裁决书的补正，但从其内容看，包含了裁决的变更。该法第56条规定：“对裁决书中的文字、计算错误或者仲裁庭已经裁决但在裁决书中遗漏的事项，仲裁庭应当补正；当事人自收到裁决书之日起三十日内，可以请求仲裁庭补正。”但《贸仲规则》区分了裁决书的更正与补充裁决。该规则第56条规定了裁决书的更正，即任何一方当事人均可以在收到裁决书后30天内就裁决书中的书写、打印、计算上的错误或其他类似性质的错误或遗漏事项，书面申请仲裁庭作出更正；如确有错误，仲裁庭应在收到书面申请之日起30天内作出书面更正。仲裁庭也可以在发出裁决书后的合理时间内自行以书面形式作出更正。该书面更正构成裁决书的一部分。第57条规定了补充裁决，即如果裁决有漏裁事项，任何一方当事人可以在收到裁决书之日起30天内以书面形式请求仲裁庭就裁决中漏裁的仲裁事项作出补充裁决；如确有漏裁事项，仲裁庭应在收到上述书面申请之日起30天内作出补充裁决。仲裁庭也可以在发出裁决书后的合理时间内自行作出补充裁决。该补充裁决构成原裁决书的一部分。

第三节　仲裁裁决的效力

一、仲裁裁决生效的时间

裁决生效时间是指裁决从何时起发生法律效力。从各国仲裁立法及各仲裁机构的仲裁规则看，裁决生效时间主要有两种：一是自仲裁裁决书送达之日起生效。如《瑞士联邦国际私法典》第190条规定：“裁决自送达时起生效。”二是自仲裁裁决作出之日起生效。如我国《仲裁法》第57条规定：“裁决书自作出之日起发生法律效力。”《贸仲规则》第52条第8款规定：“作出裁决书的日期，即为裁决发生法律效力的日期。”比较而言，大多数仲裁立法和仲裁规则采“仲裁裁决自作出之日起生效”，因为这有利于防止在仲裁庭作出裁决书后、送达裁决书之前出现仲裁裁决内容的变更，从而保障仲裁裁决的稳定性。如 1985 年《伦敦国际仲裁院仲裁规则》第 16 条第 8 款规定:“一经同意按照本规则仲裁,当事人就承担了毫不迟延地履行裁决的义务,并放弃了任何形式的上诉或诉诸法院或其他司法机构的权利。裁决应当是终局的,并且自作出之日起对所有当事人具有约束力。”

二、仲裁裁决的效力

仲裁裁决的效力是指仲裁机构作出的裁决所具有的法律约束力。我国《仲裁法》第 57 条规定:“裁决书自作出之日起发生法律效力。”具体表现在以下几个方面:

(一) 实体关系的确定力

这是仲裁裁决在民事实体法上的效力的体现。仲裁裁决一旦生效,双方当事人之间存在的实体权利义务争议得到消解和妥善处理,当事人之间的权利和义务在仲裁裁决中得以认可和确定,对同一法律关系不得再行争议。

(二) 程序上的终结力

《仲裁法》第 9 条规定:“仲裁实行一裁终局的制度。裁决作出后,当事人就同一纠纷再申请仲裁或者向人民法院起诉的,仲裁委员会或者人民法院不予受理。”据此,在程序上,仲裁裁决一旦作出,就表明该仲裁案件已获法律的最终解决,任何一方当事人不能就同一事实、理由再次向仲裁机构申请仲裁或向法院起诉,仲裁机构或法院也不得对此争议进行受理和审理。

仲裁实行一裁终局,因此,仲裁裁决一旦作出,就具有终局性。即使不服,当事人也不能通过上诉途径获得救济。仲裁裁决之所以是终局的,主要原因有二①:一是当事人合意。当事人自愿选择仲裁解决争议就意味着当事人已经将解决争议的裁断权赋予了仲裁庭,并自愿接受裁决结果。当事人的合意是仲裁制度存续的根基。二是国家法律规定。国家以法律形式确立仲裁制度,并赋予裁决结果以强制执行力,这是裁决终局性的另一重要基石。两者相辅相成,缺一不可。但是裁决的终局性并不是绝对的和毫无例外的。一旦法院裁定撤销仲裁裁决,则其终局性将不复存在。一旦法院裁定不予执行仲裁裁决,将直接使其丧失强制执行力,同时也使仲裁裁决成为一纸空文,毫无意义。

(三) 强制执行力

仲裁裁决能否实现是仲裁的关键。仲裁裁决实现的途径有二:一是当事人自觉履行仲裁裁决;二是当事人申请法院强制执行。对此,《仲裁法》第 62 条作了明确规定:“当事人应当履行裁决。一方当事人不履行的,另一方当事人可以依照民事诉讼法的有关规定向人民法院申请执行。受申请的人民法院应当执行。”

在执行方面,仲裁裁决既是当事人自觉履行的履行根据,也是强制执行的根据,即

---

① 参见张斌生主编:《仲裁法新论》,326-327 页,厦门,厦门大学出版社,2002。

执行根据。不论是履行根据还是执行根据，其效力渊源都是当事人的合意和国家法律规定，但在内容上两者存有差异。作为履行根据效力的内容是义务主体应自觉、主动履行裁决确定的义务；权利主体配合、接受义务主体的履行。而作为强制执行根据效力的内容是权利主体可以依据仲裁裁决申请法院强制执行；执行法院根据申请和仲裁裁决采取强制措施实现仲裁裁决确定的内容。

另外，根据《证据规定》第10条的规定，对于已为仲裁机构生效裁决所确认的事实，当事人无须举证证明。据此，可以认为，仲裁裁决所确认事实对于日后相关问题的处理具有预决的效力。

问题与思考

1. 仲裁裁决包括哪几类？

2. 某仲裁委员会对甲公司与乙公司之间的买卖合同案作出裁决后，发现该裁决存在超裁情形，甲公司与乙公司均对裁决持有异议。关于此仲裁裁决，下列哪一选项是正确的？（　　）（司法考试真题）

A. 该仲裁委员会可以直接变更已生效的裁决，重新作出新的裁决

B. 甲公司或乙公司可以请求该仲裁委员会重新作出仲裁裁决

C. 该仲裁委员会申请法院撤销此仲裁裁决

D. 甲公司或乙公司可以请求法院撤销此仲裁裁决

3. 下列关于仲裁裁决的哪些观点是正确的？（　　）（司法考试真题）

A. 当事人可以请求仲裁庭根据双方的和解协议作出裁决

B. 仲裁庭可以根据双方当事人达成的调解协议作出裁决

C. 仲裁裁决应当根据仲裁庭多数仲裁员的意见作出，形不成一致意见的，由仲裁委员会讨论决定

D. 仲裁裁决一经作出立即发生法律效力

第十一章

仲裁调解

本章概要

仲裁调解，是指综合运用仲裁与调解两种方式处理民事纠纷的复合型纠纷解决模式。本章在介绍仲裁调解的概念、特征、性质的基础上，对仲裁调解与诉讼调解、仲裁和解、友好仲裁等概念进行辨析。鉴于仲裁调解是仲裁与调解相结合原则在仲裁程序中的具体体现，为更好地理解仲裁调解，本章对仲裁与调解相结合原则的确立背景进行介绍，并分别从仲裁程序外和仲裁程序内两方面对仲裁与调解相结合问题展开分析。仲裁程序内的仲裁与调解相结合就是所谓的仲裁调解，包括仲裁庭调解、仲裁员调解、调解员调解、仲裁机构外调解四种类型。仲裁调解与其他类型的非诉调解均不具有确定效力。和解裁决通常表现为确认裁决，即使表现为给付裁决，在理论上也不得作为执行名义，但当事人可以申请法院通过简易的司法审查程序赋予和解裁决以执行力。

关键术语

仲裁调解　仲裁与调解相结合　和解裁决　解纷合意　确定效

课程思政

1. 请组织学生从传统文化的角度出发，讨论我国确立仲裁与调解相结合原则的原因，引导学生理解被誉为“东方经验”“东方一枝花”的调解文化，增强学生对中华传统文化的自信。

2. 与调解协议司法确认案件不收费不同，双方当事人持调解协议申请仲裁机构将其转化为仲裁裁决或仲裁调解书的，必须按照仲裁规则缴纳仲裁费用。请组织学生讨论调解协议仲裁确认案件收费的合理性，引导学生更好地理解司法为民理念。

第一节　仲裁调解概述

为提高司法资源利用效率和满足当事人多元的解纷需求，现代民事纠纷解决呈现出以民事诉讼为中心、以非诉讼解纷机制为主体的特征。民事诉讼发挥着根本性保障功能，但绝大多数民事纠纷系通过谈判、调解、仲裁等非诉讼解纷机制获得解决的。对民事纠纷解决机制可以根据不同的标准进行不同的分类，除“自力救济—社会救济—公力救济”之传统分类外，较为典型且具有学术价值的分类还有以下两种：一是根据纠纷解决机制启动模式的不同，可以区分为强制性纠纷解决机制与任意性纠纷解决机制。强制性纠纷解决机制是指该种民事纠纷解决机制的启动具有强制性，通常表现为一方当事人可以强制对方当事人通过该种纠纷解决机制处理民事纠纷（单方强制，如民事诉讼）；在特殊情形下也可以表现为立法者或者司法者强制提起民事诉讼的当事人先行通过非诉讼解纷机制尝试性解决纠纷（双方强制，如调解前置）。任意性纠纷解决机制是指该种民事纠纷解决机制的启动具有自愿性，既可以表现为只要一方当事人愿意，即可启动该种民事纠纷解决程序，对方当事人则因此被强行卷入民事纠纷解决程序（单方任意，如民事诉讼）；也可以表现为只有双方当事人都愿意，才可以启动该种民事纠纷解决程序（双方任意，如商事仲裁）。二是根据纠纷解决方案形成方式的不同，可以区分为决定型纠纷解决机制与合意型纠纷解决机制。决定型纠纷解决机制，是指由第三人居中作出的解纷方案对双方当事人具有拘束力，而与双方当事人的主观意志无关的纠纷解决方式。合意型纠纷解决机制，是指解纷方案建立在双方当事人合意的基础上，但在外观上可以表现为调解协议、和解协议、谅解备忘录等私文书，也可以表现为调解笔录、调解书、裁决书、判决书等根据解纷合意内容作出的公文书。[①] 民商事仲裁程序的启动以当事人事先订立仲裁条款或者事后签订仲裁协议为条件，故民商事仲裁属于任意性纠纷解决方式。与此同时，作为解纷方案的仲裁裁决是仲裁庭（含独任仲裁庭，下同）根据案件事实和实体规范（法律规定、商业惯例或者仲裁人公允善良原则）对双方当事人作出的具有拘束力的决定，故属于决定型纠纷解决方式。显而易见，民事诉讼属于强制性决定型解纷机制，通常意义上的民事调解属于任意性合意型解纷机制，而民商事仲裁属于任意性决定型解纷机制。仲裁调解，是指综合运用仲裁与调解两种方式处理民事纠纷的复合型纠纷解决模式。从行为意义上理解，只要存在仲裁与调解两种解纷机制的同时、先后或者交叉适用的情形，不管解纷结果的形成是基于当事人合意抑或仲裁庭居中裁决，均属于仲裁调解的研究范畴。从结果意义上理解，以调解协议、转述调解协议内容的裁决书或仲裁调解书等形式结案的仲裁案

---

① 诚然，合意型纠纷解决机制与决定型纠纷解决机制之间存在中间类型，根据《日本调停法》第 17、18 条的规定，日本法院可以在听取调停委员会意见的基础上作出“替代调停的决定”，当事人自接到决定通知之日起两周内对其提出异议申请的，该决定就失去效力，否则，该决定具有审判上和解的同等效力。在解释论上，尽管“替代调停的决定”不建立在当事人解纷合意的基础上，但该决定生效与否取决于当事人是否提出异议申请，故学界通说将其理解为“调停方案的最终提示”，其仍属于合意型纠纷解决机制的范畴。参见王亚新：《对抗与判定：日本民事诉讼的基本结构》，249 页，北京，清华大学出版社，2002。

件均属于仲裁调解，至于当事人达成仲裁合意（仲裁条款、仲裁协议）与达成解纷合意的先后顺序则在所不问。其中，行为意义上的仲裁调解侧重研究仲裁与调解相结合的必要性及基本类型，而结果意义上的仲裁调解主要探讨和解裁决的法律效力及救济途径。诚然，鉴于根据调解协议或者和解协议作出的仲裁调解书与仲裁裁决书的本质及效力并不存在本质的区别，对结果意义上的仲裁调解宜与仲裁和解作一体化研究。①

一、仲裁调解的基本界定

（一）仲裁调解的概念

不同类型解纷机制的理论研究与制度构建固然重要，但打通不同类型解纷机制相互之间存在的壁垒和健全相应的衔接机制对提升多元化纠纷解决机制的整体运行效应同样具有重要价值。其中，综合运用仲裁和调解两种机制解决民事纠纷的方式，就是所谓的“仲裁与调解相结合”。根据具体结合方式的不同，仲裁与调解相结合主要体现为以下几种情形：(1) 仲裁中的调解。在当事人根据仲裁协议（含仲裁条款，下同）启动仲裁程序后，在不违背当事人意志的前提下，仲裁庭进行或者委任的调解。②（2）仲裁前调解。当事人在仲裁协议中将调解作为仲裁的前置性程序，当事人达成调解协议则无须启动仲裁程序，其宗旨在于避免矛盾激化、节约解纷成本、及时实现权益等。（3）调解后仲裁。当事人尚未达成仲裁协议而直接将案件交付仲裁委员会附设的调解机构进行调解，达不成调解协议的当事人经调解机构引导而签订仲裁协议并将案件交付仲裁。当事人虽已经达成仲裁协议但在纠纷发生后先行向仲裁委员会附设的调解机构申请调解，达不成调解协议后根据已经签订的仲裁协议申请仲裁的，亦同。（4）调解后确认。尚未达成仲裁协议的当事人达成调解协议后补签仲裁协议并请求仲裁庭根据仲裁协议制作调解书或裁决书。③（5）仲裁后和解（实在调解）。在仲裁裁决书或仲裁调解书的执行程序中，为了节约民事权益实现成本和控制执行不能的风险，双方当事人经由执行法院斡旋而达成执行和解协议。④ 其中，仲

① 鉴于此，北京仲裁委员会、中国国际经济贸易仲裁委员会、上海国际经济贸易仲裁委员会（上海国际仲裁中心）、深圳国际仲裁院等仲裁委员会现行仲裁规则不再区分调解协议与和解协议，当事人经协商或者调解达成的解纷合意统称为“和解协议”，并适用相同的规则。

② 根据仲裁员与调解员是否分离，有学者进一步将仲裁中的调解区分为“影子调解”（Shadow Mediation）、“仲裁中调解”（Arb-Med）、“调解仲裁共存”（Co-Med-Arb）三种类型。“影子调解”的特点是当事人先行启动仲裁程序并在适当时候启动平行的调解程序，以仲裁程序确保即使调解不成也能彻底解决纠纷，且调解员与仲裁员保持身份隔离。“仲裁中调解”的特点是仲裁员或者仲裁庭在仲裁程序进行中对案件进行调解，根据调解结果以及当事人对结案方案的选择而决定是否恢复仲裁程序。“调解仲裁共存”的特点是，调解员和仲裁员分离但均参加庭审，但调解员得私下会晤当事人并在适当时候对当事人进行调解。参见王生长：《仲裁与调解相结合制度研究》，57 页，北京，对外经济贸易大学博士学位论文，2001。这三种类型的仲裁与调解相结合现象均发生在仲裁程序进行过程中，故可以统称为“仲裁中的调解”。

③ 《武汉仲裁委员会（武汉国际仲裁中心）仲裁规则》（2018 年版）第 60 条第 1 款规定：“本会可以根据双方当事人达成的仲裁协议，对下列请求作出确认裁决：1. 当事人请求确认合同效力的；2. 当事人在本会之外已经就争议达成和解协议或者调解协议，请求本会制作裁决书或调解书的。”

④ 《上海市二中院关于适用〈中国（上海）自由贸易试验区仲裁规则〉仲裁案件司法审查和执行的若干意见》第 17 条规定，在依法保障当事人合法权益的同时，积极鼓励和引导当事人达成执行和解，并督促当事人自动履行和解协议确定的义务。

裁前调解、调解后仲裁仅强调仲裁程序与调解程序的衔接，仲裁后和解属于执行和解制度的研究范畴，仲裁中的调解属于行为意义上的仲裁调解，而调解后确认属于结果意义上的仲裁调解。诚然，仲裁中的调解如获得成功且当事人请求仲裁庭根据调解协议制作调解书或裁决书的，行为意义上的仲裁调解将转化为结果意义上的仲裁调解。鉴于调解后确认模式与调解协议的司法确认程序更为相似，将其作为调解协议向执行名义转化机制加以研究更为妥当。① 因而，学者通常在“仲裁中的调解”层面上理解仲裁调解。

需要说明的是，仲裁中的调解包括但不限于仲裁法学界通常所谓的“仲裁中调解”。“仲裁中调解”被学者限定于仲裁员在仲裁程序中对案件进行调解并根据调解结果恢复仲裁程序的情形②，而在仲裁程序中进行的仲裁员与调解员分离的调解不属于“仲裁中调解”。实际上，伴随着仲裁机构内设独立调解机构的发展以及仲裁机构与仲裁机构外调解机构协作关系的完善，仲裁机构既可以经双方当事人同意将案件委任内设独立调解机构或者其他调解机构进行调解，也可以委派部分仲裁员担任调解员，故仲裁中的调解不应局限于仲裁员与调解员身份竞合的情形。

综上所述，仲裁调解是贯彻仲裁与调解相结合原则的具体制度，存在行为意义上的仲裁调解与结果意义上的仲裁调解之分。行为意义上的仲裁调解，是指仲裁庭在不违背当事人主观意志的情形下对仲裁案件进行调解、委派某个或部分仲裁员对仲裁案件进行调解、将仲裁案件委任内设独立调解机构或者其他调解机构进行调解，当事人达成解纷合意的，可以撤回仲裁申请或者请求仲裁庭根据解纷合意制作调解书或裁决书；当事人达不成解纷合意的，仲裁庭应当及时裁决。结果意义上的仲裁调解，包括当事人达成解纷合意且要求仲裁庭根据解纷合意制作调解书或裁决书的行为意义上的仲裁调解，以及当事人在仲裁庭外达成解纷合意并请求仲裁庭根据解纷合意制作调解书或裁决书。诚然，从字面含义上理解，所谓的仲裁调解无非是仲裁机构组织的调解③，包括仲裁机构组织的独立调解以及仲裁机构在仲裁程序中组织的调解：前者不以当事人达成仲裁协议为必要，而后者以仲裁程序已启动为条件。也正是在这种意义上，仲裁调解、人民调解、法院调解之间的区别才得以彰显。然而，没有达成仲裁协议的当事人向仲裁机构内设独立调解机构申请调解的，尽管存在调解程序向仲裁程序转化的便利条件，但其与其他民间调解不存在本质区别，故本书不将其纳入本章的研究范围。

（二）仲裁调解的特征

1. 仲裁调解具有复合性

仲裁调解有机结合仲裁与调解两种解纷方式，当事人既可以通过仲裁程序解决纠纷，也可以通过调解程序达成解纷方案，还可以通过“部分仲裁、部分调解”的方式灵活解决

---

① 参见肖建国、黄忠顺：《调解协议向执行名义转化机制研究》，载《法学杂志》，2011 (4)。

② 参见王生长：《仲裁与调解相结合的理论与实务》，79 页，北京，法律出版社，2001。

③ 有学者将其简单描述为“仲裁机构对受理的仲裁案件进行的调解，调解不成即进行裁决”。王小莉：《论调解制度在仲裁中的发展》，载《仲裁研究》（第 2 辑），17 页，北京，法律出版社，2004。

纠纷。①

2. 仲裁调解以仲裁保障调解

仲裁调解以当事人达成仲裁协议为适用条件，并以具有强制性纠纷解决实体效果的仲裁程序作为调解程序的保障。当事人不愿调解或者调解不成功的，可以及时启动、转入或者恢复仲裁程序，故当事人请求或接受调解可以理解为当事人尝试和平解决争议的最后努力。

3. 仲裁与调解的相对独立性

仲裁与调解的独立性因仲裁员与调解员两种角色是否由相同主体扮演而有所不同。在仲裁员与调解员分离的情形下，尽管仲裁程序与调解程序可能同时进行，但鉴于仲裁与调解指向相同的民事纠纷，当事人一旦达成解纷合意，作为决定型纠纷解决方式的传统仲裁程序即丧失继续运行的意义，当事人可以选择退出仲裁程序，也可以选择切换为作为合意型纠纷解决方式的仲裁确认程序，即请求仲裁庭根据解纷合意制作调解书或裁决书。在仲裁员与调解员合一的情形下，鉴于调解程序内含于仲裁程序，有必要从制度上防范仲裁庭因其在调解程序中所获信息或所形成心证对裁决案件造成不当影响。②

4. 仲裁与调解的兼容性

仲裁调解糅合仲裁和调解并使之相互兼容，具体表现在程序兼容、标的兼容、结果兼容三方面：（1）在程序兼容方面，仲裁程序与调解程序之间具有兼容性。在仲裁员与调解员分离的情形下，仲裁程序与调解程序可以同时进行。在仲裁员与调解员合一的情形下，尽管仲裁程序与调解程序理论上不能同时进行，但仲裁庭在实务中通常并不明确区分仲裁程序与调解程序，使仲裁与调解两种解纷方式得以高度糅合。（2）在标的兼容方面，调解的范围既可以与仲裁的范围相同，也可以小于仲裁的范围而仅调解争议之一部分，还可以超出仲裁的范围而触及其他。（3）在结果兼容方面，调解成功的，当事人既可以申请仲裁庭根据调解协议制作调解书或裁决书，也可以由申请人撤回仲裁申请并由仲裁庭作出撤案决定；调解不成的，仲裁庭可以恢复仲裁程序，继续进行仲裁审理，不因调解而妨碍仲裁。③

（三）仲裁调解的性质

仲裁调解具有契约性和准司法性双重属性：（1）鉴于仲裁程序与调解程序的启动均建立在当事人明示或默示同意适用的基础上，无论调解是否成功，仲裁调解程序在程序启动方面均属于任意性纠纷解决方式。（2）仲裁调解运行结果具有不确定性，调解达成协议的案件以当事人撤回仲裁申请、请求仲裁庭根据协议结果制作调解书或裁决书的方式结案，调解达不成协议的案件则以仲裁裁决书结案。因而，在纠纷解决方案的形成方

---

① 《合仲规则》第 50 条第 4 款规定："仲裁庭仲裁纠纷时，当事人就一部分请求达成调解协议的，仲裁庭可就此部分请求根据当事人的协议制作调解书或者根据协议的结果制作裁决书。"

② 我国仲裁机构现行仲裁规则普遍确立"禁止援引调解内容"规则，如《贸仲规则》第 47 条第 9 款、《上海贸仲规则》第 57 条、《上海自贸区仲裁规则》第 53 条等。

③ 参见王生长：《仲裁与调解相结合制度研究》，59 页，北京，对外经济贸易大学博士学位论文，2001。

面，调解成功的仲裁调解属于合意型纠纷解决方式，而调解失败的仲裁调解属于决定型纠纷解决方式。前者带有鲜明的实体契约性，而后者则彰显仲裁的准司法属性。（3）根据《仲裁法》第51、62条的规定，仲裁庭根据当事人达成的调解协议制作的调解书或裁决书均具有执行力，一方当事人不履行的，另一方当事人可以直接向人民法院申请执行。这在某种意义上可以理解为国家司法权向仲裁庭的让渡。因而，在现行法律框架下，仲裁庭根据调解协议制作调解书或裁决书的行为具有一定程度的准司法属性。

此外，与仲裁具有自治性相似，仲裁调解也具有自治性。根据鲁贝林·德维丝提出的“自治理论”，仲裁协议和仲裁裁决具有强制性的原因并不在于当事人的合意或者国家的特许，而是各国商人处理商业关系的基本需要。[①]“自治理论”否认仲裁的契约性和准司法性本身尚且存在讨论空间，但其所强调的注重当事人商业需求的理念对理解仲裁调解的特质具有重要意义，尤其是在当事人请求仲裁庭根据协议制作调解书或裁决书的情形下，当事人根据商业需求达成的调解协议获得法律强制力保障，有利于建立符合商业需求且具有稳定性和预见性的后争议商业经营计划。[②]

综上所述，仲裁调解具有契约性、准司法性、自治性，但仲裁程序本身具有程序契约性、准司法性、自治性，故仲裁调解在性质方面有别于仲裁程序之处主要在于调解成功时所具备的实体契约性。

二、仲裁调解与诉讼调解

诉讼调解在我国被理解为人民法院行使审判权的具体方式。经法院调解达成解纷合意的，当事人可以请求法院根据协议制作调解书、判决书[③]或者依法将不需要制作调解书的调解协议记入笔录，调解协议对双方当事人具有法律效力（《民诉法》第100条第3款、第101条第2款）。按照传统大陆法系国家、地区关于诉讼和解效力的传统见解，诉讼调解与诉讼判决具有相同的法律效力。离婚案件中无民事行为能力人的法定代理人以及涉外案件中的当事人请求法院根据协议内容制作的判决书，属于理论上所谓的“合意判决”。

与此不同，仲裁调解并不将调解视为仲裁庭行使仲裁权的具体方式。当事人于仲裁程序中自行协商或经调解达成协议的，可以撤回仲裁申请，也可以请求仲裁庭根据协议制作调解书或裁决书。其中，仲裁庭根据当事人达成的协议制作的裁决书就是所谓的“合意裁决”“和解裁决”。

诉讼调解与仲裁调解的共同之处在于：（1）在行为意义上，诉讼调解与仲裁调解均综合运用合意型纠纷解决方式与决定型纠纷解决方式，并以决定型纠纷解决方式保障合意型纠纷解决方式。在结果意义上，作为诉讼调解、仲裁调解运行结果的纠纷解决方案，既可能是当事人意思表示一致的结果（调解达成协议时），也可能是第三方居

① 参见韩健：《现代国际商事仲裁法的理论与实践》（修订本），40页，北京，法律出版社，2000。

② 参见王生长：《仲裁与调解相结合制度研究》，63页，北京，对外经济贸易大学博士学位论文，2001。

③ 根据《民诉解释》第148、528条的规定，当事人自行和解或者调解达成协议后，原则上只能采取撤诉或者请求法院按照协议内容制作调解书两种结案方式，但离婚案件中无民事行为能力人的法定代理人以及涉外案件中当事人有权请求法院根据协议内容制作合意判决书。

中作出的决定（调解失败时）。(2) 当事人达成协议后，既可以选择以调解协议进行非终局性结案，也可以选择以仲裁文书（含仲裁裁决书、仲裁调解书）或裁判文书（含法院调解书、法院判决书、确认调解协议的裁定书、调解笔录等）进行终局性结案。(3) 当事人达成协议后请求审判庭或者仲裁庭依据协议制作裁判文书或仲裁文书的，审判庭或仲裁庭审查调解协议的程序具有非讼性质，与争讼程序或仲裁程序适用不同的原理。

诉讼调解与仲裁调解的不同之处在于：(1) 性质不同。诉讼调解通常被视为法院行使审判权的具体方式，而仲裁调解不被视为仲裁庭行使仲裁权的具体方式，故只有诉讼调解被作为司法 ADR 理解。(2) 对待委托调解的态度不同。法院因“案多人少”而积极探索委托调解制度，仲裁庭基于争取案源和避免被当事人误解为推却仲裁而对委托其他机构进行调解普遍较为反感。(3) 程序分离程度不同。为了消除当事人对仲裁员兼任调解员的顾虑，各大仲裁委员会的仲裁规则均采取一些保障措施，如将仲裁调解中的调解职能交由仲裁委员会内设独立调解机构负责[①]、原则上禁止调解员担任本案仲裁员或者允许当事人在调解不成时申请更换仲裁员等。[②] 与此不同，诉讼调解存在诉前调解、审前调解、审中调解之分：前两个诉讼调解类型中的调解员与审判员天然地处于分离状态；除非采取委托调解机制，否则案件审理中的调解员通常由审判庭全体或部分成员担任。鉴于诉讼当事人不享有选择法官的权利并且尚未采纳调审分离原则，曾经担任本案调解员并不能成为当事人申请审判人员回避的法定理由。(4) 后续救济不同。当事人在仲裁调解中达成协议并撤回仲裁申请后，可以在调解协议生效之日起 30 日内向仲裁机构所在地基层法院申请司法确认，还可以参照《仲裁法》第 50 条的规定根据仲裁协议申请仲裁。与此不同，当事人在诉讼调解中达成协议并以撤诉方式结案的，鉴于双方当事人本可以利用诉讼调解程序将调解协议转化为执行名义，不存在另行申请司法确认之必要，但原告得按照《民诉解释》第 214 条的规定再次向法院起诉。诚然，调解协议本身属于契约或者对原契约的变更，在后续仲裁或者诉讼程序中，只要对方当事人以调解协议作为抗辩，仲裁庭或法院应当先行对调解协议的效力作出认定并在此基础上决定是否变动相应的民事法律关系。此外，有学者指出，仲裁调解较诉讼调解更具有灵活性和专门性。[③] 因诉讼调解（尤其是采取协助调解和委托调解形式的诉讼调解）在灵活性与专门性方面未必逊色于仲裁调解，故本书没有将灵活性和专门性程度不同作为仲裁调解与诉讼调解的区别加以阐述。

---

① 《北仲规则》第 44 条第 1 款规定，案件审理过程中，当事人可以自行和解或者依据《北京仲裁委员会调解中心调解规则》的规定向本会调解中心申请由调解员进行调解。

② 《上海自贸区仲裁规则》第 50 条第 7 款规定，除非当事人书面同意，接受指定的调解员不再担任本案仲裁员。《北仲规则》第 67 条第 2 款规定：因调解不成导致调解程序终止的，如果各方当事人以避免裁决结果可能受到调解影响为由请求更换仲裁员的，主任可以批准。各方当事人承担由此增加的费用。

③ 在灵活性方面，仲裁调解具有自治性或准司法性，其程序相对具有简约性和灵活性，对调解运用的程序制约也相对较宽松。在专门性方面，诉讼调解存在案件类型广泛性与审判人员固定性及来源单一性之间的紧张关系。参见张立平：《中国特色仲裁调解制度：内涵、依据与优势》，载《中国仲裁与司法论坛暨 2010 年年会论文集》，334 页，重庆，中国仲裁法学研究会，2010。

三、仲裁调解与仲裁和解

仲裁和解是指当事人在仲裁程序进行中自行协商或者经第三者促成协商并达成和解的纠纷解决方式。所谓“协商”，也称为“谈判”“交涉”，它并不是一种特定的制度，而仅仅是一种手段，在其他纠纷解决方式（如调解）中也可以使用，可以分为双边协商（bilateral negotiation）和第三者促成的协商（supported negotiation）：前者是指双方当事人相互说服对方的协商，后者则是指在第三方的促成下进行的协商。所谓“和解”，是指双方当事人通过自主协商，注重理智和情感、相互妥协和让步，在同情、谅解、谦让、尊重等因素的作用下达成和解协议，从而终结纠纷解决程序。由此可见，协商是和解的手段，和解是协商的目标，但协商能否取得和解的结果不具有必然性。在仲裁程序中，当事人既可以相互之间进行协商，也可以在第三方的积极促成下进行协商，并在此基础上达成和解协议。其中，在第三方促成下进行协商的仲裁和解与仲裁调解的区别在于第三方在协商过程中的作用不同：仲裁和解强调双方当事人之间的协商对话和自主性，而仲裁调解彰显调解员在纠纷解决中的主导作用。

然而，一方面，第三方促成的仲裁和解与仲裁调解之间的界限并不明确，两者的区分标准是第三方促成当事人达成解纷合意的积极程度不同，但这种积极程度的判断并非易事。另一方面，当事人在仲裁和解与仲裁调解中达成的解纷合意在本质上均为当事人意思自治的结果，后续请求仲裁庭根据协议内容制作的仲裁调解书与仲裁裁决书在法律效力方面也不存在区别。因而，越来越多的仲裁机构发布的仲裁规则倾向于不区分仲裁调解与仲裁和解，或者将仲裁调解规则准用于仲裁和解。诚然，与建立在仲裁庭促成协商基础上的仲裁和解或者仲裁调解不同，基于双边协商或者仲裁庭以外第三方促成协商达成的和解协议并不当然为仲裁庭所知悉，只有当事人主动向仲裁庭披露，才能产生终结仲裁程序的法律效果。从实际操作上来分析，在仲裁庭或者仲裁机构内设调解组织为第三方促成协商并达成解纷合意的情形下，因亲历解纷合意的形成或者对仲裁机构内设调解组织的信任，仲裁庭在审查和转化解纷合意方面通常持较为宽容的态度。

四、仲裁调解与友好仲裁

友好仲裁，也被称为衡平仲裁，是指仲裁庭不受实体法规定之拘束，而得以弹性地就实际状况，依据衡平、善意之自然法则、商业习惯或其他非法律原则解决争议，并作成有效且得为执行的裁决。① 友好仲裁在域外的制度原型是起源于罗马法的 ex aequo et bono 以及源自 1806 年《法国民事诉讼法典》的 amicable composition：前者系指“公平正义法则”，强调在特定情形下调整现行法律适用以避免产生不公平结果；后者系指“善良公允之仲裁人”，含有仲裁人应依公平正义概念为裁决之含义。友好仲裁属于仲裁变体，仲裁庭根据法律一般原则、衡平原则、善良公允原则、商事惯例等非实体法律规范

① 参见陈焕文：《仲裁法逐条释义》（增订再版），347 页，台北，岗华传播事业有限公司，2002。

作出裁决。友好仲裁具有极强的弹性，并因此弱化了仲裁程序和仲裁结果的可预测性。为此，友好仲裁的适用通常以双方当事人的明确授权为必要。[①] 尽管我国《仲裁法》没有规定友好仲裁制度，但已有部分仲裁机构在其仲裁规则中推行友好仲裁制度。[②] 友好仲裁与仲裁调解并不相互排斥，但这并不意味着仲裁调解与友好仲裁之间不存在任何瓜葛。实际上，仲裁调解与友好仲裁均能实现仲裁庭不严格适用实体法规范的目的，但仲裁调解相对于友好仲裁更具备可预测性和可控制性。因而，在面临严格适用实体法规范将导致显著不公平后果的情形下，仲裁庭宜优先考虑适用仲裁调解，即只有当事人达不成协议且授权仲裁庭适用善良公允原则进行裁决时，仲裁庭才通过友好仲裁处理争议。在我国仲裁实践中，仲裁庭通常将仲裁与调解两种纠纷解决机制高度融合，而没有严格区分仲裁员、调解员两种角色，故友好仲裁的制度功能在很大程度上可以通过仲裁调解实现。

第二节 仲裁与调解相结合原则

每个国家的法律都具有自己的特殊性，传统观点认为西方国家在纠纷解决方面均属于诉讼文化国家，而以我国为典型的东方国家属于和解文化国家。[③] 诉讼文化背后的社会意识形态是权利必须经自己努力才能实现，而和解文化注重社会整体和谐与融洽。鉴于仲裁制度背后并不存在与其相应的社会意识形态，仲裁制度通常不是最主要的纠纷解决手段，而仅在特定领域才会被当事人优先选择适用。所谓的仲裁文化只能存在于国际商事争议、劳资争议、工程争议等特定领域内。[④] 仲裁属于决定型纠纷解决方式，具有显著的准司法属性，其程序正义的供给程度处于和解与诉讼之间。严格意义上的仲裁程序属于对抗性程序，但如果为了保障程序正义而将仲裁程序过分诉讼化，仲裁相对于诉讼的优势将不复存在，并容易遭受和解文化国家的抵制。因而，仲裁程序在对抗性与非对抗性之间保持适当张力，对于推广仲裁的适用和培育仲裁文化均具有重要价值。实际上，当代仲裁制度的发展在诸多方面已经呈现出非对抗化的趋势，集中体现为仲裁与调解相结合原则的确立。

---

① 1806年《法国民事诉讼法典》第1019条规定，仲裁人与第三仲裁人应依法律之规则为裁判，但仲裁约定授权其依衡平仲裁人为裁判，不在此限。

② 《北仲规则》第69条第3款规定，根据当事人的约定，或者在仲裁程序中当事人一致同意，仲裁庭可以依据公平合理的原则作出裁决，但不得违背法律的强制性规定和社会公共利益。《上海自贸区仲裁规则》第56条规定：当事人在仲裁协议中约定，或在仲裁程序中经协商一致书面提出请求的，仲裁庭可以进行友好仲裁。仲裁庭可仅依据公允善良的原则作出裁决，但不得违反法律的强制性规定和社会公共利益。

③ 西方人崇尚抽象理性，中国人注重现实经验；西方人强调规范调节秩序，中国人依赖伦理约束行为；西方人热衷由表及里的制度，中国人要求由里至表的自律；西方人往往通过诉讼主张权利，中国人宁愿选择和解处理纷争等。参见汤唯：《法律西方化与本土化的理性思考——也论中国法律文化现代化》，载《烟台大学学报（哲学社会科学版）》，1999（4）。

④ 参见吴光明：《仲裁法理论与判决研究》，14-17页，台北，台湾财产法暨经济法研究协会，2004。

一、仲裁与调解相结合原则的确立

理论界对仲裁与调解相结合原则素来存在激烈的争议。王生长在其博士学位论文中将支持仲裁与调解相结合的观点归纳为财富论、效益论、职责论、信任论、渐进论等五种学说，而将反对仲裁与调解相结合的观点归纳为侵害论、混淆论、失控论、危险论等四种理论。[①] 实际上，支持或反对确立仲裁与调解相结合原则的理由具有开放性：仲裁与调解相结合所具备的独特相对优势均可以成为支持确立该原则的理由，仲裁与调解相结合所存在的弊端或者潜在的风险则可以成为反对确立该原则的依据，而仲裁与调解相结合所存在的问题可以获得妥善解决或者虽然不能获得妥善解决但符合比例原则的相关论述是对该原则的捍卫。

（一）支持仲裁与调解相结合的理由

仲裁与调解相结合能够整合仲裁与调解各自优势和规避各自劣势，并形成自身所具备的独特相对优势。相对于仲裁而言，调解属于非对抗性纠纷解决机制，不仅可以更好地节约纠纷解决的费用与时间成本，并且可以更好地满足当事人的商业需求，最终实现“双赢”的纠纷解决效果。但是，未经转化为仲裁文书或裁判文书的调解协议的效力难以确保解纷方案的稳定性。相对于调解而言，仲裁属于对抗性纠纷解决机制，通常能够供给更为充分的程序正义，而且其纠纷解决效果具有终局效力（与确定判决具有同一效力），但裁决结果未必符合当事人的商业需求。仲裁与调解相结合旨在利用调解缓和仲裁程序的对抗性、利用仲裁文书强化调解的纠纷解决效果。因此，仲裁与调解相结合具有整合仲裁与调解各自所具备优势的功能，支持仲裁与调解相结合的学者主要着眼于调解价值在仲裁程序中的实现。

（1）纠纷解决文化方面的考量。受儒家思想影响，我国属于典型的和解文化国家，《民诉法》不仅将调解作为法院行使审判权的具体方式[②]，而且确立了先行调解原则。[③]《仲裁法》尽管没有明确将调解作为仲裁庭行使仲裁权的具体方式，但该法第 51 条授权仲裁庭在作出裁决前先行调解。在和解文化法域，仲裁庭邀请或者引导当事人通过调解解决争议并没有超越仲裁员的职责范围。实际上，和解文化与诉讼文化相互渗透，将促成和解作为仲裁员职责的法域已经不再局限于传统的东方国家。比如，荷兰仲裁员可以在程序的任何阶段要求当事人出席提供信息或尝试达成和解协议。再如，德国要求仲裁庭在程序进行的任何阶段均注意寻求全部或者部分纷争之和平解决，其仲裁员在实践中均致力于尝试调解。仲裁与调解相结合正是和解文化与诉讼文化相互影响和相互融合的产物，逐渐为各国仲裁法和世界各大仲裁机构所采纳。

---

① 参见王生长：《仲裁与调解相结合制度研究》，107 - 113 页，北京，对外经济贸易大学博士学位论文，2001。

② 《民诉法》第 9 条规定，人民法院审理民事案件，应当根据自愿和合法的原则进行调解；调解不成的，应当及时判决。

③ 《民诉法》第 125 条规定，当事人起诉到人民法院的民事纠纷，适宜调解的，先行调解，但当事人拒绝调解的除外。

（2）纠纷解决效益方面的考量。相对于调解而言，当事人利用仲裁程序解决纠纷通常意味着当事人需要承担更高的费用成本和时间成本。在费用成本方面，聘请收费标准较高的专家充当仲裁员、专人负责案件的程序管理和服务工作、仲裁证据调查取证等因素决定了商事仲裁费用通常高于调解费用。在时间成本方面，仲裁属于对抗性正式纠纷解决方式，仲裁庭应当公平、公正地保障双方当事人享有陈述案情、提供证据以及攻击防御的合理机会。程序正义供给越充分，程序运行效率通常就越低。鉴于此，仲裁与调解相结合原则引导当事人及仲裁庭尽可能优先通过解纷成本较低的平等协商方式解决纠纷，在整体上具备提升纠纷解决效益的价值。除此以外，仲裁权的作用范围具有双重封闭性：在主观封闭性方面，仲裁庭只能针对签订或者依法继受仲裁协议的当事人行使仲裁权；在客观封闭性方面，仲裁庭只能对仲裁条款或仲裁协议约定且当事人申请仲裁的事项行使仲裁权。① 与此不同，调解具备双重开放性，只要不明显违反当事人意志，调解员就可以尝试将案外人或者当事人尚未申请调解的事项纳入调解范围。鉴于此，仲裁与调解相结合意味着在封闭的仲裁程序中适用具有开放性的调解手段，使仲裁庭对“多方当事人争议”“一连串的争议”等复杂纠纷的解决更为彻底，以实现整合式双赢的纠纷解决效果。②

（3）私法自治原则方面的考量。作为市民社会自治在私法领域内的体现，私法自治原则是指法律确认民事主体可以自由地基于自身意志进行民事活动的基本准则，在私法不同领域内分别表现为社团自治、私权神圣（以所有权自由为核心）、契约自由、婚姻自由、家庭自由、遗嘱自由以及过错责任等民法理念。③ 其中，契约自由与社团自治是支持仲裁与调解相结合的理论根据。契约自由是私法自治原则的核心，强调“民事生活领域的一切法律关系，由独立、自由、平等的个人通过协商决定，国家不作干预，只在当事人发生纠纷不能解决时，国家才以法院的身份出面进行裁决，而法院进行裁决时仍然以当事人的约定为基准，不得对当事人的约定任意变更”④。根据契约自由原则，在仲裁程序中，只要当事人存在通过平等协商的方式和平解决纷争的意愿，仲裁庭引导当事人进行协商或组织当事人进行调解就不仅具备正当性基础，而且应当成为仲裁庭的工作原则。社团自治权被宪法学者上升为基本权利——认为它是社团对内部事务进行自我管理、自我服务、自我发展的自治权能，它的权利主体是以集体形式存在的组织，社团对其成

---

① 诚然，从理论上讲，当事人既可以通过重新签订仲裁协议和追加仲裁请求等方式实现仲裁客体的扩张，又可以通过补充签订多方仲裁协议并追加或变更仲裁请求的方式实现仲裁当事人的扩张。但是，仲裁庭不能在当事人未达成相关仲裁协议的情形下扩张仲裁案件的审理范围，通过前述两种方式实现仲裁主观扩张或者客观扩张的做法通常不能提高仲裁的纠纷解决效益。

② 根据谈判事项的个数和重要性的不同，谈判可以分为分配式谈判和整合式谈判。分配式谈判认为可供分配的资源总额是固定的，一方利益的获得必然要以另一方利益的减损为代价，因而，各方只能就单一事件分配固定价值；整合式谈判则认为可分配资源的总额是可变的，谈判的议题超过一个，各方在这些议题上有着不同程度的重要性和优先性，因此，可以在这些事项上进行权衡（trade-off），也就是说，谈判者在对自己不重要的议题上让步，换得对方在对自己重要的议题上让步，从而达到双赢。换言之，分配式谈判是战争式的“赢—输”谈判，而整合式谈判是协同式的双赢谈判。参见范愉、李浩：《纠纷解决——理论、制度与技能》，292页，北京，清华大学出版社，2010。

③ 参见周艳：《合同解释论》，141页，长春，吉林大学博士学位论文，2006。

④ 梁慧星：《从近代民法到现代民法——二十世纪民法回顾》，载《中外法学》，1997（2）。

员享有私法上的权力关系，即社团有实现社团所追求目标的权利和为了达成这一目标而制定必要的规则来调节与其成员内部关系的权利。学界普遍将社团自治权视为社团成员的私法自治的集合（社团成员的权利让渡），因而，社团自治权建立在其成员自愿置身于社团规定效力之下的基础之上。① 在社团文化下，社团成员之间发生冲突，被视为对社团和谐之妨碍或对团体规范之亵渎，社团依赖其对纠纷背景之熟悉、对当事人关系之明察以及对团体和谐和团体规范恢复之考虑而解决成员之间的内部纠纷。依赖于社团之团结的仲裁员为寻求协议之达成，可以与个别当事人密切接触。在此种制度之中，仲裁员属于共同体之一部分，如同诉讼中之裁判者一般，仅在当事人无法达成协议时，才有利用仲裁制度强制性解决纷争之必要性。②

（4）仲裁风险控制方面的考量。仲裁属于决定型纠纷解决方式，仲裁员在纠纷解决过程中扮演公平且独立的专家角色。在比较法上存在隔离型仲裁员与交互型仲裁员之分。隔离型仲裁员在国际商事仲裁程序中并不介入当事人关于案情的陈述，在本案陈述完成前隔离于当事人之外。与此不同，交互型仲裁员并不隔离于当事人之外，而是积极与当事人交换其对案件的观点并适时披露其心证，以便当事人合理预期仲裁风险，并促成当事人达成和解协议或调解协议。相对于隔离型仲裁程序而言，交互型仲裁程序更有利于当事人合理控制仲裁风险和及时达成解纷合意。仲裁调解在某种意义上与交互型仲裁程序具有相似性：在当事人不明确反对的情形下，具有和解文化背景的仲裁员综合运用调解与仲裁两种解纷方式，及时披露其心证，使当事人能够合理控制仲裁风险。此外，伴随着仲裁程序的运行，仲裁员对案件的事实及其处理的态度可能会发生变化，故仲裁员在仲裁程序中向当事人公开的心证与最终裁决所依赖的心证未必完全相同，当事人为防止仲裁员形成对其更为不利的新心证而接受仲裁员调解建议的情形时有发生。

（二）反对仲裁与调解相结合的理由

仲裁与调解相结合原则要求立法者在制定仲裁法以及其他相关法律时注意仲裁与调解的分工协作及衔接问题，仲裁机构应当将仲裁与调解相结合作为其解决争议的工作原则。然而，仲裁与调解相结合原则的确立，在客观上可能使仲裁程序更加接近和解及更加偏离诉讼，与仲裁程序过分诉讼化不利于仲裁文化形成相似，仲裁程序过分和解化也不利于仲裁文化的形成。因而，学界存在反对仲裁与调解相结合的观点，主要包括以下几种：（1）侵害论。这种观点认为，仲裁与调解相结合对自然公正原则或正当程序原则构成侵害。这是因为，仲裁员以调解员身份与一方当事人私下见面获取信息的，对方当事人没有机会进行评论，有违程序正义。（2）混淆论。这种观点认为，仲裁与调解相结合导致仲裁员、调解员两种角色发生混淆，进而减损调解的效力和裁决的独立性。（3）失控论。这种观点认为，调解程序的非正式性和灵活性使当事人很难控制仲裁程序的进行，而仲裁员以调解员身份获取的信息对后续裁决的影响也无法通过后续的仲裁程序予以完全消

① 参见宁昭：《论德国法上的社团罚——兼论现行中国法上的社团罚》，10页，北京，中国政法大学硕士学位论文，2009。

② 参见吴光明：《仲裁法理论与判决研究》，165页，台北，台湾财产法暨经济法研究协会，2004。

除。(4) 危险论。这种观点认为，仲裁与调解相结合必然导致某种形态的调和和危险，交互型仲裁员容易受当事人言辞和情绪的影响。详言之，仲裁员先以调解员身份收集案件材料或者探知当事人的纠纷解决底线，难免会对其后续行使仲裁权的行为产生不正当影响。①

(三) 对仲裁与调解相结合原则的捍卫

仲裁与调解相结合并不局限于仲裁员兼任调解员或者调解员兼任仲裁员这两种情形，而反对仲裁与调解相结合的理由主要针对的是仲裁员兼任调解员的情形。因而，反对仲裁与调解相结合的理由存在“以偏概全”之嫌，捍卫仲裁与调解相结合原则的重点也在于仲裁员与调解员由相同人员担任的情形：首先，在仲裁员与调解员由相同人员担任的情形下，只要坚持“裁调分离原则”，从制度上阻止仲裁员违反当事人意愿探知调解信息，反对仲裁与调解的相关学说即不攻自破。其次，在调解员转任仲裁员的情形下，双方当事人已达成调解协议而选任调解员为仲裁员以便迅速赋予调解协议内容以法律效力的，后续仲裁程序并非对抗程序，故不存在程序正义保障之必要。再次，在调解员转任仲裁员的情形下，双方当事人未能就（全部）纷争达成调解协议而协商授权调解员转而运用仲裁程序对（剩余）纷争进行裁决的，虽然后续仲裁程序具有对抗性，但因调解程序在前而仲裁程序在后，故作为经济理性人的商事主体完全有能力在纠纷解决效率和程序正义保障之间寻求平衡而决定是否将担任过本案调解员的主体聘任为仲裁员。② 从次，在仲裁员兼任调解员并严格区分仲裁程序与调解程序的情形下，仲裁程序与调解程序的严格区分使双方当事人能够及时反对仲裁程序转入调解程序，仲裁员利用调解程序解决纷争建立在双方当事人明确合意的基础之上，故此种类型的仲裁与调解相结合通常并不存在仲裁员利用仲裁权迫使当事人达成调解协议的嫌疑。最后，在仲裁员兼任调解员但不严格区分仲裁程序与调解程序的情形下，鉴于仲裁具有排斥司法管辖权的效果，仲裁员具有强制性解决纠纷的权限，在理论上存在仲裁员利用仲裁权迫使当事人达成调解协议的可能。然而，在商事仲裁中，鉴于当事人享有选定仲裁机构与仲裁员的权利，即当事人在某种意义上构成仲裁机构乃至仲裁员的客户，将法院利用审判权强迫调解的结论套用到商事仲裁中并不妥当。基于上述认识，建立在当事人合意基础上的仲裁与调解相结合并不违背程序正义保障原则，仲裁员兼任调解员或者调解员转任仲裁员导致的“职能混淆”有利于培育新型的纠纷解决方式；仲裁与调解相结合原则意味着当事人可以从交互型仲裁员处获悉相应的阶段性心证而选择后续纠纷解决程序的运行方向，仲裁机构与仲裁员因对商事仲裁在客观上存在竞争关系而通常不存在利用仲裁权迫使当事人达成调解协议的嫌疑。

---

① 参见王生长：《仲裁与调解相结合制度研究》，111-113页，北京，对外经济贸易大学博士学位论文，2001。

② 《香港仲裁条例》第2B条规定，如协议提交仲裁各方当事人书面同意，并且只要该等同意不被任何一方撤回，仲裁员或者公断人即可担任调解人。

二、仲裁程序外的仲裁与调解相结合

仲裁与调解相结合的形式并不局限于仲裁调解，仲裁外调解也存在与仲裁程序相结合的空间。鉴于本章第三节将对仲裁调解的类型进行介绍，这里仅就仲裁程序外仲裁与调解相结合问题进行分析。仲裁程序外仲裁与调解相结合，是指双方当事人尚未达成仲裁协议或者虽然达成仲裁协议但尚未启动仲裁程序，双方当事人经过仲裁机构内设调解机构或者其他调解主体调解达成协议后，请求仲裁机构根据协议制作裁决书或调解书。由此可见，仲裁程序外仲裁与调解相结合实质上属于非对抗性确认程序，旨在利用仲裁的外观强化调解的法律效力。

纠纷当事人在达成调解协议之前已达成仲裁条款或仲裁协议，双方当事人达成调解协议是否可以向法院申请司法确认不无争议。仲裁协议通常表述为"因本合同引起的或与本合同有关的任何争议，均提请某某仲裁委员会按照其仲裁规则进行仲裁"，双方当事人达成调解协议通常可以被理解为对合同的变更，故围绕调解协议发生的争议属于"与本合同有关的"争议，受仲裁协议效力拘束。然而，达成调解协议后请求司法或者仲裁确认的，双方当事人之间并不存在任何争议，故此时双方当事人共同向人民法院申请司法确认并不违背仲裁协议理论。鉴于普通商事仲裁属于专家提供的有偿纠纷解决服务，相对于仲裁确认程序而言，调解协议的司法确认程序更具有节约确认成本的功能。①

诚然，我国仲裁机构属于负有公共职能的事业单位，公共财政资助的公益性仲裁也可以具有节约纠纷解决成本或调解协议确认成本的功能。借鉴澳门消费争议仲裁中心和楼宇管理仲裁中心等运行的公益性免费纠纷解决机制，国内部分仲裁委员会提供公益性仲裁服务，接受人民法院委托对商事纠纷进行调解②或者根据当事人的申请对消费者协会（消费者权益保护委员会）或者人民调解委员会促成的调解协议进行确认。③ 对于公益性仲裁而言，不仅不要求双方当事人事先达成仲裁协议，而且有些法域（如澳门）将其规定为强制仲裁（必要仲裁），将仲裁作为诉讼的前置性程序。以小额消费纠纷仲裁为例：鉴于我国尚未将其作为专门性仲裁，小额消费纠纷仲裁属于自愿仲裁，以双方当事

---

① 《关于人民调解协议司法确认程序的若干规定》第11条规定，人民法院办理人民调解协议司法确认案件，不收取费用。

② 如《莱芜市中级人民法院 莱芜仲裁委员会 关于委托仲裁机构调解商事纠纷案件的规定》第1条规定，人民法院审理合同纠纷及发生在商事活动中的侵权案件时，可以根据案件审理的实际需要，本着当事人自愿、能调则调、促成和解的原则，有条件地委托仲裁机构进行调解。

③ 浙江省绍兴市的小额消费仲裁呈现出欣欣向荣的迹象，但其实质是引导在消费者权益保护委员会干预下达成调解协议的消费者与经营者通过免费的仲裁确认程序强化调解效力。据绍兴仲裁委员会相关人员介绍，消费者权益保护委员会、工商局（现为市场监督管理局）有关人员收到投诉后，组织当事人进行调解，在调解即将成功结束之前，询问当事人是否愿意签订仲裁协议，从而免费地将调解协议转化为仲裁调解书。如果当事人签订格式化的仲裁协议，仲裁委员会将补充立案，分配给一个案号，并由一名仲裁员出具仲裁调解书，从而实现调解协议向执行名义的转化。当事人没有达成调解协议而申请仲裁的，仲裁委员会则收取相应的仲裁费用。为了彰显仲裁与调解相结合原则，仲裁委员会设立的小额消费仲裁中心（庭）逐渐演变为"消费争议仲裁调解中心"，如哈尔滨市消费者协会和哈尔滨仲裁委员会于2014年5月29日共同设立"哈尔滨市消费争议仲裁调解中心"，既注重利用仲裁裁决书或仲裁调解书强化消费争议调解效力，也试图将仲裁作为替代诉讼迅速裁决消费争议的途径。

人针对特定争议达成将它提交特定仲裁委员会进行裁决的合意为启动仲裁程序的正当性基础。为了解决仲裁协议难以达成的问题，有些内地的消费者协会（消费者权益保护委员会）联合市场监督管理部门积极推行载有仲裁条款的消费格式合同，而澳门消费者委员会推行所谓的“一般加入之声明制度”[①]。公益性仲裁与普通商事仲裁不同，在很大程度上具有行政主导色彩，仲裁程序运行所需要的成本通常由公共财政以政府购买服务的方式解决。为了实现最佳纠纷解决效果，公益性仲裁通常采取以调解为主、以仲裁为辅的仲裁与调解相结合方式：（1）达成调解协议的，允许双方当事人共同向仲裁委员会申请根据协议制作裁决书。（2）未能达成调解协议或者只能针对部分争议达成调解协议的，引导双方当事人将（尚未达成调解协议的部分）纠纷交由仲裁委员会进行裁决。[②] 在第一种情形下，鉴于双方当事人并不存在实质性争议，启动非对抗性仲裁确认程序仅需要双方当事人共同申请即可，至于是否达成仲裁协议则在所不问。在第二种情形下，双方当事人将（部分）争议交由仲裁委员会裁决，以双方当事人事先达成或者事后补签仲裁协议为必要条件。诚然，既然双方当事人均同意仲裁委员会根据仲裁协议制作裁决书，那么要求尚未签订仲裁协议的当事人补签仲裁协议在实际操作上并不存在障碍。因而，仲裁实践中通常拟制已经达成调解协议的双方当事人仍存在实质争议并依据仲裁协议启动仲裁程序，将事先达成的调解视为仲裁中的调解，并根据《仲裁法》第 51 条的规定制作裁决书或调解书。[③]

第三节 仲裁调解的类型

仲裁调解是指仲裁程序进行中的仲裁与调解相结合的情形。在仲裁程序中强调仲裁与调解相结合原则并不意味着调解是仲裁的必经程序，在仲裁程序中启动调解程序仍应当征得双方当事人的同意。根据调解主体与仲裁机构之间的关系，仲裁调解可以分为仲裁机构内的调解和仲裁机构外的调解：前者又可以分为仲裁庭调解、仲裁员调解、调解员调解（独立调解）三种类型。

---

① 澳门第 19/GM/98 号行政长官批示在澳门消费者委员会下建立澳门消费争议仲裁中心。根据《消费争议仲裁中心规章》第 7 条的规定，经营者或其具足够权力的代表性组织可预先以书面及一般性声明的方式加入规范消费争议的仲裁制度，并在实践中推行加盟商操作方式，即经营者可预先申请成为加盟商号，承诺其一旦与消费者发生争议且未能与消费者达成和解时必须将其有关个案提交消费争议仲裁中心处理。为提高消费争议仲裁中心加盟商号的诚信形象，并向各行业推介相关机制，消费者委员会自 2001 年起向未有投诉记录之消费争议仲裁中心的加盟商号发出年度的诚信店标志，以鼓励有关商号在发展商务的同时，更顾及消费者权益的保护。

② 此种情形可能构成非对抗性仲裁确认程序和对抗性仲裁裁决程序的融合，对达成调解协议部分请求予以确认，而对未达成调解协议部分请求予以裁决。如《合仲规则》第 49 条第 2 款规定：“仲裁庭仲裁纠纷时，当事人就一部分请求达成和解协议，可以请求仲裁庭根据和解协议制作裁决书，或撤回此部分仲裁请求。”

③ 比如，《上海贸仲规则》第 56 条规定，当事人在仲裁委员会之外通过协商或者调解达成和解协议的，可以凭当事人达成的由仲裁委员会仲裁的仲裁协议及和解协议，请求仲裁委员会组成仲裁庭，按照和解协议的内容作出仲裁裁决。除非当事人另有约定，仲裁委员会主任指定一名独任仲裁员组成仲裁庭，按照仲裁庭认为适当的程序进行审理并作出裁决。具体程序和期限不受本规则其他条款限制。

一、仲裁庭调解

仲裁庭调解是最为原始的仲裁调解形式。仲裁庭调解，是指仲裁庭组成后，双方当事人有调解意愿，或一方当事人有调解意愿并经仲裁庭征得另一方当事人同意，或仲裁庭认为案件存在调解可能并征得双方当事人同意的，仲裁庭可以按照其认为适当的方式对其审理的案件进行调解。

仲裁庭调解的特征包括以下几方面：（1）仲裁庭调解必然发生在当事人申请仲裁和仲裁庭组成之后。（2）仲裁庭调解意味着仲裁庭全体成员共同组织双方当事人进行调解。（3）仲裁庭调解存在仲裁与调解相互融合的现实可能性，仲裁庭兼具仲裁主体和调解主体双重身份。为保障仲裁当事人的基本程序正义，除强调仲裁庭调解必须经各方当事人同意以外，各大仲裁机构的仲裁规则普遍规定，如果调解不成功，任何一方当事人均不得在之后的仲裁程序、司法程序和其他任何程序中援引对方当事人或仲裁庭在调解过程中曾发表的意见、提出的观点、作出的陈述、表示认同或否定的建议或主张作为其请求、答辩或反请求的依据。为消除当事人对仲裁庭受调解程序“污染”的合理怀疑，《北仲规则》第 67 条第 2 款授权当事人以避免裁决结果可能受到调解影响为由请求更换仲裁员，经仲裁委员会主任批准后，在各方当事人承担因此所增加费用的基础上另行组成仲裁庭。（4）仲裁庭调解具有仲裁程序与调解程序无缝对接的特点。一方面，任何一方当事人提出终止调解或者仲裁庭认为已无调解成功可能的，可以及时转为仲裁程序。另一方面，达成调解协议的当事人可以申请仲裁庭根据协议制作裁决书或者调解书。[①]（5）仲裁庭调解具有节约纠纷解决成本的特点。通常认为，仲裁庭调解相对于仲裁庭仲裁更为节约仲裁委员会的成本开支，受诉讼调解减半收取案件受理费政策的影响，某些仲裁委员会发布的仲裁规则明文规定调解结案将获得减收仲裁费用的待遇。[②]

二、仲裁员调解

仲裁员调解，是指受仲裁庭委派的仲裁员对仲裁庭所审理案件进行的调解。仲裁员调解在某种意义上可以被看作是仲裁庭调解的特殊形态。这是因为各大仲裁机构的仲裁规则普遍授权仲裁庭按照其认为适当的方式对其审理的案件进行调解，而仲裁庭委派某

① 《上海贸仲规则》《上海自由区仲裁规则》则仅授权当事人申请法院根据调解协议（和解协议）内容制作仲裁裁决书。鉴于仲裁规则的适用建立在双方当事人合意的基础上，选择适用前述仲裁规则的当事人达成调解协议（和解协议）后不得要求仲裁庭根据调解协议（和解协议）内容制作仲裁调解书。以仲裁裁决形式确认调解协议（和解协议）便利于仲裁裁决书在域外申请承认与执行，且符合国际惯例，故上海国际经济贸易仲裁委员会的探索不无意义。

② 比如，《广州仲裁委员会金融仲裁规则》（2011 年版）第 17 条规定，金融争议仲裁案件根据《广州仲裁委员会仲裁收费办法》收取仲裁费用；当事人双方以调解书方式结案的，减半收取仲裁费用。但是，根据《广州仲裁委员会仲裁收费办法》（穗府办规〔2022〕6 号）第 9～11 条的规定，只有当事人自行达成和解协议并撤回仲裁申请，才可能被根据案件审理进度退回部分案件受理费；申请人无正当理由不到庭或未经仲裁庭许可中途退庭导致“视为撤回仲裁申请”的，仲裁费用不予退回。

个或者部分仲裁庭成员对案件进行调解可以被理解为仲裁庭以其认为适当的方式进行调解。在独任仲裁庭的情形下，仲裁庭调解与仲裁员调解构成竞合。

仲裁庭成员通常属于各行各业的精英，其提供的纠纷解决服务通常较为昂贵。此外，仲裁庭成员可能身处仲裁地以外的其他国家或地区，其必要差旅费也将由当事人承担。[①] 除案件开庭审理期间进行调解以外，为了调解而召集全体仲裁庭成员共同组织调解，不仅加重了当事人的费用负担，而且协调全体仲裁员可以共同开庭的时间可能导致程序延误。即使当事人愿意承受费用与成本的双重负担，也不利于某些资深仲裁员充分发挥其仲裁才华。鉴于此，仲裁庭调解逐渐从全体仲裁庭成员组织调解模式过渡到仲裁庭委派某个或部分仲裁庭成员（仲裁员）组织调解模式。相对于仲裁庭调解而言，仲裁员调解的优势在于程序更为灵活和廉价。仲裁庭调解通常需要采取开庭调解方式，而仲裁员调解可以更多地利用庭外调解方式，调解手段和调解程序将更为灵活。仲裁员调解节约纠纷解决成本不仅表现在节约仲裁员报酬和减少必要差旅费，还表现在可以避免当事人在调解不成功时申请更换全体仲裁庭成员的情形发生。

根据《仲裁法》第 31 条的规定，仲裁庭通常是由双方当事人分别指定一名仲裁员和双方共同选定或仲裁委主任指定的首席仲裁员组成。尽管仲裁员在理论上应当保持客观中立，但仅受一方当事人指定的仲裁员在潜意识里可能受“受人之托，忠人之事”思维的影响而在纠纷解决过程中尽可能维护“本方”当事人的利益。因而，仲裁庭委派某方当事人指定的仲裁员担任调解员很可能受到对方当事人的合理质疑。鉴于此，仲裁庭委派双方共同选定或主任指定的仲裁员担任调解员更为合适。

仲裁员调解具有以下几方面的特征：(1) 鉴于仲裁员调解仅指对本案享有仲裁权的仲裁庭成员所进行的调解，仲裁员调解只能发生在当事人申请仲裁且仲裁庭组成之后。至于仲裁庭是否已经对本案进行实质性审理则在所不问。(2) 鉴于仲裁员可能事先已参与过仲裁程序且在调解不成功的情形下将继续参加仲裁程序，仲裁员与调解员之间的角色冲突客观存在，各大仲裁机构的仲裁规则均存在相应的应对举措。(3) 仲裁员调解通常意味着并非所有仲裁庭成员都参加调解程序，但仲裁庭委派一方当事人指定的仲裁员担任本案调解员容易招致对方当事人反感。(4) 仲裁员调解的处理结果与仲裁庭调解的处理结果相同：调解成功的，当事人可以撤回仲裁申请，也可以请求仲裁庭根据协议制作裁决书或调解书；调解不成功的，仲裁庭应当及时对案件作出裁决，当事人可以在承担相应费用的基础上请求更换组织调解程序的仲裁员。

三、调解员调解

在仲裁庭调解或仲裁员调解的情形下，由于解纷主体兼具仲裁员与调解员两种身份，仲裁程序与调解程序发生高度融合：对于解纷主体而言，在调解不成后启动或者恢复的

---

① 比如，《北仲规则》第 20 条第 8 款规定：当事人选择居住在北京以外地区的仲裁员的，应当承担仲裁员因审理案件必需的差旅费。如果未在本会规定的期限内预交的，视为未选定仲裁员。主任可以根据本规则的规定代为指定仲裁员。

仲裁程序中，仲裁庭不可能完全排除调解程序中所获得信息和形成心证的影响，但这有利于提高纠纷解决效率。对于纠纷当事人而言，解纷主体可以通过预测或者暗示仲裁结果的方式促使当事人达成调解协议。调解程序的组织者与仲裁程序的组织者竞合，解纷主体在不同的解纷环节中切换其调解员与仲裁员身份，履行调解与仲裁两种职责，可以提高纠纷解决效率和控制纠纷解决成本。

但是，仲裁员与调解员相互兼任在客观上存在违反仲裁、调解各自的纠纷解决原理的风险。为此，各大仲裁机构在仲裁实践中逐渐探索独立调解制度，在仲裁委员会内部设立相对独立的调解机构，仲裁当事人可以从调解员名单中选择本案调解员——在仲裁委员会内部实现仲裁员与调解员的角色分离。《上海自贸区仲裁规则》第50条规定的仅适用于仲裁庭组成前的“调解员调解”制度（以下简称为“上海模式”）以及《北仲规则》第44条规定的适用于案件审理过程中的“独立调解”制度（以下简称为“北京模式”）是调解员调解的典型①，兹分别予以介绍。

根据《上海自贸区仲裁规则》第50条的规定，调解员调解制度仅适用于仲裁案件受理后至仲裁庭组成前，并以双方当事人均以书面形式申请调解或同意调解为必要条件。调解员调解属于仲裁庭组成前的仲裁与调解相结合的形式，调解员调解的进行不影响仲裁庭组成前相应仲裁准备程序的进行，但一方当事人申请暂缓组成仲裁庭并获对方当事人书面同意的，秘书处可以暂缓组成仲裁庭的程序。仲裁委员会主任自收到对方书面同意调解之日起3日内在调解员名册中指定一名调解员对争议进行调解。受指定调解员存在可能影响调解独立性、公正性情形的，应当自动披露，并由秘书处及时通知当事人；当事人可以在调解程序中以书面形式请求调解员回避、更换，由仲裁委员会主任作出相应决定。调解员可以采取单独或同时会见当事人及其仲裁代理人、要求当事人提出书面或口头调解建议或方案、依据善良公允原则向当事人提出调解建议等其认为有利于当事人达成和解的方式进行调解。为了保障调解双重自愿性和防止调解员与仲裁员两种角色发生混淆，任何一方当事人在调解过程中提出终止调解的，调解员应当终止调解程序，不得在后续仲裁程序中继续担任仲裁员，但双方当事人书面同意的除外。经调解员调解达成和解协议（调解协议）的，当事人可以撤回仲裁申请，或请求此后组成的仲裁庭按照和解协议（调解协议）内容作出裁决书。值得注意的是，《仲裁法》规定仲裁程序中的调解可以采取裁决书或调解书的方式对调解协议的内容进行确认，而仲裁程序外的调解协议的仲裁确认只能采取裁决书的形式（确认裁决）。与此不同，《上海自贸区仲裁规则》遵循国际惯例，将经调解员调解达成的纠纷解决方案纳入“和解协议”的范畴，而且确认解纷合意的仲裁文书仅采取裁决书的形式。

《北仲规则》第44条规定：案件审理过程中，当事人可以自行和解或者依据《北京仲裁委员会调解中心调解规则》的规定向本会调解中心申请由调解员进行调解。调解达成和解协议的，当事人可以共同要求组成仲裁庭依据该和解协议的内容制作调解书或者

① 尽管《贸仲规则》并没有明确规定调解员调解制度，但其第47条第8款有关“当事人有调解愿望但不愿在仲裁庭主持下进行调解的，经双方当事人同意，仲裁委员会可以协助当事人以适当的方式和程序进行调解”的规定，为在实践中推行调解员调解制度奠定了制度基础。

裁决书。由此产生的相关费用，由当事人承担。

结合《北京仲裁委员会调解中心调解规则》(2011年版)的规定，北京模式与上海模式的主要区别在于以下几方面：(1)调解员调解制度的适用时间不同。上海模式的调解员调解制度仅适用于立案后至仲裁庭组成之前，当事人在仲裁庭组成之后存在调解意愿的，则通过仲裁庭调解或者仲裁机构外调解方式进行。北京模式的调解员调解制度的适用时间跨度远远大于上海模式的，只要仲裁案件尚未作出裁决，当事人均可以向调解中心申请调解。鉴于《北京仲裁委员会调解中心调解规则》(2011年版)并没有禁止存在仲裁协议的当事人直接向调解中心申请调解，北京模式的调解员调解制度可以适用于仲裁裁决作出前的任何阶段。(2)调解员的人数及产生方式不同。上海模式的调解员只能有一名，而且由仲裁委员会主任直接从调解员名册中指定。北京模式允许当事人约定一名以上调解员，并且由各方当事人共同选定或者共同委托调解中心主任指定；此外，调解员名册仅具有参考价值，当事人可以在调解员名册外选择调解员。(3)角色隔离程度不同。上海模式仅对仲裁员与调解员身份进行隔离，而北京模式规定，除非当事人另有约定，调解员不得在之后就相同或者相关争议进行的仲裁程序、司法程序或者其他任何程序中作为仲裁员、法官，或者一方当事人的代理人。

四、仲裁机构外调解

仲裁机构外调解，是指当事人在仲裁程序启动之前在仲裁机构之外经其他主体调解而达成解纷合意，凭仲裁协议和调解协议，请求仲裁委员会组成独任仲裁庭，按照调解协议内容制作裁决书。尽管当事人在仲裁程序进行中也完全可能在仲裁机构外已达成调解协议，但基于简化程序的考量，仲裁委员会更倾向于将仲裁程序进行中当事人在仲裁机构外达成调解协议的情形视为仲裁庭调解。① 仲裁机构外调解的本质是仲裁机构对仲裁外调解协议的确认。鉴于《仲裁法》尚未对仲裁外调解协议的仲裁确认程序作出特别规定，仲裁外调解协议的仲裁确认只能借助普通民商事仲裁程序进行，故要求双方当事人达成仲裁协议。考虑到仲裁外调解协议的仲裁确认程序具有非对抗性，为节约仲裁资源和提高确认效率，各大仲裁委员会的仲裁规则普遍规定适用主任指定仲裁员的独任仲裁庭制度。鉴于仲裁外调解协议的仲裁确认程序建立在双方当事人实体与程序双重合意的基础上，仲裁庭的审理方式可以更加灵活，而不适用普通民商事仲裁规则。在仲裁程序启动后，仲裁机构通常不存在将案件交由仲裁机构以外其他纠纷解决机构解决的积极性。此外，仲裁机构外调解的仲裁确认业务通常不能给仲裁委员会带来可观的经济利益。当事人经仲裁机构外调解达成调解协议的，既可以申请仲裁确认，也可以申请司法确认。在调解协议司法确认采取免费主义的语境下，如果仲裁委员会向申请确认调解协议的当事人收取较高费用，已经达成仲裁协议的当事人仍可能以明示或默示方式解除仲裁合意后申请司法确认；如果仲裁委员会向申请确认调解协议的当事人收取较低的费用或者干

① 《上海贸仲规则》第55条第4款规定，在仲裁庭进行调解的过程中，双方当事人在仲裁庭之外达成和解的，应当视为是在仲裁庭调解下达成的和解。

脆不收取任何费用，则仲裁委员会缺乏相应的积极性。诚然，我国很多仲裁委员会在事实上带有半官方属性，为服务大调解格局和争取政绩而提供免费调解协议仲裁确认服务或者接受法院委托对商事纠纷进行免费调解的情形也并不罕见。即使调解协议仲裁确认采取免费主义，但鉴于仲裁裁决书、仲裁调解书还存在接受司法监督的可能，调解协议司法确认的效力状态也更加稳定。因而，作为经济理性人的商事纠纷主体，除非为了追求在域外获得承认和执行的便利，否则申请司法确认更为符合其利益诉求。相应的，国内各大仲裁机构对仲裁外调解协议的确认业务普遍持消极态度。

第四节 仲裁调解的效力

当事人申请仲裁前达成调解协议的，可以凭仲裁协议申请仲裁委员会组成仲裁庭根据调解协议作出裁决书，也可以共同向法院申请对调解协议进行司法确认。当事人申请仲裁后达成调解协议的，可以请求仲裁庭根据协议内容作出裁决书或调解书，也可以撤回仲裁申请，撤回仲裁申请后可以共同向法院申请司法确认；对未共同申请仲裁或司法确认的调解协议反悔的，当事人可以根据仲裁协议申请仲裁。由此可见，以仲裁裁决书、仲裁调解书、司法确认裁定书作为结案方式的仲裁调解具有超越决定型裁决的终局效力①，而撤回仲裁申请并以调解协议作为结案方式的仲裁调解不具有终局的纠纷解决效果。从本质上来分析，仲裁调解的性质并不因其结案方式的不同而有所不同：以仲裁裁决书、仲裁调解书、司法确认裁定书作为结案方式的仲裁调解，实际上是在仲裁调解的基础上附加调解协议的仲裁或司法确认制度，通过仲裁庭或审判庭对调解协议的自愿性和合法性进行审查和确认。作为经济理性人的商事主体对仲裁调解的不同结案方式的法律效果应当有充分的认识：如果双方当事人试图通过仲裁调解一次性解决纠纷，则可以申请（仲裁委员会组成）仲裁庭或者合议庭根据协议内容作出仲裁裁决书、仲裁调解书或者司法确认裁定书；如果双方当事人试图通过仲裁调解获得自行履行的机会，则可以撤回仲裁申请并保留将原纠纷再次交付仲裁的权利。因而，采取不同结案方式的仲裁调解具有不同的法律效力，与仲裁调解具有最低限度的共通性效力之间并不存在矛盾。未经仲裁或者司法确认的仲裁调解所具备的法律效力就是仲裁调解所具备的最低限度的共通性效力，而经过仲裁或者司法确认的仲裁调解所具备的法律效力是提升后的仲裁调解效力。

一、仲裁调解的共通性效力

仲裁调解的共通性效力包括共通性实体法效力和共通性程序法效力两方面内容。结果意义上的仲裁调解意味着当事人针对纠纷解决达成协议，对现存且发生争议的民事法

① 《仲裁法解释》第28条规定，当事人请求不予执行仲裁调解书或者根据当事人之间的和解协议作出的仲裁裁决书的，人民法院不予支持。

律关系进行变动，具有民事合同的实体法效力。当事人达成协议旨在解决民事纠纷，如果允许当事人动辄对原纠纷再事争议，则显然有违诚实信用原则和一次性纠纷解决原理，故仲裁调解理应具备禁止当事人随意对原纠纷再事争议的程序法效力。诚然，实体法上的合同效力与程序法上的确定效力具有相似的解释效果：从实体法效力的角度来分析，调解协议是对原有民事法律关系的变动，除非变动民事法律关系的意思表示不自由或不真实，否则，当事人只能针对变更后的民事法律关系另行争议。从程序法效力的角度来分析，当事人达成调解协议旨在解决现有的民事纠纷，调解协议不仅具有变动民事法律关系的实体法效力，而且具有终结民事争议的程序法效力。因此，不管采取实体法解释路径抑或程序法解释路径，仲裁调解都具有禁止当事人随意针对原纠纷再事争议的法律效力。

这一效力可称之为调解确定效，达成调解协议的纠纷当事人应当受调解协议内容拘束，不得在调解协议被依法宣告无效或撤销前就原纠纷再事争议。然而，鉴于不同类型调解在程序正义供给方面存在差异性，不同类型调解在确定效的生成、排除、解除等方面应当有所区别：在调解确定效的生成方面，基于诉讼调解与非诉调解在程序正义供给方面的区别，我国诉讼调解的效力规范应当采取强制适用模式，而非诉调解的效力规范应当采取选择排除模式。在调解确定效的排除方面，当事人既可以在达成协议前的任何时候通过明示或默示拒绝调解的方式阻止调解确定效的生成，也可以在达成协议后的法定期限内通过提起诉讼或申请仲裁的方式阻止调解确定效的生成。根据调解确定效理论，受调解确定效拘束的当事人不得对原纠纷再事争议。正当程序保障程度较高的诉讼尚且存在通过审判监督程序进行纠错的必要性，在我国调解强制性因素盛行的语境下，程序正义供给程度较低的调解更有可能发生错误或者被滥用。因而，在法律制度上为当事人提供解除调解确定效的救济途径势在必行。解除调解确定效在立法论上存在确认调解无效或者撤销调解两种情形：前者属于消极确认之诉，主要适用于调解协议的内容违反效力性禁止性规范或者侵害国家利益、社会公共利益的情形。后者属于形成之诉，主要适用于调解违反自愿原则或者调解协议内容侵害案外人合法权益的情形。但与典型的争讼事件不同：确认调解无效之诉与撤销调解之诉的审理对象仅局限于调解是否违背自愿原则、调解协议内容是否违反效力性禁止性规范或侵犯国家利益、社会公共利益以及他人合法权益。法院经过审查被说服，确信调解存在前述情形的，裁定撤销调解协议并允许当事人对原纠纷再事争议，否则，裁定驳回申请。①

根据上述理论，在立法论层面，鉴于仲裁调解属于非诉调解，其确定效宜采取选择排除模式（只要当事人没有明确排除，就推定调解具有确定效力），允许当事人在没有相反约定的情形下于法定期限内申请对原纠纷进行仲裁（规定当事人可以选择排除调解确定效的反悔期限），逾期未重新申请仲裁则发生终局性纠纷解决效力。然而，根据现行《仲裁法》以及各大仲裁机构的仲裁规则，未经仲裁或司法确认的仲裁调解对当事人不具有强制拘束力，当事人撤回仲裁申请后反悔的，可以根据仲裁协议就原纠纷再次申请仲裁。当事人根据仲裁协议申请仲裁的标的是原纠纷抑或调解的真实性与合法性则没有明

① 参见黄忠顺：《调解的共通性效力》，载《国家检察官学院学报》，2014（3）。

文规定。仲裁界普遍认为，当事人反悔，根据仲裁协议申请仲裁的标的是原纠纷，即调解协议对民事法律关系的变动效果归于消失。换言之，我国现行仲裁调解制度并没有遵循调解确定效理论，涉嫌违反当事人意愿和纠纷解决原理。实际上，调解协议是双方当事人达成的变动原有民事法律关系的合意，除非当事人另有约定，否则应当推定当事人具有永久性变动原有民事法律关系的意愿。因而，除非当事人另有约定，否则经调解协议变动后的民事法律关系才构成仲裁标的。

二、经仲裁确认的仲裁调解的效力

仲裁调解所具备的共通性效力，既是未经仲裁或司法确认的仲裁调解所具备的效力，又是所有类型非诉调解所具备的共通性效力。对调解协议进行确认的仲裁文书形式存在仲裁裁决书和仲裁调解书两种类型。鉴于仲裁调解书仅适用于国内仲裁且与仲裁裁决书具有相同法律效力，本书仅介绍和解裁决的法律效力。

和解裁决是以仲裁裁决书形式载明的解纷合意。在实质内容方面具有合同的属性，在形式方面则具有仲裁裁决的外观，并基于该外观而被赋予与普通仲裁裁决相同的法律效力。然而，仲裁委员会根据当事人的申请对调解协议自愿性和合法性进行审查的程序不具有对抗性，不具备查明案件事实的条件，但和解裁决的效力实际上高于普通裁决的，诸多虚假仲裁以和解裁决的形式出现。① 基于民商事仲裁机构自负盈亏、仲裁调解程序不公开、仲裁委员会不负责强制执行等原因，在当事人申请根据解纷合意作出和解裁决时，仲裁机构在防范当事人利用仲裁调解损害第三人合法权益方面的积极性通常较低。鉴于此，理论上应当区别对待建立在双方充分攻击防御基础上的普通裁决和建立在双方当事人合意基础上的和解裁决。鉴于调解协议仲裁确认程序与调解协议司法确认程序具有相似性，有人撰文指出，和解裁决属于仲裁委员会对双方当事人达成解纷合意的权威确认，并通过该确认程序赋予其执行力。② 然而，作为民间机构的仲裁机构并非国家司法权的行使主体，基于司法专属性的考量，对当事人解纷合意的司法确认权力应当由法院行使，故前述解释方案并不妥当。③ 实际上，鉴于仲裁程序中的解纷合意往往是双方

---

① 仲裁调解在本质上不具备查明事实的功能。这可能导致两个结果：一方面，仲裁程序的自由程度更大，相对降低对解决方案正确性的要求，从而大幅减少解决纠纷的成本；另一方面，以牺牲部分正式程序保障机制为代价，仲裁中第三人和社会利益就更难以保证。参见曹志勋：《我国仲裁调解案外人救济途径评述》，载《北京仲裁》，2011（1）。

② 参见董纯钢、董莉：《论和解裁决——特别述及和解裁决的风险及其防范》，载《仲裁与法律》，2005（5）。

③ 需要说明的是，不仅和解裁决是否具备执行力本身存在争议，而且普通裁决是否具备执行力也并非不容置疑的。尽管包括我国在内的某些法域直接将仲裁裁决作为执行名义，但包括德国在内的多数国家对仲裁裁决的强制执行设置有专门的司法审查程序，只不过该审查程序较为简易并可能内含于执行程序，如 1996 年《英国仲裁法》第 66 条规定了可以把仲裁庭的命令与裁决书变为法院的命令或判决的“简易执行”（summary enforcement），《德国民事诉讼法》第 1060 条规定仲裁裁决只有在法院作出可执行宣告之后才能执行。仲裁裁决之所以需要经过司法审查才能被赋予执行力，主要是因为仲裁裁决不是由司法机关签发的，而是由当事人选定的私人作出的。在理论上，司法权的专属性以及仲裁权的民间性决定了仲裁委员会作出的裁决书不具备执行力，否则，有违公权力干预私人生活所需要遵循的谦抑原则。诚然，在扶持 ADR 发展已经成为绝大多数国家以及国际社会所遵循的公共政策的背景下，司法机关对仲裁裁决的司法审查范围势必越来越窄、审查力度越来越小，但即使是形式意义上的司法审查，也足以印证仲裁裁决的执行力主要来源于国家权力，而不是双方当事人的约定。

当事人在仲裁员参与或者指导下达成的，仲裁委员会根据协议制作的和解裁决在性质上发挥着类似公证文书所发挥的功能。在调解协议仲裁确认实践中，和解裁决既可以体现为不具备给付内容而纯粹对当事人达成的协议加以确认的确认裁决，又可以体现为转述或复述调解协议中的给付内容的给付裁决。但不管作为确认裁决抑或给付裁决，和解裁决本身都不能自动获得执行力。尽管如此，鉴于和解裁决是双方当事人在自愿协商解决纠纷的基础上达成的合意，并且已经获得仲裁庭的确认，宜推定当事人对和解裁决中载明或者指向的给付义务不存在实质性争议，并向其开放通往强制执行程序的绿色通道。①

问题与思考

1. 论述仲裁与调解相结合原则的确立。

2. 简述仲裁与调解相结合原则在我国现行《仲裁法》中的体现。

3. 论述和解裁决的效力。

4. 根据我国仲裁法的规定，下列哪些关于仲裁程序的表述是正确的？（　　）（司法考试真题）

A. 仲裁应当开庭进行，但当事人可以约定不开庭

B. 仲裁不公开进行，但如不涉及国家秘密，当事人可以约定公开进行

C. 对仲裁庭的组成，当事人可以约定由3名仲裁员组成仲裁庭

D. 当事人对仲裁的调解书不得申请撤销，对裁决书可以申请撤销

5. 根据我国仲裁法的规定，在不同的情况下仲裁庭可以作出不同的裁决。下列有关仲裁裁决的说法哪些是正确的？（　　）（司法考试真题）

A. 仲裁庭仲裁纠纷时，其中一部分事实已经清楚的，可以就该部分先行裁决

B. 被申请人经书面通知，无正当理由不到庭的，仲裁庭可以据此认定申请人的主张成立，缺席裁决

C. 当事人调解达成协议的，仲裁庭应制作调解书或根据调解协议制作裁决书

D. 仲裁裁决一经作出即发生法律效力，但对裁决书中的文字、计算错误，当事人可以请求仲裁庭补正

6. 海云公司与金辰公司签订了一份装饰工程合同。合同约定：金辰公司包工包料，负责完成海云公司办公大楼的装饰工程。事后双方另行达成了补充协议，约定因该合同的履行发生纠纷，由某仲裁委员会裁决。在装饰工程竣工后，质检单位鉴定复合地板及瓷砖系不合格产品。海云公司要求金辰公司返工并赔偿损失，金辰公司不同意，引发纠纷。（司法考试真题）

(1) 假设某法院受理海云公司的起诉，诉讼过程中海云公司与金辰公司达成和解协议，可如何结案？（　　）

A. 海云公司申请撤诉，由法院作出准予撤诉的裁定

B. 法院作出准许撤诉的决定书

---

① 参见黄忠顺：《和解裁决的性质及其效力探微》，载《判解研究》，2014 (2)。

C. 法院可以根据和解协议制作调解书

D. 法院可以根据和解协议制作判决书

(2) 假设仲裁机构受理了海云公司的仲裁申请，仲裁过程中海云公司与金辰公司达成调解协议，可以何种方式结案？( )

A. 撤回仲裁申请

B. 仲裁庭作出准许撤回仲裁申请的裁决书

C. 仲裁庭制作调解书

D. 仲裁庭根据调解协议制作裁决书

7. 下列关于民事诉讼和仲裁异同的哪一表述是正确的？( )（司法考试真题）

A. 法院调解达成协议一般不能制作判决书，而仲裁机构调解达成协议可以制作裁决书

B. 从理论上说，诉讼当事人无权确定法院审理和判决的范围，仲裁当事人有权确定仲裁机构审理和裁决的范围

C. 对法院判决不服的，当事人有权上诉或申请再审，对于仲裁机构裁决不服的可以申请重新仲裁

D. 当事人对于法院判决和仲裁裁决都有权申请法院裁定不予执行

8. 下列关于仲裁裁决的哪些观点是正确的？( )（司法考试真题）

A. 当事人可以请求仲裁庭根据双方的和解协议作出裁决

B. 仲裁庭可以根据双方当事人达成的调解协议作出裁决

C. 仲裁裁决应当根据仲裁庭多数仲裁员的意见作出，形不成多数意见的，由仲裁委员会讨论决定

D. 仲裁裁决一经作出立即发生法律效力

9. 张某根据与刘某达成的仲裁协议，向某仲裁委员会申请仲裁。在仲裁审理中，双方达成和解协议并申请依和解协议作出裁决。裁决作出后，刘某拒不履行其义务，张某向法院申请强制执行，而刘某向法院申请裁定不予执行该仲裁裁决。法院应当如何处理？( )（司法考试真题）

A. 裁定中止执行，审查是否具有不予执行仲裁裁决的情形

B. 终结执行，审查是否具有不予执行仲裁裁决的情形

C. 继续执行，不予审查是否具有不予执行仲裁裁决的情形

D. 先审查是否具有不予执行仲裁裁决的情形，然后决定后续执行程序是否进行

10. 某仲裁委员会仲裁某一合同争议案件时，根据甲、乙双方当事人的意愿首先进行了调解并达成调解协议，甲方愿意赔偿乙方经济损失1万元，仲裁庭根据调解协议制作了裁决书。根据上述情况，下列哪一选项是正确的？( )（司法考试真题）

A. 仲裁庭制作完成裁决书后该裁决书即发生法律效力

B. 裁决书需经双方当事人签收后才发生法律效力

C. 甲方在签收裁决书前反悔的，仲裁庭应当依法重新作出裁决

D. 甲方在签收裁决书后反悔的，可以以裁决书是根据调解协议的内容制作为由向法院申请撤销该裁决

11. 关于仲裁调解，下列哪些表述是正确的？（　　）（司法考试真题）

A. 仲裁调解达成协议的，仲裁庭应当根据协议制作调解书或根据协议结果制作裁决书

B. 对于事实清楚的案件，仲裁庭可依职权进行调解

C. 仲裁调解达成协议的，经当事人、仲裁员在协议上签字后即发生效力

D. 仲裁庭在作出裁决前可先行调解

12. 甲公司与乙公司之间的买卖合同纠纷，双方在仲裁过程中达成和解协议，此种情况下甲公司不具有下列哪一种权利？（　　）（司法考试真题）

A. 请求仲裁庭根据和解协议作出裁决书

B. 撤回仲裁申请

C. 对仲裁协议进行反悔，请求仲裁庭依法作出裁决

D. 请求法院执行仲裁过程中达成的和解协议

13. 南沙公司与北极公司因购销合同发生争议，南沙公司向仲裁委员会申请仲裁，在仲裁中双方达成和解协议，南沙公司向仲裁庭申请撤回仲裁申请。之后，北极公司拒不履行和解协议。下列哪一选项是正确的？（　　）（司法考试真题）

A. 南沙公司可以根据原仲裁协议申请仲裁

B. 南沙公司应与北极公司重新达成仲裁协议后，才可以申请仲裁

C. 南沙公司可以直接向法院起诉

D. 仲裁庭可以裁定恢复仲裁程序

第十二章

仲裁临时措施

本章概要

在仲裁庭作出终局裁决前，为保证将来裁决的执行或防止当事人的其他法益遭受损害，法院、仲裁庭或紧急仲裁员（庭）根据申请所采取的临时措施，主要包括仲裁财产保全和行为保全措施两种。仲裁财产保全、确保型行为保全与制止型行为保全之间，在适用条件、适用程序上有较大的区别。仲裁临时措施可以采用裁决、命令等不同形式，对当事人、法院发生相应的法律效力。

关键术语

仲裁临时措施　仲裁财产保全　仲裁行为保全　仲裁前保全　仲裁中保全　并存权力模式

课程思政

要深化法治领域改革，健全人权法治保障机制，实现尊重和保障人权在立法、执法、司法、守法全链条、全过程、全方位覆盖，让人民群众在每一项法律制度、每一个执法决定、每一宗司法案件中都感受到公平正义。要系统研究谋划和解决法治领域人民群众反映强烈的突出问题，依法公正对待人民群众的诉求，坚决杜绝因司法不公而造成伤害人民群众感情、损害人民群众权益的事情发生。对一切侵犯群众合法权利的行为，对一切在侵犯群众权益问题上漠然置之、不闻不问的现象，都必须依纪依法严肃查处、坚决追责。

——2022 年 2 月 25 日习近平在十九届中央政治局第三十七次集体学习时的讲话

1.“行为保全”是江伟教授和肖建国教授于 1994 年提出的理论，与大陆法系的“假处分”及英美法系的“禁令”具有一定的相似之处。请组织同学们提前收集及整理关于假处分、禁令、行为保全的文献，于课堂上讨论三者之间的联系与区别。通过该项课外与课堂相结合的教学活动，强化学生的理论自信意识。

2. 在实践中，一方当事人因对方滥用财产保全申请权而遭受损失的情形偶有发生。请组织学生讨论当事人滥用财产保全申请权的应对方案，引导学生树立“诚信”“友善”等社会主义核心价值观。

第一节 仲裁临时措施概述

一、仲裁临时措施的概念和特点

仲裁临时措施（interim measures），也称临时性保全措施（interim measures of protection，conservatory or provisional remedies）、临时性救济（interim measures of relief，interim relief），广义上是指在仲裁终局裁决作出之前，法院或者仲裁机构、仲裁庭、紧急仲裁员根据一方当事人的请求，对被申请人的相关财产、本案相关证据采取保全措施，或者责令被申请人为或不为一定行为等，以促进仲裁程序顺利进行、维持当事人地位、保证终局裁决将来得以执行；狭义上，仅指为保证将来仲裁裁决的执行或避免一方当事人合法权益受到严重损害的保全措施，不包括中间裁决、仲裁程序令和仲裁证据保全等广义上的临时措施。本章依据我国《民诉法》《仲裁法》的规定，采用狭义的概念。

在商事仲裁中，仲裁临时措施是一个被广泛使用的概念，与民事诉讼法上的保全程序具有相似性。

仲裁临时措施具有以下特点。

1. 制度目的上以实现本案权利为依归

仲裁临时措施是为了配合仲裁程序而设置的救济手段，始终以推动仲裁程序进行、实现本案权利为依归。仲裁临时措施并不解决当事人之间的实质争议，而是为实质争议的终局裁决提供支持和保障。

2. 地位上具有依附性而非独立性

仲裁临时措施有助于及时固定证据、帮助仲裁庭认定事实，作出正确裁决；有助于防止当事人利用其所处的优势地位，单方改变现有的法律状态，或者转移、隐匿、毁损财产，从而确保终局裁决的执行。因此，仲裁临时措施具有手段、工具的性质和地位，须依赖本案仲裁程序的存在才有意义。如果称本案仲裁程序为主程序的话，则临时措施即为附随程序。①

3. 功能上具有预防性和暂定性

“现代社会之法律思想，已经由传统之事后损害赔偿制裁之救济方法，进入以事前预防损害及实现权利之保护措施。”② 出于保护权利的紧迫性要求，作出仲裁临时措施，不需要达到解决实体争议的终局裁决那样最终确认权利的程度，只要申请人对其权利的存在进行必要程度的释明即可。仲裁临时措施不具有最终确定权利归属的性质，不能对争

---

① 这一点与民事保全程序略有差异。民事保全程序就其所欲达致的目的和其实际功能而言，不完全是一个逻辑自足的制度体系。但以避免造成当事人其他损害尤其是难以弥补的损害为目的之民事保全程序，具有独立于本案诉讼程序的特质。参见江伟、肖建国主编：《民事诉讼法》，8版，238页，北京，中国人民大学出版社，2018。

② 陈荣宗、林庆苗：《民事诉讼法》，882－883页，台北，三民书局，1996。

议的实体内容进行预先判断，仅具有暂定权利存在的性质，因此，仲裁临时措施不会妨碍仲裁庭对当事人之间的实体争议作出最终的实质性判断，也不应当构成对当事人权利或案件最终裁决的偏见和影响。① 因此，仲裁实践中可能会出现仲裁庭的最终裁决否定先前的仲裁临时措施的情形。②

4. 路径上具有“双重可获得性”③

仲裁临时措施不同于民事保全的一个重要特点，在于仲裁临时措施的作出主体，不限于法院，还包括仲裁庭，即仲裁庭也具有发布仲裁临时措施的权力。当事人或利害关系人可以向法院申请保全，也可以在法律、仲裁规则或仲裁协议有规定时，申请仲裁庭作出仲裁临时措施。

5. 导向上具有一定的风险性

对仲裁临时措施是在仲裁庭就实体争议作出最终裁决之前根据事态的可能性，在某些情况下仅仅听取一方当事人的陈述、根据当事人的一面之词作出的，若发布措施不当，不仅会严重影响一方当事人的生产经营活动，而且可能严重妨碍一方当事人正当权利的行使，甚至沦为申请人拖延仲裁程序的手段或者对被申请人施加压力的威慑性武器。因此，作出仲裁临时措施具有一定的风险性，应当慎之又慎，防止权力的滥用和不公正结果的产生。④

二、仲裁临时措施的法律渊源

仲裁临时措施普遍存在于所有法律体系，规定于国际商事仲裁法律文件、各国国内法中，并且在各仲裁机构的仲裁规则中往往有进一步明确、细化的规定。这里择其要者列举如下：

1. 国际商事仲裁法律文件

主要有：2006 年《示范法》第 9 条和第 17 条、1965 年《关于解决国家和他国国民之间投资争端公约》第 47 条、1965 年《欧洲公约》第 6 条等。遗憾的是，我国加入的《纽约公约》对仲裁临时措施未作出明确的规定。

2. 国内立法

仲裁临时措施一般规定于各国的民事诉讼法或者仲裁法中。我国《民诉法》第 104 条规定了仲裁前保全、《仲裁法》第 28 条和《民诉法》第 289 条规定了仲裁中保全。

3. 机构仲裁规则

对仲裁临时措施在 1998 年《伦敦国际仲裁院仲裁规则》第 25 条、2003 年《美国仲

---

① 参见杨良宜、莫世杰、杨大明：《仲裁法——从英国仲裁法到国际商务仲裁》，797 页，北京，法律出版社，2006。

② 参见［美］加里·B. 博恩：《国际仲裁法律与实践》，白麟、陈福勇等译，279 页，商务印书馆，2015。

③ 关于“双重可获得性”的特征，权威的论述出自任明艳：《国际商事仲裁中临时保全措施研究》，17 页，上海，上海交通大学出版社，2010。

④ 参见任明艳：《国际商事仲裁中临时保全措施研究》，18 页，上海，上海交通大学出版社，2010。

裁协会仲裁规则》第 21 条、1998 年《国际商会仲裁规则》第 23 条第 1 款、1999 年《斯德哥尔摩商会仲裁院仲裁规则》第 31 条、2003 年《解决投资争端国际中心（ICSID）仲裁规则》第 39 条等国际著名仲裁机构的仲裁规则中，分别作了规定。在我国，《贸仲裁规则》第 23 条、《北仲规则》第 62 条等机构仲裁规则文本中，也进一步明确了仲裁临时措施。

三、仲裁临时措施的分类

依据不同的标准，对仲裁临时措施可以做不同的分类：

(1) 以申请临时措施的时间为标准，可以将其分为仲裁前保全和仲裁中保全两种。

仲裁前保全是指争议的利害关系人向仲裁机构申请仲裁之前，因情况紧急，不申请采取临时措施将会使合法权益受到难以弥补的损害的，而向法院提起的保全申请。

仲裁中保全是指仲裁案件受理后、仲裁庭作出仲裁裁决前，一方当事人的行为或者其他原因，可能使裁决难以或不能执行，或者造成另一方当事人的其他合法权益受到损害的，而由法院或仲裁庭、紧急仲裁员作出的仲裁临时措施。

由于仲裁前保全适用于情况紧急的情形，因而仲裁临时措施要尽快被作出并且被执行，以防止仲裁临时措施的目的落空。为此，法律一般对仲裁前保全的要件及其证明、审查程序、审查标准、审查期限、临时措施的执行等问题，作出不同于仲裁中保全的规定。

(2) 根据临时措施所保全的对象和保全的功能，是被申请人的责任财产或者本案争议的标的物还是被申请人的行为，可以分为仲裁财产保全与仲裁行为保全。

仲裁财产保全的功能是保证将来仲裁裁决的执行，保全的对象限于本案金钱请求所指向的债务人责任财产，或者本案争议的标的物，因此，在本案仲裁请求为金钱请求或交付物的请求的仲裁案件中，有仲裁财产保全制度适用的空间。

仲裁行为保全在功能上与仲裁财产保全部分相同，但也有差异，尤其是仲裁行为保全还具有"维持现状"(preserving the status quo) 的特殊功能，即在当事人纠纷解决之前保持当事人法律关系的状态，使当事人的地位在仲裁裁决作出之前不发生改变。与之相适应，仲裁行为保全的对象既可能是本案仲裁请求为责令被申请人作为或不作为，又可能是为了防止一方当事人受到其他损害而责令对方作出一定行为或者禁止其作出一定行为。

(3) 以临时措施的性质及所要实现的目的为标准，可以分为实体性临时措施及程序性临时措施。

所谓实体性临时措施，是指所采取的临时措施旨在解决当时所产生的与案件整体纠纷存在必要联系的争议，该争议能被独立解决，且若不及时解决将会导致最终仲裁裁决的价值无法实现，例如，仲裁庭所作的禁止在某期间内清偿债务、解散公司等临时措施。而程序性临时措施，是指与仲裁庭推进仲裁程序有关，与当事人权利义务的分配无关的临时措施，如要求一方当事人提交证据，关于开庭程序、开庭议题等问题所作出的决定。①

---

① 参见胡海帆：《国际商事仲裁中临时措施可执行性问题研究》，http://cn.cietac.org/TheoryResearch/Theory.asp?stitle=%B9，2016-02-10。

仲裁临时措施的目的并非仅仅处理程序性事项，仲裁庭对实体性争议也可以适用仲裁临时措施。实体性临时措施的目的是在终局裁决作出之前，在仲裁程序的特定阶段明确当事人之间的权利与义务。实体性临时措施虽然可以被仲裁庭在任何时间予以更改、终止或撤销，但是在特定的时间内将约束当事人之间的实质性关系，并在某种意义上决定了当事人的权利义务分配。[①] 因此，相较于程序性临时措施而言，作出实体性临时措施的风险性更大，应当更加慎重。

（4）根据临时措施是否指向当事人以外的第三人，可以将其分为一般临时措施和涉第三人的临时措施。

商事仲裁以仲裁协议为制度的基石，仲裁权来自仲裁协议，故仲裁庭所作包括临时措施在内的任何决定，一般只能指向当事人。不过，在商事仲裁中，仲裁庭作出直接涉及第三人的指令或决定，又是无法避免的。例如，买卖合同双方争议的货物由第三人合法占有，仲裁庭需要针对该货物作出保全措施时，自然难以绕过占有货物的第三人。仲裁法理论上，允许仲裁庭发布的涉第三人的临时措施，是对第三人利益可能产生影响的临时措施，而非直接针对第三人的临时措施。例如，仲裁庭不能对银行下达冻结令，要求冻结仲裁当事人在银行的存款，但是仲裁庭有权命令一方当事人禁止转移其特定银行账户的存款。第三人银行的利益在该临时措施中被间接地波及和反映。[②] 在民事诉讼中，法院享有普遍的、固有的管辖权，可以对第三人直接采取保全措施；而在商事仲裁中，通说认为，仲裁庭无权对第三人作出有约束力的临时措施决定。[③] 因此，要使某项临时措施直接对第三人产生法律约束力，当事人应当向法院提出申请，由法院作出具有强制执行力的保全裁定。

四、仲裁临时措施的意义

仲裁临时措施与民诉法上的保全程序一样古老，并且在仲裁制度的发展演变中不断强化，目前已成为商事仲裁的一项基本制度。它不仅是仲裁程序顺利进行和仲裁裁决有效执行的必要保障，也是实现当事人的仲裁意愿、达成仲裁价值目标、使仲裁制度保持活力并促进商事仲裁进一步发展的不可或缺的要素。如果仲裁裁决作出之前缺乏必要的临时措施机制，裁决对于胜诉方而言就会变成一纸空文。在这个意义上，如有的学者所言，仲裁临时措施和仲裁裁决具有同等重要的作用，有时甚至比仲裁裁决还要重要。[④]

具体而言，仲裁临时措施的意义集中体现在以下两个方面。

① See Gerold Herrmann, Does the World Need Additional Uniform Legislation on Arbitration?, Arbitration International, 1999, Volume 15, Issue 3, pp. 211 & 230.

② See Pierre A. Karrer, Interim Measures Issued by Arbitral Tribunals and the Courts: Less Theory Please, in: Albert J van den Berg (ed.), International Arbitration and National Courts: The Never Ending Story, ICCA Congress Series No. 10, The Hague/London/New York: Kluwer, 2001, pp. 103 - 106.

③ 参见任明艳：《国际商事仲裁中临时保全措施研究》，51 页，上海，上海交通大学出版社，2010。

④ See Trevor C. Hartly, Interim Measures under the Brussels Jurisdiction and Judgments Convention, 24 E. L. Rev 647, 1999. 另参见任明艳：《国际商事仲裁中临时保全措施研究》，42 页，上海，上海交通大学出版社，2010。

1. 有助于确保仲裁裁决得以执行

仲裁庭作出的仲裁裁决，终局地解决了当事人之间的争议，确定了当事人实体上的权利义务。有给付内容的仲裁裁决具有强制执行力，败诉的一方当事人应当履行裁决所确定的义务，否则胜诉方有权申请法院强制执行仲裁裁决。但是，从仲裁机构受理案件到仲裁庭作出裁决，往往要经历一段时间，在终局裁决作出前，当事人一方可能因对方恶意转移或隐匿或变卖财产，或者因其他原因导致对方资信状况恶化，偿债能力降低，即使最终胜诉，也难以实现仲裁裁决所确定的权利。而通过采取查封、扣押、冻结债务人的财产等仲裁临时措施，可以固定债务人的责任财产，防止其财产的不当减少或处分，保证裁决能够得到执行。尤其在国际商事仲裁中，由于当事人分属不同国家，往往案情复杂、证据较多、仲裁费时较长，仲裁临时措施的保障作用更为明显、突出。

2. 有助于维持现状，防止对当事人一方造成重大损害

一方面，在仲裁裁决作出前，当事人之间发生争议的特定权利义务关系处于待定的状态，而与之相关的其他实体法律关系应当不受影响。以合同纠纷仲裁为例：不能因发生某项合同权利义务争议而使该合同中其他权利义务关系都停滞下来。若没有发生争议的合同其他义务因仲裁程序而可以不用被继续履行，则意味着违约的一方当事人会因其违约行为而获得更大的利益。这是不符合合同法的意思自治原理的。

另一方面，对于发生争议的某项具体权利义务关系而言，在仲裁庭作出最终裁决前，不允许任何一方当事人改变未决的法律关系的现状，否则，可能会进一步扭曲已有争议的法律关系，使其偏离出仲裁裁决所能保护的当事人权利的范围，导致将来仲裁庭即使作出裁决，其内容也无法实现。

通过发布仲裁临时措施，明确当事人之间的法律关系状态，同时防止有争议的法律关系状态发生改变，在一定程度上可以实现当事人的合同意愿，有利于维护当事人的主体地位、鼓励交易、促进合同履行，同时也有助于仲裁裁决内容的实现。

第二节 仲裁保全的权力主体

一、仲裁保全的权力分配模式

在20世纪中期之前，由于各国立法者和法院对商事仲裁持有偏见，不信任仲裁，同时将仲裁保全的权力误认为国家的主权权力，反对将其交给具有民间性质的仲裁机构行使，因而仲裁保全的权力由法院垄断性行使。20世纪80年代以来，商事仲裁与民事诉讼的关系有了根本性改观，有利于仲裁、友好于仲裁的观念被各国普遍接受，仲裁庭开始分享仲裁保全的决定权。近30年来，在国际商事仲裁实践的推动下，为满足仲裁庭组庭之前采取仲裁保全措施的实际需要，又逐步赋予紧急仲裁员（庭）采取临时措施的权力。

具体而言，由于各国经济社会发展水平不同，以及对商事仲裁与民事诉讼之间关系的认识不同，对仲裁保全的权力分配，存在三种不同的立法模式：

1. 法院独占仲裁保全的决定权模式

该模式将保全决定权交由法院垄断行使，完全排除仲裁庭作出临时措施的可能性。这在早期的仲裁立法或民诉法中极为常见，但目前只有意大利、阿根廷、希腊和我国等少数几个国家在立法上采此模式。[①] 例如，1994 年《意大利民事诉讼法典》第 818 条明确规定："仲裁庭本身不得扣押财产，也不得采用其他临时保护措施。"

采此模式的理由在于：一是认为保全程序是一种强制性措施，无论仲裁庭还是仲裁机构均不具有国家审判机关所特有的权力，无权对当事人和其他有关人员采取强制措施，只能由法院依当事人的申请实施保全程序。二是从实践角度出发，认为仲裁庭不能像法院那样办理无对方参与的单方保全程序，或者仲裁庭发布的仲裁保全措施存在执行难问题。三是个别国家仲裁制度发展缓慢，或者对于仲裁保全缺乏足够的重视，导致立法滞后。

2. 仲裁庭独占仲裁保全的决定权模式

与前一模式相反，该模式将保全决定权作为专属于仲裁庭的权力——法院无权作出仲裁临时措施。这一极端的权力分配模式，尚未得到各国国内法的支持，但在司法实践中，美国一些法院在解释《纽约公约》第 2 条 3 款关于"仲裁协议项下的事项应当提交仲裁解决"之规定时，认为当事人有仲裁协议的，法院应拒绝行使仲裁保全决定权；如果当事人一方向法院申请临时措施，就是逃避约定的解决争议的方法——仲裁，所以主张将命令采取保全措施的权力交给仲裁庭行使。这种观点遭到学术界的批评。[②] 另外，《关于解决国家和他国国民之间投资争端公约》第 26、47 条的规定，出于实现投资争议的非政治化、摆脱国内法的控制以创建一个自治性的仲裁机制的考虑，本质上也排除了法院作出仲裁保全决定的权力。

3. "并存权力"（concurrent power）模式

所谓的并存权力，是指法院和仲裁庭分享仲裁保全决定权，均有权发布仲裁临时措施。目前，多数国家立法上采取此模式。从世界各国立法和国际商事仲裁实践来看，仲裁庭和有管辖权的法院在采取保全措施上的并存权力制度，已成为普遍接受的原则。

根据法院和仲裁庭分享的仲裁保全决定权的二次分配方式，并存权力模式又可分为以下具体类型：

（1）自由选择模式（free-choice model）。

所谓自由选择模式，是指法院和仲裁庭在发布仲裁临时措施上享有平行权力，当事人可以自由选择向其中一个权力主体提出仲裁保全的申请，二者所作的仲裁临时措施具有同等的效力。采此模式的典型代表是《示范法》以及采纳了《示范法》立法的国家，

---

① 参见［美］加里·B. 博恩：《国际仲裁法律与实践》，白麟、陈福勇等译，272 页，北京，商务印书馆，2015。

② 参见赵千喜：《国际商事仲裁中临时措施的适用——兼论中国仲裁立法的完善》，载《仲裁与法律》，2005（2）。例如，美国第三巡回法院在 1974 年的橡胶轮胎案的裁判中认为，只要存在有效的仲裁协议，美国法院就不得作出临时措施裁定。参见任明艳：《国际商事仲裁中临时保全措施研究》，46 页，上海，上海交通大学出版社，2010。

如德国、印度等。1998年修订的《德国民事诉讼法》几乎全面吸收了《示范法》的规定，在第1033、1041条中明确规定了法院和仲裁庭在发出临时措施方面具有同等的地位和权力，当事人可以自由选择向法院还是仲裁庭申请仲裁保全措施。

实际上，越来越多的国际和国内立法文件确认，仲裁庭与法院平行行使仲裁保全决定的作出权，当事人可以选择由仲裁庭还是法院来决定仲裁保全问题；当事人有约定的，则从其约定；当事人没有约定的，则适用法律的规定。例如，2002年1月26日修订的《韩国仲裁法》第10条、《瑞士国际私法法典》第183条、《保加利亚国际商事仲裁法》第9、21条都承认法院与仲裁庭享有平行权力。

(2) 法院附属模式（court-subsidiary model）。

法院附属模式是指当事人在申请仲裁保全时，应当首先向仲裁庭申请，法院只有在仲裁庭无权或无法有效地发布临时措施时才能行使保全决定权。该模式为法院和仲裁庭的仲裁保全决定权设定了先后顺序，其中，仲裁庭的权力具有优先性，而法院的权力处于附属地位。该模式有利于减少法院对仲裁的干预，可以充分体现仲裁的独立性、自治性以及法院对仲裁的支持。① 英国和我国香港地区仲裁法采取了这一模式。

(3) 权力清单模式。

此模式是根据仲裁临时措施的种类和性质来分配法院与仲裁庭的权限的，由法院和仲裁庭分别行使不同类型的仲裁保全决定权。一般而言，以仲裁临时措施是否具有强制性作为划分的标准：强制性的临时措施，由法院行使保全决定权；反之，由仲裁庭行使。例如，对于涉第三人的临时措施，往往因超出仲裁庭的管辖权限而需要动用国家公权力，且直接针对第三人的临时措施，具有强制性色彩，不宜由民间机构来行使，故要交给法院来发布这种类型的仲裁临时措施。又如，查封、扣押财产等仲裁临时措施，虽然针对的是当事人，但也具有强制性因素，故由法院行使保全决定权。荷兰、比利时、印度尼西亚等国采此模式。

(4) 权力接续模式。

此模式是根据仲裁临时措施的发布时间来分配法院与仲裁庭的权限的。具体而言，法院有权在仲裁庭组建之前行使仲裁保全决定权；一旦仲裁庭组庭成功，就由仲裁庭行使仲裁保全决定权。其理论基础在于，作为两种不同的争议解决方式，仲裁与诉讼应当发挥互补的（complementary）功能，在仲裁庭组建前法院行使仲裁保全决定权，有助于仲裁程序的顺利进行。《国际商会仲裁规则》第28条、2000年《美国统一商法典》第8条等采此模式。②

二、我国仲裁保全权的平行分配

虽然我国《仲裁法》和《民诉法》在立法层面坚持法院独占仲裁保全决定权，但在理论上，仲裁庭享有仲裁保全决定权已经成为学界的共识。我国民诉法和仲裁法理论，

① 参见任明艳：《国际商事仲裁中临时保全措施研究》，58页，上海，上海交通大学出版社，2010。

② 参见任明艳：《国际商事仲裁中临时保全措施研究》，48页，上海，上海交通大学出版社，2010。

是以商事仲裁的意思自治原理以及仲裁保全程序中的审执分立原理①作为理论根据，来阐明仲裁庭与法院享有同等的仲裁保全决定权的正当性基础的。

首先，尽管《仲裁法》和《民诉法》未规定仲裁庭发布临时措施的权力，但基于商事仲裁的意思自治原则，当事人通过援引承认仲裁庭行使仲裁保全决定权的仲裁规则，或者在仲裁协议中约定仲裁庭有权发布临时措施的，应当认可其效力。这是因为，尊重当事人在仲裁协议中的约定，尊重当事人对仲裁规则的选择，都是仲裁意思自治原则的要求。仲裁意思自治原则在法律规范的位阶上，应当高于《仲裁法》和《民诉法》关于由法院行使仲裁保全决定权的规定；而且由法院行使仲裁保全决定权的法律规范之性质，不宜被解释为强制性规范。这样可以为仲裁庭行使仲裁保全决定权留下操作的空间，以限缩我国现行法上不合理规定的适用范围，并且为仲裁庭行使仲裁保全决定权提供理论上的依据。

为扩大仲裁庭作出临时措施的权限，在解释上，还可以借鉴大多数国家的做法：一方面，“仲裁员作出临时性保全措施的权力是隐含的，只有明确的约定才能排除此权力”②；另一方面，“在（当事人）没有相反表示的情况下，视为当事人同意允许仲裁员采取临时措施”③。

其次，完整的保全程序包括两个层次的结构：保全决定程序与保全执行程序。保全决定程序也称保全审判程序，是指保全程序执行依据的取得程序；保全执行程序是指保全决定作出后，法院以保全决定书为执行依据实施控制性执行行为的程序。依据保全程序中的审执分立原则，保全决定程序与保全执行程序分别遵循不同的程序原理，采用不同的制度设置，并且由不同的机构践行这两种程序。

在我国，过去的理论往往以仲裁机构为民间机构、无强制性权力为前提，否认仲裁庭享有仲裁保全决定权。这种观点的局限性在于混淆了保全决定与保全执行的关系，误将保全执行程序所具有的强制性权力张冠李戴到保全决定程序上。实际上，仲裁庭作出保全决定的权力与它作出本案仲裁裁决的权限一样，不需要以任何强制性权力为前提，并且该仲裁保全决定和仲裁裁决一样可以作为法院强制执行的依据。

在仲裁庭作出仲裁保全决定的权限上，只要把握了保全决定程序与保全执行程序的分立理论，就比较容易得出令人信服的结论。因为，仲裁机构作为民间解决纠纷的机构，尽管没有强制性权力，但是享有作出仲裁裁决这一执行依据的权力是不容置疑的。从本质上看，仲裁保全决定与仲裁裁决在具有执行力、可以成为执行依据这一层面上，并没有多大的区别，甚至在一定意义上说，仲裁保全决定作出权来源于或派生于本案仲裁裁决权。仲裁保全决定与仲裁裁决的差异仅仅在于仲裁保全决定是临时性救济的决定，而仲裁裁决是为解决本案实体权利义务的争议所作出的终局裁决。二者之间的共通性大于差异性。

依据保全程序审执分立理论，承认仲裁庭享有保全决定的作出权，并不排斥法院在

① 参见肖建国：《民事保全程序中的审执分立》，载《人民法院报》，2005-01-05。

② ［美］加里·B·博恩：《国际仲裁法律与实践》，白麟、陈福勇等译，273页，北京，商务印书馆，2015。

③ ［美］加里·B·博恩：《国际仲裁法律与实践》，白麟、陈福勇等译，272页，北京，商务印书馆，2015。

此问题上的固有权限，即仲裁庭并不独占临时措施的作出权，而是与法院享有平行的权力。仲裁保全决定程序与保全执行程序分立后，就把原来笼罩在仲裁保全制度上的强制性色彩予以分解、剥离，从中离析出不具有强制性色彩的保全决定程序，使民间仲裁机构足以胜任该程序的运作。尤其在仲裁庭组成以后，仲裁庭对案情最为了解，对是否需要采取保全措施最为明了，由仲裁庭作出仲裁临时措施可以避免时间上的拖延，有利于仲裁裁决的执行。

三、我国仲裁保全的权力主体

按照现行法和各机构仲裁规则的规定，我国仲裁保全的权力主体有人民法院、仲裁庭、紧急仲裁员（庭）。

1. 人民法院

人民法院拥有最广泛的保全决定权，有权处理包括仲裁保全在内的所有争议解决程序中的保全申请。

2. 仲裁庭

仲裁机构受理案件后组成的仲裁庭有权对当事人的临时措施申请进行审理并且作出裁定。例如，《贸仲规则》第 23 条第 3 款规定："经一方当事人请求，仲裁庭依据所适用的法律或当事人的约定可以决定采取其认为必要或适当的临时措施，并有权决定由请求临时措施的一方当事人提供适当的担保。"

3. 紧急仲裁员（庭）

紧急仲裁员（庭），也称应急仲裁员（Emergency Arbitrator），最早规定于美国仲裁协会（AAA）2009 年仲裁规则和斯德哥尔摩商会仲裁院（SCC）2010 年仲裁规则之中，是指在仲裁庭组成之前，根据一方当事人的申请，由仲裁机构指定一名特殊的仲裁员采取临时措施，向当事人提供紧急救济的制度。紧急仲裁员（庭）实际上承担着在实体仲裁庭（Merits Tribunal）组成之前对案件进行处理的责任。为便于其履行职能，仲裁规则原则上将包括自裁管辖权在内的属于仲裁庭的权力都授予紧急仲裁员（庭）。目前国际著名仲裁机构仲裁规则，大多引入了紧急仲裁员（庭）制度。① 紧急仲裁员（庭）的出现反映了组庭前临时措施的重要性，也代表了国际仲裁规则的发展方向。

我国的紧急仲裁员（庭）制度，是通过机构仲裁规则确立的。例如，《贸仲规则》《北仲规则》，均引入了紧急仲裁员（庭）制度。②

目前看，内容最为翔实的，当属《上海自贸区仲裁规则》。该规则用四个条文详细阐明了紧急仲裁庭的组成方式、程序、权限、作出临时措施的条件和程序、变更临时措施

---

① 如国际商会仲裁院仲裁规则、新加坡国际仲裁中心仲裁规则、香港国际仲裁中心仲裁规则、荷兰仲裁协会仲裁规则、澳大利亚国际商事仲裁中心仲裁规则等等。

② 例如，《贸仲规则》第 23 条第 2 项规定："根据所适用的法律或当事人的约定，当事人可以依据《中国国际经济贸易仲裁委员会紧急仲裁员程序》（本规则附件三）向仲裁委员会仲裁院申请紧急性临时救济。紧急仲裁员可以决定采取必要或适当的紧急性临时救济措施。紧急仲裁员决定对双方当事人具有约束力。"

决定的条件和程序（参阅本章第三节）以及临时措施的效力（参阅本章第四节）。

关于紧急仲裁庭的组成方式、程序、权限，规定于该规则第 21 条。按此，当事人在仲裁案件受理后至仲裁庭组成前提出临时措施申请的，可以根据执行地国家/地区有关法律的规定向仲裁委员会提交组成紧急仲裁庭的书面申请。当事人提交组成紧急仲裁庭的书面申请，应当说明理由；是否同意组成紧急仲裁庭，由仲裁委员会决定。仲裁委员会同意组成紧急仲裁庭的，当事人应当按规定预缴费用。申请组成紧急仲裁庭手续完备的，仲裁委员会主任可在 3 日内在仲裁员名册中指定一名仲裁员组成紧急仲裁庭处理临时措施申请。秘书处应将紧急仲裁庭的组成情况通知当事人。接受指定组成紧急仲裁庭的仲裁员应根据该规则第 31 条的规定履行披露义务。当事人可根据该规则第 32 条的规定对组成紧急仲裁庭的仲裁员申请回避。紧急仲裁庭应在仲裁庭组成之日解散，并应向仲裁庭移交全部案卷材料。除非当事人另有约定，组成紧急仲裁庭的仲裁员不再担任与临时措施申请有关的争议案件的仲裁员。紧急仲裁庭的程序不影响仲裁程序的进行。

关于紧急仲裁庭作出临时措施的条件和程序，规定于该规则第 22 条。首先，对于提交紧急仲裁庭的临时措施申请，紧急仲裁庭应以执行地国家/地区有关法律规定的形式作出书面决定，并说明理由。紧急仲裁庭作出的临时措施决定，应当署名并加盖仲裁委员会印章。其次，紧急仲裁庭作出临时措施决定前，可以根据临时措施申请的内容要求申请临时措施的当事人提供适当的担保。最后，紧急仲裁庭应在组成之日起 20 日内作出临时措施决定；当事人提供担保的，紧急仲裁庭应在当事人提供担保之日起 10 日内作出决定。

第三节　仲裁财产保全与行为保全

一、仲裁财产保全

（一）仲裁中财产保全

1. 概念

仲裁中财产保全，是指仲裁机构在受理案件之后、仲裁庭作出裁决之前，人民法院或仲裁庭、紧急仲裁员（庭）根据保全申请，对仲裁当事人的财产或者仲裁争议标的物采取限制当事人处分的临时措施，以保证裁决将来能够执行。

《仲裁法》第 28 条第 1、2 款规定："一方当事人因另一方当事人的行为或者其他原因，可能使裁决不能执行或者难以执行的，可以申请财产保全。""当事人申请仲裁财产保全的，仲裁机构应当将当事人的申请依照民事诉讼法的有关规定提交人民法院。"《财产保全规定》第 3 条规定："仲裁过程中，当事人申请财产保全的，应当通过仲裁机构向人民法院提交申请书及仲裁案件受理通知书等相关材料。人民法院裁定采取保全措施或者裁定驳回申请的，应当将裁定书送达当事人，并通知仲裁机构。"

2. 适用条件

根据现行法及有关司法解释的规定，向人民法院申请仲裁中财产保全，应当具备以下条件：

（1）正在仲裁的案件，当事人的仲裁请求必须具有给付内容，包括给付金钱或者交付物，但排除完成行为的给付请求。

（2）存在仲裁裁决将来难以执行的情形。

（3）发生在仲裁案件受理后、仲裁庭尚未作出裁决之前。

（4）采用书面形式，由仲裁当事人提出书面申请。

（5）通过仲裁机构向人民法院提交申请书及仲裁案件受理通知书等相关材料。

（6）由仲裁机构将仲裁当事人的书面申请提交给有管辖权的人民法院。在国内仲裁案件中，有财产保全管辖权的是被申请人住所地或者财产所在地的基层人民法院；在涉外仲裁案件中，有管辖权的是被申请人住所地或者财产所在地的中级人民法院（《民诉法》第289条）。

申请仲裁中财产保全的主体是当事人，而非仲裁机构；有权作出仲裁保全措施的机关是人民法院，仲裁机构相当于“二传手”。不过在1982年以前的法律规定中，我国的仲裁机构也曾有权作出临时性裁定。

3. 仲裁中财产保全的担保

按照《民诉法》的规定，对于国内仲裁案件的财产保全，申请人是否需要提供担保，由人民法院裁量确定；对于涉外仲裁案件的财产保全，人民法院经审查当事人的保全申请后，如裁定保全的，应当责令申请人提供担保，申请人不提供担保的，裁定驳回申请（《民诉解释》第540条第1款）。仲裁中财产保全的担保数额不超过请求保全数额的30%；申请保全的财产系争议标的的，担保数额不超过争议标的的价值的30%（《财产保全规定》第5条第1款）。财产保全期间，申请保全人提供的担保不足以赔偿可能给被保全人造成的损失的，人民法院可以责令其追加相应的担保；拒不追加的，可以裁定解除或者部分解除保全（《财产保全规定》第5条第3款）。

（二）仲裁前财产保全

1. 概念

仲裁前财产保全，是指在紧急情况下，法院如不立即采取财产保全措施，利害关系人的合法权利会受到难以弥补的损害，因此法律赋予利害关系人在仲裁立案前申请法院采取保全措施的权利。

《仲裁法》第28条仅规定仲裁中财产保全，未明确规定仲裁前财产保全。这是《仲裁法》的一个漏洞。[①]《民诉法》第104条填补了这一立法漏洞，该条规定：利害关系人因情况紧急，不立即申请保全将会使其合法权益受到难以弥补的损害的，可以在提起诉

① 1997年5月，最高人民法院、广东高级人民法院、上海高级人民法院、北京高级人民法院、北京第二中级人民法院、上海第二中级人民法院、深圳中级人民法院等人民法院以及中国国际经济贸易仲裁委员会、中国海事仲裁委员会、深圳仲裁委员会在深圳召开了“涉外仲裁司法审查研讨会”。根据会议形成的会议纪要，在提起仲裁程序之前，当事人申请财产保全的，可依据《民诉法》有关诉前财产保全的规定，直接向人民法院提出。该会议纪要起到了部分填补法律漏洞的作用。

讼或者申请仲裁前向被保全财产所在地、被申请人住所地的人民法院申请采取财产保全措施。

2. 适用条件

根据现行法的规定，向人民法院申请仲裁前财产保全，应当具备以下条件：

（1）需要采取仲裁前财产保全的本案仲裁请求须具有给付内容，包括金钱给付或物的交付，但排除完成行为的给付内容。

（2）情况紧急，不立即采取相应的财产保全措施，可能使申请人的合法权益受到难以弥补的损害。《民诉法》第 104 条关于仲裁前财产保全的规定，旨在确保仲裁裁决将来的执行。对“难以弥补的损害”的解释，要符合立法的这一目的。因此，“难以弥补的损害”与“难以执行”在仲裁前财产保全中是等值的概念，指的是因仲裁裁决将来难以执行所可能造成的巨大损害。在仲裁前阶段，由于案件尚未受理，利害关系人将来是否提起仲裁、申请仲裁后是否胜诉，人民法院均无法事先知晓；加之“情况紧急”，人民法院在接到申请后，需要斟酌各种可能的因素，在很短时间内作出快速的判断，因此，我们认为，在仲裁前财产保全中，“难以弥补的损害”更强调“难以执行”的高度盖然性。

（3）由利害关系人直接向有管辖权的人民法院提出申请。这里的“利害关系人”，特指与对方签订了仲裁协议、有争议亟待解决的争议一方。仅仅因其未提起仲裁，而称之为利害关系人。被保全财产所在地、被申请人住所地的人民法院，行使仲裁前财产保全的管辖权。

按此，申请人申请仲裁前财产保全，可以直接向人民法院提出申请，不必由仲裁机构转交，有利于增强仲裁财产保全的实效性，防止因转交申请造成拖延而贻误财产保全的时机。

（4）保全申请人应当提供相应担保。责令当事人提供担保的，人民法院应当书面通知；担保应当相当于请求保全的数额；情况特殊的，人民法院可以酌情处理（《民诉解释》第 152 条第 2 款、《财产保全规定》第 5 条第 2 款）。对申请保全人或者他人提供的担保财产，人民法院应当依法办理查封、扣押、冻结等手续（《民诉解释》第 164 条）。申请人不提供担保的，人民法院应当裁定驳回财产保全申请。财产保全期间，申请保全人提供的担保不足以赔偿可能给被保全人造成的损失的，人民法院可以责令其追加相应的担保；拒不追加的，可以裁定解除或者部分解除保全（《财产保全规定》第 5 条第 3 款）。因申请保全错误给被申请人造成损失的，被申请人可以从申请人提供担保的财产中得到赔偿。

（5）申请仲裁前财产保全，应当采用书面形式。

3. 我国机构仲裁规则关于仲裁前保全规定的范例

《上海自贸区仲裁规则》第 19 条对仲裁前临时措施作了详细规定，是迄今为止我国各个机构仲裁规则中最为具体、最具可操作性的。该条规定：

（一）临时措施申请人在提起仲裁前，可以根据临时措施执行地所在国家/地区的有关法律规定，直接向具有管辖权的法院提出临时措施申请，也可以请求仲裁委员会协助其向具有管辖权的法院提出临时措施申请。

（二）临时措施申请人请求仲裁委员会协助的，应当提供下列文件：

1. 仲裁协议；

2. 符合本规则第二十条第（一）款规定的临时措施申请书。

仲裁委员会经审查后认为可以协助的，应在收到前述文件之日起3日内将该文件转交具有管辖权的法院，并通知临时措施申请人。

（三）临时措施申请人应当根据临时措施执行地所在国家/地区的有关法律规定在法院采取临时措施后的法定期限内向仲裁委员会申请仲裁。

（三）仲裁财产保全措施的解除

对于仲裁前财产保全，利害关系人须在人民法院裁定采取保全措施后30日内向仲裁协议约定的仲裁机构申请仲裁，否则人民法院应当解除财产保全措施。申请仲裁前财产保全的利害关系人在人民法院采取保全措施后30日内依法提起诉讼或者申请仲裁的，仲裁前财产保全措施自动转为仲裁中的保全措施（《财产保全规定》第17条第1款）。人民法院采取财产保全措施后，申请保全人在仲裁中获得胜诉并进入执行程序的，保全措施自动转为执行中的查封、扣押、冻结措施；自动转为仲裁中的保全措施或者执行中的查封、扣押、冻结措施的，期限连续计算，人民法院无须重新制作裁定书（《财产保全规定》第17条第1、2款）。人民法院采取财产保全措施后，“仲裁机构不予受理仲裁申请、准许撤回仲裁申请或者按撤回仲裁申请处理”或者“仲裁申请或请求被仲裁裁决驳回的”，申请保全人应当及时申请解除保全措施，否则应当赔偿被保全人因财产保全所遭受的损失（《财产保全规定》第23条第1、3款）。与申请保全人有义务及时申请解除保全措施不同，被保全人是有权利申请解除保全措施，被保全人未及时申请解除保全不构成申请保全人豁免或减轻赔偿责任的法定事由。人民法院收到申请保全人或被保全人的解除保全申请后，应当在5日内裁定解除保全；对情况紧急的，必须在48小时内裁定解除保全（《财产保全规定》第23条第2、4款）。

二、仲裁行为保全

（一）仲裁行为保全的功能与分类

1. 仲裁行为保全的功能

《民诉法》第103条中清晰地表达了行为保全制度的两大立法目的和意旨，即避免出现“使判决难以执行或者造成当事人其他损害”的情形。具体而言，行为保全制度的设立，一是为了确保判决的执行，二是防止给当事人造成其他损害。在大陆法系国家，这两种立法目的分别对应着两种不同的假处分制度：前者是一般假处分，后者是制止性假处分（定暂时状态假处分的一种类型）。在英美法系国家，仲裁行为保全体现为临时禁令。

2. 仲裁行为保全的分类

以仲裁行为保全的功能为标准，可以将仲裁行为保全分为确保型仲裁行为保全和制止型仲裁行为保全两类。

（1）确保型仲裁行为保全。

确保型仲裁行为保全，是指在仲裁当事人一方请求对方实施一定行为或请求不得实施一定行为的仲裁案件中，为保全将来仲裁裁决的执行，而向法院或仲裁庭提出的行为保全申请。例如，甲主张对乙公司的房屋有租赁合同关系存在，在仲裁中申请仲裁庭作出行为保全措施，责令乙不得妨碍其使用租赁物。与仲裁财产保全一样，确保型仲裁行为保全仅限于有给付请求的仲裁案件，以保证本案仲裁裁决将来的执行为其基本功能。

（2）制止型仲裁行为保全。

在制止型仲裁行为保全中，对于仲裁当事人双方争议的法律关系，不待仲裁机构受理案件或者仲裁庭作出生效裁决，就有暂时维持权利义务现状的必要性。制止型仲裁行为保全具有多重制度目的，除了暂时性地保全申请人的权利，还有维持仲裁程序的秩序与和平，进而保护全体仲裁当事人的法益及公益的目的。当然，制止型仲裁行为保全以防止给仲裁当事人造成其他损害为其基本功能。这里的"其他损害"，是指申请人在仲裁案件中提出的仲裁请求所保护的法益以外的其他合法权益遭受损害。可见，制止型仲裁行为保全在一定意义上独立于本案仲裁请求。

制止型仲裁行为保全的适用范围并不限于完成行为的给付请求案件，只要对仲裁当事人或利害关系人的合法权益确有保护的必要，制止型仲裁行为保全均有适用的空间。

在制止型仲裁行为保全中，以维持现状为目的之行为保全较为常见。这主要体现于合同纠纷仲裁中合同的继续履行以及合同终止后合同当事人的利益保护上。

前者是指，在合同有效，可以继续履行但出现了履行障碍时，双方当事人消除履行障碍的努力不会影响合同的继续履行，法院或仲裁庭有权根据当事人一方的行为保全申请，责令依据某一暂定方案继续履行合同。例如：双方当事人在建设工程合同履行过程中，由于出现了订立合同时未曾预料的问题，合同的履行变得困难重重，为此双方当事人要及时对原有合同条款进行必要的调整补充；有新增工程的，原合同的工程款和工程进度的约定，也要相应调整。如果双方当事人就此未协商成功而产生了争议：一方当事人请求对方支付工程款，否则就要停工；另一方当事人则不愿意马上支付新增加的工程款，要求按照原合同约定继续履行合同。在此情况下，一方当事人可以申请法院或仲裁庭发布行为保全性质的仲裁临时措施，要求对方当事人继续履行合同。[①] 这方面的典型案例是英法海底隧道工程案（Channel Tunnel Group Ltd. v. Balfour Beatty Construction Ltd.）。[②] 海底隧道是20世纪90年代完成的世界瞩目的重大工程，跨海连接英法两国的交通要道。负责该工程的业主专门为该项目成立隧道集团公司（Channel Tunnel Group Ltd.），而负责工程具体施工的为联合建筑公司（Balfour Beatty Construction Ltd.），是由五家英国公司和五家法国公司组成的承包商。在合同履行过程中，承包商与业主之间就隧道制冷系统工程款的支付发生了重大分歧，承包商向业主发出最后通牒，声称如果

---

① 参见赵秀文：《论国际商事仲裁中临时性保全措施的发布与实施（上）》，载《河南省政法管理干部学院学报》，2002（3）；任明艳：《国际商事仲裁中临时保全措施研究》，37页，上海，上海交通大学出版社，2010。

② 本案涉及的临时禁令法律问题很多，包括法庭是否有权发布临时禁令、是否应由仲裁庭签发临时禁令、法庭发布临时禁令是否违反了仲裁协议、有发布临时禁令管辖权的法院究竟系仲裁地法院还是当事人住所地法院或工程所在地法院，等等。

不满足他们的要求，就全线停工，并且指出了此项停工将给整个工程带来的严重后果。业主对承包商提出的最后通牒作出的反应，是到英国法院申请临时禁令，请求法院责令承包商禁止停工。[①]

后者是指，在合同因一方当事人根本违约而解除等导致合同终止的情形中，对方当事人为了保全其合法权益不受严重损害，有权在合同终止后的权利义务分配争议仲裁案件中请求仲裁庭或法院采取行为保全措施，责令过错方当事人不得实施一定的行为。例如，在由加拿大法院审理的TLC公司诉CCT公司临时禁令案中，由于作为教学软件开发商和出版商的美国TLC公司与作为分销商的加拿大CCT公司之间的合同发生争议，TLC公司以CCT公司违约为由，根据合同中的仲裁条款，在波士顿向美国仲裁协会提起仲裁，要求解除合同。同时，TLC公司又向加拿大英属哥伦比亚高等法庭申请一项临时禁令，禁止CCT公司继续对外宣称其为TLC公司产品的特许分销商。加拿大英属哥伦比亚高等法庭认为TLC公司所申请的临时禁令属于《示范法》第9条规定的保护性临时措施，当事人的申请依《示范法》并不违反仲裁协议，法庭也有权采取临时措施，但TLC公司未能证明法庭如不下达此禁令会给其造成难以弥补的损失，因而法庭驳回了TLC公司的申请。[②]

在我国的机构仲裁规则中，《北仲规则》第17条[③]和《上海自贸区仲裁规则》第18条[④]，明确规定了仲裁行为保全，但未进一步规定仲裁行为保全的不同类型及其具体适用的规则。我国民事诉讼和商事仲裁实践中，对于仲裁行为保全尚未予以足够的重视，也缺乏相应的案例积累可供借鉴。

(二) 仲裁行为保全的适用条件

1. 概述

《民诉法》将仲裁财产保全与行为保全作捆绑式规定，使二者在适用条件、程序上给人以雷同化的错觉。实际上，只有确保型仲裁行为保全与仲裁财产保全的功能相同，都是为了保证仲裁裁决将来得到执行，因此适用条件可以大体参照仲裁财产保全。不过，在保全的对象和内容上，确保型仲裁行为保全仍不同于仲裁财产保全。

对于制止型仲裁行为保全而言，其适用更加特殊，具有如下特别的适用条件：

(1) 有初步证据表明申请人的合法权益正在或者将要受到被申请人的侵害；

(2) 如不采取仲裁行为保全措施，将会给申请人仲裁请求以外的其他法益造成损害或者使其损害扩大；

(3) 如不采取仲裁行为保全措施，可能给申请人造成的损害大于如采取行为保全可

---

① 参见赵秀文：《论国际商事仲裁中临时性保全措施的发布与实施（上）》，载《河南省政法管理干部学院学报》，2002 (3)。

② 参见任明艳：《国际商事仲裁中临时保全措施研究》，38页，上海，上海交通大学出版社，2010。

③ 第17条第1款规定："一方当事人因另一方当事人的行为或者其他原因，可能使裁决难以执行或者造成当事人其他损害的，可以提出申请，要求对另一方当事人的财产进行保全、责令其作出一定行为或者禁止其作出一定行为。"

④ 第18条规定，当事人可以根据临时措施执行地所在国家/地区有关法律的规定向仲裁委员会及/或具有管辖权的法院提出如下一种或数种临时措施的申请：……3. 要求一方作出一定行为及/或禁止其作出一定行为。

能给被申请人造成的损害。

（4）采取仲裁行为保全措施不会损害社会公共利益。

2. 仲裁前行为保全的适用条件

以仲裁当事人、利害关系人申请行为保全的时间为标准，仲裁行为保全可以分为仲裁前行为保全与仲裁中行为保全。《民诉法》第104条对于仲裁前行为保全的适用，规定了“难以弥补的损害”这一特别要件。同时，结合国际上关于诉前禁令和仲裁前临时禁令的立法和判例①，一般认为我国仲裁前行为保全的适用应当具备难以弥补的损害②、申请人与被申请人之间的利益平衡、申请人胜诉的可能性、不损害社会公共利益等四个条件。以下重点分析前三个条件。

（1）关于“难以弥补的损害”。

对“难以弥补的损害”的解释，要符合仲裁行为保全的制度目的，其既包括金钱损害，也包括非金钱损害。

首先分析金钱损害。具有以下三种情形之一的，构成“难以弥补的损害”中的金钱损害：

第一，金钱损害结果难以计量。在被申请人的侵权行为给申请人造成的金钱损害难以计量时，法院可以考虑同意申请人的仲裁前禁令申请，以防止申请人的损害继续扩大。

第二，被申请人无能力赔偿。有证据表明被申请人不具备足够的赔偿能力的，申请人的损失就可能得不到补偿，将来的仲裁裁决可能成为“一纸空文”。一般而言，被申请人的偿付能力越差，给予仲裁前临时禁令的可能性越大。

第三，侵权行为持续。在侵权纠纷中，如果放任被申请人的侵权行为持续进行，那么申请人的损失就有可能持续扩大、难以弥补，这时就需要适用仲裁前临时禁令来解决这一问题。

接着分析非金钱损害。这里的非金钱损害，是指不采取仲裁前禁令措施会给申请人造成难以用金钱来弥补的其他损害。它主要包括以下两种：

一是被侵犯的人格权、身份权等人身权利，难以恢复圆满。人格权、身份权等人身权利被侵犯后通常具有不可恢复性或者难以弥补性，单纯的事后金钱赔偿救济方式并不能起到保护权利和救济的作用。与金钱损害相比，人身权利一旦遭受侵害，通常会覆水难收，难以用金钱对损害进行补偿。

二是市场份额降低，损害商誉、引起消费者误解等侵权行为继续。以市场份额为例，经营者对市场份额的占有是依靠商品质量、信誉、营销策略加上长期的时间积累形成的，市场份额直接决定了经营者的经营状况，甚至决定着经营者的“生死存亡”。同时，市场

---

① 关于诉前禁令的适用条件，美国法院传统上会考虑下列四个要素：（1）申请人胜诉的可能性（likelihood of success）；（2）不采取诉前禁令措施，会给申请人造成难以弥补的损害（irreparable injury）；（3）申请人与被申请人之间的利益平衡（balance of hardship），即采取措施对被申请人造成的损害是否会明显超过不采取措施给申请人带来的损害；（4）不损害公共利益（public interest）。参见江伟、肖建国主编：《民事诉讼法》，8版，258页，北京，中国人民大学出版社，2018。

② 国际商事仲裁实践中，也有主张不采用“难以弥补的损害”要件，而只要求存在“严重的”或“实质性的”损害或损害风险即可的观点。参见［美］加里·B·博恩：《国际仲裁法律与实践》，白麟、陈福勇等译，278页，北京，商务印书馆，2015。

份额的占有也如同商誉一样，具有“建树缓慢，丧失迅速”的特点。被申请人如采取非法的或者有悖于公认的商业道德的手段和方式，直接抢占申请人市场份额，使申请人难以重建市场地位，甚至被排挤出竞争市场的，则构成“难以弥补的损害”。

(2) 申请人与被申请人之间利益衡量的方法。

如果不采取仲裁前临时禁令给申请人造成的损害为 A，而采取仲裁前临时禁令给被申请人造成的损害为 B，那么，利益平衡的条件应当理解为“A 明显大于 B”，还是“A 大于 B”，或者“B 不明显超过 A”？我们认为，应当解释为“B 不明显超过 A”，理由是：无论是“A 明显大于 B”，还是“A 大于 B”，这两种利益衡量的方法，都对申请人课以相当高的举证责任，加大了申请人举证的难度，可能导致申请人因举证困难而无法获得仲裁前禁令的保护。而“B 不明显超过 A”，举证相对容易，毕竟申请人此前已举证证明了不采取仲裁前禁令措施会给其造成“难以弥补的损害”这一要件。换言之，只要“难以弥补的损害”被举证成功，法院就可以推定“B 不明显超过 A”。而被申请人要想阻止申请人获得仲裁前禁令，就要进一步举证证明“B 明显超过 A”。

(3) 申请人胜诉的可能性不宜作为仲裁前临时禁令的条件。

正如诉前禁令一样，胜诉可能性更多的是一种政策工具，体现的是慎用诉前禁令、从严把握诉前禁令适用条件的司法政策。我国司法实践中，对于知识产权诉前禁令的审查标准变迁与这一领域的司法政策变迁有着密切的关系：从 2008 年“注意发挥诉前临时措施等诉讼手段对于及时制止侵权的独特作用”，到 2009 年“既要积极又要慎重，既要合理又要有效”，到 2010 年“依法稳妥地裁定采取有关措施”，再到 2011 年“适度从严把握法律条件，慎重适用诉前停止侵权措施”。我们认为：应当以实质性争议标准取代胜诉可能性标准。只要申请人与被申请人之间存在真实的商事争议即可，而不宜要求申请人在将来仲裁案件中有胜诉可能性。实践中，胜诉可能性标准大幅提高了仲裁前临时禁令的门槛，会将大量的仲裁前临时禁令申请挡在法院大门之外，故不宜将其作为仲裁前临时禁令的条件。

3. 仲裁行为保全申请的审理与程序保障

除了紧急性仲裁行为保全，对于仲裁行为保全申请的审理，原则上应当奉行两造对立言词辩论审理原则：法院或仲裁庭应根据双方当事人提出的事实和证据情况，要求双方当事人言词辩论后，再决定是否采取仲裁行为保全措施。仲裁行为保全申请的审理，还应当遵循正当程序原则（principle of due process）：法院或仲裁庭要将开庭或听证通知提前送达给被申请人，使其有机会实质性地参与开庭或听证程序，收集证据、做好言词辩论的准备工作，有权及时知悉法院或仲裁庭即将下令采取的仲裁临时措施，并有合理的时间提出异议、陈述意见。考虑到仲裁庭的权力来源于当事人的授权，不同于法院的审判权，各国仲裁立法和仲裁规则均要求，仲裁庭必须在听取另一当事人的陈述和辩解后，才能决定是否作出仲裁临时措施。

在我国，当事人、利害关系人不服人民法院作出的仲裁保全裁定的，《民诉解释》第 171 条规定了复议这一救济途径。按此，当事人、利害关系人不服保全裁定的，不得上诉，但可以自收到裁定书之日起 5 日内向作出裁定的人民法院申请复议。人民法院应当在收到复议申请后 10 日内审查：裁定正确的，驳回当事人的申请；裁定不当的，变更或者撤销原裁定。不过，对于仲裁庭或紧急仲裁员（庭）作出的仲裁临时措施如何救济，目前我国各机构仲裁规则大多缺乏明确规定，唯有《上海自贸区仲裁规则》第23条在仲裁临时措施决定的变更中，对于当事人不服临时措施的救济条件和程序，有细致的规定。该条规定：临时措施申请的相对方对临时措施决定有异议的，应在收到临时措施决定之日起3日内向仲裁委员会书面提出，由秘书处提交作出临时措施决定的仲裁庭或紧急仲裁庭作出决定。作出临时措施决定的紧急仲裁庭已经解散的，由此后组成的仲裁庭作出决定。仲裁庭或紧急仲裁庭应在收到异议之日起3日内，作出是否维持、修改、中止、撤销临时措施决定的决定。紧急仲裁庭可以自行决定是否修改、中止、撤销临时措施决定。仲裁庭组成后，有权自行决定是否修改、中止、撤销此前由紧急仲裁庭作出的临时措施决定。变更临时措施决定应采用书面形式，并说明理由。该变更同时构成仲裁临时措施的组成部分。申请临时措施的当事人应当在收到临时措施变更决定之日起5日内，通知具有管辖权的法院。

仲裁行为保全以避免重大危险的发生为目的，而两造当事人对立辩论或陈述意见需要一定的时间，因此如果某些案件情况紧急，法院或仲裁庭、紧急仲裁员（庭）认为有不适宜双方对立辩论或陈述意见的，可以采用书面审理方式，仅依据申请人提供的证据材料，不经过听证就发出仲裁前临时禁令，避免程序的过分拖延。例如，在制止专利侵权行为案件中，确定专利侵权等事实需要一定的证据调查时间和两造对立的辩论、意见陈述时间，为了避免侵权结果的扩大，法院或仲裁庭、紧急仲裁员（庭）可以依申请人的请求做紧急处置。

第四节　仲裁临时措施的形式与效力

一、仲裁临时措施的形式

（一）仲裁庭发布临时措施的形式

仲裁庭或紧急仲裁员（庭）发布临时措施的形式多样，没有统一的做法，不同国家的仲裁立法和机构仲裁规则的规定也各不相同。实践中，可能采用的形式和名称五花八门，常见的有命令（order）和裁决（award）两种传统的形式；此外，还有决定（decision）、指令（direction）、建议（recommendation）等其他形式。①

1. 指令或命令

这是仲裁庭或紧急仲裁员（庭）作出仲裁临时措施的基本形式之一，多个机构仲裁规则采用了这一方式。例如，《北仲规则》第17条规定：“（一）一方当事人因另一方当事人的行为或者其他原因，可能使裁决难以执行或者造成当事人其他损害的，可以提出申请，要求对另一方当事人的财产进行保全、责令其作出一定行为或者禁止其作出一定

① 参见任明艳：《国际商事仲裁中临时保全措施研究》，98页，上海，上海交通大学出版社，2010。

行为……（四）因情况紧急，不立即申请保全将会使其合法权益受到难以弥补的损害……的情况下，当事人可以在申请仲裁前提出上述申请。”此外，2000年《韩国商事仲裁院仲裁规则》第41条、1997年《新加坡国际仲裁中心仲裁规则》第25条、1998年《德国仲裁协会仲裁规则》第20条等，对于仲裁庭发布的仲裁临时措施也采用了这种形式。

2. 裁决或临时裁决

裁决或临时裁决也是仲裁庭或紧急仲裁员（庭）发布临时措施的常见形式。例如，《联合国国际贸易法委员会仲裁规则》第26条第2款规定：“此等临时措施得以临时性裁决的方式为之。仲裁庭有权要求为这些措施的费用提供保证。”又如，《美国仲裁协会国际仲裁规则》第21条第2款规定：“此等临时措施可以采用中间裁决的形式，仲裁庭可要求为此种措施的费用提供担保。”此外，《英国仲裁法》第47条第（1）款、《美国仲裁法》第39条都作了类似规定。

3. 决定

《贸仲规则》第23条第2款规定：“根据所适用的法律或当事人的约定，当事人可以依据《中国国际经济贸易仲裁委员会紧急仲裁员程序》（本规则附件三）向仲裁委员会仲裁院申请紧急性临时救济。紧急仲裁员可以决定采取必要或适当的紧急性临时救济措施。紧急仲裁员决定对双方当事人具有约束力。”第23条第3款规定：“经一方当事人请求，仲裁庭依据所适用的法律或当事人的约定可以决定采取其认为必要或适当的临时措施，并有权决定由请求临时措施的一方当事人提供适当的担保。”

《上海自贸区仲裁规则》第20条第2款规定：“对于临时措施申请，仲裁委员会将根据临时措施执行地所在国家/地区的有关法律及本规则的规定……提交仲裁庭作出决定，或提交根据本规则第二十一条规定组成的紧急仲裁庭作出决定。”

4. 程序令或中间裁决

《贸仲规则》（2012年版）第21条第2款规定：“经一方当事人请求，仲裁庭依据所适用的法律可以决定采取其认为必要或适当的临时措施，并有权决定请求临时措施的一方提供适当的担保。仲裁庭采取临时措施的决定，可以程序令或中间裁决的方式作出。”《华南国际经济贸易仲裁委员会仲裁规则》（2012年版）第25条规定：“经一方当事人请求，或如仲裁庭认为必要，仲裁庭可以决定采取其他适当的临时措施。仲裁庭采取其他临时措施的，可以程序令或中间裁决的方式作出。仲裁庭有权指令请求临时措施的一方当事人提供适当的担保。”需要说明的是，中国国际经济贸易仲裁委员会与华南国际经济贸易仲裁委员会（暨深圳国际仲裁院）的现行仲裁规则均改由仲裁庭或紧急仲裁员（庭）决定采取临时措施。

5. 命令或裁决

仲裁庭或紧急仲裁员（庭）可以根据案件的实际情况，灵活决定采取命令或裁决的形式——仲裁庭或紧急仲裁员（庭）享有较大的自由裁量权。例如，《国际商会仲裁规则》第28条第1款即采此形式。不过，如果仲裁庭采取“裁决”的形式，该临时措施必须经过国际商会仲裁院的审查才能发布，否则该临时措施被视为无效，而且这项裁决只能通过新的最终裁决被推翻；如果采取“命令”的形式，则无须仲裁院的审查，仲裁庭可以轻易地推翻该命令。①

6. 裁决或其他形式

2006 年《示范法》第 17 条第 1 款规定：“临时措施是任何采用裁决书形式或另一种形式的短暂措施……”该条赋予仲裁庭在发布仲裁临时措施的形式上更大的自由裁量权，形式更为灵活，可以是裁决，也可以是其他形式，这完全取决于仲裁庭的选择。

7. 建议

“建议”是仲裁临时措施中较为特殊的形式，主要为 1965 年《关于解决国家和他国国民之间投资争端公约》第 47 条所采用。该条规定：“除非双方另有约定，仲裁庭如果认为情况需要，得建议采取任何临时措施，以维护任何一方各自的利益。”

综上观之，在世界范围内，仲裁庭发布临时措施，主要采取裁决和命令两种形式。“命令”的优点：一是可以与仲裁庭的终局裁决作明确的界分，外观上更容易识别仲裁庭所行使的不同职能；二是和裁决相比，命令的发布更为方便快捷。而“裁决”的优点在于：一是比较正式，对当事人遵守仲裁庭下达的临时措施更有说服力；二是裁决的作出，往往建立在仲裁庭给当事人提供更为充分的程序保障之基础上，而“裁决”以外的其他形式，并不强调作出临时措施的正当程序要求。②

（二）法院发布仲裁临时措施的形式

关于法院发布仲裁临时措施的形式，两大法系国家有不同的做法：英美法系采用临时禁令，方式上属于法庭的命令；大陆法系一般将仲裁保全措施作为程序事项看待，仲裁临时措施往往以裁定形式出现。不过，有的大陆法系国家根据当事人在仲裁临时措施中获得的程序保障程度，来设定临时措施的形式。例如《德国民事诉讼法》第 922 条第 1 款以保全措施是否经过言词辩论来区分临时措施的形式：经过言词辩论程序保障的，采用判决形式，民诉法关于判决的一般规定，也对仲裁临时措施的判决适用；不进行言词辩论的，法院作出裁定。③ 不论是以判决还是以裁定的形式发布仲裁临时措施，法院裁判的主文必须包含对仲裁保全种类和保全的债权等的说明，但以裁定形式发布的仲裁临时措施可以不载明裁判理由④，但驳回临时措施申请的裁定必须阐明理由，以便二审抗

---

① See Julian D. M. Lew, Loukas A. Mistelis & Stefan Kroll, Comparative International Commercial Arbitration, Kluwer Law International, 2003, p. 608.

② 不过，新加坡最高法院认为，判断仲裁员的决定是裁决还是命令，关键在于其实质（substance）而非标签(label)。无论以何种形式作出，只要是关于争议实体问题的判断，那么其性质都为裁决，应当按照裁决的相关法律进行执行；如果是关于程序问题的判断，其性质为命令，应当按照命令的相关法律规定进行执行。参见李婉嘉：《国际商事仲裁中紧急仲裁员制度相关法律问题研究——兼评新民诉法临时措施规定的进步与不足》，载《仲裁与法律》(第 127 辑)，71 页，北京，法律出版社，2014。

③ 参见［德］汉斯-约阿希姆·穆泽拉克：《德国民事诉讼法基础教程》，周翠译，429 页，北京，中国政法大学出版社，2005。

④ 反对说认为，仲裁临时措施的裁定书载明裁判理由更为恰当。原因在于，当事人针对该裁定提起诉讼救济时，可以减轻对其胜诉可能性判断的难度。参见周翠：《中外民事临时救济制度比较研究》，34 页，北京，清华大学出版社，2014。

告法院进行审查。

按照我国《民诉法》第103、104条的规定，法院发布临时措施，无论是仲裁财产保全还是行为保全，无论法院作出仲裁保全措施时是否进行听证、辩论，均依法采用裁定的形式。

二、仲裁临时措施的效力

(一) 仲裁庭发布临时措施的效力

仲裁庭发布的仲裁临时措施，其法律效力可以从当事人、仲裁庭、既判力和执行力等方面加以说明。

1. 对当事人的约束力

仲裁庭发布的临时措施，对当事人产生两方面的约束力：一是自觉遵守和履行临时措施的效力，二是不服该临时措施的救济。

(1) 遵守和履行临时措施的效力。

仲裁权来自当事人双方的授权，临时措施决定权属于仲裁权的组成部分，因此，当事人双方遵守和履行临时措施，是仲裁意思自治原则的要求。相关统计数据表明，当事人自觉遵守并履行仲裁庭所作的决定，是仲裁实践的常态。例如，2001年对美国仲裁协会的调查显示，90%的仲裁庭临时措施得到了主动履行。① 依据国际商会仲裁院仲裁前裁判程序所作出的5个临时措施也全部得到了自觉履行。② 开罗国际仲裁中心在2000年所作出的4个临时措施全部得到当事人的自觉执行。③

问题是，当事人如果没有自觉遵守和履行仲裁庭发布的临时措施，将承担何种法律后果。按照仲裁法原理以及机构仲裁规则，仲裁庭有权对不履行自己决定的当事人采取处罚措施：一是缴纳拖延费用或进行惩罚性损害赔偿（costs and damages），二是不利推断（adverse inference）。在当事人支配着相关证据而不无正当理由不出示证据时，仲裁庭发布的临时措施被当事人拒绝执行，会给仲裁庭留下不好的印象，在一定程度上会影响仲裁庭对案件事实认定及责任分配等问题的处理。④

要特别指出的是，作为仲裁临时措施的“建议”，虽然从字面上看，仅具有道义上的约束力，不具有法律上的约束力，但是根据解决投资争端国际中心在MTKS案中的主张，“建议”在《解决投资争端国际中心仲裁规则》之下，具有与“命令”同样的效力；当事人应当遵守仲裁庭的这一决定，否则在以后的裁决构成中仲裁庭将会对违反该措施

---

① See Richard W. Naimark & Stephanie E. Keer, Analysis of UNCITRAL Questionnaires on Interim Relief, Mealey's International Arbitration Reports, Volume 16, Issue 3, 2001, p. 26.

② See Emmanuel Gaillard & Philippe Pinsolle, The ICC Pre-Arbitral Referee: First Practical Experiences, Arbitration International, Volume 20, Issue 1, 2004, p. 13.

③ See M. I. M. Aboul-Enein, Issuing Interim Relief Measures in International Arbitration in the Arab States, Journal of World Investment, Volume 3, Issue 1, 2002, p. 81.

④ See Robert B. von Mehren, Rules of Arbitral Bodies Considered from a Practical Point of View, Journal of International Arbitration, Volume 9, Issue 3, 1992, pp. 105 & 111.

的一方作出不利的判断。①

我国现行法未规定仲裁庭发布临时措施制度，但一些机构仲裁规则引入了此制度，并且明确课予当事人遵守仲裁庭发布的临时措施的义务。例如，《上海自贸区仲裁规则》第 24 条规定："当事人应当遵守紧急仲裁庭及/或仲裁庭作出的临时措施决定。"《贸仲规则》第 23 条第 2 款也作了类似规定。不过，遗憾的是，上述仲裁规则没有进一步说明违反该义务所要承担的不利后果。

（2）当事人不服临时措施的救济方式。

对于仲裁庭发布的临时措施，当事人不服的，有何救济方式，尚不明确。从理论上说，为减少司法权对商事仲裁的干预和介入，大陆法系各国原则上禁止当事人对仲裁庭临时措施提起司法监督，即当事人不能请求法院撤销临时措施。我国《仲裁法》规定的撤销仲裁裁决制度，不能适用于临时措施，因为这里的"裁决"，特指仲裁庭就本案实体权利义务争议作出的终局裁决，不包括仲裁庭发布的临时措施。

2. 对仲裁庭的效力

仲裁庭所发布的临时措施，对其发布主体仲裁庭而言，也具有拘束力。其中，由于程序性临时措施本质上是就程序问题所作的临时性决定，因而其可以被仲裁庭在任何时间予以中止、变更或撤销。② 仲裁庭有权根据案情和仲裁程序的需要，根据当事人的申请或依职权加以调整或者发布新的临时措施。而对于实体性临时措施，仲裁庭虽然可以予以中止、变更或撤销，但应当限于法律或仲裁规则有明确规定的情形，即按照规定的条件、程序、期限进行。例如，由仲裁庭通过本案终局裁决一并回应临时措施是否中止、变更或撤销问题。而且，仲裁庭的所有临时措施都应当受仲裁庭作出的最终裁决的约束，即最后的终局裁决可以对先前的临时措施予以修改、中止或撤销。③ 当然，仲裁庭在作出终局裁决时，也会考虑以往所发出的仲裁临时措施。

3. 既判力与执行力

（1）既判力。

仲裁庭发布临时措施的效力与临时措施的形式、性质有一定关联。一般而言，仲裁庭以裁决形式作出的临时措施，性质上不同于以命令或其他形式作出的临时措施。尤其是对于实体性临时措施，仲裁庭会更加慎重，往往会进行听证和辩论，给利益相关方较为充分的程序保障，因此，与程序性临时措施不同，实体性临时措施可以具有更强的包括既判力在内的效力——在争议最终解决之前规制当事人之间的实体性关系并为仲裁裁决的终局执行提供保障。以至部分学者认为，实体性临时措施与《纽约公约》中所规定的仲裁裁决应当被等同看待，二者在效力和功能上并无根本区别。④

① 参见任明艳：《国际商事仲裁中临时保全措施研究》，99 页，上海，上海交通大学出版社，2010。

② See Laurence W. Craig, William W. Park & Jan Paulsson, International Chamber of Commerce Arbitration, New York: Oceana, 2000, p. 466; Michael Pryles, Interlocutory Orders and Convention Awards: The Case of Resort Condominiums v. Bolwell, Arbitration International, 1994, Volume 10, Issue 4, p. 385.

③ 参见任明艳：《国际商事仲裁中临时保全措施研究》，101 页，上海，上海交通大学出版社，2010。

④ See Ali Yesilirmak, Provisional Measures in International Commercial Arbitration, Kluwer Law International, 2005, p. 356.

（2）执行力。

仲裁庭临时措施具有可执行性、强制执行力，可以成为法院的强制执行依据。这一点已在德国、瑞士、瑞士、新加坡、英国等国家的法律和2006年《示范法》中，得到了确认。《德国民事诉讼法》第1041条第1、2款规定："当事人无其他约定时，仲裁庭依一方当事人的申请可以命令采取对争议标的所必要的暂时措施或保全措施。仲裁庭采取这些措施时可以要求任何一方当事人提供适当的担保。""法院依一方当事人的申请可以执行第1款的措施，但以另一方当事人未向法院申请相应的保护权利的暂时措施为限。法院认为为执行上述措施有必要时，可以发出其他的命令。"《新加坡国际仲裁法》第12条第7款、1996年《英国仲裁法》第44条第2款也对此作了规定。《示范法》第17H条第1款规定："仲裁庭发出的临时措施应被确认为具有约束力，并且除非仲裁庭另有规定，经向有管辖权的法院提出申请后加以执行。"根据此条，"不论该措施是在哪一国发出的"，均可寻求执行，因此允许临时措施在仲裁地之外获得执行。

近年来，仲裁法理论倾向于将仲裁庭发出的临时措施，解释为具有"终局性"特征，因为其处理了仲裁裁决作出之前关于救济的请求，应与可执行的仲裁裁决被等同看待，根据适用于仲裁裁决执行的基本规定进行执行。①

（二）法院发布仲裁临时措施的效力

1. 对当事人的效力

在大陆法系国家，法院发布仲裁临时措施，对当事人具有约束力。不服该临时措施的，法律规定有相应的救济。例如，《德国民事诉讼法》规定：当事人不服临时措施的判决的，可以提起二审控诉，但不得提起三审上告（第542条第2款）；如果是驳回假扣押裁定，败诉金额超过600欧元的，债权人可以提起二审即时抗告（第567条第1款第2项）；如果是假扣押裁定，债务人可以提出异议进行救济（第924条第1款），但异议不停止假扣押裁定的执行，必须通过言词辩论后的终局判决来判断假扣押裁定的合法性（第924条第2款第3项、第925条第1款）。②

我国《民诉法》将财产保全和行为保全两种临时措施的裁定，归属于人民法院作出的多种民事裁定的特殊类型，对于当事人无疑具有约束力。按照《民诉法》第111条的规定，不服法院作出的临时措施裁定的，当事人的救济途径，只能是复议，不能提起上诉，也不能主张异议。《民诉解释》第171条进一步明确了复议程序：当事人可以自收到裁定书之日起5日内向作出裁定的人民法院申请复议。人民法院应当在收到复议申请后10日内审查。裁定正确的，驳回当事人的申请；裁定不当的，变更或者撤销原裁定。

2. 对法院的效力

临时措施对作出的法院也有拘束力。《德国民事诉讼法》规定：法院应当将临时措施

① 参见［美］加里·B. 博恩：《国际仲裁法律与实践》，白麟、陈福勇等译，283页，北京，商务印书馆，2015。

② 参见［德］汉斯-约阿希姆·穆泽拉克：《德国民事诉讼法基础教程》，周翠译，429页，北京，中国政法大学出版社，2005。

的判决送达给双方当事人。但送达并非法院执行临时措施的前提要件，只要法院在执行1周之内补充送达即可。至于临时措施的裁定，法院仅依职权送达给保全申请人，而非被申请人，对于被申请人的送达由申请人自行完成，申请人在法院发布仲裁临时措施后，仍有机会斟酌决定是否真正动用临时措施以及是否通知给被申请人；法院作出的驳回申请裁定，应当正式送达给申请人，但不必通知给被申请人（第922条第3款），以便申请人可以提起二审上诉（抗告）（第576条第1款第2项）。①

在我国，法院发布的仲裁临时措施裁定，应当送达给当事人；由于该裁定不能上诉，按照《民诉法》第158条的规定，依法不准上诉的裁定，在送达后即发生法律效力，法院受其拘束。只有在《民诉法》明确规定的情况下，法院才能解除保全裁定或撤销保全裁定。

3. 既判力与执行力

（1）既判力。

法院发布的仲裁临时措施是否具有既判力，理论上虽有争议，但基本共识是承认其有限的既判力。德国学者一般认为，对于法院驳回临时措施申请的裁判，应当根据该裁判的具体情形分别判断：如果临时措施的申请因未能说明理由（疏明）而被法院驳回的，该裁判不产生既判力，申请人可以通过强化理由的说明或者借助其他证明手段，再次向法院提出仲裁临时措施的申请。但是，如果法院在裁判中否定了临时措施申请的理由的，该裁判具有既判力，申请人只有以前一临时措施裁判作出后出现的新事实理由为基础，才可以再次向法院申请仲裁临时措施。此际，前后两个临时措施申请的诉讼标的不同，在后的申请可以提起。②

在我国，学界对于仲裁财产保全裁定和行为保全裁定，多以其属于程序性裁定、不解决实体性争议为由，认为其没有既判力。因此，理论上，申请临时措施被法院裁定驳回的，不影响申请人再次向法院申请。实践中，有的法院禁止申请人基于同一理由再次提出申请，理论依据并非既判力，而是诉的利益理论，即认为申请人再次基于同一理由提出保全申请的，欠缺保护的利益，因而予以驳回。

（2）执行力。

法院认可申请人的保全申请所作的仲裁临时措施裁定，有明确的给付内容，符合强制执行法上关于执行依据构成要件的，均具有执行力。这一点，无论是大陆法系国家的假扣押、假处分，还是英美法系国家的临时禁令，概莫能外。

以德国为例：《德国民事诉讼法》第928条规定，除非存在特殊规定，临时措施裁判属于保全执行依据，其执行程序，准用民诉法强制执行的规定。

我国《民诉法》第235条规定，发生法律效力的法院判决、裁定，属于法定的执行依据，具有执行力，当事人可以申请作出裁定的人民法院或者与作出裁定的法院同级的被执行财产所在地的人民法院强制执行。人民法院发布的仲裁临时保全裁定，属于该条

① 参见周翠：《中外民事临时救济制度比较研究》，36－37页，北京，清华大学出版社，2014。

② 参见周翠：《中外民事临时救济制度比较研究》，38页，北京，清华大学出版社，2014。

规定的一种执行依据，有强制执行力，可以据此执行。①

问题与思考

1. 仲裁临时措施的类型和意义。

2. 仲裁保全决定权的分配模式。

3. 比较仲裁财产保全与行为保全的适用条件。

4. 仲裁庭作出的仲裁临时措施的法律效力。

5. 法院对仲裁活动的支持表现在下列哪些方面？（　）（司法考试真题）

A. 当事人在仲裁中申请财产保全且符合条件的，由人民法院裁定采取财产保全措施

B. 在仲裁过程中，出现妨害仲裁秩序的情形，仲裁委员会可以向法院请求排除妨碍

C. 具有给付内容的仲裁裁决生效后，在义务人拒不履行义务时，权利人可以向有关法院申请执行仲裁裁决

D. 法院可以以适当的方式对仲裁委员会的仲裁业务进行业务指导

6. 关于涉外民事诉讼及仲裁中相关问题的说法，下列哪一选项是错误的？（　　）（司法考试真题）

A. 涉外民事诉讼的财产保全，只能依申请开始，法院不能依职权进行

B. 涉外财产保全中的诉前财产保全，法院可以责令申请人提供担保

C. 涉外仲裁裁决在外国的承认与执行，只能由当事人向有关外国法院申请

D. 涉外民事判决的承认与执行，既可以由当事人向有管辖权的外国法院申请，也可以由人民法院请求外国法院承认与执行

7. 民事诉讼与民商事仲裁都是解决民事纠纷的有效方式，但两者在制度上有所区别。下列哪些选项是正确的？（　　）（司法考试真题）

A. 民事诉讼可以解决各类民事纠纷，仲裁不适用与身份关系有关的民事纠纷

B. 民事诉讼实行两审终审，仲裁实行一裁终局

C. 民事诉讼判决书需要审理案件的全体审判人员签署，仲裁裁决则可由部分仲裁庭成员签署

D. 民事诉讼中财产保全由法院负责执行，而仲裁机构不介入任何财产保全活动

8. 关于法院对仲裁的司法监督的说法，下列哪一选项是错误的？（　　）（司法考试真题）

A. 仲裁当事人申请财产保全，应当向仲裁机构申请，由仲裁机构将该申请移交给相关法院

B. 仲裁当事人申请撤销仲裁裁决被法院驳回，此后以相同理由申请不予执行，法院不予支持

C. 仲裁当事人在仲裁程序中没有提出对仲裁协议效力的异议，此后以仲裁协议无效为由申请撤销或不予执行，法院不予支持

---

① 参见肖建国主编：《民事执行法》，121页，北京，中国人民大学出版社，2014。

D. 申请撤销仲裁裁决或申请不予执行仲裁裁决程序中，法院可通知仲裁机构在一定期限内重新仲裁

9. 关于民事仲裁与民事诉讼的区别，下列哪一选项是正确的？（　　）（司法考试真题）

A. 具有给付内容的生效判决书都具有执行力，具有给付内容的生效裁决书没有执行力

B. 诉讼中当事人可以申请财产保全，在仲裁中不可以申请财产保全

C. 仲裁不需对案件进行开庭审理，诉讼原则上要对案件进行开庭审理

D. 仲裁机构是民间组织，法院是国家机关

10. 甲县的佳华公司与乙县的亿龙公司订立的烟叶买卖合同中约定，如果因为合同履行发生争议，应提交A仲裁委员会仲裁。佳华公司交货后，亿龙公司认为烟叶质量与约定不符，且正在霉变，遂准备提起仲裁，并对烟叶进行证据保全。关于本案的证据保全，下列哪些表述是正确的？（　　）（司法考试真题）

A. 在仲裁程序启动前，亿龙公司可直接向甲县人民法院申请证据保全

B. 在仲裁程序启动后，亿龙公司既可直接向甲县人民法院申请证据保全，也可向A仲裁委员会申请证据保全

C. 法院根据亿龙公司申请采取证据保全措施时，可要求其提供担保

D. A仲裁委员会收到保全申请后，应提交给烟叶所在地的中级人民法院

5 PART FIVE

|第五编|

仲裁裁决的撤销与执行

第十三章
仲裁裁决的撤销

本章概要

仲裁裁决的撤销是当事人或利害关系人对于生效的仲裁裁决诉请法院撤销以维护其合法权益的程序法律制度，也是国际公约、各国仲裁法或民事诉讼法确立的法院对仲裁进行司法监督的一种制度安排。撤销仲裁裁决以诉的方式提起，由民事审判机构合议审判，由申请人对其主张的撤销事由的存在承担举证责任。在撤销事由成立，且法院认为不必撤销仲裁裁决，而是由原仲裁庭重新仲裁以纠正原裁决瑕疵的情况下，重新仲裁程序启动，导致撤销仲裁裁决程序终结。因此，仲裁裁决的撤销程序与重新仲裁程序之间可能会出现程序的转换现象。

关键术语

仲裁裁决的撤销　撤销仲裁裁决之诉　撤销权　撤销事由　撤销程序　重新仲裁

课程思政

请收集仲裁机构负责人与仲裁员被依法追究刑事责任的案例，组织学生讨论如何避免仲裁员索贿受贿、徇私舞弊、枉法裁判等违法行为，引导学生树立科学的世界观、人生观、价值观和正确的权力观、地位观、利益观。

第一节　仲裁裁决的撤销概述

一、撤销仲裁裁决的概念、分类和意义

（一）撤销仲裁裁决的概念

1. 撤销仲裁裁决的含义

撤销仲裁裁决（setting aside，declaration of nullity），是指仲裁裁决作出和生效后，

如具备法律规定的条件和事由的，当事人或利害关系人有权提起诉讼，请求法院撤销该裁决以维护其合法权益的程序法律制度。1985 年《联合国国际商事仲裁示范法》采纳了这一制度。美国、德国、法国、日本等许多国家的有关立法都对撤销仲裁裁决的程序作了明确的规定。我国《仲裁法》第五章“申请撤销裁决”也确立了该制度。我国《劳动争议调解仲裁法》参照《仲裁法》的规定，也设置了撤销裁决的制度，但与《仲裁法》上的撤销制度有很大的差异，不属于本章论述的范围。①

2. 撤销仲裁裁决的主体与客体

在理解这一概念时，应当把握撤销仲裁裁决的主体与客体两个要素。

（1）仲裁裁决撤销权的主体归属。

仲裁裁决撤销权归属于法院。对于国内仲裁裁决而言，行使撤销权的法院比较容易确定；但对于国际仲裁裁决而言，因涉及当事人的国籍国、住所地国、仲裁地国、财产所在地国等数个国家，当事人请求撤销仲裁裁决时，究竟由哪一个国家的法院管辖就成为问题。目前普遍接受的观点及做法，是由作出仲裁裁决的本国法院行使管辖权，即一国法院只能对撤销本国的仲裁裁决之诉进行管辖。

在实践中，大多由仲裁地国法院管辖。根据《联合国国际商事仲裁示范法》第 1 条、第 34 条，撤销仲裁裁决由其本国管辖。1958 年《纽约公约》第 5 条第 1 款第 5 项规定，“裁决对各造尚无拘束力，或业经裁决地所在国或裁决所依据法律的国家之主管机关撤销或停止执行者”，承认仲裁地国以及裁决所依据的程序法所属国法院有权撤销仲裁裁决。

我国《仲裁法》第 58 条和第 70 条对我国法院撤销本国仲裁裁决（包括国内仲裁裁决和涉外仲裁裁决）作了规定。按照通行的理解，我国法院只能撤销本国仲裁裁决。

（2）仲裁裁决撤销权的客体范围。

仲裁裁决有中间裁决和最终（终局）裁决之分。最终（终局）裁决是仲裁庭在案件审理结束时就当事人提交仲裁的实体争议所作的终局性判断，对仲裁裁决的撤销，往往是针对最终（终局）裁决（包括部分裁决）而言的。

有疑问的是中间裁决能否被撤销。中间裁决，也称临时性裁决，是为了保障仲裁程序的顺利进行，由仲裁庭根据有关法律和仲裁规则就程序方面的问题作出的一种决定，并不属于通常所说的可予以强制执行的关于实体问题的仲裁裁决。由于中间裁决不针对当事人提出的仲裁请求，不解决当事人之间是非曲直的实质争议，因而当事人不履行中间裁决，并不影响仲裁庭对实体争议作出最终裁决。例如，根据《北仲规则》第 50 条第 2、3 款的规定，仲裁庭认为必要或者当事人申请经仲裁庭同意时，仲裁庭可以就案件争议的程序问题或者实体问题作出中间裁决；当事人不履行中间裁决，不影响仲裁程序的继续进行和最终裁决的作出。

---

① 对于《劳动争议调解仲裁法》第 47 条规定的仲裁裁决，用人单位有证据证明有下列情形之一的，可以自收到仲裁裁决书之日起 30 日内向劳动争议仲裁委员会所在地的中级人民法院申请撤销裁决：（1）适用法律、法规确有错误的；（2）劳动争议仲裁委员会无管辖权的；（3）违反法定程序的；（4）裁决所根据的证据是伪造的；（5）对方当事人隐瞒了足以影响公正裁决的证据的；（6）仲裁员在仲裁该案时有索贿受贿、徇私舞弊、枉法裁决行为的。人民法院经组成合议庭审查核实裁决有前述情形之一的，应当裁定撤销。仲裁裁决被法院裁定撤销的，当事人可以自收到裁定书之日起 15 日内就该劳动争议事项向人民法院提起诉讼。

从各国有关仲裁的立法初衷和司法实践看，对于撤销仲裁裁决，法律规定应该仅仅适用于仲裁庭就当事人之间实质的争议作出的终局裁决，包括部分裁决。由于中间裁决并没有处分当事人之间的实质争议，也不具有可强制执行性，所以，当事人或案外人对中间裁决有异议的，不得根据法律关于撤销仲裁裁决的规定向法院提出撤销中间裁决的请求。① 对于仲裁庭自裁管辖权的决定，当事人有异议的，也只能在有法律规定的情况下，依法请求法院就管辖权问题作出决定，而不能请求撤销仲裁庭的中间裁决。中间裁决同样也不能引起重新仲裁，因为重新仲裁只有在撤销程序中才能实现，既然当事人不能就中间裁决向法院申请撤销，自然也不能申请重新仲裁。当事人对中间裁决有异议时，可以向仲裁庭提出申请，请求仲裁庭加以修正，或者在终局裁决作出之后向法院申请撤销终局裁决，以保障自己的实体权益。

另外，国际仲裁实践普遍认为，中间裁决不具有终局性，仲裁庭在之后的审理过程中有可能对中间裁决作出修正或者补充，如果法院撤销中间裁决，则在很大程度上打击了仲裁庭决定程序性事项的权力，造成仲裁效率的低下；而对于程序性事项，诸如审计、检验等事项，进行司法审查进而决定是否应当撤销也会极大浪费司法资源，所以无论是从国际仲裁实践经验还是从学理上分析，不处理实体争议的中间裁决都不应当被法院撤销。因而当事人或案外人对中间裁决有异议的，不得向法院提出撤销中间裁决的请求。

鉴于仲裁裁决撤销权客体范围上的差异，一些国际仲裁机构的仲裁规则为了区分最终裁决与中间裁决，对仲裁庭处理先决或程序问题所作的决定采用了“指令”或“决定”等措辞，而非裁决；对判定当事人实质争议的终局性的决定，才采用了“裁决”的措辞。显而易见，这种区分对于识别和确定仲裁裁决撤销权的裁决类型，具有实际意义。

3. 撤销仲裁裁决与承认及执行仲裁裁决的区别

撤销仲裁裁决与承认及执行仲裁裁决虽然同属仲裁裁决作出之后法院对仲裁进行监督的手段，但是，两者又有显著的区别：

（1）程序的启动者不同。在撤销仲裁裁决程序中，裁决的申请人与被申请人，无论是胜诉方还是败诉方或者有利害关系的第三人，只要对仲裁裁决有异议，都可以向有管辖权的法院提起撤销之诉。而在承认与执行程序中，只有胜诉方才能就承认与执行仲裁裁决向有管辖权的法院提出申请，败诉方只有在胜诉方向法院申请后，才有机会向法院提出异议，而不能主动向法院提出异议；此外，胜诉方若对仲裁裁决不满，也无法提出异议。

（2）管辖的法院不同。法院一般只能管辖本国仲裁裁决的撤销问题，而不能撤销外国仲裁裁决；而在承认与执行程序中，不问仲裁裁决国籍如何，承认或者执行地法院对仲裁裁决在其所辖区域内的承认或执行问题都享有管辖权。

（3）法律后果不同。一项仲裁裁决，在一国被拒绝承认或执行，其法律效力并不因此丧失，它还可以在另一国获得承认或执行。而撤销仲裁裁决之诉属形成之诉，仲裁裁

---

① 美国 Fluor 法官认为，根据第二巡回上诉法院在 1980 年的先例，临时性裁决并不能被法院确认或者撤销。参见 Thomson Reuters，“Sdny Confirms Disposed of Claims in a Partial Awarded”，Dispute Resolution Journal 5，2007。

决的国籍国的撤销行为具有对世性，一项仲裁裁决在其本国被撤销后，就丧失了法律效力，在其他国家也就得不到承认或执行了。

(二) 撤销仲裁裁决的分类

根据仲裁裁决事项是否超出仲裁协议范围以及超范围裁决事项与其他裁决事项是否可分，可以将撤销仲裁裁决分为撤销全部仲裁裁决与撤销部分仲裁裁决两类。

1. 撤销全部仲裁裁决

在当事人没有仲裁协议、裁决的事项不属于仲裁协议的范围或者仲裁委员会无权仲裁、仲裁庭的组成或者仲裁的程序严重违反法定程序、裁决所根据的证据是伪造等情况下作出的裁决，缺乏正当性、合法性，申请人可以诉请法院全部撤销。撤销全部仲裁裁决，意味着仲裁程序全部归于无效。

2. 撤销部分仲裁裁决

所谓撤销部分仲裁裁决，是指仲裁机构作出的仲裁裁决，如果裁决事项超出当事人仲裁协议约定的范围，或者不属当事人申请仲裁的事项，并且上述事项与仲裁机构作出裁决的其他事项是可分的，法院可以基于当事人的申请，在查清事实后裁定撤销该超裁部分。我国《仲裁法解释》第 19 条第一句对此作了规定："当事人以仲裁裁决事项超出仲裁协议范围为由申请撤销仲裁裁决，经审查属实的，人民法院应当撤销仲裁裁决中的超裁部分。"

仲裁裁决虽然部分超出了仲裁协议的范围，但其他部分仍在仲裁协议范围之内，故维护该部分的效力并不违反当事人意思自治原则。超裁部分因欠缺仲裁协议基础，属于超越当事人授权、超越仲裁管辖权的仲裁行为，在当事人不能接受时，对可分的超裁部分撤销，维护合法仲裁裁决部分，有利于快速解决当事人之间的争议，符合当事人选择仲裁解决争议的初衷。因此，许多国家仲裁法或民事诉讼法确立了部分撤销制度。例如，1996 年《英国仲裁法》第 67 条规定，仲裁程序的一方当事人可以因仲裁庭无实体管辖权，要求法院裁定宣布仲裁庭就实体方面作出的裁决全部或部分无效，法院可以根据当事人的申请作出全部或部分撤销仲裁裁决的裁定。《德国民事诉讼法》第 1059 条第 2 款规定，裁决中的裁判超出了仲裁协议的范围，但仲裁裁决中属于仲裁程序中的争点的部分与不属于仲裁程序中争点的部分可以分开时，只能将后一部分撤销。《韩国仲裁法》第 36 条第 2 款、《瑞典仲裁法》第 34 条也作了相似的规定。[①]

一个例外情况是，如果超裁事项与裁决的其他事项不可分时，尽管应当维护不超裁部分的效力，但鉴于超裁部分与不超裁部分不能分开，事实上不可能仅撤销超裁部分，因此，法院只能撤销全部仲裁裁决。

---

① 《韩国仲裁法》第 36 条第 2 款规定：裁决涉及提交仲裁的条款中未规定或不属于其范围的争议，或者包括超越提交仲裁范围的事项作出的决定。如果就提交仲裁事项所作的决定可与就未提交仲裁事项所作决定分离，则只有包含就未提交仲裁的事项所作决定的部分裁决可以被撤销。《瑞典仲裁法》第 34 条规定：在仲裁裁决超出当事人签订的有效仲裁协议的范围时，法院可以全部或部分撤销仲裁裁决。

（三）撤销仲裁裁决的意义

撤销仲裁裁决具有救济和监督两层意义：一方面，申请撤销仲裁裁决权是法律赋予当事人、利害关系人的一项重要诉讼权利，撤销仲裁裁决为当事人、利害关系人提供了寻求司法救济来纠正错误仲裁裁决的重要手段；另一方面，撤销仲裁裁决也是法院对仲裁实施司法监督和司法控制的一种重要措施，它和法院裁决仲裁协议的效力、裁定不予执行仲裁裁决、对不服仲裁裁决的允许上诉审查等司法监督方式一起，共同构成仲裁制度有效性的保障，也是实现仲裁公正性的保证。虽然大多数国家的仲裁立法没有赋予当事人就仲裁裁决的法律或事实问题提起上诉的权利，但相当多的国家允许当事人通过仲裁裁决的撤销程序（procedure of setting aside award）寻求法院的司法救济。

二、撤销仲裁裁决之诉

（一）撤销仲裁裁决之诉的概念和意义

撤销仲裁裁决之诉，也称申请撤销仲裁裁决，是指对符合法定应予撤销情形的仲裁裁决，经由当事人提出申请，人民法院组成合议庭审查核实，裁定撤销仲裁裁决的行为。

我国《仲裁法》规定，仲裁实行一裁终局制：仲裁裁决一经作出，即发生法律效力，当事人不能就同一纠纷再向仲裁委员会申请仲裁，也不能就同一纠纷向人民法院起诉或上诉。一裁终局制度的确立，充分体现了尊重当事人意愿的原则，充分体现了仲裁方式快捷性的优点。然而，由于受到各种因素的影响，一些仲裁裁决也不可避免地可能出现不同程度的偏差或错误。《仲裁法》中设置申请撤销仲裁裁决这种程序监督机制，对确保仲裁裁决的合法性和正确性，具有非常重要的意义。

（二）撤销仲裁裁决之诉的法律性质

1. 学说争议

在大陆法系国家的民事诉讼法、仲裁法理论中，关于撤销仲裁裁决之诉的法律性质问题的争论由来已久，出现了给付之诉说、确认之诉说、形成之诉说等不同学说，其中形成之诉说，为学理与实务的通说。

（1）给付之诉说。该说主张，仲裁裁决由仲裁员而非法院作出，法院不得撤销。具体而言可分为两种学说，即消极的给付之诉说与积极的给付之诉说。消极的给付之诉说认为，原告提起撤销仲裁裁决之诉，是在请求法院命令对方不得主张仲裁裁决的效力，及对方不得为一定的意思表示（主张仲裁裁决的效力）。积极的给付之诉说认为，撤销仲裁裁决之诉系申请人请求法院作出判决命令执行机构停止、解除或撤销已依仲裁裁决实施的执行行为的诉讼。

（2）确认之诉说。这种观点认为，当事人订立仲裁条款的目的，是在取得有效的仲裁裁决。仲裁员作出的仲裁裁决若有瑕疵，则对当事人无拘束力可言，如双方当事人对此有争执，向法院提起撤销仲裁裁决之诉，虽名为“撤销”，却实为“确认”仲裁裁决对当事人没有拘束力，所以，撤销仲裁裁决之诉为确认之诉。

（3）形成之诉说。大陆法系的通说认为，撤销仲裁裁决之诉为诉讼法上的形成之诉。形成之诉是原告主张依照法院的判决创设、变更、消灭法律关系或其他事项的诉讼，而在撤销仲裁裁决之诉中，如果法院认为原告的主张有理，将仲裁裁决予以撤销，系以法院判决或裁定消灭仲裁裁决的效力，故其性质是形成之诉。

2. 本书观点

关于撤销仲裁裁决之诉的法律性质问题，需要分两个层面进行说明。

（1）撤销仲裁裁决之诉的争讼性质与非讼性质。

争讼程序与非讼程序的本质区别在于两方面：一是是否存在对立的双方当事人，二是双方当事人是否对具体的民事实体法律关系或者民事权益存在争议。撤销仲裁裁决之诉解决的是当事人之间的实体权利义务纠纷，且客观上存在实质上对立的双方当事人，故撤销仲裁裁决之诉具有争讼程序性质。

本书认为：撤销仲裁裁决是法院运用司法权对仲裁裁决进行司法监督的一种形式。这种监督，无论从制度渊源还是法理基础上看，都属于争讼程序的性质。法院对于撤销仲裁裁决之诉，比照仲裁裁决的上诉加以处理，因此，应当按照通常的民事审判程序审理撤销仲裁裁决案件。①

我们注意到，在2020年12月29日最高人民法院发布的《民事案件案由规定》中，“申请撤销仲裁裁决”被列为“非讼程序案件案由”之一种。而所谓的“适用特殊程序案件案由”，基本上属于非讼事件或者临时救济程序，如申请确定监护人、申请宣告死亡、申请诉前保全、申请海事强制令、申请承认和执行判决等。由此可以看出，最高人民法院似乎有意将撤销仲裁裁决之诉视同非讼程序。而这种理解和案由设置，显然是不正确的，应当明确将撤销仲裁裁决之诉列入争讼程序。

（2）争讼性撤销仲裁裁决之诉的法律性质。

作为争讼性的撤销仲裁裁决之诉，在法律性质上进一步面临着确认之诉说、给付之诉说、形成之诉说的争议。本书赞成形成之诉说，理由如下：

首先，当仲裁裁决存在程序违法或法律上的瑕疵时，申请人就取得了程序法上的撤销权。申请人享有的撤销权，在性质上属形成权。法院如果认为原告的形成权存在，而作出了撤销仲裁裁决的裁定或判决，是以判决或裁决的形式直接形成了法律上的效果，变更了过去的法律关系状态，因此，当事人以形成权为依据，向法院提起的撤销仲裁裁决之诉，应为形成之诉。

其次，根据有关国际法律文件和国内法律的规定，当事人行使撤销权，提起撤销仲裁裁决之诉，都要受到除斥期间的限制，如果当事人在规定的期间内没有行使该权利，则该仲裁裁决即使存在瑕疵，仍然有效。由此可见，仲裁裁决在未被撤销前是有效的，因法院的撤销而变成无效。因此，撤销仲裁裁决之诉为形成之诉。

再次，给付之诉说不足信。法院对于有瑕疵的仲裁裁决，基于当事人的申请，依照

---

① 例如，《希腊民事诉讼法》第899条规定：当事人和任何有法律上利害关系的人提起的撤销仲裁裁决的诉讼，适用民事诉讼法第545条关于审判程序的规定。

法律的规定，可以撤销该裁决，使仲裁裁决失去效力，并非仅仅命被告不得主张仲裁裁决的效力；如果法院命被告不得主张仲裁裁决的效力，似乎已经承认仲裁裁决效力的存在，只是被告不得主张而已，这不符合逻辑。另外，给付之诉说认为，仲裁裁决由仲裁员而非法官作成，因此法院不得撤销其效力，也难以令人信服。

最后，确认之诉说也不可取。在撤销仲裁裁决之诉中，法院如果认为原告的申请有理由，则将有瑕疵的仲裁裁决撤销，而非仅仅确认其效力的存在与否。

三、撤销仲裁裁决制度的存废问题

(一) 关于撤销程序存废的理论争议

在仲裁法学界，对撤销仲裁裁决制度是否有必要存在有不同的观点，主要有肯定说与否定说。

1. 否定说

该说认为，撤销仲裁裁决制度会带来程序上的拖延以及法院对仲裁程序的过度监督问题。其主要理由为①：

(1) 既然采纳了拒绝执行（不予执行）仲裁裁决程序，再规定撤销程序，会导致对仲裁的双重监督和控制（double judicial control）；况且，不予执行仲裁裁决的条件和撤销仲裁裁决的条件基本上是一致的，没有必要再规定撤销程序，增加一个程序。

(2) 撤销程序带来不必要的拖延。

(3) 仲裁地法院不应过多干预国际商事仲裁。当事人选择仲裁地往往基于便利的考虑，而不愿意受仲裁地法的调整和约束。

2. 肯定说

肯定说认为，撤销仲裁裁决制度有必要设立、有必要继续存在。这是目前仲裁理论与实践的主流观点。其理由主要有②：

(1) 兼采不予执行仲裁裁决和撤销仲裁裁决程序确实会带来法院对仲裁的双重司法监督和司法控制问题。若单从免除法院对仲裁的双重审查的角度出发，取消撤销制度是有一定裨益的。但是，取消该制度，会给仲裁带来许多不利，与采取撤销程序的不利相比，前者大于后者，两害相较取其轻，仍应采纳撤销程序。这些不利主要有：1) 裁决的撤销不同于不予执行，在不予执行中，败诉方不能主动就仲裁裁决的效力提出异议，而只能在胜诉方申请承认与执行仲裁裁决时提出。2) 如果对仲裁裁决持异议的是仲裁请求被驳回的一方当事人，则剥夺了他对仲裁裁决表示异议、寻求法律救济的权利；同时，胜诉方若对仲裁裁决不满，也无法寻求法律救济。3) 对于涉外裁决而言，将会导致“挑选执行”（enforcement shopping），胜诉方可以在多国同时或先后申请执行；对仲裁裁决有异议的败诉方因无法申请撤销裁决，而不得不在多个国家和地区的法院的司法程序中

---

① 参见赵健：《国际商事仲裁的司法监督》，240页，北京，法律出版社，2000。

② 参见赵健：《国际商事仲裁的司法监督》，241-242页，北京，法律出版社，2000。

对仲裁裁决提出异议。

（2）在某些国家，撤销程序确实带来不必要的拖延。但是，克服这种缺陷并不一定只有取消撤销程序这一种办法。实际上，近来的仲裁立法已经注意到这一问题，并通过多种方式克服或尽量避免可能造成的拖延，比如：规定一个较短的提出撤销仲裁裁决之诉的期间；将有权受理撤销仲裁裁决之诉的法院限制在一个较高的审级，且一裁终局，例如，根据瑞士法律，当事人只能向最高法院（Tribunal Federal）申请撤销仲裁裁决。

此外，根据1958年《纽约公约》，仲裁裁决国籍国撤销仲裁裁决之诉程序的开始，并没有关闭在其他国家寻求承认与执行的大门。按照该公约第6条的规定，如果当事人已向公约第5条规定的国家的主管机关申请撤销仲裁裁决，则受理承认与执行该仲裁裁决的国家的主管机关“得（may）于其认为适当时延缓关于执行裁决之决定，并得依请求执行一造之声请，命他造提供妥适之担保”。这里的“得”和“于其认为适当时”表明，承认与执行仲裁裁决地的法院对是否延缓作出执行仲裁裁决的决定拥有自由裁量权，它可以根据具体案情，延缓作出执行仲裁裁决的决定或者尽速决定执行仲裁裁决，从而既可以有效地制止和防范当事人单纯为拖延执行仲裁裁决而恶意提起撤销仲裁裁决之诉，保障仲裁裁决胜诉方的合法权益，同时又能够维护申请撤销仲裁裁决的当事人的权益。

至于在仲裁裁决的本国提起撤销仲裁裁决之诉，能否中止在其本国的执行程序，则取决于各国的规定。《法国民事诉讼法》第1506条规定，撤销国际商事仲裁裁决程序启动后，执行程序即被中止。而按照《荷兰民事诉讼法》第1066条和《瑞士仲裁协约》第38条的规定，撤销仲裁裁决之诉并不具有中止执行程序的效力。

由此可见，撤销仲裁裁决程序可能导致的拖延是可以通过完善的立法而缩短或者尽量予以避免的。

（3）否定法院监督仲裁的观点不符合国际商事仲裁的现实。国际商事仲裁不可能不受仲裁地法的调整，同时，它也需要仲裁地法和仲裁地法院的支持。

（二）我国的立场

我国在起草《仲裁法》过程中，对是否规定撤销仲裁裁决制度也发生了激烈的争论。反对者提出：申请撤销仲裁裁决的条件与不予执行仲裁裁决的条件没有什么区别，当事人对仲裁裁决有异议的，可以在执行程序中提出，法院可以根据当事人的申请对仲裁裁决实施审查，没有必要再规定撤销程序，对仲裁施行双重监督。如果仲裁裁决出现文字、计算、打印等此类性质的错误，仲裁庭可以依据当事人的申请或者自行予以补正，更无必要因此废弃仲裁裁决。规定撤销仲裁裁决程序，实际上造成又裁又审，不符合或裁或审和一裁终局的基本原则。

赞成者主张：（1）仲裁立法要从中国实际出发，目前中国仲裁的实际状况是：仲裁机构过多，仲裁员素质较低，仲裁程序不规范等。在《仲裁法》规定一裁终局后，需要加强法院的司法监督，仅仅依靠法院在执行程序中的监督是不够的，还须再设立撤销仲裁裁决的程序。（2）撤销仲裁裁决不同于不予执行，不能因为二者事由相同，就将它们混为一谈，而否定撤销仲裁裁决制度。（3）世界上多数国家的仲裁法关于撤销仲裁裁决的情形与不予执行的情形是有区别的。（4）规定撤销仲裁裁决制度，符合仲裁制度本身的需要，符合国际社会发展的趋势，也和世界上多数国家的仲裁法的规定相一致。①

经过争论，赞成者的观点获得支持。全国人大常委会法工委在《关于中华人民共和国仲裁法（草案）的说明》中解释道，“规定申请撤销裁决的程序，有利于保护当事人的合法权益，减少仲裁工作中的失误，美国、德国、法国、日本等许多国家都有这样的程序”。立法者最终采纳了赞成者的观点，在《仲裁法》中设立了撤销仲裁裁决制度。

基于前述，本书认为，《仲裁法》规定撤销仲裁裁决制度是正确的选择。至于将来修改《仲裁法》时是否保留不予执行制度，换言之，未来我国是否继续维持撤销裁决和不予执行的双重司法监督方式，则需要进一步斟酌。对此，学界意见不一。有学者认为两者虽有相同之处，但在本质上有着区别，发挥着不同的功能，不可相互取代。也有学者认为，从双轨走向并轨后，有必要废除不予执行制度，仅保留撤销仲裁裁决制度。理由如下：第一，不予执行制度与撤销仲裁裁决制度的功能设置基本相同，两种监督方式并存在法理上形成悖论，有立法重复之嫌，并造成司法资源浪费；第二，两种监督方式并存容易被当事人滥用，有悖于仲裁的效率性。②

在司法实务中，确实存在当事人因不愿意履行仲裁裁决，而同时采用两种方式来拖延执行程序的情形。这不利于保护另一方当事人的权利，因此，可以考虑对于国内仲裁裁决的司法监督，只保留撤销仲裁裁决。

第二节　撤销仲裁裁决的事由

一、撤销仲裁裁决的事由概说

（一）概念

撤销仲裁裁决的事由，即法院据以撤销仲裁裁决的原因和依据。

根据法律中关于撤销裁决程序的规定，当事人可以以仲裁过程中影响仲裁裁决的一些基本的不当行为作为理由，向法院提出撤销仲裁裁决的申请。如果当事人提出的理由成立，则法院撤销仲裁裁决或依照法律规定将裁决发回给仲裁庭重新审理。这些可能影响仲裁裁决的基本的不当行为主要关系到仲裁程序或仲裁庭管辖权方面的问题，而不关系到仲裁裁决是否存在着法律或事实上的错误。

（二）各国关于撤销仲裁裁决事由的规定

1. 美国

《美国联邦仲裁法》第10条就撤销仲裁裁决的理由作了明确规定：（1）裁决以贿赂、

---

① 参见全国人大常委会法制工作委员会民法室、中国国际经济贸易仲裁委员会秘书局编：《中华人民共和国仲裁法全书》，56-57页，北京，法律出版社，1995。

② 参见贺晓翊：《从双轨走向并轨：我国国内仲裁与涉外仲裁司法审查制度之反思与重构》，载《人民司法》，2013（17）。

欺诈或者不正当方法取得；（2）仲裁员全体或者任何一人显然有偏袒或者贪污情形；（3）仲裁庭有拒绝延期审理的请求的错误行为，有拒绝审理适当和实质性的证据的错误行为或者有损害当事人权利的其他错误行为；（4）仲裁庭超越权力或者没有充分运用权力，以致对仲裁事件没有作出共同的、终局的和确定的裁决。

2. 希腊

《希腊民事诉讼法》第 897 条规定：仲裁裁决只能在下列情形下，由法院以判决撤销其全部或一部：（1）仲裁协议无效；（2）仲裁协议过期后作出的裁决；（3）作出仲裁裁决的仲裁员违反了仲裁协议的规定，或是违反法律而指定的，或被当事人撤换或尽管已经承认对他们提出的回避，他们还是作出裁决；（4）作出裁决的仲裁员的行为越出了仲裁协议当事人或法律所赋予的权力；（5）违反第 886 条第 2 款、第 891 条、第 892 条的规定；（6）裁决与公共政策或良好道德相悖；（7）裁决无法理解或存在自相矛盾的内容；（8）存在第 544 条所规定的再审原因。

3. 荷兰

《荷兰民事诉讼法》第 1065 条规定，裁决的撤销仅在下列一个或几个情形下才能成立：（1）缺乏有效的仲裁协议，但参加仲裁程序的当事人在提交答辩后不得在仲裁程序或法院程序中提出此类抗辩；（2）仲裁庭的组成违反适用的规则，但参加组成仲裁庭的一方当事人不得以仲裁庭的组成违反适用规则为由，在仲裁程序或法院程序中抗辩仲裁庭没有管辖权；（3）仲裁庭未遵守其委任，但如果援引该理由的当事人参加仲裁程序时知道仲裁庭没有遵守其委任却没有援引该理由的除外；（4）裁决未按照第 1057 条规定签署或附具理由；（5）裁决或其作出方式违反公正秩序或善良风俗。

4. 澳大利亚

在澳大利亚，当事人在两种情况下可以向法院申请撤销仲裁裁决：（1）仲裁员在某些方面存在行为不端（misconduct）或仲裁员对仲裁程序处理不当或行为不正；（2）仲裁或裁决是不适当（improperly）取得的。

5. 英国

1996 年《英国仲裁法》为对裁决有异议的当事人确立了三种补救方法。这三种补救方法实际上是将上诉和撤销程序结合为一体。当事人上诉的理由如果成立，法院将根据法律规定作出裁定，包括作出撤销仲裁裁决的裁定或发回仲裁裁定。三种补救方法如下：（1）就仲裁庭的实质管辖权（substantive jurisdiction）提出异议；（2）就严重的缺陷（serious irregularity）对裁决提出异议；（3）就英国法的问题（appeal on English law）对裁决提出异议。

6. 法国

关于撤销仲裁裁决的理由，《法国民事诉讼法》第 1484 条规定如下：（1）不存在一项仲裁协议，或者仲裁协议存在，但仲裁协议无效或者仲裁协议过期；（2）仲裁庭的组成不符合规则或者独任仲裁员的指定不符合规则；（3）仲裁员不按照授予他的使命进行仲裁；（4）未尊重正当程序；（5）违反公共政策。

7. 奥地利

《奥地利民事诉讼法》第 595 条规定仲裁裁决应撤销的如下事由：（1）不存在符合第 577 条的仲裁协议，在作出裁决前仲裁协议已无效或停止对特定案件的效力，或者一方当事人由于其他地位不能订立仲裁协议；（2）申请撤销裁决的一方当事人在仲裁员进行的程序中不能陈述案件或者如果法律要求由代理人或监护人代理但在程序中没有这样代理的（在后一种情况下程序后来适当修正的除外）；（3）法律或合同关于组成仲裁庭或作出决定的方式的规定没被遵守或者如果裁决书原本尚未按照第 592 条第 2 款的规定签署；（4）仲裁员回避的要求被仲裁庭不正当地拒绝；（5）仲裁庭处理的事项超出提交给它的范围；（6）裁决违反奥地利法律制度的基本原则或者违反法律的强制规定（该规定的适用不能由当事人通过法律选择而排除）；（7）存在根据第 530 条第 1 款第 1 至 7 项请求撤销法院判决和重审案件的条件。

8. 韩国

2002 年 1 月 26 日修订的《韩国仲裁法》第 36 条规定了申请法院撤销裁决的事由：（1）对裁决的追诉仅限于向法院申请撤销裁决。（2）法院仅可以在下列情况下撤销裁决：1）请求撤销的当事人举证证明：A. 根据准据法，仲裁协议的一方当事人存在无行为能力的情形，或者根据当事人约定的法律，或在不明确的情况下根据韩国的法律，仲裁协议无效；B. 申请撤销的一方当事人未得到指定仲裁员或关于仲裁程序的适当通知，或因其他原因无法陈述其主张；C. 仲裁裁决所针对的争议不属于提交仲裁的范围，或裁决中包含未提交仲裁的事项。如果可裁决之事项可以与未提交仲裁的事项分离，仅应撤销就超出可裁决事项部分所作出的裁决；D. 仲裁庭的组成或仲裁程序与当事人约定的不符，除非该约定与当事人不可违背的本法相抵触；或，如当事人无此约定，与本法不符。2）法院自行认定：A. 根据韩国法律，争议标的不能通过仲裁解决；B. 裁决的承认和执行与韩国的公共道德或其他公共政策相抵触。

9. 新西兰

依据新西兰的法律规定，具备如下事由之一的，可以撤销仲裁裁决：（1）仲裁协议的当事人不具有完全行为能力，或根据当事人约定的法律，在无此约定时根据新西兰法律，仲裁协议是无效的；（2）没有给予当事人指定仲裁员或进行仲裁的适当的通知或当事人因此未能就案件进行陈述的；（3）仲裁裁决处理了未提交的争议，或某些决定超出了提请仲裁的范围，如果这些决定可以与其他决定区分，则撤销超出提起仲裁范围的裁决部分；（4）仲裁庭的组成或仲裁程序不符合当事人的约定的；（5）依照新西兰法律，争议的客体属于不可仲裁事项的；（6）仲裁裁决与新西兰公共政策相抵触的。

此外，芬兰、德国、匈牙利、加拿大、丹麦、秘鲁、西班牙、土耳其等国在其民事诉讼法或仲裁法中，对于仲裁裁决撤销的事由也作了类似的规定。

（三）《示范法》对各国立法的影响

综观有关国际立法和国内立法，尤其是在 1985 年《示范法》制定后，各国纷纷以示范法为蓝本或参考，制定、革新其国内仲裁立法——在仲裁的历史发展进程中，出现了前所未有的仲裁立法革新化和统一化热潮。

《示范法》第34条明确规定，法院只有在下列情况下才能撤销裁决：

1. 提出撤销裁决申请的一方当事人提出证据证明：(1) 仲裁协议的一方当事人缺乏行为能力，或根据当事人约定的准据法，或者当事人未有约定时，依照本国法，上述仲裁协议是无效的；或 (2) 提出申请的一方当事人未获得指定仲裁员或者仲裁程序的适当通知，或因他故，未能陈述案情的；(3) 裁决超裁，但如果超裁部分能够与未超裁事项区分的话，则只可以撤销超裁部分的裁决；或 (4) 仲裁庭的组成或仲裁程序与当事人的协议不一致，但当事人的协议不得与示范法的强制规定相背离；或者当事人没有协议的，则与示范法不符。

2. 如果法院认为，根据本国法，争议不具有可仲裁性，或者裁决与本国的公共秩序相抵触，则法院也可撤销裁决。

从上述列举的各国立法规定来看，撤销仲裁裁决的事由虽不完全相同，但大致是一致或近似的。总体而言，可以把大多数国家允许对仲裁裁决提出异议的理由分为五类：仲裁员个人不当行为的问题（如贿赂、欺诈、偏袒、偏见和违反自然公正原则）、裁决本身的问题、仲裁庭管辖权方面的问题、仲裁程序问题、公共政策问题。其中，由当事人提出的理由限于前四类，而公共政策属于法院考虑的范围。具体言之，可归为以下几种情形：(1) 缺乏有效的仲裁协议；(2) 仲裁程序违反正当程序（due process）或自然正义（natural justice）；(3) 仲裁庭无权或越权仲裁；(4) 仲裁庭的组成或仲裁程序的进行违反应予遵守的法律或规则；(5) 裁决在形式上缺乏有效性（例如，仲裁员未署名，裁决应当却没有附具理由等）；(6) 裁决的事项不具有可仲裁性；(7) 违反公共秩序（public order）或公共政策（public policy），公共秩序的概念并不明确，在适用上具有极大的灵活性和不确定性，它既包括程序方面的内容，也牵涉实体范畴的内容。

上述7类事项，除第6、7类涉及或者可能涉及实体内容外，其余均为程序事项，在撤销仲裁裁决中，法院只审查程序不审查实体是一项为绝大多数国家所普遍接受和遵循的基本原则。

二、我国撤销仲裁裁决的事由

（一）我国撤销仲裁裁决的事由概述

我国《仲裁法》区别国内仲裁裁决与涉外仲裁裁决，对二者分别规定了不同的撤销仲裁裁决的事由，实际上赋予了涉外仲裁以优惠的待遇。根据《仲裁法》第58条，撤销国内仲裁裁决的事由为：(1) 没有仲裁协议的；(2) 裁决的事项不属于仲裁协议的范围或者仲裁委员会无权仲裁的；(3) 仲裁庭的组成或者仲裁的程序违反法定程序的；(4) 裁决所根据的证据是伪造的；(5) 对方当事人隐瞒了足以影响公正裁决的证据的；(6) 仲裁员在仲裁该案时有索贿受贿、徇私舞弊、枉法裁决行为的；(7) 法院认定裁决违背社会公共利益的。在上述事由中，第1～3项，属程序审查的范畴；第4～5项，属实体问题；第6项涉及仲裁员道德行为准则及实体问题；第7项则是公共秩序的内容。从这一规定来看，法院在撤销国内仲裁裁决时，既审查仲裁程序，也审查裁决的实体内容——审查的范围还是比较广泛的。

依照《仲裁法》第70条，撤销涉外仲裁裁决的事由规定在《民事诉讼法》第281条第1款，具体为：(1) 当事人在合同中没有订有仲裁条款或者事后没有达成书面仲裁协议的；(2) 被申请人没有得到指定仲裁员或者进行仲裁程序的通知，或者由于其他不属于被申请人负责的原因未能陈述意见的；(3) 仲裁庭的组成或者仲裁的程序与仲裁规则不符的；(4) 裁决的事项不属于仲裁协议的范围或者仲裁机构无权仲裁的。从上述规定来看，法院对涉外仲裁裁决只进行程序审查，而不审查裁决的实体。这与国际社会的普遍实践是一致的。

在我国近年的司法实践中，最高人民法院及地方各级人民法院在处理撤销裁决案件时，有意识地减少对实体问题进行不必要的干涉。法院只有在明显违反程序或明显可能存在不公正的情形时，才会对实体问题进行干预；而且即便进行干预，大多也是以证据的合法性问题（如《仲裁法》第58条规定的伪造证据或隐瞒证据）等不与实体争议直接关联的方式作为切入口。

（二）我国撤销仲裁裁决的事由分析

1. 没有仲裁协议

仲裁协议是当事人自愿将他们之间的争议提交仲裁解决的书面文件，是当事人申请仲裁和仲裁机构受理当事人的仲裁申请的前提和基础。仲裁协议是仲裁庭仲裁权的来源，是仲裁制度的基础。对于没有仲裁协议而申请仲裁的，仲裁机构不予受理，更不能对案件作出裁决。如果仲裁机构对没有仲裁协议的纠纷案件予以受理并作出了裁决，则违反了当事人自愿的原则，该仲裁裁决也就是违法裁决，当事人有权向人民法院申请撤销此裁决。

"没有仲裁协议"包括三种情形：当事人没有达成仲裁协议、仲裁协议被认定无效或被依法撤销。

(1) 当事人没有达成仲裁协议。

按照《仲裁法》第16条第1款的规定，仲裁协议包括合同中订立的仲裁条款和以其他书面方式在纠纷发生前或者纠纷发生后达成的仲裁协议书。仲裁协议是以一种契约的形式存在的、载明将纠纷提交仲裁的意思表示，无论是当事人在合同中订立的仲裁条款还是事前或事后达成的单独的仲裁协议书，都属于当事人达成的仲裁协议。如果当事人没有达成仲裁协议，也就是说，当事人之间没有仲裁的合意。①

---

① 保险人在保险事故发生后，依合同进行了理赔，其后取得了代位求偿的权利。在此种情况下，保险人对债务人追偿是否需要受原合同中仲裁条款的约束？最高人民法院在《〈关于中国人民财产保险股份有限公司深圳市分公司诉广州远洋运输公司海上货物运输合同货损纠纷一案仲裁条款效力问题的请示〉的复函》（[2005] 民四他字第29号）中对这一问题作出了回应。最高法院认为：缔约双方订立运输合同，其中有有效的仲裁条款。合同一方与保险人订立保险合同。保险事故发生后，保险人进行理赔，并行使代位求偿的权利。"由于保险人不是协商订立仲裁条款的当事人，仲裁条款并非保险人的意思表示，除非保险人明确表示接受，否则提单仲裁条款对保险人不具有约束力。"从最高人民法院的批复可知，保险人与债务人之间由于欠缺仲裁的合意，没有达成仲裁协议；不过，当保险人明确表示接受原合同仲裁条款时，批复又认为保险人与债务人之间形成了仲裁协议，从而受原合同中仲裁条款的约束。

在识别和判断当事人是否达成仲裁协议时，应注意以下几个问题：

一是仲裁协议的书面形式。《仲裁法》规定，仲裁协议应当是书面的。所谓“书面形式”，《纽约公约》第2条第2款指“当事人所签订或在往来函电中所载明的仲裁条款或仲裁协议书”。1985年《联合国国际商事仲裁示范法》第7条第2款规定，仲裁协议满足下述情况之一即为书面的：第一，仲裁协议于当事人签字的文件中；第二，仲裁协议载于当事人往来的书信、电传、电报或者提供记录的其他电信手段中；第三，在申请书和答辩书中一方当事人声称有仲裁协议，他方未否认的；第四，在合同中援引载有仲裁条款的一文件，如该合同是书面的且援引足以使该仲裁条款成为合同的一部分。虽然该规定对“书面”的解释已拓展了书面的范围，但仍遭到批评。原因在于，当今的贸易中，有许多合同甚至书面合同，都没有书面签字，示范法将没有签字的合同排除在“书面”之外。根据《民法典》第469条的规定，书面形式是指“合同书、信件、电报、电传、传真等可以有形地表现所载内容的形式”，但“以电子数据交换、电子邮件等方式能够有形地表现所载内容，并可以随时调取查用的数据电文”亦被视为“书面形式”。这种解释符合国际商事仲裁领域对仲裁协议书面化的认定趋势。仲裁法不承认以口头形式达成的仲裁协议，也不承认非口头非书面的其他形式达成的仲裁协议。

二是未经当事人签署的书面通讯记录也可构成仲裁协议。在实践中，存在当事人双方通过传真等互换含有仲裁意向的合同，但缺少一方或者双方当事人原始签名的情形。根据《民法典》有关合同订立的规定，互换本身就表示了相互间意思表示一致的关系，可以认定当事人之间达成了仲裁的合意。

三是援引包含仲裁条款的合同等书面文件也可以表明当事人达成了仲裁协议。这一点得到了《联合国国际商事仲裁示范法》第7条第2款、《最高人民法院关于涉蒙经济合同未直接约定仲裁条款如何认定案件管辖权的复函》（法函〔1996〕177号）的确认。①

四是仲裁过程中一方当事人声称有仲裁协议而对方当事人不予否认的处理。目前同时存在以下两种相反的处理依据和处理结果：第一，默认仲裁管辖权的存在。《联合国国际商事仲裁示范法》第7条第2款、《仲裁协议无效意见》的态度是：一方当事人声称有仲裁协议，他方未否认的，视为有仲裁协议。② 第二，默认当事人放弃仲裁协议。《仲裁法》第26条规定，如果存在仲裁协议，且一方当事人向人民法院起诉，对方当事人“在

① 《联合国国际商事仲裁示范法》第7条第2款规定：仲裁协议应是书面的协议，如载于当事各方签字的文件中，或载于外来的书信、电传或提供协议记录的其他电讯手段中，或在申诉书和答辩书的交换中，当事一方声称有协议而当事他方不否认即为书面协议。在合同中提出书面的而且这种参照足以使该仲裁条款构成该合同的一部分的话。《最高人民法院关于涉蒙经济合同未直接约定仲裁条款如何认定案件管辖权的复函》（已失效——编者注）指出：中外双方当事人订立的外贸合同中约定合同未尽事宜适用中国和蒙古国之间的交货共同条件的，因该交货共同条件即1988年11月4日《中华人民共和国对外经济贸易部和蒙古人民共和国对外经济供应部关于双方对外贸易机构之间相互交货共同条件的议定书》规定了因合同所发生或者与合同有关的一切争议在双方达不成协商解决的协议时，应以仲裁方式解决，并规定了具体办法，故应认定当事人自愿选择通过仲裁方式解决其纠纷，人民法院不应受理因该类合同引起的纠纷。

② 最高人民法院2002年6月20日《关于仲裁协议无效是否可以裁定不予执行的处理意见》指出：当事人未向法院起诉而选择仲裁应诉的，应视为当事人对仲裁庭管辖权的认可。招商银行在仲裁裁决前未向人民法院起诉，而参加仲裁应诉，应视为其对仲裁庭关于管辖权争议的裁决的认可。

首次开庭前未对人民法院受理该案提出异议的，视为放弃仲裁协议，人民法院应当继续审理”。可见，《仲裁法》没有默认仲裁管辖权的规定，却存在默认当事人放弃仲裁协议的规定。

本书认为，从理论上讲，仲裁协议属于仲裁管辖权的取得要件，以及法院管辖权的抗辩要件，因此，仲裁庭有义务主动审查以仲裁协议为基础的仲裁管辖权是否存在，而法院只有在当事人对司法管辖权提出仲裁抗辩（管辖权异议）的情况下，才会被动审查仲裁协议存在与否。据此，本书赞同《仲裁法》第 26 条所采取的默认当事人放弃仲裁协议的立场。当然，此类情况究竟如何解决，尚待最高人民法院进一步明示。

（2）仲裁协议无效。

一个有效的仲裁协议，既必须具备一般有效合同应当具备的各种要件，还必须符合《仲裁法》有关仲裁协议有效的特殊规定。前者主要包括当事人具有行为能力、意思表示真实、形式合法、内容不违反法律和行政法规的强行性规定及社会公共利益；后者主要是指仲裁协议约定的仲裁事项必须具有可仲裁性、仲裁协议必须明确选定仲裁机构。《仲裁法》第 58 条未明确将无效和应予撤销的仲裁协议作为撤销仲裁裁决的法定事由，同时，《仲裁法解释》第 18 条第二句又规定：“仲裁协议被认定无效或者被撤销的，视为没有仲裁协议。”仲裁协议被认定为无效或者被撤销的，就自始不产生任何效力，依据这样的仲裁协议作出的裁决就失去了应有的基础。

不过，以仲裁协议无效为由申请撤销仲裁裁决，也存在一定的限制。《仲裁法解释》第 27 条规定：当事人在仲裁程序中未对仲裁协议的效力提出异议，在仲裁裁决作出后以仲裁协议无效为由主张撤销仲裁裁决的，人民法院不予支持。当事人在仲裁程序中对仲裁协议的效力提出异议，在仲裁裁决作出后又以此为由主张撤销仲裁裁决，经审查符合《仲裁法》第 58 条或者《民事诉讼法》第 244 条、第 281 条规定的，人民法院才应当予以支持。

（3）仲裁协议被依法撤销。

仲裁协议作为合同的一种，也当然适用《民法典》有关民事法律行为撤销的规定。根据《民法典》第 147～151 条的规定，因重大误解订立的合同、在订立合同时显失公平的合同，以及一方以欺诈、胁迫的手段或者乘人之危，使对方在违背真实意思的情况下订立的合同，当事人可以请求人民法院或者仲裁机构予以撤销。被撤销的合同自始没有法律约束力。仲裁协议如果存在前述情形，当事人也可以请求人民法院或者仲裁机构予以撤销。仲裁协议被撤销后，当事人之间就不存在仲裁协议的约束。如果仲裁机构以被撤销的仲裁协议作出裁决，就没有法律基础。

2. 仲裁的事项不属于仲裁协议的范围或者仲裁机构无权仲裁

当事人申请仲裁的事项，必须是仲裁协议确定的事项，即平等主体的公民、法人和其他组织之间发生的合同纠纷和其他财产权益纠纷。仲裁机构也只能就仲裁协议范围内的争议事项作出裁决。如果当事人申请仲裁的事项超出仲裁协议约定的范围，而仲裁机构仍予受理并作出裁决，或者虽然当事人确定了申请仲裁的范围，但仲裁庭所作出的仲裁裁决超出了当事人的请求范围的，则此仲裁裁决也应予撤销。仲裁庭在仲裁过程中，如果对虽然是与本案有关联但不属于仲裁协议约定的事项作出了裁定，就构成当事人申请撤销的法定事由。如果该事项与其余仲裁事项是可分的，则撤销部分仲裁裁决。如果该事项与其余仲裁事项不可分，则应撤销全部仲裁裁决。①

《仲裁法》还规定了婚姻、收养、监护、扶养、继承纠纷和依法应当由行政机关处理的行政争议不能仲裁。如果当事人在仲裁协议中约定的事项违反了此条规定，并且当事人依据此仲裁协议将本不能提交仲裁的争议事项提交仲裁，那么，仲裁机构以此为基础作出的仲裁裁决应予撤销。

3. 仲裁庭的组成或者仲裁的程序违反法定程序和当事人选择的仲裁规则

（1）"违反法定程序"的含义。

"违反法定程序"有广义和狭义之分。狭义上仅指违反仲裁法规定的程序（《仲裁法》第58条）。广义上是指"违反仲裁法规定的仲裁程序和当事人选择的仲裁规则可能影响案件正确裁决的情形"（《仲裁法解释》第20条），具体包括三类情况：一是违反仲裁法的规定，二是违反当事人的约定，三是违反当事人指定的仲裁规则。

根据《仲裁法》的规定，仲裁庭是由3名仲裁员组成，还是由1名仲裁员组成，由双方当事人约定；仲裁员应当由当事人选定或委托仲裁委员会主任指定。只有当事人没有在规定的期限内约定仲裁庭组成方式或者选定仲裁员时，才由仲裁委员会依照职权指定。若仲裁庭的组成违反了仲裁法的规定，则由该仲裁庭作出的仲裁裁决应予撤销。

仲裁必须按照法定或约定的程序进行，同时仲裁规则与仲裁具有不可分性。仲裁机构没有按照仲裁程序规则所规定的期限将全部文件或材料送达双方当事人，或者当事人没有得到指定仲裁员或者进行仲裁程序的通知，或者因不可归责于当事人的原因而使当事人在仲裁程序中未能陈述意见，或未能获得充分的陈述或辩论的机会，或者有关仲裁员有法定回避情形而未予回避，等等，均是违反仲裁程序的做法。在违背法定仲裁程序和仲裁规则基础上所作出的仲裁裁决，属于撤销裁决的理由。

（2）违反法定程序和仲裁规则的主要类型。

根据《仲裁法》和仲裁规则的规定，违反法定程序和仲裁规则的具体类型主要有以下十一种：1）违反仲裁协议关于仲裁庭人数组成的约定；2）未给当事人选定或者共同选定仲裁员的机会；3）没有在法律规定或者仲裁规则规定的期限内向被申请人送达仲裁申请书副本、仲裁规则和仲裁员名册；4）没有给被申请人答辩仲裁规则中规定的答辩期间的；5）未以适当方式通知当事人参加庭审的；6）当事人有正当理由申请延期开庭而未予准许，当事人未能出庭的；7）证据未向对方当事人展示的，但证据由其提供者除外；8）当事人未协议不开庭审理而未开庭审理的；9）未给予当事人陈述和辩论的机会的；10）仲裁庭未形成多数意见时未按照首席仲裁员的意见裁决的；11）违反一裁终局的规定。

下面具体就仲裁送达、仲裁开庭与仲裁一裁终局问题作具体说明。

---

① 在捷华实业有限公司申请撤销其与江阴庆玛曼汽车塑件有限公司之间（2004）中国贸仲沪裁字第177号裁决案中，当事人签署了三份合同，只有其中一份合同约定有仲裁条款；而仲裁庭就三份合同均进行了审理，并作出了裁决。最高人民法院认为该仲裁裁决超越当事人约定的仲裁范围，应予撤销。

首先是仲裁送达问题。送达是保障双方当事人准确获取仲裁信息，进行程序参与的前提。违反仲裁规则进行送达，使当事人无法及时、准确、公平地参与仲裁程序的，构成撤销仲裁或不予执行的法定事由。例如，在黑龙江鸿昌国际货物运输代理有限公司申请撤销仲裁裁决案中，在被申请人的工商注册地址已经变更，且仲裁庭用以送达仲裁文书的特快专邮因收件人“迁移地址不明”被退回的情况下，仲裁庭仍委托送达人按原地址进行送达，而未采取向当地工商行政管理机关查询这一最通常的合理查询的方法。最高人民法院以该送达不符合仲裁规则的规定为由，撤销了仲裁裁决。在河南联创置业有限公司申请撤销中国国际经济贸易仲裁委员会（2003）深国仲结字第 5 号裁决案中，贸仲委将仲裁文书送达郑州市经三路 63 号，而该地址除联创公司之外，还有河南银通实业发展公司、河南德亿房地产开发有限公司等两家公司。前述仲裁文件被河南德亿房地产开发有限公司员工朱某签收。法院认为由于朱某在签收时未经联创公司授权，其签收行为也未经联创公司追认，该签收产生的法律后果不能由联创公司负担，因此，该送达不符合有效送达的要件，贸仲委未依法将仲裁文件送达适格的被送达人。该裁决书被深圳市中级人民法院撤销。与此类似的案例还有腾海公司申请撤销盐仲（2014）裁字第 73 号仲裁裁决案。在该案中，作为仲裁被申请人之一的腾海公司应当收到的仲裁通知书、开庭通知等材料被另一被申请人郑某生受领。盐城市中级人民法院认为没有证据证明上述邮件系腾海公司法定代表人及该公司负责收件的人签收，仲裁庭以申请人无正当理由不到庭缺席审理，属仲裁程序违反法定程序，依法予以撤销。

其次是仲裁开庭问题。《仲裁法》第 39 条规定：“仲裁应当开庭进行。当事人协议不开庭的，仲裁庭可以根据仲裁申请书、答辩书以及其他材料作出裁决。”可见，仲裁以开庭审理为原则，以当事人协议不开庭审理为例外，赋予了当事人自由选择的权利，也符合仲裁便捷、高效、保密的特点。最高人民法院在《关于撤销中国国际经济贸易仲裁委员会（2002）贸仲裁字第 0039 号裁决一案的复函》中指出：“仲裁庭在审理台湾桦庆塑胶制品有限公司与烟台开发区塑料制网有限责任公司合作经营合同纠纷一案中，未经双方当事人同意即对台湾桦庆塑胶制品有限公司提出的反请求进行书面审理，违反了仲裁规则的规定，属于民事诉讼法第 260 条第 1 款（现行法第 281 条第 1 款——编者注）规定的‘仲裁程序与仲裁规则不符’的情形，依法应当予以撤销。”

最后是仲裁一裁终局问题。《仲裁法》第 9 条规定：“仲裁实行一裁终局的制度。裁决作出后，当事人就同一纠纷再申请仲裁或者向人民法院起诉的，仲裁委员会或者人民法院不予受理。”“裁决被人民法院依法裁定撤销或者不予执行的，当事人就该纠纷可以根据双方重新达成的仲裁协议申请仲裁，也可以向人民法院起诉。”据此确立了仲裁一裁终局的效力。即使不服，当事人也不能通过上诉途径获得救济。在江某锋申请撤销上海仲裁委员会（2004）沪裁（经）字第 1068 号裁决案中，仲裁庭根据争议双方调解协议出具了调解书。其后，申请人又以调解书内容不全面，被申请人不积极履行等为由再次申请仲裁，仲裁庭又重新作出了一份裁决。最高人民法院在复函中认为其违反了《仲裁法》和《上仲规则》有关一裁终局的规定，也属于仲裁程序与仲裁规则不符的情形，应当予以撤销。

仲裁庭也不得撤销自己作出的已生效裁决。在北京鹏华经济技术发展公司与英属韦津岛好运有限公司申请撤销仲裁裁决案中，仲裁庭作出裁决后，又以补充裁决的方式撤销了在先裁决。最高人民法院在（2015）民四他字第26号复函中指出："有关法律与仲裁规则仅授权仲裁委员会可以就程序和遗漏事项作出补充裁决，没有授权仲裁委员会撤销其做出、送达且生效的仲裁裁决。"仲裁庭以补充裁决的方式撤销原裁决的做法违反了仲裁规则，人民法院应予撤销。

（3）仲裁程序"违反法定程序"的法律适用顺序。

仲裁应当遵循的程序规则，既包括仲裁法的规定，也包括当事人约定的程序规则或者指定的仲裁规则。因此，确定仲裁庭应当遵循的程序规则的顺序就非常必要。具体而言：

首先，《仲裁法》的强制性规定优先适用原则。《仲裁法》关于仲裁程序的规定，有强制性的条款，也有非强制性的条款。《仲裁法》规定的强制性条款是为确保仲裁的"最低限度正当程序标准"而设定的，当事人即使有相反的约定，该约定也属于无效，仍然适用仲裁法的规定。因此，强制性条款不允许当事人以协议排除适用。如《德国民事诉讼法》第1042条第3款规定："在遵守本编强制性规定的前提下，当事人各方可以自己规定程序规则或援引适用某个仲裁程序规则"。1996年《英国仲裁法》第4条也有类似的规定。我国《仲裁法》虽然没有明确指出哪些条文是强制性的，但按照其文义表述，可以进行判断，如《仲裁法》第24、25、33条等都使用了"应当"一词，可以被认定为强制性规定。

其次，仲裁程序遵循当事人有效的约定。在仲裁法强制规定之外，当事人可以就仲裁庭的人数、委任方式、仲裁地点、仲裁程序等事项进行约定，或者直接指定适用的仲裁规则。

再次，依照《仲裁法》的任意性规定。在《仲裁法》没有强制性规定，当事人也没有特别约定的情况下，仲裁庭可以按照《仲裁法》的任意性规定进行仲裁。

最后，由仲裁庭自由裁量。在《仲裁法》没有规定，当事人也没有约定的情况下，仲裁庭可以在不违反最低限度正当程序要求下自由决定仲裁的程序和裁决的方式。如：《联合国国际商事仲裁示范法》第19条第2款规定："如未达成这种协议，仲裁庭可以在本法的规定的限制下，按照它认为适当的方式进行仲裁。"《韩国仲裁法》第20条第2款规定："如未能达成上款所述之约定，则仲裁庭可以以其认为适当的方式进行仲裁程序，但不得违反本法之规定。赋予仲裁庭之权力应当包括决定证据的可采纳性、相关性、实质性以及效力的权力。"

（4）违反仲裁程序和仲裁规则未必一定导致仲裁裁决被撤销。

违反了《仲裁法》规定的或者当事人指定的仲裁规则中关于仲裁员组成和仲裁程序的规定，并不必然导致仲裁裁决被撤销。《仲裁法》和仲裁规则有关仲裁程序的规定很多，并非所有的程序的违反，都会导致撤销仲裁裁决的结果；只有当仲裁程序的违反影响到或者可能影响到仲裁裁决的正确，也即仲裁公正价值可能得不到满足、当事人的权利保护受到实质性损害时，各国仲裁法通常都会给予当事人以司法救济的机会，撤销仲裁裁决才有必要。

维护仲裁程序的公正性，保障仲裁程序符合最低限度正当程序的要求，是各国仲裁法以及仲裁公约中的强制性规定。关于仲裁程序最低限度的公正性的表述，备受学者称道的是1996年《英国仲裁法》第33条的经典规定：“1. 仲裁庭应：A. 公平及公正地对待当事人，给予各方当事人合理的机会陈述案件并抗辩对方当事人的陈述；B. 根据特定案件的具体情况采取合适的程序，避免不必要的延误和开支，以对待决事项提供公平的解决方式。2. 仲裁庭应在进行仲裁程序过程中、在其对程序和证据事项的决定中以及在行使授予它的所有其他权力时，都应遵守该一般义务。”

《仲裁法》第45条规定：“证据应当在开庭时出示，当事人可以质证。”该条中，如何解释“可以”：全部证据都应进行质证，还是当事人有权选择质证？实践中，有不少仲裁庭未对某项证据进行质证便作出了采纳或不采纳的决定，其后当事人以未对证据进行当庭质证为由申请撤销仲裁裁决的情形。法院审查这类案件时倾向于认为，仲裁庭对某项证据是否接受、是否组织质证、是否予以采纳都是仲裁庭对实体问题进行自由裁量的范围，只要符合其所适用的仲裁规则，则依法不应当受到干涉。例如，《最高人民法院关于天津先达大酒店申请撤销［2003］津仲裁字第364号仲裁裁决一案的请示的复函》指出：“《天津仲裁委员会仲裁规则》没有要求仲裁庭必须接受一方当事人提交的全部证据材料，先达大酒店亦未举证证明被拒绝接受的证据对裁决结果存在任何实质性影响，仲裁庭拒绝接受证据材料本身不能作为仲裁程序违法的理由。”又如，北京市第三中级人民法院（2014）三中执异字第654号裁决书指出：“根据《中国国际经济贸易仲裁委员会仲裁规则》第39、41条的规定，是否批准当事人提出的调查证据申请，由仲裁庭自行决定并不违反该仲裁规则。而仲裁庭是否采信当事人提交的证据，系仲裁庭依据当事人提供的全部证据及当事人的质证意见对事实作出的认定……属于仲裁庭自由裁量范围，亦不违反该仲裁规则。”可见，仲裁庭在举证质证方面享有很大的自由裁量权，只对仲裁期间是否可能存在法定的特定错误进行审查。

正是基于上述考虑，《仲裁法解释》第20条明确规定违反仲裁程序“可能影响案件正确裁决的”，才能构成撤销仲裁裁决的理由。“可能影响案件正确裁决”的提法借鉴了《民诉法》关于再审事由的规定，但两者所指并不一致。这里所谓“可能影响案件正确裁决”的情形主要包括：1）违反了《仲裁法》的强制性规定的。如《仲裁法》第31、32、33条关于仲裁员的选任程序的规定。2）违反了当事人约定的仲裁程序，且严重影响仲裁当事人的权利。3）违反了其他仲裁程序，且实质性影响到仲裁裁决的公正性的。

4. 仲裁裁决所依据的证据是伪造的

证据是仲裁庭查明案件真实情况，分清是非，确定双方当事人的责任界限并作出仲裁裁决的根据。当事人必须向仲裁庭提供真实的证据。当事人如果提供了伪造的证据，必定会影响仲裁庭对案件事实作出正确判断，从而会影响仲裁裁决的客观性和公正性。因此，以伪造的证据为基础作出的仲裁裁决应予撤销。

实践中多数证据的伪造系伪造书证，即伪造合同或合同上的签名。如（2014）鞍民一初字第5号裁定书中，法院裁定：“因该合同经鉴定后被认定文件的形成方式不一致，第1页和第4页印刷体字迹是用喷墨打印机打印的，第2页和第3页（是）使用静电复印机复印的，故该合同不符合证据真实性的要求，依照《中华人民共和国仲裁法》第58

条第1款第四项的规定，该仲裁裁决应当予以撤销。”又如在（2014）穗中法仲审字第106号裁定书中，因合同一方当事人的签名系伪造，故法院撤销了该仲裁裁决。

5. 对方当事人隐瞒了足以影响公正裁决的证据

在仲裁程序中，证据在很大程度上依赖当事人提供。仲裁证据依据其分布状况，可以分为本人持有、对方持有和第三人持有三种。当事人所持有的证据可以简单分为两大类：一类是对当事人自身有利的证据，另一类是对当事人不利的证据。当事人都希望仲裁庭作出对自身有利的裁决，因而可能隐藏那些对自己不利的证据。在有些情况下，仲裁庭可以采取推定证据方法来强制当事人提交证据。也就是说，如果当事人一方能合理地指出另一方当事人持有对判明争议具有实质性意义的证据，而后者未有合理解释而拒绝提供的，仲裁庭可以从当事人的拒绝合作行为中得出该证据对该方当事人不利的结论，有关当事人将承受因此而产生的风险。不过，这种推定方法并不能适用于当事人隐瞒证据的所有情形：当事人为了自身的利益，可能会隐瞒对自己不利的且不为他人所掌握的证据，那么仲裁庭对事实的判断、对是非的认定和对责任的划分等等，就会与实际情况不相符，由此所作出的仲裁裁决必定会给另一方当事人造成不公正的结果。所谓“足以影响公正裁决的证据”，是指直接关系到仲裁裁决的最后结论的证据。这些证据通常与仲裁案件所涉及的纠纷或争议的焦点或重要情节有着直接的联系，同时这些证据也直接影响着仲裁庭对案件事实的正确判断。因此，在当事人隐瞒了足以影响公正裁决的证据的情况下所作出的仲裁裁决应当被撤销。

北京市第二中级人民法院在（2014）二中执异字第921号裁决书指出：“申请执行人衣某均在本案审查过程中认可被执行人孟某斌在仲裁前已经向其偿还36.9万元，但其在仲裁庭审过程中隐瞒了收取银行转账款项和现金的相关证据，足以影响仲裁庭作出公正的裁决，故被执行人尹某斌申请不予执行仲裁裁决的请求成立，本院予以支持。”山东省高级人民法院在（2014）鲁执复议字第48号裁定书中也作出了类似的裁定。

6. 仲裁员在仲裁该案时有索贿受贿、徇私舞弊、枉法裁决的行为

仲裁员在仲裁案件的过程中非法索要或非法接受当事人财物或其他不正当利益（索贿受贿）；仲裁员为了谋取私利或为了回馈一方当事人已经或承诺给予自己的某种利益而弄虚作假（徇私舞弊）；仲裁员在仲裁案件时，玩忽职守，无原则地适应一方当事人，颠倒是非，曲解法律，甚至故意错误适用法律的行为（枉法裁决）；等等，都是仲裁过程中的严重的违法行为。这些行为必然影响案件的公正审理和裁决，损害一方当事人的合法权益，在此基础上作出的仲裁裁决应当予以撤销。①

7. 仲裁裁决违反社会公共利益

人民法院审查仲裁裁决是否违背社会公共利益，既可以是自己主动的，也可以基于

---

① 在实践中，并没有检索到仲裁员直接索贿受贿、徇私舞弊、枉法裁判的案例。不过，仲裁员的职业伦理和个人价值取向可能影响公正裁决的，也会导致仲裁裁决的撤销。例如，上海市第二中级人民法院（2007）沪二中民五（商）初字第95号民事裁定书认为：“本案首席仲裁员在仲裁开庭时发表的言辞不当，有违仲裁员的公正性和独立性，其应当回避而未回避，违反了《仲裁规则》关于回避的相关规定。裁定撤销（2007）中国贸仲沪裁字第16号裁定。”

当事人的要求。当然，依《仲裁法》第58条的理解，当事人也有权利提供证据证明仲裁裁决违反社会公共利益，要求人民法院予以审查。维护社会公共利益是我国司法准则之一，也是世界各国的通例。社会公共利益属于社会全体成员的利益。社会公共利益和个人利益、局部利益既有统一协调的一面，又有矛盾冲突的一面。违背社会公共利益的表现形式多种多样，难以一一详尽列举，它通常是指违背我国法律的基本制度与准则、违背社会和经济生活的基本原则等。[①]

对于违反社会公共利益的涉外仲裁裁决，人民法院是否可以撤销，《仲裁法》及其他相关立法没有明确的规定。有学者据此认为，违反社会公共利益不是撤销涉外仲裁裁决的一项事由。本书不赞成这种观点，其理由与违反社会公共利益是不予执行涉外仲裁裁决的事由的理由相同，请参见本书第十九章关于仲裁裁决不予执行的相关内容。

第三节　撤销仲裁裁决的程序

一、提起撤销仲裁裁决之诉

(一) 提起撤销仲裁裁决之诉的条件

按照我国《仲裁法》第58、59、70条的规定，提起撤销仲裁裁决之诉必须符合下列条件。

1. 提出撤销仲裁裁决申请的主体必须是仲裁当事人

由于仲裁当事人与仲裁裁决的结果有直接的利害关系，仲裁裁决也决定着当事人的合法权益是否得到了保护或者受到了侵害。所以，法律规定提出撤销仲裁裁决申请的主体是当事人，包括仲裁申请人和被申请人。[②] 作为仲裁当事人的自然人死亡或者法人合并、分立导致仲裁裁决所确定的实体权利发生继受，或者作为仲裁当事人的企业进入破产程序的，法定继受人或者破产管理人亦具有申请撤销仲裁裁决的主体资格。

与仲裁裁决有利害关系的第三人能否提起撤销仲裁裁决之诉，理论和实务上尚有争论。一般认为，有利害关系的第三人既不能申请撤销涉外仲裁裁决，也不能申请撤销国内仲裁裁决，因为我国《仲裁法》和《民诉法》规定只有当事人有权申请撤销，而第三人不是仲裁案件的任何一方当事人。反对意见认为，利害关系人可以申请撤销我国国内仲裁裁决。理由是：上述法律规定当事人有权申请撤销仲裁裁决，但并未否定有利害关系的第三人可以申请撤销仲裁裁决。法律未明确禁止的就是允许的。在仲裁案件中，当

① 有学者对判断涉外仲裁案件中的社会公共利益提出了以下标准：对外国仲裁裁决的承认和执行违反我国《宪法》的基本精神，违背四项基本原则；对外国仲裁裁决的承认和执行有损于我国的主权和安全；对外国仲裁裁决的承认和执行违反我国法律的基本原则；对外国仲裁裁决的承认和执行违背我国缔结或参加的国际条约所承担的义务，或违反国际法上公认的公平正义原则。参见矫镭、王晓琼：《国际商事仲裁司法审查中公共政策和可仲裁性问题探析》，载《涉外商事海事审判指导》(第3辑)，172页，北京，人民法院出版社，2005。

② 根据《劳动争议调解仲裁法》第49条和《劳动争议解释（一）》第25条的规定，申请撤销劳动争议仲裁裁决的主体只能是用人单位，不包括劳动者。劳动者不服裁决的救济途径是向法院起诉，而非撤销仲裁裁决。

事人规避法律规定，损害国家、集体或第三人利益的，如果不允许有利害关系的第三人行使撤销仲裁裁决权，可能会导致不公平。例如，《希腊民事诉讼法》第899条规定：仲裁协议的当事人和任何有法律上利害关系的人均有权请求撤销仲裁裁决。

2001年9月28日，最高人民法院在《关于对崇正国际联盟集团有限公司申请撤销仲裁裁决人民法院应否受理的复函》（〔2001〕民立他字第36号）中对此问题进行了明确的答复：《仲裁法》第70条规定的“当事人”是指仲裁案件的申请人或被申请人，崇正国际联盟集团有限公司并非V19990351号仲裁案件的申请人或被申请人，该公司不具备申请撤销该仲裁裁决的主体资格，故对该申请人民法院不予受理。

在上述复函中最高人民法院的态度是：利害关系人不能申请撤销我国涉外仲裁裁决。按照体系解释方法，该复函的精神对我国国内仲裁裁决的撤销也可参照适用。最高人民法院之所以排除案外第三人提起撤销裁决之诉，除了是因为我国《仲裁法》和《民事诉讼法》定有明文规定，更重要的原因在于坚持司法监督仲裁的谦抑原则，防止司法权过多干预仲裁。毕竟人民法院受理第三人撤销裁决的申请后，原裁决要中止执行，因此对赋予第三人申请撤销裁决权表现出慎重的态度，否则易产生司法权过多干预仲裁权的现象，不利于仲裁裁决的稳定性与仲裁事业的发展。

本书认为，对仲裁裁决的司法监督持审慎、克制的态度固然是可取的，但一概排除第三人的诉权并不符合民事诉讼法和仲裁法原理。仲裁程序的保密性、不公开性、迅速及时性，使仲裁程序比审判程序更有可能导致当事人双方串通，损害国家、集体或第三人利益。仲裁实践中已经出现了不少类似的案例，即仲裁当事人持仲裁裁决书请求法院强制执行或申请参与分配，但法院查明或其他债权人证明该仲裁裁决书系双方恶意串通所致。此际，即便发现这种状况，法院除了可以依职权对违反社会公共利益的情形裁定撤销或不予执行，对于仲裁裁决书损害第三人合法权益的情形却无能为力。如果不赋予有利害关系的第三人提起撤销裁决之诉的权利，第三人根本无法获得有效的救济。根据《民法典》第154条关于“行为人与相对人恶意串通，损害他人合法权益的民事法律行为无效”的规定，在仲裁程序中，如果仲裁当事人有恶意串通，取得损害第三人利益的仲裁裁决书的情况，那么，赋予有利害关系的第三人提起撤销仲裁裁决之诉的权利，就是合乎逻辑的必然选择。

2. 必须在法定的期限内提出撤销仲裁裁决的申请

我国《仲裁法》第59条规定，当事人申请撤销仲裁裁决的，应当自收到裁决书之日起6个月内提出。该6个月的期间性质上属于除斥期间，如果当事人在规定的期限内没有提出撤销仲裁裁决的申请，则表明他放弃了此项权利，双方当事人都应自觉履行裁决书中规定的各自的义务，否则，权利人可以向法院申请执行仲裁裁决。

在提起撤销仲裁裁决之诉中，当事人行使的撤销权，是具有破坏性的形成权，法律关系因之而发生变动。在该权利行使前，当事人间的权利义务关系处于不确定状态，为了尽快确定当事人间的法律关系，应当对当事人行使撤销权的期间予以限制；当事人如不按期提起，则是权利的“睡眠者”，法律也无保护的必要。采纳撤销仲裁裁决制度的，对当事人提起撤销之诉的时间均有限制。如《联合国国际商事仲裁示范法》第34条规定，当事人应自收到裁决之日起3个月内提出撤销仲裁裁决的申请。《美国联邦仲裁法》

规定为3个月，《法国民事诉讼法》规定为1个月，德国和希腊民事诉讼法规定为3个月，《奥地利民事诉讼法》规定为3个月（自裁决书送达有关当事人之日起算，或者如果撤销的理由迟于通知为当事人所知的，自当事人得知该理由之日起算），《韩国仲裁法》规定为3个月（自当事人收到生效的仲裁裁决之日起计算，或者自收到生效的更正、解释或补充裁决之日起计算）。《荷兰仲裁法》第1064条规定：撤销申请可在裁决一旦具有既判力时提出。在裁决交存地方法院登记官3个月后，申请撤销权即告取消。但是，如果裁决和执行许可一起正式送达另一方当事人，该方当事人可以在送达后3个月内申请撤销，不论前述的3个月期限是否已届满。

3. 必须有证据证明仲裁裁决有法律规定的应予撤销的情形

仲裁当事人提起撤销仲裁裁决之诉时必须有证据对该仲裁裁决具有法律规定的应予撤销的情形加以证明。没有证据，人民法院不予受理；当事人所提供的证据能否证明，则需要人民法院审查认定。

（二）撤销仲裁裁决之诉的管辖

撤销仲裁裁决之诉，必须向有管辖权的人民法院提出。按照《仲裁法》第58条的规定，有权管辖此诉的人民法院是仲裁委员会所在地的中级人民法院。除了仲裁委员会所在地的中级人民法院，其他人民法院均不具有管辖权。但是，根据《最高人民法院关于适用〈中华人民共和国企业破产法〉若干问题的规定（三）》（2020年修正）第7条第2款的规定，破产管理人申请撤销仲裁裁决的，由受理破产申请的人民法院管辖。根据《仲裁司法审查规定》第9、10条的规定，人民法院受理撤销仲裁裁决案件后，应当在5日内向被申请人发出通知书并告知其受理情况及相关的权利义务，被申请人可以在法定期限内向人民法院提出管辖权异议，人民法院应当审查被申请人提出的管辖权异议并作出裁定，不服裁定的当事人可以向上一级人民法院提起上诉。

（三）提起撤销仲裁裁决之诉的形式

根据《仲裁司法审查规定》第6条的规定，申请人向人民法院申请撤销我国内地仲裁机构的仲裁裁决的，应当提交申请书及裁决书正本或者经证明无误的副本。申请书应当载明下列事项：（1）申请人或者被申请人为自然人的，应当载明其姓名、性别、出生日期、国籍及住所；为法人或者其他组织的，应当载明其名称、住所以及法定代表人或者代表人的姓名和职务。（2）裁决书的主要内容及生效日期。（3）具体的请求和理由。当事人提交的外文申请书、裁决书及其他文件，还应当附有中文译本。

需要说明的是，提起撤销仲裁裁决之诉中的当事人，不称为原告、被告，而称为申请人和被申请人。按照《撤销裁决批复》的规定，一方当事人向人民法院申请撤销仲裁裁决的，人民法院在审理时，应当列对方当事人为被申请人。

（四）对撤销仲裁裁决之诉的立案审查

当事人申请撤销仲裁裁决的，人民法院应当在7日内审查决定是否受理。申请人提交的文件不符合《仲裁司法审查规定》第6条规定的条件的，申请人经人民法院释明后提交的文件仍然不符合条件的，人民法院应当裁定不予受理。人民法院对撤销仲裁裁决之诉无管辖权的，应当告知申请人向有管辖权的人民法院提出申请，申请人坚持不撤回申请的，人民法院裁定不予受理。人民法院立案后发现申请人提交的文件不符合条件的，裁定驳回申请。申请人对不予受理或驳回申请的裁定不服的，可以向上一级人民法院提起上诉。

需要注意的是，申请人可以提起上诉的"驳回申请裁定"仅指人民法院立案后发现撤销仲裁裁决之诉不符合受理条件为由作出的"驳回申请裁定"，而不包括人民法院对撤销仲裁裁决请求进行实体审理后以不应当撤销仲裁裁决为由作出的"驳回申请裁定"。这是因为，以不符合受理条件为由作出的"驳回申请裁定"类似于民事诉讼法上的"裁定驳回起诉"，以撤销仲裁裁决请求不应予以支持为由作出的"驳回申请裁定"类似于民事诉讼法上的"判决驳回诉讼请求"。根据《仲裁司法审查规定》第 20 条的规定，人民法院经过实体审理就"是否撤销仲裁裁决"作出的裁定，一经送达即发生法律效力，不允许当事人对该裁定申请复议、提起上诉或者申请再审。①

（五）提起撤销仲裁裁决之诉的效力

提起撤销仲裁裁决之诉除具有起诉的一般效力外，还有中止执行的特殊效力。根据《仲裁法》第 64 条的规定，一方当事人申请执行裁决，另一方当事人申请撤销裁决的，法院应当裁定中止执行。据此，提起撤销仲裁裁决之诉后，经法院裁定，将中止仲裁裁决的强制执行申请人撤回撤销终局裁决申请或者其申请被驳回的，人民法院应当裁定恢复执行；仲裁裁决被撤销的，人民法院应当裁定终结执行［《劳动争议解释（一）》第 25 条］。

二、人民法院对撤销裁决请求的审查处理程序

（一）审判组织与开庭形式

1. 合议庭审理

人民法院审理民事案件，审判组织形式有合议制与独任制之分。独任制目前只能在基层人民法院及其派出法庭处理简单民事案件时适用，中级人民法院不得采用独任制。根据《仲裁法》的规定，中级人民法院受理撤销仲裁裁决申请后，应当组成合议庭审查撤销裁决请求是否成立，以示司法监督仲裁的慎重。

2. 询问当事人

合议庭可以开庭审理，也可以不开庭审理，如果不开庭审理应当询问当事人（《仲裁法解释》第 24 条）。

对仲裁裁决的司法审查可能导致裁决被撤销。不论是基于程序性理由还是基于实体

---

① 参见张勇健、任雪峰、梁颖：《〈关于仲裁司法审查案件报核问题的有关规定〉及〈关于审理仲裁司法审查案件若干问题的规定〉的理解与适用》，载《人民司法（应用）》，2018（4）。

性理由，撤销裁决都是对一个已决案件的否定，都对当事人利益至关重要。所以对申请撤销仲裁裁决案件可以开庭审理。通过法庭调查和法庭辩论，审查核实证据，查明案件事实，在此基础上，通过合议庭评议，形成裁定，以确定当事人之间的权利义务关系。在开庭审理中，被申请人可以充分行使程序参与权，理解申请撤销的理由、对申请人提交的证据质证、可以向合议庭陈述意见和提出反驳对方的证据等，由此可以合理平衡双方当事人的程序利益，也有利于人民法院裁定的客观与公正。

合议庭审查申请人的申请材料后，如果认为案件事实清楚，法律关系明确，就可以不开庭审理，但应询问当事人；如果没有发现新的情况，可以直接合议后作出裁定。询问当事人时，应制作询问记录，并留卷备查。

（二）申请人的举证责任

1. 起诉时提供初步证据的义务

按照《仲裁法》第58条的规定，申请人在提起撤销仲裁裁决之诉时，应当提供证据证明裁决具有法定撤销的情形之一，人民法院才会受理该申请。因此，申请人除需提交撤销仲裁裁决申请书外，还需向人民法院提交初步证明其申请书中所列撤销事由的证据或证据材料，人民法院才会受理其撤销申请。

2. 法院审查阶段申请人的举证责任

按照民事举证责任分配的理论和立法，在人民法院审理程序中，申请人对于其撤销请求所赖以成立的撤销事由之存在，负有客观举证责任。申请人应当提供证据证明撤销事由的存在，如果所提供的证据不足以证明其主张的撤销事由成立，或者提供的证据所证明的事实并非撤销事由，那么申请人将承担举证不能的败诉风险。

关于申请人负举证责任的法律依据，可以参考《民诉法》第67条、《民诉解释》第91条、《仲裁法》第58条。从国外立法看，有关撤销仲裁裁决之诉中的举证责任一般适用民事诉讼法的规定，也有少数国家的民事诉讼法或仲裁法对此作专门规定，如《德国民事诉讼法》第1059条、《韩国仲裁法》第36条。

需要说明的是，申请人负举证责任的规定仅适用于申请人主张的事实（撤销事由），至于涉及公共秩序、善良风俗以及争议的可仲裁性等事实（撤销事由），则不适用举证责任的规定。原因在于，后一类事实属于法律的强制性规定，仲裁程序不得违反。因此，即便申请人没有主张这类事实（撤销事由）或者虽然主张但证据不足甚至没有证据证明，也不影响人民法院依职权调查、依职权探知，人民法院应当主动审查这类事实是否存在，主动调查收集相关的证据。

（三）人民法院的审查处理

人民法院应当在受理撤销裁决申请之日起2个月内进行审查，并且作出撤销裁决或者驳回申请的裁定。

对于当事人提起的撤销仲裁裁决之诉，人民法院应根据《仲裁法》第60条和第61条的规定，分别情形予以处理，作出下述四种裁定。

1. 裁定撤销裁决

申请人在《仲裁法》第59条规定的期间内提起撤销之诉，该撤销之诉符合诉的一般要件，且申请人提出证据证明仲裁裁决具有《仲裁法》第58条（在国内仲裁裁决中）或第70条（在涉外仲裁裁决中）规定的情形的，人民法院裁定撤销仲裁裁决。经审理查明，仲裁裁决事项超出仲裁协议范围的，并且上述超出范围的事项与仲裁机构作出裁决的其他事项是可分的，人民法院可以基于当事人的申请，裁定撤销仲裁裁决中的超裁部分。对于人民法院依法作出的撤销仲裁裁决的裁定，当事人不能上诉。

2. 裁定驳回申请

人民法院经审查，未发现仲裁裁决具有法定可被撤销的理由，应在受理撤销仲裁裁决申请之日起2个月内作出驳回申请的裁定。对于该裁定，当事人不得上诉。

3. 裁定中止撤销程序

人民法院受理撤销裁决的申请后，认为可以由仲裁庭重新仲裁的，通知仲裁庭在一定期限内重新仲裁，裁定中止撤销程序。对于重新仲裁的条件和标准，《仲裁法解释》作了规定，后文将具体说明。

中止撤销程序只是一个暂时的裁定。仲裁庭在人民法院指定的期限内开始重新仲裁的，人民法院应当裁定终结撤销仲裁裁决程序（《仲裁法解释》第22条）。原因在于：一方面，《仲裁法》第61条规定在通知仲裁庭重新仲裁时，应当中止诉讼程序，是因为重新仲裁是否开始，取决于仲裁庭是否同意人民法院重新仲裁的决定：如果同意重新仲裁就会开始，如果不同意重新仲裁就不会开始。重新仲裁程序处于不确定状态，撤销仲裁裁决的程序也只能等重新仲裁程序确定后才好确定。另一方面，仲裁庭开始重新仲裁的，就表明仲裁庭接受了人民法院要求重新仲裁的理由，会作出一个新的仲裁裁决。因此，重新仲裁虽非另行仲裁，但新的仲裁裁决也会取代原有的仲裁裁决，即使当事人对新的仲裁裁决有争议，但当事人系争的对象也就完全不同了。基于原仲裁裁决的撤销诉讼，因为诉讼标的已经不存在，该撤销程序也失去了存在的基础，只能终结该撤销程序。

4. 裁定恢复撤销程序

在人民法院通知仲裁庭重新仲裁后，仲裁庭在指定期限内未开始重新仲裁的，人民法院应当裁定恢复撤销程序。

通知重新仲裁时，人民法院都会在通知中一并指定重新仲裁开始的时间。仲裁庭如果同意重新仲裁，应当在该指定时间内开始重新仲裁程序；如果没有在指定时间内开始重新仲裁，则视为仲裁庭拒绝重新仲裁，人民法院应当依职权裁定恢复撤销程序，无须当事人申请。这是因为，通知仲裁庭重新仲裁的权力在人民法院，不必由当事人申请。相应地，在仲裁庭拒绝重新仲裁时，也应由人民法院依职权恢复撤销程序，不以当事人申请为必要。

三、对撤销仲裁裁决或驳回申请裁定的救济

（一）撤销裁定和驳回裁定的终局性

人民法院作出的撤销仲裁裁决和驳回申请的裁定具有终局性的特点，具体表现如下。

1. **对裁定不能上诉**

经过实体审理，人民法院针对撤销仲裁裁决请求作出的裁定，不论是撤销仲裁裁决，还是驳回撤销仲裁裁决的申请，当事人均无权上诉。1997 年 4 月 23 日《最高人民法院关于人民法院裁定撤销仲裁裁决或驳回当事人申请后当事人能否上诉问题的批复》（法复〔1997〕5 号）指出：对人民法院依法作出的撤销仲裁裁决或驳回当事人申请的裁定，当事人无权上诉。人民法院依法裁定撤销仲裁裁决的，当事人可以根据双方重新达成的仲裁协议申请仲裁，也可以向人民法院起诉。《最高人民法院关于废止部分司法解释（第十三批）的决定》（法释〔2019〕11 号）以“已被《最高人民法院关于适用〈中华人民共和国民事诉讼法〉的解释》代替”为由废止了该批复，但《民诉解释》并没有肯定、否定或调整该批复内容的条文。真正代替该批复的司法解释应为《仲裁司法审查规定》。根据《仲裁司法审查规定》第 8、20 条的规定，对人民法院立案后发现不符合受理条件而作出的“驳回申请裁定”可以上诉，而拒绝撤销仲裁裁决的“驳回申请裁定”一经送达即发生法律效力，均不允许当事人申请复议、提出上诉或者申请再审。根据体系解释原则，《最高人民法院关于人民法院裁定撤销仲裁裁决或驳回当事人申请后当事人能否上诉问题的批复》中的“驳回当事人申请的裁定”仅指与“撤销仲裁裁决的裁定”平行的实体性裁定，故可认为该批复内容已被《仲裁司法审查规定》第 20 条吸收。

2. **对裁定不能申请再审**

不论对当事人对人民法院撤销仲裁裁决的裁定不服而申请再审，还是对人民法院驳回其申请撤销仲裁裁决的裁定不服而申请再审，人民法院均不予受理。1999 年 1 月 29 日《最高人民法院关于当事人对人民法院撤销仲裁裁决的裁定不服申请再审人民法院是否受理问题的批复》（法释〔1999〕6 号）指出：根据《仲裁法》第 9 条规定的精神，当事人对人民法院撤销仲裁裁决的裁定不服申请再审的，人民法院不予受理。2004 年 7 月 20 日《最高人民法院关于当事人对驳回其申请撤销仲裁裁决的裁定不服而申请再审，人民法院不予受理问题的批复》（法释〔2004〕9 号）指出：根据《仲裁法》第 9 条规定的精神，当事人对人民法院驳回其申请撤销仲裁裁决的裁定不服而申请再审的，人民法院不予受理。

3. **人民检察院对裁定不能提起抗诉**

不论人民检察院是针对撤销仲裁裁决的裁定，还是针对驳回申请（不予撤销仲裁裁决）的裁定提出抗诉，人民法院均不予受理。2000 年 6 月 30 日《最高人民法院关于人民检察院对撤销仲裁裁决的民事裁定提起抗诉，人民法院应如何处理问题的批复》（法释〔2000〕17 号）指出：检察机关对发生法律效力的撤销仲裁裁决的民事裁定提起抗诉，没有法律依据，人民法院不予受理。依照《仲裁法》第 9 条的规定，仲裁裁决被人民法院依法撤销后，当事人可以重新达成仲裁协议申请仲裁，也可以向人民法院提起诉讼。2000 年 12 月 12 日《最高人民法院关于人民检察院对不撤销仲裁裁决的民事裁定提出抗诉人民法院应否受理问题的批复》（法释〔2000〕46 号）指出：人民检察院对发生法律效力的不撤销仲裁裁决的民事裁定提出抗诉，没有法律依据，人民法院不予受理。

（二）对裁定撤销仲裁裁决的救济

在仲裁裁决被撤销后，人民法院对裁决的执行程序就失去了执行依据，因此人民法院应解除已经实施的执行措施，并裁定终结仲裁裁决的执行程序。

在仲裁裁决因超裁，被人民法院予以部分撤销后，撤销部分则不具有法律效力，裁决的其他部分效力（包括强制执行力）不受影响。人民法院部分撤销仲裁裁决的，当事人据以申请执行的执行依据包括两部分：一是仲裁裁决书，二是人民法院的裁定书。仲裁裁决书的部分内容被人民法院裁定撤销，剩余部分仍然有效，可以作为强制执行的依据；当然仲裁裁决书中被人民法院裁定撤销的部分已经归于无效，不得作为执行的内容。当事人向人民法院申请执行时，应当同时提交仲裁裁决书和人民法院的撤销部分仲裁裁决的裁定书。

在仲裁裁决被人民法院依法撤销后，当事人之间的纠纷并未解决，当事人可以重新寻求《仲裁法》第 9 条规定的解决纠纷的方法：重新达成仲裁协议申请仲裁或者向人民法院起诉。由于原来的仲裁协议或者本身并不存在，或者无效，或者因已经据此作出裁决，完成了其应有的程序而失效，当事人要想再通过仲裁方式解决其纠纷，必须重新签订仲裁协议，根据重新签订的仲裁协议再申请仲裁。如果当事人不能重新达成仲裁协议，或者根本就不想再采用仲裁方式解决纠纷的，任何一方当事人均可向有管辖权的人民法院提起民事诉讼。

（三）对驳回申请的救济

撤销仲裁裁决的申请被驳回后，双方当事人必须按照仲裁裁决所确定的权利义务自动履行。如果不自动履行仲裁裁决，权利方当事人可以向人民法院申请恢复执行，人民法院也可依职权恢复执行程序。

（四）上级法院对下级法院的内部监督

对于人民法院作出的撤销仲裁裁决或者驳回申请的裁定，既然一不准上诉，二不得再审，三不得抗诉，那么，上级法院对于下级法院有何监督手段呢？

1998 年 4 月 23 日，最高人民法院发布了《撤销裁决通知》，决定就人民法院撤销涉外仲裁裁决建立报告制度。根据该通知，凡一方当事人向人民法院申请撤销涉外仲裁裁决，如果人民法院经审查认为裁决具有《民诉法》规定的撤销裁决的情形之一的，在裁定撤销裁决之前，受理法院须在受理当事人申请后 30 日内报请本辖区所属高级人民法院进行审查。如果高级人民法院同意撤销裁决，应在 15 日内将其审查意见报最高人民法院。待最高人民法院答复后，方可裁定撤销裁决。据此，如要撤销涉外仲裁裁决，需经中级人民法院、高级人民法院和最高人民法院三级同意，并且撤销权高度集中在最高人民法院。可见，我国人民法院对于撤销涉外仲裁裁决的司法控制是相当严格的。

2017 年 12 月 26 日，最高人民法院发布了《仲裁司法审查报核规定》，对“申请撤销我国内地仲裁机构的仲裁裁决案件”采取了“内外有别”报核制度：（1）对于涉外涉港澳台仲裁司法审查案件，各中级人民法院或者专门人民法院经审查拟撤销我国内地仲裁机构的仲裁裁决的，应当向本辖区所属高级人民法院报核；高级人民法院经审查拟同意的，应当向最高人民法院报核；待最高人民法院审核后，方可依最高人民法院的审核意见作出裁定。(2) 对于非涉外涉港澳台仲裁司法审查案件，各中级人民法院或者专门人民法院经审查拟撤销我国内地仲裁机构的仲裁裁决的，应当向本辖区所属高级人民法院报核；待高级人民法院审核后，方可依高级人民法院的审核意见作出裁定；但仲裁司法审查案件当事人住所地跨省级行政区域或者拟以违背社会公共利益为由撤销非涉外涉港澳台仲裁裁决的，则参照适用涉外涉港澳台仲裁司法审查案件的报核规则。最高人民法院于 2021 年 12 月 24 日发布的《仲裁司法审查报核规定》废除了撤销“仲裁司法审查案件当事人住所地跨省级行政区域”的非涉外涉港澳台仲裁裁决参照适用涉外涉港澳台仲裁司法审查案件的报核规则的规定。因而，在当前，只有高级人民法院经审查拟同意中级人民法院或者专门人民法院撤销涉外涉港澳台仲裁裁决或以违背社会公共利益为由撤销非涉外涉港澳台仲裁裁决，才有必要向最高人民法院报核。高级人民法院审核同意中级人民法院或者专门人民法院以违背社会公共利益以外的其他事由撤销非涉外涉港澳台仲裁裁决的，应当在作出审核意见之日起 15 日内向最高人民法院报备。

第四节 重新仲裁制度

一、重新仲裁概述

(一) 重新仲裁的概念、性质和意义

1. 重新仲裁的概念

重新仲裁是指法院在当事人对仲裁裁决提出异议，经审查认定该仲裁裁决存在瑕疵，且该瑕疵可以通过仲裁庭重新裁决进行弥补修正时，通知仲裁庭进行重新仲裁的制度。

我国《仲裁法》第 61 条规定：“人民法院受理撤销裁决的申请后，认为可以由仲裁庭重新仲裁的，通知仲裁庭在一定期限内重新仲裁……”可见，我国确立了重新仲裁制度。

2. 重新仲裁的性质

重新仲裁是针对原仲裁案件的仲裁程序的继续，是仲裁裁决撤销程序中法院在尊重裁决终局性基础上的司法支持和司法监督。不过需要注意的是，重新仲裁并非法院裁定撤销仲裁裁决的前置程序。

3. 重新仲裁的意义

重新仲裁是仲裁法上的重要制度，是仲裁裁决的救济制度。《仲裁法》设立重新仲裁制度的目的，是给仲裁庭提供纠正自身失误和裁决瑕疵的机会，减少裁决被撤销的可能，保证当事人原定以仲裁方式解决争议的意愿的实现。重新仲裁制度既体现了当今司法机关在监督仲裁中给予仲裁机构和仲裁庭愈来愈多司法支持的普遍趋势，同时又反映了在解决社会纠纷上追求效率、合理分配以及防止社会资源浪费这一理念。国外仲裁法和仲

裁国际条约都非常重视重新仲裁制度。

（1）重新仲裁可以减少仲裁裁决被撤销的机会，提高纠纷解决的效率。一旦一个仲裁裁决因为存在法定的理由被裁定撤销，则整个仲裁程序将归于无效。当事人为解决争议还得重新启动其他程序，比如向法院起诉，或者重新订立仲裁协议进行仲裁。当事人为尽快解决争议而选择仲裁方式的初衷将不能实现。

（2）重新仲裁有利于维护仲裁的终局性。对仲裁进行司法监督也是对仲裁的一种支持，肯定仲裁裁决的正确性，维护其效力，就是司法对仲裁的最大支持。而撤销仲裁裁决或者不执行仲裁裁决，客观上会对仲裁解决纠纷的终局性造成极大的冲击。在仲裁裁决仅存在可以弥补的过失或者错误时，给予仲裁庭自行纠正、完善仲裁程序的机会，可以有针对性地消除仲裁程序上的瑕疵，较为经济地弥补仲裁程序的缺陷和不足，确保仲裁裁决的终局性。

（3）重新仲裁符合纠纷解决机制的效率和公正原则，既维护了公正原则，也体现了对效率的追求，防止了社会资源的浪费。

（二）重新仲裁的适用条件

重新仲裁程序的适用，至少应当具备下列三个条件：

（1）重新仲裁必须在撤销仲裁裁决的诉讼程序中启动，在执行仲裁裁决程序中不能发回重新仲裁。

（2）启动重新仲裁程序的理由，必须符合撤销仲裁裁决的法定事由之一。不仅我国《仲裁法》第 61 条规定如此，从其他国家的立法来看，重新仲裁程序也都是附属于当事人申请撤销仲裁裁决这一司法监督程序的。而且，重新仲裁的理由不能超出当事人申请撤销仲裁裁决的法定事由的范围。

（3）仲裁裁决的错误是仲裁庭可以通过重新仲裁加以纠正的错误。这是重新仲裁的实质要件，也是决定重新仲裁范围的最本质的条件。

二、重新仲裁的适用范围

（一）重新仲裁适用的事由范围

从各国仲裁法规定来看，对重新仲裁的客观范围限定很少，主要由法官和当事人来掌握。我国《仲裁法》第 58 条规定的可以撤销国内仲裁裁决的事由共有 7 项，其中法院可以依职权撤销仲裁裁决的理由有 1 项，另外 6 项都是当事人可以申请撤销仲裁裁决的事由，并不能全部适用于重新仲裁。

首先，“没有仲裁协议”的不能适用。重新仲裁也必须以仲裁庭有管辖权为前提，所以在没有仲裁协议的情况下，当然不适用重新仲裁。

其次，“裁决的事项不属于仲裁协议的范围或者仲裁委员会无权仲裁”的，表明仲裁庭无权对此类事项行使仲裁管辖权，或者裁决的事项具有不可仲裁性。在此情形下，由于欠缺仲裁管辖的基础，也不能重新仲裁。

再次，“仲裁庭的组成或者仲裁的程序违反法定程序”的，区分以下情况：一是仲裁庭的组成违法时，由于重新仲裁的只能是原仲裁庭，而不能重新组成仲裁庭仲裁，仲裁庭组成方面的瑕疵无法由原仲裁庭改正，因而，在此情形下不适用重新仲裁。二是仲裁的程序违反法定程序时，能否适用重新仲裁？对这个问题，历来有争议。肯定说认为：在仲裁程序违反法定程序时，完全可以给仲裁庭纠正错误的机会，以保证仲裁裁决不被撤销。并且，重新仲裁制度作为司法对仲裁的审查方式之一，也应当主要针对仲裁程序的问题。否定说认为：仲裁程序违反了当事人的约定或者仲裁规则规定，而致严重影响当事人的权利时，仲裁庭已经失去了当事人的信任，如果仍由该仲裁庭重新仲裁，则仲裁程序因当事人的不信任和不配合将进展困难。即使重新作出仲裁裁决，当事人能够信服的可能性仍极小。而且，仲裁程序的违反，势必将导致仲裁程序从错误之点重新开始，就不再是对原仲裁裁决的改正，而是全新的仲裁。因此，仲裁程序违反法定程序的，以不重新仲裁为宜。本书认为否定说更具有合理性。从国外仲裁立法来看，仲裁员存在不正当行为时的重新仲裁，必须重新组成仲裁庭进行。如《美国联邦仲裁法》第 23 条第 3 款明确规定，裁决是通过舞弊、欺诈或者其他不正当行为获得，或者仲裁员有不当行为而重新仲裁的，应当由新的仲裁员进行仲裁。在其他情形下发回重新仲裁的，既可以由原仲裁员重新审理，也可以由新的仲裁员审理。考虑到我国《仲裁法》中重新仲裁仅仅指由原仲裁庭启动重新仲裁程序，而非当事人启动重新仲裁程序，所以重新仲裁的只能是原仲裁庭。在这种情况下，将违反法定程序排除在重新仲裁的适用范围之外，是非常必要的。

最后，“仲裁员在仲裁该案时有索贿受贿，徇私舞弊，枉法裁决行为”的，违背了仲裁员公平、平等对待当事人的中立立场，该仲裁裁决应当予以撤销。如果发回由原仲裁庭重新仲裁，难以保证仲裁的公正性。所以，对此种情形，不能重新仲裁。

基于上述原因，《仲裁法解释》第 21 条规定：当事人申请撤销国内仲裁裁决的案件属于下列情形之一的，人民法院可以依据《仲裁法》第 61 条的规定通知仲裁庭在一定期限内重新仲裁：(1) 仲裁裁决所根据的证据是伪造的；(2) 对方当事人隐瞒了足以影响公正裁决的证据的。证据是伪造的，表明仲裁裁决所认定的事实因证据的问题而不够准确，仲裁裁决存在实体上的判断失误，有必要对此种错误进行纠正。证据伪造与仲裁庭及仲裁程序无关，仅是当事人提供了不实的证据，而影响了仲裁裁决的正确和公正，因此，可以通过重新仲裁而予以纠正。隐瞒证据，如同伪造证据，都属于不正当地影响案件事实认定和裁决结果的行为，且该行为与仲裁庭无关，因此，可以发回仲裁庭重新仲裁。

(二) 重新仲裁适用的案件范围

《仲裁法》第 61 条规定的重新仲裁制度，是针对国内仲裁裁决而言的，但重新仲裁并非仅适用于国内仲裁案件，同样也适用于涉外仲裁案件。1996 年 10 月 4 日，北京市第二中级人民法院通知中国国际经济贸易仲裁委员会对 Minmentals Germany Gmbh v. Ferco Steel Ltd. 案重新仲裁，仲裁庭对法院的裁定表示同意，并依照法院的决定对该案件重新仲裁，于 1997 年 3 月 20 日作出了重新仲裁的裁决。这是中国第一起涉外仲裁重新仲裁案。

三、重新仲裁的程序

（一）法院通知重新仲裁

法院审理当事人申请撤销仲裁裁决的案件，重新仲裁与否取决于法院是否通知仲裁庭进行重新仲裁，法院通知是启动重新仲裁程序的前提。按照《仲裁法》的规定，是否通知仲裁庭重新仲裁属于法院的裁量权。《仲裁法》第 61 条使用的是“可以”一词，即在可以撤销仲裁裁决也可以发回重新仲裁时，由法官自由裁量决定是否发回重新仲裁。在《仲裁法解释》规定的两种重新仲裁事由出现时，法院仍然是“可以”通知重新仲裁，而非“必须”通知重新仲裁。我国《仲裁法》关于重新仲裁的这种态度，与其他国家的立法有所差异。本书认为，作为仲裁裁决瑕疵补救的一种手段，从解决纠纷的效率、成本方面来看，适用重新仲裁的方式远远优于撤销仲裁裁决的手段。因此，在适合重新仲裁的情况下，法官应尽可能地通知仲裁庭进行重新仲裁。

法院通知仲裁庭重新仲裁时，“应当在通知中说明要求重新仲裁的具体理由”（《仲裁法解释》第 21 条第 2 款）。《仲裁法》并未要求法院在通知重新仲裁时要说明重新仲裁的理由。但在实践中，经常出现的情况是：法院通知仲裁庭重新仲裁，但未说明重新仲裁的理由，仲裁庭接到通知后不知道该如何进行重新仲裁。有的仲裁庭与法院联系，要求法官说明重新仲裁要解决的是什么问题；有的仲裁庭直接按照当事人申请撤销仲裁裁决的理由进行重新仲裁，如果当事人提出许多撤销仲裁裁决的理由，就会导致整个仲裁程序重新开始；有的仲裁庭因为不明白为何要重新仲裁，就直接拒绝重新仲裁；等等。正是这些原因，影响了重新仲裁的适用和功能发挥。所以，《仲裁法解释》明确规定，法院在通知仲裁庭重新仲裁时，应当说明重新仲裁的具体理由。具体理由就是法院认为当事人提出的撤销仲裁裁决的理由中能够成立的部分。鉴于当事人的撤销仲裁裁决的事由能够成立，且符合重新仲裁的条件，法院要求仲裁庭对该部分内容进行重新审理。这明确告知仲裁庭，如果仲裁庭不接受重新仲裁的建议，将面临仲裁裁决被撤销或者部分被撤销的可能；既可以让仲裁庭明白要重新仲裁的内容，又能够督促仲裁庭接受重新仲裁的通知。

在我国和英国，重新仲裁是法官的职权，不以当事人同意为必要。这种以职权决定重新仲裁的做法，存在一些弊端：一是当事人不愿意重新仲裁，而法官决定重新仲裁。二是当事人申请重新仲裁，而法官不同意重新仲裁。在前一种情形下，虽然表面上看，法官决定重新仲裁不符合当事人一方甚至双方的意愿，有违仲裁当事人意定性的基本原则。但是，重新仲裁程序作为仲裁程序的一部分，是在司法监督程序上开始的，建立在当事人协议提请仲裁解决纠纷的基础之上，一经选择，当事人即应受仲裁程序的约束。另外，重新仲裁仅是对仲裁裁决中的瑕疵或者某些失误进行纠正，并非另行仲裁，因此也无须当事人另行订立仲裁协议。所以，法院决定重新仲裁并不违反当事人的意愿。同时，重新仲裁通过补救程序，可以更有效地彻底解决纠纷，符合当事人订立仲裁协议时的意愿，也符合其利益。在后一种情形下，法院决定是否重新仲裁虽非强制规定，但法院应当遵从司法的基本要求，即方便当事人诉讼，确保纠纷解决的公正与效率。从此种意义来说，当事人申请重新仲裁，符合重新仲裁的条件时，法院应当支持；不符合重新仲裁的条件时，法院应当撤销仲裁裁决。[①]

（二）仲裁庭决定是否重新仲裁

按照《仲裁法》的规定，重新仲裁程序是否能够启动，最终取决于仲裁庭是否同意重新仲裁。法院可依职权通知仲裁庭进行重新仲裁，但该通知对仲裁庭只是一种“授权行为”，而非一种“命令行为”，仲裁庭可以进行重新仲裁，也可以拒绝进行重新仲裁。

（三）重新仲裁的仲裁庭组成

在民事诉讼中，对于发回重审的案件，《民诉法》规定原审法院应当另行组成合议庭进行审理（第41条第3款）。与民事诉讼不同的是，重新仲裁的“仲裁庭”是指原仲裁庭，重新仲裁是原仲裁庭重新仲裁，不存在组成新的仲裁庭的问题。由原仲裁庭重新仲裁，既尊重了当事人的意愿，也给仲裁庭一个自我纠正错误的机会，从而有利于仲裁庭作出公正裁决。当然，在重新仲裁程序开始后，仲裁员如果由于某种原因不能履行职责的，则应当依照仲裁法和仲裁规则的有关规定指定替换的仲裁员。

（四）重新仲裁时仲裁庭的审理范围

重新仲裁并非无视原裁决认定的事实和作出的结论，一切推倒重来，故重新仲裁时仲裁庭的审理范围应受限制。

重新仲裁制度旨在有针对性地、公平而又经济地消除仲裁程序中的瑕疵，因此，重新仲裁审理的范围应有一定的限制。仲裁庭应在多大的范围内重新仲裁，取决于法院认定的仲裁裁决所存在的瑕疵；仲裁庭应围绕法院认定的仲裁程序中的缺陷进行审理。例如，如果法院以申请人未缴足仲裁费为由而发回重新仲裁，仲裁庭在重新仲裁中，限令申请人补足仲裁费即可。如果法院以仲裁庭对当事人在规定的期限内提交的某份材料未进行客观论述为由将案件发回重新仲裁，在重新仲裁程序中，仲裁庭应围绕该材料所涉及的问题进行审理，双方当事人不得另行提出与此无关的新问题，除非当事人对此达成一致。当然，在重新仲裁中，有可能需要对所有的问题重新审理。如，被申请人由于没有收到进行仲裁程序的通知或因其他不属于被申请人负责的原因未能陈述意见而重新仲裁的案件。

（五）重新仲裁时当事人增加或者撤销仲裁请求、放弃部分仲裁请求和提出反请求的处理

当事人在重新仲裁中原则上不得增加仲裁请求、放弃部分仲裁请求和提出反请求，

---

① 为此，一些国家的法律中规定了重新仲裁要以当事人申请为要件。如《德国民事诉讼法》第1059条第4款规定：“经申请撤销，如法院认为适当且当事人提出申请，可将裁决撤销并将案件发回仲裁庭重审。”《瑞典仲裁法》规定法院在两种情况下应当进行重新仲裁：一是法院认为争议的请求应予接受且一方当事人要求中止诉讼，二是双方当事人都要求中止诉讼。显然，当事人请求是重新仲裁的必要前提。而我国仲裁法规定只要由法官决定即可，无须当事人申请，与英国仲裁法的规定基本相同。

除非当事人对新增的请求能够达成和解或者一致；当事人也不得撤回原仲裁申请，除非当事人就此达成一致或者当事人撤回申请不损害他人的利益。理由如下：(1) 仲裁庭已就当事人的仲裁请求作出了裁决书，在重新仲裁过程中，该裁决书仍是有效的，当事人对已裁决的请求若能被撤销，与理相悖。(2) 如果允许当事人撤回仲裁申请，完全有可能导致不问重新仲裁的结论如何，当事人都可以利用重新仲裁程序否定仲裁裁决。(3) 重新仲裁程序是一项特别程序，应对申请人撤诉的权利进行一定的限制。(4) 在民事上诉审程序中，当事人增加请求和撤回请求的权利也是受到严格限制的。《民诉解释》第 326 条规定，在第二审程序中，原审原告增加独立的诉讼请求或原审被告提出反诉的，第二审法院可以根据当事人自愿的原则就新增加的诉讼请求或反诉进行调解；调解不成的，告知当事人另行起诉。

（六）重新仲裁的期限

重新仲裁要有期限的限制。法院在通知仲裁庭重新仲裁时，应当指定重新仲裁的期限。重新仲裁的期限包括两个方面：一是开始重新仲裁的期限；二是重新仲裁的审限。虽然《仲裁法》对重新仲裁的审限没有明确规定，只是赋予了法院确定期限的权力，但重新仲裁的期限是非常重要的。仲裁要强调解决纠纷的效率，同时人民法院处理案件也有期限的要求，当事人也有诉讼成本及诉讼效率等方面的程序利益诉求。因此，重新仲裁的期限一般不宜过长。按照《仲裁法》的规定，人民法院审理撤销仲裁裁决案件的期限为 2 个月，重新仲裁程序作为撤销仲裁裁决程序的组成部分，可以考虑不超过 2 个月的时间。开始重新仲裁的时间，以不超过 10 天为宜，重新仲裁的审限以不超过 60 天为宜。当然，重新仲裁的期限不计入人民法院的审限。

（七）重新仲裁程序对原仲裁裁决的效力

重新仲裁是撤销程序下的一项制度，撤销仲裁裁决之诉属形成之诉；在当事人提起撤销裁决申请后，在法院作出撤销仲裁裁决裁定或者仲裁庭作出重新仲裁裁决否定或变更原仲裁裁决之前，该仲裁裁决都是有效的，其效力是确定的。

问题与思考

2002 年 11 月 14 日，某化纤公司与某投资公司达成协议，某化纤公司确认承担某化纤联合总公司欠某投资公司的 300 万美元债务，并约定将该借款纠纷提请仲裁解决。2002 年 11 月 15 日，某投资公司就上述欠款纠纷向我国某地仲裁委员会提出仲裁申请。2002 年 11 月 22 日和 11 月 29 日，某化纤公司与某投资公司分别达成两份协议书，主要内容为：(1) 某化纤公司对某投资公司在仲裁时提出的 300 万美元债务及提交的证据不持异议；(2) 某化纤公司以其所有的房产作价 133 万美元抵偿欠某投资公司的等额债务；(3) 某投资公司不接受某化纤公司以持有的某线业有限公司的股权抵偿债务。之后，该仲裁委员会组成仲裁庭作出仲裁裁决，确认某化纤公司与某投资公司于 2002 年 11 月 22 日和 11 月 29 日达成的协议书合法有效，某化纤公司应按照协议书的规定向某投资公司清偿 300 万美元债务并支付仲裁费用。此后，某投资公司以某化纤公司未履行仲裁裁决为由，向人民法院申请强制执行。2003 年 3 月 3 日，某化纤公司又与某投资公司达成执行和解协议，某化纤公司同意除按 2002 年 11 月 22 日和 11 月 29 日的协议书履行外，还同意将持有的某线业有限公司的 33.7%的股权交由某投资公司处置。

2004 年 7 月 20 日，在人民法院执行香港高新公司（即该案的申请人）与某化纤公司信用证纠纷案时，某化纤公司向人民法院出具一份说明，称其已无财产可供处理。于是香港高新公司向人民法院提出撤销上述仲裁裁决的申请，其理由如下：(1) 某化纤公司确认承担某化纤联合总公司欠某投资公司的 300 万美元债务的行为，根据《民法通则》第 58 条第 1 款第 4 项的规定，属于无效民事行为。① 2002 年 10 月 10 日，香港高新公司起诉某化纤公司，要求某化纤公司支付代开信用证款赎单款、开证费等合计 867 791.55 美元。2002 年 11 月 14 日，某化纤公司即与某投资公司达成协议，确认承担前述债务。某化纤公司的出资者是我国某市政府，而某投资公司的上级主管部门也是该市政府，因此，某化纤公司与某投资公司的上述行为显系恶意串通的结果，其目的是转移某化纤公司的财产，损害包括香港高新公司在内的某化纤公司的所有债权人的利益，属于无效民事行为。(2) 某化纤公司在确认承担某化纤联合总公司欠某投资公司的 300 万美元债务后，以两份以物抵债协议书和一份执行和解协议将其所有的全部财产抵偿给某投资公司，使自己彻底丧失履行债务的能力，致使其所有债权人的债权完全无法受偿，这一行为既属于恶意串通损害案外人利益的行为，也违反了《民法通则》第 4 条和第 5 条的规定②，属于无效行为。(3) 上述仲裁裁决确认了某投资公司和某化纤公司达成的两份无效协议合法有效，违背了社会公共利益，依据《仲裁法》第 58 条第 3 款的规定，应予撤销。综上所述，香港高新公司请求撤销本案所涉仲裁裁决。

人民法院是否应支持香港高新公司提出的撤销仲裁裁决的请求？为什么？

---

① 根据《民法通则》第 58 条第 1 款第 4 项的规定，恶意串通，损害国家、集体或者第三人利益的民事行为无效。尽管《民法典》没有保留该条的原表述，但根据《民法典》第 154 条关于“行为人与相对人恶意串通，损害他人合法权益的民事法律行为无效”的规定，仍可以得出相同的结论。

② 《民法通则》第 4 条规定：“民事活动应当遵循自愿、公平、等价有偿、诚实信用的原则。”第 5 条规定：“公民、法人的合法的民事权益受法律保护，任何组织和个人不得侵犯。”尽管《民法通则》已经废止，但《民法典》第 5 条关于“民事主体从事民事活动，应当遵循自愿原则，按照自己的意思设立、变更、终止民事法律关系”的规定继承了《民法通则》第 4 条规定的自愿原则，第 3 条关于“民事主体的人身权利、财产权利以及其他合法权益受法律保护，任何组织或者个人不得侵犯”的规定继承了《民法通则》第 5 条的规定。

第十四章
仲裁裁决的执行

本章概要

作为民事执行依据之一种，仲裁裁决的执行遵循民事执行的一般原则、制度和程序，不过有若干特别规定。尤其是仲裁裁决的不予执行制度，集中反映了仲裁裁决执行的特点，也体现出法院对仲裁进行司法监督的难点。在有利于仲裁、友好于仲裁、友善于仲裁的背景下，基于程序法上的诚实信用原则以及对仲裁程序中当事人意思自治的尊重等考虑，我国法律对不予执行仲裁裁决的事由和适用范围进行了必要的调整和限缩解释，以促进民商事仲裁的健康发展。

关键术语

仲裁裁决的执行依据　执行管辖　执行程序　执行措施　不予执行

课程思政

1. 请收集案外人权益受仲裁裁决损害的案例，组织学生讨论建立案外人申请撤销仲裁裁决之诉的必要性，引导学生树立“友善”“诚信”等社会主义核心价值观。

2. 在仲裁裁决的执行程序中，发现仲裁裁决违背公序良俗的，执行法院是否可以依职权裁定不予执行？请结合《仲裁法》第 58 条第 3 款关于“人民法院认定该裁决违背社会公共利益的，应当裁定撤销”的规定，组织学生就该问题展开讨论，引导学生养成自觉维护社会公共利益的良好习惯。

第一节　仲裁裁决的执行概述

一、仲裁裁决执行的概念和分类

（一）仲裁裁决执行的概念

仲裁裁决的执行，也称仲裁裁决的强制执行，是指国家设立的执行机关依债权人的申请，以生效的仲裁裁决书为执行依据，运用国家强制力，强制债务人履行义务，以实现债权人的民事权利的活动。具体而言，仲裁裁决的执行包括以下几层意义。

1. 由国家机关进行

仲裁裁决的执行须由国家授权的执行机关实施，严禁有关单位、组织或公民个人私力救济。在我国，法院是法定的民事执行机关。

2. 以仲裁裁决书为执行依据

仲裁裁决书是仲裁机构根据当事人的仲裁协议的约定作出的有关当事人民事权利义务关系的判断。生效的仲裁裁决书具有既判力，有给付内容的仲裁裁决书还具有强制执行力，可以作为债权人申请执行的根据。

3. 须经债权人申请

仲裁裁决的执行以实现裁决书所确认的民事权利为目的，基于权利人对执行债权的处分权，必须由债权人提出申请，才能启动仲裁裁决的执行程序。

4. 是执行机关使用公权力的强制行为

与仲裁程序的和平性不同的是，仲裁裁决执行的根本特性是强制性。执行机关运用国家赋予的强制执行权剥夺债务人的财产处分权，甚至可以限制债务人的人身自由。

5. 实现裁决书中已确定的私权

仲裁裁决的执行以实现裁决书中已生效（确定）的债权为目的，与仲裁程序以确认当事人之间的实体权利义务关系为目的是不同的。当事人享有的私权内容如不确定或已经实现，就谈不上裁决的执行问题。

（二）仲裁裁决执行的分类

依据不同的标准，可对仲裁裁决的执行作以下不同的分类。

1. 终局执行与保全执行

这是依据仲裁裁决执行的效果所作的划分。终局执行也称满足执行，是指使债权人的债权获得实现或满足的执行，比如依据生效的仲裁裁决书所为的执行。保全执行是指以法院或仲裁机构、仲裁庭作出的保全裁定为执行依据，通过维持债务人的财产现状，来保全将来的终局裁决的执行，比如对债务人财产的查封、扣押、冻结等限制债务人处分其财产的行为。仲裁裁决的执行原则上指终局执行，保全执行为其例外。

2. 金钱执行与非金钱执行

这是根据生效的仲裁裁决书所载债权的性质所作的划分。金钱执行是指实现生效的仲裁裁决书所载金钱债权的执行。为满足金钱债权，可以对债务人的财产或人身进行执行。非金钱执行是指非为实现生效的仲裁裁决书所载金钱债权而进行的执行，包括交付物的执行和完成行为的执行。金钱执行与非金钱执行实现的权利性质不同，因此二者的执行方法也有所不同。

3. 直接执行、间接执行与替代执行

这是以仲裁裁决的执行方法为标准所作的分类。直接执行是指依执行机关的执行行为直接实现民事权利内容的执行，如查封、扣押、拍卖债务人的财产，并以拍卖所得价款满足债权人的债权。间接执行是指执行机关不直接以强制力实现债权人的权利，而课以债务人一定的不利后果，以迫使债务人履行债务，如罚款、拘留债务人或拘传债务人的法定代表人。替代执行是指执行机关命第三人代债务人履行债务，而由债务人负担费用的执行。

二、仲裁裁决执行的法律渊源

（一）仲裁裁决执行的法律依据的历史回顾

我国有关仲裁裁决执行的法律规定，最早见于 1954 年 5 月 6 日由当时的中央人民政府政务院通过的《关于在中国国际贸易促进委员会内设立对外贸易仲裁委员会的决定》。该决定第 11 条明文规定："仲裁委员会之裁决，当事人应依照裁决所规定之期限自动执行，如逾期不执行，中华人民共和国人民法院依一方当事人之声请依法执行之。"1958 年 11 月 21 日，国务院通过的《关于在中国国际贸易促进委员会内设立海事仲裁委员会的决定》也作了相同的规定。1982 年《民事诉讼法（试行）》"执行程序"编规定了仲裁裁决的执行，该法第 195 条规定了涉外仲裁裁决的执行问题。上述法律文本对法院审查裁决的条件、裁决执行的程序、措施和方法等问题的规定，是相当简陋的。1991 年《民诉法》第 259 条、第 260 条以及第三编"执行程序"对仲裁裁决的执行作了相关规定。

（二）仲裁裁决执行的主要法律渊源

（1）法律，包括《民事诉讼法》（1991 年公布，2021 年第四次修正），《仲裁法》（1994 年公布，2017 年第二次修正），《海诉法》（1999 年公布），《人民调解法》（2010 年公布），《劳动争议调解仲裁法》（2007 年公布），《土地调解仲裁法》（2009 年公布）等。

（2）行政法规，即《诉讼费用交纳办法》（2006 年公布）。

（3）司法解释和其他规范性文件，包括《民诉解释》（2015 年公布，2022 年第二次修正），《仲裁法解释》（2006 年公布，2008 年调整），《海诉法解释》（2002 年公布，2008 年调整），《关于人民法院执行工作若干问题的规定（试行）》（1998 年公布，2020 年修正），《关于正确适用暂缓执行措施若干问题的规定》（2002 年公布），《关于人民法院民事执行中查封、扣押、冻结财产的若干规定》（2004 年公布，2020 年修正），《关于

人民法院民事执行中拍卖、变卖财产的规定》（2004年公布，2020年修正），《关于冻结、拍卖上市公司国有股和社会法人股若干问题的规定》（2001年公布），《关于高级人民法院统一管理执行工作若干问题的规定》（2000年公布），《关于人民法院执行公开的若干规定》（2006年公布），最高人民法院、中国人民银行《关于依法规范人民法院执行和金融机构协助执行的通知》（2000年公布），最高人民法院、国土资源部、建设部《关于依法规范人民法院执行和国土资源房地产管理部门协助执行若干问题的通知》（2004年公布），《仲裁司法审查报核规定》（2017年公布，2021年修正），《“先予仲裁”批复》（2019年公布），《仲裁裁决执行规定》（2018年公布），《仲裁司法审查规定》（2017年公布）等。

（4）国际公约，即《纽约公约》（1958年）。

上述立法和司法解释等。对当事人申请执行仲裁裁决的期限、管辖法院、申请执行的条件、人民法院不予执行的条件、人民法院的内部监督程序以及执行措施等都作了规定。可以说，仲裁裁决的强制执行在我国已经具备了较为全面的法律基础。

第二节　仲裁裁决的执行程序

一、当事人申请执行

（一）当事人申请执行的条件

（1）以有给付内容的仲裁裁决书作为执行依据。

（2）债务人逾期不履行或拒绝履行仲裁裁决确定的义务。

（3）在法定的申请执行时效内提出。所谓“申请执行时效”，是指对生效法律文书中所确认的执行债权申请法院进行强制保护的期限。国外对于执行债权与诉讼中的权利主张一体看待，认为它们都属于民法上的请求权，统一适用消灭时效制度。而且，由于执行债权已获得有权机关的确认，故国外立法上执行债权的消灭时效期间要远远长于诉讼中有争议的债权的消灭时效期间。例如，根据《美国法典》第9篇第207节，执行《纽约公约》下裁决的期限为3年；在英国，执行裁决的期限为6年。我国《民诉法》第250条第1款规定：“申请执行的期间为二年。申请执行时效的中止、中断，适用法律有关诉讼时效中止、中断的规定。”该规定遵循了国外立法的通例，将消灭时效（我国的诉讼时效）一体适用于民事诉讼、仲裁和强制执行程序，改变了此前那种将申请执行期限定性为法定不变期间，而且将期限规定得很短的做法。

（4）应向有管辖权的法院申请。当事人对仲裁裁决或者仲裁调解书申请执行的，由被执行人住所地或者被执行的财产所在地的中级人民法院管辖。执行标的额符合基层人民法院一审民商事案件级别管辖受理范围的，受理执行案件的中级人民法院可以根据《民诉法》第39条第1款的规定，指定被执行人住所地或者被执行的财产所在地的基层人民法院管辖。[①]

① 参见《仲裁裁决执行规定》第2条第1款。

（二）执行的管辖法院

1. 级别管辖

依据《民诉法》第 235 条第 2 款和司法解释的规定，由基层法院管辖的执行案件有：国内仲裁中的财产保全执行和证据保全执行，由被申请人住所地或被申请保全的财产所在地和申请保全的证据所在地的基层法院管辖；上级法院依法指定基层法院管辖的案件。

由中级法院管辖的执行案件有：（1）中国仲裁机构作出的仲裁裁决①；（2）经我国法院承认其效力的国外仲裁裁决；（3）经人民法院认可的台湾、香港、澳门地区仲裁裁决；（4）涉外仲裁中的财产保全执行和证据保全执行；（5）上级法院依法指定中级法院管辖的案件。

2. 地域管辖

依照《民诉法》第 235 条第 2 款的规定，仲裁裁决的执行，由被执行人住所地或者被执行的财产所在地人民法院管辖。

两个以上法院都有管辖权的，当事人可以向其中一个法院申请执行；当事人向两个以上法院申请执行的，由最先立案的法院管辖。两个法院之间因执行管辖权发生争议的，由双方协商解决；协商不成的，报请双方共同的上级法院指定管辖。

3. 级别管辖的变更

（1）当事人申请变更执行管辖。人民法院自收到申请执行书之日起超过 6 个月未执行的，申请执行人可以向上一级法院申请执行。上一级法院经审查，可以责令原法院在一定期限内执行，也可以决定由本院执行或者指令其他法院执行（《民诉法》第 237 条）。

（2）上级法院基于执行监督权而变更执行管辖。

（3）下级法院报请上级法院执行。下级法院对于自己管辖的执行案件，因特殊情况，需要由上级法院执行的，可以报请上级法院执行。

（三）申请执行应提交的文件和证件

债权人申请执行，应向法院提交下列文件和证件：

（1）申请执行书。申请执行书应当写明申请执行的理由、事项、执行标的以及申请执行人所了解的被执行人的财产状况，并载明下列事项：1）申请执行人或者被执行人为自然人的，应当载明其姓名、性别、出生日期、国籍及住所；为法人或者其他组织的，应当载明其名称、住所以及法定代表人或者代表人的姓名和职务；2）裁决书的主要内容及生效日期；3）具体的申请执行内容及其理由。但是，申请执行人书写申请执行书确有困难的，也可以口头提出申请。人民法院接待人员对口头申请应当制作笔录，由申请执行人签字或盖章。外国一方当事人申请执行的，应当提交中文申请执行书。当事人所在

---

① 《仲裁法解释》第 29 条规定：当事人申请执行仲裁裁决案件，由被执行人住所地或者被执行的财产所在地的中级人民法院管辖。

国与我国缔结或共同参加的司法协助条约有特别规定的，按照条约规定办理。①

（2）仲裁裁决书或仲裁调解书正本或者经证明无误的副本。申请执行国外仲裁机构的仲裁裁决的，应当提交经我国驻外使领馆认证或我国公证机关公证的仲裁裁决书中文本。②

（3）有仲裁条款的合同书或仲裁协议书。③

（4）申请执行人的身份证明。自然人申请的，应当出示居民身份证；法人申请的，应当提交法人营业执照副本和法定代表人身份证明；非法人组织申请的，应当提交营业执照副本和主要负责人身份证明。继承人或权利承受人申请执行的，应当提交继承或承受权利的证明文件。④

（5）其他应当提交的文件或证件。

按照2006年《诉讼费用交纳办法》第20条的规定，申请法院强制执行的费用，采取先执行后交纳的原则，不由申请执行人预交。

当事人委托代理人申请执行，应当向法院提交经委托人签字或盖章的授权委托书，写明代理人的姓名或者名称代理事项和权限、期限。委托代理人代为放弃、变更执行债权，代为进行执行和解，或代为收取执行款项的，应当有委托人的特别委托授权。⑤

二、法院受理执行案件

（一）立案受理

根据《执行规定》第16条以及《“先予仲裁”批复》的规定，人民法院受理执行案件应当符合下列条件：（1）申请执行的裁决书或调解书已经生效；（2）申请执行人是裁决书或调解书确定的权利人或其继承人、权利继受人；（3）裁决书或调解书有给付内容，而且执行标的和被执行人明确⑥；（4）义务人未在裁决书或调解书确定的期限内履行义务；（5）属于受申请执行的人民法院管辖；（6）不属于“网络借贷合同当事人申请执行仲裁机构在纠纷发生前作出的仲裁裁决或者调解书”。人民法院对符合上述条件的申请，应当在7日内予以立案。不符合上述条件之一的，应当在7日内裁定不予受理；已经受理的，裁定驳回执行申请。

人民法院在受理一方当事人撤销仲裁裁决的申请后，在人民法院作出撤销仲裁裁决或驳回申请的裁定前，该仲裁裁决依然是有效的。由于裁决依然有效，另一方当事人有权申请执行法院依法执行该仲裁裁决，所以人民法院应当受理执行申请。对此《仲裁法

① 参见《执行规定》第18条、《仲裁司法审查规定》第6条第2款。

② 参见《执行规定》第19条第2款、《仲裁司法审查规定》第6条第1款。

③ 参见《执行规定》第19条第1款。

④ 参见《执行规定》第18条。

⑤ 参见《执行规定》第20条。

⑥ 执行内容不明确导致裁决书或调解书无法执行的情形主要包括：（1）权利义务主体不明确；（2）金钱给付具体数额不明确或者计算方法不明确导致无法计算出具体数额；（3）交付的特定物不明确或者无法确定；（4）行为履行的标准、对象、范围不明确；（5）仲裁裁决或者仲裁调解书仅确定继续履行合同，但对继续履行的权利义务，以及履行的方式、期限等具体内容不明确（参见《仲裁裁决执行规定》第3条）。

解释》第 25 条规定，在人民法院受理一方当事人撤销仲裁裁决的申请后，另一方当事人申请执行同一仲裁裁决的，人民法院应当受理。

（二）送达执行通知书

执行员接到申请执行书后，应当向被执行人发出执行通知，并可以立即采取强制执行措施（参见《民诉法》第 251 条）。

三、采取执行措施

我国《民诉法》第三编“执行程序”第二十一章专章规定了执行措施。仲裁裁决的执行主要包括以下执行措施：（1）查询、扣押、冻结、划拨、变价被执行人的财产（第 253 条）；（2）查询、扣留、提取被执行人的收入（第 254 条）；（3）查封、扣押、冻结、拍卖、变卖被执行人的财产（第 255～258 条）；（4）民事搜查（第 259 条）；（5）交付裁决指定的财物或票证，拒不交出的，强制执行（第 260 条）；（6）强制迁出房屋或者强制退出土地（第 261 条）；（7）通知有关单位协助办理有关财产权证照转移手续（第 262 条）；（8）强制执行或委托有关单位或其他人完成裁决确定的行为（第 263 条）；（9）加倍支付延迟履行期间的债务利息或迟延履行金（第 264 条）；（10）继续履行（第 265 条）；（11）限制出境（第 266 条）；（12）通过媒体公布不履行义务信息（第 266 条）；（13）在征信系统记录不履行义务信息（第 266 条）；（14）拘留、罚款、拘传等间接执行措施（《民诉法》第十章）。

四、裁定中止执行

中止执行，是指在执行程序开始后，由于出现特定的原因，暂时停止执行程序，待这种特定原因消除之后，再决定执行程序是否继续进行的情况。《仲裁法解释》第 25 条规定：人民法院受理当事人撤销仲裁裁决的申请后，另一方当事人申请执行同一仲裁裁决的，受理执行申请的人民法院应当在受理后裁定中止执行。

当事人提出的撤销仲裁裁决的申请，经法院审理后，可能会产生三种结果：一是裁定重新仲裁，二是撤销仲裁裁决，三是驳回申请。在审查撤销仲裁裁决申请之时，如果执行法院采取执行措施，一旦法院裁定撤销仲裁裁决，执行将失去执行依据，则会产生执行回转问题，给当事人的利益产生很大的影响，也给法院带来不必要的工作负担，可能会造成不必要的影响。所以，法院在受理当事人撤销仲裁裁决的申请后，应当裁定中止执行。

为防止申请撤销仲裁裁决的一方滥用撤销程序拖延执行，也为了防止日后执行困难，在裁定中止执行的同时，法院原则上应当责令申请撤销仲裁裁决的一方提供担保。

五、裁定终结执行

终结执行，是指在执行程序中，发生法律规定的事由，导致执行程序没有必要或者不可能继续，因而依法结束执行程序。

依照法律及司法解释的规定，有下列情形之一的，法院裁定终结执行仲裁裁决：（1）申请人撤销执行申请的；（2）据以执行的仲裁裁决书被撤销或者决定重新仲裁的；（3）作为被执行人的自然人死亡，无遗产可供继承，又无义务承担人的；（4）作为被执行人的企业法人被法院裁定宣告破产的；（5）交付特定物执行中，原物确已毁损或灭失且双方当事人对折价赔偿不能协商一致的；（6）作为被执行人的自然人因生活困难无力清偿借款，无收入来源，又丧失劳动能力的；（7）法院认为应当终结执行的其他情形。

第三节　仲裁裁决的不予执行

一、不予执行概述

（一）不予执行的概念

不予执行，是指人民法院在对仲裁裁决的申请执行书予以审查或执行的过程中，因出现法定的原因，裁定停止执行并结束执行程序的行为。

（二）不予执行与撤销裁决的区别

不予执行仲裁裁决和撤销仲裁裁决都是人民法院对仲裁行使司法监督权的体现，都是在法定情形下对仲裁裁决作出的否定性评价，但两者也有不同之处，具体体现在以下几点。

1. 提出请求的当事人不同

只要对仲裁裁决确定的权利义务关系有提起撤销之诉的利益，任何一方当事人都有权提出撤销仲裁裁决申请；而有权申请不予执行仲裁裁决的当事人只能是仲裁裁决执行中的被执行人，或者有证据证明其合法权益因仲裁案件当事人恶意申请仲裁或者虚假仲裁而遭受损害的案外人。

2. 提出请求的期限不同

申请撤销仲裁裁决的，应当自收到仲裁裁决书之日起 6 个月内向人民法院提出。被执行人申请不予执行仲裁裁决则是在对方当事人申请执行仲裁裁决并且进入执行程序之后。案外人申请不予执行仲裁裁决必须自知道或者应当知道人民法院对该标的采取执行措施之日起 30 日内提出，但案外人主张的合法权益所涉及的执行标的已经执行终结的，即使自其知道或者应当知道人民法院对该标的采取执行措施之日起尚未届满 30 日，也不得再申请撤销仲裁裁决。①

3. 管辖法院不同

当事人申请撤销仲裁裁决，应当向仲裁委员会所在地的中级人民法院提出。与此不同，被执行人、案外人对仲裁裁决执行案件申请不予执行的，负责执行的中级人民法院应当另行立案审查处理；执行案件已经被中级人民法院指定基层人民法院管辖的，基层人民法院应当于收到不予执行申请后3日内移送原执行法院另行立案审查处理。②

4. 审查的权力主体不同

撤销仲裁裁决的申请由人民法院的民事审判庭来审查和裁定，而不予执行的申请是由人民法院的执行局来审查和裁定。

5. 裁定撤销和不予执行的事由不尽相同

申请撤销仲裁裁决的理由包括裁决所依据的证据是伪造的，对方当事人隐瞒了足以影响公正裁决的证据；而申请不予执行仲裁裁决的理由包括认定事实的主要证据不足、适用法律确有错误。法定理由的不同表明，人民法院在审查撤销仲裁裁决的申请时，侧重对仲裁裁决的事实认定进行审查；而在审查不予执行仲裁裁决的申请时，既审查仲裁裁决所认定的事实，又审查仲裁裁决所适用的法律。

6. 是否重新仲裁不同

在撤销仲裁裁决的程序中，法院认为可以由仲裁庭重新仲裁的，应通知仲裁庭在一定期限内重新仲裁；而在不予执行仲裁裁决的程序中，法院不可要求仲裁庭重新仲裁。

7. 裁定的法律效果不同

一方面，法院裁定撤销仲裁裁决的，裁决自始不发生法律效力；而裁定不予执行的，仲裁裁决仍然存在，并且仍然具有既判力，但由于不予执行裁定而丧失了强制执行力。另一方面，裁定撤销仲裁裁决后，就不存在仲裁裁决的执行问题；而裁定不予执行仲裁裁决后，仍然存在仲裁裁决的撤销问题，在法定的除斥期间内，仍然可以申请撤销裁决。

二、不予执行的事由

(一) 不予执行的事由概说

1. 概念

不予执行的事由，即法院据以裁定不予执行仲裁裁决的原因和依据。

2. 当事人申请不予执行的事由

在我国，对当事人申请不予执行仲裁裁决的事由采取“内外有别”的立法模式，即人民法院审查涉外仲裁裁决的范围比审查国内仲裁裁决的范围要窄，表现在：对国内仲

① 参见《仲裁裁决执行规定》第9条。
② 参见《仲裁裁决执行规定》第2条第3款。

裁裁决既审查仲裁程序是否公正，也审查案件自身的是非曲直；而对涉外仲裁裁决，则只审查程序，不审查实体对错，这与《纽约公约》的规定是大体一致或者接近的。

《仲裁法》第63条和《民诉法》第248条第2、3款规定，被申请人提出证据证明国内仲裁裁决有下述情形之一的，经人民法院组成合议庭审查核实，裁定不予执行：(1) 当事人在合同中没有订有仲裁条款或者事后没有达成书面仲裁协议的；(2) 裁决的事项不属于仲裁协议的范围或者仲裁机构无权仲裁的；(3) 仲裁庭的组成或者仲裁的程序违反法定程序的；(4) 裁决所根据的证据是伪造的；(5) 对方当事人向仲裁机构隐瞒了足以影响公正裁决的证据的；(6) 仲裁员在仲裁该案时有贪污受贿、徇私舞弊、枉法裁决行为的；(7) 人民法院认定执行该裁决违背社会公共利益的。

《仲裁法》第71条和《民诉法》第291条规定了人民法院不予执行涉外仲裁裁决的事由。根据该规定，被申请人提出证据证明裁决具有下列情形之一的，人民法院裁定不予执行：(1) 当事人在合同中没有订立仲裁条款或者事后没有达成书面仲裁协议的；(2) 被申请人没有得到指定仲裁员或者进行仲裁程序的通知，或者由于其他不属于被申请人负责的原因未能陈述意见的；(3) 仲裁庭的组成或者仲裁的程序与仲裁规则不符的；(4) 裁决的事项不属于仲裁协议的范围或者仲裁机构无权仲裁的；(5) 人民法院认定执行该裁决违背社会公共利益的。

此外，劳动争议仲裁裁决不予执行的事由，被规定于《劳动争议解释》(2021年) 第24条。根据该条的规定，当事人申请人民法院执行劳动争议仲裁机构作出的发生法律效力的裁决书、调解书，被申请人提出证据证明劳动争议仲裁裁决书、调解书有下列情形之一，并经审查核实的，人民法院可以根据《民诉法》第248条之规定，裁定不予执行：(1) 裁决的事项不属于劳动争议仲裁范围，或者劳动争议仲裁机构无权仲裁的；(2) 适用法律、法规确有错误的；(3) 违反法定程序的；(4) 裁决所根据的证据是伪造的；(5) 对方当事人隐瞒了足以影响公正裁决的证据的；(6) 仲裁员在仲裁该案时有索贿受贿、徇私舞弊、枉法裁决行为的；(7) 人民法院认定执行该劳动争议仲裁裁决违背社会公共利益的。

3. 案外人申请不予执行的事由

为了规制商事仲裁实践中的虚假仲裁现象[①]，给虚假仲裁中利益受到侵害的案外人以救济，弥补我国现行法的制度漏洞，《仲裁裁决执行规定》增设了案外人申请不予执行仲裁裁决制度，但将案外人申请不予执行仲裁裁决的事由限于“仲裁案件当事人恶意申请仲裁或者虚假仲裁，损害其合法权益”。换言之，人民法院根据案外人申请裁定不予执行仲裁裁决的实体条件包括：(1) 案外人系权利或者利益的主体；(2) 案外人主张的权利或者利益合法、真实；(3) 仲裁案件当事人之间存在虚构法律关系，捏造案件事实的情形；(4) 仲裁裁决主文或者仲裁调解书处理当事人民事权利义务的结果部分或者全部错误，损害案外人的合法权益。[②]

---

① 虚假仲裁与虚假诉讼本质上相同，最高人民法院在《防范和制裁虚假诉讼意见》中针对虚假诉讼的识别和规制，已经形成了一套有效的应对措施。

② 参见《仲裁裁决执行规定》第9、18条。

（二）当事人申请不予执行的事由分析

1. 不予执行事由与撤销事由的比较

就国内仲裁裁决而言，对比分析《仲裁法》第58条和《民诉法》第248条的具体规定，可以看出，撤销裁决与不予执行裁决的事由已经实现了统一，均为：裁决所根据的证据是伪造的、对方当事人隐瞒了足以影响公正裁决的证据、当事人在合同中未订有仲裁条款或者事后没有达成书面仲裁协议、裁决的事项不属于仲裁协议的范围或者仲裁机构无权仲裁、仲裁庭的组成或者仲裁的程序违反法定程序、仲裁员在仲裁该案时有贪污受贿、徇私舞弊、枉法裁决行为。事由的统一化，可以真正实现撤销裁决与不予执行裁决这两种司法监督方式的衔接和配合。

就涉外仲裁裁决而言，根据《仲裁法》第70条、第71条的规定，申请撤销和不予执行涉外仲裁裁决的事由是完全相同的。

鉴于本书第十三章已对撤销仲裁裁决的事由作了论述，下面仅就不予执行仲裁裁决中“仲裁庭的组成或者仲裁的程序违反法定程序”这一事由，结合我国不予执行实践，作具体分析。

2. “仲裁庭的组成或者仲裁的程序违反法定程序” 的具体适用

（1）关于仲裁送达问题。

仲裁庭没有按照《仲裁法》或仲裁规则的要求，向当事人进行正当的送达的，法院应当裁定不予执行。不过，对于有瑕疵的送达行为，法院并不当然认为其必然影响当事人获知仲裁信息的权利。例如，在（2013）浙丽执裁第2号裁决书中，法院综合了夏甲（签收人）与严甲（应被送达人）之间的亲属关系、严甲为村支部书记的身份、严甲的办公室与村邮站同在便民服务中心大楼、严甲多次回村、大门楼村的邮件收发习惯等因素，认定丽水仲裁委员会的相关仲裁文书已经送达严甲，最终驳回了申请人不予执行仲裁裁决的申请。

（2）关于仲裁庭违反仲裁规则所规定的审限。

仲裁裁决应该在仲裁规则规定的期限内作出，以实现仲裁便捷、高效的优势。

对于超过仲裁规则规定的期限作出的仲裁裁决，人民法院将依法予以审查并裁定不予执行。在日本信越化学工业株式会社申请承认与执行日本商事仲裁协会东京04～05号仲裁裁决案中，因为仲裁机构违反了其所适用的《日本商事仲裁协会商事仲裁规则》第53.1条关于审理期限的规定①，在超过审理期限且没有适当通知当事人的情况下作出了仲裁裁决，所以，我国最高人民法院认为该仲裁程序构成了《纽约公约》第5条第1款（乙）项规定的“受裁决援用之一造未接获关于指派仲裁员或仲裁程序之适当通知，或因他故，致未能申辩者”的情形，裁定不予执行该仲裁裁决。

当然，对于如何确定仲裁期限及仲裁期限的中止或中断事由，各仲裁规则都作出了

---

①《日本商事仲裁协会商事仲裁规则》第53.1条规定：“仲裁庭认为仲裁程序已经进行得充分完全，可以进行裁决并决定终审审理程序时，仲裁庭应在作出决定之日起5周内做出仲裁裁决；如果因为案情复杂或其他原因，仲裁庭认为有必要时，可以适当延长该期限，但不得超过8周。”

不同的规定。只要不违反仲裁规则，法院都不宜以超期仲裁为由不予执行仲裁裁决。如浙江省台州市中级人民法院在（2014）浙台执裁字第6号裁定书所述："在案涉仲裁审理过程中，由于双方当事人多次申请庭外调解共18个月时间不计入审限，故该仲裁案件的审理并不存在严重超期限的情形。况且仲裁案件的审理期限规定属于仲裁机构的内部管理规定……"[①]

（3）关于开庭质证问题。

仲裁庭对某项证据是否接受、是否组织质证属于仲裁庭自由裁量的领域，只要符合仲裁规则的要求，法院不予介入、干预。最高人民法院在《关于是否裁定不予执行中国国际经济贸易仲裁委员会仲裁裁决的复函》（〔2005〕民四他字第45号）中指出："……该仲裁规则并未要求相关鉴定报告必须经开庭质证，仲裁庭有权对鉴定报告进行审查并决定是否采纳。"

3. 违反社会公共利益是否属于不予执行涉外仲裁裁决的事由

值得探讨的问题是，对于涉外仲裁裁决，人民法院可否以仲裁裁决违反社会公共利益（违反公共政策）为由裁定不予执行。在1995年《仲裁法》生效后，有学者认为，根据《仲裁法》，人民法院不再享有审查涉外仲裁裁决是否违反"社会公共利益"或公共政策并据此裁定拒绝执行裁决的权力。理由是：公共政策条款被规定在1991年《民诉法》第281条第2款，而《仲裁法》第71条仅规定，被申请人提出证据证明涉外仲裁裁决具有1991年《民诉法》第281条第1款规定的情形之一的，人民法院裁定不予执行，而没有援引1991年《民诉法》第281条第2款。"仲裁法作为特别法，其效力大于普通法"，《仲裁法》取消了《民诉法》赋予人民法院的这项权能。[②] 本书认为，这种观点值得商榷。理由如下：

（1）公共政策是各国通用的制度，一些国家的立法并没有关于公共政策的条文，但这丝毫不影响这些国家的法院在必要时适用公共政策。虽《仲裁法》第71条没有援引《民诉法》第291条第2款，但是并不能由此简单地认为人民法院不再拥有适用公共政策审查涉外仲裁裁决的权力。

（2）仲裁庭确实有可能作出违反公共政策的涉外仲裁裁决。这种可能性在1995年《仲裁法》出台前存在，也不会因为1995年《仲裁法》的实施就归于消灭。

（3）从司法实务来看，1997年5月，最高人民法院经济庭、北京市高级人民法院经济庭、广东省高级人民法院经济庭、上海市高级人民法院经济庭和执行庭、深圳市中级人民法院经济庭、上海市第二中级人民法院经济庭以及中国国际经济贸易仲裁委员会、中国海事仲裁委员会和深圳市仲裁委员会的代表在深圳召开了"涉外仲裁司法审查研讨会"，会议对如何认定涉外仲裁裁决违背社会公共利益作了研讨，会上并没有代表否定或怀疑人民法院的这项权力。[③]

---

① 《台州市仲裁委员会仲裁规则（2021年版）》第71条规定："仲裁庭应当自组庭之日起两个月内作出裁决。有特殊情况需要延长的，由独任仲裁员报请主任批准，可以适当延长。"

② 参见高菲：《中国海事仲裁的理论与实践》，463页，北京，中国人民大学出版社，1998。

③ 参见《涉外仲裁司法审查研讨会纪要》，载《仲裁与法律通讯》，1997（10）；赵健：《国际商事仲裁的司法监督》，219页，北京，法律出版社，2000。

人民法院因仲裁裁决违反了公共政策或公共利益而裁定不予执行，在实践中有此类案例。例如，在美国制作公司与汤姆·胡莱特供公司诉中国妇女旅行社演出合同纠纷仲裁裁决案中，最高人民法院复函认为："在演出活动中，美方演员违背合同协议约定，不按报经我国文化部审批的演出内容进行演出，演出了不适合我国国情的'重金属歌曲'，违背了我国的社会公共利益，造成了很坏的影响，被我文化部决定停演。人民法院如果执行该裁决，就会损害我国的社会公共利益……"当然，人民法院认定执行本案仲裁裁决将构成违反公共政策的理由与当时的社会背景和意识形态有着密切的关系。又如，在河北省邢台市中级人民法院作出的（2015）邢执异字第 3 号裁定书中，法院认为："邢台市公安消防支队是对邢台市消防工作监督管理的职能部门，其鉴定意见本院予以采纳。对该商住楼的楼梯间进行吊顶和铺砖会影响消防安全，一旦发生火灾，可能直接影响到全体住户的生命、财产安全，危害社会公共利益，对顺泰公司申请原裁决中楼梯间铺砖事项不予执行的请求，本院予以支持。"

三、对不予执行的限制

（一）对当事人申请不予执行的限制

根据《仲裁法解释》第 26、27、28 条的规定，在下列三种情况下，人民法院不得支持当事人的不予执行申请。

1. 以相同理由先申请撤销被驳回后申请不予执行的

《仲裁法解释》第 26 条规定："当事人向人民法院申请撤销仲裁裁决被驳回后，又在执行程序中以相同理由提出不予执行抗辩的，人民法院不予支持。"《劳动争议解释（一）》第 25 条第 3 款规定："用人单位向人民法院申请撤销仲裁裁决被驳回后，又在执行程序中以相同理由提出不予执行抗辩的，人民法院不予支持。"

实践中，当事人往往以相同的理由先申请撤销，然后申请不予执行仲裁裁决。这种情形会带来两大问题：一是法院的双重监督问题，二是仲裁的效率低下问题。撤销和不予执行这两种司法监督方式没有妥善地衔接，导致了法律内在逻辑的不协调和混乱；同一法院或者不同法院要对同一仲裁裁决前后进行两次司法审查，有可能得出完全不同的两种结论，有损司法机关的权威①，在一定程度上加重了法院的工作负担，造成有限司法资源的浪费；同时，把两类功能基本相似的监督方式重复设置，使仲裁的效率大打折扣，不能充分发挥其解决纠纷的优势，极易导致当事人滥用不予执行申请权，规避法律、拖延执行，不利于权利人迅速实现其权利。可见，针对当事人以相同的理由先申请撤销后申请不予执行的情形进行限制，是有必要的，它有利于防止当事人滥用申请撤销权和不予执行申请权，有利于正确处理维护仲裁裁决的一裁终局效力和对仲裁裁决进行司法

① 在《仲裁法解释》颁布、实施前，受理国内仲裁裁决执行和不予执行申请的法院多为基层人民法院，而受理撤销裁决申请的是仲裁委员会所在地的中级人民法院，当事人（败诉方、被执行人）在仲裁委员会所在地的中级人民法院驳回其撤销裁决的申请后，仍有机会向其住所地或者被执行的财产所在地法院提出不予执行的申请，以对抗法院的执行程序；而且由于受理撤销和不予执行申请的法院级别不尽相同，加剧了司法监督机制的混乱程度。

监督两者之间的关系。

值得注意的是对“相同理由”的理解。对涉外仲裁裁决，撤销的法定事由与不予执行的法定事由完全相同，当事人以《仲裁法》第70条、《民诉法》第291条第1款规定的事由申请撤销被驳回后，又以同一理由申请不予执行的，人民法院不予支持；对国内仲裁裁决，当事人申请撤销的理由如果属于《仲裁法》第58条第1款、《民诉法》第248条第2款规定的第1、2、3、6项事由中的任一理由，在其撤销的请求被驳回后，又以同一理由申请不予执行的，人民法院不予支持。

2. 以仲裁协议无效为由申请撤销或不予执行的

《仲裁法解释》第27条第1款规定：“当事人在仲裁程序中未对仲裁协议的效力提出异议，在仲裁裁决作出后以仲裁协议无效为由主张撤销仲裁裁决或者提出不予执行抗辩的，人民法院不予支持。”

仲裁协议是仲裁机构取得仲裁管辖权的依据，也是整个仲裁程序赖以进行的基础。对于仲裁协议的效力理论上采取默示有效原则，即当事人未依法律的规定主张既存的仲裁协议无效的，视为当事人已经认可了仲裁协议的效力。《仲裁法》第20条第2款，《仲裁法解释》第13、14条规定，当事人在仲裁庭首次开庭（答辩期满后组织的第一次开庭审理）前没有对仲裁协议的效力提出异议，而后向人民法院申请确认仲裁协议无效的，人民法院不予受理。同样，当事人在仲裁庭首次开庭前未主张仲裁协议无效，在申请撤销或不予执行仲裁裁决程序中，为防止当事人出于拖延执行的目的，再以仲裁协议无效这一理由申请撤销或不予执行，以及避免仲裁机构和人民法院因认识不同而对仲裁协议的效力作出相互冲突的判断，有必要限制当事人以仲裁协议无效为由再行申请撤销或不予执行仲裁裁决。

当然，如果当事人在仲裁程序中对仲裁协议的效力提出异议，在仲裁裁决作出后又以此为由提出不予执行申请，那么，经审查符合《仲裁法》第58条或者《民诉法》第248、291条之规定的，人民法院应予支持。

3. 对仲裁调解书或基于和解协议作出的仲裁裁决书申请不予执行的

《仲裁法解释》第28条规定：“当事人请求不予执行仲裁调解书或者根据当事人之间的和解协议作出的仲裁裁决书的，人民法院不予支持。”

《仲裁法》规定了当事人在仲裁中自行和解的权利。达成和解协议的，当事人可以请求仲裁庭根据和解协议作出裁决书，也可以撤回仲裁申请。撤回仲裁申请后反悔的，可以根据仲裁协议申请仲裁。同时，《仲裁法》还规定：仲裁庭在作出裁决前，可以先行调解。当事人自愿调解的，仲裁庭应当调解。调解达成协议的，仲裁庭应当制作调解书或者根据协议的结果制作裁决书。

仲裁中的调解与和解，都是仲裁当事人意思自治的体现，仲裁庭应尊重当事人的主体性和自治性，并将意思自治的结果以仲裁调解书或仲裁裁决书的形式固定下来，赋予其意思表示以相应的法律效力。而且，对于可能出现的意思表示不真实而害及协议之效力的情形，《仲裁法》还给当事人提供了充分的救济手段。具体来说，对于仲裁调解书，当事人在签收前可以反悔，当事人反悔的，仲裁庭应当及时作出裁决（第52条第3款）；

对于仲裁过程中达成的和解协议，允许当事人在达成和解协议后申请撤回仲裁申请，并可以反悔，反悔后还可以根据仲裁协议申请仲裁（第 49、50 条），仲裁庭仅对没有撤回仲裁申请、没有反悔的和解协议制作仲裁裁决书。

由此看出，仲裁调解书或基于和解协议作出的仲裁裁决书所确认的债权债务关系，实际上反映了当事人真实的意思表示，并且给了当事人在意思表示失真的情形下予以补救的机会。因此，在仲裁裁决执行过程中，当事人事后向人民法院请求不予执行上述两种文书，有悖于诚信原则，也缺乏法律依据，对上述不予执行申请进行限制是必要的。

（二）对案外人申请不予执行的限制

案外人申请不予执行的条件是知悉侵害其合法权益的仲裁裁决正处于执行状态。但是，由于仲裁具有保密性以及仲裁裁决执行案件管辖的特殊性①，除非仲裁申请人以仲裁裁决为依据申请排除执行或参与分配，案外人很难及时发现侵害其合法权益的仲裁裁决和以其为执行依据的执行案件。根据《仲裁执行规定》第 9、19 条的规定，案外人申请不予执行仲裁裁决受“案外人主张的合法权益所涉及的执行标的尚未执行终结”与“自知道或者应当知道人民法院对该标的采取执行措施之日起三十日内”双重期间限制，以最先届满者为准。案外人对仲裁裁决执行案件逾期申请不予执行的，人民法院应当裁定不予受理；已经受理的，应当裁定驳回不予执行申请。

四、裁定不予执行的程序

（一）审判组织：合议庭审理

根据《仲裁法》第 63、71 条和《民诉法》第 244 条的规定，人民法院受理不予执行仲裁裁决申请后，应当组成合议庭审查请求是否成立，以示司法监督仲裁的慎重。

（二）被执行人的举证责任

1. 申请不予执行时提供初步证据的义务

按照《仲裁法》第 63、71 条和《民诉法》第 248 条第 2 款、第 291 条第 1 款的规定，被执行人在申请不予执行仲裁裁决时，提供证据证明裁决具有法定情形之一的，法院才会受理该申请。

2. 法院审查阶段被执行人的举证责任

按照法律规定，对于仲裁裁决是否具有法定的不予执行的理由，除涉及社会公共利

---

① 根据《仲裁裁决执行规定》第 2 条的规定，仲裁裁决执行案件原则上由被执行人住所地或者被执行的财产所在地的中级人民法院管辖。与此不同，根据《民诉法》第 235 条以及《民诉解释》第 460 条的规定，绝大多数确定民事案件是由基层人民法院受理的。根据北京市高级人民法院执行局雷运龙副局长在北大一金杜洞见纠纷解决主题沙龙（第二期）“仲裁裁决的执行与不执行”上的介绍，2013—2017 年，北京全市各中级人民法院每年受理的民商事仲裁裁决执行案件分别为 393 件、460 件、857 件、1 421 件、1 406 件，占当年全市各中级人民法院执行案件总数的比例分别为 28.6%、37.8%、28.6%、34.5%和 59.3%，其中占当年全市各中级人民法院民商事执行案件总数的比例分别为 46.4%、56.6%、56.2%、77.8%和 72.1%。

益（公共秩序、善良风俗）的事由外，由被执行人负举证责任。被执行人应当提供证据证明不予执行的事由存在，如果所提供的证据不足以证明其主张的事由成立，那么被执行人将承担申请被驳回的风险。

(三) 法院的审查处理

1. 法院要求仲裁机构说明或提供案卷

《仲裁法解释》第 30 条规定，根据审理撤销、执行仲裁裁决案件的实际需要，人民法院可以要求仲裁机构作出说明或者向相关仲裁机构调阅仲裁案卷。

法院与仲裁的关系不仅体现在法院对仲裁的支持与监督上，同时也体现在两者的相互协作上。《仲裁法解释》第 30 条将这种协作关系具体化：一方面，司法是当事人维护自己合法权益的最后救济途径，仲裁机构的说明、解释有利于保障法院裁定的准确与公正；另一方面，仲裁机构针对仲裁裁决的说明有利于法院采纳仲裁机构的意见，维护仲裁裁决的权威，促进仲裁事业的发展。

按照上述规定，只有具备下列条件，仲裁机构的说明义务和法院的调卷权才能成立：

(1) 法院只有在审理撤销、执行仲裁裁决案件时才可以要求仲裁机构作出说明或要求相关仲裁机构提供仲裁案卷。为纠正仲裁裁决在认定事实或适用法律方面的错误，保证涉及仲裁案件的裁定的公正与准确，法院要求仲裁机构说明或调阅仲裁案卷是很有必要的。

(2) 要求说明或提供案卷的仲裁机构是与法院正在审理的撤销、执行仲裁裁决案件相关的仲裁机构。一方面，法院要求仲裁机构所作的说明或提供的案卷，应当是与正在审理的撤销、执行仲裁裁决案件有关的内容。否则，仲裁机构有权拒绝提供说明或提供案卷。另一方面，法院只能要求作出仲裁裁决的仲裁机构提供说明或案卷，为法院审理撤销、执行仲裁裁决案件提供帮助或协助。

(3) 法院要求说明的内容包括：仲裁庭的组成、仲裁员的资格、仲裁裁决的依据与理由、仲裁裁决所适用的法律以及仲裁案件涉及的专业知识等。

法院要求仲裁机构提供说明或仲裁案卷与法院依职权调查收集证据或当事人向法院申请调查收集证据不同。仲裁机构提供说明或者仲裁案卷，只是仲裁机构在法院审理涉仲裁案件过程中的一种协助工作，仲裁机构不是证明主体，仲裁机构对仲裁裁决的正确性不负有证明责任。

2. 法院作出裁定

对于不予执行申请，法院经审查后，作出不予执行或者驳回申请的裁定。

3. 法院通知仲裁机构

《仲裁法解释》第 30 条第 2 款规定：法院在办理涉及仲裁的案件过程中作出的裁定，可以送相关的仲裁机构。其中，不予执行仲裁裁决的裁定书应送达双方当事人和仲裁机构（《民诉法》第 248 条第 4 款）。

人民法院将作出的涉及仲裁的裁定送相关的仲裁机构，是法院与仲裁机构存在相互协助关系的另一种体现。人民法院将作出的涉及仲裁的裁定通知仲裁机构，能够避免案件重复审理，保证法律的统一适用。例如，在审理涉仲裁管辖权案件中，法院作出认定仲裁协议无效的裁定后应立即通知相关的仲裁机构，以防止仲裁机构重复审查或作出不一致的裁定。将涉及仲裁的裁定告知相关仲裁机构，能使法院更好地履行支持与监督仲裁的职责，仲裁机构知道自己的仲裁裁决被法院支持或否定后，能够规范其仲裁行为，提高仲裁案件的法律水平。

具体而言，法院作出的涉及仲裁案件的裁定，需要通知相关仲裁机构的，主要有以下几种：（1）涉及仲裁管辖权的裁定（《仲裁法》第 5 条）；（2）认定仲裁协议效力的裁定（《仲裁法》第 20 条）；（3）证据保全的裁定（《仲裁法》第 46、68 条）；（4）财产保全的裁定（《仲裁法》第 28 条）；（5）撤销仲裁裁决过程中形成的裁定（《仲裁法》第 58、60、61、64 条）；（6）涉及执行仲裁裁决的裁定（《仲裁法》第 62、63、64 条）。

五、对不予执行裁定的救济

（一）不予执行裁定的效力

根据《民诉法》第 157 条以及《仲裁司法审查规定》第 20 条的规定，不予执行裁定一经送达即发生法律效力。当事人对不予执行裁定申请复议、提起上诉或者申请再审的，人民法院不予受理。

（二）上级法院对下级法院的内部监督

为了统一司法，保障仲裁和诉讼合法进行，最高人民法院确立了“人民法院受理具有仲裁协议的涉外经济纠纷案”、“不予执行仲裁裁决”以及“拒绝承认和执行外国仲裁裁决”三项内部报告制度。最高人民法院明确规定，凡一方当事人向人民法院申请执行我国涉外仲裁裁决，如果人民法院认为仲裁裁决具有《民诉法》第 291 条规定情形之一的，在裁定不予执行之前，必须报请本辖区所属高级人民法院进行审查；如果高级人民法院同意不予执行，应将其审查意见报最高人民法院，待最高人民法院答复后，才能裁定不予执行。

据此，中级人民法院如欲裁定不予执行涉外仲裁裁决，需报请所属高级人民法院和最高人民法院同意。这样，裁定不予执行涉外仲裁裁决的权力实际上高度集中在最高人民法院。高级人民法院，尤其是最高人民法院可以借此有效地控制各地方法院拒绝执行涉外仲裁裁决的行为。这种做法，对于监督各地法院严格执行和正确适用《仲裁法》和《民诉法》的有关规定，维护仲裁裁决的效力和仲裁的权威，保护当事人的合法权益，发挥了重要作用。

当然，内部报告制度有一定的弊端。例如，该制度是以通知的形式确立的，法律效力性不强；该制度仅适用于不予执行涉外或涉港澳台仲裁裁决案件；该制度在具体程序方面尚缺乏规范性。[①] 基于此，2017 年 11 月 20 日，最高人民法院发布的《仲裁司法审

---

① 参见张勇健、任雪峰、梁颖：《〈关于仲裁司法审查案件报核问题的有关规定〉及〈关于审理仲裁司法审查案件若干问题的规定〉的理解与适用》，载《人民司法（应用）》，2018（4）。

查报核规定》(2021年修正)要求：拟裁定不予执行境内仲裁机构的仲裁裁决的中级人民法院或者专门人民法院向本辖区所属高级人民法院报核。高级人民法院不同意的，中级人民法院或者专门人民法院不得裁定不予执行。高级人民法院经审查拟同意的，如果执行依据是非涉外或涉港澳台仲裁裁决，中级人民法院或者专门人民法院根据高级人民法院的审核意见作出裁定，并由高级人民法院于作出审核意见之日起15日内向最高人民法院报备；如果执行依据是涉外或涉港澳台仲裁裁决，高级人民法院应当向最高人民法院报核，中级人民法院或者专门人民法院必须根据最高人民法院的审核意见作出裁定。

需要提及的是，上述报核制度适用于中级人民法院或者专门人民法院裁定不予执行涉外仲裁裁决，却不适用于中级人民法院或者专门人民法院裁定执行涉外仲裁裁决。可见，上级法院对下级法院否定性的监督仲裁的行为的控制，要严于对下级法院肯定性的监督仲裁的行为的控制，这在一定程度上反映了法院对仲裁的支持态度。

(三) 对不予执行裁定的救济办法

1. 重新申请仲裁和向法院起诉

现行法律对于法院作出的不予执行仲裁裁决的裁定，规定了两种救济程序：一是重新申请仲裁，二是向法院提起民事诉讼。

《民诉法》第248条第5款规定：仲裁裁决被人民法院裁定不予执行的，当事人可以根据双方达成的书面仲裁协议重新申请仲裁，也可以向人民法院起诉。

《劳动争议解释(一)》第24条第2款规定：人民法院在不予执行的裁定书中，应当告知当事人在收到裁定书之次日起30日内，可以就该劳动争议事项向人民法院起诉。

2. 能否向执行法院提出执行异议

《民诉法》第236条规定：当事人、利害关系人认为执行行为违反法律规定的，可以向负责执行的人民法院提出书面异议。当事人、利害关系人提出书面异议的，人民法院应当自收到书面异议之日起15日内审查，理由成立的，裁定撤销或者改正；理由不成立的，裁定驳回。当事人、利害关系人对裁定不服的，可以自裁定送达之日起10日内向上一级人民法院申请复议。

该条所规定的对违法执行行为的救济程序是：异议—裁定—复议。问题在于，法院作出的不予执行裁定是否可以被列入违法执行行为范畴。如回答是肯定的，则当事人可以通过提出执行异议来获得救济；如否，则不能适用该条所设的救济程序。目前民事执行法学的主流观点认为，不予执行裁定不宜被视为《民诉法》第236条所规定的“违法执行行为”，因而也不宜适用该条的救济程序。主要理由在于，《民诉法》第248条第5款已经对不予执行裁定的法律效果作了规定，当事人可以通过重新申请仲裁和向法院起诉的方式来解决实体权利义务方面的争议。

问题与思考

1. 张某根据与刘某达成的仲裁协议，向某仲裁委员会申请仲裁。在仲裁审理中，双方达成和解协议并申请依和解协议作出裁决。裁决作出后，刘某拒不履行其义务，张某向法院申请强制执行，而刘某则向法院申请裁定不予执行该仲裁裁决。法院应当如何处理？（ ）（司法考试真题）

A. 裁定中止执行，审查是否具有不予执行仲裁裁决的情形

B. 终结执行，审查是否具有不予执行仲裁裁决的情形

C. 继续执行，不予审查是否具有不予执行仲裁裁决的情形

D. 先审查是否具有不予执行仲裁裁决的情形，然后决定后续执行程序是否进行

2. 某仲裁机构对甲公司与乙公司之间的合同纠纷进行裁决后，乙公司不履行仲裁裁决。甲公司向法院申请强制执行，乙公司申请法院裁定不予执行。经审查，法院认为乙公司的申请理由成立，裁定不予执行该仲裁裁决。对此，下列哪一种说法是正确的？（ ）（司法考试真题）

A. 甲公司可以就法院的裁定提请复议一次

B. 甲公司与乙公司可以重新达成仲裁协议申请仲裁

C. 甲公司与乙公司可以按原仲裁协议申请仲裁

D. 当事人不可以再就该纠纷重新达成仲裁协议，此案只能向法院起诉

3. 根据我国仲裁法和民事诉讼法的规定，出现下列哪些情形时，人民法院对仲裁裁决不予执行？（ ）（司法考试真题）

A. 载有仲裁条款的合同被确认无效

B. 一方当事人申请执行仲裁裁决，另一方当事人申请撤销仲裁裁决

C. 仲裁裁决书认定事实的主要证据不足

D. 仲裁庭的组成违反法定程序

6

PART SIX

|第六编|

中国涉外仲裁与区际仲裁

第十五章

中国涉外仲裁

本章概要

涉外仲裁是指含有涉外因素或国际因素的仲裁。司法解释对“涉外”的解释呈现出扩大的趋势。涉外仲裁的程序制度有特殊安排，承载更充分的意思自治，由此使它有别于涉外民事诉讼、国际公法上的国际仲裁和国内仲裁。涉外仲裁中产生对仲裁协议的效力、仲裁程序、实体上法律事实和纠纷等应该适用哪个国家的法律来认定和解决的法律适用问题。“贸仲”和“海仲”是中国最为著名的常设涉外仲裁机构。除此之外，其他依法设立的诸多常设仲裁机构，都在国内外当事人自愿选择下取得涉外民商事仲裁案件的管辖权。国家通过仲裁程序法，涉外仲裁机构通过仲裁规则，在适用案件范围、仲裁庭可否由外籍仲裁员参与组成、临时措施及紧急仲裁员程序、各种期限、仲裁语言等方面，对涉外仲裁程序作出特别规定。对我国涉外仲裁机构作出的裁决、1958年《纽约公约》成员国仲裁机构作出的裁决，可以适用1958年《纽约公约》，互相申请承认和执行；我国涉外仲裁机构作出的裁决在需要非该公约成员国申请承认和执行，在非该公约成员国领土内作出的仲裁裁决需要申请我国人民法院承认和执行的，应当按照我国与对方国家存在的相互承认和执行仲裁裁决的双边条约或者互惠原则处理。

关键术语

涉外仲裁　法律适用　涉外仲裁机构　涉外仲裁程序　《纽约公约》　承认和执行仲裁裁决

课程思政

要注重培育一批国际一流的仲裁机构、律师事务所，把涉外法治保障和服务工作做得更有成效……要把拥护中国共产党领导、拥护我国社会主义法治作为法律服务人员从业的基本要求，加强教育、管理、引导，引导法律服务工作者坚持正确政治方向，依法依规诚信执业，认真履行社会责任，满腔热忱投入社会主义法治国家建设。

——2020年11月16日习近平在中央全面依法治国工作会议上的讲话

要统筹推进国内法治和涉外法治，统筹发展和安全，推动我国法域外适用的法律体系建设，用法治方式有效应对挑战、防范风险，维护国家主权、安全、发展利益。

——2021 年 10 月 13 日习近平在中央人大工作会议上的讲话

要坚持统筹推进国内法治和涉外法治，按照急用先行原则，加强涉外领域立法，进一步完善反制裁、反干涉、反制"长臂管辖"法律法规，推动我国法域外适用的法律体系建设。

——2021 年 12 月 6 日习近平在十九届中央政治局第三十五次集体学习时的讲话

1. 商事仲裁属于法律服务行业，具有国际竞争力的仲裁机构将给当地社会经济带来发展契机。请组织学生讨论如何提升我国仲裁机构的国际竞争力，对学生进行爱国主义教育。

2. 外国仲裁裁决只有经过人民法院的承认，才可以在我国强制执行。我国法律及司法解释从事由及程序等方面对人民法院不予承认和执行外国仲裁裁决作出了严格的限制。具有给付内容且需要在我国申请执行的外国仲裁裁决通常能够获得法院的承认和执行，这在客观上可能给作为裁决义务人的中方当事人不利。请组织学生对此展开讨论，引导学生深刻理解"人与人交往在于言而有信，国与国相处讲究诚信为本"的道理。

第一节　涉外仲裁概述

一、涉外仲裁的概念

所谓涉外仲裁，简单地说，是指含有涉外因素或国际因素的仲裁。涉外仲裁是从本国角度相对于国内仲裁而言的，从国际社会角度而言，其或被称为国际仲裁。涉外仲裁主要解决的是国际经济贸易、运输和海事等商事活动中发生的争议，故其或又被称为国际商事仲裁。

在涉外民商事纠纷中，当事人依法可以选择仲裁，也可以选择诉讼来解决他们之间的争议。当事人在选择仲裁时，应当在合同中订立仲裁条款，或者在争议发生之后达成仲裁协议，并且在仲裁协议中明确约定将争议交由我国仲裁机构或者其他国家和地区的仲裁机构解决。

在我国法律层面，《民诉法》《仲裁法》使用了"涉外经济贸易、运输和海事中发生的纠纷"的表述①，但未对"涉外"有所明确。在司法解释层面，最高人民法院于 1988

① 参见《民诉法》第 288 条、《仲裁法》第 65 条。

年4月2日发布的《关于贯彻执行〈中华人民共和国民法通则〉若干问题的意见（试行）》第178条第1款规定："凡民事关系的一方或者双方当事人是外国人、无国籍人、外国法人的；民事关系的标的物在外国领域内的；产生、变更或者消灭民事权利义务关系的法律事实发生在外国的，均为涉外民事关系。"之后，最高人民法院于1992年7月14日发布的《关于适用〈中华人民共和国民事诉讼法〉若干问题的意见》（以下简称《民诉意见》）第304条依照定义"涉外民事关系"的相同思路定义了"涉外民事案件"。上述两个司法解释均已失效。最高人民法院于2012年12月10日通过并于2020年修正的《关于适用〈中华人民共和国涉外民事关系法律适用法〉若干问题的解释（一）》第1条规定："民事关系具有下列情形之一的，人民法院可以认定为涉外民事关系：（一）当事人一方或双方是外国公民、外国法人或者其他组织、无国籍人；（二）当事人一方或双方的经常居所地在中华人民共和国领域外；（三）标的物在中华人民共和国领域外；（四）产生、变更或者消灭民事关系的法律事实发生在中华人民共和国领域外；（五）可以认定为涉外民事关系的其他情形。"接着2015年最高人民法院根据第二次修订后的《民诉法》颁布的《民诉解释》第522条继续遵循定义"涉外民事关系"的相同思路认定"涉外民事案件"。从上述规定来看，最高人民法院所理解的"涉外"前后经历了变化：原先认为"涉外"限于法律关系的主体、标的物或法律事实这三个因素中至少有一个因素同外国（我国领域外）有联系。而2012年以后的司法解释所认为的"涉外"，一方面，把同外国有联系的法律关系主体因素扩大为主体国籍（包括外国或无国籍的自然人，外国法人或者非法人组织）或主体"经常居所地"（具有我国国籍的自然人但其经常居住地在外国，在中国注册的法人或非法人组织但其主要办事机构所在地在外国）两个点；另一方面，增加了一个兜底款项即"可以认定为涉外民事关系的其他情形"。由此可见，司法解释对"涉外"的解释呈现扩大的趋势。

1985年6月21日由联合国国际贸易法委员会通过，并在2006年7月7日修订的《国际商事仲裁示范法》第1条第3款对国际仲裁作了更为广义的界定："有下列情形之一的，仲裁为国际仲裁：(a) 仲裁协议的各方当事人在缔结协议时，其营业地点位于不同的国家；或 (b) 下列地点之一位于各方当事人营业地点所在国以外：(i) 仲裁协议中确定的或根据仲裁协议而确定的仲裁地点；(ii) 履行商事关系的大部分义务的任何地点或与争议事项关系最密切的地点；或 (c) 各方当事人明确同意，仲裁协议的标的与一个以上的国家有关。"该规定将国际仲裁扩及：(1) 营业地在不同国家的各方当事人之间的争议的仲裁；(2) 仲裁地和各方当事人的营业地位于不同国家的仲裁；(3) 主要义务履行地和各方当事人的营业地位于不同国家的仲裁；(4) 与争议事项关系最密切的地点和各方当事人的营业地位于不同国家的仲裁；(5) 各方当事人明确同意仲裁协议的标的与一个以上国家有关的仲裁。特别要指出的是，该规定显示出按照当事人的合意来确定什么是国际仲裁的倾向。上述规定，反映了国际商事仲裁立法和实践对"国际"含义的理解，值得我国仲裁界在涉外仲裁实践中和涉外仲裁机构在修订仲裁规则时参考借鉴。

如前所述，涉外仲裁又被称为国际商事仲裁，至于何为"商事"，《国际商事仲裁示范法》注释道：对"商事"一词应作广义解释，使其包括由契约性或非契约性的一切商事性质的关系所引起的事项。商事性质的关系包括但不限于下列交易：供应或交换货物或服务的任何贸易交易；销售协议；商事代表或代理；保理；租赁，建造工厂；咨询；工程；使用许可；投资；筹资；银行；保险；开发协议或特许；合营和其他形式的工业或商业合作；空中、海上、铁路或公路的客货载运。

1958 年 6 月 10 日在联合国主持下于纽约订立了《承认及执行外国仲裁裁决公约》（简称 1958 年《纽约公约》），其第 1 条第 3 款第二句规定："任何国家亦得声明，该国唯于争议起于法律关系，不论其为契约性质与否，而依提出声明国家之国内法认为系属商事关系者，始适用本公约。"我国在加入 1958 年《纽约公约》时根据这一条作出了商事保留声明。根据声明，最高人民法院曾于 1987 年 4 月 10 日制发《关于执行我国加入的〈承认及执行外国仲裁裁决公约〉的通知》，重申我国所理解的"契约性或非契约性商事关系"具体是指由于合同、侵权或者根据有关法律规定而产生的经济上的权利义务关系，例如货物买卖、财产租赁、工程承包、加工承揽、技术转让、合资经营、合作经营、勘探开发自然资源、保险、信贷、劳务、代理、咨询服务，海上、民用航空、铁路、公路的客货运输以及产品责任、环境污染、海上事故和所有权争议等，但不包括外国投资者和东道国政府之间的争端。这与国际上通行的对"商事"的解释类似，是一种比较广义的解释。

二、涉外仲裁的特点

涉外仲裁，是民商事仲裁的一个具体种类，因此，民商事仲裁通常具有的自愿性、专业性、灵活性、保密性、快捷性、经济性、独立性、终局性等特点①，它都应该具备。不过当涉外因素融入民商事仲裁后，与之相关的以下三个特点显得格外醒目。

（一）涉外仲裁的程序制度有特殊安排

涉外仲裁含有涉外因素，这是它与国内仲裁的主要区别所在。有涉外因素，且有的当事人在仲裁审理地所在国可能没有住所，为方便他们进行仲裁活动或行使权利，在某些具体程序制度，如期间、送达、取证、保全等方面，法律或者仲裁规则作出了不同于国内仲裁的特别规定。

（二）涉外仲裁承载更充分的意思自治

涉外仲裁是以当事人的自愿和协议为基础的，由此可以更为充分地发挥有着国际化视野和思维的当事人的意思自治，他们可以自由选择仲裁事项、仲裁地、仲裁组织形式、仲裁员、仲裁程序、仲裁语言和仲裁所适用的实体法。仲裁庭处理仲裁案件的权力也来自当事人的同意。这些可以由当事人控制的因素，成为人们对涉外仲裁感兴趣的重要原因。

（三）涉外仲裁通常存在法律适用问题

国内仲裁，一般只适用一国或本地的法律。而涉外仲裁中，各种涉外因素都可能把对仲裁协议、程序问题、实体问题的法律适用引向不同国家（地区）的法律制度，而当

① 参见江伟主编：《仲裁法》，2 版，12－15 页，北京，中国人民大学出版社，2012。

事人意志的加入，使法律适用问题与之相伴而生，一个案件的审理和裁决，既可能适用内国法，也有可能适用外国法或国际条约等。涉外仲裁裁决的内容应当得到实现，在当事人不能配合履行的情况下，可能需要寻找外国法院依据国际公约及执行地法律的支持，以获得承认和强制执行。

三、涉外仲裁和相关制度的区别

（一）涉外仲裁和涉外民事诉讼

涉外仲裁、涉外民事诉讼都是各国立法所认可的解决涉外民商事争议的有效方式，但是两者在管辖权基础和性质上存在差异：前者的管辖权基础是仲裁协议，具有民间性、自治性，尽管法院也会对其进行适度干预和支持，但总体上是一种具有公力效力的“准司法”形式的私力程序。而后者的管辖权基础是法律直接规定，具有公权性、强制性，是法院对涉外民商事案件行使司法权的形式。

（二）涉外仲裁和国际公法上的国际仲裁

涉外仲裁或称国际商事仲裁，是国际私法上的国际仲裁，用于解决包含跨国因素的发生于平等民事主体之间的私法调整的权利义务争议。即使国家作为一方当事人，其也是基于民事权利义务的享有或承担身份。涉外仲裁可得到有关国家当局的支持。而国际公法上的国际仲裁，是指在国家之间发生争端时，当事国根据协议，把争端提交给它们自行选择的仲裁者处理，并相互约定遵守其裁决的和平解决争端的方式。其裁决由当事国出于道义上的责任而自觉履行。

（三）涉外仲裁和国内仲裁

涉外仲裁是包含涉外因素的仲裁，往往涉及域外送达、取证、保全等事项，而且生效的涉外仲裁裁决很可能需要在外国申请承认和执行。而国内仲裁或称本土仲裁，是不包含任何涉外因素的仲裁，牵涉不到域外送达、取证、保全等事项，而且生效的国内仲裁裁决如需执行，只要向国内法院申请办理即可。

四、涉外仲裁的法律适用

与国内仲裁不同，涉外仲裁在处理过程中往往会涉及适用何国法律的问题。这是因为当社会经济贸易发展到一定阶段以后，对日益增多的涉外民商事纠纷，简单的依据争议解决地法来处理已经不能符合当事人的利益。各国为了维护自身的权益以及与外国开展正常的经济贸易往来，必须在一定条件下承认并适用外国法律，由此在涉外民商事纠纷解决领域也就产生了法律适用问题。

法律适用问题的产生原因在于法律冲突的存在。法律冲突是指两个或两个以上不同的法律同时调整一个相同的法律关系而在这些法律之间产生矛盾的社会现象。一般来说，只要各法律对同一问题作出了不同的规定，而当某种事实（连结点）将这些不同的法律规定联系在一起时，法律冲突便会出现。[1] 由此，也就在涉外仲裁中产生了对仲裁协议的效力、仲裁程序、实体上法律事实和纠纷等应该适用哪个国家法律来认定和解决的法律适用问题。

（一）涉外仲裁协议的法律适用

仲裁协议是合同的一种，无须也不可能为它确立一套完全不同于其他合同的独特的法律适用准则，因此对仲裁协议的法律适用，包括我国在内的很多国家的法律没有明文规定或者有关规定极为简单。理论上仲裁协议为意思自治的体现，当事人当然有权选择仲裁协议的适用法，但实践中，很少见到当事人单独约定仲裁协议的适用法，即使有约定，也是搭便车适用合同（主合同、商事合同）其他部分所适用的相同法律。

当事人在未明示选择仲裁协议的适用法时，国际上通行的做法是以仲裁地法或裁决地法作为仲裁协议的准据法。实际上这也符合在无当事人约定的情况下依最密切联系原则确定一般民商事合同准据法的做法，因为履行仲裁协议的场所在仲裁地，所以，仲裁地法就是与仲裁协议有最密切联系的法律。

（二）涉外仲裁程序的法律适用

涉外仲裁首先是由当事人和仲裁庭已经同意或采用的程序规则进行规范，其次是由仲裁地的法律进行规范。涉外仲裁所适用的程序规则即仲裁规则，一般来说，当事人可以自主选择。仲裁庭必须服从当事人的选择，按照选定的仲裁规则进行程序活动，直至作出裁决。仲裁规则不是法律规范，本质上是当事人制定和选择的契约性文件，但至关重要：涉外仲裁程序的进行可以不适用任何特定国家的仲裁法，但不可能不适用仲裁规则。

仲裁程序法即适用于仲裁本身的法律（适用于仲裁庭的存在以及其所进行的程序的法律），在国际上，原则上当事人也可以选择确定。这和涉外民事诉讼中对程序问题适用法院地法的做法很不相同。但是实践中，当事人选择仲裁程序法的情况并不多见。在当事人未作明示选择的情况下，一般应由仲裁庭来决定仲裁应适用的程序法。仲裁庭可能通过各种因素推定当事人的选择，但通常是考虑所选择的仲裁地，进而适用仲裁地的仲裁法。

所谓仲裁地，是仲裁的地点或“所在地”（seat）或审理地，不仅仅是地理事项，还是仲裁自身与仲裁法律上所位于地点的法律之间的地域联系。如果当事人没有明确对仲裁地作出选择，则要由仲裁庭为当事人作出选择。仲裁地的选择与当事人或产生争议的合同没有或几乎没有关系。如说上海是仲裁地时，指的是仲裁是在中国的仲裁法律框架内进行。裁决应被视为在仲裁所在地作出，裁决作出地也就是仲裁所在地。

（三）涉外仲裁实体问题的法律适用

拟创设法律关系的协议并不存在于法律真空之中，它是以一种法律制度作为依据的。

---

① 参见韩德培主编：《国际私法新论》，125 页，武汉，武汉大学出版社，1997。

这种法律制度通常被称为合同的“实体法”、“适用法”、“管辖法”或“合同准据法”。这些术语表示适用于合同的解释和效力、当事人的权利义务、履约方式、违约后果的特定法律制度。① 一般认为，依当事人意思自治，商事合同的当事人可以为自己选择适用于该合同的法律。当事人可以作出的选择包括：国家法律（国内法）、国际公法（在合同是与国家或国家机关签订的时候，包括一般法律原则）、跨国法（包括国际发展法、商人法、成文化的术语和惯例、贸易习惯）、公平公正。

如果产生争议且当事人未选择法律，则需要仲裁庭确定何种法律现在适用于合同。首先是默示选择，寻找假定当事人有意志选择的法律；其次，遵循仲裁所在地的法律冲突规则。按照中国的涉外仲裁实践，如当事人未选择争议应适用的实体法，则适用仲裁地的冲突规范来确定应适用的法律，或者直接适用与争议有最密切联系的实体法。

五、中国的常设涉外仲裁机构

常设仲裁机构，是一种相异于临时仲裁庭的仲裁组织形式②，指的是依据国际条约或一国法律设立，有固定名称、办公地址、工作人员、机构设置、组织章程、行政管理制度及程序规则的仲裁组织。现今，如果当事人愿意采用仲裁方式解决民商事争议，一般都选择常设仲裁机构并依其仲裁规则进行仲裁，遇到涉外的或国际性的法律争执时更是这样，总有一些国际性、行业性或一定地区范围内的常设仲裁机构可以作为协助他们解决纠纷的候选对象。常设仲裁机构，如考虑其国别性、专业性色彩的淡浓程度，可相对被分为国际性的或地区性的常设仲裁机构、行业性的常设仲裁机构以及国内的常设仲裁机构。

目前在世界范围内，历史悠久、名声远扬的国际性的、地区性的、行业性的国际常设仲裁机构主要有国际商会仲裁院、斯德哥尔摩商会仲裁院、伦敦国际仲裁院、瑞士苏黎世商会仲裁院、解决投资争端国际中心、世界知识产权组织仲裁与调解中心、美国仲裁协会、新加坡国际仲裁中心、中国国际经济贸易仲裁委员会、日本商事仲裁协会、英国海事仲裁员协会等，读者可以很方便地检索并登录到它们的网站，了解其机构概况、仲裁规则以及有关国际商事仲裁的各种各样的信息。

在我国，《仲裁法》对涉外仲裁机构作了专门规定。该法第 66 条规定：涉外仲裁委员会可以由中国国际商会组织设立。涉外仲裁委员会由主任 1 人、副主任若干人和委员若干人组成。涉外仲裁委员会的主任、副主任和委员可以由中国国际商会聘任。第 67 条规定：涉外仲裁委员会可以从具有法律、经济贸易、科学技术等专门知识的外籍人士中

---

① ［英］艾伦·雷德芬、马丁·亨特、奈杰尔·布莱克比、康斯坦丁·帕特塞德：《国际商事仲裁法律与实践》，4 版，林一飞、宋连斌译，99 页，北京，北京大学出版社，2005。

② 临时仲裁采用临时仲裁庭的仲裁组织形式，它是依据当事人自己约定的规则或仲裁庭决定的规则进行仲裁。临时仲裁的当事人有较大自主性，仲裁过程更为灵活，耗费较为低廉，仲裁庭审结一案即自行解散。从《仲裁法》的规定看，我国不承认临时仲裁，但这种局面在逐步改变，如 2015 年的《民诉解释》规定，对临时仲裁庭在我国领域外作出的仲裁裁决，也可以依法向我国申请承认和执行。又如《自贸区司法保障意见》中规定，“在自贸试验区内注册的企业相互之间约定在内地特定地点、按照特定仲裁规则、由特定人员对有关争议进行仲裁的，可以认定该仲裁协议有效下”。实际上是以“三个特定标准”在全国自贸区引入临时仲裁，作为机构仲裁的补充。

聘任仲裁员。这说明在中国依法成立的民商事仲裁机构均可以成为涉外仲裁机构，涉外仲裁机构都可以聘请外籍人士担任仲裁员。

（一）中国国际经济贸易仲裁委员会

中国的涉外商事仲裁制度起源于中国国际经济贸易委员会（以下简称“贸仲”）的仲裁实践，其前身为根据1954年5月6日中央人民政府政务院通过的《关于在中国国际贸易促进委员会内设立对外贸易仲裁委员会的决定》而组建的“对外贸易仲裁委员会”，于1980年更名为“对外经济贸易仲裁委员会”，于1988年又更名为“中国国际经济贸易仲裁委员会”。在“贸仲”于1994年成为国际商会会员后，自2000年10月1日起，“贸仲”在使用既有名称外，同时启用“中国国际商会仲裁院”的名称。“贸仲”设在北京，在天津、重庆、西安、海口、香港特别行政区，以及加拿大温哥华、奥地利维也纳等地设有分会/仲裁中心，“贸仲”和分会/仲裁中心使用相同的仲裁规则和仲裁员名册，在整体上享有一个仲裁管辖权。

在业务受理方面，在1995年《仲裁法》实施前，“贸仲”是国内专门受理对外经济贸易活动中发生争议的涉外仲裁机构。在《仲裁法》实施后，至今中国国际贸易促进委员会/中国国际商会曾先后数次修改仲裁规则，使其受理争议的范围扩充到《仲裁法》规定的所有可以仲裁的争议。当然，“贸仲”的重心仍是涉外商事仲裁。“贸仲”现行的仲裁规则是自2024年1月1日起施行的《贸仲规则》，其规定的受案范围是当事人有约定的契约性或非契约性的经济贸易等争议案件，包括国际或涉外争议案件、涉及港澳台地区的争议案件以及境内争议案件。

（二）中国海事仲裁委员会

中国海事仲裁委员会（以下简称“海仲”）的前身是于1959年1月根据国务院的决定成立的“中国国际贸易促进委员会海事仲裁委员会”，于1988年6月21日更名为现名。“海仲”是一家以解决海事海商、交通物流争议为特色并涵盖其他所有商事争议的全国性、国际化仲裁机构。“海仲”位于北京，设有上海总部，在天津、重庆、深圳、福州、舟山、海口、大连、青岛、香港特别行政区等地设有分会/仲裁中心，上海总部和分会/仲裁中心使用统一的仲裁规则和仲裁员名册，在整体上享有一个仲裁管辖权。

中国国际贸易促进委员会/中国国际商会曾先后数次修改“海仲”仲裁规则。“海仲”现行的仲裁规则是经修订的自2021年10月1日起施行的《海仲规则》，受案范围为有关海事海商、航空铁路公路等交通运输、贸易、投资、金融、保险、建设工程等方面发生的涉外、涉港澳台或者境内的争议案件。

（三）国内其他仲裁机构

自《仲裁法》于1995年实施以来，依照其规定，在各省、直辖市、自治区人民政府所在地的市和其他设区的市又设立或新组建了一大批常设仲裁机构。这些仲裁机构尽管其业务重心是国内仲裁，但是随着我国改革开放和市场经济的发展以及国际化程度的提升，涉外民商事案件越来越多，如上海国际经济贸易仲裁委员会（上海国际仲裁中心）、北京仲裁委员会（北京国际仲裁中心）、上海仲裁委员会、深圳国际仲裁院、广州仲裁委员会、南京仲裁委员会、武汉仲裁委员会等，都在国内外当事人自愿选择下取得涉外民商事仲裁案件的管辖权。根据这些仲裁机构官网上公布的统计数据，如上海国际仲裁中心于2008年至2012年五年间受理的2 541宗案件中，涉外争议693件，占27.28%，前述涉外争议中双方均为境外当事人的为73件。[①] 北京仲裁委员会于2019年受理国际商事仲裁案件163件，占全部案件的比例为2.42%；于2020年受理国际商事仲裁案件215件，占全部案件的比例为3.83%。[②] 事实上国内许多仲裁委员会都有过受理涉外或涉港澳地区案件的经历。这进一步表明，在我国依法成立的民商事仲裁机构均可以根据国内外当事人的约定受理解决涉外的或国际性的民商事案件，成为名副其实的涉外仲裁机构。

第二节　涉外仲裁程序的特别规定

一、涉外仲裁程序概述

涉外民商事纠纷的一方当事人根据与对方当事人在纠纷发生之前或者纠纷发生之后达成的仲裁协议，向约定的仲裁机构提交仲裁申请书，涉外仲裁程序自此开启，随后成立的仲裁庭将按照一定的方式、步骤和时限等要素构成的程序对案件进行审理，并作出裁决。一方面，涉外仲裁程序与国内仲裁程序在制度目的、价值目标、构成阶段、仲裁庭的组成、审理方式等方面有相同之处和趋同之势。但另一方面，适用于涉外民商事纠纷的仲裁程序，顾及涉外因素的存在，应具有不同于国内仲裁程序的特殊性。为此，从程序规范上，国家通过仲裁程序法，涉外仲裁机构通过仲裁规则作出特别规制，以满足涉外仲裁的需要。下面，将根据我国《仲裁法》第七章关于涉外仲裁的特别规定和《民诉法》第四编第二十六章关于涉外仲裁的规定，结合《北仲规则》《上仲规则》《贸仲规则》《上海贸仲规则》的有关内容，对涉外仲裁程序的规定和运行的特别之处作出归纳。

二、涉外仲裁程序适用的案件范围

综合我国《仲裁法》和各仲裁机构的仲裁规则的规定，涉外程序适用于国际或涉外争议案件，并参照适用于涉及香港特别行政区、澳门特别行政区及台湾地区的争议案件，是由契约性的还是非契约性的民商事关系所引起在所不问。如果当事人对案件是否具有涉外性或国际因素有争议，则由仲裁庭作出决定。

---

① 参见 www. shiac. org/SHIAC/aboutus. aspx?page=5，2021-10-17。

② 参见 https://www. bjac. org. cn/news/view? id/=3687，https://www. bjac. org. cn/news/view? id/=3920，2021-10-17。

三、仲裁庭可以由外籍仲裁员参与组成

涉外仲裁机构可以从具有法律、经济贸易、科学技术等专门知识的外籍人士中聘任仲裁员。除非当事人另有约定或仲裁规则另有规定，仲裁庭由三名仲裁员组成。在涉外仲裁中，双方当事人可以选择或者仲裁机构主任可以指定外籍仲裁员参与组成仲裁庭，具体做法是：双方当事人按照仲裁规则的规定分别选定或者委托主任为其指定一名仲裁员、共同选定或者共同委托主任指定首席仲裁员。当事人可以从仲裁机构提供的仲裁员名册中选择仲裁员，也可以从仲裁员名册外选择仲裁员。当事人如果从仲裁员名册外选定仲裁员，应当向仲裁机构提供候选人的简历和具体联系方式，经确认后该候选人可以担任仲裁员。

一般而言，外籍仲裁员的报酬要比国内仲裁员的高。当事人愿意增加支付报酬而选择外籍仲裁员的话，应当在仲裁规则规定的期限内预交增加的报酬。未按期预交的，视为未选定仲裁员。仲裁机构的主任可以根据仲裁规则的规定代为指定仲裁员。

四、临时措施及紧急仲裁员程序

涉外仲裁的当事人可以根据临时措施执行地所在国家/地区的有关法律规定，向仲裁机构提出采取临时措施的申请，并提供相应的依据。临时措施的内容可以包括财产保全、证据保全、要求一方作出一定行为及/或禁止其作出一定行为、法律规定的其他措施。对于当事人提出的采取临时措施申请，仲裁机构将根据临时措施执行地所在国家/地区的有关法律规定，在具备实际可行的条件时转交具有管辖权的法院作出裁定，或提交仲裁庭作出决定，或提交依据仲裁规则指定的紧急仲裁员作出决定。

采取临时措施申请交由仲裁庭/紧急仲裁员处理的，仲裁庭/紧急仲裁员可以依据有关法律规定采取其认为适当的临时措施，并通过决定、指令、中间裁决或者有关法律规定所认可的其他方式作出。如果必要，仲裁庭/紧急仲裁员有权要求申请采取临时措施的当事人提供适当的担保。

当事人也可以依据有关法律规定，直接向具有管辖权的法院提出采取临时措施申请。当事人直接向具有管辖权的法院提出采取临时措施申请的，可以请求仲裁机构按照有关法律规定给予必要的协助，是否同意，由仲裁机构决定。

案件受理后至组成仲裁庭之前，当事人根据有关法律规定需要申请采取临时措施的，可以向仲裁机构提出指定紧急仲裁员的书面申请并附相关证据材料。是否同意，由仲裁机构决定。仲裁机构同意指定紧急仲裁员的，应在当事人按照仲裁规则规定的标准预交相应费用后较短时间（如 1 日或 2 日）内在仲裁员名册中指定一名紧急仲裁员，并将指定情况通知当事人。紧急仲裁员不代表任何一方当事人，应独立于各方当事人，平等地对待各方当事人。紧急仲裁员的信息披露、回避等事项，参照仲裁规则的相关规定办理。紧急仲裁员有权采取其认为适当的方式就当事人的采取临时措施申请进行审查，但应保证当事人有合理陈述的机会。紧急仲裁员可以要求申请紧急救济的当事人提供适当的担

保作为实施救济的前提条件。紧急仲裁员应当于自指定之日起合理时间（如 15 日）内作出相关决定、指令或裁决，并说明理由，该决定、指令或裁决由紧急仲裁员签字并加盖仲裁机构印章后发送当事人。当事人对紧急仲裁员作出的相关决定、指令或裁决有异议的，有权自收到相关决定、指令或裁决之日起及时（如 3 日内）向紧急仲裁员提出修改、中止或撤销相关决定、指令或裁决的申请，是否同意由紧急仲裁员决定。除非当事人另有约定，紧急仲裁员不再担任与采取临时措施申请有关的争议案件的仲裁员。紧急仲裁员在程序中作出的相关决定、指令或裁决，对双方当事人具有约束力，当事人可以依据执行地国家/地区有关法律规定向有管辖权的法院申请强制执行；但其对仲裁庭不具有约束力，仲裁庭可以修改、中止或撤销紧急仲裁员作出的相关决定、指令或裁决。

五、涉外仲裁程序中的各种期限

由于涉外仲裁程序所处理的涉外或国际性民商事纠纷的主体国籍、经常住地或营业地、标的物所在地、法律事实发生地、主要义务履行地、与争议事项关系最密切的地点等位于域外甚至不同国家，所以人员出庭等往来需要办理出入境核准等手续，仲裁机构与当事人之间收发文件资料需要经历较长时间。为此，对于涉外仲裁程序中的各种期限，应当作出比国内仲裁程序中相应期限较长一些的安排，以保障仲裁活动的有效进行。根据现行法律和前述仲裁规则的规定，涉外仲裁程序中的期限有如下各种。

（一）选定或委任指定仲裁员的期限

双方当事人选定或委任指定仲裁员的期限一般为自收到仲裁通知之日起 20 日内。

（二）答辩及反请求的期限

前述仲裁规则均规定，被申请人应当自收到答辩通知之日起 45 日内，提交答辩书和有关证明文件；被申请人如有仲裁反请求的，应当在自仲裁通知书送达之日起 45 日内向仲裁机构提交仲裁反请求申请书。但对于被反请求人应当在仲裁反请求通知书送达之日起多少日内提交反请求答辩书的问题，《贸仲规则》设定为 45 日，《上海贸仲规则》设定为 30 日，而《北仲规则》《上仲规则》设定为 15 日。被申请人或被反请求人未提交答辩书或反请求答辩书的，不影响仲裁程序的进行，但确有正当理由请求延长提交答辩书期限的，由仲裁庭决定是否延长期限；仲裁庭尚未组成的，由仲裁机构作出决定。

（三）提前通知开庭的期限

关于涉外仲裁案件首次开庭，《北仲规则》规定应在开庭日的 30 日前将开庭通知书发送双方当事人，《贸仲规则》第 64 条第 1 款规定应不晚于开庭前 15 日将开庭日期通知双方当事人，《上海贸仲规则》第 73 条第 1 款规定应在开庭前 10 日将开庭日期通知双方当事人。经商当事人同意，仲裁庭是可以提前开庭的。当事人有正当理由请求延期开庭的，《北仲规则》规定应当在开庭日的 5 日前向仲裁机构提交延期开庭的书面请求，《贸仲规则》规定应当在收到开庭通知后 3 日内提出书面延期申请，《上海贸仲规则》规定必须在开庭前5日向仲裁庭书面提出延期申请。是否延期开庭，由仲裁庭决定。再次开庭以及延期后开庭日期的通知，不受上述期限的限制。

（四）裁决期限

涉外仲裁裁决应在自仲裁庭组成之日起6个月内作出。需要延长的，由仲裁庭报经仲裁机构主任批准。程序中止的期间不计入裁决期限。

另外，根据《贸仲规则》第57条第1、2款的规定，如果裁决书中对仲裁请求/反请求有漏裁事项，仲裁庭可以在发出裁决书后的合理时间内自行作出补充裁决。任何一方当事人可以在收到裁决书后30日内以书面形式请求仲裁庭就裁决书中漏裁的事项作出补充裁决；如确有漏裁事项，仲裁庭应在收到上述书面申请后30日内作出补充裁决。

（五）举证期限

当事人应对其申请、答辩和反请求所依据的事实提供证据加以证明，对其主张、辩论及抗辩要点提供依据。仲裁庭可以规定当事人提交证据的期限，该期限一般也要长于国内仲裁程序中的举证期限。逾期提交的，仲裁庭可以不予接受。当事人在举证期限内提交证据材料确有困难的，可以在期限届满前申请延长举证期限。是否延长，由仲裁庭决定。

六、确定仲裁语言

涉外仲裁程序中，当事人及其代理人一方或者双方以及其他仲裁参与人可能来自域外，或者甚至来自不同国家，或者当事人可能约定了仲裁程序中使用的语言，为了便于发现真实、顺畅推进程序、尊重当事人的意愿，往往需要首先确定仲裁语言。如果当事人约定了涉外仲裁程序中使用的语言，则按照约定。如果当事人没有约定的，仲裁机构或者仲裁庭可以根据案件具体情况确定使用中文或者其他语言为仲裁程序的语言。当事人约定使用两种或者两种以上语言的，仲裁庭在征得当事人同意的情况下可以确定使用其中一种语言。如果当事人无法达成一致意见，仲裁程序可以以多种语言进行，由此增加的相关费用由当事人承担。仲裁机构或者仲裁庭可以根据案件具体情况确定仲裁程序中的书面材料是否需要附具中文译本或者其他语言译本。当事人或者其代理人、证人需要语言翻译，可以由仲裁机构提供译员，也可以由当事人自行提供译员。当事人承担翻译费用。

第三节　中国涉外仲裁裁决在外国的承认和执行

一、中国涉外仲裁裁决在外国的承认和执行概述

依据我国《仲裁法》第72条和《民诉法》第297条第2款的规定，在中华人民共和国领域内依法作出的发生法律效力的仲裁裁决，当事人请求执行的，如果被执行人或者

其财产不在我国领域内，应当由当事人直接向有管辖权的外国法院申请承认和执行。

发生法律效力的涉外仲裁裁决的当事人，就裁决的实现，向被执行人或者财产所在地的有管辖权的主管机关申请承认和执行的，该外国的法院或其他主管机关将首先依据国际公约、双边条约等审查是否承认，再考虑是否以及如何予以执行。在民事强制执行程序上，依其国内法的规定不同而做法不一。

二、在1958年《纽约公约》缔约国的承认和执行

（一）1958年《纽约公约》主要内容

为了统一各国承认和执行外国仲裁裁决的制度，1958年6月10日在联合国主持下于纽约订立了《承认及执行外国仲裁裁决公约》（简称1958年《纽约公约》）。我国于1986年12月2日决定加入该公约，自1987年4月22日起，该公约对我国生效。截至2023年4月17日，随着东帝汶的签署，该公约已有172个缔约国①，是目前国际上关于承认和执行外国仲裁裁决的最主要的公约。

1958年《纽约公约》的主要规定如下：

第一，缔约国相互承认仲裁裁决具有约束力，并应该依照执行地的程序规则予以执行。在承认或执行其他缔约国的仲裁裁决时，不应在实质上比承认或执行本国的仲裁裁决规定更为严苛的条件或征收更多的费用。

第二，申请承认和执行仲裁裁决的一方当事人，应该提供原裁决的正本或经过适当证明的副本，以及仲裁协议的正本或经过适当证明的副本，必要时应附具译本，译本应由公设或宣誓的翻译员或者外交或领事人员认证。

第三，该公约规定了拒绝承认和执行外国仲裁裁决的条件。按照该公约第5条第1款规定，凡外国仲裁裁决经被申请人提供证据证明有下列情形之一的，被申请承认和执行地的国家的主管机关可依被执行人的请求，拒绝予以承认和执行：（1）签订仲裁协议的当事人依准据法，有某种无行为能力的情形；或依准据法，该仲裁协议无效；或未选定准据法而依据裁决地法，该仲裁协议无效。（2）被执行人未接到关于指派仲裁员或仲裁程序的适当通知，或者由于其他情况未能对案件进行申辩。（3）裁决所处理的事项，非为交付仲裁事项，或者不在仲裁协议规定之内，或者超出仲裁协议范围；但是，在对交付仲裁事项作出的决定与对未交付仲裁事项作出的决定可以分开的情况下，该仲裁裁决中对交付仲裁事项的决定可以得到承认和执行。（4）仲裁庭的组成、仲裁程序与当事人之间的约定不符，或在当事人之间没有约定时与裁决地法不符。（5）裁决对当事人尚无拘束力，或者裁决业经裁决地所在国或裁决所依据法律的国家的主管机关撤销或停止执行。

按照该公约第5条第2款的规定，如果被请求承认与执行地的国家的主管机关认定有下列情形之一，也可以拒不承认和执行仲裁裁决：（1）依据该国法律，对争议事项是

① 参见联合国网 http://treaties.un.org/pages/viewDetails.aspx?src=TREATY&mtdsg_no=XXII-1&Chapter=22&Clang=_en，2023-04-18。

不能以仲裁方式解决的。（2）承认或执行裁决，有违该国公共政策。

（二）涉外仲裁裁决的承认和执行

作为 1958 年《纽约公约》的缔约国，我国涉外仲裁机构作出的发生法律效力的仲裁裁决，在向《纽约公约》成员国申请承认和执行时，有关公约缔约国会同样适用该公约。申请承认和执行仲裁裁决的一方当事人，应该提供原裁决的正本或经过适当证明的副本，以及仲裁协议的正本或经过适当证明的副本，并根据需要附具经由公设或宣誓的翻译员或者外交或领事人员认证的译本。被申请承认和执行地的国家的主管机关应当依据该公约规定的条件和程序进行办理，对裁决的审查应只限于该公约第 5 条规定的事由。

三、在其他国家的承认和执行

如果我国涉外仲裁裁决要向非 1958 年《纽约公约》缔约国申请承认和执行，则应当按照我国与对方国家存在的相互承认和执行仲裁裁决的双边条约或者互惠原则处理。目前在贸易领域，我国已经与世界上一百多个国家或地区订立了双方贸易协定，在这些协定中，一般都包含有关通过仲裁方式解决贸易争议的规定，并且大多约定缔约双方应设法保证由被请求执行仲裁裁决的国家的主管当局根据适用的法律规定，承认和执行仲裁裁决。在投资领域，我国也与六十多个国家或地区订立了双边投资保护协定，在这些协定中，一般都规定了相互承认和执行仲裁裁决。因此，如果依据双方条约或协定，当事人选择了我国的仲裁机构对涉外仲裁案件进行仲裁，该机构作出的仲裁裁决，就可以依条约或协定得到承认和执行。另外，我国还与许多国家签订了有关民商事司法协助的协定，在这些司法协助协定中，也大都涉及相互承认和执行在对方领土内作出的仲裁裁决的问题，这些协定也可成为我国涉外仲裁裁决在有关国家得到承认和执行的依据。

依 1958 年《纽约公约》第 7 条第 1 款之规定，该公约的规定并不影响缔约国间所订关于承认和执行仲裁裁决的多边或双边协定的效力，双边条约或协定具有优先适用的效力。据此，如果我国与某一国家签订的双边贸易协定或者双边投资保护协定或者司法协助协定中有关仲裁裁决的承认和执行的条件比该公约规定的条件更为优惠，即使双方均是该公约的缔约国，仲裁裁决的承认和执行仍可以依据有关双边协定以更便利的方式实现。

第四节　外国仲裁裁决在中国的承认和执行

一、外国仲裁裁决在中国的承认和执行概述

根据 1958 年《纽约公约》第 1 条的规定，因自然人或法人间的争议而产生且在一个国家领土内作成，而在另一个国家请求承认和执行的裁决，以及被请求承认和执行的国

家不认为是本国裁决的裁决，不管它是临时仲裁庭作出的，还是常设仲裁机构作出的，被认为是外国仲裁裁决。根据我国法律和该公约的规定，外国仲裁机构在我国境内所作出的仲裁裁决没有被包含在外国仲裁裁决之内。

自于 1987 年加入 1958 年《纽约公约》后，我国逐步完善了承认和执行外国仲裁裁决的法律体系，先后颁布了《民诉法》《仲裁法》及相应的司法解释，并予以适时修订。目前，外国仲裁裁决在我国的承认和执行，已经有了较为完善的法律依据，其中《民诉法》第 304 条规定："在中华人民共和国领域外作出的发生法律效力的仲裁裁决，需要人民法院承认和执行的，当事人可以直接向被执行人住所地或者其财产所在地的中级人民法院申请。被执行人住所地或者其财产不在中华人民共和国领域内的，当事人可以向申请人住所地或者与裁决的纠纷有适当联系的地点的中级人民法院申请。人民法院应当依照中华人民共和国缔结或者参加的国际条约，或者按照互惠原则办理。"由此，基于外国仲裁裁决在我国承认和执行的法律渊源的不同，并考虑到 1958 年《纽约公约》的重要性，有关外国仲裁裁决的承认和执行可以分为两类：一是按照 1958 年《纽约公约》所办理的承认和执行，二是按照中外签订的双边条约或者互惠原则所办理的承认和执行。当然，就外国仲裁裁决在我国人民法院办理承认和执行时，人民法院和当事人还应当依照国内法（包括有关司法解释）的规定进行。

二、依照 1958 年《纽约公约》的承认和执行

（一）承认和执行的具体依据

1958 年《纽约公约》第 3 条的规定赋予了我国权利，同时据此，公约缔约国应当承认外国仲裁裁决具有约束力，并依照国内法规定的程序规则予以执行。在承认或执行其他缔约国的仲裁裁决时，不应在实质上比承认或执行我国的仲裁裁决规定更为严苛的条件或征收更多的费用，也成为我国在公约下承担的主要义务。

不过，我国在加入 1958 年《纽约公约》时，作了互惠保留和商事保留的声明：第一，中国只在互惠的基础上对在另一缔约国领域内作出的仲裁裁决的承认和执行适用该公约；第二，中国只对根据中国法律认为属于契约性和非契约性商事法律关系所引起的争议适用该公约。所谓"契约性和非契约性商事法律关系"，具体是指由于合同、侵权或者根据有关法律规定而产生的经济上的权利义务关系，例如货物买卖、财产租赁、工程承包、加工承揽、技术转让、合资经营、合作经营、勘探开发自然资源、保险、信贷、劳务、代理、咨询服务，海上、民用航空、铁路、公路的客货运输，以及产品责任、环境污染、海上事故和所有权争议等，但不包括外国投资者与东道国政府之间的争端。

为切实依照该公约执行，最高人民法院曾于 1987 年 4 月 10 日制发《关于执行我国加入的〈承认及执行外国仲裁裁决公约〉的通知》，重申保留声明，确立优先适用公约的原则，明确规定了承认与执行的管辖法院、审查和不予执行条件、申请范围及期限等内容。

之后，我国又通过《民诉意见》《民诉解释》、自 1995 年 8 月 28 日起施行的《最高人民法院关于人民法院处理与涉外仲裁及外国仲裁事项有关问题的通知》（2008 年调整）、自 1998 年 7 月 8 日起施行的《执行规定》（2020 年修正）、自 1998 年 11 月 21 日起施

行的《最高人民法院关于承认和执行外国仲裁裁决收费及审查期限问题的规定》（已失效）、自2000年7月1日施行的《海诉法》、自2002年3月1日起施行的《最高人民法院关于涉外民商事案件诉讼管辖若干问题的规定》（2020年修正）、自2003年2月1日起施行的《海诉法解释》（2008年调整）、自2007年4月1日起施行的《诉讼费用交纳办法》等法律法规或者司法解释，对外国仲裁裁决在我国的承认和执行的有关条件、程序事项作出规定。

（二）承认和执行外国仲裁裁决的申请及审查程序

根据1958年《纽约公约》及国内法的规定，有关外国仲裁裁决在我国承认和执行的申请及审查的程序具体如下：

1. 申请对象

限于该公约对我国生效后在另一缔约国领土内作出的仲裁裁决，包括由临时仲裁庭在我国领域外作出的仲裁裁决；裁决所处理的事项应为符合我国法律的契约性和非契约性商事法律关系所引起的争议。

2. 申请期间

按照现行《民诉法》第250条及相关司法解释的规定，申请承认或执行的期间为2年。当事人仅申请承认而未同时申请执行的，申请执行的期间自人民法院对承认申请作出的裁定生效之日起重新计算。

3. 申请时提交的文件或证件

申请承认和执行外国仲裁裁决的，申请人应向有管辖权的人民法院提交下列文件和证件：（1）申请书。该书中应当写明申请承认或执行的理由、事项、执行标的，以及申请人所了解的被执行人的财产状况。申请人书写申请书确有困难的，可以口头提出申请。人民法院接待人员对口头申请应当制作笔录，由申请人签字或盖章。（2）生效法律文书和仲裁协议。包括原裁决的正本或经过适当证明的副本、仲裁协议的正本或经过适当证明的副本；不是中文作成的，则应当提交经我国驻外使领馆认证或我国公证机关公证的中文本。（3）申请人的主体资格证明文件。自然人申请的，应当出示居民身份证或其他有效的身份证明；法人申请的，应当提交法人营业执照副本和法定代表人身份证明；非法人组织申请的，应当提交营业执照副本和主要负责人身份证明。继承人或权利承受人申请的，应当提交继承或承受权利的证明文件。（4）其他应当提交的文件或证件。如申请人委托代理人代为申请时，应当向人民法院提交经委托人签字或盖章的授权委托书，写明委托事项和代理人的权限。

4. 管辖法院

承认和执行外国仲裁裁决的案件，由被执行人住所地或者其财产所在地的中级人民法院管辖。被执行人住所地或者其财产所在地具体指：（1）被执行人为自然人的，为其户籍所在地或者居住地；（2）被执行人为法人的，为其主要办事机构所在地；（3）被执行人在我国无住所、居所或者主要办事机构，但有财产在我国境内的，为其财产所在地。根据集中管辖的规定，该中级人民法院须为省会、自治区首府、直辖市所在地、经济特区、计划单列市中级人民法院以及最高人民法院指定的其他中级人民法院。

根据《海诉法》及《海诉法解释》的规定，申请承认和执行国外海事仲裁裁决的，由被执行的财产所在地或者被执行人住所地的海事法院管辖。被执行的财产为船舶的，无论该船舶是否在海事法院管辖区域范围内，均由海事法院管辖。船舶所在地没有海事法院的，由就近的海事法院管辖。这里所称财产所在地和被执行人住所地是指海事法院行使管辖权的地域。

5. 审查组织、方式、期限、结果

对承认和执行外国仲裁裁决的案件，人民法院应当组成合议庭进行审查。人民法院应当将申请书送达被申请人。被申请人可以陈述意见。经审查不存在 1958 年《纽约公约》第 5 条所列情形，受理申请的人民法院决定予以承认和执行的，应在自受理申请之日起 2 个月内作出裁定，如无特殊情况，应在裁定后 6 个月内执行完毕；决定不予承认和执行的，须按有关规定，在自受理申请之日起 2 个月内上报最高人民法院。对外国仲裁裁决，需要我国法院执行的，当事人应当先向人民法院申请承认。人民法院经审查，裁定承认后，再根据《民诉法》第三编的规定予以执行。当事人仅申请承认而未同时申请执行的，人民法院仅对应否承认进行审查并作出裁定。人民法院经审查作出的裁定，一经送达即发生法律效力。

6. 审查事项

人民法院对承认或执行外国仲裁裁决的申请应当进行实质审查，审查的事项限于 1958 年《纽约公约》第 5 条第 1、2 项所列情形，在本章前一节中，已援引了该法条的内容，不再赘述。综合起来其包含了两方面的内容：一是应由被申请人加以证实的拒绝承认和执行仲裁裁决的事由，包括仲裁协议无效、违反正当程序、仲裁庭越权裁决、仲裁庭的组成或仲裁程序不当、裁决不具有约束力，以及裁决在裁决作出地国被撤销或停止执行等；二是由人民法院自行决定拒绝承认和执行仲裁裁决的事由，包括依法院地法对争议事项不能以仲裁方式解决，承认和执行裁决将违反法院地的公共政策等。

7. 申请费及其承担

人民法院受理当事人申请承认外国仲裁裁决的，预收申请费 500 元。人民法院受理当事人申请承认和执行外国仲裁裁决的，应按照《诉讼费用交纳办法》有关规定，依申请执行的金额或标的价额预收申请费。如人民法院最终决定仅承认而不予执行外国仲裁裁决，在扣除 500 元费用后，其余退还申请人。人民法院受理当事人申请承认和执行外国仲裁裁决，不得对承认和执行分别两次收费。对所预收费用的负担，按照《诉讼费用交纳办法》有关规定执行。

三、依照其他根据的承认和执行

在非 1958 年《纽约公约》缔约国领土内作出的仲裁裁决，需要我国人民法院承认和执行的，如果该外国与我国签订有包含相互承认和执行仲裁裁决的经贸、投资、司法协助等方面的双边协定，人民法院就应当适用该双边协定的规定来审查该外国仲裁裁决的承认与执行。如果没有这样的双边协定，则只能按互惠原则办事。

我国有管辖权的人民法院收到一方当事人的申请后，应对申请承认和执行的仲裁裁决进行审查，如果认为不违反我国缔结或参加的双边协定或《民诉法》的有关规定，应当裁定承认其效力，并依照《民诉法》规定的程序执行，否则，裁定驳回申请，拒绝承认和执行。如果当事人向我国有管辖权的人民法院申请承认和执行外国仲裁机构作出的发生法律效力的裁决，但该仲裁机构所在国与我国没有缔结或共同参加的双边协定，也没有互惠关系，则当事人可以仲裁裁决为依据向人民法院起诉，由有管辖权的人民法院依法审理并作出判决，予以执行。

四、外国仲裁裁决在中国承认和执行的报告制度

根据《仲裁司法审查报核规定》的规定，当外国仲裁裁决作出后，凡一方当事人向人民法院申请承认和执行外国仲裁机构的裁决，如果人民法院认为申请承认和执行的该仲裁裁决不符合中国参加的国际公约的规定或者不符合互惠原则的，在裁定不予承认和执行前应当向本辖区所属高级人民法院报核；高级人民法院经审查同意的，应当向最高人民法院报核。待最高人民法院审核后，方可依最高人民法院的审核意见作出裁定。此项报告制度对于更好地完善司法协助环境，避免地方法院在拒绝承认和执行外国仲裁裁决中出现偏差，均有着积极的作用。

问题与思考

1. 何为涉外仲裁？
2. 关于涉外仲裁程序一般有哪些特别规定？
3. 1958 年《纽约公约》的主要内容是什么？
4. 简述我国承认和执行外国仲裁裁决的申请及审查程序规定。

第十六章

中国区际仲裁

本章概要

中国已为多法域国家，以四法域现行仲裁规定为据，发现彼此在仲裁种类、仲裁范围、仲裁协议形式、认定仲裁庭管辖权、仲裁保全措施或临时措施等方面存在差异。现阶段境内涉港澳台仲裁程序实际上是按照《仲裁法》和境内仲裁规则规定的涉外仲裁程序执行。多法域格局下会发生商事仲裁裁决认可和执行的区际司法协助问题，解决时应遵循“一国两制”的原则和各法域平等、保护当事人合法权益、程序审查的原则。内地和港澳相互认可和执行仲裁裁决，应根据各自立法和彼此达成的有关司法协助的规定执行。对台湾地区仲裁裁决，当事人可以向大陆的有关法院申请认可和执行；大陆仲裁裁决在台湾地区的认可和执行，仍将作为境外仲裁裁决对待。

关键术语

中国区际仲裁　香港特别行政区现行仲裁立法　澳门特别行政区仲裁现行仲裁立法　台湾地区现行仲裁立法　境内涉港澳台仲裁程序　区际司法协助　“一国两制”原则　认可和执行仲裁裁决

课程思政

要抓住粤港澳大湾区建设重大历史机遇，推动三地经济运行的规则衔接、机制对接，加快粤港澳大湾区城际铁路建设，促进人员、货物等各类要素高效便捷流动，提升市场一体化水平。要深化前海深港现代服务业合作区改革开放，规划建设好河套深港科技创新合作区，加快横琴粤澳深度合作区建设。要以大湾区综合性国家科学中心先行启动区建设为抓手，加强与港澳创新资源协同配合。要继续鼓励引导港澳台同胞和海外侨胞充分发挥投资兴业、双向开放的重要作用，在经济特区发展中作出新贡献……要充分运用粤港澳重大合作平台，吸引更多港澳青少年来内地学习、就业、生活，促进粤港澳青少年广泛交往、全面交流、深度交融，增强对祖国的向心力。

——2020年10月14日习近平在深圳经济特区建立40周年庆祝大会上的讲话

发挥香港、澳门优势和特点，巩固提升香港、澳门在国际金融、贸易、航运航空、创新科技、文化旅游等领域的地位，深化香港、澳门同各国各地区更加开放、更加密切的交往合作。推进粤港澳大湾区建设，支持香港、澳门更好融入国家发展大局，为实现中华民族伟大复兴更好发挥作用。

——2022 年 10 月 16 日习近平在中国共产党第二十次全国代表大会上的讲话

请结合大陆（内地）与港澳台地区在仲裁法律方面存在的区别，组织学生讨论中国区际仲裁的基本原理，引导学生深化对“一国两制”的认识。

第一节 中国区际仲裁概述

一、中国多法域格局下区际仲裁的课题

一般说来，一个具有独特（独立或相对独立）法律制度（法律体系及其相应的司法体制）的地区被称为法域。如果一个国家内部存在数个具有独特法律制度的地区，它就是一个具有数个法域的国家，常被称为“多法域国家”，或者“复合法域国家”①。这些不同法域是相当独立的，这种独立性表现在各个法域的法律体系及相应的司法体制是不同的，或者分属不同的法系，或者具有不同的法律传统而在立法与司法方面都有鲜明的特点；而且各个法域都享有立法权、行政权以及独立的司法权，法域之间互不隶属，相互独立，一个法域制定的法律只在本法域适用。

在 1997 年和 1999 年，我国先后恢复对香港和澳门行使主权，“一国两制”已成为现实，随着台湾问题的最终解决，我国将呈现“一国两制三法系四法域”的格局，即在统一的中华人民共和国内，在同一中央政府之下，在大陆（内地）实行社会主义制度，在香港特别行政区、澳门特别行政区和台湾地区实行资本主义制度，大陆（内地）法律制度属于社会主义法系，香港特别行政区属于普通法系，澳门特别行政区和台湾地区属于大陆法系，大陆（内地）和香港、澳门、台湾地区分别施行各自的法律制度，并成为四个法律制度互不相同的独立法域。

就大陆（内地）与香港、澳门、台湾地区的民商事仲裁制度而言，固然均是受现代国际仲裁发展影响的结果，在许多方面具有一致性，但在“一国两制”的前提下分别在各法域内运行，具体规定仍表现出诸多不同。各法域的仲裁机构彼此在仲裁涉及对方法域的民商事案件过程中，各法域的仲裁机构在对方法域设立的分支机构接受仲裁申请并

① 韩德培主编：《国际私法新论》，412 页，武汉，武汉大学出版社，1997。

管理仲裁案件过程中，既要尊重不同法域之间仲裁制度和仲裁权的相对独立性，又体现国家主权的统一性，研究总结四法域仲裁立法的差异性，考虑大陆（内地）对涉港澳台地区民商事案件的仲裁作出特别规制，使其既不同于大陆（内地）仲裁程序，又有别于涉外仲裁程序，是非常必要的。另外，各法域仲裁机构仲裁涉及对方法域的民商事案件，作出的仲裁裁决也常常需要得到对方法院的认可与执行。

二、中国大陆（内地）与港、澳、台地区仲裁立法的简要比较

现行《仲裁法》自 1995 年 9 月 1 日起施行，共 80 条，分为 8 章：第一章为总则，第二章为仲裁委员会和仲裁协会，第三章为仲裁协议，第四章为仲裁程序，第五章为申请撤销裁决，第六章为执行，第七章为涉外仲裁的特别规定，第八章为附则。“仲裁法是在总结了我国涉外仲裁和国内仲裁多年的理论和实践经验基础上，根据我国改革开放和建立社会主义市场经济的实际情况，采用了国际上普遍接受的原则和规范，经过几年酝酿、讨论和论证而制定的。它的实施标志着我国全新的、真正意义上、系统化的仲裁制度的正式确立。”① 自 2006 年 9 月 8 日起施行的《仲裁法解释》，针对法院审理涉及仲裁的案件的适用法律问题，作出了较为全面而统一的司法阐释。

香港特别行政区现行《仲裁条例》（香港法例第 609 章，以 2021 年 5 月 19 日编辑修订版本为据，以下称《香港仲裁条例》），自 2011 年 6 月 1 日起生效，共 112 条，分为 13 部：第 1 部为导言，第 2 部为一般条文，第 3 部为仲裁协议，第 3A 部为紧急济助的强制执行，第 4 部为仲裁庭的组成（包括第 1 分部“仲裁员”、第 2 分部“调解员”），第 5 部为仲裁庭的管辖权，第 6 部为临时措施和初步命令（包括第 1 分部“临时措施”、第 2 分部“初步命令”、第 3 分部“适用于临时措施和初步命令的条文”、第 4 分部“临时措施的承认与执行”、第 5 分部“法院下令采取的临时措施”），第 7 部为仲裁程序的进行，第 8 部为作出裁决和程序终止，第 9 部为对裁决的追诉，第 10 部为裁决的承认和强制执行（包括第 1 分部“仲裁裁决的强制执行”、第 2 分部“公约裁决的强制执行”、第 3 分部“内地裁决的强制执行”、第 4 分部“澳门裁决的强制执行”），第 10A 部为第三者资助仲裁（包括第 1 分部“目的”、第 2 分部“释义”、第 3 分部“第三者资助仲裁不受个别普通法罪行或侵权法禁止”、第 4 分部“实务守则”、第 5 分部“其他措施及保障”、第 6 分部“杂项条文”），第 11 部为可以明文选择或自动适用的条文，第 11A 部为关乎知识产权权利的仲裁，第 12 部为杂项，第 13 部为废除、保留及过渡性条文。此前的《香港仲裁条例》（香港法例第 341 章）将香港仲裁分为国际仲裁（受 1985 年 6 月 21 日由联合国国际贸易法委员会通过并在 2006 年 7 月 7 日修订的《国际商事仲裁示范法》管辖）和本地仲裁。新的《香港仲裁条例》统一了这两个不同体系。新的《香港仲裁条例》规定《国际商事仲裁示范法》适用于所有在香港进行的仲裁，为使用者带来更大便利。

---

① 叶青主编：《中国仲裁制度研究》，461 页，上海，上海社会科学院出版社，2009。

澳门特别行政区现行《仲裁法》（以第 19/2019 号法律公布，以下简称《澳门仲裁法》），自 2019 年 10 月 23 日公布后满 180 日起生效①，共 86 条，分为 11 章：第一章为一般规定，第二章为仲裁协议，第三章为紧急仲裁员，第四章为仲裁员（包括第一节“一般规定”、第二节“仲裁员地位”），第五章为临时措施及初步命令（包括第一节“临时措施”、第二节“初步命令”、第三节“共同规定”、第四节“确认和执行临时措施”），第六章为仲裁程序（包括第一节“一般规定”、第二节“仲裁程序的开始及进行”、第三节“仲裁裁决及程序的终止”），第七章为对仲裁裁决的司法争议，第八章为确认和执行在澳门特别行政区以外作出的仲裁裁决，第九章为法院，第十章为行政性质的争议的仲裁，第十一章为最后规定。

台湾地区现行“仲裁法”，自 1998 年 12 月 24 日起施行，于 2002 年 7 月 10 日第一次修订，共 56 条，分为 8 章：第一章为仲裁协议，第二章为仲裁庭之组织，第三章为仲裁程序，第四章为仲裁判断之执行，第五章为撤销仲裁判断之诉，第六章为和解与调解，第七章为外国仲裁判断，第八章为附则。该法“广泛借鉴英、美、德、日等国家的仲裁立法，并且吸收《国际商事仲裁示范法》先进的立法经验，其立法思想和具体规范基本符合仲裁制度的最新发展趋势，尤其确立了效率优先的基本价值取向，既注重扩大当事人意思自治的范围与程度，又赋予仲裁庭较大的权力，把仲裁机制中权利和权力的平衡推向新的高度，保障并促进了仲裁程序的便捷进行”②。

无疑，大陆（内地）与港澳台地区的现行仲裁规定均受到了现代国际仲裁理论和《国际商事仲裁示范法》的深刻影响，尤其是香港特别行政区和澳门特别行政区的仲裁立法均大量参照了该示范法的规定，所以各法域的仲裁制度趋同现象日益明显。然而，四法域的仲裁制度毕竟各有不同的历史，并受到相应政治、经济、文化、社会生态的影响，因此仍然存在诸多不同之处，受篇幅所限，以下是挂一漏万的简要比较。

（一）仲裁种类

大陆（内地）的仲裁区分本地仲裁和涉外仲裁，于《仲裁法》中分章立法，对涉外仲裁还于《民诉法》第四编“涉外民事诉讼程序的特别规定”中有所涉及。大陆（内地）实行任意仲裁和机构仲裁制度，不承认（民商事案件的）强制仲裁和临时仲裁。

香港特别行政区的仲裁现已不区分本地仲裁和国际仲裁了，既有机构仲裁，也承认临时仲裁。在临时仲裁程序中，《香港仲裁条例》授权香港国际仲裁中心执行为之委任仲裁员或公断人、决定由 1 名或 3 名仲裁员组成仲裁庭的职能。

澳门特别行政区的仲裁实行任意仲裁制度，现亦不区分本地仲裁和国际仲裁了，既有机构仲裁，也承认临时仲裁。实际上，“澳门的仲裁主要是以临时仲裁的形式存

① 同时废止了之前仲裁制度建构所依据的第 29/96/M 号法令《核准仲裁制度——若干废止》、第 19/98/M 号法令《修改六月十一日第 29/96/M 号法令第十九条第四款》、第 55/98/M 号法令《核准〈涉外商事仲裁专门制度〉》等法律。

② 齐树杰、蔡从燕：《海峡两岸商事仲裁法律制度比较研究》，载《台湾研究集刊》，1999（2）。

在的"①。

台湾地区的仲裁虽考虑境外仲裁案件的仲裁程序所使用的语言及翻译的问题，但并无本地仲裁和境外仲裁的区分。台湾地区实行任意仲裁制度，既有机构仲裁，也认可为当事人仲裁协议约定的具备仲裁员法定资格的未向仲裁机构申请登记的自然人成立仲裁庭进行临时仲裁。目前台湾地区只有一家常设的仲裁组织，属于民间机构。

(二) 仲裁范围

仲裁范围，是指仲裁作为解决纠纷的方式，可以解决哪些争议事项，不能解决哪些争议事项。当事人约定的仲裁事项必须符合规定的仲裁范围，否则将导致仲裁协议无效。大陆（内地）和港澳台地区均就仲裁范围作出一般性规定，或同时施以限制，但在具体范围上又有所不同。

《仲裁法》第 2、3 条以肯定性概括和否定性列举的方式规定，平等民事主体之间发生的财产权益合同纠纷和其他财产权益纠纷可以仲裁，婚姻、收养、监护、抚养、继承纠纷和依法应当由行政机关处理的行政争议不能仲裁。总体上说，大陆（内地）对仲裁范围限制较严。

《香港仲裁条例》第 19 条第 1 款规定《国际商事仲裁示范法》第 7 条的备选案文一具有效力，其中第 1 项对仲裁协议所作定义中包含了仲裁范围的界定，即当事人之间"一项确定的契约性或非契约性的法律关系中已经发生或可能发生的一切争议或某些争议"。再结合该法附表《国际商事仲裁示范法》第 1 条第 1 项规定的"本法适用于国际商事仲裁"及该法对"商事"的注释，可见，该法规定的仲裁范围，即为示范法规定的仲裁范围，是极其广泛的，包括由契约性的或非契约性的一切商事性质的关系所引起的事项。商事性质的关系包括但不限于下列交易：供应或交换货物或服务的任何贸易交易；销售协议；商事代表或代理；保理；租赁，建造工厂；咨询；工程；使用许可；投资；筹资；银行；保险；开发协议或特许；合营和其他形式的工业或商业合作；空中、海上、铁路或公路的客货载运。

《澳门仲裁法》第 6 条以肯定性概括方式规定，"任何可由当事人订立和解协议的争议，均可作为仲裁的标的"。第 77 条以肯定性列举方式又规定了可提交仲裁的行政性质的争议："在行政性质的争议的范围内，涉及下列内容的争议可作为仲裁标的：（一）行政合同；（二）行政当局、其机关据位人、公务员或服务人员因其公共管理行为造成的损失的责任，包括实现求偿权；（三）具财产内容的权利或受法律保护的利益，尤其是应以税捐名义以外的名义支付的金额。"此外，依该法澳门特别行政区的本地仲裁的范围由《澳门仲裁法》规定，该法第 2 条第 2 项对仲裁协议所作定义亦包含了仲裁范围的界定，即当事人之间"涉及确定的合同或非合同的法律关系中已产生或可能产生的全部或部分争议"。可见，澳门地区规定的仲裁范围是相当广泛的，当事人可以处分的任何争议都可以通过仲裁解决。

---

① 张斌生主编：《仲裁法新论》，3 版，389 页，厦门，厦门大学出版社，2008。

台湾地区“仲裁法”第 1 条前两款规定：“有关现在或将来之争议，当事人得订立仲裁协议，约定由仲裁人一人或单数之数人成立仲裁庭仲裁之。”“前项争议，以依‘法’得和解者为限。”可见，这一规定，充分体现了当事人意思自治原则：凡属于当事人有权处分的事项，只要不涉及公序良俗或强行法的禁止规定，都可以申请仲裁。

（三）仲裁协议形式

仲裁协议是当事人共同表达的采用仲裁方式解决纠纷意愿的法律文书，如依据适用于它的法律是有效的，则该仲裁协议确立了仲裁庭管辖，是仲裁庭权利的来源。仲裁协议合法有效必须具备一定的形式要件。

《仲裁法》第 16 条第 1 款规定，“仲裁协议包括合同中订立的仲裁条款和以其他书面方式在纠纷发生前或纠纷发生后达成的请求仲裁的协议”。可见，仲裁协议有仲裁条款和仲裁协议两种书面形式。根据《仲裁法解释》第 1 条的规定，“其他书面形式”的仲裁协议，包括以合同书、信件、数据电文（包括电报、电传、传真、电子数据交换和电子邮件）等形式达成的请求仲裁的协议。《民法典》第 469 条中区分了书面形式和“视为书面形式”，规定：“书面形式是合同书、信件、电报、电传、传真等可以有形地表现所载内容的形式。”“以电子数据交换、电子邮件等方式能够有形地表现所载内容，并可以随时调取查用的数据电文，视为书面形式。”为了促进大陆（内地）仲裁业的发展，下一步需要继续放宽对“书面形式”的解释。

根据《香港仲裁条例》第 19 条的规定，仲裁协议可以采取合同中的仲裁条款形式或单独的协议形式。仲裁协议应为书面形式。为了体现鼓励仲裁的精神，该案例对何种情形即满足了仲裁协议的书面形式要求作了极为宽泛的规定。该条第 1 款援引《国际商事仲裁示范法》第 7 条的备选案文一，第 7 条第 3～6 款的规定如下：“(3) 仲裁协议的内容以任何形式记录下来的，即为书面形式，无论该仲裁协议或合同是以口头方式、行为方式还是其他方式订立的。(4) 电子通信所含信息可以调取以备日后查用的，即满足了仲裁协议的书面形式要求；‘电子通信’是指当事人以数据电文方式发出的任何通信；‘数据电文’是指经由电子手段、磁化手段、光学手段或类似手段生成、发送、接收或储存的信息，这些手段包括但不限于电子数据交换、电子邮件、电报、电传或传真。(5) 另外，仲裁协议如载于相互往来的索赔声明和抗辩声明中，且一方当事人声称有协议而另一方当事人不予否认的，即为书面协议。(6) 在合同中提及载有仲裁条款的任何文件的，只要此种提及可使该仲裁条款成为该合同一部分，即构成书面形式的仲裁协议。”该条例第 19 条第 2 款规定：“在不影响第 1 款的原则下，仲裁协议如符合以下规定，即属以书面订立——a 该协议是载于文件之内的，不论该文件是否由该协议的各方签署；或 (b) 该协议虽然并非以书面订立，但却是在该协议的每一方的授权下，由该协议的其中一方或由第三者记录下来的。”该条第 3 款规定：“如在协议中提述书面形式的仲裁条款，而该项提述的效果是使该条款成为该协议的一部分的，该项提述即构成仲裁协议。”

《澳门仲裁法》第 11 条规定：仲裁协议应以书面方式订立，可载于合同内或以独立方式约定。凡是以当事人签署的文件，或者往来书信、传真、电子邮件或其他具书面凭证的通讯方式，或者可提供与实物文件相同的可靠性、可理解性及保存能力的电子载体、磁体、光学载体或其他类型的载体为载体的仲裁协议，均视为以书面方式订立。如在仲裁程序中有交换请求书和答辩书，且一方当事人声称存在仲裁协议而他方当事人不予否认，亦视为以书面方式订立仲裁协议。前面所指的文件及通讯可明示包含仲裁协议，或包含准用载有仲裁协议的其他文件的条款。如仲裁协议准用某一仲裁机构的规章，则该规章被视为仲裁协议的组成部分。

台湾地区“仲裁法”也要求仲裁协议以书面形式作出，于第1条第4款认为：“当事人间之文书、证券、信函、电传、电报或其他类似方式之通讯，足认有仲裁合意者，视为仲裁协议成立。”

(四) 认定仲裁庭管辖权

仲裁庭管辖权是仲裁庭享有的对当事人之间的争议事项进行仲裁审理活动的法律权限。当事人对仲裁庭管辖权有异议时，应当由谁来决定，是法院还是仲裁庭？这在大陆（内地）和港澳台地区有不同的规定。

《仲裁法》第20条第1款规定：“当事人对仲裁协议的效力有异议的，可以请求仲裁委员会作出决定或者请求人民法院作出裁定。一方请求仲裁委员会作出决定，另一方请求人民法院作出裁定的，由人民法院裁定。”《确认协议效力批复》规定：“当事人对仲裁协议的效力有异议，一方当事人申请仲裁机构确认仲裁协议效力，另一方当事人请求人民法院确认仲裁协议无效，如果仲裁机构先于人民法院接受申请并已作出决定，人民法院不予受理；如果仲裁机构接受申请后尚未作出决定，人民法院应予受理，同时通知仲裁机构终止仲裁。”据此可认为，在大陆（内地）认定仲裁庭管辖权的主体是仲裁机构和人民法院，并且法院的认定有优先效力。这与国际上在商事仲裁领域广泛接受的自裁管辖理论和立法实践有较大差别。

自裁管辖理论认为，仲裁庭本身有权对仲裁协议的效力和仲裁庭是否拥有管辖权作出决定，而且可以直到最终裁决作出后才作出这一决定；法院只可在关于管辖权的初步裁定或最终裁决作出后实施审查，在前一种情况下仲裁庭还可以不中止仲裁程序。国际商会1955年《仲裁规则》第6条第2款关于仲裁庭有权就当事人“对仲裁庭管辖权提出的异议作出决定”的规定，被认为是仲裁庭可以就其管辖权作出决定的最早规定。《国际商事仲裁示范法》第16条规定：“仲裁庭可以对其管辖权，包括对仲裁协议的存在或效力的任何异议作出裁定。为此目的，构成合同一部分的仲裁条款应当视为独立于合同其他条款的一项协议，仲裁庭作出关于合同无效的决定，在法律上不导致仲裁条款无效。”以其为代表，世界上很多国家的仲裁立法都确认了仲裁庭的自裁管辖权。

深受示范法影响的港澳地区均采示范法的立场。根据台湾地区“仲裁法”第22、30条的规定，当事人对仲裁庭管辖权的异议，包括主张仲裁协议不成立、仲裁协议与应裁决的争议无关等，均由仲裁庭决定。

(五) 仲裁保全措施或临时措施

在仲裁程序开始之前或进行期间，或者在作出终局裁决之前，往往发生一方当事人向法院或仲裁庭寻求对与争议有关的财产、行为等采取保全措施或临时措施的情况。下令采取保全措施或临时措施的主体仅仅是法院或仲裁庭呢，还是法院和仲裁庭均有权作出？四法域的安排呈现两种模式。

根据《仲裁法》第28条第2款、第68条的规定，当事人申请财产保全或证据保全的，仲裁机构应当将当事人的申请依照《民诉法》的有关规定提交人民法院。这是在仲裁程序进行期间的财产保全和证据保全。在仲裁程序开始之前的证据保全或财产保全、行为保全的条件和程序被规定于《民诉法》第84条第2款、3款和第104条第1、2款中，即利害关系人因情况紧急，在证据可能灭失或者以后难以取得的情况下，或者不立即申请保全将会使其合法权益受到难以弥补的损害的，可以在申请仲裁前向证据所在地、被保全财产所在地、被申请人住所地或者对案件有管辖权的人民法院申请采取保全措施。对于财产、行为的保全，申请人应当提供担保，不提供担保的，裁定驳回申请。人民法院接受申请后，必须在48小时内作出裁定；裁定采取保全措施的，应当立即开始执行。台湾地区"仲裁法"第39条第1款规定："仲裁协议当事人之一方，依'民事诉讼法'有关保全程序之规定，声请假扣押或假处分者，如其尚未提付仲裁，命假扣押或假处分之法院，应依相对人之声请，命该保全程序之声请人，于一定期间内提付仲裁。但当事人依'法'得提起诉讼时，法院亦得命其起诉。"可见在大陆和台湾地区，采取保全措施的权力为法院所垄断，法院是决定和采取保全措施的唯一主体。

根据《香港仲裁条例》第21条援引《国际商事仲裁示范法》第9条，第35条援引《国际商事仲裁示范法》第17条，第37条援引《国际商事仲裁示范法》第17B条，第40条援引《国际商事仲裁示范法》第17E条的规定，一方当事人在仲裁程序开始前或进行期间请求法院采取临时保全措施，以及法院准予采取该等措施，均与仲裁协议无抵触。紧急仲裁员/仲裁庭可以应一方当事人之请求，命令任一方当事人就争议标的采取紧急仲裁员/仲裁庭认为有必要的临时措施或初步命令；但当事人另有协议者，不在此限。紧急仲裁员/仲裁庭可以要求任一方当事人提供与该等措施有关的适当担保。另外，根据《香港仲裁条例》第45条的规定，原讼法庭[①]可应任何一方的申请，依法就已在或将会在香港或香港以外地方展开的任何仲裁程序，决定是否批给临时措施及任何附带命令或指示。而《澳门仲裁法》第15条至第19条、第36条至第41条对不论仲裁地是否在澳门特别行政区的仲裁案件中的保全措施或临时措施及初步命令的问题，除有关原讼法庭采取的临时措施外，与香港的上述做法基本一致，即当事人的保全措施或临时措施及初步命令等请求，既可以向法院提出，也可以向紧急仲裁员/仲裁庭提出，法院、紧急仲裁员/仲裁庭均有权力下令采取保全措施或临时措施及初步命令等。

三、中国大陆（内地）涉港澳台仲裁程序

（一）中国大陆（内地）涉港澳台仲裁

中国大陆（内地）涉港澳台仲裁，是指中国大陆（内地）的仲裁机构，在当事人和

---

① 原讼法庭（Court of First Instance），是香港特别行政区高等法院的组成部分之一，对民事和刑事案件均有无限的司法管辖权。

其他仲裁参与人的参加下，仲裁涉港澳台民商事案件的活动，以及由此产生的仲裁法律关系的总和。这里的涉港澳台民商事案件，泛指具有涉港澳台因素、当事人协议选择大陆（内地）的仲裁机构审理和裁决的民商事案件。

涉港澳台民商事案件有两个特征：一是案件含有涉港澳台因素；二是案件当事人协议选择由大陆（内地）仲裁机构审理和裁决。所谓案件含有涉港澳台因素，比照最高人民法院有关涉外民事案件、涉港澳经济纠纷案件司法解释的规定①，是指争议包含以下三个方面因素之一：（1）争议的主体涉港澳台，即当事人一方或双方是港澳特别行政区居民、台湾地区居民或者在港澳台地区登记成立的法人或者非法人组织，或者当事人一方或者双方的经常居所地在港澳台地区；（2）争议的事实涉港澳台，即引起争议的民事权利和民事义务的设立、变更、终止的法律事实发生在香港、澳门特别行政区或者台湾地区；（3）争议的标的物涉港澳台，即争议的财产在香港、澳门特别行政区或者台湾地区。同时，基于协议仲裁制度的要求，即使案件含有涉港澳台因素，也只有在当事人协议选择由大陆（内地）仲裁机构管辖时才可以作为涉港澳台民商事案件，否则不能适用大陆（内地）涉港澳台仲裁程序。

（二）中国大陆（内地）涉港澳台仲裁程序

大陆（内地）涉港澳台仲裁程序，是指大陆（内地）的仲裁机构受理、审理涉港澳台民商事案件所适用的仲裁程序。综合《仲裁法》和各仲裁机构的仲裁规则的规定，涉外仲裁程序适用于国际或涉外争议案件，并参照适用于涉及香港特别行政区、澳门特别行政区及台湾地区的争议案件，是由契约性的还是非契约性的民商事关系所引起在所不问。如果当事人对案件是否具有涉外性或国际因素有争议，则由仲裁庭作出决定。由此可见，现阶段大陆（内地）涉港澳台仲裁程序实际上是按照《仲裁法》和各仲裁机构的仲裁规则规定的涉外仲裁程序执行。有关涉外仲裁程序的规定和运行的特别之处，诸如在仲裁庭组成人员、保全措施及紧急仲裁员程序、各种期限等方面的规定，请参见本书第十五章中的有关内容。

第二节 中国区际仲裁裁决的相互认可和执行

一、区际司法协助及其有关原则

（一）区际司法协助概述

区际司法协助问题，是多法域国家的产物。所谓区际司法协助，是指同一个国家内部不同法域的司法机关之间在司法领域的合作和互助。区际司法协助涉及刑事诉讼、民商事诉讼、行政诉讼等领域。

自改革开放以来，大陆（内地）与香港、澳门、台湾地区之间的民间交往和商贸活

① 参见《民诉解释》第522条的规定。

动日趋频繁，民事、商事纠纷亦随之逐年增多，客观上需要各法域的法院在审判和执行等司法领域开展广泛而必要的合作和协助。这是区际司法协助产生的基础。

对于司法协助的内容或行为范围，我国在国际民商事司法协助的立法和实践中采用了广义说的观点，认为不仅包括代为送达诉讼文书、代为调查取证等，而且包括相互承认和执行法院裁判与仲裁机构裁决。比较而言，大陆（内地）与香港、澳门及台湾地区之间的区际民商事司法协助，不直接涉及国家主权这一敏感问题，没有理由在区际司法协助上采取比国际司法协助更为保守的做法。事实上，采取积极的态度，拓展区际司法协助的范围，对于维护国家统一、保持各法域的繁荣稳定、保障当事人合法权益都是有利的。具体地说，我国区际司法协助的行为范围主要包括以下几个方面：（1）相互委托送达司法文书；（2）相互委托调取证据；（3）代为查询并提供本辖区相关法律资料；（4）相互认可与执行仲裁裁决；（5）相互认可与执行法院民商事裁判；（6）仲裁程序相互协助保全。

在实践中，当在大陆（内地）作出的商事仲裁裁决需要到香港、澳门或台湾地区申请认可和执行时，或者当香港、澳门或台湾地区作出的商事仲裁裁决需要到大陆（内地）申请认可和执行时，便会发生商事仲裁裁决认可和执行的区际司法协助问题。

《民诉法》没有对涉港澳台民事诉讼程序及区际司法协助作出明确具体的规定。为了解决司法实践的需要，根据《香港特别行政区基本法》、《澳门特别行政区基本法》、《民诉法》及其他相关法律的规定，最高人民法院先后经与香港、澳门特别行政区协商，达成了有关司法协助的若干规定，并以个案批复或者规范性文件的方式发布了有关司法解释。与商事仲裁裁决相互认可和执行的区际司法协助有关的安排与司法解释主要包括以下几个规范性法律文件：《内地与香港执行仲裁裁决安排》《香港裁决执行通知》《内地与香港仲裁协助保全安排》《内地与香港执行仲裁裁决补充安排》《内地与澳门认可和执行仲裁裁决安排》《认可和执行台湾地区仲裁裁决的规定》等。

（二）解决区际司法协助问题的原则

我国在区际法律冲突以及司法协助方面产生的种种问题，该如何解决？最高人民法院与特别行政区达成的区际司法协助的有关安排给出的方法是协商解决，即规定：对于前述安排在执行过程中遇有问题或者需要修改的，应当由最高人民法院与特别行政区以协商方式解决，但是应当遵循一定的基本原则。

1. “一国两制”原则

“一国两制”既是实现国家统一的设计和方案，也是实现国家统一的最有效的途径。在解决区际司法协助问题时，“一国两制”也应作为一项指导性的原则。“一国”就是要维护国家统一和领土完整，区际司法协助必须以此为基本出发点；“两制”意味着香港、澳门和台湾地区的法制不同于大陆（内地）的法制，而且这种法制各异的局面将长期存在，因此，要尊重和维护各法域之法律制度的独特性，应该允许香港、澳门特别行政区以及台湾地区的司法机关保留自己的司法制度与做法，也应该允许港澳台地区在涉及其自身利益、不与国家利益冲突的情况下，有权拒绝提供司法协助。

2. 各法域平等、保护当事人合法权益、程序审查原则

各法域平等、保护当事人合法权益、程序审查也是解决区际司法协助问题的基本原则。

香港、澳门特别行政区享有独立的司法权和终审权。将来台湾地区和平回归祖国后的地位，可能会类似于港、澳特别行政区，也将享有高度自治权和独立的司法权及终审权。特别行政区法院与大陆（内地）法院属于不同的法律体系，它们之间互不从属、互不干预，因此，在司法协助实践中，作为请求双方的特别行政区法院与大陆（内地）法院是处于同一地位的，这种合作和协助是相互对等的。同时，由于保护当事人合法权益才是司法协助的最终目的，因此各法域司法机关应将当事人的利益放在首位，摈弃相互间无谓的争执，及时、有效地保障当事人的合法权益。只要程序上符合本法域法律制度的规定，就依法提供司法协助，而不根据本法域的实体法对认定事实和适用法律是否正确进行审查，特别是在承认与执行外法域裁决时，被请求方不能对裁决进行实质审查，只要裁决符合本法域规定的条件就应当予以认可和执行。

二、内地与香港特别行政区相互执行仲裁裁决的安排

（一）相互执行仲裁裁决的范围

内地人民法院执行按《香港仲裁条例》作出的仲裁裁决，香港特别行政区法院执行按《仲裁法》作出的仲裁裁决。

（二）管辖法院

在内地或者香港特别行政区作出的仲裁裁决，一方当事人不履行仲裁裁决的，另一方当事人可以向被申请人住所地或者财产所在地的有关法院申请执行。上述的有关法院，在内地指被申请人住所地或者财产所在地的中级人民法院，在香港特别行政区指香港特别行政区高等法院。如果被申请人住所地或者财产所在地在内地不同的中级人民法院辖区内的，申请人可以选择其中一个人民法院申请执行裁决，不得分别向两个或者两个以上人民法院提出申请。被申请人在内地和香港特别行政区均有住所地或者可供执行的财产的，申请人可以分别向两地法院申请执行。需要注意向两地法院申请执行时的协作和结果，即应对方法院要求，两地法院应当相互提供本方执行仲裁裁决的情况，两地法院执行财产的总额，不得超过裁决确定的数额。

（三）申请

申请人向有关法院申请执行在内地或者香港特别行政区作出的仲裁裁决的，应当提交以下文书：执行申请书、仲裁裁决书、仲裁协议。其中，执行申请书的内容应当载明下列事项：(1) 申请人为自然人的情况下，该人的姓名、地址；申请人为法人或者非法人组织的情况下，该法人或非法人组织的名称、地址及法定代表人姓名。(2) 被申请人为自然人的情况下，该人的姓名、地址；被申请人为法人或者非法人组织的情况下，该法人或者非法人组织的名称、地址及法定代表人姓名。(3) 申请人为法人或者非法人组织的，应当提交企业注册登记的副本。申请人是外国籍法人或者非法人组织的，应当提交相应的公证和认证材料。(4) 申请执行的理由与请求的内容，被申请人的财产所在地及财产状况。执行申请书应当以中文文本提出，裁决书或者仲裁协议没有中文文本的，

申请人应当提交经正式证明的中文译本。

申请人向有关法院申请执行内地或者香港特别行政区仲裁裁决的期限依据执行地法律有关时限的规定。申请人向有关法院申请执行在内地或者香港特别行政区作出的仲裁裁决，应当根据执行地法院有关诉讼收费的办法交纳执行费用。

（四）审查、裁定及不予执行的情形

有关法院接到申请人申请后，应当按执行地的认可和执行内地或者香港特别行政区仲裁裁决的法律程序以及《内地与香港执行仲裁裁决安排》《内地与香港执行仲裁裁决补充安排》的规定处理及执行。

对在内地或者香港特别行政区申请执行的仲裁裁决，被申请人接到通知后，提出证据证明有下列情形之一的，经审查核实，有关法院可裁定不予执行：（1）仲裁协议当事人依对其适用的法律属于某种无行为能力的情形；或者该项仲裁协议依约定的准据法无效；或者未指明以何种法律为准时，依仲裁裁决地的法律是无效的。（2）被申请人未接到指派仲裁员的适当通知，或者因他故未能陈述意见的。（3）裁决所处理的争议不是交付仲裁的标的或者不在仲裁协议条款之内，或者裁决载有关于交付仲裁范围以外事项的决定；但对交付仲裁事项的决定可与对未交付仲裁的事项的决定划分开时，裁决中关于交付仲裁事项的决定部分应当予以执行。（4）仲裁庭的组成或者仲裁庭程序与当事人之间的协议不符，或者在有关当事人没有这种协议时与仲裁地的法律不符。（5）裁决对当事人尚无约束力，或者业经仲裁地的法院或者按仲裁地的法律撤销或者停止执行的。

有关法院认定依执行地法律，对争议事项不能以仲裁解决的，可不予执行该裁决。内地法院认定在内地执行该仲裁裁决违反内地社会公共利益，或者香港特别行政区法院决定在香港特别行政区执行该仲裁裁决违反香港特别行政区的公共政策的，可不予执行该裁决。

（五）特殊情况的处理

有关法院在受理执行仲裁裁决申请之前或者之后，可以依申请并按照执行地法律和《内地与香港仲裁协助保全安排》的规定采取保全①或者强制措施。

三、内地与澳门特别行政区相互认可和执行仲裁裁决的安排

（一）相互认可和执行仲裁裁决的范围

内地人民法院认可和执行澳门特别行政区仲裁机构及仲裁员按照澳门特别行政区仲裁法规在澳门作出的民商事仲裁裁决，澳门特别行政区法院认可和执行内地仲裁机构依

① 根据《内地与香港仲裁协助保全安排》的规定，“保全”在内地包括财产保全、证据保全、行为保全；在香港特别行政区包括强制令以及其他临时措施，以在争议得到裁决之前维持现状或者恢复原状、采取行动防止目前或者即将对仲裁程序发生的危害或者损害，或者不采取可能造成这种危害或者损害的行动、保全资产或者保全对解决争议可能具有相关性和重要性的证据。

据《仲裁法》在内地作出的民商事仲裁裁决。

(二) 管辖法院

在内地或者澳门特别行政区作出的仲裁裁决，一方当事人不履行的，另一方当事人可以向被申请人住所地、经常居住地或者财产所在地的有关法院申请认可和执行。在内地有权受理认可和执行仲裁裁决申请的法院为中级人民法院。如果两个或者两个以上中级人民法院均有管辖权的，当事人应当选择向其中一个中级人民法院提出申请。在澳门特别行政区有权受理认可仲裁裁决申请的法院为中级法院，有权执行的法院为初级法院。如果被申请人的住所地、经常居住地或者财产所在地分别在内地和澳门特别行政区，申请人可以向一地法院提出认可和执行申请，也可以分别向两地法院提出申请。如果当事人分别向两地法院提出申请，则两地法院都应当依法进行审查。予以认可的，采取查封、扣押或者冻结被执行人财产等执行措施。仲裁地法院应当先进行执行清偿；另一地法院在收到仲裁地法院关于经执行债权未获清偿情况的证明后，可以对申请人未获清偿的部分进行执行清偿。两地法院执行财产的总额，不得超过依据裁决和法律规定所确定的数额。

(三) 申请

申请人向有关法院申请认可和执行仲裁裁决的，应当提交以下文件或者经公证的副本：申请书、申请人主体资格证明文件、仲裁协议、仲裁裁决书或者仲裁调解书。上述文件没有中文文本的，申请人应当提交经正式证明的中文译本。由一方有权限公共机构（包括公证员）做成的文书正本或者经公证的文书副本及译本，对方可以免除认证手续而使用。其中，申请书应当包括下列内容：（1）申请人或者被申请人为自然人的，应当载明其姓名及住所；为法人或者非法人组织的，应当载明其名称及住所，以及其法定代表人或者主要负责人的姓名、职务和住所。申请人是外国籍法人或者非法人组织的，应当提交相应的公证和认证材料。（2）请求认可和执行的仲裁裁决书或者仲裁调解书的案号或识别资料和生效日期。（3）申请认可和执行仲裁裁决的理由及具体请求，以及被申请人财产所在地、财产状况及该仲裁裁决的执行情况。

申请人向有关法院申请认可和执行内地或者澳门特别行政区仲裁裁决的期限，依据认可和执行地的法律确定。申请人依据前述安排申请认可和执行仲裁裁决的，应当根据执行地法律的规定，交纳诉讼费用。

(四) 审查、裁定及不予执行的情形

有关法院接到申请人的申请后，应当按执行地的认可和执行内地或者澳门特别行政区仲裁裁决的法律程序以及《内地与澳门认可和执行仲裁裁决安排》的规定处理及执行。受理申请的法院应当尽快审查认可和执行的请求，并作出裁定。

对申请认可和执行的仲裁裁决，被申请人提出证据证明有下列情形之一的，经审查核实，有关法院可以裁定不予认可：（1）仲裁协议一方当事人依对其适用的法律在订立仲裁协议时属于无行为能力；或者依当事人约定的准据法，或当事人没有约定适用的准

据法而依仲裁地法律，该仲裁协议无效。（2）被申请人未接到选任仲裁员或者进行仲裁程序的适当通知，或者因他故未能陈述意见。（3）裁决所处理的争议不是提交仲裁的争议，或者不在仲裁协议范围之内；或者裁决载有对超出当事人提交仲裁范围的事项的决定，但裁决中对超出提交仲裁范围的事项的决定与对提交仲裁事项的决定可以分开的，裁决中关于提交仲裁事项的决定部分可以予以认可。（4）仲裁庭的组成或者仲裁程序违反了当事人的约定，或者在当事人没有约定时与仲裁地的法律不符。（5）裁决对当事人尚无约束力，或者业经仲裁地的法院撤销或者拒绝执行。

有关法院认定，依执行地法律，对争议事项不能以仲裁解决的，不予认可和执行该裁决。内地法院认定在内地认可和执行该仲裁裁决违反内地法律的基本原则或者社会公共利益，澳门特别行政区法院认定在澳门特别行政区认可和执行该仲裁裁决违反澳门特别行政区法律的基本原则或者公共秩序的，不予认可和执行该裁决。

（五）特殊情况的处理

法院在受理认可和执行仲裁裁决的申请之前或者之后，可以依当事人的申请，按照法院地法律的规定，对被申请人的财产采取保全措施。

一方当事人向一地法院申请执行仲裁裁决，另一方当事人向另一地法院申请撤销该仲裁裁决，同时申请中止执行且提供充分担保的，执行法院应当中止执行。当事人申请中止执行的，应当向执行法院提供其他法院已经受理申请撤销仲裁裁决案件的法律文书。根据经认可的撤销仲裁裁决的判决、裁定，执行法院应当终结执行程序；撤销仲裁裁决申请被驳回的，执行法院应当恢复执行。

四、大陆与台湾地区相互认可和执行仲裁裁决的安排

（一）大陆认可和执行台湾地区仲裁裁决

为保障海峡两岸当事人的合法权益，更好适应海峡两岸关系和平发展的新形势，更好发挥人民法院在服务、保障、促进两岸经济文化交流合作与融合发展方面的职能作用，最高人民法院根据《民诉法》《仲裁法》等有关法律，总结人民法院涉台审判工作经验，就认可和执行台湾地区仲裁裁决，制定了《认可和执行台湾地区仲裁裁决的规定》。据此，台湾地区仲裁裁决的当事人可以作为申请人向人民法院申请认可和执行台湾地区仲裁裁决。经人民法院裁定认可的仲裁裁决需要执行的，应由人民法院执行机构按照《民诉法》规定的程序执行。

根据上述司法解释的精神，可对当事人申请认可和执行的台湾地区仲裁裁决的范围、管辖法院、申请、审查受理、不予认可的事由、证明责任、财产保全等解读如下。

1. 申请认可和执行的台湾地区仲裁裁决的范围

申请大陆人民法院认可和执行的台湾地区仲裁裁决是指，有关常设仲裁机构及临时仲裁庭在台湾地区按照台湾地区仲裁规定就有关民商事争议作出的仲裁裁决，包括仲裁判断、仲裁和解和仲裁调解。

2. 管辖法院

对于申请认可台湾地区仲裁裁决的案件，由申请人住所地、经常居住地或者被申请人住所地、经常居住地，财产所在地中级人民法院或者专门人民法院受理。申请人向被申请人财产所在地人民法院申请认可的，应当提供被执行财产存在的相关证据。申请人向两个以上有管辖权的人民法院申请认可的，由最先立案的人民法院管辖。

3. 申请

申请人申请认可台湾地区仲裁裁决，应当提交申请书、仲裁协议、仲裁判断书或者仲裁和解书或者仲裁调解书等文件，或者这些文件的经证明无误的副本，并应当按照《诉讼费用交纳办法》的规定交纳相关费用。

申请书应记明以下事项：(1) 申请人和被申请人的姓名、性别、年龄、职业、身份证件号码、住址和通讯方式，申请人或者被申请人为法人或者非法人组织的，应记明法人或者非法人组织的名称、地址，法定代表人或者主要负责人的姓名、职务和通讯方式。(2) 申请认可的仲裁判断书、仲裁和解书或者仲裁调解书的案号或者识别资料和生效日期。(3) 请求和理由。(4) 被申请人财产所在地、财产状况及申请认可的仲裁裁决的执行情况。(5) 其他需要说明的情况。

申请人委托他人代理申请认可台湾地区仲裁裁决的，应当向人民法院提交由委托人签名或盖章的授权委托书。台湾地区当事人签名或者盖章的授权委托书应当履行相关的公证、认证或者其他证明手续，但授权委托书在人民法院法官的见证下签署或者经大陆公证机构公证证明是在大陆签署的除外。

4. 审查和裁定

申请人同时提出认可和执行台湾地区仲裁裁决申请的，人民法院先按照认可程序进行审查，裁定认可后，由人民法院执行机构执行。申请人直接申请执行的，人民法院应当告知其一并提交认可申请；坚持不申请认可的，裁定驳回申请。对申请认可台湾地区仲裁裁决的案件，人民法院应当组成合议庭进行审查。人民法院在收到申请后，经审查，认为符合规定的条件的，应当在 7 日内立案，并通知申请人和被申请人，同时将申请书送达被申请人；认为不符合规定的条件的，应当在 7 日内裁定不予受理，同时说明不予受理的理由。申请人对裁定不服的，可以提起上诉。

申请人申请认可台湾地区仲裁裁决，应当提供相关证明文件，以证明该仲裁裁决的真实性。申请人可以申请人民法院通过海峡两岸调查取证司法互助途径查明台湾地区仲裁裁决的真实性；人民法院认为必要时，也可以就有关事项依职权通过海峡两岸司法互助途径向台湾地区请求调查取证。

申请人申请认可和执行台湾地区仲裁裁决的期间，适用《民诉法》有关申请执行时效期间的规定。申请人超过申请执行时效期间向人民法院申请的，人民法院应予受理。申请人仅申请认可而未同时申请执行的，申请执行时效期间自人民法院认可申请作出的裁定生效之日起重新计算。

人民法院应当尽快审查认可台湾地区仲裁裁决的申请，决定予以认可的，应当在自立案之日起 2 个月内作出裁定；决定不予认可或者驳回申请的，应当在作出决定前按有关规定在自立案之日起2个月内上报最高人民法院。但通过海峡两岸司法互助途径送达文书和调查取证的期间，不计入审查期间。

对申请认可和执行的仲裁裁决，被申请人提出证据证明有下列情形之一的，经审查核实，人民法院裁定不予认可：（1）仲裁协议一方当事人依对其适用的法律在订立仲裁协议时属于无行为能力的；或者依当事人约定的准据法，或当事人没有约定适用的准据法而依台湾地区仲裁规定，该仲裁协议无效的；或者当事人之间没有达成书面仲裁协议，但申请认可台湾地区仲裁调解的除外。（2）被申请人未接到选任仲裁员或进行仲裁程序的适当通知，或者由于其他不可归责于被申请人的原因而未能陈述意见的。（3）裁决所处理的争议不是提交仲裁的争议，或者不在仲裁协议范围之内；或者裁决载有对超出当事人提交仲裁范围的事项的决定，但裁决中对超出提交仲裁范围的事项的决定与对提交仲裁事项的决定可以分开的，裁决中关于提交仲裁事项的决定部分可以予以认可。（4）仲裁庭的组成或者仲裁程序违反当事人的约定，或者在当事人没有约定时与台湾地区仲裁规定不符的。（5）裁决对当事人尚无约束力，或者业经台湾地区法院撤销或者驳回执行申请的。（6）依据国家法律，对该争议事项不能以仲裁解决的，或者认可该仲裁裁决将违反“一个中国”原则等国家法律的基本原则或损害社会公共利益的。

人民法院经审查能够确认台湾地区仲裁裁决真实，而且不具有上述所列情形的，应裁定认可其效力；不能确认该仲裁裁决真实的，应裁定驳回申请。对裁定驳回申请的案件，申请人再次申请并符合受理条件的，人民法院应予受理。

人民法院作出的上述不予认可、认可或者驳回申请的裁定，一经送达即发生法律效力。

5. 特殊情况的处理

人民法院在受理认可台湾地区仲裁裁决的申请之前或者之后，可以按照《民诉法》及相关司法解释的规定，根据申请人的申请，裁定采取保全措施。

人民法院受理认可台湾地区仲裁裁决的申请后、作出裁定前，申请人请求撤回申请的，人民法院可以裁定准许。

人民法院受理认可台湾地区仲裁裁决的申请后，当事人就同一争议起诉的，人民法院应不予受理，除非仲裁协议无效。当事人未申请认可，而是就同一争议向人民法院起诉的，人民法院亦应不予受理。

一方当事人向人民法院申请认可或者执行台湾地区仲裁裁决，另一方当事人向台湾地区法院起诉，请求撤销该仲裁裁决，同时申请中止认可或者执行并且提供充分担保的，人民法院应当中止认可或者执行程序。申请中止认可或者执行的，应当向人民法院提供台湾地区法院已经受理撤销仲裁裁决案件的法律文书。台湾地区法院撤销该仲裁裁决的，人民法院应当裁定不予认可或者裁定终结执行；台湾地区法院驳回撤销仲裁裁决请求的，人民法院应当恢复认可或者执行程序。

对人民法院裁定不予认可的台湾地区仲裁裁决，申请人再次提出申请的，人民法院应不予受理。但当事人可以根据双方重新达成的仲裁协议申请仲裁，也可以就同一争议向人民法院起诉。

(二) 台湾地区认可和执行大陆仲裁裁决

台湾地区于1992年7月31日颁布的“台湾地区与大陆人民关系条例”为台湾地区对于处理大陆事务的重要法律之一，之后的“台湾地区与大陆人民关系条例施行细则”为其子法。其中，“条例”第74条规定：“在大陆作成之民事确定裁判、民事仲裁判断，不违背台湾地区公共秩序或善良风俗者，得声请法院裁定认可。前项经法院裁定认可之裁判或判断，以给付为内容者，得为执行名义。”“施行细则”第68条规定：“依本‘条例’第七十四条规定声请法院裁定认可之民事确定裁判、民事仲裁判断，应经‘行政院’设立或指定之机构或委托之民间团体验证。”这是台湾地区法院认可和执行大陆仲裁机构作出的仲裁裁决的最初的法律依据。

“条例”自订立至今，已经过十多次修正，其中1997年5月14日、2003年12月29日的修改中均涉及第74条的内容，修改后的第74条增加第3款：“前二项规定，以在台湾地区作成之民事确定裁判、民事仲裁判断，得声请大陆法院裁定认可或为执行名义者，始适用之。”该项规定，实质上增加了前提条件，即台湾地区法院认可和执行大陆仲裁裁决的前提，是大陆法院认可和执行台湾地区仲裁裁决。

台湾地区没有就对大陆仲裁机构作出的仲裁裁决的认可和执行给予便利条件，台湾地区把不违反公共秩序或善良风俗作为执行大陆仲裁裁决的唯一条件，“不是简化了执行裁决的环节，反而使大陆裁决的执行变得更不确定，执行大陆裁决不是制度性的做法，具有特案特办的个案色彩。因为所谓公共秩序，弹性较大，随时会受到海峡两岸政治关系的影响，使法律缺少应有的可预测性”①。这给大陆仲裁裁决在台湾地区申请认可和执行的实践带来了困难。

问题与思考

1. 中国大陆（内地）和港澳台地区现行仲裁制度主要有哪些不同点？

2. 何为区际司法协助？

3. 根据中国内地或者香港特别行政区之间的有关安排，不予执行对方仲裁裁决的情形有哪些？

---

① 宋连斌主编：《仲裁法》，292页，武汉，武汉大学出版社，2010。

7

PART SEVEN

|第七编|

特殊仲裁制度

第十七章
劳动争议仲裁

本章概要

我国现行劳动争议解决采取多元化机制，即当事人自行和解、劳动争议调解委员会调解、劳动争议仲裁机构仲裁和民事诉讼。解决劳动争议，应当根据合法、公正、及时处理的原则，依法维护劳动关系的和谐稳定和劳动争议当事人的合法权益。在我国劳动争议仲裁属于法定的强制仲裁，不以当事人的仲裁协议为基础。对某些法定的劳动争议采取“一裁终局”制，对其他劳动争议采取“先裁后审”制。

关键术语

劳动争议　劳动争议仲裁　劳动争议调解仲裁法

课程思政

要健全党政主导的维权服务机制，完善政府、工会、企业共同参与的协商协调机制，健全劳动法律法规体系，为维护工人阶级和广大劳动群众合法权益提供法律和制度保障。

——2020 年 11 月 24 日习近平在全国劳动模范和先进工作者表彰大会上的讲话

请组织学生讨论劳动争议仲裁制度对劳动者的特殊关照之处以及其正当性基础，引导学生树立和践行以人民为中心的法治理念。

第一节　劳动争议及其解决机制

一、劳动争议及其解决机制概述

(一) 劳动争议

在我国，劳动争议（或称劳动纠纷、劳资争议）主要是指用人单位和劳动者在执行劳动法和劳动合同法过程中，就劳动权利义务发生的争议。

与通常的民事争议（民事纠纷）不同，劳动争议的主要特点有：（1）就劳动争议的主体而言，劳动争议的双方当事人是用人单位和劳动者，双方存在着管理和被管理的劳动关系。（2）就劳动争议的内容而言，劳动争议是就劳动权利义务发生的争议，即用人单位和劳动者因为执行劳动法或者订立、履行、变更、解除和终止劳动合同所发生的争议。

《劳动争议调解仲裁法》第2条规定，中华人民共和国境内的用人单位与劳动者发生的下列劳动争议，适用本法：（1）因确认劳动关系发生的争议；（2）因订立、履行、变更、解除和终止劳动合同发生的争议；（3）因除名、辞退和辞职、离职发生的争议；（4）因工作时间、休息休假、社会保险、福利、培训以及劳动保护发生的争议；（5）因劳动报酬、工伤医疗费、经济补偿或者赔偿金等发生的争议；（6）法律、法规规定的其他劳动争议。

《劳动争议调解仲裁法》第52条规定："事业单位实行聘用制的工作人员与本单位发生劳动争议的，依照本法执行；法律、行政法规或者国务院另有规定的，依照其规定。"《事业单位人事管理条例》（国务院令第652号）第37条规定："事业单位工作人员与所在单位发生人事争议的，依照《中华人民共和国劳动争议调解仲裁法》等有关规定处理。"

《劳动人事争议仲裁办案规则》第2条规定，本规则适用下列争议的仲裁：（1）企业、个体经济组织、民办非企业单位等组织与劳动者之间，以及机关、事业单位、社会团体与其建立劳动关系的劳动者之间，因确认劳动关系，订立、履行、变更、解除和终止劳动合同，工作时间、休息休假、社会保险、福利、培训以及劳动保护，劳动报酬、工伤医疗费、经济补偿或者赔偿金等发生的争议；（2）实施公务员法的机关与聘任制公务员之间、参照公务员法管理的机关（单位）与聘任工作人员之间因履行聘任合同发生的争议；（3）事业单位与其建立人事关系的工作人员之间因终止人事关系以及履行聘用合同发生的争议；（4）社会团体与其建立人事关系的工作人员之间因终止人事关系以及履行聘用合同发生的争议；（5）军队文职人员用人单位与聘用制文职人员之间因履行聘用合同发生的争议；（6）法律、法规规定由劳动人事争议仲裁委员会（以下简称仲裁委员会）处理的其他争议。

（二）我国现行劳动争议解决机制

党的二十大报告指出："健全劳动法律法规，完善劳动关系协商协调机制，完善劳动者权益保障制度，加强灵活就业和新就业形态劳动者权益保障。"为完善劳动争议解决机制，我国立法机关通过《宪法》①、《劳动法》、《劳动合同法》、《社会保险法》②、《职业病

① 参见《宪法》第42～44条。

② 该法第83条第3款规定："个人与所在用人单位发生社会保险争议的，可以依法申请调解、仲裁，提起诉讼。用人单位侵害个人社会保险权益的，个人也可以要求社会保险行政部门或者社会保险费征收机构依法处理。"

防治法》[①]、《劳动争议调解仲裁法》、《民诉法》对劳动争议解决作出具体规定。此外，还有下列法律规范性文件：

（1）中共中央、国务院《关于构建和谐劳动关系的意见》[②]（中发〔2015〕10号）；《事业单位人事管理条例》（国务院令第652号）、《保障农民工工资支付条例》[③]（国务院令第724号）等。

（2）《关于进一步加强劳动人事争议调解仲裁完善多元处理机制的意见》（人社部发〔2017〕26号）、《劳动人事争议仲裁办案规则》（人力资源和社会保障部令第33号）、《劳动人事争议仲裁组织规则》（人力资源和社会保障部令第34号）、《关于加强劳动人事争议仲裁与诉讼衔接机制建设的意见》（人社部发〔2017〕70号）、《关于进一步加强劳动人事争议调解仲裁法律援助工作的意见》（人社部发〔2020〕52号）等。

（3）《最高人民法院关于人民法院审理事业单位人事争议案件若干问题的规定》（法释〔2003〕13号）。

（4）地方性法律规范文件，比如，《关于京津冀劳动人事争议协同处理工作的意见》《北京市劳动人事争议仲裁庭审若干规范》《北京市劳动人事争议仲裁委员会工作规则》《北京市劳动人事争议仲裁文书制作规定》《顺义区与天津市宝坻区劳动人事争议案件协同处理协议》《浙江省劳动人事争议调解仲裁条例》等。

我国现行劳动争议解决采取多元化机制，即当事人自行和解、劳动争议调解委员会调解、劳动争议仲裁机构仲裁和民事诉讼。同时，对某些法定的劳动争议采取“一裁终局”制，对其他劳动争议采取“先裁后审”制（对劳动纠纷提起民事诉讼以先行仲裁为前置程序）。

发生劳动争议后，当事人可以协商解决；不愿协商、协商不成或者达成和解协议后不履行的，可以申请调解；不愿调解、调解不成或者达成调解协议后不履行的，可以申请仲裁；对仲裁裁决不服的，除法律另有规定外，可以起诉。

和解不是劳动调解、劳动仲裁和劳动诉讼的必经程序。发生劳动争议后，劳动者可以与用人单位协商（此即和解），也可以请工会或者第三方共同与用人单位协商，达成和解协议，但是，和解协议没有强制执行力。

---

① 该法第49条规定：“职业病诊断、鉴定过程中，在确认劳动者职业史、职业病危害接触史时，当事人对劳动关系、工种、工作岗位或者在岗时间有争议的，可以向当地的劳动人事争议仲裁委员会申请仲裁；接到申请的劳动人事争议仲裁委员会应当受理，并在三十日内作出裁决。”“当事人在仲裁过程中对自己提出的主张，有责任提供证据。劳动者无法提供由用人单位掌握管理的与仲裁主张有关的证据的，仲裁庭应当要求用人单位在指定期限内提供；用人单位在指定期限内不提供的，应当承担不利后果。”“劳动者对仲裁裁决不服的，可以依法向人民法院提起诉讼。”“用人单位对仲裁裁决不服的，可以在职业病诊断、鉴定程序结束之日起十五日内依法向人民法院提起诉讼；诉讼期间，劳动者的治疗费用按照职业病待遇规定的途径支付。”

② 该意见阐明了构建和谐劳动关系的重大意义、指导思想、基本原则、目标任务和政策措施，是新时代构建中国特色和谐劳动关系的纲领性文件。

③ 该条例第10条第1款规定：“被拖欠工资的农民工有权依法投诉，或者申请劳动争议调解仲裁和提起诉讼。”为及时化解纠纷，加强涉及农民工工资问题劳动争议处理工作，各地劳动人事争议调解仲裁机构开通农民工争议处理“绿色通道”，建立快立、快调、快审、快结机制，对符合规定的工资争议案件依法简易处理，减少当事人维权成本，缩短案件处理周期。

劳动调解不是劳动仲裁和劳动诉讼的必经程序，劳动调解协议也无强制执行力。[①] 不过，因支付拖欠的劳动报酬、工伤医疗费、经济补偿或者赔偿金事项达成调解协议后，用人单位在协议约定期限内不履行的，劳动者可以持调解协议书依法向法院申请支付令。

第二节 劳动争议仲裁总则

一、解决劳动争议的原则

《劳动法》第 78 条规定："解决劳动争议，应当根据合法、公正、及时处理的原则，依法维护劳动争议当事人的合法权益。"《劳动争议调解仲裁法》第 3 条规定："解决劳动争议，应当根据事实，遵循合法、公正、及时、着重调解的原则，依法保护当事人的合法权益。"

据上述规定，解决劳动争议应当遵行如下主要原则：(1) 以事实为根据，即应当在案件事实真实的基础上，对劳动争议作出处理或裁判。(2) 合法原则，即在劳动争议的程序和实体方面，应当遵行前述的程序法和实体法。(3) 公正原则，即对双方当事人平等适用程序法和实体法，公平地作出处理或裁判。(4) 及时原则，即在公正的基础上，及时解决劳动争议，以尽快保护权利和维护劳动秩序。(5) 着重调解原则。各国均重视以和解、调解的方式，友好和平地解决劳动争议，以融洽劳资关系。[②] 至于"依法维护劳动争议当事人的合法权益"，则是《劳动争议调解仲裁法》的立法目的。

根据《劳动争议调解仲裁法》第 26 条和《劳动人事争议仲裁办案规则》第 25 条的规定，在仲裁活动中涉及国家秘密或者军事秘密的，按照国家或者军队有关保密规定执行，不予公开；当事人协议不公开，或者涉及商业秘密和个人隐私的，经相关当事人书面申请，仲裁委员会应当不公开审理。除此之外，仲裁办案场所、仲裁人员名单、仲裁法规制度、仲裁庭审现场、仲裁法律文书均予公开。

二、仲裁组织和仲裁管辖

（一）劳动争议仲裁委员会

依据《劳动人事争议仲裁组织规则》，劳动人事争议仲裁委员会（以下简称仲裁委员

---

① 劳动仲裁中，仲裁调解书具有强制执行力。劳动诉讼中，法院调解书具有强制执行力。

② 比如，《最高人民法院关于适用简易程序审理民事案件的若干规定》（法释〔2020〕20 号）第 14 条中规定，对于劳务合同纠纷，法院在开庭审理时应当先行调解。劳动调解必须遵行：(1) 基本合法原则，即劳动调解应遵守法律强行规范、遵循公共利益和尊重他人合法权益，否则调解协议无效；(2) 基本自由与公平原则，即劳动调解应建立在双方当事人自愿与公平的基础上，其间若存在强迫、欺诈、显失公平或重大误解等内容的，则调解协议可予变更或撤销。基本自由与公平原则是在遵循基本合法原则的前提下才予适用。比如，基于对弱方的劳动者的保护，法律规定劳动者取得不低于劳动基准的利益是其不得放弃的权利，用人单位向劳动者提供不低于劳动基准的利益是其不得减免的义务，可见，在劳动者利益能否低于劳动基准的问题上排斥了当事人意思自治，即只能在劳动者利益不低于劳动基准的基础上进行调解。参见邵明：《论我国和谐社会中的民事调解》，载《学术界》，2008 (2)。

会）由人民政府依法设立，专门处理争议案件。

人力资源和社会保障行政部门负责指导本行政区域的争议调解仲裁工作，组织协调处理跨地区、有影响的重大争议，负责对仲裁员的管理、培训等工作。

仲裁委员会按照统筹规划、合理布局和适应实际需要的原则设立，由省、自治区、直辖市人民政府依法决定。仲裁委员会由干部主管部门代表、人力资源社会保障等相关行政部门代表、军队文职人员工作管理部门代表、工会代表和用人单位方面代表等组成。[①] 仲裁委员会组成人员应当是单数。仲裁委员会设主任一名，设副主任和委员若干名。仲裁委员会主任由政府负责人或者人力资源和社会保障行政部门主要负责人担任。

仲裁委员会依法履行下列职责：(1) 聘任、解聘专职或者兼职仲裁员；(2) 受理争议案件；(3) 讨论重大或者疑难的争议案件；(4) 监督本仲裁委员会的仲裁活动；(5) 制定本仲裁委员会的工作规则；(6) 其他依法应当履行的职责。

仲裁委员会应当每年至少召开两次全体会议，研究本仲裁委员会职责履行情况和重要工作事项。仲裁委员会主任或者三分之一以上的仲裁委员会组成人员提议召开仲裁委员会会议的，应当召开。仲裁委员会的决定实行少数服从多数原则。

仲裁委员会下设实体化的办事机构，具体承担争议调解仲裁等日常工作。办事机构称为劳动人事争议仲裁院（以下简称仲裁院），设在人力资源和社会保障行政部门。仲裁院对仲裁委员会负责并报告工作。

仲裁委员会的经费依法由财政予以保障。仲裁经费包括人员经费、公用经费、仲裁专项经费等。仲裁院可以通过政府购买服务等方式聘用记录人员、安保人员等办案辅助人员。

仲裁委员会组成单位可以派兼职仲裁员常驻仲裁院，参与争议调解仲裁活动。

(二) 仲裁庭和仲裁员

1. 仲裁庭

仲裁委员会处理争议案件实行仲裁庭制度，实行一案一庭。仲裁委员会可以根据案件处理实际需要设立派驻仲裁庭、巡回仲裁庭、流动仲裁庭，就近就地处理争议案件。

简单争议案件可以由 1 名仲裁员独任仲裁。处理下列争议案件应当由 3 名仲裁员组成仲裁庭，设首席仲裁员：(1) 10 人以上并有共同请求的争议案件；(2) 履行集体合同发生的争议案件；(3) 有重大影响或者疑难复杂的争议案件；(4) 仲裁委员会认为应当由 3 名仲裁员组庭处理的其他争议案件。

记录人员负责案件庭审记录等相关工作。记录人员不得由本庭仲裁员兼任。

仲裁庭组成不符合规定的，仲裁委员会应当予以撤销并重新组庭。

仲裁委员会应当有专门的仲裁场所。仲裁场所应当悬挂仲裁徽章，张贴仲裁庭纪律及注意事项等，并配备仲裁庭专业设备、档案储存设备、安全监控设备和安检设施等。

仲裁工作人员在仲裁活动中应当统一着装，佩戴仲裁徽章。

---

① 有些国家（如日本、韩国等）还有完全由中立人士（公益代表）组成仲裁委员会的做法，值得借鉴。

2. 仲裁员

仲裁员是由仲裁委员会聘任、依法调解和仲裁争议案件的专业工作人员。仲裁员分为专职仲裁员和兼职仲裁员。专职仲裁员和兼职仲裁员在调解仲裁活动中享有同等权利，履行同等义务。兼职仲裁员进行仲裁活动，所在单位应当予以支持。

仲裁委员会应当依法聘任一定数量的专职仲裁员，也可以根据办案工作需要，依法从干部主管部门、人力资源和社会保障行政部门、军队文职人员工作管理部门、工会、企业等相关机构的人员以及专家学者、律师中聘任兼职仲裁员。

仲裁员享有以下权利：（1）履行职责应当具有的职权和工作条件；（2）处理争议案件不受干涉；（3）人身、财产安全受到保护；（4）参加聘前培训和在职培训；（5）法律、法规规定的其他权利。

仲裁员应当履行以下义务：（1）依法处理争议案件；（2）维护国家利益和公共利益，保护当事人合法权益；（3）严格执行廉政规定，恪守职业道德；（4）自觉接受监督；（5）法律、法规规定的其他义务。

仲裁委员会聘任仲裁员时，应当从符合《劳动争议调解仲裁法》第20条规定的仲裁员条件的人员中选聘。

仲裁委员会应当根据工作需要，合理配备专职仲裁员和办案辅助人员。专职仲裁员数量不得少于3名，办案辅助人员不得少于1名。

仲裁委员会应当设仲裁员名册，并予以公告。省、自治区、直辖市人力资源和社会保障行政部门应当将本行政区域内仲裁委员会聘任的仲裁员名单报送人力资源和社会保障部备案。

仲裁员聘期一般为5年。仲裁委员会负责仲裁员考核，将考核结果作为解聘和续聘仲裁员的依据。

仲裁员有下列情形之一的，仲裁委员会应当予以解聘：（1）聘期届满不再续聘的；（2）在聘期内因工作岗位变动或者其他原因不再履行仲裁员职责的；（3）年度考核不合格的；（4）因违纪、违法犯罪不能继续履行仲裁员职责的；（5）其他应当解聘的情形。

人力资源和社会保障行政部门负责对拟聘任的仲裁员进行聘前培训。建立仲裁员职业保障机制，拓展仲裁员职业发展空间。

3. 仲裁回避

当事人申请回避，应当在案件开庭审理前提出，并说明理由。回避事由在案件开庭审理后知晓的，也可以在庭审辩论终结前提出。

当事人在庭审辩论终结后提出回避申请的，不影响仲裁程序的进行。

仲裁委员会应当在回避申请提出的3日内，以口头或者书面形式作出决定。以口头形式作出的，应当记入笔录。

仲裁员、记录人员是否回避，由仲裁委员会主任或者其委托的仲裁院负责人决定。仲裁委员会主任担任案件仲裁员是否回避，由仲裁委员会决定。

在回避决定作出前，被申请回避的人员应当暂停参与该案处理，但因案件需要采取紧急措施的除外。

（三）仲裁监督

仲裁委员会应当建立仲裁监督制度，对申请受理、办案程序、处理结果、仲裁工作人员行为等进行监督。

《劳动人事争议仲裁组织规则》第 33 条规定，仲裁员不得有下列行为：（1）徇私枉法，偏袒一方当事人；（2）滥用职权，侵犯当事人合法权益；（3）利用职权为自己或者他人谋取私利；（4）隐瞒证据或者伪造证据；（5）私自会见当事人及其代理人，接受当事人及其代理人的请客送礼；（6）故意拖延办案、玩忽职守；（7）泄露案件涉及的国家秘密、商业秘密和个人隐私或者擅自透露案件处理情况；（8）在受聘期间担任所在仲裁委员会受理案件的代理人；（9）其他违法违纪的行为。

《劳动人事争议仲裁组织规则》第 34 条规定，仲裁员有本规则第 33 条规定情形的，仲裁委员会视情节轻重，给予批评教育、解聘等处理；被解聘的，5 年内不得再次被聘为仲裁员。仲裁员所在单位根据国家有关规定对其给予处分；构成犯罪的，依法追究刑事责任。①

记录人员等办案辅助人员应当认真履行职责，严守工作纪律；有玩忽职守、偏袒一方当事人，泄露案件涉及的国家秘密、商业秘密和个人隐私，或者擅自透露案件处理情况等行为的，应当按照有关法律法规和上述规则第 34 条的规定处理。

（四）仲裁管辖

劳动争议仲裁不实行级别管辖或者协议管辖，而采取特殊地域管辖。在我国，各劳动争议仲裁委员会之间相互独立，没有上下级关系，所以劳动争议仲裁不实行级别管辖。同时，劳动仲裁管辖以法定性和确定性为要求，采取特殊地域管辖，不允许协议管辖。

仲裁委员会负责管辖本区域内发生的劳动争议。仲裁委员会不按行政区划层层设立，省级人民政府在依法设立仲裁委员会的时候，必须同时划定该仲裁委员会的管辖区域。

劳动争议由劳动合同履行地或者用人单位所在地的仲裁委员会管辖。劳动合同履行地为劳动者实际工作场所地，用人单位所在地为用人单位注册、登记地或主要办事机构所在地。用人单位未经注册、登记的，其出资人、开办单位或者主管部门所在地为用人单位所在地。案件受理后，劳动合同履行地或者用人单位所在地发生变化的，不改变争议的仲裁管辖。

双方当事人分别向劳动合同履行地和用人单位所在地的仲裁委员会申请仲裁的，由劳动合同履行地的仲裁委员会管辖。有多个劳动合同履行地的，由最先受理的仲裁委员会管辖。劳动合同履行地不明确的，由用人单位所在地的仲裁委员会管辖。

《劳动人事争议仲裁办案规则》第 9 条规定：仲裁委员会发现已受理案件不属于其管辖范围的，应当移送至有管辖权的仲裁委员会，并书面通知当事人。对上述移送案件，受移送的仲裁委员会应当依法受理；受移送的仲裁委员会认为移送的案件按照规定不属

① 《刑法》第 399 条之一规定：“依法承担仲裁职责的人员，在仲裁活动中故意违背事实和法律作枉法裁决，情节严重的，处三年以下有期徒刑或者拘役；情节特别严重的，处三年以上七年以下有期徒刑。”

于其管辖，或者仲裁委员会之间因管辖争议协商不成的，应当报请共同的上一级仲裁委员会主管部门指定管辖。

当事人提出管辖异议的，应当在答辩期满前书面提出。仲裁委员会应当审查当事人提出的管辖异议，异议成立的，将案件移送至有管辖权的仲裁委员会并书面通知当事人；异议不成立的，应当书面决定驳回。当事人逾期提出的，不影响仲裁程序的进行。

三、仲裁当事人和仲裁第三人、仲裁代理人

(一) 仲裁当事人

发生劳动争议的劳动者和用人单位为劳动争议仲裁案件的双方当事人。

发生争议的用人单位未办理营业执照、被吊销营业执照、营业执照到期继续经营、被责令关闭、被撤销以及用人单位解散、歇业，不能承担相关责任的，应当将用人单位和其出资人、开办单位或者主管部门作为共同当事人。

劳动者与个人承包经营者发生争议，依法向仲裁委员会申请仲裁的，应当将发包的组织和个人承包经营者作为共同当事人。

依《劳动合同法》第58条第1款的规定，劳务派遣单位也是用人单位，应当履行用人单位对劳动者的义务。因此，劳务派遣单位或者用工单位与劳动者发生劳动争议的，劳务派遣单位和用工单位为共同当事人。

当事人不服仲裁委员会作出的仲裁裁决，依法向法院提起诉讼，法院经审查认为仲裁裁决遗漏了必须共同参加仲裁的当事人的，应当依法追加遗漏的人为诉讼当事人。被追加的当事人应当承担责任的，法院应当一并处理。

在群体劳动争议（发生劳动争议的劳动者一方在10人以上的）中，若有共同请求，可以推举代表参加调解、仲裁或者诉讼活动。根据《工会法》第20条和《劳动合同法》第56条的规定，因履行集体合同发生争议的，工会可以依法申请仲裁、提起诉讼。①

在仲裁中，可能发生当事人的变更，包括法定的当事人变更与任意的当事人变更。若仅仅是纠正当事人的姓名或名称的错误，变更法定代表人、主要负责人或投资人，当事人本人并未改变的，则不属于当事人变更。

法定的当事人变更是指根据法律的规定，在仲裁过程中，因实体权利义务的转移而使原来适格的当事人变为不适格的当事人，需要更换不适格的当事人，之后仲裁程序继续进行。比如，劳动者死亡的，由其继承人作为当事人；用人单位发生合并或分立的，由承继其权利和义务的用人单位作为当事人；用人单位终止的，以其主管部门、开办单位或者清算组作为当事人。

任意的当事人变更是指将不符合条件的当事人，更换为符合条件的当事人，包括将无仲裁权利能力（与诉讼权利能力一致）的人更换为有仲裁权利能力的人，将不适格的当事人更换为适格的当事人。申请人不合格（如A冒用B的名义申请仲裁等）的，仲裁

① 我们认为，《工会法》第21条和《劳动合同法》第56条实际上确立了对因履行集体劳动合同发生的争议的“团体诉讼”制度。参见邵明：《民事诉讼法学》，118页，北京，中国人民大学出版社，2016。

委员会应决定不予受理或者驳回仲裁申请。被申请人不合格，申请人更换为合格被申请人的，仲裁重新开始；申请人不予更换的，仲裁委员会应当决定不予受理或者驳回仲裁申请。

（二）仲裁第三人

《劳动争议调解仲裁法》第 23 条规定："与劳动争议案件的处理结果有利害关系的第三人，可以申请参加仲裁活动或者由劳动争议仲裁委员会通知其参加仲裁活动。"此条规定的第三人与《民诉法》第 59 条第 2 款规定的无独立请求权第三人有相通之处。

仲裁第三人参加劳动仲裁的实体法根据是：第三人与劳动争议案件的处理结果有利害关系。此处的"利害关系"是指第三人的民事权利义务将因他人劳动争议案件的处理结果受到法律上有利或不利的影响。

第三人应在仲裁程序开始后、仲裁裁决作出前参加仲裁。第三人有权主张事实、提供证据、参加质证和辩论，以维护自己的合法权益。第三人对仲裁庭裁决其承担民事责任不服的，可以提起诉讼。但是，第三人无权作出如下行为：放弃、变更或承认申请人的仲裁请求、撤回仲裁申请、提出管辖权异议等。

（三）仲裁代理人

《劳动争议调解仲裁法》第 24 条规定："当事人可以委托代理人参加仲裁活动。委托他人参加仲裁活动，应当向劳动争议仲裁委员会提交有委托人签名或者盖章的委托书，委托书应当载明委托事项和权限。"委托代理人经当事人特别授权的，可以代理实施放弃、变更或承认仲裁请求，撤回仲裁申请，进行和解、调解等行为。

根据《劳动争议调解仲裁法》第 25 条的规定，丧失或者部分丧失民事行为能力的劳动者，由其法定代理人代为参加仲裁活动；无法定代理人的，由劳动争议仲裁委员会为其指定代理人。[①] 劳动者死亡的，由其近亲属或者代理人参加仲裁活动。[②]

《劳动争议调解仲裁法》就仲裁代理没有规定的，在不与劳动仲裁之性质和原则相冲突的前提下，可以适用《民诉法》和《仲裁法》的相关规定。

四、证明责任和提供、调查证据

《劳动人事争议仲裁办案规则》第 18 条规定："争议处理中涉及证据形式、证据提交、证据交换、证据质证、证据认定等事项，本规则未规定的，可以参照民事诉讼证据规则的有关规定执行。"

（一）证明责任

在解决劳动争议的仲裁和诉讼中，在证明责任方面，采行"谁主张，谁证明"的一

① 根据《民法典》第 28 条的规定，丧失或者部分丧失民事行为能力的劳动者所在单位也可作为其监护人，但是劳动者与其所在单位往往是劳动仲裁对立的双方当事人，所以劳动者所在单位不能为其劳动者的仲裁代理人。

② 劳动者死亡，其近亲属参加仲裁活动的，属于法定当事人的变更，其近亲属实为仲裁当事人。

般规则，即当事人对自己提出的主张（主张利己的案件事实），有责任提供证据来证明，否则承担不利的实体后果。

《劳动人事争议仲裁办案规则》第 13 条规定，当事人对自己提出的主张有责任提供证据；与争议事项有关的证据属于用人单位掌握管理的，用人单位应当提供；用人单位不提供的，应当承担不利后果。

《劳动争议调解仲裁法》第 6 条第二句规定，与争议事项有关的证据属于用人单位掌握管理的，用人单位应当提供；用人单位不提供的，应当承担不利后果。[①] 对此，该法第 39 条第 2 款规定，劳动者无法提供由用人单位掌握管理的与仲裁请求有关的证据，仲裁庭可以要求用人单位在指定期限内提供。用人单位在指定期限内不提供的，应当承担不利后果。

《劳动争议解释（一）》第 42 条规定："劳动者主张加班费的，应当就加班事实的存在承担举证责任。但劳动者有证据证明用人单位掌握加班事实存在的证据，用人单位不提供的，由用人单位承担不利后果。"其第 44 条规定："因用人单位作出的开除、除名、辞退、解除劳动合同、减少劳动报酬、计算劳动者工作年限等决定而发生的劳动争议，用人单位负举证责任。"

《劳动人事争议仲裁办案规则》第 14 条规定，法律没有具体规定、按照本规则第 13 条规定无法确定举证责任承担的，仲裁庭可以根据公平原则和诚实信用原则，综合当事人举证能力等因素确定举证责任的承担。需要说明的是，该规定源于 2009 年公布的《劳动人事争议仲裁办案规则》第 18 条，人力资源和社会保障部在 2017 年修改《劳动人事争议仲裁办案规则》时仅调整了条文序号。该规定源自 2001 年公布的《证据规定》第 7 条。伴随着 2015 年公布的《民诉解释》第 91 条（现行《民诉解释》第 91 条）对举证责任分配作出了兜底性规定，2001 年公布的《证据规定》第 7 条随之丧失适用条件，故最高人民法院 2019 年修正《证据规定》时将原第 7 条予以删除。基于此，本书认为，《劳动人事争议仲裁办案规则》第 14 条因不具有可适用性而沦为"无害条款"，人力资源和社会保障部下次修改《劳动人事争议仲裁办案规则》时宜删除该规定。

（二）提供证据和调查证据

《仲裁法》和《劳动争议调解仲裁法》虽然没有明确规定证据的种类，但是可以参照适用《民诉法》第 66 条的规定。

承担举证责任的当事人应当在仲裁委员会指定的期限内提供有关证据。当事人在该期限内提供证据确有困难的，可以向仲裁委员会申请延长期限，仲裁委员会根据当事人的申请适当延长。当事人逾期提供证据的，仲裁委员会应当责令其说明理由；拒不说明理由或者理由不成立的，仲裁委员会可以根据不同情形不予采纳该证据，或者采纳该证据但予以训诫。

对于当事人因客观原因不能自行收集的证据，仲裁委员会可以根据当事人的申请，参照民事诉讼法有关规定予以收集；仲裁委员会认为有必要的，也可以决定参照民事诉

① 《证据规定》第 95 条规定："一方当事人控制证据无正当理由拒不提交，对待证事实负有举证责任的当事人主张该证据的内容不利于控制人的，人民法院可以认定该主张成立。"

讼法有关规定予以收集。

仲裁委员会依法调查取证时，有关单位和个人应当协助配合。仲裁委员会调查取证时，不得少于两人，并应当向被调查对象出示工作证件和仲裁委员会出具的介绍信。

对于当事人提供的证据，经过当事人的质证，仲裁庭认为具有证据能力（同时具备关联性、真实性和合法性）的，应当将其作为认定事实的根据。但是，国际上通行的做法是，当事人在调解与和解程序中使用过的证据、对事实所作过的陈述等，虽然具备关联性、真实性和合法性，但其可采性在以后的仲裁或诉讼中将被剥夺或被限制。①

对案件中的专门性问题，仲裁庭认为需要鉴定的，可以交由当事人约定的鉴定机构鉴定；当事人没有约定或者无法达成约定的，由仲裁庭指定的鉴定机构鉴定。② 根据当事人的请求或者仲裁庭的要求，鉴定机构应当派鉴定人参加开庭。当事人经仲裁庭许可，可以向鉴定人提问。

五、期间、送达和案卷管理

（一）期间和送达

仲裁期间包括法定期间和仲裁委员会指定期间。仲裁期间的计算，《劳动人事争议仲裁办案规则》未规定的，仲裁委员会可以参照民事诉讼关于期间计算的有关规定执行。《劳动人事争议仲裁办案规则》规定的“三日”“五日”“十日”指工作日，“十五日”“四十五日”指自然日。

关于仲裁文书的送达方式，仲裁委员会可以参照民事诉讼法关于送达方式的有关规定执行。仲裁委员会送达仲裁文书必须有送达回证，由受送达人在送达回证上记明收到日期，并签名或者盖章。受送达人在送达回证上的签收日期为送达日期。

企业停业等原因导致无法送达且劳动者一方在 10 人以上的，或者受送达人拒绝签收仲裁文书的，通过在受送达人住所留置、张贴仲裁文书，并采用拍照、录像等方式记录的，自留置、张贴之日起经过 3 日即视为送达，不受上述规定的限制。

（二）案卷管理

案件处理终结后，仲裁委员会应当将处理过程中形成的全部材料立卷归档。仲裁案卷分正卷和副卷装订。

正卷包括仲裁申请书、受理（不予受理）通知书、答辩书、当事人及其他仲裁参加人的身份证明材料、授权委托书、调查证据、勘验笔录、当事人提供的证据材料、委托

---

① 《贸仲规则》第 47 条第 9 款规定：“如果调解不成功，任何一方当事人均不得在其后的仲裁程序、司法程序和其他任何程序中援引对方当事人或仲裁庭在调解过程中曾发表的意见、提出的观点、作出的陈述、表示认同或否定的建议或主张作为其请求、答辩或反请求的依据。”《海仲规则》第 56 条、2002 年《联合国国际商事调解示范法》第 10 条、《民诉解释》第 107 条、《最高人民法院关于人民法院特邀调解的规定》（法释〔2016〕14 号）第 22 条等，都有相通的规定。

② 《劳动人事争议仲裁办案规则》第 40 条规定，当事人申请鉴定的，鉴定费由申请鉴定方先行垫付，案件处理终结后，由鉴定结果对其不利方负担；鉴定结果不明确的，由申请鉴定方负担。

鉴定材料、开庭通知、庭审笔录、延期通知书、撤回仲裁申请书、调解书、裁决书、决定书、案件移送函、送达回证等。

副卷包括立案审批表、延期审理审批表、中止审理审批表、调查提纲、阅卷笔录、会议笔录、评议记录、结案审批表等。

仲裁委员会应当建立案卷查阅制度。对案卷正卷材料，应当允许当事人及其代理人依法查阅、复制。

以仲裁裁决结案的案卷，保存期不少于10年；以仲裁调解和其他方式结案的案卷，保存期不少于5年；国家另有规定的，从其规定。对于保存期满后的案卷，应当按照国家有关档案管理的规定处理。

第三节　劳动争议仲裁程序

一、申请、受理和答辩

（一）申请

1. 仲裁时效

《劳动争议调解仲裁法》第27条规定了劳动仲裁时效。该条第1款规定，劳动争议申请仲裁的时效期间为1年；仲裁时效期间从当事人知道或者应当知道其权利被侵害之日起计算。

《劳动人事争议仲裁办案规则》第26条规定，本规则第2条第1、3、4、5项规定的争议，申请仲裁的时效期间为1年。本规则第2条第2项规定的争议，申请仲裁的时效期间适用公务员法有关规定。

在劳动人事关系存续期间因拖欠劳动报酬发生争议的，劳动者申请仲裁不受《劳动争议调整仲裁法》第27条第1款规定的仲裁时效期间（即1年）的限制；但是，劳动人事关系终止的，应当自劳动人事关系终止之日起1年内提出。

在申请仲裁的时效期间内，有下列情形之一的，仲裁时效中断：（1）一方当事人通过协商、申请调解等方式向对方当事人主张权利的；（2）一方当事人通过向有关部门投诉、向仲裁委员会申请仲裁、向法院起诉或者申请支付令等方式请求权利救济的；（3）对方当事人同意履行义务的。从中断时起，仲裁时效期间重新计算。

因不可抗力，或者有无民事行为能力或者限制民事行为能力劳动者的法定代理人未确定等其他正当理由，当事人不能在规定的仲裁时效期间申请仲裁的，仲裁时效中止。从中止时效的原因消除之日起，仲裁时效期间继续计算。

2. 仲裁申请

申请人申请仲裁应当提交书面仲裁申请，并按照被申请人人数提交副本。

仲裁申请书应当载明下列事项：（1）劳动者的姓名、性别、出生日期、身份证件号码、住所、通讯地址和联系电话，用人单位的名称、住所、通讯地址、联系电话和法定代表人或者主要负责人的姓名、职务；(2) 仲裁请求和所根据的事实、理由；(3) 证据和证据来源，证人姓名和住所。

书写仲裁申请确有困难的，可以口头申请，由仲裁委员会记入笔录，经申请人签名、盖章或者捺印确认。

对于仲裁申请书不规范或者材料不齐备的，仲裁委员会应当当场或者在5日内一次性告知申请人需要补正的全部材料。仲裁委员会收取当事人提交的材料应当出具收件回执。

在仲裁处理结果作出前，申请人可以自行撤回仲裁申请。申请人再次申请仲裁的，仲裁委员会应当受理。

在举证期限届满前，申请人可以增加或变更仲裁请求；对申请人增加或变更的仲裁请求，仲裁庭经审查后认为应当受理的，应当通知被申请人并给予答辩期，被申请人明确表示放弃答辩的除外。在举证期限届满后，申请人增加或变更仲裁请求的，应当另行申请仲裁。

3. 免收仲裁费和法律援助

劳动争议仲裁是以政府为主导化解争议、维护社会稳定的纠纷解决机制，同时保障劳动者能够获得仲裁救济。《劳动争议调解仲裁法》第53条规定："劳动争议仲裁不收费。劳动争议仲裁委员会的经费由财政予以保障。"

《关于进一步加强劳动人事争议调解仲裁法律援助工作的意见》(人社部发〔2020〕52号) 要求简化法律援助审查程序，对建档立卡贫困劳动者和申请支付劳动报酬、工伤赔偿的农民工，免予经济困难审查；开辟法律援助"绿色通道"，对农民工、工伤职工、"三期"女职工等重点服务对象申请法律援助的，有条件的当日受理、当日转交；对情况紧急的集体劳动争议案件，可以先行提供法律援助，事后补交申请材料、补办相关手续。

(二) 受理

仲裁委员会对符合下列条件的仲裁申请应当予以受理，并在收到仲裁申请之日起5日内向申请人出具受理通知书：(1) 属于《劳动人事争议仲裁办案规则》第2条规定的争议范围；(2) 有明确的仲裁请求和事实理由；(3) 申请人是与本案有直接利害关系的自然人、法人或者非法人组织，有明确的被申请人；(4) 属于仲裁委员会管辖范围。

对不符合上述第1、2、3项规定之一的仲裁申请，仲裁委员会不予受理，并在收到仲裁申请之日起5日内向申请人出具不予受理通知书；对不符合上述第4项规定的仲裁申请，仲裁委员会应当在自收到仲裁申请之日起5日内，向申请人作出书面说明并告知申请人向有管辖权的仲裁委员会申请仲裁。

符合下列情形之一，申请人基于同一事实、理由和仲裁请求又申请仲裁的，仲裁委员会不予受理：(1) 仲裁委员会已经依法出具不予受理通知书的；(2) 案件已在仲裁、诉讼过程中或者调解书、裁决书、判决书已经发生法律效力的。

对仲裁委员会逾期未作出决定或者决定不予受理的，申请人可以就该争议事项向法院提起诉讼。

仲裁委员会在受理申请后，发现不应当受理的，除《劳动人事争议仲裁办案规则》第9条规定外，应当撤销案件，并自决定撤销案件后5日内，以决定书的形式通知当事人。

（三）答辩和反申请

仲裁委员会在受理仲裁申请后，应当在5日内将仲裁申请书副本送达被申请人。

被申请人收到仲裁申请书副本后，应当在10日内向仲裁委员会提交答辩书。仲裁委员会收到答辩书后，应当在5日内将答辩书副本送达申请人。被申请人逾期未提交答辩书的，不影响仲裁程序的进行。

在答辩期间被申请人可以反申请，仲裁委员会应当自收到被申请人的反申请之日起5日内决定是否受理并通知被申请人。决定受理的，仲裁委员会可以将反申请和申请合并处理。反申请应当另行申请仲裁的，仲裁委员会应当书面告知被申请人另行申请仲裁。反申请不属于《劳动人事争议仲裁办案规则》规定的应当受理的，仲裁委员会应当向被申请人出具不予受理通知书。

被申请人在答辩期满后对申请人提出反申请的，应当另行申请仲裁。

二、开庭审理和仲裁裁决

（一）开庭审理

仲裁委员会应当在自受理仲裁申请之日起5日内组成仲裁庭并将仲裁庭的组成情况书面通知当事人。仲裁庭应当在开庭5日前，将开庭日期、地点书面通知双方当事人。当事人有正当理由的，可以在开庭3日前请求延期开庭。是否延期，由仲裁委员会根据实际情况决定。①

申请人收到书面开庭通知后，无正当理由拒不到庭或者未经仲裁庭同意中途退庭的，可以按撤回仲裁申请处理；申请人重新申请仲裁的，仲裁委员会不予受理。被申请人收到书面开庭通知后，无正当理由拒不到庭或者未经仲裁庭同意中途退庭的，仲裁庭可以继续开庭审理，并缺席裁决。

在开庭审理前，记录人员应当查明当事人和其他仲裁参与人是否到庭，宣布仲裁庭纪律。在开庭审理时，由仲裁员宣布开庭、案由和仲裁员、记录人员名单，核对当事人，告知当事人有关的权利义务，询问当事人是否提出回避申请。

在开庭审理中，当事人有权进行质证和辩论，质证和辩论的程序可以参照适用《民诉法》的相应规定。在质证和辩论终结时，首席仲裁员或者独任仲裁员应当征询当事人的最后意见。仲裁员应当听取申请人的陈述和被申请人的答辩，主持庭审调查、质证和辩论，征询当事人最后意见，并进行调解。

有法定情形之一的，经仲裁委员会主任或者其委托的仲裁院负责人批准，可以中止案件审理，并书面通知当事人②；中止审理的情形消除后，仲裁庭应当恢复审理。

---

① 关于延期开庭审理的正当理由可以参照适用《民诉法》第149条的规定。

② （1）劳动者一方当事人死亡，需要等待继承人表明是否参加仲裁的；（2）劳动者一方当事人丧失民事行为能力，尚未确定法定代理人参加仲裁的；（3）用人单位终止，尚未确定权利义务承继者的；（4）一方当事人因不可抗拒的事由，不能参加仲裁的；（5）案件审理需要以其他案件的审理结果为依据，且其他案件尚未审结的；（6）案件处理需要等待工伤认定、伤残等级鉴定以及其他鉴定结论的；（7）其他应当中止仲裁审理的情形。

在仲裁阶段用人单位可能存在转移、藏匿财产等行为，致使裁决难以执行的，仲裁委员会应告知劳动者通过仲裁机构向法院申请保全。劳动者申请保全的，仲裁委员会应及时向法院转交申请书及仲裁案件受理通知书等相关材料。法院裁定采取保全措施或者裁定驳回申请的，应将裁定书送达申请人，并通知仲裁委员会。

仲裁庭应当将开庭情况记入笔录。当事人或其他仲裁参与人有权当庭申请补正。仲裁庭认为申请无理由或者无必要的，可以不予补正，但是应当记录该申请。仲裁员、记录人员、当事人和其他仲裁参与人应当在庭审笔录上签名或盖章；对当事人和其他仲裁参与人拒绝签名或盖章的，仲裁庭应当记明情况附卷。

（二）仲裁裁决

仲裁庭裁决案件，应当在自仲裁委员会受理仲裁申请之日起45日内结束。[①] 案情复杂，需要延期的，经仲裁委员会主任或者其委托的仲裁院负责人书面批准，可以延期并书面通知当事人，但延长期限不得超过15日。

当事人因仲裁庭逾期未作出仲裁裁决而向法院提起诉讼，法院立案受理的，仲裁委员会应当决定对该案件终止审理；当事人未就该争议事项向法院提起诉讼的，仲裁委员会应当继续处理。

仲裁庭裁决案件时，其中一部分事实已经清楚的，可以就该部分先行裁决。当事人对先行裁决不服的，可以按照调解仲裁法有关规定处理。

仲裁庭裁决案件时，裁决内容同时涉及终局裁决和非终局裁决的，应当分别制作裁决书，并告知当事人相应的救济权利。

申请人根据《劳动争议调解仲裁法》第47条第1项的规定，追索劳动报酬、工伤医疗费、经济补偿或者赔偿金，如果仲裁裁决涉及数项，对单项裁决数额不超过当地月最低工资标准12个月金额的事项，应当适用终局裁决。[②] 根据《劳动争议调解仲裁法》第47条第2项的规定，因执行国家的劳动标准在工作时间、休息休假、社会保险等方面发生的争议，应当适用终局裁决。

裁决应当按照多数仲裁员的意见作出，少数仲裁员的不同意见应当记入笔录。仲裁庭不能形成多数意见时，裁决应当按照首席仲裁员的意见作出。

裁决书应当载明仲裁请求、争议事实、裁决理由、裁决结果、当事人权利和裁决日期。裁决书由仲裁员签名，加盖仲裁委员会印章。对裁决持不同意见的仲裁员，可以签名，也可以不签名。

对裁决书中的文字、计算错误或者仲裁庭已经裁决但在裁决书中遗漏的事项，仲裁

---

① 有下列情形的，仲裁期限按照下列规定计算：（1）仲裁庭追加当事人或者第三人的，仲裁期限从决定追加之日起重新计算；（2）申请人需要补正材料的，仲裁委员会收到仲裁申请的时间从材料补正之日起重新计算；（3）增加、变更仲裁请求的，仲裁期限从受理增加、变更仲裁请求之日起重新计算；（4）仲裁申请和反申请合并处理的，仲裁期限从受理反申请之日起重新计算；（5）案件移送管辖的，仲裁期限从接受移送之日起重新计算；（6）中止审理期间、公告送达期间不计入仲裁期限内；（7）法律、法规规定应当另行计算的其他情形。

② 仲裁庭对追索劳动报酬、工伤医疗费、经济补偿或者赔偿金的案件，根据当事人的申请，可以裁决先予执行，移送法院执行。仲裁庭裁决先予执行的，应当符合下列条件：（1）当事人之间权利义务关系明确；（2）不先予执行将严重影响申请人的生活。劳动者申请先予执行的，可以不提供担保。

庭应当及时制作决定书予以补正并送达当事人。

（三）简易处理

争议案件符合下列情形之一的，可以简易处理：（1）事实清楚、权利义务关系明确、争议不大的；（2）标的额不超过本省、自治区、直辖市上年度职工年平均工资的；（3）双方当事人同意简易处理的。

争议案件有下列情形之一的，不得简易处理：（1）涉及国家利益、社会公共利益的；（2）有重大社会影响的；（3）被申请人下落不明的；（4）仲裁委员会认为不宜简易处理的。

仲裁委员会决定简易处理的，可以指定 1 名仲裁员独任仲裁，并应当告知当事人。简易处理的案件，经与被申请人协商同意，仲裁庭可以缩短或者取消答辩期。

于简易处理的案件，仲裁庭可以用电话、短信、传真、电子邮件等简便方式送达仲裁文书，但送达调解书、裁决书除外。以简便方式送达的开庭通知，未经当事人确认或者没有其他证据证明当事人已经收到的，仲裁庭不得按撤回仲裁申请处理或者缺席裁决。

于简易处理的案件，仲裁庭可以根据案件情况确定举证期限、开庭日期、审理程序、文书制作等事项，但应当保障当事人陈述意见的权利。

仲裁庭在审理过程中，发现案件不宜简易处理的，应当在仲裁期限届满前决定转为按照一般程序处理，并告知当事人。案件转为按照一般程序处理的，仲裁期限自仲裁委员会受理仲裁申请之日起计算，对双方当事人已经确认的事实，可以不再进行举证、质证。

（四）集体劳动人事争议处理程序

处理劳动者一方在 10 人以上并有共同请求的争议案件，或者因履行集体合同发生的劳动争议案件，适用集体劳动人事争议处理程序。集体劳动人事争议案件符合简易处理情形的，可以简易处理，不适用集体劳动人事争议处理程序。

对于劳动者一方在 10 人以上并有共同请求的争议的，劳动者可以推举 3～5 名代表参加仲裁活动。代表人参加仲裁的行为对其所代表的当事人发生效力，但代表人变更、放弃仲裁请求或者承认对方当事人的仲裁请求，进行和解，必须经被代表的当事人同意。

因履行集体合同发生的劳动争议，经协商解决不成的，工会可以依法申请仲裁；尚未建立工会的，由上级工会指导劳动者推举产生的代表依法申请仲裁。

仲裁委员会应当在自收到当事人集体劳动人事争议仲裁申请之日起 5 日内作出受理或者不予受理的决定。决定受理的，应当在自受理之日起 5 日内将仲裁庭组成人员、答辩期限、举证期限、开庭日期和地点等事项一次性通知当事人。

对于劳动者一方在 10 人以上并有共同请求的争议，或者因履行集体合同发生的劳动争议，仲裁委员会应当优先立案，优先审理。

仲裁委员会处理集体劳动人事争议案件，应当由 3 名仲裁员组成仲裁庭，设首席仲裁员。仲裁委员会处理因履行集体合同发生的劳动争议，应当按照三方原则组成仲裁庭处理。

仲裁庭处理集体劳动人事争议，在开庭前应当引导当事人自行协商，或者先行调解。

仲裁庭处理集体劳动人事争议案件，可以邀请法律工作者、律师、专家学者等第三方共同参与调解。协商或者调解未能达成协议的，仲裁庭应当及时裁决。

仲裁庭开庭场所可以设在发生争议的用人单位或者其他便于及时处理争议的地点。

第四节 调解程序

一、仲裁调解

仲裁委员会处理争议案件，应当坚持调解优先，引导当事人通过协商、调解方式解决争议，给予必要的法律释明以及风险提示。

对未经调解、当事人直接申请仲裁的争议，仲裁委员会可以向当事人发出调解建议书，引导其到调解组织进行调解。当事人同意先行调解的，应当暂缓受理；当事人不同意先行调解的，应当依法受理。

在开庭之前，经双方当事人同意，仲裁庭可以委托调解组织或者其他具有调解能力的组织、个人进行调解。在自当事人同意之日起 10 日内未达成调解协议的，应当开庭审理。

仲裁庭在审理争议案件时，应当进行调解。必要时可以邀请有关单位、组织或者个人参与调解。

仲裁调解达成协议的，仲裁庭应当制作调解书。调解书应当写明仲裁请求和当事人协议的结果。调解书由仲裁员签名，加盖仲裁委员会印章，送达双方当事人。调解书经双方当事人签收后，发生法律效力。

调解不成，或者在调解书送达前一方当事人反悔的，仲裁庭应当及时作出裁决。当事人就部分仲裁请求达成调解协议的，仲裁庭可以就该部分先行出具调解书。

二、对调解协议的仲裁审查

经调解组织调解达成调解协议的，双方当事人可以在自调解协议生效之日起 15 日内，共同向有管辖权的仲裁委员会提出仲裁审查申请。

当事人申请审查调解协议，应当向仲裁委员会提交仲裁审查申请书、调解协议和身份证明、资格证明以及其他与调解协议相关的证明材料，并提供双方当事人的送达地址、电话号码等联系方式。

仲裁委员会收到当事人的仲裁审查申请后，应当及时决定是否受理。决定受理的，应当出具受理通知书。有下列情形之一的，仲裁委员会不予受理：（1）不属于仲裁委员会受理争议范围的；（2）不属于本仲裁委员会管辖的；（3）超出规定的仲裁审查申请期间的；（4）确认劳动关系的；（5）调解协议已经法院司法确认的。

仲裁委员会审查调解协议，应当在自受理仲裁审查申请之日起 5 日内结束。因特殊情况需要延期的，经仲裁委员会主任或者其委托的仲裁院负责人批准，可以延长 5 日。

在调解书送达前，一方或者双方当事人撤回仲裁审查申请的，仲裁委员会应当准许。

仲裁委员会在受理仲裁审查申请后，应当指定仲裁员对调解协议进行审查。仲裁委员会经审查认为调解协议的形式和内容合法有效的，应当制作调解书。调解书的内容应当与调解协议的内容相一致。调解书经双方当事人签收后，发生法律效力。

调解协议具有下列情形之一的，仲裁委员会不予制作调解书：(1) 违反法律、行政法规的强制性规定的；(2) 损害国家利益、社会公共利益或者公民、法人、其他组织的合法权益的；(3) 当事人提供证据材料有弄虚作假嫌疑的；(4) 违反自愿原则的；(5) 内容不明确的；(6) 其他不能制作调解书的情形。仲裁委员会决定不予制作调解书的，应当书面通知当事人。

当事人撤回仲裁审查申请或者仲裁委员会决定不予制作调解书的，应当终止仲裁审查。

第五节　提起诉讼和强制执行

一、提起诉讼和法院处理

对劳动仲裁的补救方式或者劳动仲裁当事人获得诉讼救济的途径主要是提起诉讼或者向法院申请撤销劳动仲裁裁决。劳动仲裁当事人对劳动仲裁裁决不服的，除依法适用终局裁决的劳动争议案件外，可以向法院提起诉讼。

《劳动争议解释（一）》第1条规定，劳动者与用人单位之间发生的下列纠纷，属于劳动争议，当事人不服劳动争议仲裁机构作出的裁决，依法提起诉讼的，人民法院应予受理：(1) 劳动者与用人单位在履行劳动合同过程中发生的纠纷；(2) 劳动者与用人单位之间没有订立书面劳动合同，但已形成劳动关系后发生的纠纷；(3) 劳动者与用人单位因劳动关系是否已经解除或者终止，以及应否支付解除或者终止劳动关系经济补偿金发生的纠纷；(4) 劳动者与用人单位解除或者终止劳动关系后，请求用人单位返还其收取的劳动合同定金、保证金、抵押金、抵押物发生的纠纷，或者办理劳动者的人事档案、社会保险关系等的移转手续发生的纠纷；(5) 劳动者以用人单位未为其办理社会保险手续，且社会保险经办机构不能补办导致其无法享受社会保险待遇为由，要求用人单位赔偿损失发生的纠纷；(6) 劳动者退休后，与尚未参加社会保险统筹的原用人单位因追索养老金、医疗费、工伤保险待遇和其他社会保险待遇而发生的纠纷；(7) 劳动者因为工伤、职业病，请求用人单位依法给予工伤保险待遇发生的纠纷；(8) 劳动者依据《劳动合同法》第85条的规定，要求用人单位支付加倍赔偿金发生的纠纷；(9) 因企业自主进行改制发生的纠纷。①

① 《劳动争议解释（一）》第2条规定，下列纠纷不属于劳动争议：(1) 劳动者请求社会保险经办机构发放社会保险金的纠纷；(2) 劳动者与用人单位因住房制度改革产生的公有住房转让纠纷；(3) 劳动者对劳动能力鉴定委员会的伤残等级鉴定结论或者对职业病诊断鉴定委员会的职业病诊断鉴定结论的异议纠纷；(4) 家庭或者个人与家政服务人员之间的纠纷；(5) 个体工匠与帮工、学徒之间的纠纷；(6) 农村承包经营户与受雇人之间的纠纷。

劳动者与用人单位均不服劳动争议仲裁机构的同一裁决，向同一法院起诉的，法院应当并案审理，双方当事人互为原告和被告。对双方的诉讼请求，法院应当一并作出裁决。在诉讼过程中，一方当事人撤诉的，法院应当根据另一方当事人的诉讼请求继续审理。

双方当事人就同一仲裁裁决分别向有管辖权的法院起诉的，后受理的法院应当将案件移送给先受理的法院。

劳动争议案件由用人单位所在地或者劳动合同履行地的基层法院管辖。劳动合同履行地不明确的，由用人单位所在地的基层法院管辖。法律另有规定的，依照其规定。

根据《劳动争议调解仲裁法》《劳动争议解释（一）》《关于加强劳动人事争议仲裁与诉讼衔接机制建设的意见》等的规定，对于劳动仲裁当事人提起诉讼的，法院分别情况作出如下处理。

（1）对未经仲裁程序，直接起诉到法院的劳动人事争议案件，法院应裁定不予受理；对已受理的，应驳回起诉，并告知当事人向有管辖权的仲裁委员会申请仲裁。

当事人因仲裁委员会逾期未作出仲裁裁决而向法院提起诉讼且法院立案受理的，法院应及时将该案的受理情况告知仲裁委员会，仲裁委员会应及时决定对该案件终止审理。

（2）劳动争议仲裁机构逾期未作出受理决定或仲裁裁决，当事人直接提起诉讼的，法院应予受理，但申请仲裁的案件存在下列事由的除外：1）移送管辖的；2）正在送达或者送达延误的；3）等待另案诉讼结果、评残结论的；4）正在等待劳动争议仲裁机构开庭的；5）启动鉴定程序或者委托其他部门调查取证的；6）其他正当事由。

当事人以劳动争议仲裁机构逾期未作出仲裁裁决为由提起诉讼的，应当提交该仲裁机构出具的受理通知书或者其他已接受仲裁申请的凭证、证明。

（3）劳动争议仲裁机构以无管辖权为由对劳动争议案件不予受理，当事人提起诉讼的，法院按照以下情形分别处理：

1）经审查认为该劳动争议仲裁机构对案件确实无管辖权的，应当告知当事人向有管辖权的劳动争议仲裁机构申请仲裁；

2）经审查认为该劳动争议仲裁机构有管辖权的，应当告知当事人申请仲裁，并将审查意见书面通知该劳动争议仲裁机构；劳动争议仲裁机构仍不受理，当事人就该劳动争议事项提起诉讼的，法院应予受理。

（4）劳动争议仲裁机构以当事人申请仲裁的事项不属于劳动争议为由，作出不予受理的书面裁决、决定或者通知，当事人不服，依法提起诉讼的，法院应当分别情况予以处理：1）属于劳动争议案件的，应当受理；2）虽不属于劳动争议案件，但属于法院主管的其他案件，应当依法受理。

（5）劳动争议仲裁机构以申请仲裁的主体不适格为由，作出不予受理的书面裁决、决定或者通知，当事人不服，依法提起诉讼，法院经审查，认为确属主体不适格的，不予受理；已经受理的，裁定驳回起诉。

（6）劳动争议仲裁机构为纠正原仲裁裁决的错误而重新作出裁决，当事人不服，依法提起诉讼的，法院应当受理。

（7）劳动争议仲裁机构仲裁的事项不属于法院受理的案件范围，当事人不服，依法提起诉讼的，法院不予受理；已经受理的，裁定驳回起诉。

(8) 当事人不服劳动争议仲裁机构作出的预先支付劳动者劳动报酬、工伤医疗费、经济补偿或者赔偿金的裁决，依法提起诉讼的，法院不予受理。

用人单位不履行上述裁决中的给付义务，劳动者依法申请强制执行的，法院应予受理。

(9) 劳动争议仲裁机构作出的调解书已经发生法律效力，一方当事人反悔，提起诉讼的，法院不予受理；已经受理的，裁定驳回起诉。

(10) 劳动者依据《劳动合同法》第 30 条第 2 款和《劳动争议调解仲裁法》第 16 条的规定向法院申请支付令，符合《民诉法》第十七章“督促程序”的规定的，法院应予受理。

依据《劳动合同法》第 30 条第 2 款的规定申请支付令被法院裁定终结督促程序后，劳动者就劳动争议事项直接提起诉讼的，法院应当告知其先向劳动争议仲裁机构申请仲裁。

依据《劳动争议调解仲裁法》第 16 条的规定申请支付令被法院裁定终结督促程序后，劳动者依据调解协议直接提起诉讼的，法院应予受理。

(11) 在法院受理劳动争议案件后，当事人增加诉讼请求的，如该诉讼请求与讼争的劳动争议具有不可分性，法院应当合并审理；如属独立的劳动争议，法院应当告知当事人向劳动争议仲裁机构申请仲裁。

(12) 劳动者以用人单位的工资欠条为证据直接提起诉讼，诉讼请求不涉及劳动关系其他争议的，视为拖欠劳动报酬争议，法院按照普通民事纠纷受理。

(13) 劳动争议仲裁机构作出仲裁裁决后，当事人对裁决中的部分事项不服，依法提起诉讼的，劳动争议仲裁裁决不发生法律效力。

(14) 劳动争议仲裁机构对多个劳动者的劳动争议作出仲裁裁决后，部分劳动者对仲裁裁决不服，依法提起诉讼的，仲裁裁决对提起诉讼的劳动者不发生法律效力；对未提起诉讼的部分劳动者，发生法律效力，如其申请执行的，法院应当受理。

(15) 仲裁裁决的类型以仲裁裁决书的确定为准。仲裁裁决书未载明该裁决为终局裁决或者非终局裁决，用人单位不服该仲裁裁决，向法院提起诉讼的，法院应当按照以下情形分别处理：

1) 经审查认为该仲裁裁决为非终局裁决的，应予受理；

2) 经审查认为该仲裁裁决为终局裁决的，不予受理，但应告知用人单位可以在自收到不予受理裁定书之日起 30 日内向劳动争议仲裁机构所在地的中级人民法院申请撤销该仲裁裁决；已经受理的，裁定驳回起诉。

(16) 仲裁裁决书未载明该裁决为终局裁决或者非终局裁决，劳动者依据《劳动调解仲裁法》第 47 条第 1 项的规定，追索劳动报酬、工伤医疗费、经济补偿或者赔偿金，如果仲裁裁决涉及数项，每项确定的数额均不超过当地月最低工资标准 12 个月金额的，应当按照终局裁决处理。

(17) 劳动争议仲裁机构作出的同一仲裁裁决同时包含终局裁决事项和非终局裁决事项，当事人不服该仲裁裁决，向法院提起诉讼的，应当按照非终局裁决处理。

(18) 劳动者依据《劳动争议调解仲裁法》第48条的规定向基层人民法院提起诉讼，用人单位依据《劳动调解仲裁法》第49条的规定向劳动争议仲裁机构所在地的中级人民法院申请撤销仲裁裁决的，中级人民法院应当不予受理；已经受理的，应当裁定驳回申请。

被法院驳回起诉或者劳动者撤诉的，用人单位可以在自收到裁定书之日起30日内，向劳动争议仲裁机构所在地的中级人民法院申请撤销仲裁裁决。

(19) 用人单位依据《劳动调解仲裁法》第49条规定向中级人民法院申请撤销仲裁裁决，中级人民法院作出的驳回申请或者撤销仲裁裁决的裁定为终审裁定。

中级人民法院审理用人单位申请撤销终局裁决的案件，应当组成合议庭开庭审理。经过阅卷、调查和询问当事人，对没有新的事实、证据或者理由，合议庭认为不需要开庭审理的，可以不开庭审理。

中级人民法院可以组织双方当事人调解。达成调解协议的，可以制作调解书。一方当事人逾期不履行调解协议的，另一方可以申请法院强制执行。

二、强制执行

当事人对发生法律效力的调解书、裁决书，应当依照规定的期限履行。一方当事人逾期不履行的，另一方当事人可以依照民事诉讼法的有关规定向法院申请执行。就劳动争议仲裁而言，能够成为执行名义或执行依据的，主要有仲裁调解书、先予执行的裁决书、仲裁裁决书等。

当事人应当在法定期间内向有管辖权的法院申请执行。申请执行的期间为2年；申请执行时效的中止、中断，适用法律有关诉讼时效中止、中断的规定。有管辖权的法院是指被执行人住所地或者被执行的财产所在地的法院。

当事人申请法院执行劳动争议仲裁机构作出的发生法律效力的裁决书、调解书，被申请人提出证据证明劳动争议仲裁裁决书、调解书有下列情形之一，并经审查核实的，法院可以根据《民诉法》第248条的规定，裁定不予执行：(1) 裁决的事项不属于劳动争议仲裁范围，或者劳动争议仲裁机构无权仲裁的；(2) 适用法律、法规确有错误的；(3) 违反法定程序的；(4) 裁决所根据的证据是伪造的；(5) 对方当事人隐瞒了足以影响公正裁决的证据的；(6) 仲裁员在仲裁该案时有索贿受贿、徇私舞弊、枉法裁决行为的；(7) 人民法院认定执行该劳动争议仲裁裁决违背社会公共利益的。

人民法院在不予执行的裁定书中，应当告知当事人在收到裁定书之次日起30日内，可以就该劳动争议事项向人民法院提起诉讼。

劳动争议仲裁机构作出终局裁决，劳动者向法院申请执行，用人单位向劳动争议仲裁机构所在地的中级人民法院申请撤销的，人民法院应当裁定中止执行。用人单位撤回撤销终局裁决申请或者其申请被驳回的，法院应当裁定恢复执行。仲裁裁决被撤销的，法院应当裁定终结执行。用人单位向法院申请撤销仲裁裁决被驳回后，又在执行程序中以相同理由提出不予执行抗辩的，法院不予支持。

问题与思考

1. 简述我国现行劳动争议解决方式之间的法律关系。

2. 简述劳动争议仲裁委员会与劳动仲裁管辖之间的法律关系。

3. 劳动争议案件中，证明责任如何分配？

4. 对劳动争议，为什么采取“一裁两审”制？

5. 王某是某电网公司员工，在从事高空作业时受伤，为赔偿问题与电网公司发生争议。王某可以采用哪些方式处理争议？（　　）（司法考试真题）

A. 可以向本公司劳动争议调解委员会申请调解，调解不成的，可以申请劳动仲裁

B. 可以直接向劳动争议仲裁委员会申请仲裁，对仲裁裁决不服的，可以向法院提起诉讼

C. 可以不申请劳动仲裁而直接向法院起诉

D. 如果进行诉讼并按简易程序处理，法院开庭审理时，可以申请先行调解

第十八章

人事争议仲裁

本章概要

我国对人事争议采行多元化解决机制，即和解、调解、仲裁和诉讼。解决人事争议，应当注重调解，遵循合法、公正、及时的原则。人事争议仲裁制度是颇具中国特色的纠纷解决机制，用来解决国家机关、军队等与其工作人员之间因解除人事关系、履行聘用合同发生的争议。

关键术语

人事争议　人事争议仲裁　人事争议处理规定

课程思政

要创新人才流动机制，打破户籍、身份、学历、人事关系等制约，促进城乡、区域、行业和不同所有制之间人才协调发展，鼓励引导人才向艰苦边远地区和基层一线流动。

——2018年7月3日习近平在全国组织工作会议上的讲话

《人事争议处理规定》将“因考核、职务任免、职称评审等发生的人事争议”排除在人事争议仲裁制度的适用范围之外。请以在编在岗高校教师因职称评审与高校发生的人事争议为例，组织学生讨论为何对此类争议只能按照有关规定处理，而不能通过人事争议仲裁解决。在对学生的讨论进行点评时，引导学生树立和谐、敬业、诚信、友善等社会主义核心价值观。

第一节　人事争议及其解决机制

一、人事争议

中共中央组织部、人事部、中国人民解放军原总政治部根据《公务员法》《中国人民解放军文职人员条例》等有关法律法规，制定《人事争议处理规定》(人社部发〔2011〕88号)。

依据《人事争议处理规定》第2条的规定，“人事争议”主要包括：（1）实施公务员法的机关与聘任制公务员之间、参照《公务员法》管理的机关（单位）与聘任工作人员之间因履行聘任合同发生的争议；（2）事业单位与工作人员之间因解除人事关系、履行聘用合同发生的争议①；（3）社团组织与工作人员之间因解除人事关系、履行聘用合同发生的争议；（4）军队聘用单位与文职人员之间因履行聘用合同发生的争议；（5）依照法律法规的规定可以仲裁的其他人事争议。《人事争议处理规定》第36条规定，因考核、职务任免、职称评审等发生的人事争议，按照有关规定处理，不适用该规定。

《人事争议处理规定》所谓的“人事争议”不同于大陆法系民事诉讼中的“人事纠纷”或“人事争讼案件”。在大陆法系，“人事纠纷”主要是指关于自然人婚姻关系、亲权关系等基本法律身份关系的民事纠纷，因此提起的案件被称为“人事争讼案件”，比如婚姻无效之诉、撤销婚姻之诉、离婚之诉、夫妻同居之诉等，确认收养关系之诉或收养无效之诉、解除收养关系之诉、否认子女之诉、确认监护权之诉、撤销亲权之诉等。

二、我国现行人事争议解决机制

我国对人事争议采行多元化解决机制。根据《人事争议处理规定》第3条的规定，人事争议发生后，当事人可以协商解决；不愿协商或者协商不成的，可以向主管部门申请调解，其中，军队聘用单位与文职人员的人事争议，可以向聘用单位的上一级单位申请调解；不愿调解或调解不成的，可以向人事争议仲裁委员会申请仲裁。当事人也可以直接向人事争议仲裁委员会申请仲裁。当事人对仲裁裁决不服的，可以向法院提起诉讼。

在人事制度改革方面，相关法律制度（如《公务员法》等）逐渐建立，国家机关、军队、事业单位等推行聘用制，用人方式由固定用人转变为依合同用人，导致经常出现人事关系的变更和解除，由此不断产生人事纠纷。

对此，《公务员法》第105条第1款规定：“聘任制公务员与所在机关之间因履行聘任合同发生争议的，可以自争议发生之日起六十日内申请仲裁。”第3款规定：“当事人对仲裁裁决不服的，可以自接到仲裁裁决书之日起十五日内向人民法院提起诉讼。仲裁裁决生效后，一方当事人不履行的，另一方当事人可以申请人民法院执行。”

第二节　人事争议仲裁总则

一、仲裁委员会

省（自治区、直辖市）、副省级市、地（市、州、盟）、县（市、区、旗）设立人事

① 不过，《劳动争议调解仲裁法》第52条规定：“事业单位实行聘用制的工作人员与本单位发生劳动争议的，依照本法执行；法律、行政法规或者国务院另有规定的，依照其规定。”《事业单位人事管理条例》（国务院令第652号）第37条规定：“事业单位工作人员与所在单位发生人事争议的，依照《中华人民共和国劳动争议调解仲裁法》等有关规定处理。”

争议仲裁委员会。人事争议仲裁委员会独立办案，相互之间无隶属关系。

人事争议仲裁委员会由公务员主管部门代表、聘任（用）单位代表、工会代表、受聘人员代表以及人事、法律专家组成。人事争议仲裁委员会组成人员应当是单数，设主任1名、副主任2至4名、委员若干名。同级人民政府分管人事工作的负责人或者政府人事行政部门的主要负责人任人事争议仲裁委员会主任。

人事争议仲裁委员会的职责是：(1) 负责处理管辖范围内的人事争议；(2) 决定仲裁员的聘任和解聘；(3) 法律、法规规定由人事争议仲裁委员会承担的其他职责。人事争议仲裁委员会实行少数服从多数原则，有不同意见的应如实记录。

人事争议仲裁委员会下设办事机构，其职责是：负责人事争议案件的受理、仲裁文书送达、档案管理以及仲裁员的考核、培训等日常工作，办理人事争议仲裁委员会授权的其他事宜。办事机构设在同级人民政府人事部门。

仲裁工作人员在仲裁活动中有徇私舞弊、收受贿赂、敲诈勒索、滥用职权等侵犯当事人合法权益行为的，由所在单位或上级机关给予处分。

二、仲裁庭

人事争议仲裁委员会处理人事争议案件实行仲裁庭制度，仲裁庭是人事争议仲裁委员会处理人事争议案件的基本形式。仲裁庭的职责是：受人事争议仲裁委员会的委托或当事人的选择，负责人事争议案件的具体处理工作。

人事争议仲裁委员会可以聘任有关部门的工作人员、专家学者和律师为专职或兼职仲裁员。兼职仲裁员与专职仲裁员在仲裁活动中享有同等权利。兼职仲裁员进行仲裁活动时，所在单位应当给予支持。

仲裁庭一般由3名仲裁员组成。人事争议仲裁委员会指定1名仲裁员担任首席仲裁员，主持仲裁庭工作；另2名仲裁员可由双方当事人各选定1名，也可由人事争议仲裁委员会指定。对于简单的人事争议案件，经双方当事人同意，人事争议仲裁委员会可以指定1名仲裁员独任处理。

仲裁庭处理人事争议，应当注重调解，遵循合法、公正、及时的原则，以事实为依据，以法律为准绳。仲裁应当公开开庭进行，涉及国家、军队秘密和个人隐私的除外。涉及商业秘密，当事人申请不公开开庭的，可以不公开开庭；当事人协议不开庭的，可以书面仲裁。

有下列情形之一的，仲裁员应当自行申请回避，当事人和代理人有权以口头或书面方式申请其回避：(1) 是案件的当事人、代理人或者当事人、代理人的近亲属；(2) 与案件有利害关系；(3) 与案件当事人、代理人有其他关系，可能影响公正仲裁。前述规定适用于书记员、鉴定人员、勘验人员和翻译人员。

仲裁员在仲裁活动中有徇私舞弊、收受贿赂、敲诈勒索、滥用职权等侵犯当事人合法权益行为的，由人事争议仲裁委员会予以解聘；触犯法律的，提请司法机关依法追究法律责任。

三、仲裁管辖

中央机关、直属机构、直属事业单位及其在京下属事业单位的人事争议由北京市负责处理人事争议的仲裁机构处理，也可由北京市根据情况授权所在地的区（县）负责处理人事争议的仲裁机构处理。

中央机关在京外垂直管理机构以及中央机关、直属机构、直属事业单位在京外下属事业单位的人事争议，由所在地的省（自治区、直辖市）设立的人事争议仲裁委员会处理，也可由省（自治区、直辖市）根据情况授权所在地的人事争议仲裁委员会处理。

省（自治区、直辖市）、副省级市、地（市、州、盟）、县（市、区、旗）人事争议仲裁委员会的管辖范围，由省（自治区、直辖市）确定。

军队聘用单位与文职人员的人事争议，一般由聘用单位所在地的县（市、区、旗）人事争议仲裁委员会处理，其中：师级聘用单位与文职人员的人事争议，由所在地的地（市、州、盟）、副省级市人事争议仲裁委员会处理；军级以上聘用单位与文职人员的人事争议，由所在地的省（自治区、直辖市）人事争议仲裁委员会处理。

四、当事人

人事争议仲裁的双方当事人包括：（1）国家机关、事业单位或军队聘用单位等；（2）聘任的公务员、聘用的工作人员或文职人员等。当事人在人事争议处理中的地位平等，适用法律、法规平等。当事人有使用本民族语言文字申请仲裁的权利。人事争议仲裁委员会对于不熟悉当地通用语言文字的当事人，应当为他们提供翻译。

发生人事争议的一方在5人以上，并且有共同的仲裁请求和理由的，可以推举1至2名代表参加仲裁活动。代表人放弃、变更仲裁请求或者承认对方的仲裁请求，进行和解，必须经过被代表的当事人同意。

当事人、法定代理人可以委托1至2名律师或其他代理人进行仲裁活动。委托律师和其他代理人进行仲裁活动，应当向人事争议仲裁委员会提交有委托人签名或盖章的委托书，委托书应当明确委托事项和权限。

当事人及有关人员在仲裁过程中有下列行为之一的，人事争议仲裁委员会应当予以批评教育，责令改正；触犯法律的，提请司法机关依法追究法律责任：（1）干扰仲裁活动，阻碍仲裁工作人员工作的；（2）拒绝提供有关文件、资料和其他证明材料的；（3）提供虚假情况的；（4）对仲裁工作人员、仲裁参与人、证人进行打击报复的；（5）其他应予以批评教育、责令改正或应依法追究法律责任的行为。

五、证明责任

当事人应当对自己的主张提供证据。仲裁庭认为有关证据由用人单位提供更方便的，应要求用人单位提供。用人单位作出解除人事关系和不同意工作人员辞职或终止聘任（用）合同要求引发的人事争议，由用人单位负责举证。仲裁庭认为需要调查取证的，可以自行取证。

人事争议仲裁委员会在处理人事争议时，有权向有关单位查阅与案件有关的档案、资料和其他证明材料，并有权向知情人调查，有关单位和个人不得拒绝并应当如实提供相关材料。人事争议仲裁委员会及其工作人员对在调查人事争议案件过程中知悉的国家秘密、军队秘密、商业秘密和个人隐私应当保密。

第三节　人事争议仲裁程序

一、申请、受理和答辩

（一）申请

当事人应从知道或应当知道其权利受到侵害之日起60日内，以书面形式向有管辖权的人事争议仲裁委员会申请仲裁。当事人因不可抗力或者有其他正当理由超过申请仲裁时效，经人事争议仲裁委员会调查确认的，人事争议仲裁委员会应当受理。

当事人向人事争议仲裁委员会申请仲裁，应当提交仲裁申请书，并按被申请人人数递交副本。仲裁申请书应当载明下列事项：（1）申请人和被申请人的姓名、性别、年龄、职业及职务、工作单位、住所和联系方式。申请人或被申请人是单位的，应写明单位的名称、住所、法定代表人或者主要负责人的姓名、职务和联系方式。（2）仲裁请求和所依据的事实、理由。（3）证据和证据来源、证人姓名和住所。

发生人事争议的一方在5人以上，并且有共同的仲裁请求和理由的，可以推举1至2名代表参加仲裁活动。代表人放弃、变更仲裁请求或者承认对方的仲裁请求，进行和解，必须经过被代表的当事人同意。

（二）受理和答辩

人事争议仲裁委员会在自收到仲裁申请书之日起10个工作日内，认为不符合受理条件的，应当书面通知申请人不予受理，并说明理由；认为符合受理条件的，应当受理，将受理通知书送达申请人，将仲裁申请书副本送达被申请人。

被申请人应当在自收到仲裁申请书副本之日起10个工作日内提交答辩书。被申请人没有按时提交或者不提交答辩书的，不影响仲裁的进行。

二、开庭审理和仲裁裁决

（一）开庭审理

人事争议仲裁委员会应当在开庭审理人事争议案件5个工作日前，将开庭时间、地点以及仲裁庭组成人员等书面通知当事人。

当事人有正当理由的，在开庭前可以申请延期开庭，是否延期由仲裁庭决定。申请人经书面通知无正当理由不到庭，或者到庭后未经仲裁庭许可中途退庭的，视为撤回仲裁申请。被申请人经书面通知无正当理由不到庭，或者未经仲裁庭许可中途退庭的，可以缺席裁决。

当事人的举证材料应在仲裁庭上出示，并进行质证。只有经过质证认定的事实和证据，才能作为仲裁裁决的依据。当事人在仲裁过程中有权进行辩论。辩论终结时，仲裁庭应当征询当事人的最后意见。

仲裁庭应当将开庭情况记入笔录。当事人和其他仲裁参与人认为对自己陈述的记录有遗漏或者差错的，有权申请补正。如果不予补正，应当记录该申请，并注明不予补正的原因。笔录由仲裁员、书记员、当事人和其他仲裁参与人署名或者盖章。

仲裁庭处理人事争议应注重调解。自受理案件到作出裁决前，都要积极促使当事人双方自愿达成调解协议。当事人经调解自愿达成书面协议的，仲裁庭应当根据调解协议的内容制作仲裁调解书。协议内容不得违反法律法规，不得侵犯社会公共利益和他人的合法权益。

调解书由仲裁庭成员署名，加盖人事争议仲裁委员会印章。调解书送达后，即发生法律效力。当庭调解未达成协议或者仲裁调解书送达前当事人反悔的，仲裁庭应当及时进行仲裁裁决。

（二）仲裁裁决

仲裁庭处理人事争议案件，一般应当在自受理案件之日起 90 日内结案。需要延期的，经人事争议仲裁委员会批准，可以适当延期，但是延长的期限不得超过 30 日。

仲裁裁决应当按照多数仲裁员的意见作出，少数仲裁员的不同意见应当记入笔录。对重大、疑难以及仲裁庭不能形成多数处理意见的案件，仲裁庭应当提交人事争议仲裁委员会讨论决定；人事争议仲裁委员会作出的决定，仲裁庭必须执行。

仲裁庭应当在裁决作出后 5 个工作日内制作裁决书。裁决书由仲裁庭成员署名并加盖人事争议仲裁委员会印章。

第四节　提起诉讼和强制执行

一、提起诉讼

对人事争议的解决，我国采行的是“一裁两审”制。《人事争议处理规定》第 32 条规定，当事人对仲裁裁决不服的，可以按照《公务员法》《中国人民解放军文职人员条例》以及最高人民法院相关司法解释的规定，自收到裁决书之日起 15 日内向人民法院提起诉讼；逾期不起诉的，裁决书即发生法律效力。

二、强制执行

当事人对发生法律效力的调解书、裁决书，应当依照规定的期限履行。一方当事人逾期不履行的，另一方当事人可以依照民事诉讼法的有关规定向法院申请强制执行。

《人事争议处理规定》第33条规定，对发生法律效力的调解书或者裁决书，当事人必须履行。一方当事人逾期不履行的，另一方当事人可以依照国家有关法律法规和最高人民法院相关司法解释的规定申请人民法院执行。

问题与思考

1. 比较人事争议与劳动争议的不同之处。

2. 比较人事争议仲裁委员会与仲裁庭职责之不同。

3. 人事争议案件中，证明责任如何分配？

4. 申请人张某于20××年6月应聘到某展览中心工作，并签订了三方协议，同时办理了派遣手续，在该单位担任国际合作职员。但该单位始终未与张某签订聘用合同，也未为其缴纳各种保险。张某于同年10月向单位提出口头辞职，后再未到单位上班。被申请人某展览中心经研究认为张某自20××年10月9日至25日无正当理由连续旷工达17日，已构成严重违纪，依据某展览中心“考勤管理暂行办法”第8条第4款的规定，决定对张某作出辞退处理。某展览中心未将辞退决定送达张某，而是将辞退决定装入张某的档案并将张某的档案退回了学校。张某不服，特向中央机关及所属事业单位人事争议仲裁委员会提出仲裁申请，请求：(1) 撤销单位作出的辞退决定；(2) 补发相关福利待遇及补办各种保险。①

(1) 仲裁委员会应如何主持调解？

(2) 本案中，被申请人就哪些事实承担证明责任？

---

① 案例来源：《中国人事报》，2008-04-11。

第十九章
农村土地承包经营纠纷仲裁

本章概要

因农村土地承包经营发生的纠纷，可以通过协商、调解来解决，也可以申请仲裁，还可以直接起诉。农村土地承包经营纠纷往往涉及国家对农业、农民和农村的政策，所以需要适用有关农村土地承包经营纠纷的仲裁法。当事人对仲裁裁决不服的，可以在自收到裁决书之日起 30 日内起诉；逾期不起诉的，裁决书即发生法律效力。

关键术语

农村土地承包经营纠纷　农村土地承包经营纠纷仲裁　农村土地承包经营纠纷调解仲裁法

课程思政

第二轮土地承包即将陆续到期，要抓好再延长 30 年试点，保持农村土地承包关系稳定并长久不变。

——2020 年 12 月 28 日习近平在中央农村工作会议上的讲话

健全共建共治共享的社会治理制度，提升社会治理效能。在社会基层坚持和发展新时代“枫桥经验”，完善正确处理新形势下人民内部矛盾机制，加强和改进人民信访工作，畅通和规范群众诉求表达、利益协调、权益保障通道，完善网格化管理、精细化服务、信息化支撑的基层治理平台，健全城乡社区治理体系，及时把矛盾纠纷化解在基层、化解在萌芽状态。

——2022 年 10 月 16 日习近平在中国共产党第二十次全国代表大会上的讲话

请结合农村土地承包经营纠纷仲裁案件必须先行调解的制度安排，组织学生讨论农村土地承包经营纠纷仲裁如何在“保持农村土地承包关系稳定”方面发挥作用，引导学生认识到调解在贯彻和谐、友善等社会主义核心价值观方面的独特功能。

第一节　农村土地承包经营纠纷及其解决机制

一、农村土地承包经营纠纷

农村土地承包经营纠纷主要是指在农村土地承包经营过程中发包方与承包方发生的纠纷，也包括土地承包当事人与第三人发生的纠纷。所谓农村土地，是指农民集体所有和国家所有、依法由农民集体使用的耕地、林地、草地，以及其他依法用于农业的土地。

根据《农地承包调解仲裁法》第 2 条的规定，农村土地承包经营纠纷包括：（1）因订立、履行、变更、解除和终止农村土地承包合同发生的纠纷；（2）因农村土地承包经营权转包、出租、互换、转让、入股等流转发生的纠纷；（3）因收回、调整承包地发生的纠纷；（4）因确认农村土地承包经营权发生的纠纷；（5）因侵害农村土地承包经营权发生的纠纷；（6）法律、法规规定的其他农村土地承包经营纠纷。

我国有关农村土地承包经营纠纷的现行法律主要有《农地承包法》和《农地承包调解仲裁法》等。至于农村土地承包经营纠纷仲裁规则和农村土地承包仲裁委员会示范章程，由国务院农业、林业行政主管部门依照《农地承包调解仲裁法》的规定共同制定。

二、农村土地承包经营纠纷解决机制

为了维护我国在农村建立的家庭承包和统分结合的双层经营体制，坚持调动和保护农民的生产积极性，稳定土地承包关系，必须为公正、及时解决农村土地承包经营纠纷建立起行之有效的解决机制。

发生农村土地承包经营纠纷的，当事人可以自行和解，也可以请求村民委员会、乡（镇）人民政府等调解。当事人和解、调解不成或者不愿和解、调解的，可以向农村土地承包仲裁委员会申请仲裁，也可以直接向法院起诉。

农村土地承包经营纠纷调解和仲裁，应当公开、公平、公正，便民高效，根据事实，符合法律，尊重社会公德。

关于土地承包经营纠纷仲裁，《仲裁法》第 77 条规定，农业集体经济组织内部的农业承包合同纠纷的仲裁，另行规定。其立法理由是，解决农业承包合同纠纷往往涉及国家对农业、农民和农村的政策，而用于处理通常民商事纠纷的《仲裁法》一般不考虑相关的国家政策。2009 年立法机关通过了《农地承包调解仲裁法》。

应当注意，因征收集体所有的土地以及其补偿发生的纠纷，不属于农村土地承包仲裁委员会的受理范围，可以通过行政复议或者诉讼等方式解决。

第二节 农村土地承包经营纠纷仲裁

一、仲裁委员会和仲裁员

农村土地承包仲裁委员会根据解决农村土地承包经营纠纷的实际需要设立。农村土地承包仲裁委员会可以在县和不设区的市设立，也可以在设区的市或者其市辖区设立。农村土地承包仲裁委员会在当地人民政府指导下设立。设立农村土地承包仲裁委员会的，其日常工作由当地农村土地承包管理部门承担。

农村土地承包仲裁委员会由当地人民政府及其有关部门代表、有关人民团体代表、农村集体经济组织代表、农民代表和法律、经济等相关专业人员兼任组成，其中，农民代表和法律、经济等相关专业人员不得少于组成人员的 1/2。农村土地承包仲裁委员会设主任 1 人、副主任 1 至 2 人和委员若干人，主任、副主任由全体组成人员选举产生。

农村土地承包仲裁委员会依法履行下列职责：(1) 聘任、解聘仲裁员；(2) 受理仲裁申请；(3) 监督仲裁活动。农村土地承包仲裁委员会应当依照《农地承包调解仲裁法》制定章程，对其组成人员的产生方式及任期、议事规则等作出规定。

农村土地承包仲裁委员会应当从公道、正派的人员中聘任仲裁员。仲裁员应当符合下列条件之一：(1) 从事农村土地承包管理工作满 5 年；(2) 从事法律工作或者人民调解工作满 5 年；(3) 在当地威信较高，并熟悉农村土地承包法律以及国家政策的居民。农村土地承包仲裁委员会应当对仲裁员进行农村土地承包法律以及国家政策的培训。省、自治区、直辖市人民政府农村土地承包管理部门应当制订仲裁员培训计划，加强对仲裁员培训工作的组织和指导。

农村土地承包仲裁委员会组成人员、仲裁员应当依法履行职责，遵守农村土地承包仲裁委员会章程和仲裁规则，不得索贿受贿、徇私舞弊，不得侵害当事人的合法权益。仲裁员有索贿受贿、徇私舞弊、枉法裁决以及接受当事人请客送礼等违法违纪行为的，农村土地承包仲裁委员会应当将其除名；构成犯罪的，依法追究刑事责任。县级以上地方人民政府及有关部门应当受理对农村土地承包仲裁委员会组成人员、仲裁员违法违纪行为的投诉和举报，并依法组织查处。

二、申请和受理

(一) 申请

农村土地承包经营纠纷申请仲裁的时效期间为 2 年，自当事人知道或者应当知道其权利被侵害之日起计算。对于家庭承包经营纠纷，《农地承包法》第 55 条第 2 款和《农地承包调解仲裁法》没有要求有仲裁协议。

农村土地承包经营纠纷仲裁的申请人、被申请人为当事人。家庭承包的，可以由农户代表人参加仲裁。当事人一方人数众多的，可以推选代表人参加仲裁。与案件处理结果有利害关系的，可以申请作为第三人参加仲裁，或者由农村土地承包仲裁委员会通知其参加仲裁。当事人、第三人可以委托代理人参加仲裁。

《农地承包调解仲裁法》第 20 条规定，申请农村土地承包经营纠纷仲裁应当符合下列条件：(1) 申请人与纠纷有直接的利害关系；(2) 有明确的被申请人；(3) 有具体的仲裁请求和事实、理由；(4) 属于农村土地承包仲裁委员会的受理范围。

当事人申请仲裁，应当向纠纷涉及的土地所在地的农村土地承包仲裁委员会递交仲裁申请书。仲裁申请书可以邮寄或者委托他人代交。仲裁申请书应当载明申请人和被申请人的基本情况，仲裁请求和所根据的事实、理由，并提供相应的证据和证据来源。书面申请确有困难的，可以口头申请，由农村土地承包仲裁委员会记入笔录，经申请人核实后由其签名、盖章或者按指印。

农村土地承包经营纠纷仲裁不得向当事人收取费用，将仲裁工作经费纳入财政预算予以保障。

(二) 审查和受理

农村土地承包仲裁委员会应当对仲裁申请予以审查，认为符合《农地承包调解仲裁法》第 20 条规定的，应当受理。有下列情形之一的，不予受理；已受理的，终止仲裁程序：(1) 不符合申请条件；(2) 法院已受理该纠纷；(3) 法律规定该纠纷应当由其他机构处理；(4) 对该纠纷已有生效的判决、裁定、仲裁裁决、行政处理决定等。

农村土地承包仲裁委员会决定受理的，应当自收到仲裁申请之日起 5 个工作日内，将受理通知书、仲裁规则和仲裁员名册送达申请人；决定不予受理或者终止仲裁程序的，应当在自收到仲裁申请或者发现终止仲裁程序情形之日起 5 个工作日内书面通知申请人，并说明理由。

农村土地承包仲裁委员会应当在自受理仲裁申请之日起 5 个工作日内，将受理通知书、仲裁申请书副本、仲裁规则和仲裁员名册送达被申请人。被申请人应当在自收到仲裁申请书副本之日起 10 日内向农村土地承包仲裁委员会提交答辩书；书面答辩确有困难的，可以口头答辩，由农村土地承包仲裁委员会记入笔录，经被申请人核实后由其签名、盖章或者按指印。农村土地承包仲裁委员会应当在自收到答辩书之日起 5 个工作日内将答辩书副本送达申请人。被申请人未答辩的，不影响仲裁程序的进行。

(三) 财产保全

一方当事人因另一方当事人的行为或者其他原因，可能使裁决不能执行或者难以执行的，可以申请财产保全。申请有错误的，申请人应当赔偿被申请人因财产保全所遭受的损失。

当事人申请财产保全的，农村土地承包仲裁委员会应当将当事人的申请提交被申请人住所地或者财产所在地的基层人民法院。

农村土地承包仲裁委员会应当提交下列材料：(1) 财产保全申请书；(2) 农村土地承包仲裁委员会发出的受理案件通知书；(3) 申请人的身份证明；(4) 申请保全财产的具体情况。法院采取保全措施，可以责令申请人提供担保，申请人不提供担保的，裁定驳回申请。

农村土地承包经营纠纷仲裁中采取的财产保全措施，在申请保全的当事人依法提起诉讼后，自动转为诉讼中的财产保全措施，并适用《民诉解释》第 485 条关于查封、扣押、冻结期限的规定。

三、仲裁庭的组成

仲裁庭依法独立履行职责，不受行政机关、社会团体和个人的干涉。

仲裁庭由 3 名仲裁员组成，首席仲裁员由当事人共同选定，其他 2 名仲裁员由当事人各自选定；当事人不能选定的，由农村土地承包仲裁委员会主任指定。事实清楚、权利义务关系明确、争议不大的农村土地承包经营纠纷，经双方当事人同意，可以由 1 名仲裁员仲裁。仲裁员由当事人共同选定或者由农村土地承包仲裁委员会主任指定。农村土地承包仲裁委员会应当在自仲裁庭组成之日起 2 个工作日内将仲裁庭组成情况通知当事人。

仲裁员有下列情形之一的，必须回避，当事人也有权以口头或者书面方式申请其回避：(1) 是本案当事人或者当事人、代理人的近亲属；(2) 与本案有利害关系；(3) 与本案当事人、代理人有其他关系，可能影响公正仲裁；(4) 私自会见当事人、代理人，或者接受当事人、代理人的请客送礼。当事人提出回避申请，应当说明理由，在首次开庭前提出。回避事由在首次开庭后知道的，可以在最后一次开庭终结前提出。

农村土地承包仲裁委员会对回避申请应当及时作出决定，以口头或者书面方式通知当事人，并说明理由。仲裁员是否回避，由农村土地承包仲裁委员会主任决定；农村土地承包仲裁委员会主任担任仲裁员时，是否回避，由农村土地承包仲裁委员会集体决定。仲裁员因回避或者其他原因不能履行职责的，应当依照《土地调解仲裁法》的规定重新选定或者指定仲裁员。

四、开庭和裁决

农村土地承包经营纠纷仲裁应当开庭进行。开庭可以在纠纷涉及的土地所在地的乡（镇）或者村进行，也可以在农村土地承包仲裁委员会所在地进行。当事人双方要求在乡（镇）或者村开庭的，应当在该乡（镇）或者村开庭。开庭应当公开，但涉及国家秘密、商业秘密和个人隐私以及当事人约定不公开的除外。

仲裁庭应当在开庭 5 个工作日前将开庭的时间、地点通知当事人和其他仲裁参与人。当事人有正当理由的，可以向仲裁庭请求变更开庭的时间、地点。是否变更，由仲裁庭决定。

申请人可以放弃或者变更仲裁请求。被申请人可以承认或者反驳仲裁请求，有权提出反请求。

在仲裁庭作出裁决前，申请人撤回仲裁申请的，除被申请人提出反请求的外，仲裁庭应当终止仲裁。申请人经书面通知，无正当理由不到庭或者未经仲裁庭许可中途退庭的，可以视为撤回仲裁申请。被申请人经书面通知，无正当理由不到庭或者未经仲裁庭许可中途退庭的，可以缺席裁决。

当事人在开庭过程中有权发表意见、陈述事实和理由、提供证据、进行质证和辩论。对不通晓当地通用语言文字的当事人，农村土地承包仲裁委员会应当为其提供翻译。

当事人应当对自己的主张提供证据。与纠纷有关的证据由作为当事人一方的发包方等掌握、管理的，该当事人应当在仲裁庭指定的期限内提供，逾期不提供的，应当承担不利后果。仲裁庭认为有必要收集的证据，可以自行收集。仲裁庭对专门性问题认为需要鉴定的，可以交由当事人约定的鉴定机构鉴定；当事人没有约定的，由仲裁庭指定的鉴定机构鉴定。根据当事人的请求或者仲裁庭的要求，鉴定机构应当派鉴定人参加开庭。当事人经仲裁庭许可，可以向鉴定人提问。

在证据可能灭失或者以后难以取得的情况下，当事人可以申请证据保全。当事人申请证据保全的，农村土地承包仲裁委员会应当将当事人的申请提交证据所在地的基层人民法院。

证据应当在开庭时出示，但涉及国家秘密、商业秘密和个人隐私的证据不得在公开开庭时出示。仲裁庭应当依照仲裁规则的规定开庭，给予双方当事人平等陈述、辩论的机会，并组织当事人进行质证。经仲裁庭查证属实的证据，应当作为认定事实的根据。

对权利义务关系明确的纠纷，经当事人申请，仲裁庭可以先行裁定维持现状、恢复农业生产以及停止取土、占地等行为。一方当事人不履行先行裁定的，另一方当事人可以向法院申请执行，但应当提供相应的担保。

仲裁庭应当将开庭情况记入笔录，由仲裁员、记录人员、当事人和其他仲裁参与人签名、盖章或者按指印。当事人和其他仲裁参与人认为对自己陈述的记录有遗漏或者差错的，有权申请补正。如果不予补正，应当记录该申请。

仲裁庭应当根据认定的事实和法律以及国家政策作出裁决并制作裁决书。裁决应当按照多数仲裁员的意见作出，少数仲裁员的不同意见可以记入笔录。仲裁庭不能形成多数意见时，裁决应当按照首席仲裁员的意见作出。

裁决书应当写明仲裁请求、争议事实、裁决理由、裁决结果、裁决日期，以及当事人不服仲裁裁决的起诉权利、期限，由仲裁员签名，加盖农村土地承包仲裁委员会印章。农村土地承包仲裁委员会应当在裁决作出之日起 3 个工作日内将裁决书送达当事人，并告知当事人不服仲裁裁决的起诉权利、期限。

仲裁农村土地承包经营纠纷，应当在自受理仲裁申请之日起 60 日内结束；案情复杂，需要延长的，经农村土地承包仲裁委员会主任批准可以延长，并书面通知当事人，但延长期限不得超过 30 日。

五、和解与调解

当事人申请仲裁后，可以自行和解。达成和解协议的，可以请求仲裁庭根据和解协议作出裁决书，也可以撤回仲裁申请。在仲裁过程中，当事人达成和解协议的，仲裁庭根据基本合法原则、基本自由与公平原则进行审查，决定是否制作仲裁裁决书。

仲裁庭对农村土地承包经营纠纷应当进行调解。调解达成协议的，仲裁庭应当制作调解书；调解不成的，应当及时作出裁决。调解书应当写明仲裁请求和当事人协议的结果。调解书由仲裁员签名，加盖农村土地承包仲裁委员会印章，送达双方当事人。调解书经双方当事人签收后，即发生法律效力。在调解书签收前当事人反悔的，仲裁庭应当及时作出裁决。

第三节　提起诉讼和申请执行

一、提起诉讼

农村土地承包经营纠纷仲裁与前述的劳动争议仲裁、人事争议仲裁均属特殊仲裁，立法规定无须以当事人的仲裁协议为仲裁的基础。不过，这类仲裁裁决通常不具有终局性，即当事人对仲裁裁决不服的，可以提起诉讼。因此，《农地承包调解仲裁法》第48条规定，当事人不服仲裁裁决的，可以在自收到裁决书之日起30日内向人民法院起诉。逾期不起诉的，裁决书即发生法律效力。

二、申请执行

《农地承包调解仲裁法》第49条规定，当事人对发生法律效力的调解书、裁决书，应当依照规定的期限履行；一方当事人逾期不履行的，另一方当事人可以向被申请人住所地或者财产所在地的基层人民法院申请执行；受理申请的人民法院应当依法执行。

当事人根据《农地承包调解仲裁法》第49条的规定，向人民法院申请执行调解书、裁决书，符合《执行规定》第16条规定条件的，法院应予受理和执行。

当事人申请法院执行仲裁裁决，被申请人提出证据证明仲裁裁决有下列情形之一，依据《劳动争议解释（一）》第24条的规定，人民法院经审查核实，可以根据《民诉法》第248条的规定，裁定不予执行：(1) 裁决的事项不属于农村土地承包经营纠纷仲裁范围，或者仲裁机构无权仲裁；(2) 违反法定程序；(3) 裁决所根据的证据是伪造的；(4) 对方当事人隐瞒了足以影响公正裁决的证据；(5) 适用法律、法规确有错误；(6) 仲裁员在仲裁该案时有贪污受贿、徇私舞弊、枉法裁决行为。仲裁裁决被法院裁定不予执行的，当事人可以重新申请仲裁，也可以向法院起诉。

问题与思考

1. 农村土地承包纠纷的特殊性在仲裁委员会的设立上有何体现？
2. 农村土地承包纠纷仲裁中，和解协议的法律效力如何？
3. 农村土地承包纠纷仲裁裁决有哪些法律效力？
4. 某村村民张某1982年将其承包的1.76亩承包地委托给邻村村民王某耕种。第二轮土地延包时，该村民委员会与王某就张某的1.76亩承包地签订了30年承包合同。2015年3月，张某要求返还其承包地未果。于是，张某申请仲裁，其仲裁请求有：(1) 确认村民委员会与第三人签订的承包合同无效；(2) 补偿自己2015年经济损失。

(1) 本案中，当事人之间没有达成仲裁协议，张某申请仲裁是否合法？

(2) 本案中，可否进行调解？

(3) 张某若认为仲裁裁决违法，可否向法院提起撤销仲裁裁决之诉？

图书在版编目（CIP）数据

仲裁法/江伟，肖建国主编. --4 版. --北京：
中国人民大学出版社，2023.6
新编 21 世纪法学系列教材/曾宪义，王利明总主编
ISBN 978-7-300-31787-8

Ⅰ.①仲… Ⅱ.①江… ②肖… Ⅲ.①仲裁法-中国
-高等学校-教材 Ⅳ.①D925.7

中国国家版本馆 CIP 数据核字（2023）第 093900 号

新编 21 世纪法学系列教材
总主编 曾宪义 王利明
仲裁法（第四版）
主 编 江 伟 肖建国
Zhongcaifa

出版发行	中国人民大学出版社		
社　　址	北京中关村大街 31 号	**邮政编码**	100080
电　　话	010－62511242（总编室）		010－62511770（质管部）
	010－82501766（邮购部）		010－62514148（门市部）
	010－62511173（发行公司）		010－62515275（盗版举报）
网　　址	http://www.crup.com.cn		
经　　销	新华书店		
印　　刷	北京捷迅佳彩印刷有限公司	**版　　次**	2009 年 1 月第 1 版
开　　本	787 mm×1092 mm　1/16		2023 年 6 月第 4 版
印　　张	27 插页 1	**印　　次**	2025 年 6 月第 4 次印刷
字　　数	589 000	**定　　价**	69.00 元

《　　　　　　　　》※任课教师调查问卷

为了能更好地为您提供优秀的教材及良好的服务，也为了进一步提高我社法学教材出版的质量，希望您能协助我们完成本次小问卷，完成后您可以在我社网站中选择与您教学相关的1本教材作为今后的备选教材，我们会及时为您邮寄送达！如果您不方便邮寄，也可以申请加入我社的**法学教师QQ群：436438859（申请时请注明法学教师）**，然后下载本问卷填写，并发往我们指定的邮箱（cruplaw@163.com）。

邮寄地址：北京市海淀区中关村大街59号文化大厦中国人民大学出版社1202室收

邮　　编：100872

再次感谢您在百忙中抽出时间为我们填写这份调查问卷，您的举手之劳，将使我们获益匪浅！

基本信息及联系方式：※

姓名：__________ 性别：__________ 课程：________________

任教学校：____________________ 院系（所）：______________

邮寄地址：____________________ 邮编：________________

电话（办公）：__________ 手机：__________ 电子邮件：__________

调查问卷：※

1. 您认为图书的哪类特性对您选用教材最有影响力？（　　）（可多选，按重要性排序）

   A. 各级规划教材、获奖教材　　B. 知名作者教材

   C. 完善的配套资源　　D. 自编教材

   E. 行政命令

2. 在教材配套资源中，您最需要哪些？（　　）（可多选，按重要性排序）

   A. 电子教案　　B. 教学案例

   C. 教学视频　　D. 配套习题、模拟试卷

3. 您对于本书的评价如何？（　　）

   A. 该书目前仍符合教学要求，表现不错将继续采用

   B. 该书的配套资源需要改进，才会继续使用

   C. 该书需要在内容或实例更新再版后才能满足我的教学，才会继续使用

   D. 该书与同类教材差距很大，不准备继续采用了

4. 从您的教学出发，谈谈对本书的改进建议：____________________

____

____

选题征集：如果您有好的选题或出版需求，欢迎您联系我们：

联系人：黄　强　联系电话：010-62515955

索取样书：书名：______________________________

书号：__________________________________

备注：※ 为必填项。